铁路职工岗位培训教材

信　号　工

（驼峰信号设备维修）

铁路职工岗位培训教材编审委员会

中国铁道出版社有限公司

2020年·北　京

内容简介

本书为信号工(驼峰信号设备维修)岗位培训教材,全书分为两部分:基本知识和职业技能。

基本知识包括:驼峰信号设备的构成及平面布置、驼峰进路控制电路、驼峰轨道电路、驼峰转辙设备、车辆减速器、驼峰空压设备、自动化驼峰主要测量设备、驼峰电源屏、自动化驼峰控制系统、编组站综合自动化。每章列有复习思考题。

职业技能包括:驼峰轨道电路、驼峰转辙设备、车辆减速器、驼峰空压设备、自动化驼峰主要测量设备、自动化驼峰控制系统的维护与故障处理。

本书针对铁路职工岗位培训、职业技能鉴定进行编写,是各单位组织职工进行各级各类岗位培训、技能鉴定的必备用书,对各类职业学校相关师生也有重要的参考价值。

图书在版编目(CIP)数据

信号工．驼峰信号设备维修/铁路职工岗位培训教材编审委员会．—北京:中国铁道出版社,2009．12(2020．9 重印)
铁路职工岗位培训教材
ISBN 978-7-113-10635-5

Ⅰ．信… Ⅱ．①铁… ②铁… Ⅲ．①铁路信号-技术培训-教材 ②驼峰编组站-信号设备-维修-技术培训-教材
Ⅳ．U284

中国版本图书馆 CIP 数据核字(2009)第 198597 号

书　　名:铁路职工岗位培训教材
信号工(驼峰信号设备维修)

作　　者:铁路职工岗位培训教材编审委员会

责任编辑:崔忠文　**电话**:(路) 021—73146　**电子信箱**:dianwu@vip. sina. com
封面设计:薛小卉
责任校对:张玉华
责任印制:高春晓

出版发行:中国铁道出版社有限公司(100054,北京市西城区右安门西街 8 号)
网　　址:http://www. tdpress. com
印　　刷:北京建宏印刷有限公司
版　　次:2010 年 4 月第 1 版　2020 年 9 月第 4 次印刷
开　　本:787 mm×1 092 mm　1/16　印张:24．75　插页:1　字数:617 千
书　　号:ISBN 978-7-113-10635-5
定　　价:49．00 元

铁路职工岗位培训教材
编 审 委 员 会

序

党的十六大以来，我国铁路坚持以科学发展观为指导，立足经济社会发展大局，紧紧抓住加快铁路发展的黄金机遇期，全面推进和谐铁路建设，大规模铁路建设取得重要成果，技术装备现代化实现历史性跨越，各项事业蓬勃发展，铁路对经济社会发展的保障能力显著增强，我国铁路进入了历史上发展速度最快、成效最为显著的时期。今后几年，是我国铁路现代化建设的关键时期。按照中长期铁路网规划和目前的发展速度，到 2012 年，全国铁路营业里程将由目前的 8 万公里增加到 11 万公里以上，其中时速 200～350 公里的客运专线及城际铁路将达到 1.3 万公里，复线率和电气化率分别达到 50%以上，投入运营的先进动车组、大功率机车分别达到 800 组和 7 900 多台。届时，全国发达完善铁路网初具规模，铁路运输“瓶颈”制约状况基本缓解，铁路在经济社会发展中的基础性保障作用将得到极大提升。

人才是兴路之本、发展之基，人才资源是第一资源。加快我国铁路现代化建设，关键在人才，根本在职工队伍的整体素质。培养和造就一大批能够适应铁路现代化建设需要的高素质的人才队伍，是当前摆在全路各级组织面前的一项重大而紧迫的战略任务，也是确保我们事业发展的根本保证。我们必须看到，随着和谐铁路建设的深入推进，我国铁路客运专线大量投入运营，新技术装备大量投入使用，铁路运输生产力持续快速发展，对技术、设备、运营、维修、管理等各类人才的需求更加迫切，对人才工作和人才队伍建设提出了一系列新挑战、新课题。今后三年，全路需要一大批客运专线行车调度人员、动车组司机、客运专线基础设施维修和动车组、大功率机车检修人员等技术骨干和专业人才。如何培养选拔出一大批适应铁路现代化建设，特别是熟悉掌握客运专线建设和运营管理的人才，把高速铁路和这些先进的技术装备建设好、管理好、运营好、维护好，是时代赋予我们的重大责任，也是对我们各级组织、各级领导干部的重大考验。

事业造就人才,人才推进事业。面对铁路现代化建设这一前无古人的伟大事业,要求我们必须比以往任何时候都要更加重视人才队伍建设,要求我们必须与时俱进,改革创新,坚定不移地实施人才强路战略,把人才工作摆到更加突出的战略位置,大力加强人才队伍建设。要积极探索人才教育培训的新方法、新途径,进一步完善客运专线人才培养规划,建立健全人才培养激励机制,全面实施客运专线和新技术装备人才培养工程,全面提高职工队伍的整体素质,努力建设一支政治坚定、技术过硬、结构合理、分布适当,具有创新精神、富有创新活力的铁路人才队伍,为铁路现代化事业提供强有力的人才支撑。

我们坚信,新一代中国铁路人一定能够担当起铁路现代化建设的历史重任,中国铁路的明天一定会更加美好。

2009 年 7 月

前　言

党的十六大以来，铁路事业蓬勃发展，大规模铁路建设全面展开，技术装备现代化实现重大跨越，尤其在高原铁路、机车车辆装备、客运专线、既有线提速和重载运输技术方面达到了世界先进水平。铁路职工队伍素质得到了相应提高，但距离铁路现代化发展的要求还有一定差距，铁路人才队伍建设和职工教育培训工作任重道远。

教材是劳动者终身教育和职业生涯发展的重要学习工具，教材建设是职业教育培训工作的重要组成部分，是提高教育培训质量的关键。加快铁路职工岗位培训教材建设，已成为加强和改进铁路职工教育培训工作的当务之急。为适应铁路现代化发展对技能人才队伍建设的需要，加快铁路职工岗位培训教材建设，铁道部决定按照铁道行业特有职业（工种）国家职业标准，结合铁路现代化发展的实际，组织开发铁路职工岗位培训教材。

本套教材由铁道部劳动和卫生司、运输局共同牵头组织，相关铁路局分工负责，集中各业务部门的专家和优秀工程技术人员编写及审定，多方合作，共同完成，涵盖了铁路运输（车务、客运、货运、装卸）、机务、车辆、工务、电务部门的77个铁路特有职业。教材坚持继承与创新相结合，充分体现了近几年来铁路新技术、新设备的大量运用及其发展趋势，特别是动车组系列教材填补了教材建设的空白，为动车组司机和机械师等铁路新职业员工提供了岗位培训教材；教材坚持科学性与规范性，依据铁道行业国家职业标准中的基本要求和工作要求编写，力争准确体现国家职业标准和有关作业标准、安全操作等规章、规范的要求;教材坚持实用可行的原则,重点突出实作技能、应急处理和新技术、新设备、新规章、新工艺等四新知识,对职业技能部分按照技能等级分层编写,便于现场职工的培训与自学。

本套教材适用于工人新职、转职(岗)、晋升的岗位资格性培训,也适用于各类岗位适应性培训,同时为职业技能鉴定提供参考。

《信号工(驼峰信号设备维修)》一书由沈阳铁路局负责主编。主编人员:韩耀强。参加编写人员:王振波、赵德瑜、杨逢春、付磊、邱俊杰、曹旭、贺玉芹。主要审定人员:姜锡义、杨春燕、谷祖建、李长斌、周剑峰。本书在编写、审定过程中得到了上海铁路局以及一些厂家、设计单位的大力支持,在此一并表示感谢。

铁路职工岗位培训教材编审委员会

2009 年 8 月

目　录

基本知识

职业技能

基本知识

第一章 概 述

在铁路网中,凡货物列车解体、编组作业办理数量较大的站,并为此而设有专门的非平面调车设备的车站,称为编组站。编组站的任务就是完成货物列车的解体和编组任务。

在编组站内,为了提高列车解体能力,在编组站调车场的头部将一部分线路抬高成小山丘状,称做驼峰。在解体车列时,先由调车机车将车列推向驼峰,当最前面的待解体的车组接近驼峰顶部时,将钩车与车列之间的车钩摘开,钩车越过峰顶后,借助自身动力和重力,自动地溜向调车场内预定的股道。为了使各个钩车能按调车计划安全有效地到达预定股道的目的地,既要对钩车的推送速度进行控制,还需对钩车的溜放进路和溜放速度进行控制。

完成驼峰调车作业的信号控制设备,简称驼峰信号设备,它主要包括驼峰进路控制和驼峰速度控制两大部分:

- 驼峰进路控制,包括驼峰推送进路控制、驼峰溜放进路控制和驼峰调车进路控制。
- 驼峰速度控制,包括驼峰钩车溜放速度控制、驼峰推送机车信号和驼峰机车遥控。

第一节 驼峰的分类

一、按进路控制和速度控制设备分

驼峰按所安装的进路控制和速度控制设备的不同,可分为简易驼峰、非机械化驼峰、机械化驼峰、半自动化驼峰和自动化驼峰。

简易驼峰——解编能力较小,道岔控制采用电气集中或现地人工操纵,制动方式采用铁鞋或手闸制动的小能力驼峰,简易驼峰解体能力一般小于1 000辆/日左右。

非机械化驼峰——道岔控制采用道岔自动集中,道岔转辙设备采用快速电动转辙机,目的制动方式主要采用铁鞋制动的中能力驼峰。非机械化驼峰解体能力一般为2 000辆/日左右。

机械化驼峰——调车线采用线束型平面布置,道岔控制采用道岔自动集中,道岔转辙设备采用快速电空(动)转辙机。安装间隔制动用车辆减速器1~2个制动位,溜放时,驼峰作业员人工操纵车辆减速器实行间隔调速,以保证前后车组间必要的间隔。目的制动方式采用铁鞋制动。推峰速度3~5 km/h。大型机械化驼峰解体能力一般为3 000~4 000辆/日左右。

半自动化驼峰——在机械化驼峰的基础上,调车线内增加1~2个目的制动位车辆减速器。人工选择定速,用雷达测量溜放车组速度,用测长设备测量编组线的空闲长度,用半自动控制机对调车线内1~2个目的制动位的车辆减速器实行闭环制动控制。有些半自动化驼峰调车场调车线还安装了减速顶、绳索牵引推送小车等连续式调速设备,部分或基本上取消了铁鞋制动。半自动化驼峰推峰速度为3~10 km/h,连挂速度5 km/h以下的安全连挂率为70%~80%,安装减速顶或推送小车等连续式调速设备后,安全连挂率可提高到85%~98%。大型半自动化驼峰解体能力一般为4 000辆/日。

自动化驼峰——在半自动化驼峰的基础上,增加工业控制计算机系统和部分采集信息设备(测重、车轮传感器、气象仪等)。将采集的各种信息送入计算机,由计算机确定车辆减速器出口速度设定值,控制车组的溜放进路。除了调车线始端装设的车辆减速器外,在调车线内适当位置安装车辆减速器、减速顶、绳索牵引推送小车等调速设备,取消铁鞋制动。溜放进路、间隔调速、目的调速全部实现自动控制。推峰机车遥控,推峰速度 5～10 km/h,连挂速度 5 km/h 以下的安全连挂率为 85%～98%。大型自动化驼峰解体能力一般为 4 000 辆/日以上。

综合自动化编组站是在自动化驼峰的基础上,增加了编组站信息处理系统,实现驼峰实时控制系统与编组站信息处理系统联机。综合自动化编组站的内涵:①编组站调车场合理的平面和纵断面布置;②推峰机车遥控或自控;③溜放进路自动控制;④溜放速度自动控制;⑤编组站信息处理系统(接、发车预、确报,自动编制解、编作业钩计划,现车管理,编组站作业统计等);⑥峰尾调车进路集中控制;⑦到达场、出发场进路自动控制;⑧站内无线通信;⑨其他作业自动化(包括列检、提钩等)。大型综合自动化编组站是当前编组站调车技术发展的最高阶段。

编组站调车控制技术是铁路编组站进行列车解体和编组的重要信号技术,其发展水平是铁路现代化建设重要标志之一。

二、按解体能力分

驼峰按其解体能力的不同,可分为大能力驼峰、中能力驼峰、小能力驼峰。

大能力驼峰——日解体在 4 000 辆以上或编组线在 30 条以上的驼峰。

中能力驼峰——日解体在 2 000～4 000 辆或编组线在 17～29 条的驼峰。

小能力驼峰——日解体在 2 000 辆以下或编组线在 5～16 条的驼峰。

三、按作业方式分

驼峰按作业方式的不同,可分为单溜放驼峰、双溜放驼峰。

单溜放驼峰——在同一时间内,只有一条推送线,一台机车进行解体车列的溜放作业。

双溜放驼峰——在同一时间内,有两条推送线,可两台机车平行进行解体车列的溜放作业。

第二节　驼峰的平、纵断面结构

驼峰的改编能力不仅取决于平面布置的好坏,还取决于纵断面的合理选择。一个好的平、纵断面设计方案,对减少工程和运营费,减轻调车人员的劳动强度,提高驼峰作业效率,保证驼峰作业安全起着重要的作用。各种类型驼峰对平、纵断面的要求不尽相同,但基本原理相同。下面以纵列式机械化驼峰(参见本书图 2-2)为例,来说明驼峰平、纵断面的结构,见图 1-1。

一、驼峰的平面结构

(一)推送部分

从到达场出口咽喉最外道岔至峰顶的一段线路叫推送线。机械化驼峰推送线一般设置 1～2条,自动化驼峰至少设置 2 条,作业量较大时应设置 3 或 4 条,以保证峰顶能连续溜放作业。

(二)溜放部分

由峰顶到调车场计算停车点之间的线路范围叫溜放部分。

为了保证峰顶至各股道的计算点间车组溜放阻力相差最小,应设计为对称的扇形车场,使

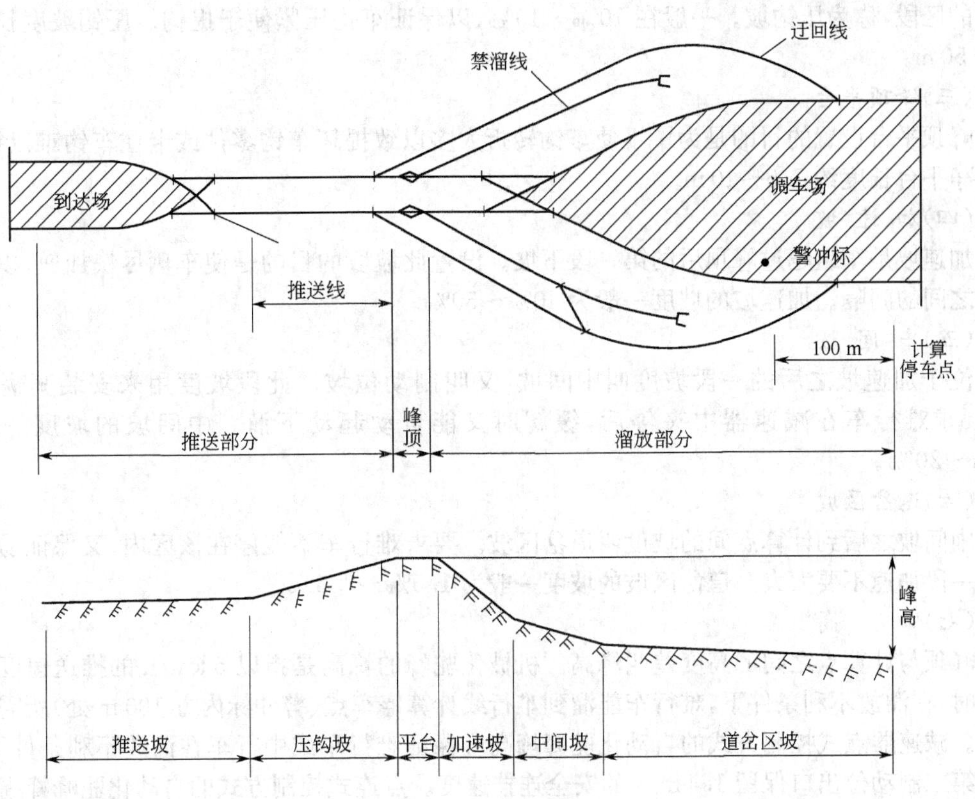

图 1-1 驼峰平、纵断面结构

溜放车组经过道岔数和曲线转角的度数比较相近,减少总阻力差别。

(三)峰顶平台

连接推送部分与溜放部分的平坦地段,叫峰顶平台。

(四)禁 溜 线

峰顶禁溜线是解体过程中暂时存放禁止从峰顶溜放的车辆的尽头线。禁溜线在靠近峰顶的地方与推送线连接,以便于取送禁溜车辆。禁溜线的长度应存放 8～10 辆车,数量与推送线的数量相同。

(五)迂 回 线

迂回线是绕过峰顶和车辆减速器,从推送线直接连通编组线的线路。不能通过峰顶和车辆减速器的车辆可通过迂回线送往编组线。迂回线应设在禁溜线附近,以减少调车机到禁溜线取车送往迂回线的时间。

二、驼峰的纵断面结构

(一)推 送 坡

推送坡是指推送线上的坡度。推送坡应保证满载重车在停车后能自行起动,因此,坡度要求较缓,一般不大于 2.5‰。

(二)压 钩 坡

为了满足提钩作业的需要,推送部分的坡度分为两段,在峰顶前设有一段具有一定坡度和长度的区段,称为压钩坡。一般在 10‰~15‰,以保证车钩压紧便于提钩。压钩坡度长度不小于 50 m。

(三)峰顶平台

峰顶平台设置的目的是为了不使车钩转折太多以致提坏车钩零件或卡住车钩难以提钩。峰顶净平台长度约 7.5~10 m。

(四)加 速 坡

加速坡是车组越过峰顶后的第一段下坡。设置此坡段的目的是使车辆尽快加速,以保证车组之间的间隔。加速坡的坡度一般为 40‰~50‰。

(五)中 间 坡

位于加速坡之后的一段坡度叫中间坡,又叫制动位坡。此段坡度用来安装车辆减速器,要求难行车在减速器中夹停后,缓解时又能自动起动下溜。中间坡的坡度一般为 10‰~20‰。

(六)道岔区坡

中间坡之后到计算点间的坡度叫道岔区坡。要求难行车不能停在该区内,又保证易行车在这一段加速不要太大。道岔区坡的坡度一般为 1.5‰~3.5‰。

(七)峰　　高

峰顶与计算点之间的高度差叫峰高。机械化驼峰的峰高是指以 5 km/h 的推送速度解体车列时,在溜放不利条件下,难行车能溜到难行线计算停车点(警冲标内方 100 m 处)所需要的高度。减速器点式控制方式的自动化驼峰峰高应保证难行车或中行车在溜放不利条件下,难行线第二制动位出口保留 1.4 m/s 的安全连挂速度。点连式控制方式的自动化驼峰峰高应保证在溜放不利条件下,难行车能溜到调车线入口端,推送小车走行区间始点,或溜行到减速顶连挂区入口处时,车速不低于 1.4 m/s。

(八)编组线内坡度

道岔区后为编组线。机械化驼峰要求编组线有效长的 2/3 线段上,在顺溜车方向有 1.5‰的下坡道,其余 1/3 为顺溜方向不大于 1.5‰的上坡道。两个坡段中间可插入 200 m 平道,即所谓的锅底形。对于自动化驼峰,减速器后安装推送小车时,应保证夏季溜放有利条件下,所有车组在编组线内不加速;减速器后安装减速顶时,减速顶连挂区坡度应保证冬季不利溜放条件下,难行车溜至难行线打靶区末端时保留 1.4 m/s 的安全连挂速度。

第三节　驼峰溜放动力学

车辆溜放时作用于车辆上的力分为两大类:一类是使车辆溜放的动力,即机车的推送力和车辆重力;一类是阻止车辆溜放的阻力,主要有四种阻力,即基本阻力、曲线阻力、道岔阻力、风和空气阻力。

一、车辆溜放的动力

车辆溜放的动力,就是车辆具有的动能和势能,也就是车辆的能高。车组自峰顶脱钩开始溜放,至编组线停车点停车,是一个能量转化过程。即在车组溜放开始,具有一个初始能量。初始能量中有一个动能,是由机车推送速度产生的,还有一个位能,是由峰高产生的。在溜放过程中,动能和位能逐渐减少,用来克服车组溜放的阻力而作功,车组溜放到计算点,能量变为零。因此,推送速度和峰高决定了固定车辆的动力。

二、车辆运行阻力

(一)基本阻力

车组溜放的基本阻力指车辆在平而直的轨道上自由溜放时除风阻力外所消耗能量而形成的阻力。基本阻力可分为 4 种:

(1)轴箱阻力。即轴与轴瓦之间的滑动摩擦阻力或滚柱轴承的滚动摩擦阻力。

(2)轨道受压变形下沉阻力。车轮在钢轨上运行时,钢轨不断产生变形下沉以及钢轨接缝处的震动将消耗车组的动能。

(3)车轮与轨面间的滚动摩擦所产生的阻力。与车辆的重量及摩擦系数有关。

(4)车辆溜放中的摇摆阻力。车辆在溜放时,弹簧、车钩、转向架不断运动,使车辆产生摇摆,也消耗能量。

(二)曲线阻力

曲线阻力就是车辆通过曲线时,与在直线上溜放相比所增加的阻力。车辆通过曲线时,由于曲线内、外轨长度不同,造成车辆在钢轨上滑行,即由滚动摩擦变为滑动摩擦,所以阻力增大。曲线阻力与曲线半径的大小、车辆溜放速度及车辆重量等有关。

(三)道岔阻力

道岔阻力是车辆通过道岔时,与在直线上溜放相比所增加的阻力。溜放车辆通过道岔时,对尖轨和辙叉部分产生冲击,而产生相应的阻力。

(四)风和空气阻力

风和空气阻力是由车辆与空气相对运动时产生的。逆风时,车辆运动阻力增大,使之减速;顺风且风速大于车速时,风阻力变为负阻力,使车辆加速。车辆所受风和空气的阻力与车辆受风面积及车辆重量有关,受风面积越大,车辆越轻,风的阻力越大。

从上述阻力分析可知,车辆在溜放时,其车辆类型及载重的不同,所产生的运动阻力也不同,因此溜放车组可分为三类:

易行车——运行阻力最小;

中行车——运行阻力相当于车辆总体的平均值;

难行车——运行阻力最大。

由于各溜放线路的长度及曲线半径不同,使得每条溜放线所产生的阻力也不同,通过计算和分析可选出难行线和易行线,作为计算驼峰高度的依据。难行线即是溜放车组所受阻力最大的溜放线路。易行线是受到阻力最小的溜放线路。

第四节 驼峰的作业过程

驼峰作业的目的就是将不同去向的车辆送到预定股道的理想位置。无论是机械化驼峰,还是自动化驼峰,只是实现方式的自动化程度不同而已。本节以自动化驼峰为例说明驼峰的作业过程,如图 1-2 所示。

一、驼峰调车工作的组织

驼峰调车场为了完成驼峰调车作业,在组织上设有驼峰值班员、驼峰作业员、连结员、驼峰

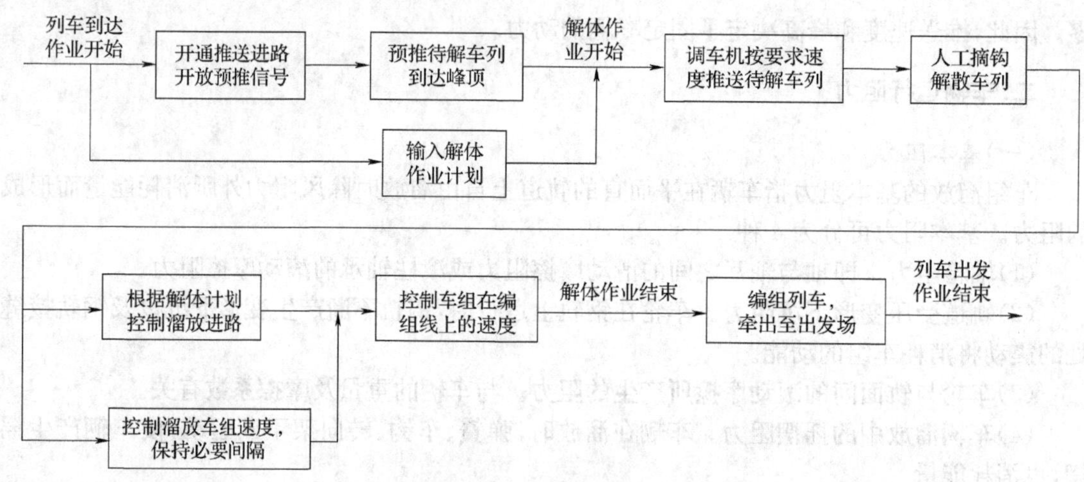

图 1-2　驼峰的作业过程

调车机车司机等,其作业指挥关系为:

驼峰值班员→{驼峰作业员
连结员→驼峰调车机车司机}

二、调车作业计划的传达

驼峰调车作业应根据调车作业计划进行。由编组站调度向驼峰值班员下达驼峰调车作业计划,驼峰值班员根据调车作业计划及注意事项及时地向有关人员传达,并确认有关人员均已了解后,方可开始作业。需变更调车作业计划时,由驼峰值班员通知有关人员,修改计划。

三、溜放作业过程及调车人员的工作

(一)驼峰机车连挂车列

在峰顶附近,由连结员向驼峰调车司机传达调车计划。根据计划,机车返回到达场进口端,连挂需解体的车列。

(二)储存、检查核对调车作业计划

驼峰上部信号楼内的驼峰作业员根据调车作业计划向自动集中储存器存入将要溜放车列的各车组的进路命令,并调出存入的命令进行检查、核对,确认正确无误。自动化驼峰一般由场(站)调储存。

(三)推峰作业

机车与车列连挂后,根据驼峰信号的显示,将车列推上峰顶,准备解体。

(四)解体作业

解体作业时,驼峰作业员、连结员、驼峰值班员等应密切配合,互相协作。他们的主要工作如下:

1. 上部信号楼作业员

(1)根据调车作业通知单所表明的车组大小,难行车、易行车、禁溜车和不能通过驼峰车辆的位置,以及气候等情况,及时正确地给出驼峰信号。

(2)随时注意车辆从峰顶溜向编组线的速度、间隔、场内停留车位置以及峰顶提钩情况,以

便及时采取措施或通知有关人员注意。

(3)随时注意溜放车辆的间隔，对溜放车组进行间隔制动，同时保证溜放车组进入第二制动位的速度不超过最大允许速度，遇有“堵门车”时，协助下部信号楼进行目的制动。

2. 下部信号楼作业员

(1)根据车辆的走行速度、间隔和编组线的存车情况，对车辆进行间隔及目的制动。

(2)遇有“跟钩”等特殊情况，及时按压驼峰信号切断按钮，关闭驼峰信号进行处理。

3. 提钩连结员

(1)根据调车作业通知单中标明的车组的辆数和驼峰主体信号的显示，以及前行车的溜行情况，掌握好提钩地点和提钩时机，准确及时地提开车钩。

(2)发现有提不开钩或制动软管未摘开等情况，或发现有不能通过峰顶或减速器的车辆，应及时向上部信号楼作业员显示停车信号或利用峰顶切断信号按钮，使驼峰信号显示红灯，暂停作业，以便采取措施。

4. 驼峰调车机车司机

解体列车时，根据驼峰信号机的显示，正确及时地调节推峰速度。

(五)送禁溜车作业

解体过程中遇有禁止溜放以及不能通过峰顶和车辆减速器的车辆时应关闭驼峰信号机，并开放向禁溜线送车信号，将禁溜车送入禁溜线暂存，待调车机空闲时，再取出经迂回线绕过驼峰送入编组线内。

四、机车整理作业

解体作业过程中，由于溜放车组阻力不同或制动员制动不当，而使编组线形成较大“天窗”，使线路的有效长度不能充分利用，需机车下峰整理，消除“天窗”。机车下峰前，由上部楼作业员开放机车下峰信号，下部楼作业员根据机车下峰整理的股道，开放相应的线束调车信号。机车下峰整理作业完毕，返回峰上。

复习思考题

1. 什么是驼峰?
2. 驼峰按进路控制和速度控制设备的不同，可分为哪几类？各类的名称是什么?
3. 推送线、溜放线、禁溜线、迂回线的用途是什么?
4. 压钩坡、加速坡、中间坡的作用是什么?
5. 根据能量守恒原理，说明车组溜放过程中的能量转换关系。
6. 溜放车组所受的阻力有哪些?
7. 用流程图方式说明驼峰的作业过程。

第二章 驼峰信号设备的构成及平面布置

为了保证驼峰调车作业安全，提高作业效率，在驼峰调车场(简称驼峰场)装设了各种信号设备。本章重点介绍驼峰信号设备的分类、作用及设置。

第一节 驼峰信号设备的构成

驼峰信号设备的构成如图 2-1 所示。

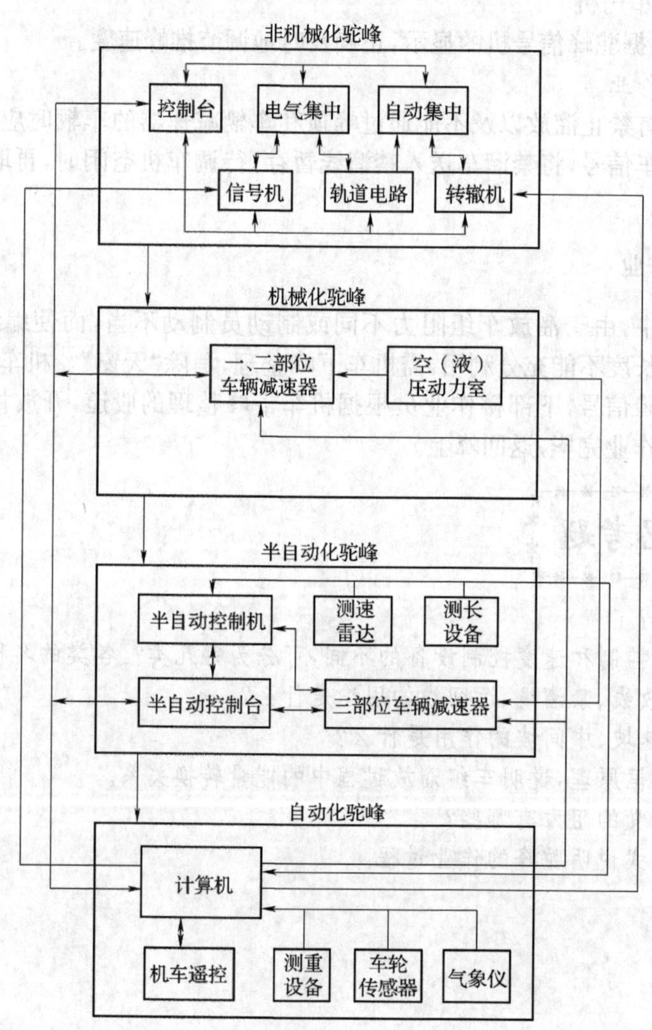

图 2-1 驼峰信号设备的构成示意图

由图 2-1 看出，非机械化驼峰是由驼峰电气集中、道岔自动集中、控制台、驼峰信号机、驼峰轨道电路和驼峰转辙机等设备构成；机械化驼峰是在非机械化驼峰设备基础上，增加一、二部位车辆减速器及供减速器使用的空（液）压动力室；半自动化驼峰是在机械化驼峰设备基础上，增加了三部位车辆减速器、测速雷达、测长设备、半自动控制机及半自动控制台等设备；自动化驼峰是在半自动化驼峰设备基础上，增加了测重设备、车轮传感器、计算机及机车遥控设备。

自动化驼峰设备按控制目的分，可分为驼峰进路控制设备、驼峰速度控制设备。简易、非机械化驼峰，仅安装了进路控制设备，没有安装驼峰速度控制设备。

一、驼峰进路控制设备

驼峰进路控制设备包括驼峰的进路控制电路和控制驼峰进路的执行设备。

驼峰的进路控制电路包括推峰进路、峰上调车进路、峰下调车进路、溜放进路的控制电路。其中，推峰进路、峰上调车进路、峰下调车进路的控制电路称为电气集中电路，溜放进路称为自动集中电路。

简易、非机械化、机械化驼峰的进路控制设备由继电器电路实现。

自动化驼峰的进路控制由计算机控制实现，自动化驼峰能实现接收和存储溜放进路命令、排列溜放进路、排列调车进路、控制驼峰和调车信号、场间联系等驼峰场全部控制内容的自动控制；同时在驼峰控制室的控显设备上能够显示车务操作人员所需要的全部静态或动态的图像信息和数据信息。在溜放作业中，计算机自动控制系统按预先输入的调车作业计划，依据控制程序实时向各分路道岔发出控制命令，将道岔转换到规定的位置，为溜放钩车自动逐段排列溜放进路。同时可依据机车上、下峰等情况排列调车进路，并具有自动检测、报警、诊断和导向安全等功能。

（一）驼峰电气集中电路

驼峰电气集中是用来实现调车作业时信号机与道岔的联锁关系，保证作业安全，它包括推峰进路、峰上调车进路、峰下调车进路，分别控制驼峰主体信号机和驼峰调车信号机。

驼峰电气集中电路与 6502 电气集中电路基本相同，所不同的是：为了保证驼峰头部咽喉区的调车作业安全和提高作业效率，驼峰电气集中电路一般在驼峰头部采用峰上调车信号电路。峰上调车信号电路普遍采用进路分段解锁式调车信号电路，它是在 6502 电路的基础上改造而成。在线束分路道岔区，为了使分路道岔具有较大的灵活性，故采用一次性解锁方式的调车信号电路。

（二）驼峰道岔自动集中电路

驼峰道岔自动集中是专门为驼峰分路道岔设置的一种特殊的控制电路。它使分路道岔能够随着车组溜放进路的变化自动而又及时地转换到正确的位置，即完成随机选择溜放进路。采用道岔自动集中后，可大大减少或避免由于操纵人员在判断或操纵上的错误而造成的事故，同时也提高了解体调车作业效率。

驼峰自动集中电路由储存电路和传递电路组成，定型电路为 7024 自动集中电路。

1. 储存电路

储存电路实现解体计划的储存、修改、增加、删除等功能，功能和电路结构都不复杂，这里不单独叙述。

2. 传递电路

进路命令传递电路,是自动集中的传递和执行环节。它可将预先储存的进路命令,按各钩车组的溜放顺序逐级传递与执行。因此,自动集中能够实现"溜放进路,分段排出"的要求,从而保证了车组的连续溜放。

命令传递电路由第一分路道岔传递与执行环节、岔间记忆环节、中间分路道岔传递与执行环节和最后分路道岔记忆与执行环节等四种不同结构的电路环节组成。

道岔环节接受、执行和传递进路命令的时机:

(1)接受命令:道岔环节只要空闲(即未存进路命令),就可以接受前级发来的进路命令;即便车组还未出清本道岔区段,也可以提前接受下钩命令。

(2)执行命令:道岔环节接受命令后,需待车组出清本道岔区段,才能执行对"本道岔"的控制命令,为下钩车组准备进路。

(3)传递命令:道岔环节向下一级环节传递命令,应具备两个条件:①下一级环节空闲,能够接受命令;②本钩车组已进入了本道岔区段。以上两个条件满足,就可以将本钩车组的命令传递给下一环节,使下一环节提前为溜放车组准备进路。这就是"车组溜放,命令先行"的原则。假如下一级环节不空闲,本钩车的命令应在本道岔环节"暂存",以免命令丢失。这就是道岔环节"保持"作用。除末岔环节外,所有的道岔环节对进路命令都具有"保持"作用。若本钩车组已出清本道岔区段,其命令还不能传出,则在本环节中被"强制取消"。

当两级相邻道岔间距离较远,中间能容纳多钩车组溜行时,在这两级道岔环节间应增设岔间环节,以免进路命令在传递过程中丢失。岔间环节对进路命令仅起"暂存"和传递作用,并且发出进路命令的时机与车组位置无关。

(三)驼峰进路控制的执行设备

驼峰进路控制的执行设备包括驼峰信号机、驼峰轨道电路、驼峰转辙机和驼峰控制台等。

1. 驼峰信号机分为驼峰主体信号机和驼峰调车信号机。驼峰主体信号机的作用是指挥驼峰机车进行预推、推送、去禁溜线取送车及机车下峰整理。驼峰场的调车信号机分为峰上调车信号机和线束调车信号机,主要用来指挥解体作业以外的调车作业。

2. 驼峰轨道电路除了监视车辆是否占用道岔区段外,还要向自动集中(或控制系统)传递溜放车组的占用信息,控制道岔、传递控制命令、监督车组溜放状态等。因此,驼峰轨道电路性能的好坏,直接影响驼峰溜放作业的安全。

3. 驼峰转辙机。为了缩短道岔的保护区段,要求道岔的转换时间越快越好,因此驼峰上采用快动的动力转辙机。这样有利于缩短岔前保护区段,防止车辆溜错股道,同时又可缩短驼峰咽喉的长度,缩短溜放行程。目前,驼峰上使用两类转辙机,一类是电空转辙机,另一类是快动型电动转辙机。

4. 驼峰控制台是用以操纵和监督所管辖的信号设备。控制台设在驼峰信号楼内,供驼峰作业员使用。在控制台盘面上设有道岔手柄、驼峰信号各种显示按钮及调车信号按钮,有进路光带、道岔定反位表示及信号复示器,还有使用自动集中时操作的各种按钮及表示灯。在机械化驼峰控制台盘面上还有控制车辆减速器制动和缓解的按钮。根据实际站场及运输的需要增添功能按钮及表示,以满足实际使用的要求。

二、驼峰速度控制设备

为了提高驼峰的调车效率,希望提高车组的溜放速度,但溜放速度不能太高,因在溜放过程中，要确保前后车组间必要的间隔，以保证分路道岔有足够的安全转换时间，以及溜入相邻线路的前后车组在警冲标处不发生相互侧撞；在编组线内保证溜放车辆与停留车或前行溜放车不超过安全连挂速度连挂，或溜至线路终端指定地点停车。以上要求都需要在车组溜放过程中，对其速度进行调整。这就要由调速设备来完成。在机械化驼峰、半自动化驼峰以及自动化驼峰上都设有车组溜放速度的调整设备，即调速设备。调节车组溜放速度可用加速法，也可用减速法。减速法是用减速设备将车组的多余能量消耗掉，加速法是用加速设备弥补车组能量的不足。减速设备常用的有车辆减速器（点式调速）和减速顶（连续式调速）；加速设备常用的有绳索牵引推送小车（连续式调速）等。

按照调速设备的配置分类，调速方式可分为点式、连续式和点连式三类。

点式调速——采用车辆减速器作为调速设备。

连续式调速——采用减速顶调速设备。

点连式调速——一般设Ⅰ、Ⅱ间隔制动位，Ⅲ部位目的制动位减速器点式调速设备，在目的制动位后设有一段打靶区，在连挂区设有连续调速设备（减速顶或绳索牵引推送小车）。

（一）测量设备

1. 测速设备

在点式调速方式中，车组溜放速度的调整是通过控制车组离开调速设备的出口速度来实现的。因此必须知道车组进入调速设备的入口速度，以便判断它是否大于预先设定的出口速度或经计算得出的出口速度，如大于就要进行制动。在制动过程中亦要随时知道溜放车组速度的变化，以便在车速达到出口速度时，取消对车组的调速。所以要用测速设备来监视车组在调速设备区段溜行的瞬时速度。现普遍采用的测速设备是雷达。

2. 测长设备

测长设备是用来测量驼峰编组线空闲长度的设备。在自动化和半自动化驼峰上，要确定车组离开调速设备（车辆减速器）的出口速度，必须知道溜放距离的远近，即要把股道的空闲长度作为一个参数及时地测出来，送入控制计算机中参与计算出口速度。对自动化驼峰，用长度表直接将长度数值显示出来，作为值班员给定出口速度的依据；对半自动化驼峰，目前，大多采用音频或工频轨道电路测长。

3. 测重设备

测重设备是一种测定溜放车组重量等级的计量设备，它可以独立工作，在半自动化驼峰控制台上显示车组重量等级。对重力式减速器，它可帮助驼峰作业员选择车组阻力；对非重力式减速器，系统可根据重量确定制动等级。它还可以作为自动化驼峰的一个组成部分，向计算机提供重量信息，以便确定车辆的走行阻力，实现对减速器的自动控制。

4. 车轮传感器

车轮传感器俗称踏板，与其他设备配套使用，可以实现累计车组轴数、确定车轮通过某一特定位置的确切时刻、测量车组溜放速度和阻力、判断车组运动方向、测量货车轴距和车长、判断轨道区段占用与出清等，是驼峰编组场中应用十分广泛的设备。

（二）驼峰半自动控制机

驼峰半自动控制机是半自动调速系统中的控制设备，它与车辆减速器、测速雷达共同组成车辆溜放速度的闭环调节系统，根据预先给出的定速，自动地对进入减速器的车辆进行调速，使车辆离开减速器时的速度符合驼峰作业员给定的定速值，从而实现安全连挂。

(三)自动化控制计算机

将自动化驼峰的测量设备(如雷达、测长设备、测重设备、传感器等)测出的信息送入控制计算机,计算机将收到的信息进行计算、处理,发出控制命令,自动控制相应的设备工作。

(四)动力设备

调速设备的动力源分为气动和液压,因此,在调车场要设置相应的动力站,用以产生、储存和传递减速器所使用的动力。动力源要求不间断地供给调速设备。

第二节　驼峰信号设备的平面布置

无论是机械化驼峰,还是自动化驼峰,驼峰信号设备的平面布置基本相同。下面以机械化驼峰场信号设备的平面布置为例(如图 2-2 所示)。

T_1、T_2 为驼峰信号机;D_{218}、D_{220}、D_{234}～D_{248} 等为线束调车信号机;D_{202}、D_{204}～D_{216}、D_{222}～D_{232}、D_{250}、D_{252} 为峰上调车信号机;B_1～B_{24} 为线路表示器。

210#、214# 道岔为第一级分路道岔;218#、220# 道岔为第二级分路道岔;222#、232#、242#、252# 道岔为第三级分路道岔;226#、224#、234#、236#、244#、246#、254#、260# 道岔为第四级分路道岔;228#、230#、238#、240#、248#、250#、256#、258# 道岔为第五级分路道岔。

J_1、J_2 为第一部位车辆减速器,J_3～J_{10} 为第二部位车辆减速器;XJQ_1、XJQ_2 为车辆限界检查器。

图 2-2 所示机械化驼峰场设置 N_1、N_2 和 N_3 三个驼峰信号楼,其中 N_1 为上部信号楼,N_2、N_3 为下部信号楼。上部信号楼是指挥全场进行作业,并控制第一分路道岔和第一部位车辆减速器;下部信号楼分别控制所管辖线束的分路道岔和所属第二部位车辆减速器。如 N_2 楼在作业时,驼峰作业员可扳动 218#、222#～240# 分路道岔和控制 J_3～J_6 车辆减速器,N_3 楼在作业时,驼峰作业员可扳动 220#、242#～260# 分路道岔和控制 J_7～J_{10} 车辆减速器。

一、上部楼驼峰控制台

在每个驼峰信号楼内都设有驼峰控制台。上部楼驼峰控制台盘面如图 2-3 所示。在控制台盘面上设有各种不同用途的控制按钮及表示灯。

(一)信号机的控制按钮及表示灯

驼峰信号机有七种显示,其中六种显示为峰顶作业信号,用六个二位自复式按钮控制,另一种显示为指示驼峰机车下峰作业的调车信号,用一个二位自复式带灯按钮控制,每种信号显示在控制台上均设有复示器。峰上调车信号机采用二位自复式带灯按钮控制。线束调车信号机采用三位自复式不带灯按钮控制,并且设有开放信号的复示器。

(二)车辆减速器的控制按钮及表示灯

车辆减速器的制动和缓解用二位自复式带灯按钮控制。因 T·JK 型车辆减速器有四级制动,在控制台盘面上设有 4 个制动按钮,1 个缓解按钮。对应每个按钮有一个相应的表示灯,制动为红灯,缓解为白灯。

(三)道岔手柄及表示灯

自动集中范围内的道岔,即分路道岔采用三位式控制手柄。手柄放在中间位置时,该道岔纳入自动集中控制;如需单独转换该道岔时,在未锁闭的条件下可用手柄将其扳到所需位置。

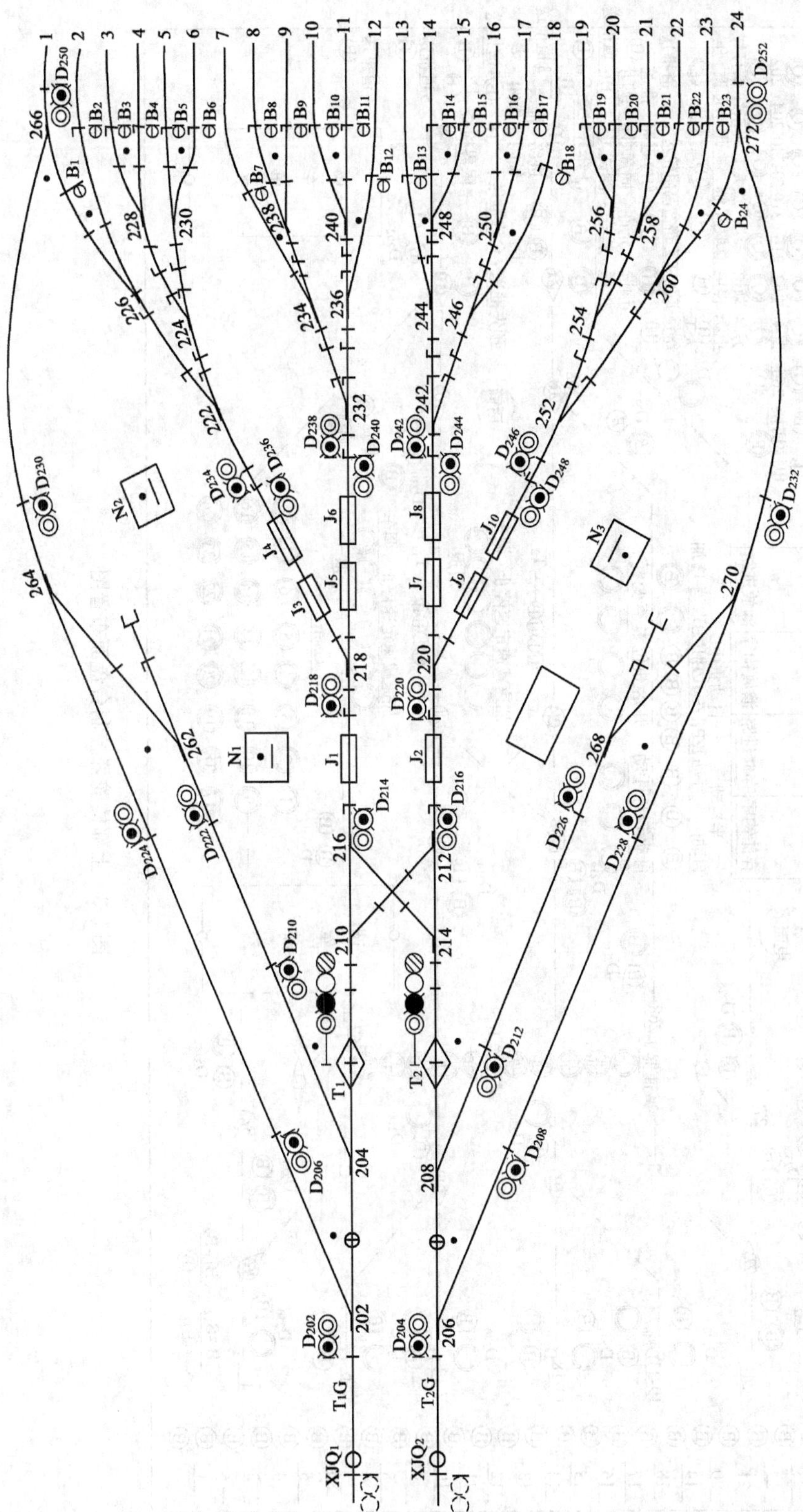

图 2-2　机械化驼峰场信号设备平面布置图

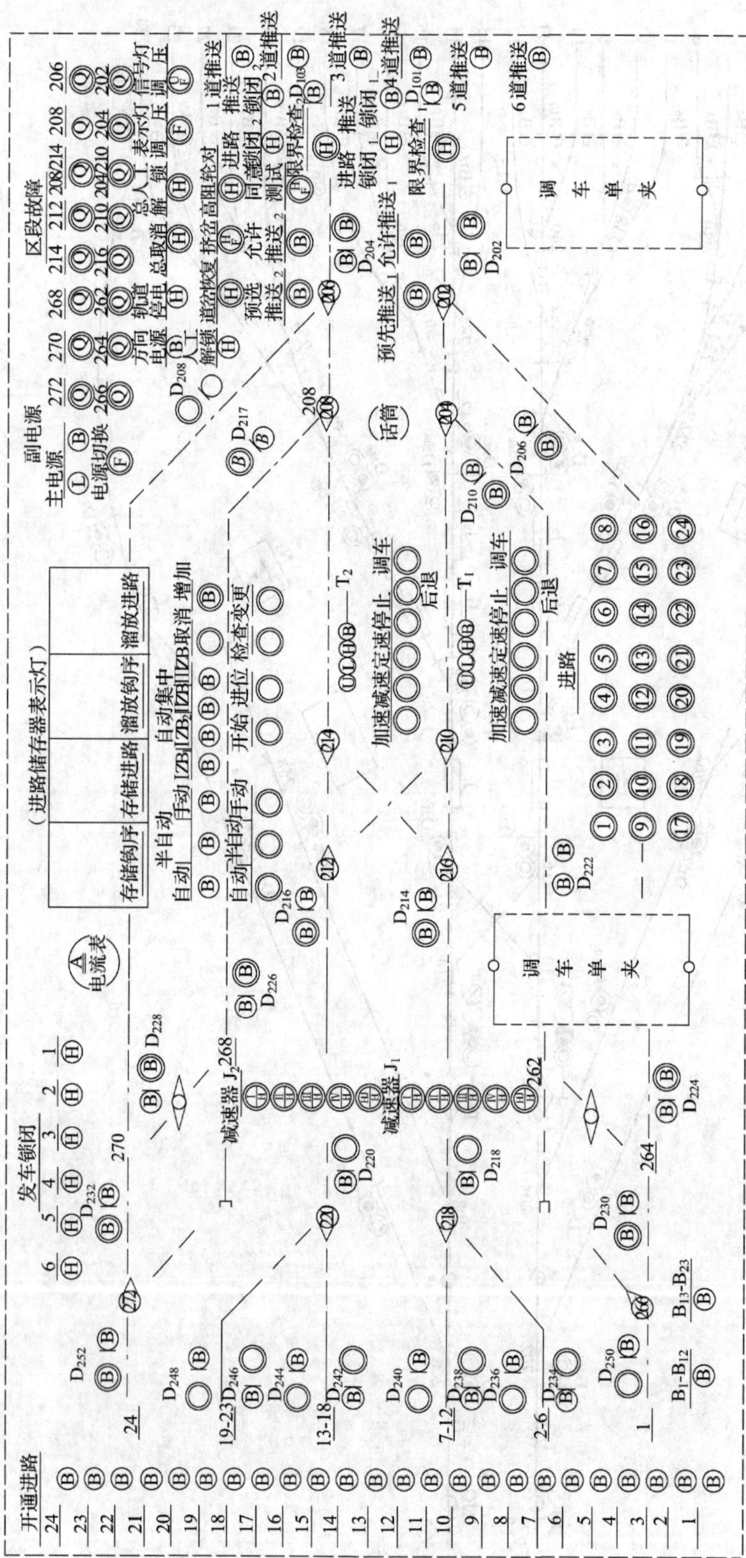

图 2-3　上部楼驼峰控制台盘面布置图

交叉渡线的后端道岔，即 212# 和 216# 道岔不属于自动集中范围，采用二位式控制手柄。交叉渡线两端的道岔均按单独道岔处理，其目的是在溜放作业时，能提高分路道岔动作的灵活性，并可避免后端顺向道岔不必要的转换。

（四）自动集中用的按钮及表示灯

对应自动、半自动、手动作业，分别设置一个二位自复式按钮，用来区分自动集中的作业性质，每个按钮设有相应的表示灯。控制台中部两个白色的自动集中表示灯(1～12 股道为左半场，13～24 股道为右半场)是用来表示每个半场的分路道岔是否已纳入自动集中控制，即半场的分路道岔纳入自动集中控制时(道岔手柄在中间位置)，使相应的白灯点亮。自动集中还设有进路按钮、开始按钮、取消按钮、增加按钮、进位按钮、检查按钮、变更按钮等控制按钮。自动集中设置了储存钩序、储存进路、溜放钩序及溜放进路表示灯，用以显示储存及溜放的钩序与进路号码。

（五）区段解锁故障按钮

该按钮采用二位自复式带铅封按钮，用于在电气集中道岔区段故障时，实现故障区段解锁。

（六）允许推送和预先推送按钮

二者都采用三位自复式带灯按钮，当驼峰作业员按下某一按钮时，其白灯点亮，表明已允许到达场建立推送或预推进路。

（七）其他按钮及表示灯

上部楼的盘面上还有电源切换、总取消、总人工解锁、轨道停电恢复、道岔恢复、挤岔、限界检查、表示灯调压、信号灯调压按钮，以及轨道光节表示，进路锁闭(红灯)、推送锁闭(白灯)、股道推送表示(白灯)灯。

二、下部楼驼峰控制台

下部楼(N_2)驼峰控制台盘面如图 2-4 所示。与上部楼设置不同的按钮及表示灯如下：

（一）切断信号按钮

采用二位自复式按钮，用于发现危及作业安全的情况时，关闭驼峰信号。

（二）封锁道岔按钮

采用二位保留式带灯按钮，当某一编组线满线时，将连接该编组线的道岔手柄扳向开通另一编组线的位置，然后按下该道岔的封锁按钮(按钮内的白灯点亮)，将道岔锁在该位置。此时仍可点亮自动集中表示灯，溜放作业可照常进行。

（三）线束调车信号机的复示器与线路表示器

本楼管辖范围内的线束调车信号机，在控制台上设有信号复示器，当线束调车信号机的上峰调车信号机开放后，开通股道的线路表示器即应点灯。此时，控制台上的线路表示器应点亮白灯，用以证明现场的灯光已经点亮。

自动化驼峰控制台与机械化驼峰相比，减少了进路储存和调车信号等按钮，其他基本不变。近期改造的驼峰，逐步采取集中控制方式，即将指挥楼和执行楼合并为一个楼，控制台也一同合并。

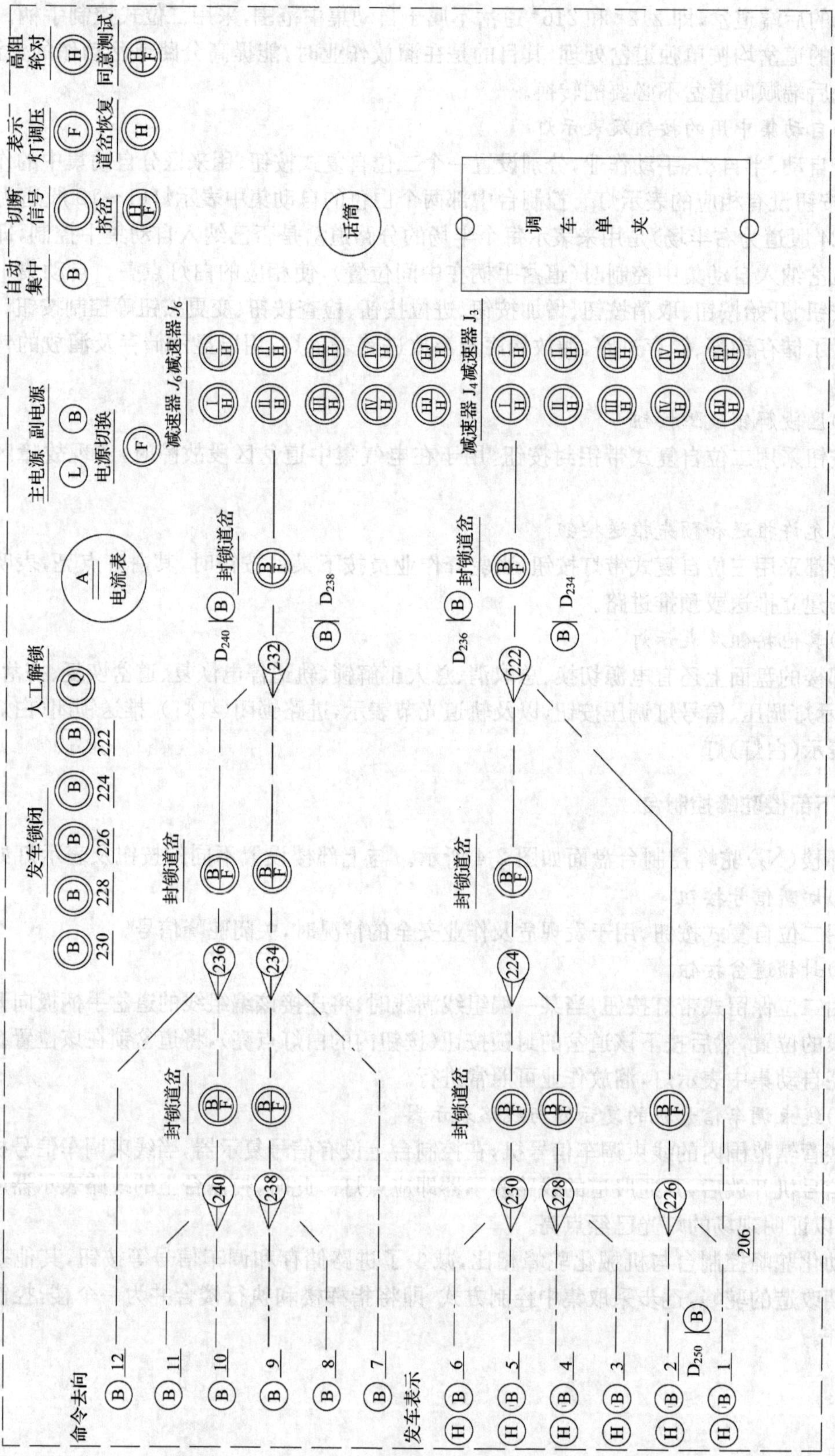

图 2-4 下部楼(N_2)驼峰控制台盘面布置图

复习思考题

1. 简述自动化驼峰主要由哪些信号设备组成。
2. 驼峰道岔自动集中的作用是什么？
3. 自动化、半自动化驼峰的测量设备有哪些？其作用是什么？
4. 在驼峰控制台上设置了哪些控制按钮和手柄？

第三章　驼峰进路控制电路

第一节　驼峰进路控制技术要求

驼峰进路控制包括驼峰推送进路控制、驼峰调车进路控制和驼峰溜放进路控制。

一、驼峰推峰机车推送进路控制

1. 横列式站场从牵出线至驼峰信号机或禁溜线、迂回线轨道电路区段；纵列式站场从到达场股道至驼峰信号机或禁溜线、迂回线轨道电路区段，可手动操纵道岔办理，亦可以自动排列进路办理。

2. 驼峰推送进路中驼峰场部分可采用信号锁闭或进路锁闭，到达场部分应采用进路锁闭。

3. 驼峰推送进路应采用进路一次解锁。

4. 当驼峰场办理允许手续以后，到达场才能排通推送进路。

5. 到达场推送进路排通并锁闭后，主推作业时驼峰辅助信号机复示驼峰信号机的显示；预先推送作业时，驼峰辅助信号机显示黄色灯光，并应该在车列推送至驼峰信号机前预定制动点自动显示红灯。

6. 在到达场推送进路建立但未使用前，可办理人工取消推送进路；办理取消进路，应先关闭信号，推送进路延时解锁。

7. 车列占用到达场推送进路后，该进路不得人工办理取消。

8. 推送进路上调车信号机的显示在建立推送进路后应随驼峰信号机的开放自动开放。

二、驼峰调车进路控制

1. 驼峰调车进路应包括峰上调车进路(峰上联锁)、推送机车上下峰进路。

2. 驼峰调车进路可手扳道岔至规定位置排列进路，亦可操纵进路始、终端按钮自动选排进路。

3. 驼峰峰上调车进路中有关的道岔均应与防护该进路的信号机互相联锁，敌对进路之间必须互相照查并应满足下列技术条件的要求：

(1)进路上的有关道岔位置不正确，敌对进路未解锁或照查条件不符合时，防护该进路的信号机不得开放。

(2)防护进路的信号机开放后，与该进路有关的道岔应被锁闭，敌对信号机不得开放。

(3)防护进路中的道岔及轨道区段被车占用，该防护信号机不得开放。

4. 一次排列由几条进路组成的长调车进路，只有当各条进路均构成后，防护各进路的调车信号机方可同时开放或由进路最远端开始依次开放。

5. 允许停放车辆的无岔区段有车占用时，可以向该区段排列进路。

6. 当向邻接的联锁区开通进路时，应与邻接联锁区照查锁闭。

7. 进路的锁闭分为进路锁闭和接近锁闭。进路锁闭应在进路选通、有关联锁条件具备时构成；接近锁闭应在信号开放后接近区段有车占用时构成，当无接近区段时，则信号开放即构成进路的接近锁闭。调车进路的接近区段为信号机前方的轨道区段。

三、驼峰钩车溜放进路控制

1. 驼峰钩车溜放进路控制包括钩车溜放进路控制命令存储和溜放过程的道岔自动控制。

2. 钩车溜放进路控制命令存储器的最小容量应满足一次存储不少于 20 钩的要求，并可在钩车溜放过程中继续储存。

3. 钩车溜放进路控制命令存储器应具有命令检查、变更的功能。

4. 存储器的钩车进路命令可人工储存，亦可与信息管理系统或调车作业单传输系统结合、实现自动储存。

5. 存储器储存的钩车溜放进路命令内容至少应有钩序、进路等，并能提供命令显示信息。

6. 溜放过程中应能依据存储器的钩车进路命令，正确、及时地逐级依次自动选排溜放进路。

7. 钩车溜放进路自动控制系统应能进行“钓鱼”判断和处理。

8. 对钩车溜放过程中出现的“堵门”、“满线”、道岔恢复等非正常现象，应能进行必要的防护。

9. 溜放进路中的分路道岔除自动控制外，应有手动控制的功能，且手动优先于自动控制。

10. 具有双峰顶的驼峰钩车溜放进路控制系统，应满足全场溜放或半场溜放的条件。

11. 驼峰分路道岔控制电路应满足下列要求：

(1)分路道岔不与驼峰信号机发生联锁。

(2)当道岔保护区段或道岔区段有车占用时，不能操纵道岔转换。已被操纵的分路道岔，当车列驶入其区段，但转辙机自动开闭器尚未断开时，不应再转换。

(3)分路道岔一经启动后，必须转换到底。当在 1.2s 内不能转换到底时，则应在车列进入其轨道区段前自动向原位转换。

12. 分路道岔发生道岔恢复应报警，再次投入使用，须经值班员确认。

13. 分路道岔的表示应满足下列要求：

(1)分路道岔表示应与道岔的实际位置一致。

(2)当道岔处于不密贴状态时，严禁出现道岔位置表示。

(3)发生挤岔时，应有声光报警。

(4)表示电路应与转辙机自动开闭器接点状态一致。

第二节　驼峰信号机电路

一、驼峰信号机的显示意义

驼峰信号机的各种显示意义如下：

一个绿色灯光——定速信号，准许机车车辆按规定速度向驼峰推进。

一个绿闪灯光——加速信号，指示机车车辆加速向驼峰推进。

一个黄闪灯光——减速信号，指示机车车辆减速向驼峰推进。

一个红色灯光——停车信号,不准机车车辆越过该信号机或指示机车车辆停止作业。

一个红闪灯光——后退信号,指示机车自峰顶后退。

一个月白色灯光——调车信号,指示机车去峰下。

一个月白色闪光灯光——指示机车车辆去禁溜线或迂回线。

二、驼峰信号机的集中控制方式

驼峰信号机的信号显示是由驼峰指挥楼的值班员集中控制的。如图 2-3 所示,控制台盘面上设有 6 种信号控制按钮。

定速按钮:用来开放定速信号(绿灯)。

加速按钮:用来开放加速信号(绿闪)。

减速按钮:用来开放减速信号(黄闪)。

后退按钮:用来开放后退信号(红闪)。

调车按钮:用来开放调车信号(月白);当有关道岔开通去禁溜线或迂回线位置时,按压该按钮,则开放白闪信号。

停车按钮:用来关闭驼峰信号(红灯)。

驼峰值班员可根据作业的需要,按压相应的信号控制按钮,来变换驼峰信号机的显示。

为保证作业安全,当发生意外的情况下,应允许下部信号楼的作业人员或现场调车人员及时关闭驼峰信号。为此,在下部信号楼的控制台和现场的每个按钮柱 AZ 上,均装有一个二位自复式切断信号按钮 QXA。

三、开放驼峰信号机的技术要求

1. 驼峰信号机与敌对的信号机、推送线上的道岔和峰下交叉渡线上的背向道岔以及与其所防护进路有关道岔均应联锁。解体车辆时,与分路道岔不联锁。信号开放不检查溜放进路空闲。

2. 信号开放后,当发生断路、灯丝断丝、联锁道岔被挤、闪光继电器损坏灯情况时,信号机应立即自动关闭。

3. 车辆碰倒限界检查器时,应自动关闭驼峰信号,并应发出音响报警。

4. 下部楼的驼峰值班员及调车组有关人员根据作业情况有权关闭驼峰信号机。

5. 驼峰信号若因设备故障自动关闭或由现场调车人员关闭后,未经再次办理不应自动重复开放。

6. 驼峰信号包含多种显示,但同时只能给出一种显示,若信号变换显示时,由原来的显示直接转换为变换后的显示,其间不应闪现其他显示。

7. 双重控制的驼峰信号机,同时只允许一处操纵。当交接操纵权时,信号应在关闭状态,有关道岔应在规定位置,双方的控制设备应在定位。

8. 驼峰信号机由允许信号变为禁止信号时,应以音响为辅助信号,通知峰顶调车人员。

四、驼峰信号控制电路

驼峰信号控制电路包括:信号继电器电路、防止重复继电器电路、限界检查继电器电路、闪光继电器及闪光照查继电器电路、推送锁闭继电器电路、信号点灯电路及其他有关电路。下面分别结合电路进行分析。

(一)信号继电器电路

每架驼峰信号机设有六个信号继电器,即:绿灯继电器 LJ、绿灯闪光继电器 LSJ、黄灯闪光继电器 USJ、白灯继电器 BJ、白灯闪光继电器 BSJ、后退继电器 HTJ,各种信号继电器的励磁条件不同,下面分三种情况说明。

1. 开放推峰信号的条件

推峰信号有绿闪、绿灯、黄闪三种显示,它的开放条件仅区别于按压不同的信号控制按钮。具体电路如图 3-1 所示。

按照驼峰信号开放的技术要求,在 T_1 推峰信号的联锁条件满足时,按压某一信号控制按钮,即可开放信号。以开放绿闪信号为例,按下 T_1 的绿闪按钮 T_1LSA,当联锁条件满足时,则使 T_1LSJ 的励磁电路构成:

KZ—$T_1HA_{11\text{-}13}$—$T_1USA_{21\text{-}23}$—$T_1LSA_{11\text{-}12}$—$T_1LA_{11\text{-}13}$—$T_1DA_{11\text{-}13}$—$T_1HTA_{11\text{-}13}$—$T_1HTA_{21\text{-}23}$—$T_1DA_{21\text{-}23}$—$T_1LA_{21\text{-}23}$—$T_1LSA_{21\text{-}22}$—$T_1LSJ_{1\text{-}2}$ 线圈—T_1XQJ ↑—216DBJ ↑—$D_{236}XJ$↓—$D_{240}XJ$↓—$D_{214}KJ$↓—212DBJ↑—216DBJ↑—204DBJ↑—202DBJ↑—$D_{202}KJ$↓—T_1DKJ↓—T_1DJ↑—T_1FCJ↑—T_1TSJ↓—$QXA_{11\text{-}13}$(共 4 个)—KF

注:本书在讲解继电器电路时,用↑表示继电器前接点,用↓表示继电器后接点。

T_1LSJ 励磁吸起后,驼峰信号机 T_1 显示加速推峰的绿闪信号。T_1LSJ 由本身前接点经 3-4 线圈构成自闭。自闭电路除继续检查有关的联锁条件外,并检查所有信号按钮的定位接点。在开放信号的电路中,将信号按钮的定位接点串联连接,可以防止同时按压两个信号按钮时,信号出现错误显示。同时,在改变信号显示时,只要按压所需的信号按钮,就可以切断原信号继电器的自闭电路,然后使所需要的信号继电器励磁吸起。

在上述 T_1LSJ 的励磁电路中,检查了以下条件:

(1)在溜放进路上,敌对的 T_1LSJ 信号未开放。当半场溜放时,216# 道岔应在定位,即 DBJ↑。这时,与 T_1 溜放信号相敌对的调车信号有:D_{202}、D_{214}、D_{236}、D_{240}、T_1D 和 D_{250}(266# 道岔反位时,D_{250} 与 T_1 的溜放信号是敌对信号)。因此,在电路中用各信号继电器的落下条件及 T_1DKJ、$D_{202}KJ$ 的落下条件来证明与之敌对的调车信号未开放。须指出:若事先已开放了 D_{202} 信号,则 $D_{202}KJ$ 吸起,说明已办理了调车进路,此时不允许再办理推峰信号。但在推峰信号开放后,为避免推峰机车在禁止灯光下作业,又将 D_{202} 信号自动带起,使其白灯开放。当全场溜放时,应预先将 212# 道岔扳到反位,使 212DBJ↓、212FBJ↑,这时与 T_1 溜放信号相敌对的信号有 D_{202}、D_{216}、D_{244}、D_{248}、D_{214}、D_{240}、D_{236} 等,所以电路中分别检查了上述信号继电器的落下条件。

(2)推送线上的道岔和交叉渡线的后端道岔均应在规定位置。电路中检查了 202DBJ、204DBJ、216DBJ 的吸起条件,用以证明道岔位置符合 T_1 推峰信号的进路要求。当全场溜放时,应先将 212# 道岔扳到反位,使 212FBJ 吸起。这时 212# 道岔仅受区段锁闭作用,只要该区段空闲即可转换,并不影响 T_1 的推峰信号显示。

(3)T_1 推峰信号应具有防止重复作用。电路中防止重复继电器 T_1FCJ、绿白灯继电器 T_1LBJ 和信号闪光继电器 T_1XSJ 等接点并联使用,就是为防止信号因故障关闭后再自动重复开放。

T_1LSJ 是经由 T_1FCJ 的前接点励磁的。但当 T_1LSJ 吸起后,则切断了 FCJ 的自闭电路。在 FCJ 缓放期间 XSJ 已经吸起,此时,经 XSJ 和闪光照查继电器 SZJ 的吸起构成了 T_1LSJ 的自闭电路。若故障 T_1LSJ 失磁落下,XSJ 也随之失磁落下,则使信号故障关闭。故障恢复后,若不按下 HA 办理关闭信号的手续,FCJ 就不会吸起,T_1LSJ 也不会励磁,推峰信号就不会自动重复开放。

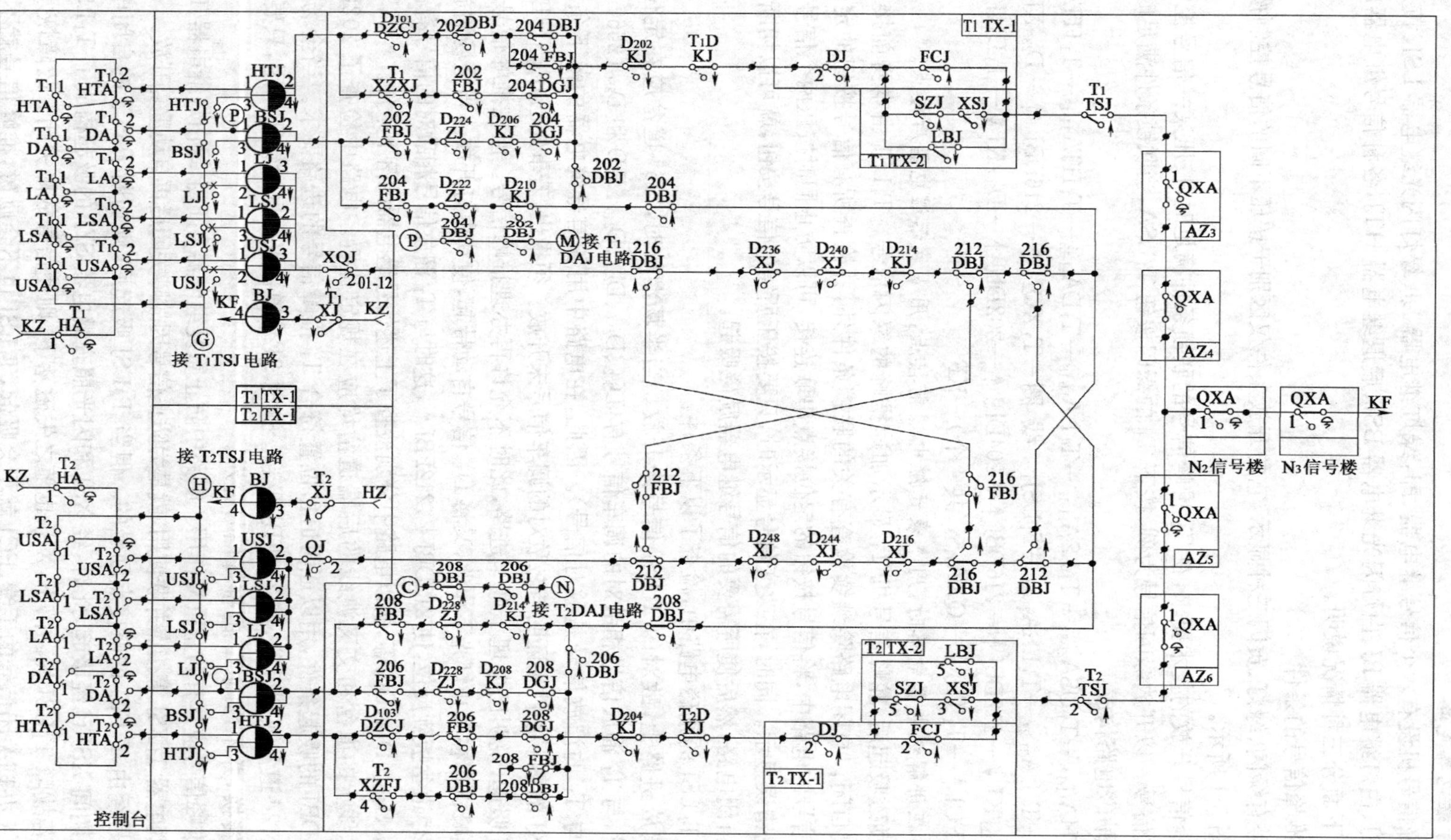

图 3-1 驼峰信号机控制电路

(4)推峰信号开放之前，应先将推送进路锁闭。电路中检查了推送锁闭继电器 T_1TSJ 的后接点，用以证明推峰进路已经锁闭。

(5)其他安全作业条件。电路中以灯丝继电器 DJ 的吸起证明灯丝良好；以闪光照查继电器 SZJ 的吸起证明闪光电路工作正常；以限界检查继电器 XQJ 的吸起证明推峰解体车辆的下部限界符合减速器的限界要求。

(6)现场或下部楼的作业人员必要时可关闭推峰信号。电路中检查了现场按钮柱 AZ 上的切断信号按钮 QXA 和下部楼的信号切断按钮 QXA 的定位接点，用于在危及行车安全时关闭推峰信号。

T_2 推峰信号的联锁关系与 T_1 相同。

2. 开放向禁溜线信号的条件

开放向禁溜线或迂回线的信号时，驼峰信号机应点白闪灯光，所以应使相应的 BSJ 励磁吸起。仍以 T_1 开放去禁溜线或迂回线信号为例，结合图 3-1 说明 BSJ 励磁所要检查的条件。

(1)与去禁溜线或迂回线进路相敌对的调车进路未建立，调车信号未开放。当 T_1 开放去禁溜线信号时，检查了D_{210}KJ 和D_{222}ZJ 的落下条件；T_1 开放去迂回线信号时，检查了 D_{206}KJ 和 D_{224}ZJ 的落下条件。

(2)进路上的道岔在规定位置。当 T_1 开放去禁溜线信号时，检查了 204FBJ 和 202DBJ 的吸起条件。当 T_1 去迂回线时，应检查 202FBJ 的吸起条件。

(3)事先未办理同向调车进路。当 T_1 开放白闪信号时，应照查 D_{202}KJ 和 T_1DKJ 的落下条件，但当白闪信号开放后，应将 D_{202} 自动带起。

(4)其他作业条件。电路中用 DJ 的吸起证明灯丝良好；用 FCJ 的吸起证明驼峰信号原在关闭状态；用 T_1TSJ 的落下证明推送进路已锁闭，并且检查了各切断信号按钮 QXA 均在定位。

3. 开放后退信号的条件

开放后退信号时，驼峰信号机应点红闪灯光，所以应使 HTJ 励磁。还以 T_1 开放后退信号为例，结合图 3-1 说明 HTJ 励磁所要检查的条件。

(1)与后退进路相敌对的调车进路未建立。当 T_1 开放后退信号时，电路中检查了 D_{202}KJ 的落下条件。

(2)从迂回线后退时，应照查连接禁溜线的道岔区段空闲。当经 202# 道岔反位后退时，应检查 204DGJ 的吸起条件。

(3)到达场未向 T_1G 排列进路。电路中用 D_{101}ZCJ 的吸起证明未向 T_1G 排列进路。在推送进路办理后，D_{101}ZCJ 落下，这时为了不影响后退，在 D_{101}ZCJ 接点上并联了信号总辅助继电器 T_1XZFJ 的吸起条件。这样，在办理推送作业时，可使到达场已占用推送进路的车列能按驼峰信号的后退指示退回到达场。

(4)后退进路上的道岔应在规定位置。当 T_1 开放后退信号时，若此时进路上的道岔四开，后退信号将不能开放。

（二）防止重复继电器电路

防止重复继电器用于信号因故关闭后，防止其再自动重复开放，如图 3-2 所示。

FCJ 靠自闭电路保持常吸状态。当开放驼峰信号时，信号继电器吸起，FCJ 自闭电路被切断，使之失磁落下，只有按下停止按钮 HA 并在信号关闭后，才能使 FCJ 重新吸起并自闭。所以防止了信号故障关闭后自动重复开放。为保证信号继电器的可靠吸起，FCJ 采用缓放型。

(三)限界检查继电器电路

限界检查继电器的作用是:当超限车辆溜放时,用于关闭信号并发出声光报警。当低限界车辆碰倒限界检查器时,限界检查继电器 XQJ 失磁落下,如图 3-2 所示,使推峰信号关闭,并发出音响信号,同时点亮控制台上的表示灯,使推峰机车停止溜放作业,以防止超限车辆撞坏减速器。

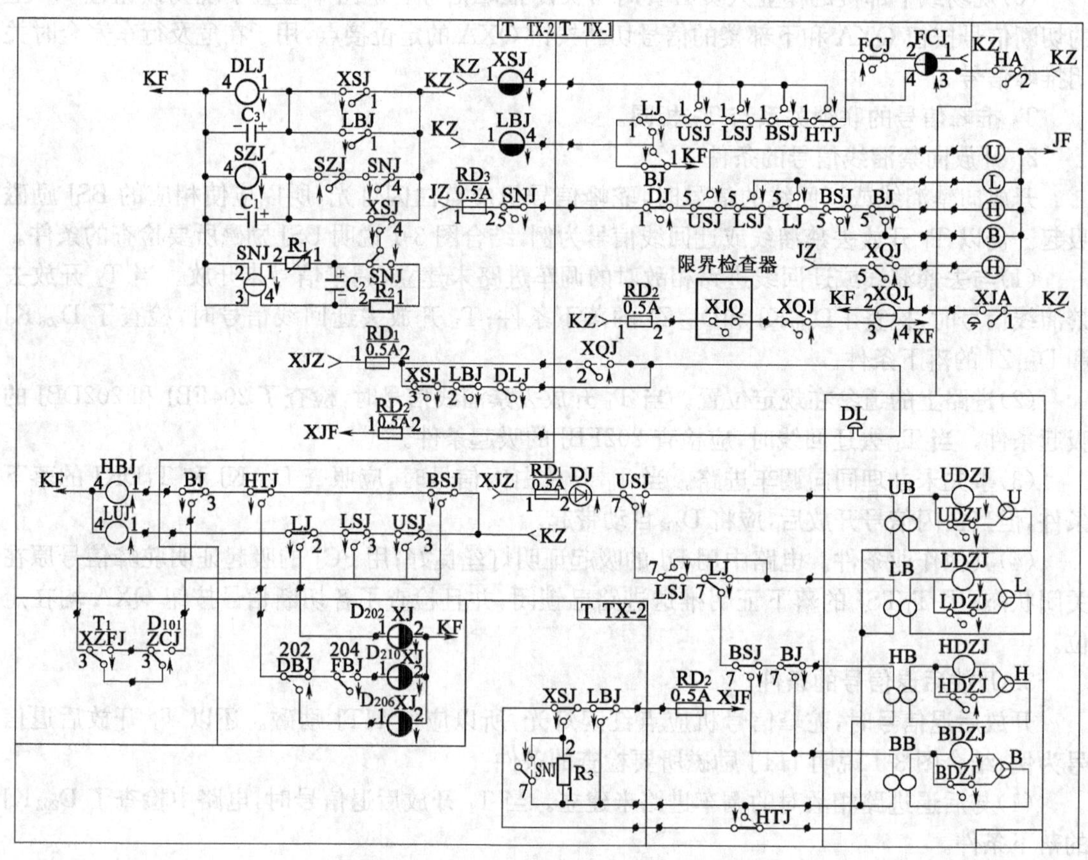

图 3-2　驼峰信号零散电路

XQJ 的励磁靠二位自复式限界检查按钮 XJA 的按压,松开 XJA,励磁电路即断,此时靠自身接点及 XJQ 的定位接点构成自闭电路。当低限车撞倒限界检查器时,XJQ 定位接点断开,XQJ 失磁落下。

(四)闪光继电器及闪光照查继电器电路

闪光继电器 SNJ 的作用是为驼峰信号机和信号复示器提供闪光电源,而闪光照查继电器 SZJ 的作用是开放信号后,用其监督 SNJ 是否正常脉动。其电路如图 3-2 所示。

SNJ 平时处于落下状态,当开放闪光信号时,经某一闪光继电器的吸起条件,使信号闪光继电器吸起,由 XSJ 的前接点和闪光继电器 SNJ 的后接点构成两条通路:一条经 R_1、$SNJ_{1\text{-}2}$ 线圈到 KF;另一条经 C_2、$SNJ_{4\text{-}3}$ 线圈到 KF。由于 SNJ 的 1-2 线圈和 3-4 线圈并联反接,所以在给 C_2 充电的过程中,SNJ 不励磁,直到 C_2 充满后,SNJ 才通过 1-2 线圈励磁,SNJ 吸起后,由其自身的接点断开供电回路,此时 C_2 有两条放电回路:C_2(+)—$SNJ_{11\text{-}12}$—R_2—

C_2(−)；C_2(+)—R_1—$SNJ_{1\text{-}2}$—$SNJ_{3\text{-}4}$—C_2(−)。在C_2放电的过程中，SNJ 缓放落下，又开始重复上述过程。只要 XSJ 保持吸起，SNJ 就以一定的频率脉动，提供出闪光电源。SNJ 的脉动频率可用电阻 R_1 和 R_2 调整。R_1 越大，SNJ 吸起越慢，R_2 越大，SNJ 的缓放时间越长。

SZJ 平时经 XSJ 后接点接通励磁电路，使 SZJ 处于常吸状态。当 XSJ 吸起后，切断了 SZJ 的励磁电路。此时，SZJ 通过电容 C_1 放电缓放，且 C_1 的放电使 SZJ 的缓放时间大于 SNJ 的脉动时间。若在 XSJ 吸起后，SNJ 处于正常脉动状态，在 SNJ 吸起时间内，SNJ 自闭并给 C_1 充电；在 SNJ 落下时间内，SZJ 靠 C_1 放电缓放，使 SZJ 处于稳定吸起状态。若 SZJ 因故未吸起或 SNJ 落下时间大于 SZJ 的缓放时间，则 SZJ 的励磁电路和自闭电路均已切断，SZJ 缓放后失磁落下。用 SZJ 接点接在驼峰信号的自闭电路中，用来监督闪光电路工作是否正常。

(五)推送锁闭继电器电路

推送锁闭继电器(TSJ)的作用是：在驼峰信号开放时，用来锁闭敌对信号及有关道岔，每条推送线设一个 TSJ。如图 3-3 所示，TSJ 平时处于常吸状态，当办理允许推送作业(YTJ↑)、允许预先推送作业(YYJ↑)或开放驼峰信号(FCJ↓)时，均能切断 TSJ 的励磁电路，使其落下。TSJ 落下后，只有在车列出清推送进路(202DGJF↑和 204DGJF↑)并关闭推峰信号(FCJ↑)后，才能重新吸起并转入自闭。

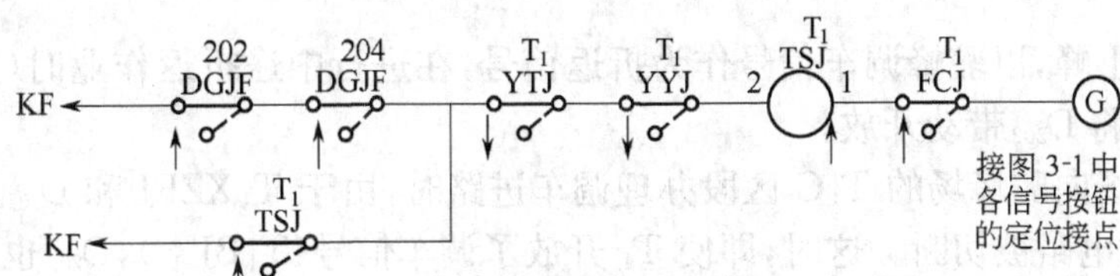

图 3-3　推送锁闭继电器电路

(六)信号点灯电路

驼峰信号机的点灯电路如图 3-2 所示。为使电路能安全可靠地工作，采取了以下措施。

1. 驼峰信号机转换信号显示时，由于驼峰信号继电器采用缓放型，在原来的信号继电器尚未落下，新的信号继电器已经吸起，出现两个信号继电器瞬间同时接通的现象。为此，将各信号继电器的后接点串联接入点灯电路，防止了瞬间出现乱显示的现象。

2. 当开放闪光信号时，为防止灯丝继电器 DJ 随着 SNJ 脉动，在 SNJ 的接点上并联了一个大容量的电阻(4 kΩ，5 W)。当 SNJ 失磁落下，接点断开时，使点灯变压器只降压不断电，从而保证 DJ 的稳定吸起。

3. 点灯电路采用双断控制，提高了电路的可靠性。点灯变压器负电源的回线上均经过接点条件。如红灯的回线经过 HTJ、XSJ、LBJ 的落下条件接至电源负极；而黄、绿、白灯的共同回线则经过 LBJ 和 XSJ 的吸起条件接至电源负极，使点灯电路均构成双断控制。

驼峰信号机采用双丝灯泡，并设有主、副灯丝转换。

(七)其他有关电路

1. 其他有关电路

驼峰信号电路中还包括以下几个电路，如图 3-2 所示。

(1)信号继电器的复示继电器电路

LBJ 是 LJ 和 BJ 的复示继电器；XSJ 是 LSJ、USJ、HTJ、BSJ 的复示继电器。

(2)信号继电器的反复示继电器电路

LUJ 是 LJ、LSJ、USJ 的反复示继电器，当 LJ、LSJ、USJ 均落下时，LUJ 吸起。HBJ 是 HTJ 和 BSJ 的反复示继电器，当 HTJ 和 BSJ 均落下时，HBJ 吸起。

(3)电铃继电器和电铃电路

电铃继电器 DLJ 平时处于落下状态，信号开放后励磁吸起，信号关闭时依靠 C_3 放电使其缓放，在 DLJ 的缓放时间内，使电铃电路接通。

(4)驼峰信号表示灯电路

驼峰信号表示灯在某个相应的信号继电器吸起后即点亮，为防止出现表示灯乱显示的现象，用各信号继电器接点串联接通表示灯电路。如图 3-2 所示，电路中 DJ 的接点用于监督信号灯泡的灯丝情况。

(5)调车信号带动电路

驼峰信号机开放后，与其运动方向相同的调车信号机也被带动开放，以免司机在禁止灯光下作业。如：T_1 开放推峰信号或去禁溜线信号时，应将 D_{202} 信号机带动开放；T_1 开放从禁溜线或迂回线的后退信号时，应将 D_{210} 或 D_{206} 信号机带动开放。

2. 电路中加入 T_1BJ、T_1XZFJ 和 D_{101}ZCJ 条件的目的

(1)在推送作业过程中(这时，T_1XZFJ、D_{101}ZCJ 均落下)，若开放 T_1D 能将 D_{202} 信号机带动开放。

(2)在机车上峰，以驼峰调车信号作为折返信号，在进行中途折返作业时(T_1XZFJ↓、D_{101}ZCJ↑)时，也能将 D_{202} 带动开放。

(3)在到达场向驼峰场的 T_1G 区段办理调车进路时，由于 T_1XZFJ 和 D_{101}ZCJ 落下，T_1BJ 和 D_{202} 灯的带动电路被切断。这时，即使 T_1 开放了调车信号(T_1BJ↑)，D_{202} 也不会被带起，从而防止到达场的调车作业影响驼峰场，保证了作业安全。

第三节　驼峰调车信号电路

驼峰场的调车信号机分为峰上调车信号机和线束调车信号机，所以调车信号电路也就分为峰上调车信号电路和线束调车信号电路。

为了保证咽喉区的调车作业安全和提高作业效率，一般在驼峰头部采用峰上调车信号电路。峰上调车信号电路普遍采用进路分段解锁式调车信号电路，它是在 6502 电路的基础上改造而成。在线束分路道岔区，为了使分路道岔具有较大的灵活性，故采用一次性解锁方式的调车信号电路。

一、运营技术要求

1. 在检查进路中的道岔(包括防护道岔)位置正确、敌对进路未建立、敌对信号未开放、进路处于锁闭状态、进路中的区段和侵入限界的绝缘区段空闲、进路未进行人工解锁时，峰上调车信号机方可开放。

2. 线束调车信号机开放，要检查进路道岔位置正确，敌对信号未开放，信号灯丝完好，但不检查进路上的轨道区段空闲情况。

3. 当电路故障或信号灯丝断丝时，应自动关闭信号，未经人工重新办理，不得自动重复开放信号。

4. 峰上调车信号机应在列车完全进入调车信号机内方后自动关闭；线束调车信号机采用

人工关闭方式。

5. 推送进路上与驼峰信号机同方向的调车信号机应随驼峰信号机而自动开放或关闭。

6. 在编组线上设置的线路表示器，在检查道岔位置正确后，应随线束调车信号机而自动开放或关闭。

7. 调车信号机点灯电路采用单断接线方式。

二、峰上调车信号电路

（一）特　　点

1. 为了简化电路，峰上调车电路将 6502 电路的选择组和表示电路省去，即省去 1～7 和 14、15 线，将自动选路改为单独操纵道岔，将表示灯网状接线改为个别接线方式。

2. 排列进路由 6502 电路的双按钮方式改为单按钮方式，即排列调车进路只需按压所要开放的调车信号按钮。每个调车信号的终端在网路中是固定的，所以选长调车进路必须按各个基本进路逐段办理。

3. 峰上调车信号电路虽然与 6502 电路的执行组电路类似，都采用站场网路接线，但在网路线数量、用途和联锁条件方面与 6502 电路有所不同。

（二）个别继电器电路

峰上调车信号电路与 6502 电路一样，也分为个别继电器电路和网路接线电路。峰上调车信号电路设有方向组合、电源组合、调车信号组合（只有一种类型）、道岔组合和区段组合等。

1. 按钮继电器电路

按钮继电器电路是用来记录值班员按压按钮的动作。对应每个调车按钮设一个调车按钮继电器，设在调车信号组合内，其电路如图 3-4 所示。

AJ 常态落下，当按压按钮时，AJ 吸起。随着 AJ 的吸起，使有关方向继电器吸起，构成方向电源，使 AJ 构成自闭。同时，在信号检查继电器 XJJ 吸起之前，使按钮内的白色表示灯点亮闪光灯光，当 XJJ 吸起后，按钮内的白色闪光表示灯变为稳定的白色表示灯。当 AJ 落下后，按钮内表示灯熄灭。AJ 的落下有三种情况：第一，由于正在排列与其相反的调车进路，方向继电器未能吸起，因此，未能形成方向电源，使 AJ 没有形成自闭；第二，办理取消进路或人工解锁时，由于取消继电器 QJ 吸起切断 AJ 的自闭电路，随着按钮的松开，AJ 失磁落下。第三，由于信号开放，信号继电器 XJ 吸起，切断 AJ 的自闭电路，使 AJ 落下。

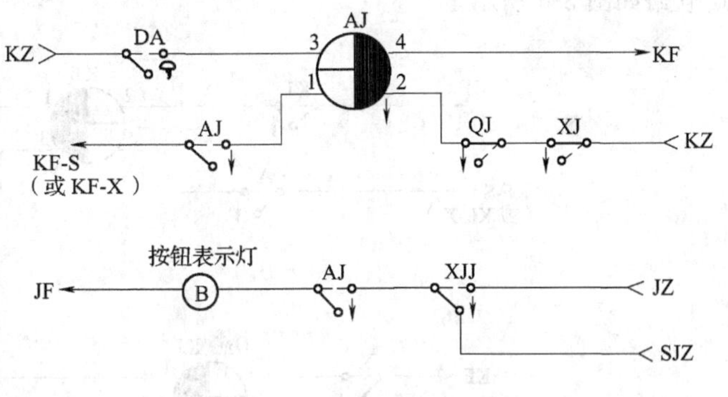

图 3-4　调车按钮继电器电路

AJ 吸起，使方向继电器励磁吸起，构成方向电源，并给本进路的开始和终端继电器电路送电，使 KJ 和 ZJ 吸起。AJ 在开放信号、取消进路、人工解锁和重复开放信号时，均应吸起。为了使 AJ 在方向继电器吸起后可靠转入自闭，故 AJ 采用缓放型。

2. 方向继电器电路

方向继电器是为区分调车运行方向而设的。因为驼峰调车只有两个方向，即上峰和下峰方向,所以设置了上峰方向继电器 SFJ 和下峰方向继电器 XFJ,考虑到方向继电器接点用得较多,故每种方向继电器设置两台。方向继电器电路如图 3-5 所示。

用所有上峰方向调车信号 AJ 的前接点并联接通 SFJ 的励磁电路。同样,用所有下峰方向的调车信号 AJ 的前接点并联接通 XFJ 的励磁电路。在方向继电器电路中照查另一个方向继电器的落下状态,是为了保证电路的可靠工作,在同一时间只能有一个方向继电器励磁。加入 ZQJ 后接点是为了在办理取消进路和人工解锁时,防止方向继电器误动。

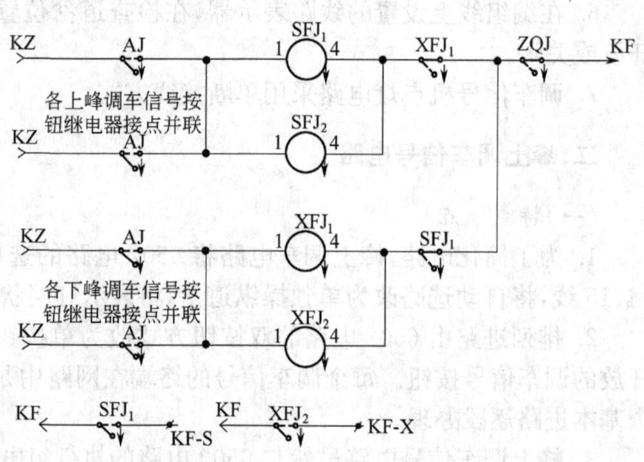

图 3-5 调车信号方向继电器电路

方向继电器吸起后,接通进路终端继电器的 KZ 电源,同时构成方向电源 KF-S 和 KF-X。方向电源用于本方向调车信号 AJ 的自闭电路和开始继电器的励磁电路。

方向继电器在照查另一方向继电器未励磁、未办理取消进路和人工解锁时,随着本方向调车信号按钮继电器 AJ 的吸起而吸起,随着 AJ 的落下而落下。方向继电器设在方向组合内。

3. 开始继电器电路

开始继电器 KJ 每架调车信号机设一个,在调车信号组合内,用 KJ 吸起记录进路始端。其电路如图 3-6 所示。

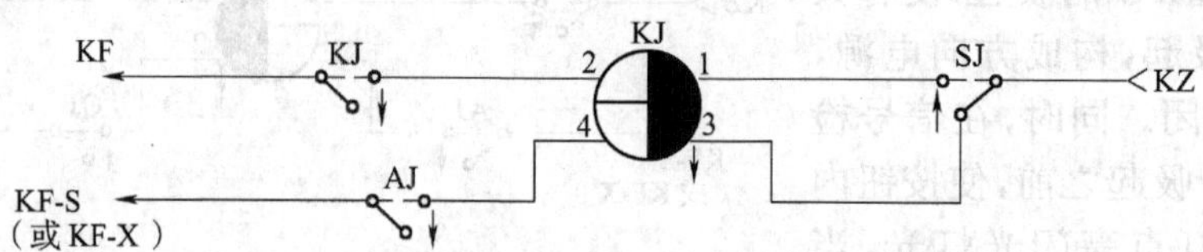

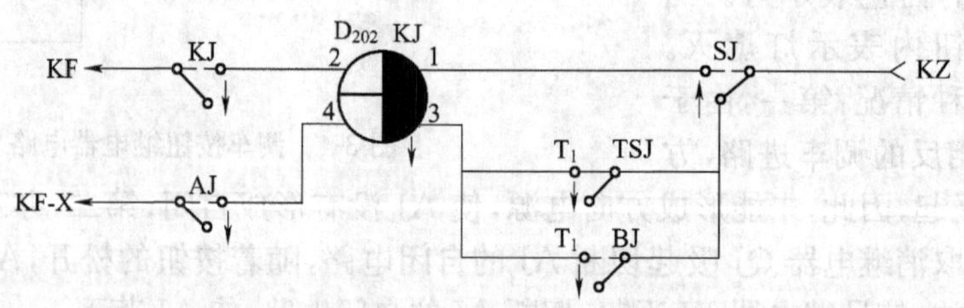

图 3-6 开始继电器电路

KJ 常态落下。当 AJ 吸起并且方向电源构成时,经由励磁线圈 3-4 吸起。当信号机内方第一个区段解锁时,KJ 落下。为了在 SJ 接点转接过程中 KJ 可靠地转入自闭,采用了缓放型继电器。

KJ 励磁电路中检查了 AJ 前接点,是为了证明办理的是以本调车信号为始端的调车进路，负电源采用方向电源是为了防止两个对向调车进路的 KJ 同时励磁。加入 SJ 的前接点用来证明事先未办理敌对进路。

应当指出，由于 D_{202} 和 D_{204} 在推送线上，还应照查是否办理推送作业，所以加入 TSJ 的前接点，来证明事先没有办理推峰作业。但在驼峰信号开放白灯时，允许 D_{202} 或 D_{204} 开放，所以用 BJ 前接点与 TSJ 前接点并联。在办理溜放或去禁溜线(或迂回线)作业时，要自动带动 D_{202}(或 D_{204})开放，只实现推送进路锁闭，这样可避免繁琐作业。

4. 接近预告继电器电路

接近预告继电器 JYJ 的作用：实现接近锁闭；用 JYJ 的后接点构成白灯保留电路。接近预告继电器电路如图 3-7 所示。

JYJ 常态励磁吸起。当未开放信号时，经由 1-2 线圈靠 XJ 后接点构成自闭，同时 KJ 的后接点也接通电源，所以无论信号机外方的第一个轨道区段(接近区段)的 DGJF 是落下或吸起，JYJ 始终保持吸起。当调车信号开放时，KJ 和 XJ 相继励磁，切断 JYJ 的 1-2 线圈电路，JYJ 只能靠 DGJF 的前接点维持其吸起，当接近区段有车占用时，DGJF 落下，JYJ 就失磁落下，实现进路的接近锁闭。只有当调车车辆出清接近区段时，JYJ 方能重新励磁吸起。

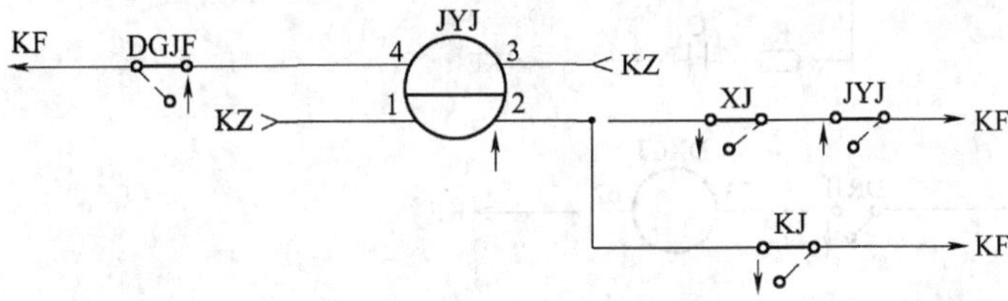

图 3-7　接近预告继电器电路

但因受站场布置限制，如 D_{214} 和 D_{216} 由于未设接近区段，JYJ 的 3-4 线圈就没有配线，仅靠 1-2 线圈工作，所以只要开放信号，JYJ 就失磁落下，待 KJ 落下时方能重新励磁。

5. 总取消和取消继电器电路

峰上调车信号电路设一个总取消继电器 ZQJ，每个调车信号设一个取消继电器 QJ，用于取消进路和人工解锁，其电路如图 3-8 所示。

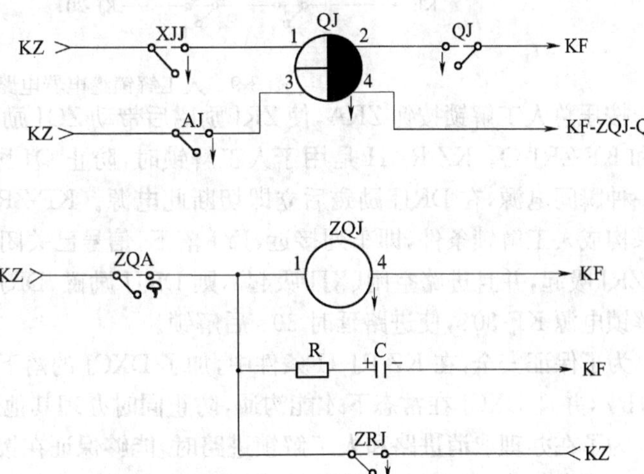

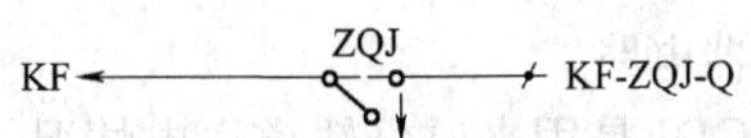

图 3-8　取消继电器和总取消继电器电路

ZQJ 常态落下。办理取消进路时，按下总取消按钮 ZQA，ZQJ 吸起；办理人工解锁时，由总人工解锁继电器 ZRJ 带动吸起。

QJ 常态落下。当条件电源 KF-ZQJ-Q 构成和所要取消进路的调车按钮继电器 AJ 吸起时，相应的 QJ 吸起。QJ 吸起后，经由信号检查继电器 XJJ 的前接点构成自闭,直至进路解锁后 XJJ 落下,方切断 QJ 的自闭电路,QJ 失磁落下。

在办理取消信号时,若 QJ 先于 AJ 失磁,就相当于重新按压调车按钮,重新开放信号,所以 QJ 采用缓放型,使其滞后于 AJ 失磁。

6. 人工解锁继电器电路

为了实现处于接近锁闭状态的调车进路的解锁,由总人工解锁继电器 ZRJ 电路、调车人工解锁继电器 DRJJ 电路和调车限时继电器 DXCJ 电路组成了调车总人工解锁继电器电路,如图 3-9 所示。

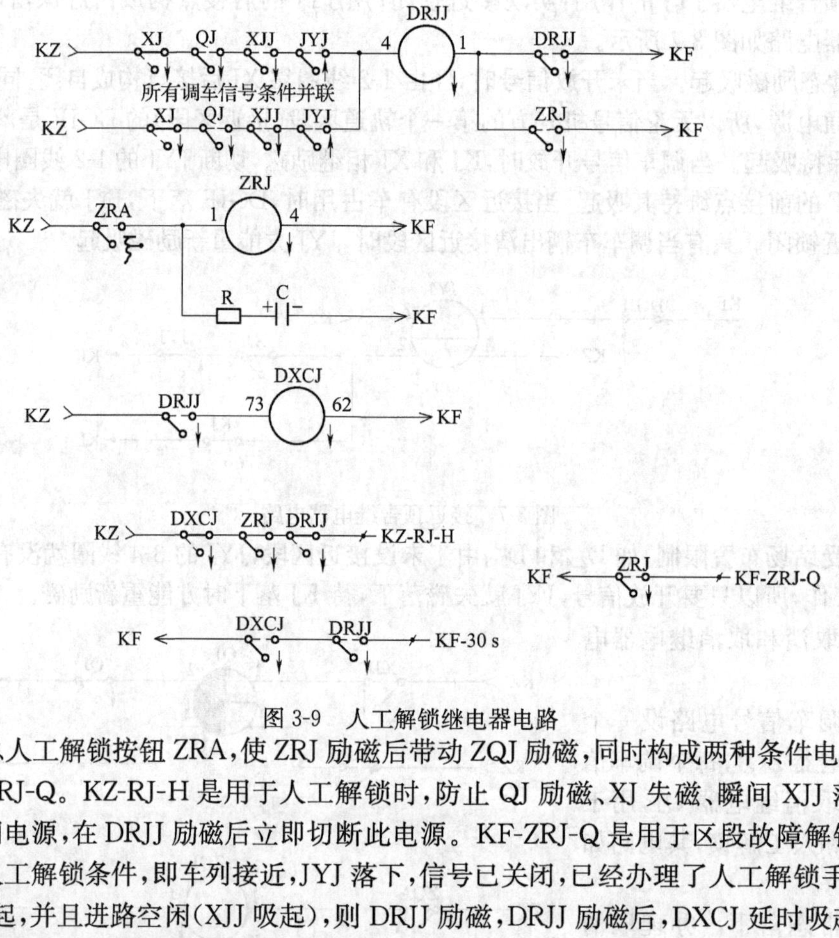

图 3-9　人工解锁继电器电路

按压总人工解锁按钮 ZRA,使 ZRJ 励磁后带动 ZQJ 励磁,同时构成两种条件电源 KZ-RJ-H 和 KF-ZRJ-Q。KZ-RJ-H 是用于人工解锁时,防止 QJ 励磁、XJ 失磁、瞬间 XJJ 落下的,它是一种瞬间电源,在 DRJJ 励磁后立即切断此电源。KF-ZRJ-Q 是用于区段故障解锁的电源。如果构成人工解锁条件,即车列接近,JYJ 落下,信号已关闭,已经办理了人工解锁手续,QJ 吸起,ZRJ 吸起,并且进路空闲(XJJ 吸起),则 DRJJ 励磁,DRJJ 励磁后,DXCJ 延时吸起,形成延时解锁电源 KF-30 s,使进路延时 30 s 后解锁。

为了保证安全,在 KZ-RJ-H 条件中,加了 DXCJ 的落下条件,使 KZ-RJ-H 只有在 ZRJ↑、DRJJ↓,并且 DXCJ 在常态下才能沟通,防止同时办理其他进路的人工解锁。

为了在办理取消进路和人工解锁进路时,能够保证在按压 ZQA(或 ZRA)和 DA 稍有差别时电路正常工作,在 ZQJ 和 ZRJ 的线圈上都并联有阻容元件,使继电器有 1 s 左右的缓放时间。

7. 轨道停电继电器电路

轨道停电继电器 GDJ 是用来监督轨道送电情况,防止由于轨道交流电源停电恢复后,由于轨道继电器励磁的不一致,造成进路错误解锁。其电路如图 3-10 所示。

一般轨道电源分几束由电源屏送出，常态 GDJ 用所有监督轨道线束送电的 ZJJ 的吸起接点串联形成吸起电路。当某一束 ZJJ 落下时，GDJ 就将失磁落下，只有在 ZJJ 全部吸起，并经人工按压轨道恢复按钮 GHA，GDJ 才能励磁吸起。为了防止在电源倒换过程中 GDJ 落下，故 GDJ 采用缓放型。用 GDJ 的前接点构成条件电源 KZ-GDJ，此条件电源用于调车网路的解锁电路中。

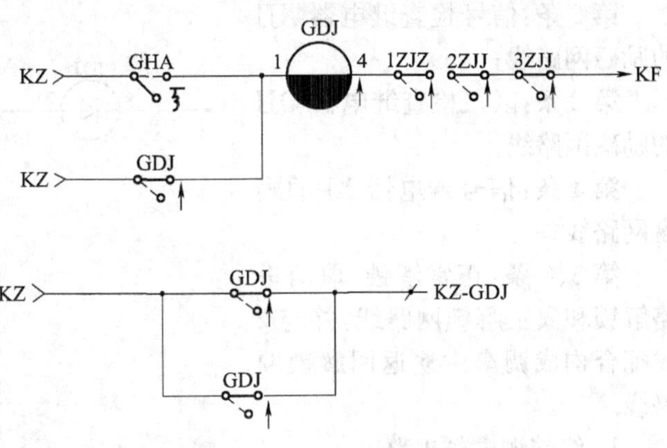

图 3-10　轨道停电继电器电路

8. 调车信号点灯电路

调车信号点灯电路如图 3-11 所示。

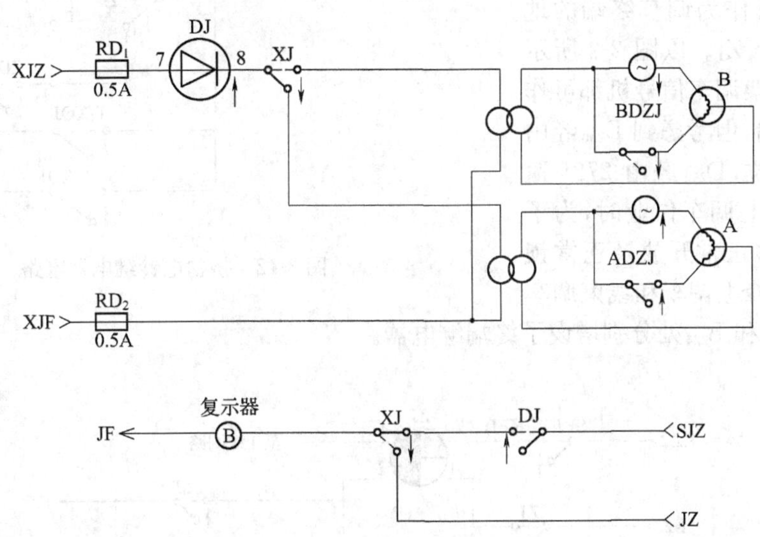

图 3-11　调车信号点灯电路

调车信号未开放时，调车信号机点蓝灯，控制台复示器灭灯；当信号开放后，调车信号机点白灯，控制台复示器点白灯。当蓝灯灯丝断丝时，灯丝继电器 DJ 落下，控制台复示器点白色闪光灯光。

9. 挤岔电铃继电器和挤岔电铃电路

挤岔电铃继电器 JDJ 用来监督道岔的状态，其电路如图 3-12 所示。

某组道岔被挤时，其 DBJ 和 FBJ 均落下，则 JDJ 吸起，使挤岔电铃 DL 鸣响，向值班员报警。值班员按下挤岔按钮 JDA，电铃停响。挤岔故障恢复后，JDJ 落下，电铃再次鸣响。拉出 JDA，电铃停响，设备恢复常态。

挤岔电铃 DL 还用作道岔恢复报警和侵限车辆碰倒限界检查器 XJQ 的报警设备。

(三)峰上调车信号网路接线电路

网路接线电路共有六条网路线，它们分别是：

第 1 条：终端继电器 ZJ 的励磁网路线；

第 2 条:信号检查继电器 XJJ 的励磁网路线；

第 3 条:区段检查继电器 QJJ 的励磁网路线；

第 4 条:信号继电器 XJ 的励磁网路线；

第 5、6 条:正常解锁、取消进路解锁和人工解锁网路线,并与 2 线配合构成调车中途返回解锁网路线。

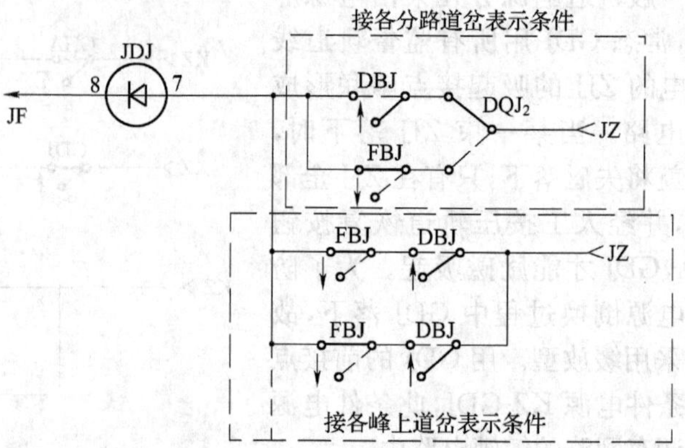

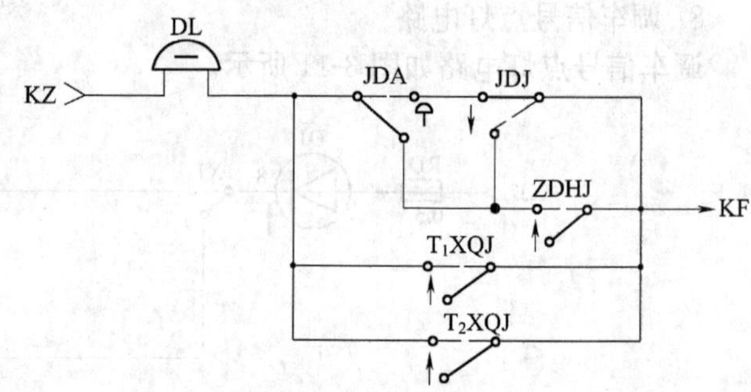

图 3-12　挤岔电铃继电器电路

1. 终端继电器电路

终端继电器的作用是用来确定进路的终端,其电路如图 3-13 所示。每个可作为调车终端的地方均设置一个 ZJ。以图 2-2 所示站场为例,每架调车信号机都可作为进路的终端,但考虑到 D_{250} 经由 266# 道岔反位,D_{252} 经由 272# 道岔反位,去峰上调车作业时,为了保证信号能够正常开放及正常锁闭和解锁,在峰上调车和线束调车的分界处 B_{201} 和 B_{224} 处分别增设了终端继电器。

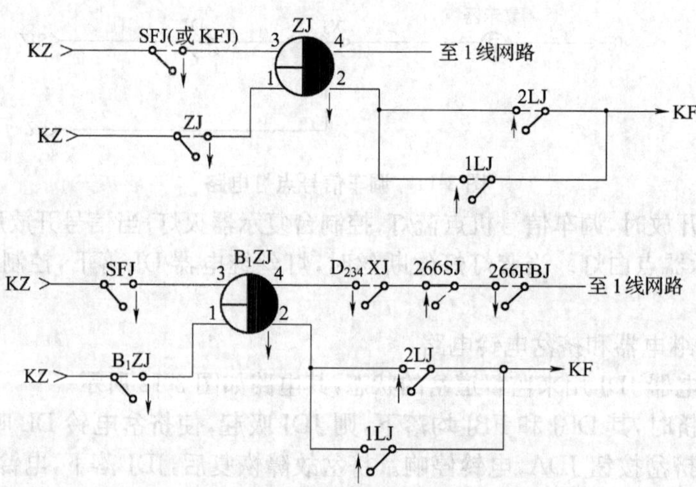

图 3-13　终端继电器电路

终端继电器常态落下。当按下调车按钮,AJ 吸起后,方向继电器吸起,同时经 1 线向进路始端经由 AJ 前接点送 KF,经由方向继电器前接点由进路终端向 ZJ 的 3-4 线圈送 KZ 电源,经检查其他条件构成后,终端继电器励磁。当进路锁闭后,切断 ZJ3-4 线圈的励磁电路,ZJ 靠

1-2 线圈的自闭电路保持吸起。直到进路的最后一个区段解锁后，切断其自闭电路，使 ZJ 失磁落下。

在 ZJ 励磁电路中，接入方向继电器的前接点是为了防止不同方向的终端继电器误动。ZJ 的两个线圈均采用缓放的作用是：励磁线圈采用缓放是为了保证其由励磁可靠转为自闭；自闭线圈采用缓放是为了解锁网路的可靠解锁。

终端继电器励磁吸起需要检查的条件有：

(1)道岔位置正确，故在 1 线中加入了道岔表示条件。

(2)进路处于解锁状态，在 1 线中加入了锁闭继电器 SJ 的励磁条件。

(3)设置无岔区段两端的差置调车信号机，应照查对方 ZJ 的落下条件，以防止两个方向同时向无岔区段调车。

(4)办理推送作业和预推作业时，不允许向推送进路办理调车作业，所以 D_{202}、D_{204} 的 ZJ 均应检查 YSJ 和 TSJ 的励磁条件。但办理推送作业时，应不影响 D_{202}、D_{204} 的开放，而办理预推作业时，D_{202} 或 D_{204} 不准许开放。

(5)向推送进路排列调车作业时，应检查 $T_{201}G$ 或 $T_{202}G$ 空闲和到达场未向 $T_{201}G$ 或 $T_{202}G$ 排列进路。

(6)驼峰信号机开放去禁溜线或迂回线的白闪信号应与另一方向向禁溜线和迂回线的调车信号相互照查。

(7)驼峰信号机不允许推峰信号与调车信号同时开放。

(8)开放 D_{250} 或 D_{252} 对峰上调车信号，要先开放线束上峰调车信号 D_{236} 或 D_{248}，并且用 1KLJ 或 24KLJ 励磁证明道岔开通 1 道或 24 道。

2. 信号检查继电器电路

信号检查继电器 XJJ 的作用是检查开放信号的联锁条件是否满足，如果满足，则 XJJ 吸起，进而锁闭进路并开放信号。信号检查继电器 XJJ 电路如图 3-14 所示。

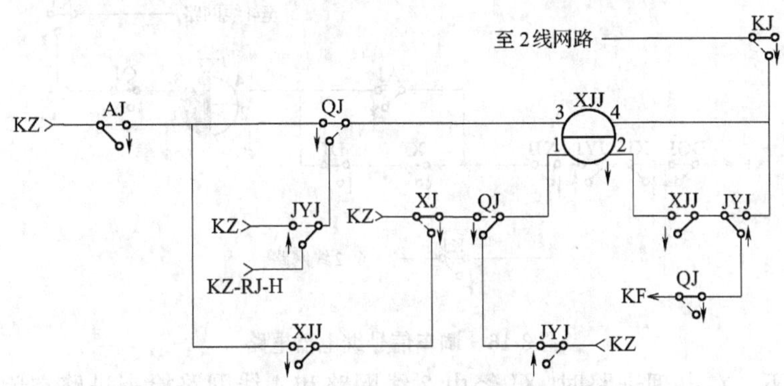

图 3-14　信号检查继电器电路

XJJ 常态落下。在办理进路时，经 AJ 前接点向 XJJ 的励磁电路送 KZ，经 ZJ 的前接点向 2 线网路送 KF，KJ 吸起后用 KJ 的前接点将 XJJ 的 3-4 线圈接入 2 线网路中。在 2 线网路中检查了进路区段的空闲、道岔位置的正确(用 ZJ 吸起间接证明)、未办理敌对进路等，这些联锁条件满足后，XJJ 吸起并构成自闭。

信号开放后，当车列压入信号机内方第一区段时，XJJ 失磁落下，从而使 QJJ 落下，为进路解锁准备好条件，同时构成了 XJ 的白灯保留电路。进行取消进路和人工解锁时，为检查进路空闲,证明车列没有进入调车进路,XJJ应一直保持到进路解锁后方失磁落下。

XJJ有一条自闭电路:KZ—JYJ↑—QJ↓—XJJ_{1-2}线圈—XJJ↑—JYJ↑—QJ↓—KF,此自闭电路的作用是防止开放信号后,接近区段空闲时,进路上的某区段发生瞬间短路,使XJJ落下,将会造成错误的调车中途返回解锁。所以在接近区段空闲的情况下,XJJ不受2线控制。XJJ的3-4线圈经由KJ前接点检查2线电路。加入了本身的前接点是为了防止XJJ利用XJ的缓放重新励磁而造成进路不能正常解锁,对于信号机内方只有一个区段,如果不加此接点,将造成上述情况。

在XJJ_{3-4}线圈通过QJ的前接点保证在解锁过程中XJJ的励磁,用JYJ的吸起和落下,区分取消进路解锁和人工解锁。

3. 区段检查继电器电路

区段检查继电器QJJ的作用是用其励磁来锁闭进路上的道岔和敌对进路,其电路如图3-15所示。

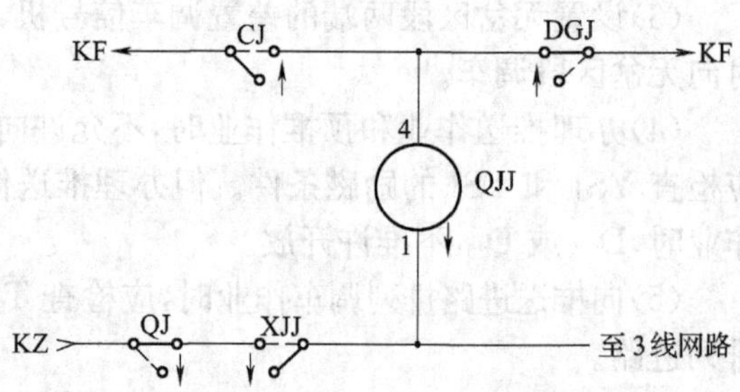

图3-15 区段检查继电器电路

QJJ常态落下。当XJJ吸起后,使QJJ吸起,从而控制进路继电器和传递继电器落下,实现进路锁闭。当车列进入信号机内方后,由XJJ落下,使QJJ落下。在取消进路和人工解锁时,由QJ吸起,使QJJ落下,为进路解锁准备好条件。DGJ前接点的作用是锁闭进路时检查轨道空闲。CJ后接点的作用是当进路锁闭后,轨道占用(故障)时,防止QJJ错误落下。

4. 信号继电器电路

信号继电器XJ的作用是用来控制调车信号机的开放与关闭,每个调车信号机设一个XJ,其电路如图3-16所示。

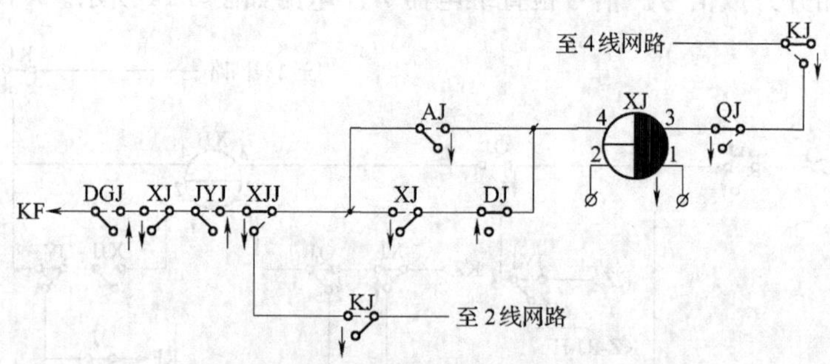

图3-16 调车信号继电器电路

XJ常态落下。在办理进路时,XJ经由2线网路和4线网路检查进路空闲,道岔位置正确,进路锁闭,未排列敌对进路,未办理取消进路和人工解锁等条件后,吸起并自闭。

XJ的自闭电路中检查了开放灯光的灯丝条件,当DJ落下时,信号自动关闭。

信号开放后,当车列压入接近区段进而进入信号机内方区段时,由XJJ的落下接通了白灯保留电路,同时甩开了XJ检查的2线,只检查4线的条件。只有当车列出清接近区段时,XJ才失磁落下,关闭信号。当从接近区段可以停留车辆的禁溜线或其他无岔区段向外调车时,只有当调车车列出清信号机内方第一个区段时才能关闭信号,JYJ只有在第一个区段解锁后方能重新吸起。

为了在 DGJ 和 XJJ 的接点转换过程中 XJ 的励磁吸起电路可靠进入白灯保留电路，XJ 采用缓放型继电器。

5. 传递继电器、锁闭继电器和进路继电器电路

传递继电器 CJ、锁闭继电器 SJ 和进路继电器 1LJ、2LJ 的作用是对进路实现锁闭和解锁，其电路如图 3-17 所示。

CJ 设在区段组合内。设置的作用有三：其一是与 1LJ 和 2LJ 配合完成进路的正常解锁、取消进路、人工解锁和调车中途返回解锁；其二是在故障时，通过按压 ZRA 和区段故障按钮 QGA 使 CJ 励磁，进而使 1LJ 和 2LJ 励磁，实现区段故障解锁；其三是用取消进路和人工解锁的办法不能关闭信号时，可同时按总人工按钮和进路上任意一个区段的故障按钮，使 CJ 励磁关闭信号，但此办法只能关闭信号，不能实现进路解锁。

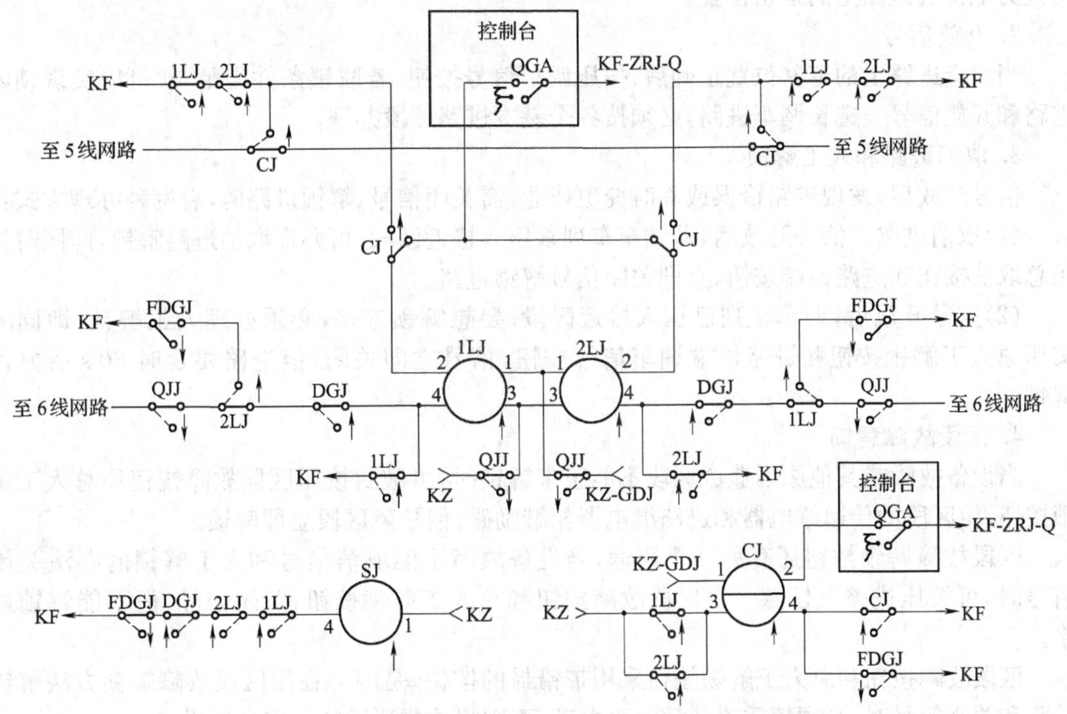

图 3-17 传递继电器、锁闭继电器和进路继电器电路

CJ 常态吸起并自闭。在办理进路时，由 1LJ 和 2LJ 落下使 CJ 落下。在正常解锁时，1LJ 和 2LJ 励磁，FDGJ 处于缓放状态，使 CJ 具有一定的缓吸时间，利用 CJ 的缓吸特点实现进路解锁网路传递动作，3 s 后 FDGJ 落下，CJ 吸起。在取消进路、人工解锁和调车中途返回解锁时，因轨道空闲，只要 1LJ 和 2LJ 有一个励磁吸起，CJ 就吸起，在办理区段故障解锁时，按压 QGA 和 ZRA 时，CJ 先于进路继电器吸起。区段故障解锁和故障关闭信号是利用 CJ 的 1-2 线圈；正常解锁、取消进路、人工解锁和调车中途返回解锁是利用 CJ 的 3-4 线圈。

每组道岔设一个 SJ，SJ 设在道岔组合内。SJ 常态吸起。当区段占用或办理进路时，SJ 落下。用 SJ 落下接点证明进路已锁闭，并对道岔实行电气锁闭。

每个区段设两个(1LJ 和 2LJ)进路继电器，放在区段组合内。进路继电器挂在 5、6 线上。常态 5、6 线无电，1LJ 和 2LJ 靠自闭电路保持吸起。当办理进路时，由于 QJJ 吸起，切断 1LJ

和 2LJ 的自闭电路，使之落下，进而使 CJ 和 SJ 落下，实现进路锁闭。

设置两台进路继电器的目的是为了在进路正常解锁过程中，实现进路的“三点检查”。

进路的解锁分为五种情况：①进路正常解锁；②取消进路解锁；③进路的人工解锁；④调车中途返回解锁；⑤区段的故障解锁。进路解锁时，解锁的技术条件满足后，1LJ 和 2LJ 相继吸起，使进路解锁。

(四)峰上调车进路办理的方式

进路的办理方式是指作业人员开放和关闭信号及解锁进路的操作过程和操作方法。

1. 操纵道岔

由于峰上调车电路没设自动选路电路，所以开放信号前，要人为地将进路上的道岔转换到所需要的位置。一般情况是扳动道岔手柄，故障时，可由扳道员现地操纵道岔，但两种情况都要人为地检查进路上的道岔位置。

2. 开放信号

当检查进路上的道岔位置正确后，按压调车信号按钮，若联锁条件满足，就可以实现锁闭进路和开放信号。选长调车进路，必须按各个基本进路逐段办理。

3. 取消进路和人工解锁

信号开放后，发现进路错误或临时变更作业，需关闭信号，解锁进路时，有两种办理方式：

(1)取消进路。信号开放后，若调车车列未压入接近区段，可办理取消进路解锁，即同时按压总取消按钮和进路始端按钮，立即关闭信号解锁进路。

(2)信号开放后，调车车列已压入接近区段，要想解锁进路，必须办理人工解锁，即同时按压总人工解锁按钮和进路始端调车信号按钮，信号立即关闭，但进路要延时 30 s 后方可解锁。

4. 区段故障解锁

当设备故障或其他原因造成区段不能正常解锁时，可破封按压区段故障按钮和总人工解锁按钮，使区段的传递继电器和进路继电器相继励磁，使故障区段立即解锁。

区段故障解锁按钮还有另一个用途，当设备故障不能取消信号和人工解锁的办法关闭信号时，可按压进路上任意一个区段故障按钮和总人工解锁按钮，关闭信号，但不能解锁进路。

区段故障按钮和总人工解锁按钮采用带铅封的按钮，是因为在用区段故障解锁方法解锁进路和关闭信号时，必须慎重确认后方可办理，否则将造成严重的不安全后果。

(五)峰上调车电路动作顺序

下面以办理 D_{202}→T_1D 的调车进路为例，说明峰上调车电路的动作顺序。参看图 3-18(见插页)。

1. 信号的开放

首先将进路上的道岔扳至所需要的位置。如 D_{202}→T_1D 的进路需要 202# 定位、204# 定位。在检查道岔位置正确后，按压调车按钮，其电路的动作顺序为：

D_{202}A 按压→D_{202}AJ↑→XFJ↑→ D_{202}KJ↑ / T_1DZJ↑ →D_{202}XJJ↑→

202QJJ↑→202/1LJ↓、202/2LJ↓→202SJ↓
204QJJ↑→204/1LJ↓、204/2LJ↓→204SJ↓
→D_{202}XJ↑→ D_{202}AJ↓→XFJ↓ / D_{202}信号开放

D_{202}AJ 的励磁电路为：

KZ—D_{202}A 反位接点—$D_{202}AJ_{3\text{-}4}$线圈—KF

XFJ 的励磁电路为：

KZ—D_{202}AJ↑—$\frac{XFJ_1\text{ 线圈 }1\text{-}4}{XFJ_2\text{ 线圈 }1\text{-}4}$—$SFJ_1$↓—ZQJ↓—KF

XFJ 吸起构成 KF-X(见图 3-5)，沟通 D_{202}AJ 的自闭电路，同时使 D_{202}KJ 和 T_{201}DZJ 励磁。

D_{202}AJ 的自闭电路为：

KZ—D_{202}XJ↓—D_{202}QJ↓—$D_{202}AJ_{1\text{-}2}$线圈—D_{202}AJ↑—KF-X

D_{202}KJ 励磁电路为：

KZ—202SJ↑—T_1TSJ↑—$D_{202}KJ_{3\text{-}4}$线圈—D_{202}AJ↑—KF-X

T_{201}DZJ 励磁电路为：

KZ—XFJ↑ $T_1DZJ_{3\text{-}4}$线圈—①—204SJ↑—204DBJ↑—204SJ↑—202SJ↑—202DBJ↑—202SJ↑—T_1YSJ↑—D_{202}AJ↑—KF

D_{202}KJ 和 T_1DZJ 吸起后，构成 D_{202}XJJ 电路：

KZ—D_{202} AJ ↑—D_{202} QJ ↓—D_{202} $XJJ_{3\text{-}4}$ 线圈—D_{202} KJ ↑—202DGJF ↑—202DBJ↑—204DGJF↑—204DBJ↑—T_1DZJ↑—KF

D_{202}XJJ 吸起后，在接近区段空闲时，构成局部自闭电路：

KZ—D_{202}JYJ↑—D_{202}QJ↓—$D_{202}XJJ_{1\text{-}2}$线圈—D_{202}XJJ↑—D_{202}JYJ↑—D_{202}QJ↓—KF

这条自闭电路的作用是：在列车未接近时，使 XJJ 不受 2 线网路控制，防止轨道人工短路故障时使 XJJ 落下，当轨道故障恢复后，造成进路错误地按照调车中途返回解锁。

XJ 励磁吸起后，构成 XJJ 的另一条自闭电路：

KZ—D_{202}XJ↑—D_{202}XJJ↑—D_{202}QJ↓—$D_{202}XJJ_{3\text{-}4}$线圈—D_{202}KJ↑—2 线网路

这条自闭电路的作用是：在列车压入接近区段后，切断 $XJJ_{1\text{-}2}$线圈自闭电路，将自闭电路转到 $XJJ_{3\text{-}4}$线圈检查 2 线网路条件。当车压入信号机内方第一区段时，使 XJJ 落下，为进路正常解锁和调车中途返回解锁准备好条件。

在取消进路或人工解锁时，通过 QJ 的第 1 组前接点构成 $XJJ_{3\text{-}4}$线圈经由 2 线网路的励磁电路，直至进路全部解锁，KJ 落下，使 XJJ 落下。

D_{202}XJJ 吸起后，使 202QJJ 和 204QJJ 通过 3 线网路励磁：

KZ—D_{202}QJ↓—D_{202}XJJ↑—3 线网路—$\frac{202QJJ_{1\text{-}4}\text{线圈—202DGJF↑—KF}}{204QJJ_{1\text{-}4}\text{线圈—204DGJF↑—KF}}$

QJJ 吸起后，切断了本区段 1LJ 和 2LJ 的电源，使 1LJ、2LJ 落下，从而使本区段的 CJ 和 SJ 落下，实现进路锁闭。204/1LJ、204/2LJ 落下后构成终端继电器的自闭电路：

KZ—T_1DZJ↑—$T_1DJZ_{1\text{-}2}$线圈—$\frac{204/1LJ↓}{204/2LJ↓}$—KF

所以 T_1DZJ 直到进路的最后一个区段 204G 解锁后方缓放落下。

进路锁闭后，使 D_{202}XJ 励磁吸起：

KZ—T_1 DZJ ↑—204SJ ↓—204DBJ ↑—204SJ ↓—204CJ ↓—202SJ↓—202DBJ ↑—202SJ↓—202CJ ↓—D_{202} KJ ↑—D_{202} QJ ↓—D_{202} $XJ_{3\text{-}4}$ 线圈—D_{202} AJ ↑—D_{202} XJJ ↑—D_{202}KJ↑—202DGJF↑—202BJ↑—204DGJF↑—204DBJ↑—T_1DZJ↑—KF

XJ 吸起后，开放 D_{202}调车信号，同时构成自闭，并切断 AJ 电路使之落下，进而使方向继电器落下，至此一个调车进路排列完毕。

2. 信号的关闭与进路解锁

(1)信号正常关闭与进路正常解锁

车列压入信号机内方第一个区段 202DG，D_{202}XJJ 落下，构成白灯保留电路，其动作顺序为：

D_{202}JYJ↓ ─┐
202DGJ↓ → D_{202}XJJ↓ ─┴→ D_{202}XJ 转入灯光保留电路

D_{202}XJ 的白灯保留电路为：

KZ—T_1 DZJ↑—204SJ↓—204DBJ↑—204SJ↓—204CJ↓—202SJ↓—202DBJ↓—202SJ↓—202CJ↓—D_{202}KJ↑—D_{202}QJ↓—$D_{202}$$XJ_{3-4}$线圈—$D_{202}$DJ↑—$D_{202}$XJ↑—$D_{202}$XJJ↓—$D_{202}$JYJ↓—$D_{202}$XJ↑—202DGJF↓—KF

当车列出清接近区段时，JYJ 吸起，切断白灯保留电路，使 XJ 落下，其动作顺序为：

JYJ↑→XJ↓→信号关闭

在车列压入 202DG 的同时，解锁电路开始动作，其顺序为：

202DGJ↓ → ┬→ 202FDGJ↑ ─────────────┐
　　　　　└→ 202XJJ↓ → 202QJJ↓ ──────┴→ 202/1LJ↑
　　　　　　　　　　　　204QJJ↓

当车列压入 204DG，出清 202DG，使 202/2LJ 吸起：

202/1LJ↑ ─┐
202DG↑ ───┼→ 202/2LJ↑
204FDGJ↑ ─┘

202/1LJ 的励磁电路为：

KF—202FDGJ↑—202/1LJ↓—202QJJ↓—D_{202}KJ↑—D_{202}XJ↑—D_{202}XJJ↓—D_{202}KJ↑—202CJ↓—202CJ↓—202/$1LJ_{2-1}$线圈—202QJJ↓—KZ-GDJ

202/2LJ 的励磁电路为：

KZ—202QJJ↓—202/$2LJ_{3-4}$线圈—202DGJ↑—202/1LJ↑—202QJJ↓—204FBJ↓—204QJJ↓—204/2LJ↓—204FDGJ↑—KF

202/1LJ 和 202/2LJ 相继吸起后，待 202FDGJ 缓放落下后使 202SJ 和 202CJ 吸起，202DG 区段解锁完毕。202SJ 吸起后，使 202KJ 落下。

202SJ 励磁电路为：

KZ—$202SJ_{1-4}$线圈—202/1LJ↑—202/2LJ↑—202DGJ↑—202FDGJ↓—KF

202CJ 的励磁电路为：

KZ—(202/1LJ↑ / 202/2LJ↑)—$202CJ_{3-4}$线圈—202FDGJ↓—KF

车列出清 202DG，202FDGJ 缓放期间，构成 204/1LJ 励磁电路：

KF—202/2LJ↑—202/1LJ↑—202CJ↓—202SJ↓—202DBJ↑—204CJ↓—204CJ↓—204/$1LJ_{2-1}$线圈—204QJJ↓—KZ-GDJ

车列继续前行进入 204/210G，并出清 204DG，构成 204/2LJ 励磁电路：

KZ—204QJJ↓—204/$2LJ_{3-4}$线圈—204DGJ↑—204/1LJ↑—204QJJ↓—204FBJ↓—T_{201}DZJ↑—204/210FDGJ↑—204/210GJF↓—KF

204/1LJ 和 204/2LJ 吸起后，切断 T_{201}DZJ 的自闭电路，失磁落下，待 204FDGJ 缓放落下后，204CJ 和 204SJ 分别吸起，整个调车进路解锁完毕。

(2)调车中途返回解锁

调车中途返回解锁分为两种情况：第一是进路上区段均未正常解锁；第二是进路的区段有的已经正常解锁，还有部分区段未正常解锁。这两种情况都需要调车中途返回解锁。关闭信号的方式也有两种：一种是信号正常关闭，即车列出清接近区段，全部进入信号内方；另一种是车列未出清接近区段就中途折返，此时，信号需用取消信号方式关闭，这种情况的进路解锁是按取消进路的方式解锁。

①进路上区段均未正常解锁时的调车中途返回解锁

如开放 D_{202}，当车列进入 202DG 时，就根据到达场反向调车信号折返。这时，D_{202}→T_1D 的进路上只有 202/1LJ 励磁吸起，进路仍处于锁闭状态，当车列折返退出 D_{202} 接近区段时，进路开始按调车中途返回方式解锁。继电器动作顺序为：

202/1LJ↑→204/1LJ↑→204/2LJ↑→202/2LJ↑

进路由终端向始端方向开始解锁。

202/1LJ 的励磁电路与正常解锁相同。

202/1LJ 吸起后，构成 202CJ 励磁电路：

KZ—202/1LJ↑—$202CJ_{3\text{-}4}$线圈—202FDGJ↓—KF

202CJ 吸起，又构成 204/1LJ 励磁电路：

KF—T_1 DZJ ↑—204DBJ ↑—204DGJF ↑—202DBJ ↑—202DGJF ↑—D_{202} KJ ↑—D_{202}JYJ↑—T_1FGJ↑—D_{202} XJ↓—D_{202} XJJ↓—D_{202} KJ↑—202CJ↑—202CJ↑—202SJ↓—202DBJ↑—204CJ↓—204CJ↓—$204/1LJ_{2\text{-}1}$线圈—204QJJ↓—KZ-GDJ

204/1LJ 吸起后，204CJ 吸起，构成 204/2LJ 励磁电路：

KF—T_{201} DZJ ↑—204DBJ ↑—204DGJF ↑—202DBJ ↑—202DGJF ↑—D_{202} KJ ↑—D_{202}JYJ↑—T_1FGJ↑—D_{202} XJ↓—D_{202} XJJ↓—D_{202} KJ↑—202CJ↑—202CJ↑—202SJ↓—202DBJ↑—204CJ↑—204CJ↑—204SJ↓—204DBJ↑—T_1DZJ↑—204FDGJ↓—T_1DZJ↑—204FBJ↓—204QJJ↓—204/1LJ↑—204DGJ↑—$204/2LJ_{4\text{-}3}$线圈—204QJJ↑—KZ

204/2LJ 吸起，使 204SJ 吸起，204 区段解锁，同时给 202/2LJ 送电，使 202/2LJ 励磁吸起：

KF—204/1LJ↑—204DGJ↑—204/2LJ↑—204QJJ↓—202FBJ↓—202QJJ↓—202/1LJ↑—202DGJ↑—$202/2LJ_{4\text{-}3}$线圈—202QJJ↓—KZ

202/2LJ 吸起后使 202SJ 吸起，进路全部解锁。

②进路上的部分区段正常解锁，还剩下部分区段未正常解锁，需按调车中途返回方式解锁

以开放 D_{214} 为例。车列向峰上行驶，进入 D_{214} 内方，相继压入 204/210G，并出清 204/210G，进入 204DG 后，204/2LJ 吸起。如果这时开放 T_{201}D，车列开始折返，出清 204DG 时，204FDGJ 缓放落下后，使 204CJ 励磁。当出清 204/210G 时，构成 202/2LJ 励磁电路：

KF—D_{202}ZJ↑—D_{202}KJ↓—202DGJF↑—202DBJ↑—204DGJF↑—204DBJ↑—T_1DZJ↓—T_1DKJ↑—T_1 DZJ↓—204DBJ↑—204SJ↓—204CJ↑—204CJ↑—202DBJ↑—202SJ↓—202CJ↓—202CJ↓—$202/2LJ_{2\text{-}1}$线圈—202QJJ↓—KZ-GDJ

202/2LJ 吸起后，202CJ 励磁吸起，构成 202/1LJ 励磁电路：

KF—D_{202} ZJ ↑—D_{202} KJ ↓—202DGJF ↑—202DBJ ↑—204DGJF ↑—204DBJ ↑—T_1DZJ↓—T_1DKJ↑—T_1 DZJ↓—204DBJ↑—204SJ↓—204CJ↑—204CJ↑—202DBJ↑—

202SJ↓—202CJ↑—202CJ↑—D_{202} KJ↓—D_{202} KJ↓—D_{202} ZJ↑—202FDGJ↓—D_{202} ZJ↑—D_{202} KJ↓—202QJJ↓—202/2LJ↑—202DGJ↑—202/1$LJ_{4\text{-}3}$线圈—202QJJ↓—KZ

202/1LJ 吸起后,使 202SJ 吸起,202DG 区段解锁,同时构成 204/1LJ 的励磁电路:

KF—202/2LJ↑—202DGJ↑—202/1LJ↑—202QJJ↓—202FBJ↓—204QJJ↓—204/2LJ↑—204DGJ↑—204/1$LJ_{4\text{-}3}$线圈—204QJJ↓—KZ

204/2LJ 吸起后,使 204SJ 吸起,204 区段解锁。

(3)取消进路与人工解锁

信号开放后,由于某种原因要关闭信号解锁进路,在车列未压入接近区段时,可采用取消进路的方式关闭信号和解锁进路。以排列 D_{202}→T_1D 为例,电路动作关系如下:

按压 ZQA→ZQJ↑→D_{202}QJ↑→D_{202}XJ↓
按压 D_{202}A→D_{202}AJ↑ →202QJJ↓
→204QJJ↓

D_{202}QJ 吸起后,$D_{202}$$XJJ_{3\text{-}4}$线圈经检查 2 线网路后得电吸起,其电路为:

KZ—D_{202} JYJ↑—D_{202} QJ↑—D_{202} $XJJ_{3\text{-}4}$ 线圈—D_{202} KJ↑—202DGJF↑—202DBJ↑—204DGJF↑—204DBJ↑—T_1DZJ↑—KF

D_{202}XJJ 吸起后,构成 202/1LJ 励磁电路:

KF—D_{202}JYJ↑—D_{202} QJ↑—D_{202} XJJ↑—D_{202} KJ↑—202CJ↓—202CJ↓—202/1$LJ_{2\text{-}1}$线圈—202QJJ↓—KZ-GDJ

202/1LJ 吸起后,202CJ 随之吸起,构成 204/1LJ 励磁电路:

KF—D_{202} JYJ↑—D_{202} QJ↑—D_{202} XJJ↑—D_{202} KJ↑—202CJ↑—202CJ↑—202SJ↑—202DBJ↑—204CJ↓—204CJ↓—204/1$LJ_{2\text{-}1}$线圈—204QJJ↓—KZ-GDJ

202 和 204 区段的 1LJ 吸起后,构成 204/2LJ 励磁电路:

KF—D_{202} JYJ↑—D_{202} QJ↑—D_{202} XJJ↑—D_{202} KJ↑—202CJ↑—202CJ↑—202SJ↓—202DBJ↑—204CJ↑—204CJ↑—204SJ↓—204DBJ↑—T_1 DZJ↑—204FDGJ↓—T_1DZJ↑—204FBJ↓—204QJJ↓—204/1LJ↑—204DGJ↑—204/2$LJ_{3\text{-}4}$线圈—204QJJ↓—KZ

204/2LJ 吸起后,204SJ 吸起使 204DG 区段解锁,T_{201} DZJ 落下,同时构成 202/2LJ 励磁电路:

KF—204/1LJ↑—204DGJ↑—204/2LJ↑—204QJJ↓—202FBJ↓—202QJJ↓—202/1LJ↑—202DGJ↑—202/2$LJ_{3\text{-}4}$线圈—202QJJ↓—KZ

202/2LJ 吸起后,202SJ 吸起,202DG 区段解锁,则有 202SJ↑—D_{202} KJ↓—D_{202} XJJ↓—D_{202} QJ↓,至此电路全部复原。

信号开放后调车车列进入接近区段,使进路处于接近锁闭状态。要想取消进路,必须办理人工解锁。办理人工解锁时同时按压 ZRA 和 DA,即可马上关闭信号,但进路需要信号关闭后延时 30 s 解锁。人工解锁进路和取消解锁进路电路动作原理基本相同,只是解锁电源由 KF 变成了条件电源 KF-30 s。

(4)区段故障解锁

由于某种原因使某个区段不能按照前面讲过的办法解锁时,可采用故障解锁,即破铅封并同时按压 QGA 和 ZRA,使 CJ 励磁,然后带动 1LJ 和 2LJ 吸起,使该故障区段解锁。应当指出,若故障锁闭是由轨道电路故障造成,那么上述办法只能使进路继电器 1LJ 和 2LJ 吸起,SJ 并不吸起。只有轨道电路故障排除后,才能使 SJ 吸起,道岔解锁。

三、线束调车和线路表示器电路

驼峰线束调车是在驼峰作业员的监视范围内进行的,同时为了分路道岔具有较大的灵活性,线束调车电路设计得比较简单。线束调车进路采用人工一次性解锁方式。在开放信号后,对整个线束道岔实行全部锁闭。每架线束调车信号只设一个灯丝继电器和一个调车信号继电器。

(一)线束进路继电器电路

1 线束进路继电器电路如图 3-19 所示。

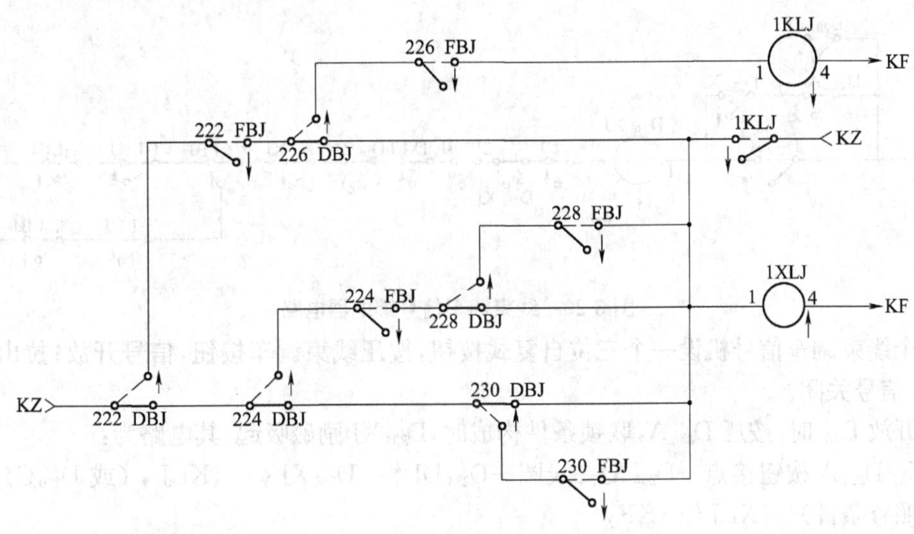

图 3-19 1 线束进路继电器电路

当 1 线束内开通某一股道时,XLJ 励磁。例如开通 3 道时,1XLJ 的励磁电路为:

KZ—222DBJ↑—224DBJ↓—224FBJ↑—228DBJ↓—228FBJ↑—$1XLJ_{1\text{-}4}$线圈—KF

XLJ 的作用是检查所要开通的进路上道岔的表示正常,防止道岔四开情况下开放线束调车信号。在线束调车信号继电器电路中检查 XLJ 励磁条件,间接地检查进路上道岔表示继电器的励磁条件。

在 XLJ 的励磁电路中均检查表示继电器(DBJ 或 FBJ)的励磁条件,即道岔反位时不仅检查 DBJ 落下条件,同时还要检查 FBJ 的励磁条件,这种检查方法是用于防止在道岔不密贴时,XLJ 错误励磁。

为了使经由 1 道开放信号时,使 B_{301}ZJ 励磁,增设 1 道开通继电器 1KLJ。1KLJ 常态落下,当道岔开通 1 道时,1KLJ 励磁,其电路为:

KZ—222DBJ↓—222FBJ↑—226DBJ↓—226FBJ↑—$1KLJ_{1\text{-}4}$线圈—KF

用 1KLJ 和 D_{236}XJ 的励磁条件,使 B_{301}ZJ 励磁吸起,构成 D_{250}信号开放条件。1KLJ 吸起后使 1XLJ 励磁吸起,保证开通 1 道时 1XLJ 在励磁状态。

其他线束的 XLJ 电路与 1 线束的类似,只是 2、3 线束设有 KLJ 继电器,4 线束设有 24KLJ 继电器。

(二)线束调车信号继电器电路

线束调车信号分为上峰和下峰方向。图 3-20 所示的是线束上峰调车信号 D_{236}XJ 电路和

线束下峰调车信号 $D_{234}XJ$ 电路。

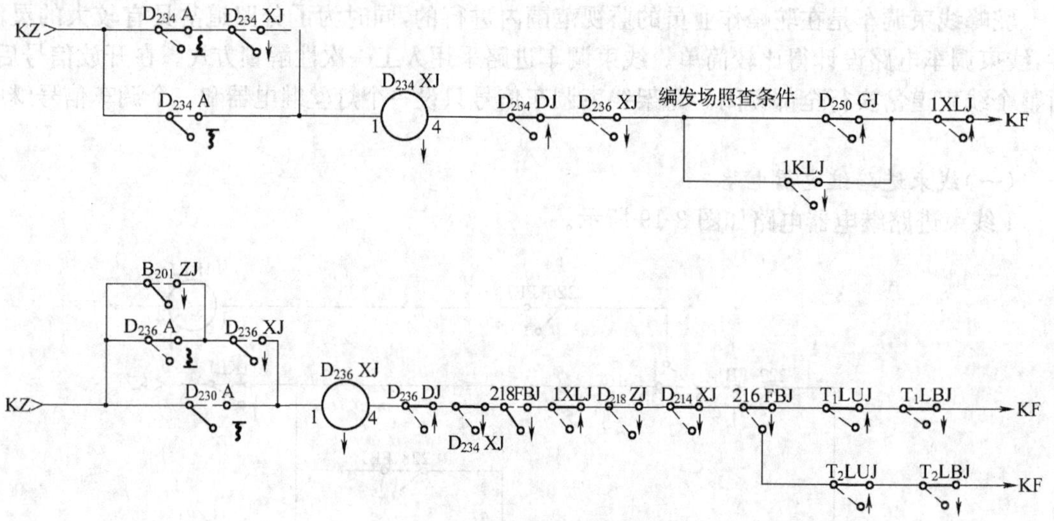

图 3-20　线束调车信号继电器电路

每个线束调车信号机设一个三位自复式按钮,按压线束调车按钮,信号开放;拉出线束调车按钮,信号关闭。

当开放 D_{234} 时,按压 $D_{234}A$,联锁条件构成时,$D_{234}XJ$ 励磁吸起,其电路为:

KZ—$D_{234}A$ 按钮接点—$D_{234}XJ_{1\text{-}4}$ 线圈—$D_{234}DJ\uparrow$—$D_{236}XJ\downarrow$—1KLJ↓(或 $D_{250}GJ$ 吸起和编发场照查条件)—1XLJ↑—KF

$D_{234}XJ$ 励磁吸起,使 D_{234} 信号机点白灯。$D_{234}XJ$ 吸起后通过 $D_{234}A$ 常闭接点构成自闭,松开 D_{234} 按钮,$D_{234}XJ$ 励磁电路被切断。拉出 $D_{234}A$ 使 $D_{234}XJ$ 落下,关闭 D_{234} 信号机。

在 $D_{234}XJ$ 励磁电路中,检查 $D_{236}XJ$ 的落下接点,证明敌对信号未开放;用 1KLJ 落下接点证明未向 1 道进行调车作业,用 1XLJ 的吸起接点间接证明进路上道岔处于正常状态。当开通 1 道时,1KLJ 吸起,这时要检查 $D_{250}G$ 空闲和编发场的照查条件。

当开放 D_{236} 时,按压 $D_{236}A$,联锁条件构成时,$D_{236}XJ$ 励磁吸起,其电路为:

KZ—$D_{236}A$ 接点—$D_{236}XJ_{1\text{-}4}$ 线圈—$D_{236}DJ\uparrow$—$D_{234}XJ\downarrow$—218FBJ↑—1XLJ↑—$D_{218}XJ\downarrow$—

$D_{214}ZJ\downarrow$—
216FBJ↓—$T_1LUJ\uparrow$—$T_1LBJ\downarrow$—KF
216FBJ↑—$T_2LUJ\uparrow$—$T_2LBJ\downarrow$—KF

在 $D_{236}XJ$ 励磁电路中,用 $D_{234}XJ$、$D_{218}XJ$、$D_{214}ZJ$ 条件检查敌对信号未开放;用 218FBJ 的吸起条件检查进路上道岔位置正确;用 216FBJ 和 T_1LUJ、T_1LBJ(或 T_2LUJ、T_2LBJ)条件检查未向本线束办理推峰溜放作业和调车作业;虽然 1 线束道岔不在 D_{236} 防护范围内,但也要通过 1XLJ 的励磁接点检查道岔处于正常状态;在 $D_{236}A$ 的常闭接点上并联了 $B_{201}ZJ$ 励磁接点,其目的是在开放 1 道上峰调车信号时,如要关闭,必须先关闭 D_{250} 信号,然后才能关闭 D_{236} 信号,防止挤岔和脱轨事故的发生。

(三)线路表示器电路

每个线路设一架线路表示器。线路表示器常态灭灯。当道岔开通某线路并且本线束的上峰线束调车信号开放时,该线路表示器点白灯。当线束调车信号关闭时,线路表示器随之关闭。1线束线路表示器电路如图3-21所示。每个线束设一台表示灯丝继电器DJ，常态为落下。当表示器着灯时，DJ吸起，用其吸起接点给信号楼控制台线路表示器表示灯送电点亮白灯，用其表示灯监督线路表示器是否着灯。线路表示器点灯电路中，用上峰线束调车信号的XJ吸起以及各表示继电器的条件控制点亮某一个线路表示器，每个线束同时只能有一个线路表示器开放。

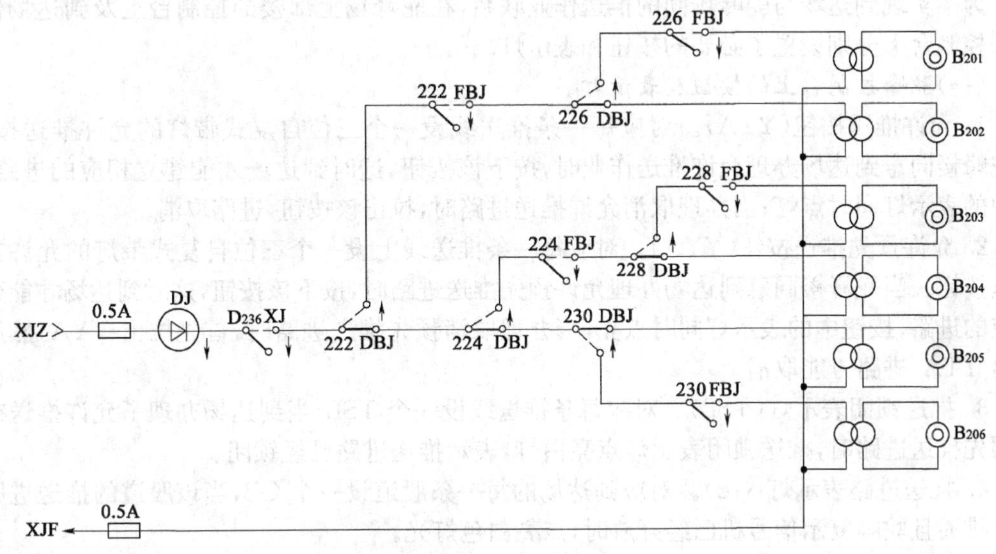

图3-21　1线束线路表示器电路

第四节　驼峰场间联系电路

纵列式布置的驼峰调车场是与到达场、发车场首尾相接的，即：到达场到达的车列，由驼峰调车机直接推送到驼峰调车场的峰顶进行解体和编组，然后送往出发场或由驼峰尾部直接发往邻站。由此可见，驼峰调车场与邻接的到达场或出发场间的作业联系必须用必要的联锁关系来协调。

一、场间联系的技术要求

1. 驼峰头部咽喉与到达场联接处应设调车信号机防护，若因线路条件限制，装设信号机困难时，应将联锁道岔锁在规定位置进行防护，若需扳动联锁道岔，应经双方信号楼值班员同意。

2. 场间防护用的调车信号机，其电路应符合调车信号电路的运营技术要求。两场间设有无岔区段时，不允许两场同时向无岔区段办理进路。

3. 场间推送作业联系应包括允许推送和允许预先推送作业联系。驼峰场办理允许推送作业时，到达场推送进路建立并锁闭后，驼峰复示信号机应复示驼峰信号机的全部显示；驼峰场办理允许预先推送作业时，到达场推送进路建立并锁闭后，驼峰复示信号机显示黄色灯光，车列推送到峰顶前预定地点(一般距峰顶70～90 m)时，驼峰复示信号机应自动关闭。

4. 场间推送进路建立后，在车列出清到达场后一次解锁，自动取消允许推送作业。若推送进路建立后尚未使用,驼峰值班员可取消允许推送作业,使推送进路解锁。

5. 到达场使用推送进路时,驼峰楼的控制台上应有表示。

6. 峰尾有发车作业时,不允许向开放出发信号的编组线溜放车辆。

二、到达场与驼峰场推送作业联系的控制办法

为了实现到达场与驼峰场间的推送作业联系,在驼峰场上部楼的控制台上及到达场信号楼的控制台上分别设置了必要的按钮和表示灯。

(一)驼峰控制台上的按钮及表示灯

1. 允许推送按钮(YTA)。对应每一条推送线设一个三位自复式带灯的允许推送按钮。当驼峰楼同意到达场办理允许推送作业时,按下该按钮,这时到达场才能建立相应的进路,按钮中的表示灯同时点灯;当办理取消允许推送进路时,拉出该按钮,进路取消。

2. 允许预先推送按钮(YYA)。对应每一条推送线上设一个三位自复式带灯的允许预先推送按钮。当驼峰楼同意到达场办理允许预先推送进路时,按下该按钮,这时到达场才能建立相应的进路,按钮中的表示灯同时点亮;当办理取消预先推送进路时,首先拉出 YYA,然后再拉出 YTA,进路方能取消。

3. 推送锁闭表示灯(TSB)。对应每条推送线设一个 TSB,当到达场办理了允许推送或允许预先推送进路时,推送锁闭表示灯点亮白灯,表示推送进路已经锁闭。

4. 推送进路表示灯(GB)。对应到达场的每一条股道设一个 GB,当该股道的推送进路锁闭并排通且驼峰复示信号机已经开放时,点亮白色灯光。

5. 进路锁闭表示灯。对应每条推送线设一个进路锁闭表示灯,当到达场的车列已由股道推出,占用了推送进路时,点亮红色灯光。此时,不能再用取消进路的方法使进路解锁。

(二)设于到达场信号楼控制台上的按钮和表示灯

1. 信号复示器。对应每架驼峰信号机设一个复示器,该复示器具有两种灯光显示。绿色灯光,反映的是驼峰信号机显示绿灯或绿闪;黄色灯光,反映的是驼峰信号机显示黄闪。

2. 允许推送表示灯。对应每一条推送线设一个绿色的允许推送表示灯,当驼峰楼同意办理推送或允许预先推送作业时,该灯点亮。

3. 切断推送信号按钮。对应每一条推送线设一个带表示灯的非自复式带铅封按钮,按下该按钮可切断推送信号,使之点红灯。此时,按钮表示灯点红闪。

4. 调车照查表示灯。在每一分界处的无岔区段设一个调车照查表示灯,当驼峰信号楼向该无岔区段排列调车进路时,点亮红色灯光。

三、推送作业的办理及进路的取消解锁方式

两楼间的推送作业有两种:一是允许推送,一是允许预先推送。这两种作业的控制权都在驼峰信号楼。

当办理允许推送作业时,驼峰值班员按下允许推送按钮 YTA,允许到达场值班员建立推送进路。此时,到达场的驼峰复示信号 TF 复示驼峰信号机的全部显示。这时有三种情况:①需办理取消进路,这时,驼峰值班员拉出 YTA 即可实现。②车列占用了推送进路,这时两场的值班员都无权取消进路,只可关闭信号。③车列占用了推送进路并出清了到达场,这时到达场推送进路一次解锁,自动取消推送进路。

当办理允许预先推送作业时,驼峰值班员按下 YYA 后,到达场建立推送进路。此时,TF

信号机只能点亮黄灯，当车列推到预定地点时，TF 信号机自动关闭信号。在预推过程中，可直接改为允许推送。

四、推送作业的联系电路

推送作业的联系电路是继电器和表示灯电路，如图 3-22 所示。

（一）允许推送继电器电路

对应每一条推送线设一个允许推送继电器 YTJ。其主要作用是：记录值班员按下 YTA 的动作；切断 TSJ 的励磁电路，实现推送进路锁闭；给到达场送出建立推送进路的条件，即使到达场的 YTJ 吸起，以便使到达场建立推送进路。

YTJ 平时落下，驼峰场同意办理允许推送作业时，值班员按下 YTA，YTJ 励磁吸起。T_1YTJ 的励磁电路为：KZ—T_1YTA—T_1YTJ$_{1\text{-}4}$线圈—T_1DKJ↓—D_{202}KJ↓—D_{202}ZJ↓—KF。在 T_1YTJ 的励磁电路中，用 T_1DKJ 和 D_{202}KJ 的落下证明了该信号在关闭状态，用 D_{202}ZJ 的落下表明未办理以 D_{202}为终端的调车进路。T_1YTJ 吸起后，经推送线上各道岔区段 DGJ 的前接点（202DGJ、204DGJ）构成自闭电路，在自闭电路中不再检查 D_{202}KJ 的落下条件等。因为在推送作业中，D_{202}将因 T_1 的开放而带动开放，若在 T_1YTJ 的自闭电路中仍检查 D_{202}KJ 的落下条件，将造成 T_1YTJ 过早失磁，错误取消允许推送的条件。T_1YTJ 吸起后，点亮 T_1YTA 内的白色表示灯，表示同意到达场办理推送进路，同时使 TSJ 落下锁闭推送进路，并点亮推送锁闭表示灯。

到达场收到驼峰场送来的“允许推送”信息后，到达场的 T_1YTJ 吸起，同时点亮 T_1 推送线的允许推送表示灯。此时，到达场即可建立经 T_1 推送线的推送进路。推送进路排通并锁闭后，设于到达场的驼峰复示信号机应完全显示驼峰信号机 T_1 的信号显示。为此，驼峰信号楼应将 T_1 的灯光复示条件全部送给到达场，以控制到达场相应的灯光继电器，同时点亮驼峰控制台上相应股道的推送表示灯。

当驼峰机车根据驼峰信号的显示，将车列推出股道占用推送进路后，到达场的溜空继电器落下（LKJ↓）。此时，经由信号总辅助继电器 XZFJ 的吸起和 LKJ 的落下，向驼峰场发出占用推送进路的信号，使驼峰场的占线继电器吸起（ZXJ↑）。ZXJ 吸起后，构成 T_1YTJ 的另一条自闭电路，并使驼峰控制台上的进路锁闭表示灯 TSB 点亮，通知驼峰值班员车列已占用了推送进路。车列出清到达场完全进入驼峰场后，到达场的 LKJ 吸起，驼峰场 ZXJ 落下，切断了 T_1YTJ 的自闭电路，自动取消“允许推送”的条件。

T_1YTJ 自闭电路中的 T_1YTA 拉出接点，用于人工取消“允许推送”条件。只要车列未占用到达场的推送进路（ZXJ↓），驼峰值班员即可办理人工取消。

以上电路动作的逻辑关系如下：

驼峰场同意到达场办理允许推送作业时，驼峰值班员即按下 T_1YTA：

Y_1YTA 按下 → T_1YTJ↑ → T_1YTB 点亮
→ T_1TSJ↓
→ 到达场的 T_1YTJ↑

到达场的 T_1YTJ 吸起后即点亮其相应的表示灯，到达场值班员看到 T_1YTB 点亮后，即可办理推送进路。办理过程中，列车开始继电器 LKJ 吸起，推送辅助开始继电器 TFKJ 随之吸起（对应到达场的每一股道设一个 TFKJ），使驼峰场的推送股道表示灯点亮。假定 7 股道办理进路，则有 TF_7LKJ↑→TF_7TFKJ↑→驼峰控制台上推送股道表示灯 7G 点亮。

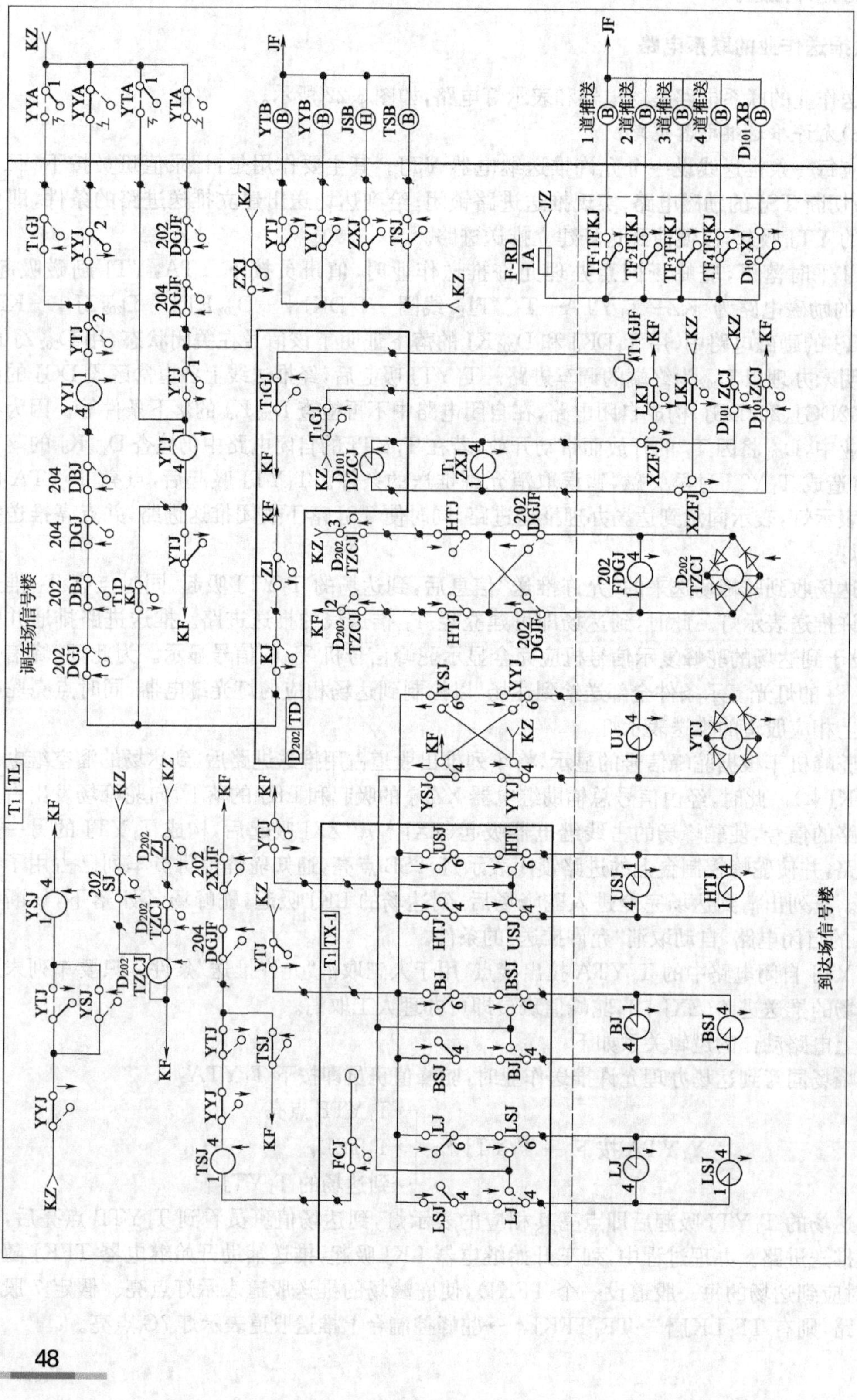

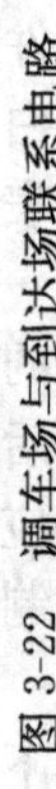

图 3-22 调车场与到达场联系电路

到达场驼峰复示信号机的 TF_7 的 LXJ 吸起后，XZFJ 和 LKJ 相继吸起，为驼峰场 ZXJ 的工作准备条件：TF_7LXJF↑→XZFJ↑→LKJ↑→ZXJ↓。

车列由到达场股道推进，占用推送进路后溜空继电器 LKJ 落下，使驼峰场的 ZXJ 吸起，点亮进路锁闭表示灯，构成 T_1 YTJ 的另一条自闭电路：

DGJ↓→LKJ↓→驼峰场的 ZXJ↑—┬→T_1 YTJ 吸起自闭
└→JSB 点亮

车列出清到达场，完全进入驼峰场时：溜空继电器 LKJ↑→ZXJ↓→T_1 YTJ↓自动取消允许推送条件。到达场的推送进路实现一次解锁。

（二）允许预先推送继电器电路

对应每一条推送线设一个允许预先推送继电器 YYJ，其作用是：允许到达场办理预先推送进路，并给到达场的 TF 送去黄灯复示条件；锁闭调车场的推送线上的有关道岔。

YYJ 平时落下。当按下 T_1 YYA 时，YYJ 在励磁电路中检查了 T_1 YTJ↓、D_{202} KJ↓、D_{202} ZJ↓、202DBJ↑、204DBJ↑、202DGJ↑、204DGJ↑等条件后励磁并自闭（参照 T_1 YYJ 的励磁电路）。YYJ 吸起后，使允许预先推送表示灯点亮，同时切断了预推锁闭继电器 Y_1 YSJ 和推送锁闭继电器 T_1 TSJ 的励磁电路，对预推进路实行锁闭。同时还向到达场送出"允许预推"条件和黄色灯光的复示条件，使到达场的 YTJ 和黄灯继电器 UJ 励磁。

到达场的 YTJ 吸起后，即可建立推送进路。此时，驼峰复示信号机点黄色灯光。预推车辆推至预定地点，因 202DG 的落下切断了 T_1 YYJ 的自闭电路，使之失磁落下。YYJ 落下后，YSJ 仍不能吸起，驼峰场的预推进路不解锁。若使 YSJ 吸起，值班员需按 YTA，使 YTJ 吸起，YSJ 方可励磁吸起。此时，由预推作业改为推送作业，推送线上的道岔改由驼峰信号的显示（LUJ 和 HBJ）的接点条件实行锁闭。

（三）预推锁闭继电器电路

对应每条推送线设一个预推锁闭继电器 YSJ。其作用是在办理预推作业时，用来锁闭推送线上的道岔，并可用来区分值班员（驼峰）是关闭 TF 还是取消预先推送进路。

YSJ 平时吸起并自闭。当办理预推进路时，因 T_1 YYJ 的吸起，切断了 YSJ 的自闭电路使之失磁落下，并使驼峰推送线上的道岔（202#、204#）处于锁闭状态。预推车辆由到达场推至预定地段时，T_1 YYJ 落下，到达场的驼峰复示信号机自动关闭。但 YSJ 并不励磁，因此，驼峰推送线上的道岔仍处于锁闭状态。只有当预推作业改为允许推送作业时，因 T_1 YTJ 吸起，使 YSJ 励磁并自闭。此时，驼峰推送线上的道岔是由驼峰信号的显示条件（LUJ 或 HBJ 的落下）实行锁闭的。

（四）驼峰场送给到达场的条件

1. 允许推送和预先推送条件。驼峰场送出的"允许推送"或"预先推送"条件，对到达场建立进路是完全相同的。二者的区别仅在于信号显示条件不同。

对应调车场的每条推送线，在到达场设一个 YTJ。YTJ 平时落下，当值班员按压 YTA 或 YYA 时，到达场的 YTJ 吸起，驼峰复示信号机显示预推信号；当值班员按压 YTA 办理允许推送时，到达场的 YTJ 吸起，UJ 因电流极性相反而不动作，这时驼峰复示信号机与驼峰信号机显示相同，信号复示条件由驼峰场提供。

2. 信号显示条件。办理允许推送作业，YTJ 吸起时，为保证驼峰复示信号与驼峰信号机显示一致，在到达场设有 LJ、LSJ、BJ、BSJ、USJ、HTJ，用它们复示驼峰信号机的显示。

3. 到达场推送进路解锁条件。办理允许推送作业时,车列出清到达场,完全进入驼峰场后,到达场的推送进路应实现一次解锁。为此,驼峰场应向到达场送轨道条件。图 3-22 中的 202FDGJ 是用来解锁到达场推送进路的。202FDGJ 平时落下,有利于断线防护,使解锁电路更加可靠。

(五)到达场送给驼峰场的条件

对应驼峰场的每条推送线设一个占线继电器 ZXJ。ZXJ 平时落下,办理推送进路后,当车列由到达场推出压入道岔区段时,ZXJ 吸起,同时点亮驼峰控制台上的进路锁闭表示灯,表示车列已占用推送进路。ZXJ 常态落下是为满足驼峰信号机后退继电器 HTJ 电路的安全要求。对应到达场的每条股道在驼峰控制台上设一个推送股道表示灯,到达场建立推送进路后,驼峰控制台上相应股道的推送股道表示灯点亮。其电源由到达场提供。

第五节　驼峰道岔控制电路

驼峰道岔根据道岔位置和作业性质分为峰上道岔和分路道岔。峰上道岔在解体作业过程中不需要转换,峰下有些道岔在解体作业过程中也不需要转换,也按峰上道岔处理;分路道岔在解体作业过程中需要按溜放车组的不同去向而随时转换。为了提高驼峰场的作业效率,应尽量减少准备溜放进路的时间,所以分路道岔均采用快速转换转辙机。

一、技术要求

(一)技术要求

无论是峰上道岔或分路道岔,无论是采用何种转换设备,都应满足作业中安全和效率的技术要求。这些技术要求是:

1. 处于锁闭状态或其所属轨道区段被车占用时,该道岔不能转换。

2. 转辙机启动后,车辆进入该道岔所属轨道区段时,道岔应能继续转换到底,并使尖轨密贴基本轨。

3. 道岔转换完毕,应立即切断转辙机的动作电源和启动电路。

4. 道岔在转换过程中,如车辆未进入该道岔的轨道区段,可以中途改变道岔的转换方向。

5. 道岔的定、反位表示应符合道岔的实际位置。

6. 峰下分路道岔的转辙机,若其机械锁闭装置未解锁时车辆即进入了该道岔的轨道区段,此时应能立即切断动作电源和启动电路,使道岔不能转换。

7. 自动集中系统的分路道岔,如因故不能转换到底时,在车辆尚未进入该道岔的道岔区段前,应能自动转回至原来位置。

(二)分路道岔与峰上道岔技术要求区别

分路道岔与峰上道岔的作业情况不同,技术要求也不同,控制电路也有所不同,其不同点有:

1. 道岔控制电路锁闭条件不同。

2. 分路道岔不仅能够用手动控制道岔转换,还能够用自动集中控制系统条件控制转换。

3. 分路道岔手柄采用三位式,手柄在中间位置时受自动控制条件控制,而峰上道岔采用二位式手柄。

4. 分路道岔控制电路增加了道岔恢复继电器，具有道岔自动恢复功能。

5. 分路道岔控制电路具有检查极性继电器与道岔实际位置状态一致及表示电路自保功能，确保故障时的溜放作业安全。

二、驼峰道岔的锁闭条件

下面结合图 2-2 举例站场来说明峰上道岔和分路道岔的锁闭条件。

(一)峰上道岔的锁闭条件

1. 基本锁闭条件

峰上道岔的基本锁闭条件是由该道岔的锁闭继电器接点构成，如图 3-23 所示。

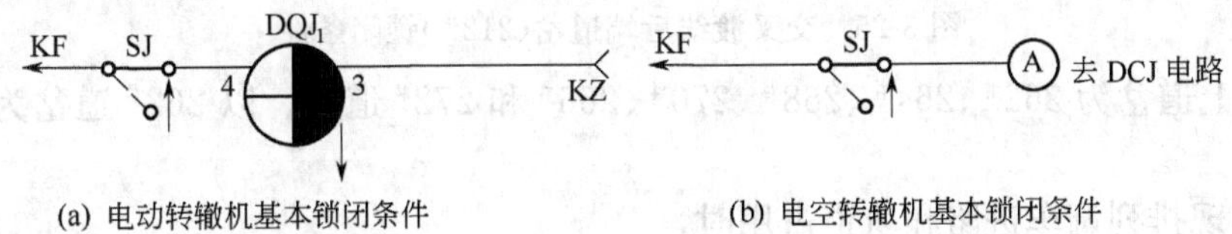

图 3-23 基本锁闭条件

锁闭道岔继电器 SJ 吸起，道岔处于解锁状态，该道岔可以扳动；SJ 落下，道岔处于锁闭状态，该道岔不能扳动。

2. 推送线上的道岔锁闭条件

推送线上的道岔为 202#、204#、206# 和 208#，在办理推送作业过程中，还需要扳动道岔，因此，除基本锁闭条件外，还有其他锁闭条件，如图 3-24 所示。

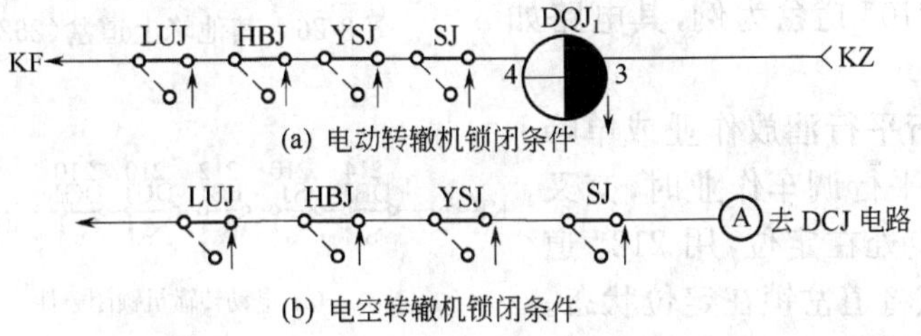

图 3-24 推送线上道岔锁闭条件

LUJ 和 HBJ 是两个驼峰信号反复示继电器，其作用是无论驼峰信号开放何种灯光，都实现对推送线上的道岔锁闭。预推锁闭继电器 YSJ 的作用是在办理预先推送作业时，用 YSJ 落下对推送线上的道岔实现锁闭。

3. 交叉渡线后端道岔的锁闭条件

交叉渡线后端道岔是 212# 和 216#，以 212# 道岔为例，其电路如图 3-25 所示。

T_1LUJ 和 T_2LUJ 的作用是在溜放作业中，使该道岔不能扳动，将其锁在规定位置。210DBJ 的作用是防止 210# 和 212# 动作不一致造成挤岔，增加这组接点，只有 210# 在定位时，212# 才能扳动。216DBJ 的作用是防止排出交叉的调车进路。交叉渡线后端的两组道岔即 212# 和 216# 互相照查对方的定位条件，只有 216# 道岔在定位时，212# 道岔才能扳动。212SJ 的作用是在轨道占用和排列调车进路时，对该道岔实现锁闭。

4. 其他峰上道岔的锁闭条件

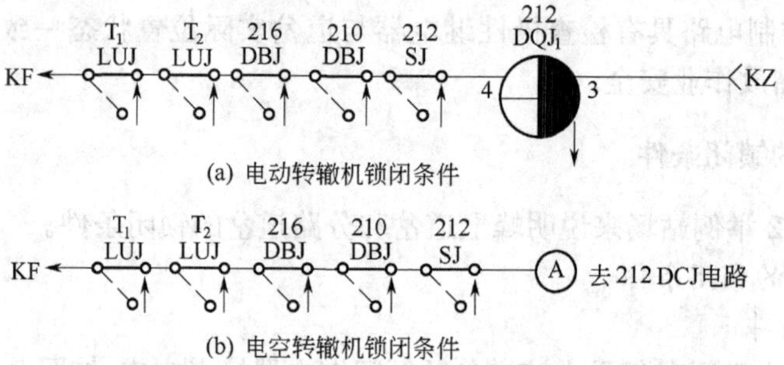

(a) 电动转辙机锁闭条件

(b) 电空转辙机锁闭条件

图 3-25　交叉渡线后端道岔(212#)锁闭条件

其他峰上道岔为 262#、264#、268#、270#、266# 和 272# 道岔。以 262# 道岔为例，如图 3-26 所示。

SJ 是实现排列调车进路和轨道占用时，对道岔实现锁闭。264FBJ 是渡线前后端道岔表示照查条件，只有 264# 道岔反位时，262# 道岔才能扳动。同样，在 264# 道岔的锁闭条件中，要照查 262# 的定位表示接点。

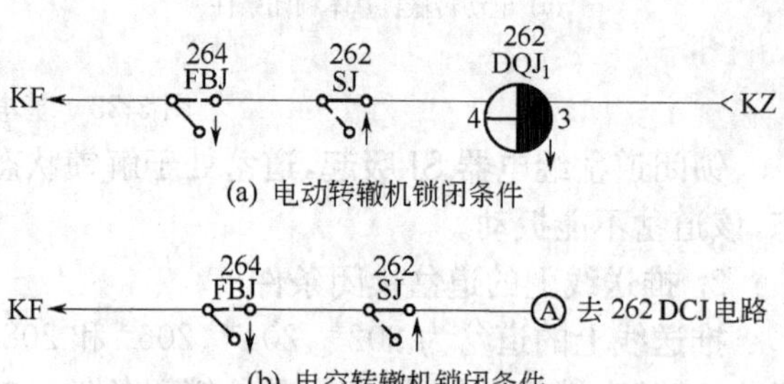

(a) 电动转辙机锁闭条件

(b) 电空转辙机锁闭条件

图 3-26　其他峰上道岔(262#)的锁闭条件

(二)分路道岔的锁闭条件

1. 第一分路道岔的锁闭条件

举例站场中的 210# 和 214# 道岔为第一分路道岔。以 210# 道岔为例，其电路如图3-27所示。

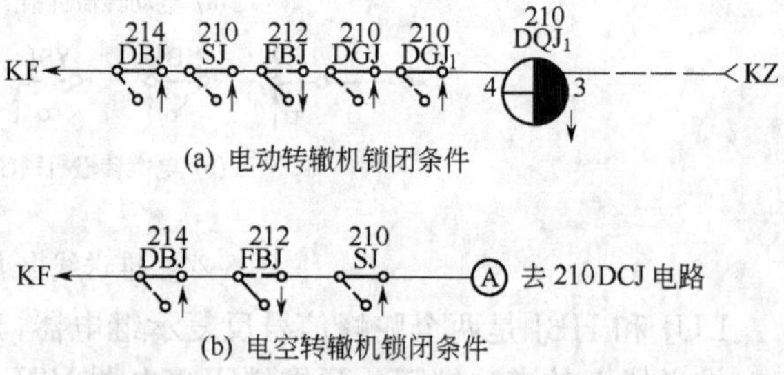

当 T_1、T_2 进行平行溜放作业或单峰溜放，另一峰进行平行调车作业时，交叉渡线四个道岔均应处在定位，用 212# 道岔的 FBJ 落下接点将道岔锁在定位状态。当 T_1 向全场溜放时，212# 道岔在反位，仅受区段锁闭控制，无车时即可扳动。214DBJ 接点作用是防止排出交叉的调车进路。

(a) 电动转辙机锁闭条件

(b) 电空转辙机锁闭条件

图 3-27　第一分路道岔(210#)的锁闭条件

区段锁闭，电动道岔是由 DGJ_1、DGJ 和 SJ 接点来完成，电空道岔是由 SJ 和操纵继电器 DCJ 电路中的 DGJ_1 和 DGJF 接点来完成的。应当指出的是头岔的 SJ 电路与其他道岔的 SJ 电路不同，如图 3-28 所示。

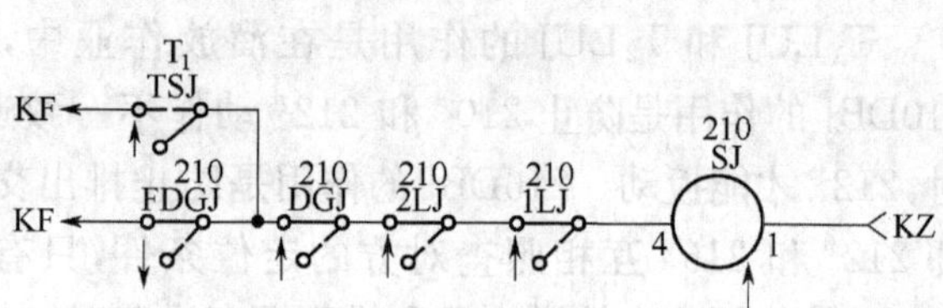

图 3-28　第一分路道岔(210#)SJ 继电器电路

在 210SJ 电路中的 FDGJ 接点上并联了 TSJ 接点，其目的是在溜放作业时，为了保证车组出清 210DG 后，使 210SJ 尽快吸起，以便使 210# 道岔环节能很快执行下钩命令，提高解体效率。

2. 一般分路道岔的锁闭条件

以 218# 道岔为例来说明峰下一般分路道岔的锁闭条件。其电路如图 3-29 所示。

一般分路道岔的锁闭条件有两点：

第一是调车锁闭条件。当某一线束的上峰或下峰信号开放后，对该调车进路上的道岔实现锁闭。如 D_{218}、D_{236} 和 D_{240} 有一架调车信号开放，218# 道岔即锁闭。

第二是实现区段锁闭。峰下一般分路道岔不设 SJ，电动道岔用 DGJ_1 和 DGJ 实现区段锁闭，电空道岔的区段锁闭是通过 DCJ 电路中 DGJ_1 和 DGJF 接点来实现。

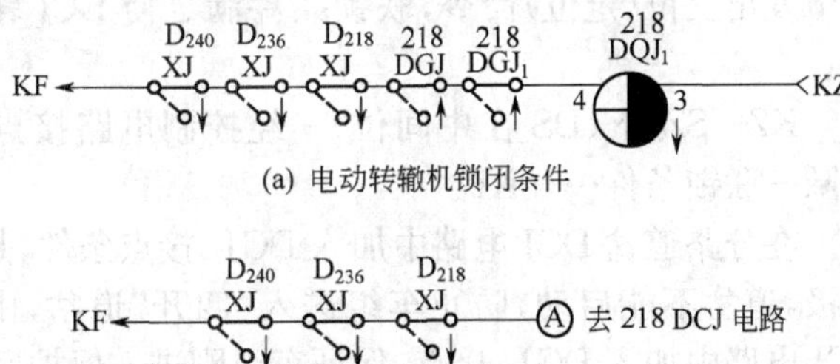

图 3-29 一般分路道岔（218#）的锁闭条件

另外，为了保证作业安全，防止车组进入已经满线的线路或进入施工封锁的线路，在电动道岔控制电路的 DQJ_1KZ 电源处加入了道岔封锁按钮 FDA（非自复式按钮）；在电空道岔的 DCJ 电路中加入 FDA 按钮。需要封锁该道岔时，将该道岔扳至安全位置，然后按压该道岔的 FDA，使该道岔锁闭。

在 226# 和 260# 道岔的锁闭条件中加入了 266# 和 272# 道岔的 FBJ 励磁接点，以防止发生挤岔故障。

三、电空快速转辙机控制电路

ZK3-A、ZK4 型电空转辙机的控制电路分为峰上和分路道岔控制电路，下面主要介绍驼峰分路道岔控制电路。

（一）道岔操纵继电器的控制电路

分路道岔操纵继电器 DCJ（JYXC-660 型）采用有极继电器，改变其电流所接通的线圈，即可使其转极达到转换道岔的目的，图 3-30 所示是道岔处于定位时的电路状态。道岔控制有两种控制方式，一种是扳动手柄的手动控制，一种是由控制系统自动控制。

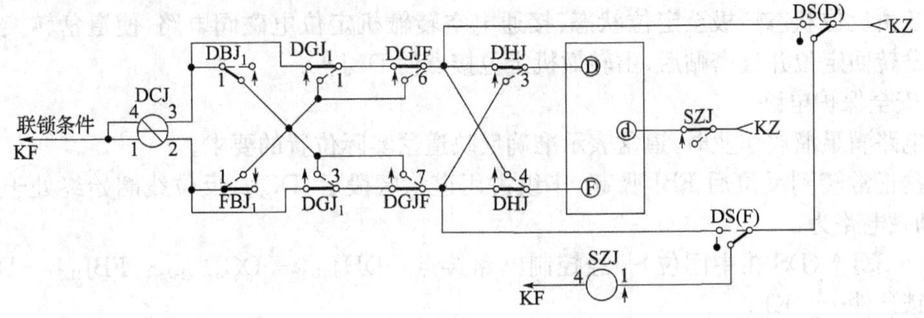

图 3-30 分路道岔 DCJ 继电器电路

1. 手动控制

如道岔处于解锁状态，将道岔手柄由定位扳到反位，使道岔操纵继电器 DCJ 的 2-1 线圈通正极性电流，则 DCJ 转极至反位。电路励磁动作条件是：

KZ—DS(F)—$DGJF_{71\text{-}72}$—$DGJ_{1\ 31\text{-}32}$—$DCJ_{2\text{-}1}$线圈—联锁条件⋯—KF。

DCJ 转极后，接通道岔启动电路，使道岔转换到反位。

2. 自动控制

自动作业时首先将道岔手柄置于中间位，使道岔处于自动控制方式，由控制系统向该道岔环节发出反位(定位)命令，联锁条件满足使 DCJ 转极。电路由定位到反位的励磁动作条件是：

KZ—SZJ↑(DS 在中间位)—经控制电路接点—$DHJ_{41\text{-}42}$—$DGJF_{71\text{-}72}$—$DGJ_{1\ 31\text{-}32}$—$DCJ_{2\text{-}1}$线圈—联锁条件…—KF。

在分路道岔 DCJ 电路中加入 DGJ_1 接点条件，是为保证车组进入保护区段后 DCJ 不能再转极，道岔不能启动，防止车组进入“四开”道岔，由于 DGJF 落下时间滞后于 DGJ_1，所以在 DCJ 电路中加入 DGJ_1 接点，保证车组刚进入保护区段就切断 DCJ 电路，待道岔转到反位与基本轨密贴后，对应的表示继电器 FBJ 吸起 DBJ 落下，从而保证道岔位置状态与 DCJ 一致。若此时有错误控制电源 KZ 进入电路，都会通过 $FBJ_{12\text{-}11}$ 接点送到反位转极的 $DCJ_{2\text{-}1}$ 线圈，由于 DCJ 已在反位，因而不会动作，提高了电路的安全性。

3. 返极控制电路

该电路在有车占用道岔区段时，通过返极电路使有极继电器 DCJ 位置状态与道岔实际位置状态一致，保证道岔原位置，防止道岔中途转换。

如图 3-30 所示。

(1)道岔因卡阻等故障原因没能启动仍在定位，DCJ 与道岔位置不一致，当钩车压入道岔区段时，经 DGJF↓构成 DCJ 返极电路，动作电路如下：

KZ—$DHJ_{41\text{-}42}$—$DGJF_{71\text{-}73}$—$DBJ_{1\ 12\text{-}11}$—$DCJ_{3\text{-}4}$线圈—联锁条件…—KF。

DCJ 由反位状态转极至定位状态，与道岔实际位置一致(仍在定位)，并且 $DCJ_{3\text{-}4}$线圈始终在励磁状态，切断电磁阀电路，防止由于振动使道岔途中转换。

当道岔由定位扳向反位，DCJ 转极至反位后，接通电空转辙机道岔反位电磁阀电路，使道岔转换到反位。

(2)道岔转至反位时，由于尖轨不密贴等原因，使反位表示继电器没吸起，此时 DBJ 和 FBJ 都落下，经过 1.0～1.2 s 后，DHJ 落下，构成 DCJ 恢复定位返极电路，动作电路如下：

KZ—$DHJ_{41\text{-}43}$—$DGJF_{61\text{-}62}$—$DGJ_{1\ 11\text{-}12}$—$DCJ_{3\text{-}4}$线圈—联锁条件…—KF。

DCJ 由反位状态转极至定位状态，接通电空转辙机定位电磁阀电路，使道岔转换回到定位。道岔转回定位并且密贴后，由转辙机定位接点使 DBJ↑。

4. 安全保护电路

该电路满足溜放作业时，道岔表示准确反映道岔实际位置的要求。

道岔正常转到反位后 FBJ 吸起，车组占用道岔区段后，$DCJ_{2\text{-}1}$ 反位线圈始终处于励磁状态，其励磁电路为：

KZ—SZJ↑(DS 在中间位)—经控制电路接点—$DHJ_{41\text{-}42}$—$DGJF_{71\text{-}73}$—$FBJ_{12\text{-}11}$—$DCJ_{2\text{-}1}$线圈—联锁条件…—KF。

DCJ 位置状态与道岔实际位置一致，均在反位状态，并不会因某种原因而误转换，保证了道岔区段有车占用时的安全。

5. 自动化驼峰 DCJ 控制电路(以 TW-2 驼峰自动控制系统为例)

自动化驼峰道岔 DCJ 控制电路与自动集中 DCJ 控制电路不同之处是：取消自动集中第一分路、中间分路、最后分路的道岔恢复继电器 DHJ 控制条件，增加由计算机控制的 DJ、FJ 继电器条件，如图 3-31 中的 DJ、FJ 继电器的第三组接点。

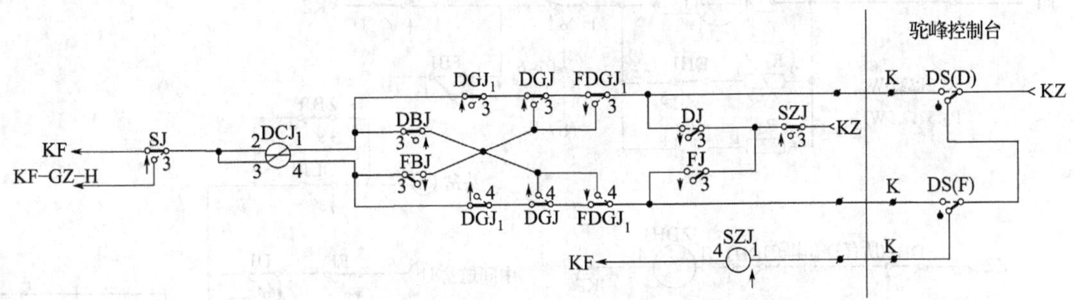

图 3-31　计算机控制系统控制的分路道岔 DCJ 控制电路

(二)道岔启动和表示电路

DCJ 转极后，接通了道岔启动电路，从而构成反位电磁阀励磁电路，如图 3-32 所示。

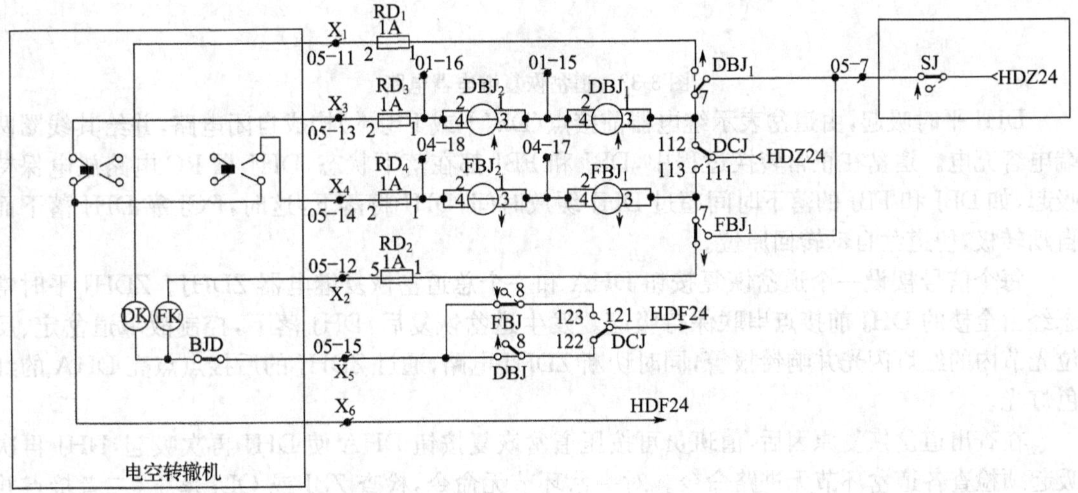

采用 ZK4 型转辙机时，RD_1、RD_2的标称值为 2 A。

图 3-32　道岔启动电路

HDZ24—$DCJ_{111\text{-}113}$—$FBJ_{1\ 71\text{-}73}$—RD_2—外线(X_2)—(FK)—BJD(开闭器)—外线(X_5)—$FBJ_{83\text{-}81}$—$DCJ_{123\text{-}121}$—HDF24。

反位电磁阀得电吸起后，构成转辙机反向气路，带动道岔转至反位。

在道岔转换过程中，先切断 DBJ 的电路，使其落下，待道岔转换到反位且尖轨密贴后，由转辙机反位接点构成 FBJ 的励磁电路：

HDZ24→$DCJ_{111\text{-}113}$→FBJ_1 线圈→FBJ_2 线圈→RD_4→外线(X_4)→外线(X_6)→HDF24。

FBJ 吸起后通过 SJ 吸引条件及转辙机表示接点构成自保电路，切断反位电磁阀电路，使道岔启动电路复原。

(三)道岔恢复继电器电路

设置道岔恢复继电器 DHJ 的作用是在自动集中控制作业时，道岔执行进路命令进行转换，当尖轨与基本轨间夹有石头等障碍物，使道岔不能转换到底，通过道岔恢复继电器使道岔自动转回原位，防止溜放车组进入“四开”道岔造成脱线。道岔恢复继电器电路如图 3-33 所示。

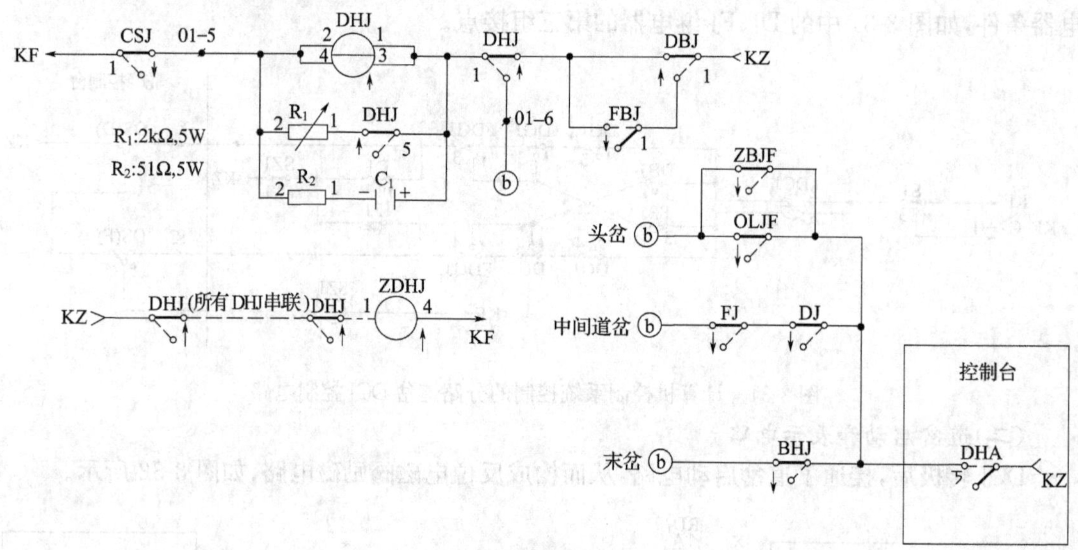

图 3-33 道岔恢复继电器电路

DHJ 平时吸起,由道岔表示继电器前接点(DBJ↑或 FBJ↑)构成自闭电路,并给其线圈两端电容充电。道岔在正常转换过程中,DBJ 和 FBJ 都在落下状态,DHJ 靠 RC 电路放电保持吸起,如 DBJ 和 FBJ 的落下时间超过 DHJ 缓放时间,DHJ 将落下,这时,DCJ 靠 DHJ 落下而自动转极,使道岔自动转回原位。

每个信号楼设一个道岔恢复按钮 DHA 和一个总道岔恢复继电器 ZDHJ。ZDHJ 平时常态经由全楼的 DHJ 前接点串联保持吸起。发生道岔恢复后,DHJ 落下,控制故障道岔定、反位光节内的红灯闪光并响铃报警,同时切断 ZDHJ 电路,通过 ZDHJ 的后接点点亮 DHA 的红色灯光。

在查出道岔恢复原因后,值班员可按压道岔恢复按钮 DHA 使 DHJ 再次吸起,DHJ 再次吸起须检查各道岔环节无进路命令。对头岔环节无命令,检查 ZBJ 或 OLJ 落下(二者接点并联);对中间分路道岔无命令,检查 DJ 和 FJ 都落下(二者接点串联);对末端道岔无命令,检查 BHJ 落下。如某环节有命令须采取有关操作将命令取消后 DHJ 可再次吸起自闭。

电路中 R_1 为可调节电阻,用来调整 DHJ 的缓放时间。电空道岔 DHJ 的缓放时间标准为 1.0~1.2 s;电动道岔 DHJ 的缓放时间标准为 1.2~1.4 s。

在自动化驼峰中,一般不设 DHJ 继电器,道岔恢复时间设定由计算机控制系统软件设定,通过计算机输出接口驱动 DJ、FJ 执行继电器完成,如图 3-31 所示。

(四)ZK4 型电空转辙机控制电路的改进

根据 ZK4 型电空转辙机的改进,其控制电路也有相应的改进,如图 3-34 所示,该电路以 TW-2 型驼峰自动控制系统控制电路为例。

控制电路在原电路基础上,增加了压力继电器 YLJ 接点条件;电磁锁闭阀 SF 改为其线圈与 YLJ 接点串联后单独供电,其电源回路单设,如图 3-34 中 X_7、X_8 所示,也可同表示电路的 HDF24 共用,即 X_6、X_8 共用(在 ZK3-A 型改 ZK4 型时根据现场电缆芯线情况决定)。

四、电动快速转辙机控制电路

改进后快速电动转辙机控制电路主要完善了分路道岔控制电路启动继电器与道岔实际位

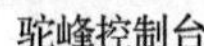

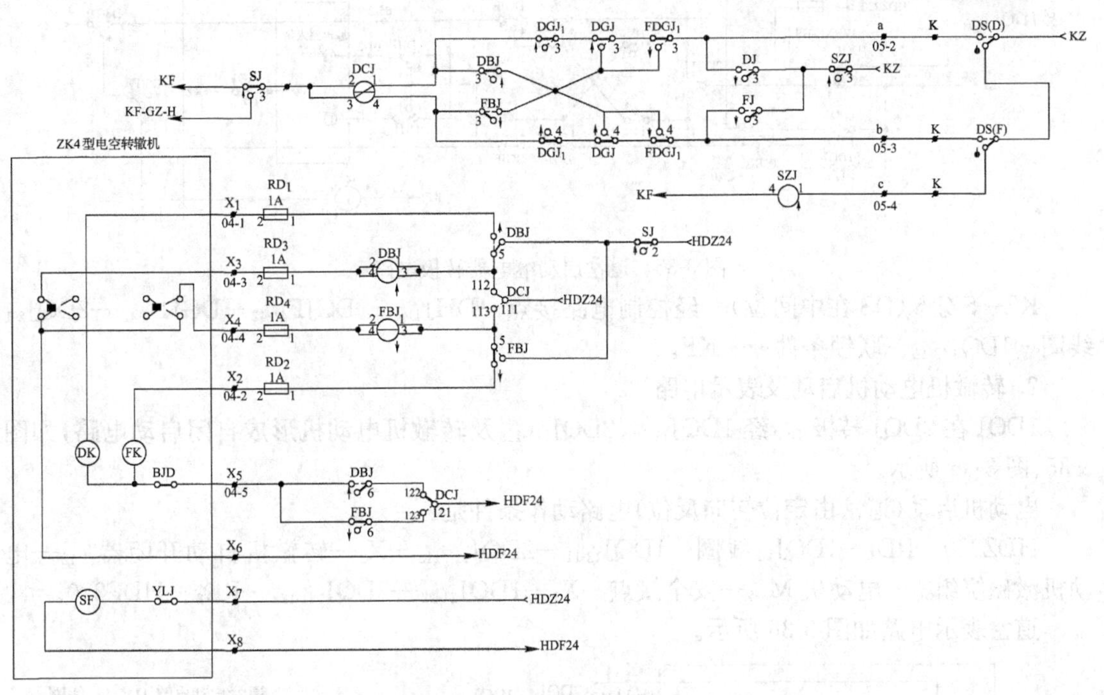

图 3-34 改进后 ZK4 型电空转辙机控制电路

置状态一致及表示电路自保功能，确保故障时溜放作业安全。快速电动转辙机控制电路主要有两种，一种是广泛使用的 ZD7-A(ZD7-C)型转辙机控制电路；另一种是 ZD7 型转辙机控制电路。

(一)ZD7-A 型驼峰分路道岔控制电路

该控制电路是根据 ZD7-A 转辙机电动机的改进形成的。控制电路是在 4 线制电路基础上，将电动机定子绕组按定反位分成两组，成为控制快速电动转辙机的 5 线制电路(3 根启动线，2 根表示线)。由于电动机工作电流较大，1DQJ 采用 JWJXC-H120/0.17 型，2DQJ 采用 JYJXC-135/220 型。比 ZD7-A 转辙机功率更大的 ZD7-C 型转辙机，控制电路中 1DQJ 采用线圈可通过电流 DC 20A、6 min、温升低于 45 ℃、缓放时间大于 0.25 s 的 JWJXC-H80/0.058 型继电器，2DQJ 采用加强接点切断电流为 20 A 的 JYJXC-X135/220 型继电器；除此之外，ZD7-C 型转辙机的控制电路形式及结构与 ZD7-A 型相同。

1. 道岔启动继电器转极电路

当单独操纵道岔时，1DQJ 在检查有关条件后励磁吸起，立即接通 2DQJ 的转极电路，2DQJ 转极后，即切断 $1DQJ_{3\text{-}4}$ 线圈的励磁电路，同时靠 1DQJ 的自闭电路使转辙机启动电路动作。道岔转极启动电路如图 3-35 所示。图中为道岔处于定位时的电路状态。

道岔控制有两种控制方式，一种是扳动手柄的手动控制，一种是由控制系统自动控制。自动作业时首先将道岔手柄置于中间位，使道岔处于自动控制方式，由控制系统向该道岔环节发出反位(定位)命令，1DQJ 在检查有关联锁条件满足后励磁吸起。电路励磁条件是：

KZ—SZJ ↑(DS 在中间位)—经控制电路接点—$DHJ_{41\text{-}42}$—$DGJF_{41\text{-}42}$—$DGJ1_{41\text{-}42}$—$2DQJ_{142\text{-}141}$—$1DQJ_{3\text{-}4}$ 线圈—联锁条件……—KF。

1DQJ 吸起后构成 2DQJ 转极，电路动作条件是：

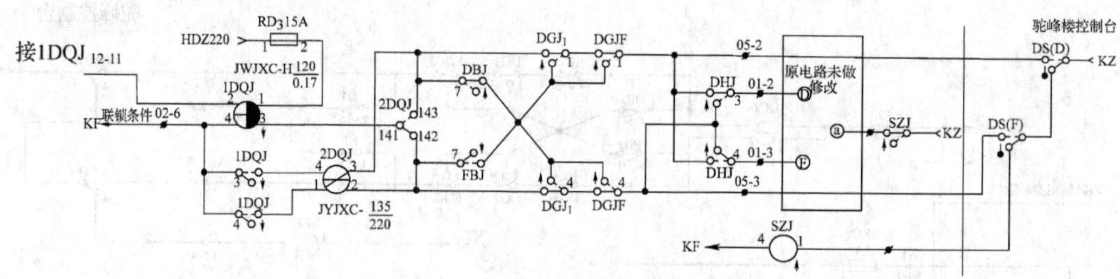

图 3-35　道岔启动继电器转极电路

KZ—SZJ↑(DS 在中间位)—经控制电路接点—DHJ_{41-42}—$DGJF_{41-42}$—$DGJ1_{41-42}$—$2DQJ_{2-1}$线圈—$1DQJ_{42-41}$—联锁条件…—KF。

2. 转辙机电动机启动及表示电路

1DQJ 在 2DQJ 转极后，经 $1DQJ_{11-12}$、$2DQJ_{111-113}$ 及转辙机电动机形成自闭启动电路，如图 3-35、图 3-36 所示。

电动机启动(道岔由定位转向反位)电路动作条件是：

HDZ220—RD_3—$1DQJ_{1-2}$线圈—$1DQJ_{12-11}$—$2DQJ_{111-113}$—X_2—转辙机自动开闭器$_{11-12}$—电动机激磁绕组$_{2-3}$—电动机 M_{3-4}—安全接点—X_3—$1DQJ_{21-22}$—$2DQJ_{121-123}$—RD_2—HDF220。

道岔表示电路如图 3-36 所示。

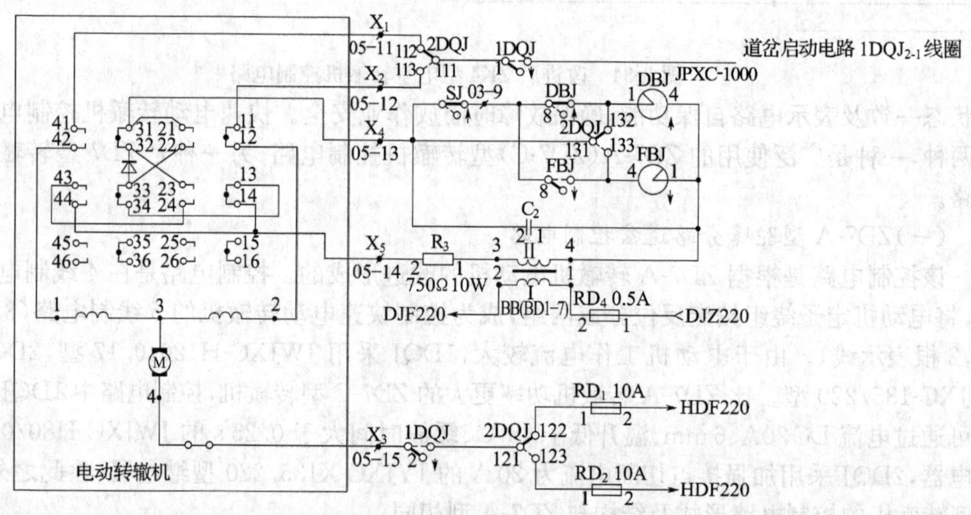

图 3-36　道岔表示电路

道岔由定位转向反位尖轨密贴后，FBJ↑并自保，其励磁电路为：

BBⅡ-3—R_3—X_5—自动开闭器 44－43—24-23—32—二极管—33(整流后负压)—22-21—31—X_4—$2DQJ_{131-133}$—FBJ_{4-1}线圈—BBⅡ-4，使 FBJ 线圈 1 端为正，4 端为负而吸起。

FBJ 励磁后通过 FBJ_{81-82} 及 SJ 条件自保。

1DQJ 吸起后，2DQJ 转极，在接点转换过程中为防止瞬间断电，1DQJ 采用缓放型继电器。

3. 道岔恢复继电器电路

道岔恢复继电器 DHJ 电路与电空道岔控制电路相同，如图 3-33 所示。

4. 安全保护电路

该控制电路具有防止道岔途中转换的返极电路、有极继电器 2DQJ 位置与道岔表示一致的安全保护功能，其电路结构原理与电空转辙机控制电路相同。

(二)ZD7 型转辙机驼峰分路道岔控制电路

由于 ZD7 型转辙机仍有很多中小型驼峰场使用，该电路在近年根据铁道部要求进行了修改，修改后的电路，虽然由于电动机的原因仍存在室外转极继电器 ZJ 电路，但室内电路取消了辅助继电器 FJ，同时完善了故障返极电路和安全保护电路。

1. 道岔启动继电器转极电路

道岔启动继电器转极电路，主要由 1DQJ 和 2DQJ 等组成，与 ZD7-A 电路相同，如图3-35所示，只是由于电动机功率仍为 450 W，电流相对小，1DQJ 为 JWJXC-H120/0.44 型。

2. 转辙机电动机启动及表示电路

1DQJ 在 2DQJ 转极后，经 $2DQJ_{111\text{-}113}$、$1DQJ_{22\text{-}21}$ 及转辙机电动机、ZJ 等条件形成自闭启动电路，如 3-37 所示。

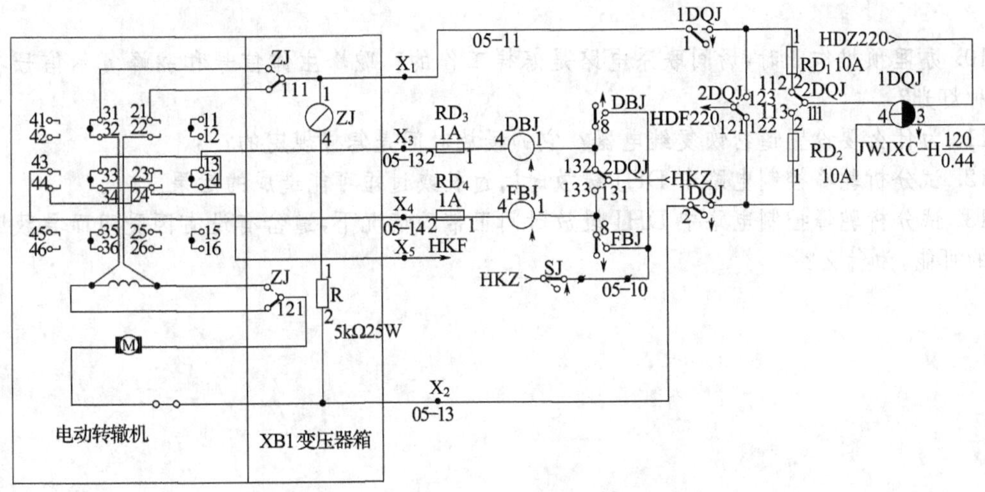

图 3-37　道岔电动机启动及表示控制电路

ZJ 转极电路：

HDZ220—$1DQJ_{1\text{-}2}$ 线圈—$2DQJ_{111\text{-}113}$—RD_2—$1DQJ_{22\text{-}21}$—X_2—R—$ZJ_{4\text{-}1}$ 线圈—X_1—$1DQJ_{11\text{-}12}$—$2DQJ_{123\text{-}121}$—HDF220。

ZJ 动作转极，接通电动机启动电路。

电动机启动电路(道岔由定位转向反位)电路动作条件是：

HDZ220—$1DQJ_{1\text{-}2}$线圈—$2DQJ_{111\text{-}113}$—RD_2—$1DQJ_{22\text{-}21}$—X_2—安全接点—电动机 M—$ZJ_{121\text{-}123}$—电动机激磁绕组—自动开闭器$_{32\text{-}31}$—$ZJ_{113\text{-}111}$—X_1—$1DQJ_{11\text{-}12}$—$2DQJ_{123\text{-}121}$—HDF220。

电动机启动，道岔由定位转换到反位。

道岔由定位转向反位尖轨密贴后，FBJ↑并自保，其励磁电路为：

HKZ—$2DQJ_{131\text{-}133}$—FBJ 线圈$_{1\text{-}4}$—RD_4—X_4—自动开闭器$_{43\text{-}44}$—自动开闭器$_{23\text{-}24}$—X_5—HKF。

FBJ 励磁后通过第八组前接点及 SJ 条件自保。

3. 道岔恢复继电器电路

道岔恢复继电器 DHJ 电路与电空道岔控制电路相同，如图 3-33 所示。

复习思考题

1. 驼峰信号机有几种显示？各种显示的意义是什么？

2. 为什么在下部楼和现场的按钮柱上装设切断信号按钮？

3. 驼峰信号机是怎样防止重复开放的？

4. 在驼峰信号机点灯电路中是怎样防止瞬间出现乱显示的？

5. 驼峰调车信号电路有哪些特点？

6. 闪光继电器的作用是什么？叙述闪光继电器的动作原理。

7. 驼峰调车信号有几条网路线？各条网路线的作用是什么？

8. 办理 $D_{202} \rightarrow T_1D$ 的调车进路时，说明办理手续、开放信号与正常解锁的电路动作。

9. 办理允许推送作业时，驼峰场和到达场的联系电路是怎样工作的？举例说明各电路的动作。

10. 办理预推作业时，场间联系电路是怎样工作的？驼峰主体信号和驼峰复示信号各显示何种灯光？

11. 为什么要设置道岔恢复继电器？它的缓放时间是怎样规定的？

12. 试分析驼峰控制电路中 DHJ 缓放时间过长或过短可能造成的后果。

13. 试分析驼峰控制电路中 DHJ 缓放时间正常的情况下，道岔有没有因受阻而导致四开状态的可能，为什么？

第四章　驼峰轨道电路

第一节　JWXC-2.3型轨道电路

一、驼峰双区段轨道电路的结构

在分路道岔区段轨道电路岔前的基本轨接缝处再增设一组绝缘，将原来的每个分路道岔为一个独立区段的轨道电路划分成两个小的区段，就成了双区段轨道电路，其结构如图4-1所示。

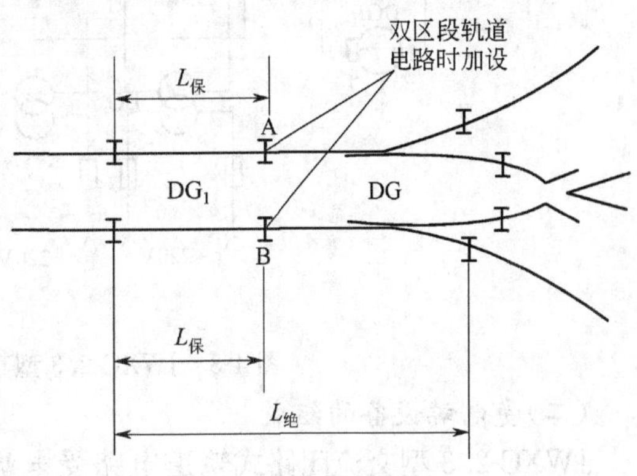

图 4-1　驼峰分路道岔轨道电路

峰下分路道岔区段轨道电路采用双区段主要是因为驼峰轨道电路区段短，溜放时进入的车轴数少，有时是一辆四轴的空车，在轨面接触压力小，尤其是空车在溜放过程中容易跳动，会短时间内失去分路，在采用道岔自动集中的驼峰上，道岔就会立即转换，为下一车组排列进路，造成危险。采用双区段轨道电路，可有效地防止由于轻车跳动或分路不好造成轨道继电器错误动作，保证溜放车组的安全。

二、JWXC-2.3型闭路式轨道电路的组成

驼峰双区段轨道电路分为JWXC-2.3型交流闭路式轨道电路(见图4-2)和JWXC-2.3型直流闭路式轨道电路(见图4-3)。交流式轨道电路适用于非电气化区段的驼峰场；直流式轨道电路适用于电气化区段的驼峰场。

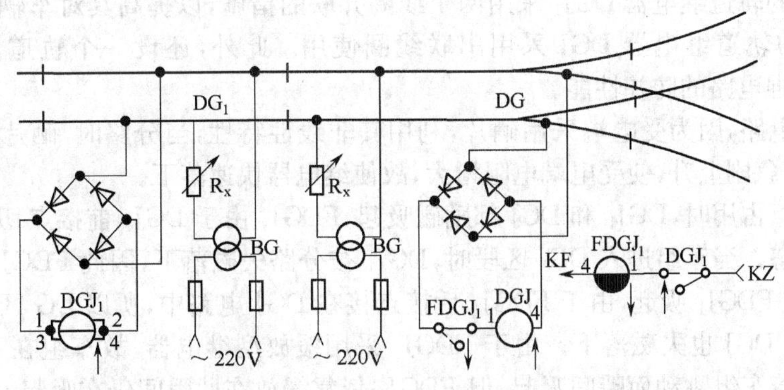

图 4-2　JWXC-2.3型交流闭路式驼峰轨道电路

（一）送电端设备的组成

JWXC-2.3 型交流闭路式轨道电路送电端设备主要由 BG 型轨道变压器、R-6/65 型限流变阻器以及钢轨连接线等器材组成。前两种器材设于轨道变压器箱内，后一种器材分别与钢轨和箱体连接。JWXC-2.3 型直流闭路式轨道电路送电端设备还增加了整流桥(60×60 方型硒整流片或 2CP1 型硅二极管)放置在轨道变压器箱内。

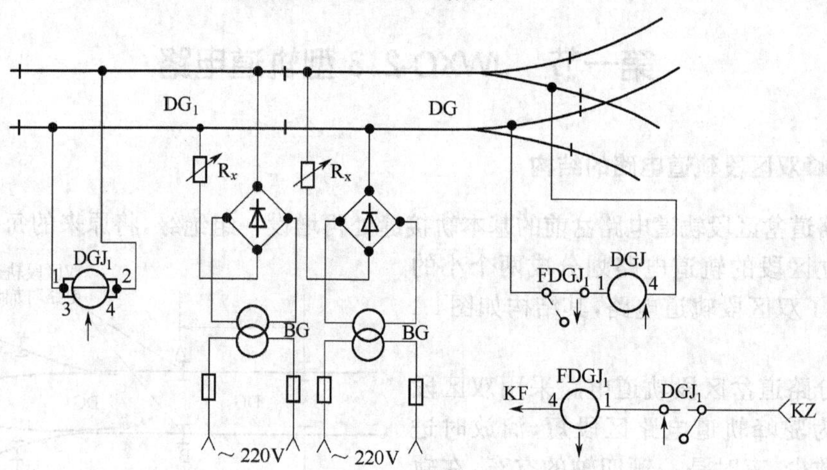

图 4-3　JWXC-2.3 型直流闭路式驼峰轨道电路

（二）受电端设备的组成

JWXC-2.3 型交流闭路式轨道电路受电端设备主要由整流桥(60×60 方型硒整流片或 2CP1 型硅二极管)、JWXC-2.3 型直流继电器以及钢轨连接线等器材组成。JWXC-2.3 型直流继电器设于驼峰楼机械室内，钢轨连接线分别与钢轨和箱体连接。JWXC-2.3 型直流闭路式轨道电路受电端取消整流桥。

三、双区段轨道电路的工作原理

JWXC-2.3 型交、直流闭路式轨道电路的工作原理相同，下面以 JWXC-2.3 型交流闭路式轨道电路(见图 4-2)为例说明驼峰双区段轨道电路工作原理。

DG_1 区段的轨道继电器 DGJ_1 采用两个线圈并联的措施，以提高其对车辆占用的反应速度。DG 区段的轨道继电器 DGJ 采用串联线圈使用。此外，还设一个轨道反复示继电器 $FDGJ_1$ 用以加强电路的防护性能。

这种轨道电路，因为受电端采用硒片，利用其非线性特性，当分路时，硒片上的正向压降低，其正向阻值急剧上升，使受电端电阻增大，故使继电器快速落下。

平时无车组占用时，DGJ_1 和 DGJ 都励磁吸起，$FDGJ_1$ 由于 DGJ_1 前接点切断其电路而处在失磁落下状态。当车组进入 DG_1 区段时，DGJ_1 被分路失磁落下，因此 $FDGJ_1$ 电路由 DGJ_1 前接点构成，使 $FDGJ_1$ 吸起，由于 $FDGJ_1$ 后接点接在 DGJ 电路中，所以 DG 区段虽然还没有被车组分路，但 DGJ 也失磁落下。由于 $FDGJ_1$ 采用缓放型继电器，故车组在 DG_1 区段跳动时，DGJ_1 会随着车组跳动而瞬间吸起，但 $FDGJ_1$ 依靠缓放在此瞬间仍在吸起，所以 DGJ 始终在失磁落下状态。当 $FDGJ_1$ 经缓放落下，车组也已经进入 DG 区段，使 DGJ 仍失磁落下。在传递命令电路中使用 DGJ 接点，从而防止了轻车跳动造成短时间失去分路效应的不良后果。

四、JWXC-2.3型闭路式轨道电路的技术特性

(一)JWXC-2.3型交流闭路式轨道电路和直流闭路式轨道电路

1. 轨道电路在调整状态下,轨道继电器的直流电流:线圈并联时,应为380～580 mA;线圈串联时,应为230～330 mA。

2. 送电端限流电阻(包括引接线电阻)应不小于4 Ω。

3. 用0.5 Ω标准分路电阻线在轨面上分路时,轨道继电器的直流电流:线圈并联时,不大于110 mA;线圈串联时,不大于56 mA,继电器应可靠落下,缓放时间不大于0.2 s。

4. 该电路保留原电路的互切功能,一区段轨道继电器落下$DGJ_1\downarrow$,其接点动作使二区段轨道继电器也落下DGJ↓;也有的在计算机内部完成互切功能,即$DGJ_1\downarrow$或DGJ↓有一个继电器落下,微机就判断为轨道占用。

(二)JWXC-2.3型直流闭路式(送端盒式)轨道电路

1. 轨道电路在调整状态下,轨道继电器的工作电流不小于207 mA。

2. 送电端限流电阻(包括引接线电阻)不小于2 Ω。

3. 用0.1 Ω标准分路电阻线在轨道上分路时,继电器电流不大于56 mA,继电器应可靠落下。

第二节 高灵敏轨道电路

一、GLG型高灵敏轨道电路

GLG型高灵敏轨道电路是用于检查有关轨道区段内车辆占用情况,保证行车安全的重要基础设备。它采用高压脉冲制式,具有分路灵敏度高和应变速度快的优点,适用于非电气化及电气化区段站内轨道电路及要求快速、高分路可靠性的有关轨道电路。

(一)轨道电路连接图

GLG型高灵敏轨道电路包括发送器GLG-F、接收器GLG-J、轨道继电器JZXC-480等三部分。各部分的连接分别见图4-4～图4-7。

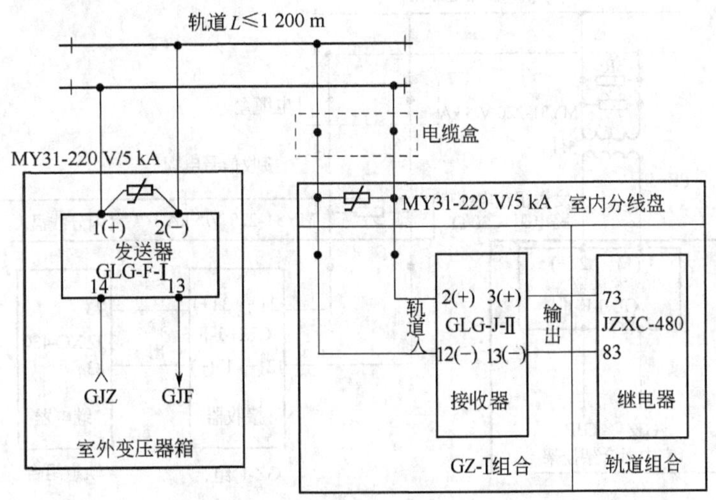

图4-4 发送器在室外的轨道电路连接图

图4-4为发送器在室外的轨道电路连接图。发送器分散装设在现场变压器箱中,由于干

线供电,可节省电缆,也适合于旧有站场的改造。

图 4-5 为单轨条直流牵引区段轨道电路连接图。发送器分散装设、单轨条供电,为了防止不平衡电压侵入,在送受端电缆盒内设有隔直电容器。

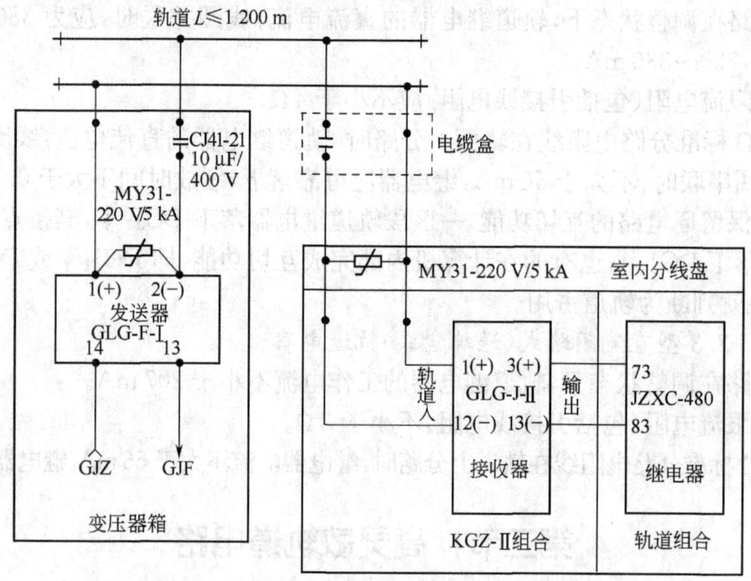

图 4-5 单轨条直流牵引区段轨道电路连接图

图 4-6 为发送器集中在室内的轨道电路连接图。发送器集中装设在室内组合架托架上,用 500 V 左右的高压经发送电缆送至轨道处,再由 5∶1 变压器降压后送到轨面。发送电缆采用扭绞电缆,电缆环路电阻不大于 30 Ω。该方案发送、接收设备均在室内,便于维护与调整,发送器采用 GLG-F-Ⅱ型高压发送器。每托架设 4 个发送器。直流牵引区段,送受电端加隔直电容。

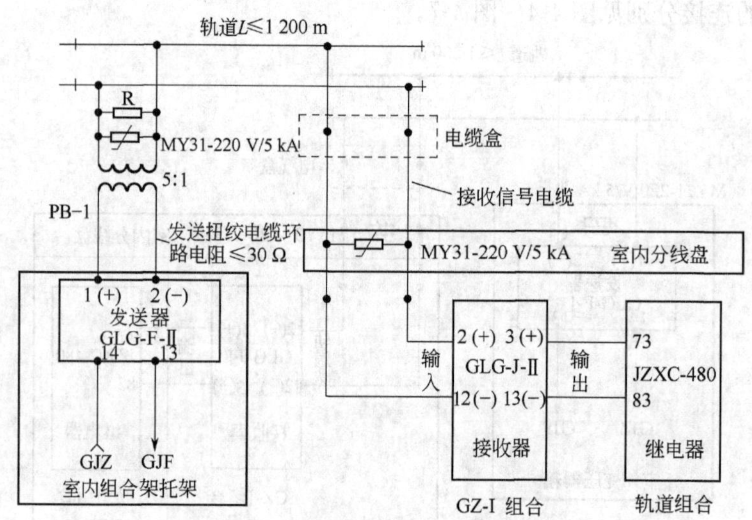

图 4-6 发送器集中在室内的轨道电路连接图

图 4-7 为短区段发送器集中在室内的轨道电路连接图。发送器采用 GLG-F-Ⅰ,每托架装设 4 个。发送电缆采用扭绞电缆,电缆环路电阻不大于 14 Ω,适用于编尾及驼峰慢速区段。

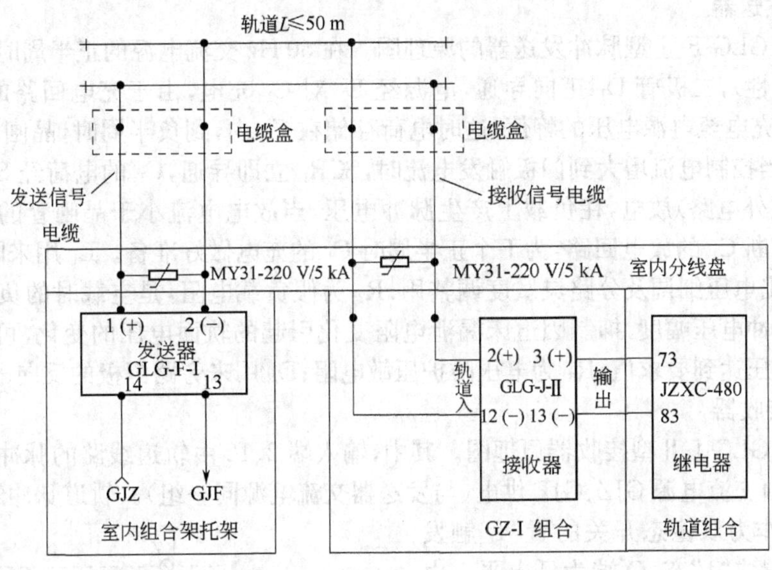

图 4-7　短区段发送器集中在室内的轨道电路连接图

(二)工作原理

脉冲发送器(GLG-F-Ⅰ型)用来产生幅值约 100 V、重复频率为 50 Hz 的尖脉冲,波形如图 4-8 所示。该脉冲电压由轨道送端通过钢轨传送到受端。当该脉冲与接收器的交流触发电源

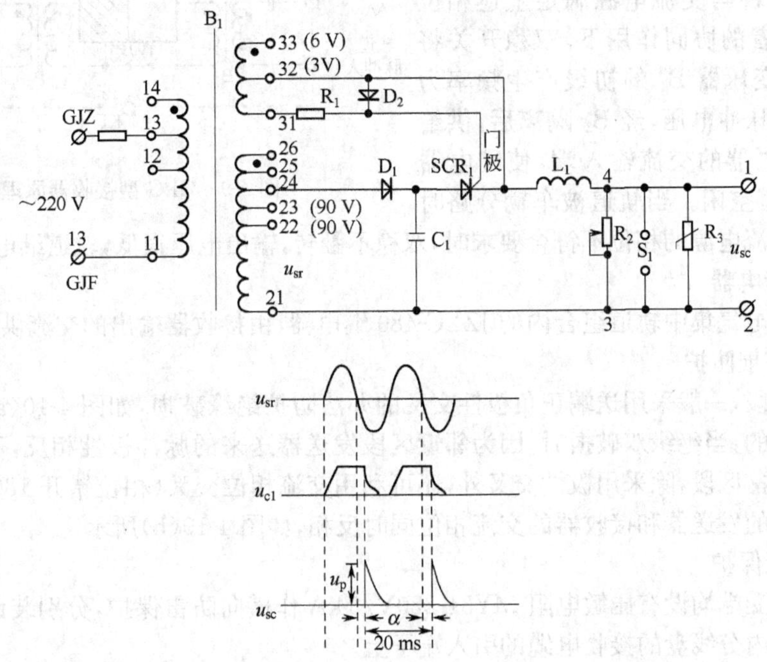

图 4-8　脉冲发送器原理图

的相位满足要求时,接收器将轨道传来的尖脉冲变成 50 Hz 的矩形波输出,使轨道继电器吸起,以证明区段无车占用。当轨道被车辆分路时,接收器不工作,轨道继电器落下。

1. 脉冲发送器

图 4-8 为 GLG-F-Ⅰ型脉冲发送器的原理图。在 50 Hz 交流电源的正半周时(设带点号的同名端为正极性),二极管 D_1 正向导通,电源经 D_1 对 C_1 充电,由于充电回路的时间常数很小,C_1 很快被充电至电源电压的峰值,这时电荷存储在 C_1 内,到负半周时,晶闸管 SCR_1 的门极开始正偏,当控制电流增大到门极触发电流时,SCR_1 立即导通,C_1 的电荷经 SCR_1、L_1 及负载(包括 R_2 及外电路)放电,在负载上产生脉冲电压,当放电电流小于晶闸管的维持电流时,SCR_1 关闭,切断 C_1 的放电回路,为下个正半周时 C_1 的充电做好准备。L_1 用来限制最大分路电流,兼作输出电压细调及分路灵敏度调整用;R_2 为假负载电阻,是空载时的负载,用于限制空载输出的脉冲电压幅度,抑制因道床漏泄电阻变化引起的轨面电压的变化,可通过调整 R_2 使空载脉冲电压达到要求值;R_3 为电压防护压敏电阻;D_2 用来旁路门极的反向电压。

2. 轨道接收器

图 4-9 为 GLG-J-Ⅱ型接收器原理图。其中,输入端 2、12 由轨道线路的脉冲供电,另一个输入端 1、11 由交流电源 GJZ、GJF 供电(与发送器交流电源同一组)。轨道脉冲经 C_1 隔直后,通过 B_1 降压作为双稳态开关的置"1"触发信号,将双稳置成"1"态,Q 端为低电平。由发送器的波形图可知,这时对应于交流电源的负半周。当交流电源转入正半周后,交流电源经 B_3 降压后,作为双稳开关的置"0"触发信号,使双稳翻回"0"态,Q 端恢复高电平。当轨道脉冲与交流电源满足上述相位关系时,在二者的协同作用下,双稳开关将交替翻转,在变压器 B_2 的初级产生频率为 50 Hz 的矩形脉冲电压,经 B_2 隔离后,供给 JZXC-480 继电器的交流输入端,使继电器吸起,表示轨道空闲。当轨道被车辆分路时或者脉冲与交流电源的相位不符合要求时,双稳不翻转,输出电压很低,轨道继电器落下。

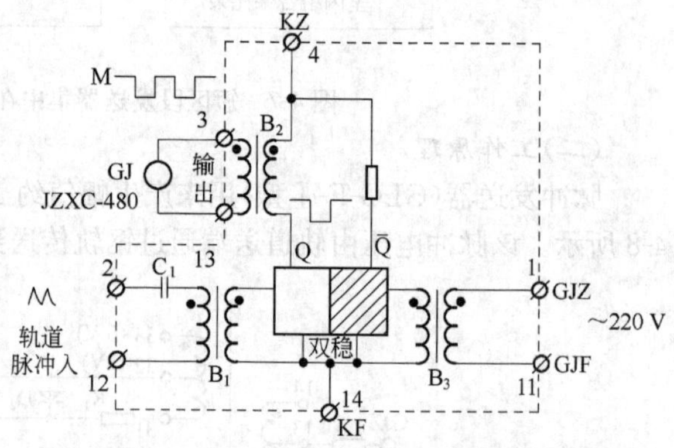

图 4-9 GLG 型接收器原理图

3. 轨道继电器

直接采用电气集中轨道组合内的 JZXC-480 继电器,由接收器输出的交流供电。

4. 绝缘破损防护

对相邻区段,一般采用送端正负极性交叉的办法防护绝缘破损,如图 4-10(a)所示。由于接收器是有极的,当绝缘双破损时,因为邻近区段发送器送来的脉冲极性相反,不被接收。对站线与相邻道岔区段,除采用极性交叉外,还可利用交流相位交叉(相位错开 180°)防护,即将相邻两个区段的发送器和接收器的交流相位同时反相,如图 4-10(b)所示。

5. 过电压保护

在送端和受端均设有压敏电阻 MY31-220V/5 kA 作横向防雷保护,分别装设在发送盒的端子 1、2 及室内分线盘的接收电缆的引入端子上。

(三)主要技术指标

1. 综合指标

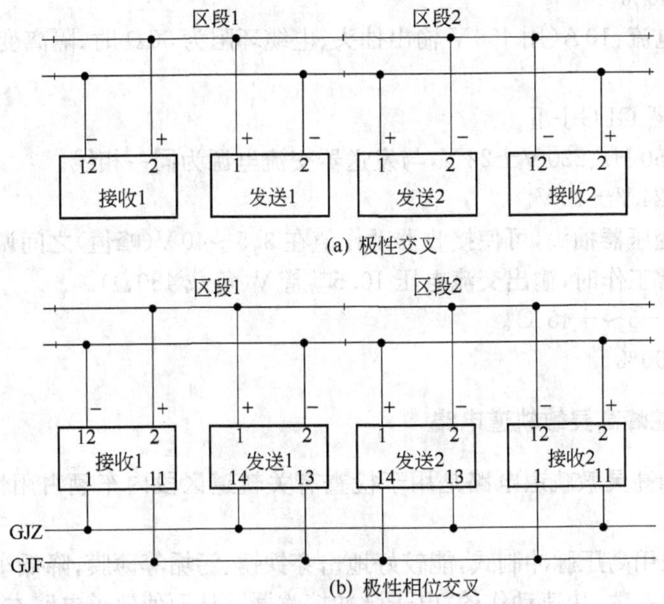

图 4-10　绝缘破损防护

(1)当道床电阻为 0.6 Ω·km～∞,50 Hz 电网输入电压为 220 V±22 V 时,能保证轨道电路区段正常工作。轨道区段长度不大于 1 200 m。

(2)分路灵敏度

① 300 m 以下区段不小于 0.6 Ω。

② 300 m 以上区段不小于 0.15 Ω。

③ 漏泄严重区段不小于道床漏阻的 0.3 倍。

(3)应变时间不大于 0.3 s。

2. 配套器材主要指标

(1)轨道发送器 GLG-F-I

① 输入电源:50 Hz,220^{+11}_{-22} V。

② 输入功率:不大于 25 VA。

③ 脉冲重复频率:50 Hz。

④ 当变压器次级接 100 V 抽头、电感匝数为 5 匝时,输出脉冲的幅度为 $130^{+6.5}_{-13}$ V,1/2 峰值处脉冲宽度不小于 0.25 ms。

⑤ 按④接法,当输出端用 0.1 Ω 电阻电路时,分路电流不小于 50 A(峰值)。

⑥ 环境温度:－30～＋45 ℃。

⑦ 相对湿度:90%。

(2)轨道发送器 GLG-F-Ⅱ

① 输入电源:50 Hz、220^{+11}_{-22} V。

② 输入功率:不大于 50 VA。

③ 脉冲重复频率:50 Hz。

④ 改变变压器调压抽头可使输出电压在 400～700 V(峰值)之间调整。

⑤ 环境温度－5～＋45 ℃。

⑥ 相对湿度 90%。

⑦ 最小分路电流：10 A(用 400 V 输出抽头、电缆环阻为 30 Ω 时，隔离变压器次级 0.1 Ω 电阻，分路为 10 A)。

(3)轨道接收器 GLG-J-Ⅱ

① 交流电源：50 Hz、220 V±22 V，与发送器交流电源为同一相线。

② 直流电源：24 V±12 V。

③ 改变输入变压器抽头，可使接收器动作值在 3.5～40 V(峰值)之间调整。

④ 接收器正常工作时，输出交流电压 $10.5^{+0.525}_{-1.05}$ V(负载 480 Ω)。

⑤ 环境温度：－5～＋45 ℃。

⑥ 相对湿度：90%。

二、TGLG 型驼峰高灵敏轨道电路

TGLG 型驼峰高灵敏轨道电路是用于检查有关轨道区段内车辆占用情况的重要基础设备。

该轨道电路采用高压脉冲制式，能较好地击穿铁锈、污垢等薄膜，降低车轴的分路电阻；在接收端采用高返回系数、快速动作的“电子脉冲接收器”，从而使轨道电路本身具有分路灵敏度高、应变速度快的优点。因此该轨道电路适用于要求快速、高分路可靠性的驼峰轨道电路及 500 m 以下需要高分路性能的有关轨道电路。

该轨道电路由脉冲发送器、脉冲接收器、轨道继电器三部分组成。脉冲接收器集中装设在室内。脉冲发送器可分散装设在现场变压器箱中，也可集中装设在楼内，这时发送电缆应采用综合扭绞信号电缆。送受端回路电缆电阻不大于 14 Ω。

(一)工作原理

TGLG 型高灵敏轨道电路装置是由脉冲发送器、电子脉冲接收器和单闭磁继电器三部分组成。各部分的连接图见图 4-11 和图 4-12(图 4-11 也是艮山门试点工程的轨道电路连接图，其发送器可由干线供电，既节省电缆，现场安装也很方便，特别适合于旧有站场改造)。

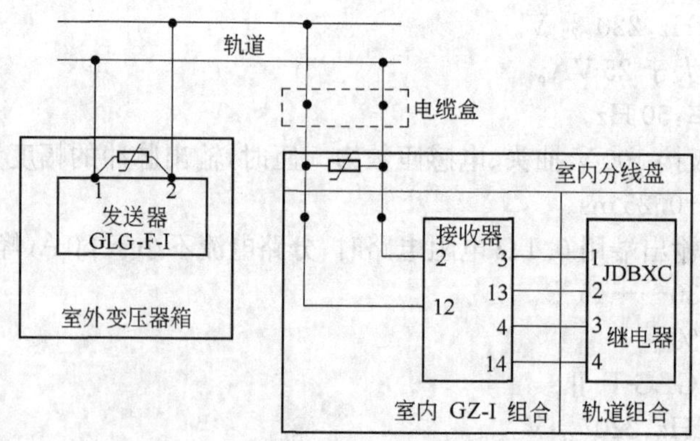

图 4-11　发送器在室外的轨道电路连接图

1. 脉冲发送器

TGLG 型高灵敏轨道电路脉冲发送器采用 GLG-F-Ⅰ型脉冲发送器，原理图见图 4-8。

2. 电子脉冲接收器

图 4-13 是 TGLG-J-Ⅱ型电子脉冲接收器的原理图，其中输入端 2、12 由轨道线路的脉冲供电，另一个输入端 1、11 由局部交流电源供电。轨道脉冲经过 C_1 隔直后，通过 B_1 降压，一路经过 D_1 整流、C_2 平滑滤波后，作为轨道电源供给单闭磁继电器的控制线圈；另一路作为电子开关的驱动信号，产生局部电源，供给单闭磁继电器的局部线圈。这时继电器因两个线圈同时带有同极性的电而吸起。由于轨道分路或其他原因而使继电器的两个线圈或者其中的任一线圈失电时，轨道继电器均落下。

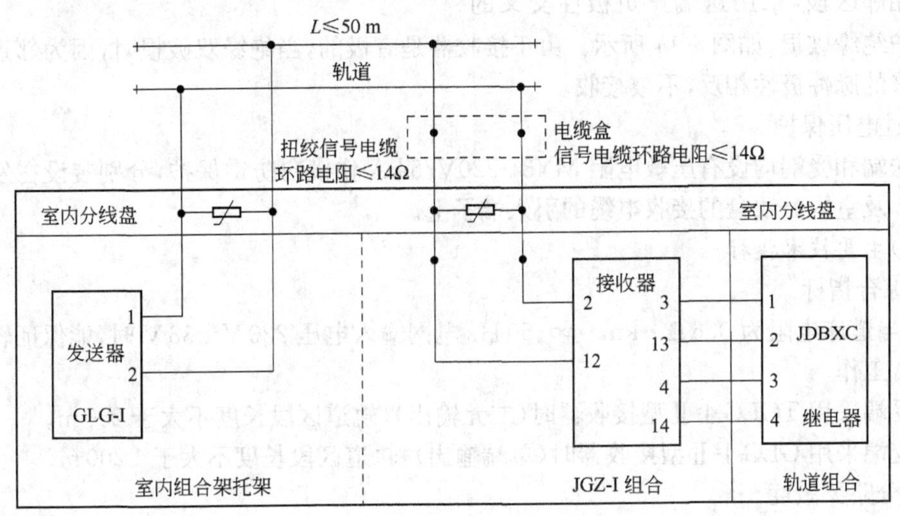

图 4-12　发送器在室内的轨道电路连接图

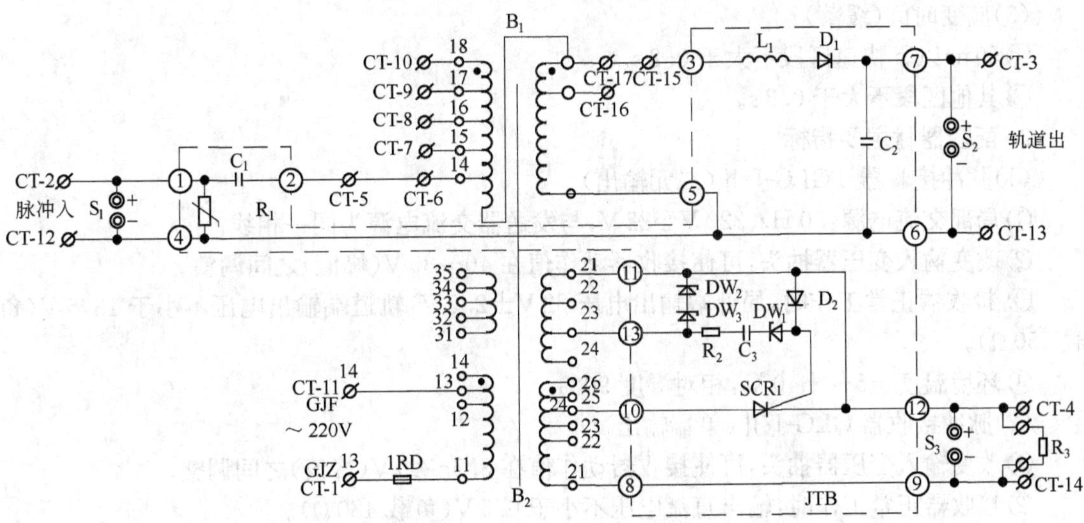

图 4-13　TGLG-J-Ⅱ型电子脉冲接收器原理图

由于电子开关具有很高的返回系数和关断速度，使得整个轨道电路具有极高的分路灵敏度和应变速度。

3. 轨道继电器

该电路轨道继电器采用 JDBX-A $\frac{550}{550}$单闭磁继电器，4QH 接点。只有当两个线圈通电而极性满足要求时衔铁吸起。如果两个线圈中任一或两个同时断电时，则衔铁释放，并保持在落下位置。

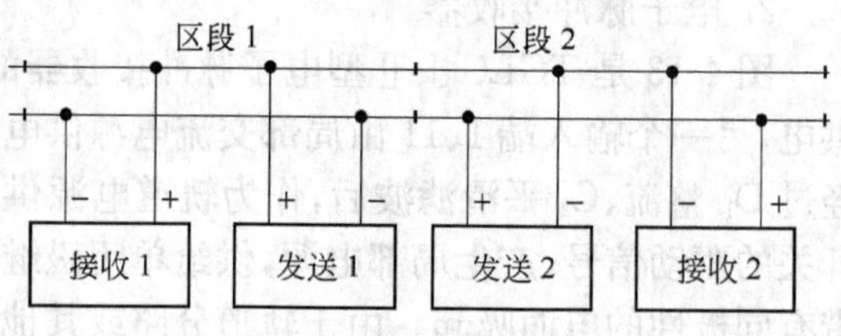

图 4-14　绝缘破损防护办法

4. 绝缘破损防护

对相邻区段，采用送端正负极性交叉的办法防护绝缘破损，如图 4-14 所示。由于接收器是有极的，当绝缘双破损时，因为邻近区段发送器送来的脉冲极性相反，不被接收。

5. 过电压保护

在送端和受端均设有压敏电阻 MY31-220V/5 kA 作横向防雷保护，分别装设在发送盒的端子 1、2 及室内分线盘的接收电缆的引入端子上。

(二)主要技术指标

1. 综合指标

(1)当道床电阻为 0.6 Ω·km～∞、50 Hz 电网输入电压 220 V±33 V 时，能保证轨道电路区段正常工作。

当受端采用 TGLG-J-Ⅱ型接收器时(二元输出)，轨道区段长度不大于 250 m。

当受端采用 GLG-J-Ⅱ型接收器时(单端输出)，轨道区段长度不大于 1 200 m。

(2)分路灵敏度

① 50 m 以下快速区段不小于 3 Ω。

② 其他区段不小于 0.2 Ω。

(3)应变时间(缓落)

① 50 m 以下快速区段不大于 0.2 s。

② 其他区段不大于 0.3 s。

2. 配套器材主要指标

(1)脉冲接收器 TGLG-J-Ⅱ(二元输出)

① 局部交流电源：50 Hz、220 V±22 V，与发送器交流电源为同一相线。

② 改变输入变压器抽头，可使接收器动作值在 40～80 V(峰值)之间调整。

③ 接收器正常工作时，局部端输出电压 22 V±2.2 V，轨道端输出电压不小于 13.5 V(负载 550 Ω)。

④ 环境温度－5～＋40 ℃，相对湿度 90%。

(2)脉冲接收器 GLG-J-Ⅱ(单端输出)

① 改变输入变压器抽头，可使接收器动作值在 3.5～40 V(峰值)之间调整。

② 接收器正常工作时，输出直流电压不小于 6.5 V(负载 480 Ω)。

③ 环境温度－5～＋40 ℃，相对湿度 90%。

(3)JDBX-A $\frac{550}{550}$单闭磁继电器

① 接点 4QH。

② 机械特性满足 AX 系列标准。

③当局部线圈电压20 V时，控制线圈工作值不大于14 V。

④释放值不小于工作值的25%。

⑤缓放时间不大于0.025 s。

⑥控制线圈和局部线圈直流电阻均为550 Ω。

复习思考题

1. 简述GLG型高灵敏轨道电路工作原理。
2. TGLG型高灵敏轨道电路的技术标准有哪些？
3. JWXC-2.3型交流闭路轨道电路技术标准有哪些？
4. 驼峰轨道电路为什么采用双区段轨道电路？
5. 画出完整的驼峰交流闭路式JWXC-2.3型双区段轨道电路。

第五章　驼峰转辙设备

为了提高驼峰编组解体作业效率，适应驼峰工作性质的需要，研制出了 ZD7、ZD7-A、ZD7-C型电动转辙机，ZK3-A、ZK4 型电空转辙机。没有风源的驼峰场一般采用快速电动转辙机，有风源的驼峰场可采用电空转辙机。目前这两种转辙机在全国各驼峰场普遍使用。

第一节　ZD7 系列电动转辙机

一、ZD7 型电动转辙机

(一)结构及传动原理

1. 结构

ZD7 型电动转辙机主要由电动机、减速器、摩擦联接器、自动开闭器、主轴、动作杆、表示杆、底座及机盖等部分组成，其结构如图 5-1 所示。

2. 传动原理

ZD7 型电动转辙机的传动原理如图 5-2 所示。

电动机通电后开始转动，经一齿差一级行星减速器减速后由输出轴和摩擦联接器通过主轴带动锁闭齿轮转动，进而拨动齿条块带动动作杆平移，使道岔变位。又通过道岔尖端杆的移动带动表示杆移动，检查柱进入锁闭块缺口后实现机械锁闭道岔。通过自动开闭器的位置反映尖轨位置状态，从而实现了道岔变位、锁闭尖轨、反映尖轨位置三大功能。

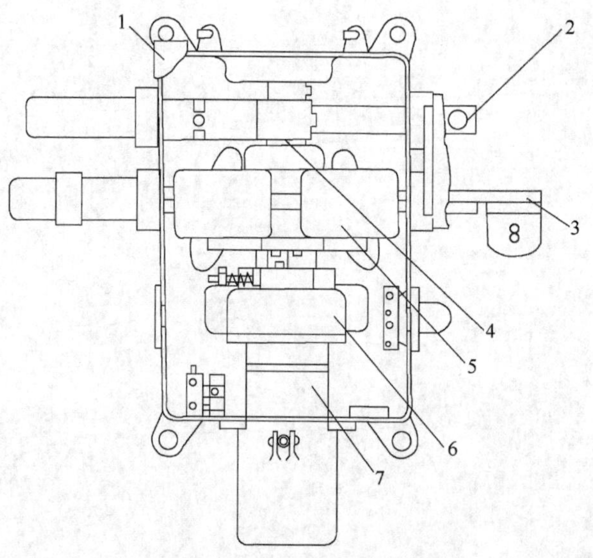

图 5-1　ZD7 型电动转辙机的结构简图
1—机盖；2—动作杆；3—表示杆；4—主轴；5—自动开闭器；6—减速器；7—电动机

(二)各部件的结构及工作原理

1. 电动机

ZD7 型电动转辙机的电动机为串激专用直流电动机，其结构原理如图 5-3 所示。它是两个激磁线圈串联使用的串激可逆转的直流电动机，其工作方式为断续短时工作制，冷却方式为自然冷却，较普通转辙机电动机额定电流高、转速高、转矩大，能满足驼峰道岔快速变位的要求。电动机的主要技术特性及参数如表 5-1 所示。

2. 减速器

ZD7 型电动转辙机的减速器为一齿差行星减速器，传动比为 41，行星减速器机构原理与

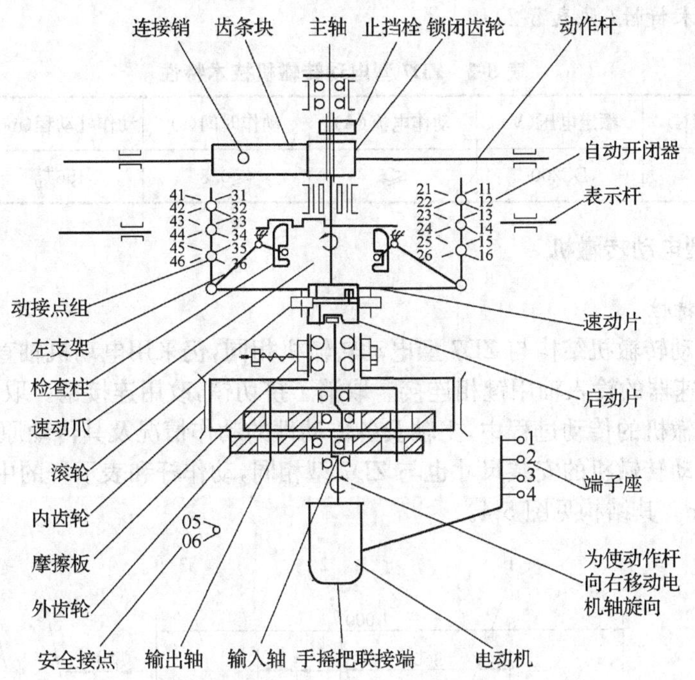

图 5-2 ZD7 型电动转辙机传动原理图

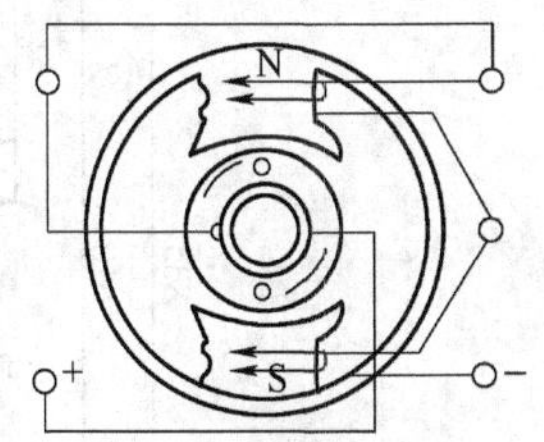

图 5-3 ZD7 型电动机原理图

ZD6 型电动转辙机的减速器原理相同，这里不做详细介绍。ZD7 型电动转辙机的电动机输出轴直接插入减速器的输入轴中，两者由 5×5×16 平键相连接，较 ZD6 型电动转辙机减少了一级齿轮减速，故 ZD7 型电动转辙机速度快。

3. 转换锁闭装置与自动开闭器

ZD7 型电动转辙机的转换锁闭装置和自动开闭器的结构与 ZD6 型相同，只是在主副挤切销孔内均使用了连接销，主销孔内使用 50 kN(5000 kgf)连接销，副销孔内使用 90 kN(9000 kgf)连接销，使此类转辙机变成不可挤型，进而取消了移位接触器。

表 5-1 电动机主要技术特性及参数

额定电压(V)	200	额定电压(V)	200
额定转矩(N·m)	2.403	定子线径(mm)/单定子电阻(Ω)(20 ℃时)	1.45/0.66±0.033
额定转速(r/min)	3000	转子线径(mm)/刷间总电阻(Ω)(20 ℃时)	0.9/1.35±0.0675
额定电流(A)	5	安装尺寸(mm)	4 孔 ϕ9,104×104
串激、短时工作、输出功率 750 W			

4. 其他部件

ZD7 型电动转辙机的其他部件有机壳、机盖、摩擦联接器等，其结构和原理都与普通 ZD6 型电动转辙机相同，这里不做介绍。

（三）主要技术特性（见表 5-2）

表 5-2　ZD7 型电动转辙机技术特性

型号	额定负载(N)	额定电压(V)	动作电流(A)	动作时间(s)	动作杆动程(mm)	表示杆动程(mm)
ZD7	1471	DC200	≤5	≤0.8	156^{+2}_{0}	86～162

二、ZD7-A 型电动转辙机

（一）结构及特性

ZD7-A 型电动转辙机结构与 ZD7 型电动转辙机相同，仍采用电动机轴直接与一齿差渐开线内啮合行星减速器的输入轴用键相连接。取消了挤切销，改用连接销。取消了移位接触器。ZD7-A 型电动机辙机的传动过程中，主轴及各传动件的动作情况及其传动原理仍与 ZD7 型相同。ZD7-A 型电动转辙机的安装尺寸也与 ZD7 型相同，动作杆和表示杆的中心与底脚安装基面距离为 5.0 mm。其结构见图 5-4。

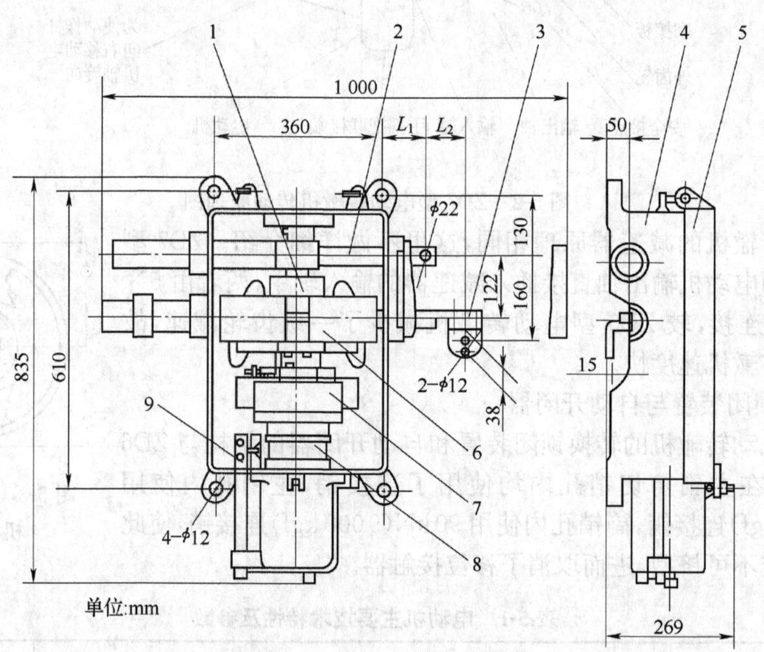

图 5-4　ZD7-A 型电动转辙机

1—主轴；2—动作杆；3—表示杆；4—底壳；5—盖；6—自动开闭器；7—减速器；8—电动机；9—安全接点；
L_1—伸出时 247，拉入时 91；L_2—伸出时 66，拉入时 66 加密贴调整杆的空走量和变形量

ZD7-A 型电动转辙机的主要技术特性见表 5-3。

表 5-3　ZD7-A 型电动转辙机技术特性

型号	额定负载(N)	额定电压(V)	动作电流(A)	动作时间(s)	动作杆动程(mm)	表示杆动程(mm)
ZD7-A	1470	DC180	≤6	≤0.8	156±2	86～167

(二)各部件的结构及工作原理

1. 直流电动机

电动机仍利用串激直流电动机具有的软机械特性,采用了分激式直流串激可逆电动机方案。电动机定子绕组为正、反转定子绕组分开使用。为保证加快道岔的转换,减少进路办理时间,提高安全程度,加大了直流电动机输出功率。电动机结构尺寸与 ZD7 型相同,电动机的主要特性见表 5-4。

表 5-4 ZD7-A 型电动转辙机的电动机技术特性

型号	额定电压(V)	额定电流(A)	额定转速(r/min)	额定转矩(N·m)	短的工作输出功率(VA)	单定子工作电阻(Ω)	刷间总电阻(Ω)
ZD7-A	DC180	≤5.6	>3000	2.403	750	1.75	1.28

2. 减速器

减速器为一级渐开线—齿差行星减速器,减速比为 41。其结构及动作原理均与 ZD7 型电动转辙机的渐开线—齿差行星减速机构相同。

3. 动作杆

动作杆结构与 ZD7 型电动转辙机的相同。动作杆是由齿条块带动,两者由连接销联成一体。连接销外形尺寸与 ZD7 型电动转辙机连接销相同。

(三)主要改进点

1. 为配合其控制电路由四线制改为五线制,电动机端电压由 200 V 降至 180 V,电流由 5 A增至 6 A,但仍能节省电缆投资。因电源电压 220 V 至现场电动机端电压为200 V,则线路允许压降仅 20 V,电缆在 85 m 以远就需要重复芯线。现在线路允许压降增至 40 V,电缆在142 m以远才需要重复芯线,单线传输距离增加了 65%。

2. 在速动衬套内均加上用 SF-2 复合材料制成的衬套,这种衬套只需在装配时涂以润滑脂,在现场使用中不需补充润滑脂,解决了润滑不良的缺点。其结构见图 5-5。

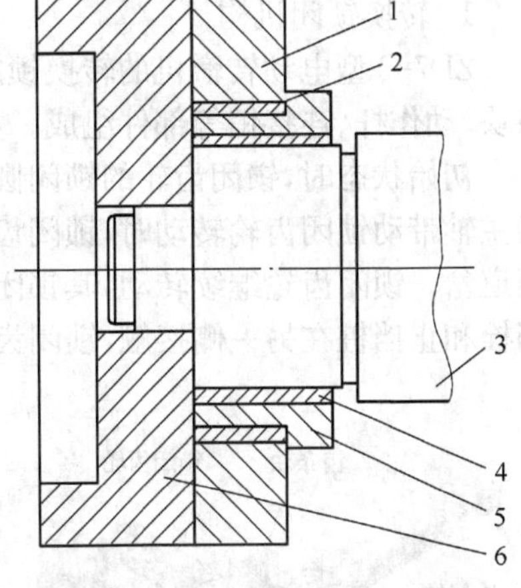

图 5-5 速动衬套改进结构图
1—速动片;2—衬套;3—主轴;4—衬套;5—速动衬套;6—启动片

3. 动接点拐轴与支架过去用扁圆键连接,稍有间隙,在快速动作时支架与拐轴就产生相对转动,使动接点块打入静接点过深,因而接点片应力过大,造成疲劳折断。现改进采用了行之有效的花键连接,工艺也比较简单,精度易保证。

4. 动接点拐轴与接点座之间过去在使用中有磨损,维修困难,改进后采用了 SF-2 复合材料的衬套,不仅在使用中不需加润滑剂,而且一旦磨损后更换也方便。其结构见图 5-6。

5. ZD7-A型电动转辙机改进了手动结构,将支架转动处由外壳处伸至电动机罩端处,达到插入手摇把时,安全接点断开 2.5 mm 的要求,其结构见图5-7。

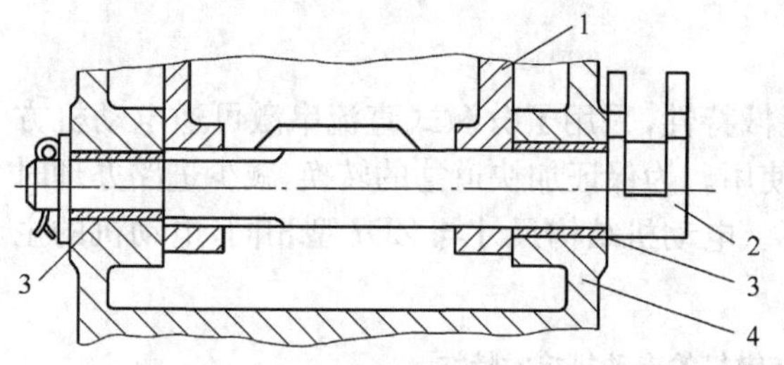

图 5-6　动接点拐轴关系图

1—支架;2—拐轴;3—衬套;4—接点座

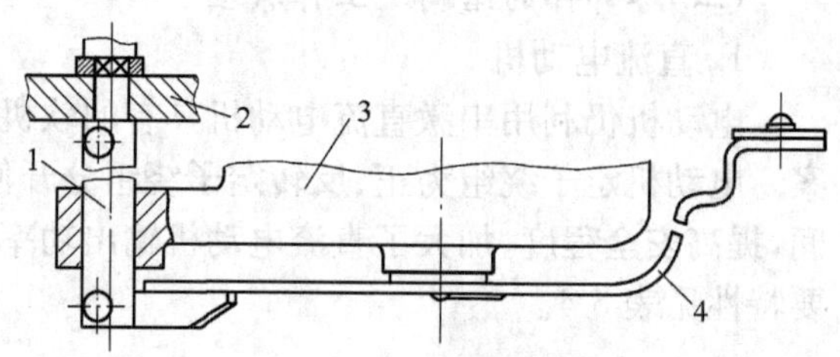

图 5-7　手动断电结构图

1—连接杆;2—开关轴;3—电动机罩;4—支架

三、ZD7-C 型电动转辙机

为适应车辆重载分路道岔向重型发展的需要,在 ZD7-A 型的基础上改进研制成功 ZD7-C 型电动快速转辙机,实现转换力大、速度快、更安全、更可靠的要求,同时满足驼峰场采用 50 kg/m钢轨 9 号及 9 号以下单开道岔及对称道岔的需要。

(一)结　　构

ZD7-C 型电动转辙机结构设计采用模块化设计理念,根据转辙机的工作要求,转辙机主要由以下部件组成:齿条块、主轴、自动开闭器、表示杆、减速器、电动机、安全接点、机盖等。ZD7-C 型电动转辙机动作顺序满足切断表示→解锁→转换→锁闭→接通新表示的要求。因此,从运动原理分析,ZD7-C 型电动转辙机包括五种机构:电动机、转换锁闭机构、表示机构、锁闭表示的联锁机构、变速机构。

1. 转换锁闭机构

ZD7-C 型电动转辙机的转换锁闭机构使用的是不完全齿轮齿条间歇机构,由锁闭齿轮、齿条块、动作杆、连接销等部件组成。如图 5-8、图 5-9 所示。

初始状态时,锁闭齿轮的锁闭圆弧在齿条块的锁闭圆弧中,止挡栓和止挡桩在一侧接触。当主轴带动锁闭齿轮转动时,锁闭齿轮的锁闭圆弧逐渐退出齿条块的锁闭圆弧,切断表示,解锁道岔。锁闭齿轮继续转动,其锁闭圆弧进入齿条块的另一锁闭圆弧,锁闭道岔,接通表示;止挡栓和止挡桩在另一侧接触,锁闭齿轮转动停止,完成道岔转换的一个循环。

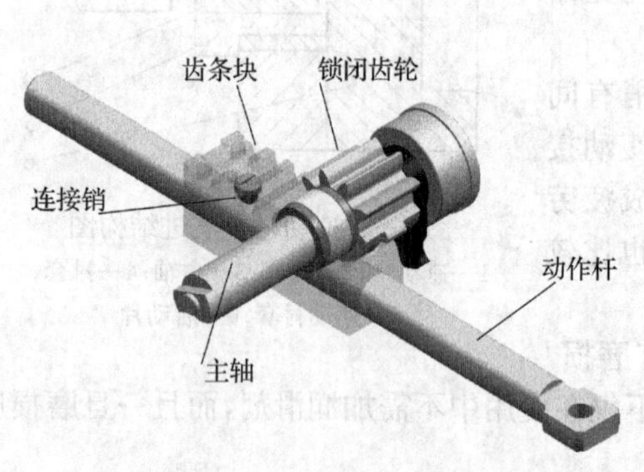

图 5-8　齿条块及主轴

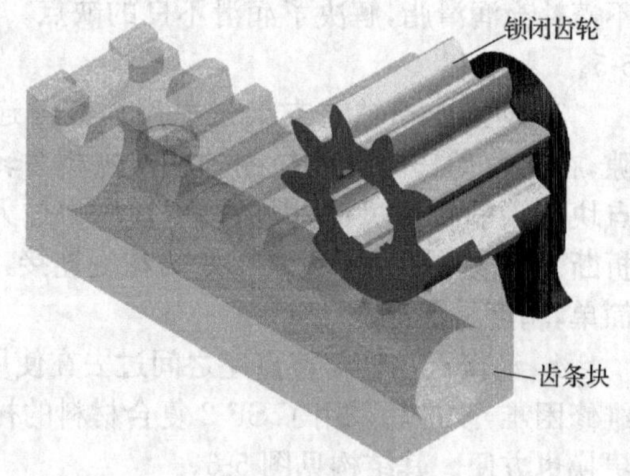

图 5-9　齿条块及锁闭齿轮

2. 表示机构

表示机构由自动开闭器(如图 5-10)和表示杆(如图 5-11)组成,锁闭、表示的联锁关系通过装在主轴上的启动片和速动片等零件实现。

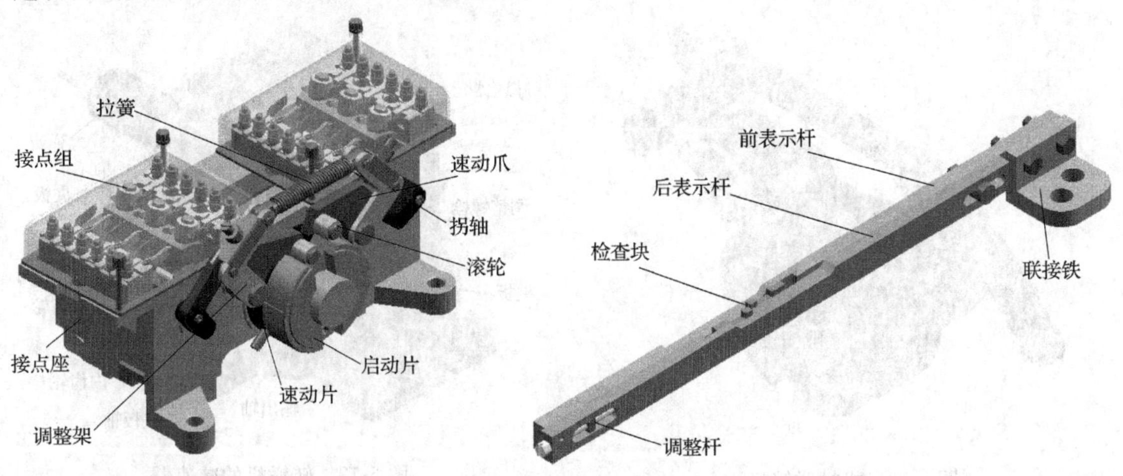

图 5-10 自动开闭器

图 5-11 表示杆组

自动开闭器主要由接点开关和机械联锁机构组成。接点开关主要由四排静接点和二排动接点及接点座组成。机械联锁机构左右对称，主要由装在主轴上的启动片、速动片、速动爪、滚轮、调整架、拐轴等组成，其组成如图 5-12 所示。

表示杆组主要由前表示杆、后表示杆和调整杆及检查块等组成。

表示机构的作用及工作原理参见 ZD7-A 型电动转辙机传动原理部分。

3. 锁闭表示的联锁机构

当转辙机在拉入位置时，左检查柱处于落下位置，落在后表示杆的检查块缺口中，右检查柱处于抬起位置，在前表示杆上方。接通转辙机供电电路，转辙机减速器输出轴反时针转动，带动主轴、启动片、锁闭齿轮一起转动，动作杆推出，启动片推动速动爪上的滚轮沿其斜面上升，左检查柱在左支架带动下抬起，表示杆组处于自由状态。启动片开始转动时，速动片在速动衬套上不动，当启动片转动 24°后，拨销拨动速动片一起转动。当速动爪上的滚轮爬到启动片的大圆柱面上时，左表示接点断开，并接通显示已断开的表示电路。

转辙机减速器输出轴继续转动，锁闭齿轮与齿条块解锁，转换道岔，表示杆和道岔一起运动。当道岔转换到位与基本轨密贴时，右检查柱与前表示杆上的检查块缺口对齐，锁闭齿轮的锁闭圆弧进入齿条块的锁闭圆弧，速动爪上的滚轮先脱离起动片的大圆柱面，速动爪与速动片接触，当速动片上的缺口转到速动爪尖部时，速动爪在弹簧拉力作用下迅速落入速动片缺口，通过右支架带动动接点转动，接通新的表示电路，并切断电机供电电路，转辙机结束一个工作循环。转辙机为伸出位置，右检查柱处于落下位置，落在前表示杆的检查块缺口中，左检查柱处于抬起位置，在后表示杆上方。

检查柱落入表示杆检查块缺口内每侧的间隙，可从接点座上的观察窗口进行检测；通过调整表示杆组中前、后表示杆的相互位置，来调整检查柱与检查块缺口的间隙。

4. 变速机构

减速机构采用传统的一齿差减速器，如图 5-13 所示。电动机的输出轴直接和减速器的输入轴相连，经内齿轮 41 减速比减速后，由销轴式输出机构输出。

转辙机在正常转换情况下，夹板与内齿轮间的摩擦力矩大于转换道岔所需的力矩，此时内齿轮不转，输出轴在其内转动。当转换终了或外部出现故障时，输出轴不动，内齿轮在夹板内转动,吸收多余能量或保护电动机不堵转,防止其烧毁。

图 5-12 机械联锁机构

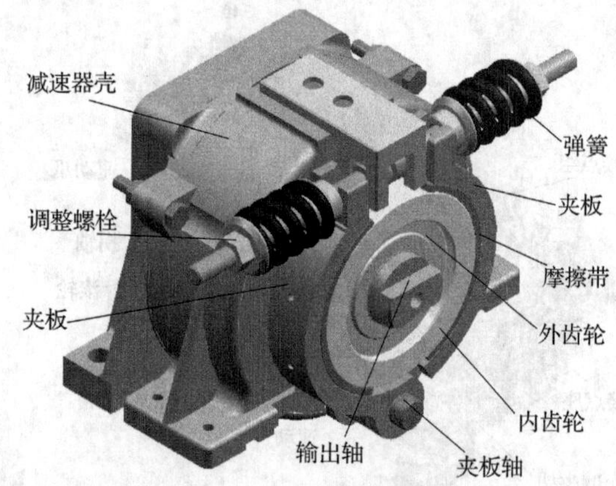

图 5-13 转辙机的减速器

调整连接左、右夹板的螺栓上的螺母,可调节弹簧的压力,达到调整夹板与内齿轮间的摩擦力矩。

5. 电动机

转辙机采用直流串激电动机作为动力,其结构同 ZD7-A 型电动机,如图 5-3 所示。

(二)传动原理

ZD7、ZD7-C 型电动转辙机的传动原理相同,如图 5-2 所示。

(三)性能指标

ZD7-C 型转辙机主要技术指标如表 5-5 所示。电动机主要技术指标如表 5-6 所示。

表 5-5 ZD7-C 型转辙机主要技术指标

额定转换力[N(kgf)]	额定电压(V)	动作电流(A)	转换时间(s)	动作杆动程(mm)	表示杆动程(mm)
2 450(25)	DC180	≤11	≤0.8	165^{+2}_{0}	86～167

表 5-6 ZD7-C 型与 ZD7-A 型电动转辙机性能比较

额定电压(V)	额定转矩(N·m)	额定工作电流(A)	转速(r/min)	短时工作输出功率(W)	定子线径(mm)/单定子电阻(20 ℃)	转子线径(mm)/刷间总电阻(20 ℃)
DC180	4.2 (0.428 kgf·m)	≤10.6	≥3 250	1 420	1/0.22 Ω(20 ℃)	1/1.46 Ω(20 ℃)

ZD7-C 型电动机摩擦电流为 13.5～16A。

ZD7-C 型与 ZD7-A 型电动转辙机性能比较见表 5-7 所示。

表 5-7 ZD7-C 型与 ZD7-A 型电动转辙机性能比较

项目 \ 机型	ZD7-C	ZD7-A	项目 \ 机型	ZD7-C	ZD7-A
额定电压(V)	DC180	DC180	额定动作时间(s)	≤0.8	≤0.8
额定动作电流(A)	≤11	≤6	动作杆动程(mm)	165	165
额定负载(N)	2470	1470	表示杆动程(mm)	86～167	86～167

第二节　ZK3-A型电空转辙机

ZK3-A型电空转辙机由电气控制，以压缩空气为动力源，具有转换速度快、牵引力大、锁闭可靠的特点。

一、ZK3-A型电空转辙机的工作原理

ZK3-A型电空转辙机的工作原理如图5-14所示。

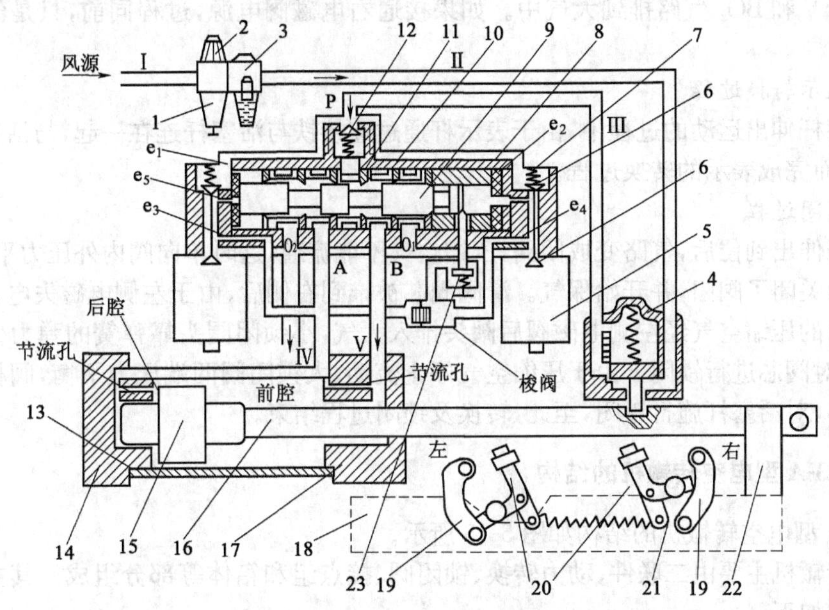

图5-14　ZK3-A型电空转辙机原理图

1—过滤器；2—调压阀；3—油雾器；4—大锁闭阀；5—电磁阀；6—阀头；7—弹簧；8—滑阀体；9—阀芯；10—隔套；11—E型圈；12—单向阀；13—气缸体；14—缸身座；15—活塞；16—活塞杆；17—大气缸座；18—表示杆；19—保持钩；20—动接点；21—滚轮；22—连接铁；23—小锁闭阀

工作时，经过调压滤气油雾、解锁、动力转换、表示接点转换、锁闭五大过程。现以使活塞杆拉入一个单程动作为例说明ZK3-A型电空转辙机的工作过程。

（一）气路与流程

由外部引入的压缩空气通过管道Ⅰ流经过滤器(1)，将微细污粒和水蒸气等滤掉，净化干燥后的气体流进调压阀(2)，将气压降到0.55 MPa，又进入油雾器(3)，使压缩空气变为含油的雾状气流，通过管道Ⅱ进入锁闭阀(4)，然后经管道Ⅲ进入单向阀(12)，在单向阀阀口外有气孔，连接滑阀体两侧，分别为左、右电磁阀输送压缩空气的气路，油雾气流涌到电磁阀头外被阻挡，如果单向阀两端达不到一定的压差，则单向阀在关闭状态，大气缸内保持一定的压力，对道岔实行软锁闭。

（二）解锁过程

当左端电磁阀得电后，衔铁吸起，顶起连接杆、阀杆及顶针，将前阀头(6)打开，同时关闭后阀头(6)，压缩空气通过通道e_1、前阀头(6)、通道e_3进入梭阀左腔，将梭阀活塞推向右端，关闭

了右侧孔气路,打开小锁闭阀的气路,压缩空气克服小锁闭阀弹簧的压力使阀杆拉回,此时滑阀阀芯被解锁。由于管路中压缩空气的流通,气流克服大锁闭阀的弹簧压力使阀杆拉回,使动作杆解锁。

(三)动力转换

随着阀芯的解锁,压缩空气经通路 e_5 推动阀芯向右移动,阀芯右腔室内的空气经右电磁阀排气管排往大气,使阀芯迅速滑到右端。由于阀芯换向,滑阀腔内的气压下降与单向阀外的气压出现偏差,使单向阀外的压缩空气克服单向阀小弹簧的压力将阀打开,从而导通了 PA 气路和 BO_2 排气气路,使压缩空气经管Ⅳ进入气缸后腔,推动活塞杆向外伸出运动,气缸前腔的气体经过管Ⅴ和 BO_2 气路排到大气中。如果接通右电磁阀电源,过程同前,只是气路方向相反。

(四)表示转换过程

在活塞杆伸出运动的过程中,由于表示杆通过连接铁与活塞杆连在一起,与活塞杆进行同步运动,从而完成表示的转换过程。

(五)锁闭过程

活塞杆伸出到位后,气路变成闭路,压缩空气不能流通,这时单向阀内外压力平衡,单向阀靠弹簧压力关闭了阀门,并开始保气。滑阀阀芯被推到右侧后,由于左侧电磁失电,衔铁落下,小锁闭阀内的压缩空气经左侧电磁阀后阀头排入大气,小锁闭阀头靠弹簧的弹力伸出挡在阀芯的左侧,对阀芯进行锁闭。由于压缩空气停止流动,大锁闭阀两端压力平衡,阀杆靠弹簧的压力而伸出,对活塞杆施行锁闭,至此,转换及锁闭过程结束。

二、ZK3-A 型电空转辙机的结构

ZK3-A 型电空转辙机的结构如图 5-15 所示。

电空转辙机主要由二联件、动力转换、锁闭阀、接点组和箱体等部分组成。其主要部件的结构及原理如下。

(一)过滤器

ZK3-A 型电空转辙机二联件的结构如图 5-16 所示。

1. 结构

过滤器与调压阀共用一个阀体,过滤器装在下部,主要由旋风叶子、滤芯、水杯、排污阀等组成。其作用是防止污物、冷凝水及各种异物进入到转辙机的气路中,使转辙机发生故障。

2. 工作原理

压缩空气从外风管路进入转辙机内管路,首先进入过滤气的旋风叶子里,旋风叶子上有许多小缺口,迫使压缩空气沿切线方向强烈旋转,夹在压缩空气中的水滴、油污及灰尘在离心力的作用下与水杯内壁碰撞,从气体中分离出来,沉淀于水杯底部。气体再通过滤芯的过滤,最后变成洁净的压缩空气,从输出口流进调压阀。

(二)调压阀

1. 结构

调压阀的结构如图 5-16 所示。它是由手轮、弹簧、膜片、阻尼管、阀杆、进气阀芯、下部弹簧、制动旋钮等组成。其作用是调整进入转辙机内压缩空气的压力,使其在规定的标准值内。

2. 工作原理

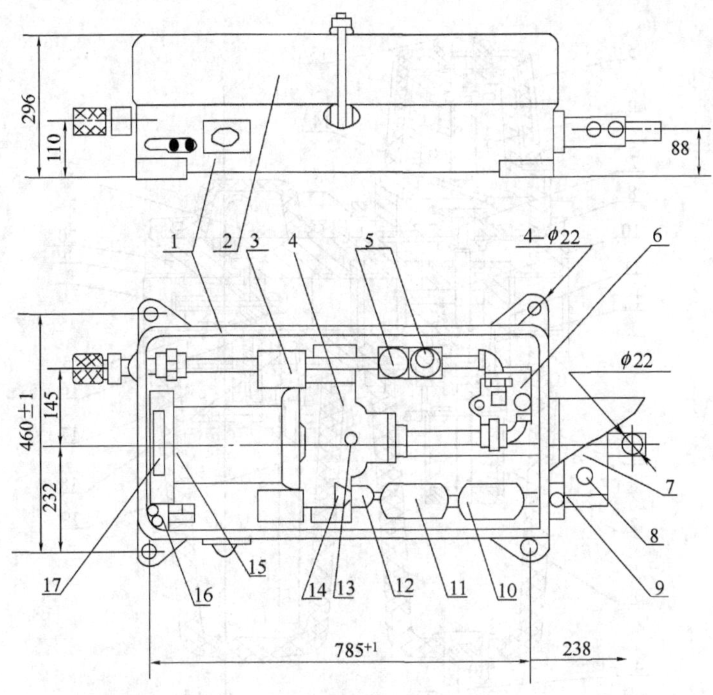

图 5-15　ZK3-A 型电空转辙机结构

1—底壳；2—箱盖；3—电磁阀；4—滑阀；5—二联件；6—锁闭阀；
7—连接铁；8—偏心销；9—表示杆；10、11—接点；12—小锁闭阀；
13—放风丝堵；14—梭阀；15—气缸；16—安全接点；17—插头

调整气压是通过旋转手轮实现的。当顺时针旋转手轮时，螺丝杆向下移动，压缩弹簧(6)，使之向下的弹力增大，进而推动膜片。阀杆向下移动，推开进气阀芯，压缩空气通过阀芯进入右端，气流的一部分(可称取样气流)经阻尼管进入膜片室，给膜片一个向上的推力，当这个推力与弹簧(6)向下的弹力相等时，进气阀保持一定的开度，使输出的压力保持平衡。当逆时针旋转手轮时，各部件的动作与上述相反，而使输出压力减小。

当输入压力发生波动时，如压力升高，则输出端的取样气流压力也高，作用在膜片上的压力相应增大，破坏了原来的平衡，使膜片上移，阀门开度缩小，从而使输出压力下降，直至达到新的平衡，输出又回到原来的数值。

由以上可以看出，调压阀实际是一个减压稳压阀，既能实现减压又可实现稳压。但输入压力低于调定值时调压阀就失去了作用。调压阀的调压范围为：0.05～1.0 MPa。

(三)油雾器

1. 结构

油雾器的结构如图 5-16 所示。它主要由喷嘴、钢球、油杯、吸油管、阀座、视油器组成。其作用就是在转辙机动作时自动往滑阀及气缸中注油，以满足其润滑需要。

2. 工作原理

油雾器是应用空吸喷射原理制成的润滑装置。它以压缩空气为动力，将润滑油喷射成雾状，随气流进入转辙机内部。所谓空气喷射，是利用一股高压射流，将另一种可流物吸进来，相互混合后，一起流动的现象。压缩空气从油雾器输入口进入后经喷嘴上的小孔 b 进入阀座的

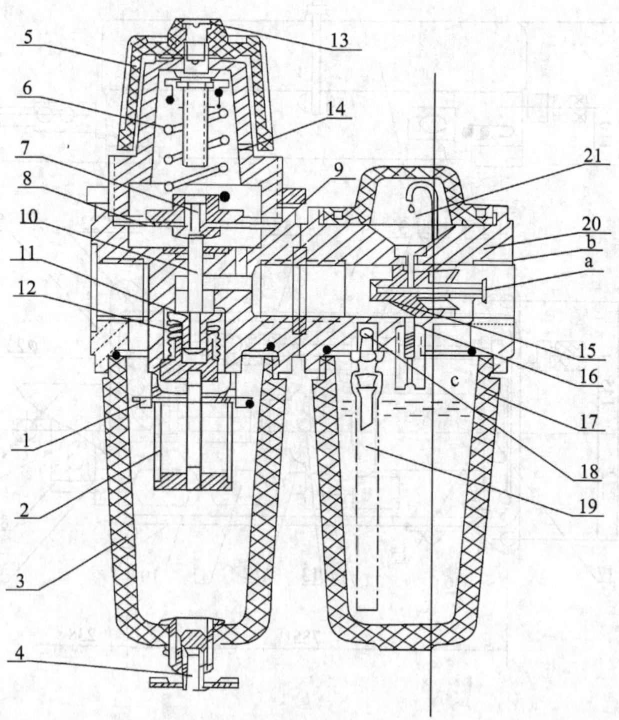

图 5-16　气源处理二联件结构

1—旋风叶;2—滤芯;3—滤杯;4—排污阀;5—手轮;6—弹簧;7—溢流孔;8—膜片;9—阻尼管;10—阀杆;11—进气阀芯;12—弹簧;13—控制旋钮;14—排气孔;15—喷嘴;16—钢球;17—油杯;18—钢球;19—吸油管;20—阀座;21—视油器

腔内,使截止阀的钢球(16)上下表面形成压力差,此时压力差被弹簧的压力所平衡,使钢球处于中间位置,截止阀被打开。压缩空气进入油杯的上腔 c,油面受压,压力油经吸油管将单向阀的钢球(18)顶起,压力油经四方孔流入视油器内滴入喷嘴中,被主管道中的气流从中孔 b 中引射出来,雾化后从输出口输出。

油雾器使用三通阀油,其工作温度为 0～50℃。

(四)大锁闭阀

1. 结构

大锁闭阀的结构如图 5-17 所示。

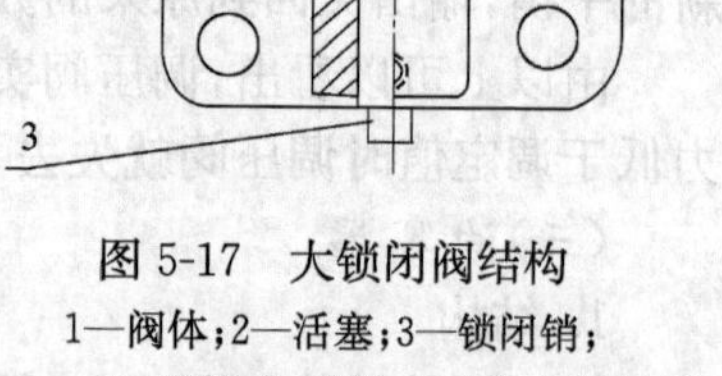

大锁闭阀主要由阀体、活塞、锁闭销、弹簧、铜套、阀盖组成。其作用是对动作杆进行机械锁闭。

图 5-17　大锁闭阀结构

1—阀体;2—活塞;3—锁闭销;4—弹簧;5—铜套;6—阀盖

2. 工作原理

电磁阀通电吸起后,便打开气路,转辙机内的压缩空气排向大气,使大锁闭阀两边产生压力差,这个压力差产生的压力足以克服弹簧的弹力时,便推动活塞使锁闭销缩回,道岔解锁。当道岔动作完后,单向阀截止,压力差为零,活塞在弹簧的作用下前移,使锁闭销伸出道岔实现了机械锁闭。

（五）梭　　阀

1. 结构

梭阀的结构如图 5-18 所示。它主要由阀体、阀芯、顶丝、防动片组成。其作用是配合电磁阀来操纵小锁闭阀，以解锁滑阀。

2. 工作原理

电磁阀通电吸起后，打开风路，压缩空气经单向阀外侧小孔进入梭阀体内，将阀芯推向另一侧，打开小锁闭阀的风路。

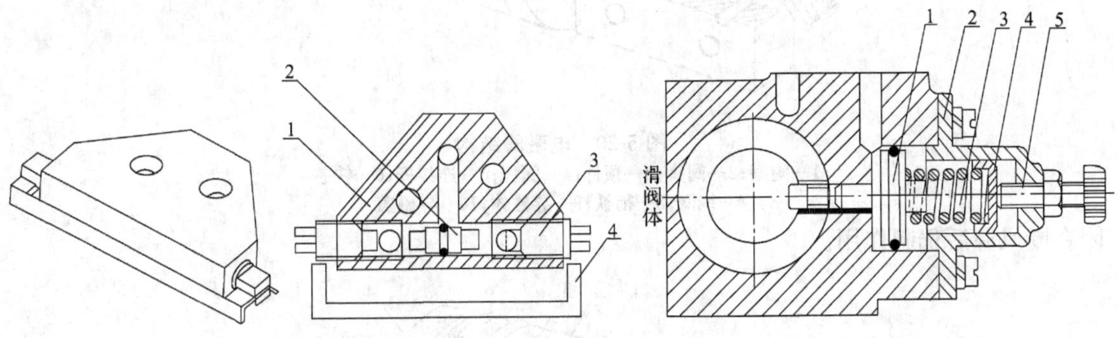

图 5-18　梭阀结构

1—阀体；2—阀芯；3—顶丝；4—防动片

图 5-19　小锁闭阀结构

1—活塞；2—阀盖；3—弹簧；4—弹簧碗；5—调整螺丝

（六）小锁闭阀

1. 结构

小锁闭阀的结构如图 5-19 所示。它主要由活塞、阀盖、弹簧、弹簧碗、调整螺丝组成。其作用是锁闭滑阀阀芯，防止其误动。

2. 工作原理

梭阀阀芯被推向另一侧后便接通了小锁闭阀的风路，气流由梭阀气孔进入小锁闭阀前腔室，气流克服弹簧的弹力将活塞推回，移动 3 mm 左右时滑阀阀芯被解锁。当滑阀阀芯动作到另一端后，小锁闭阀前腔内的余气经电磁阀、滑阀排气孔排出，小锁闭阀在弹簧的作用下又伸出，将滑阀阀芯锁闭。

（七）电磁阀

1. 结构

电磁阀的结构如图 5-20 所示。它主要由阀座、阀头、顶针、阀杆、连接杆、衔铁、导磁体、铁芯、线圈等组成。其作用是通过电控制风路，它是控制电空转辙机的动作开关。

2. 工作原理

线圈通电后衔铁吸起，带动连接杆、阀杆及顶针，克服前部弹簧的压力，将前阀头打开，后阀头关闭，使压缩空气通过电磁阀气路进入滑阀和梭阀，进而控制道岔变位。

电磁阀线圈线径为0.38 mm；匝数为 4 200 匝，线圈电阻为85 Ω±4.25 Ω，衔铁动程为1.8 mm±0.3 mm。

（八）单向阀

1. 结构

单向阀的结构如图 5-21 所示。它是由阀体、单向阀芯、弹簧等组成。它实际是滑阀的一个组成部分，镶在滑阀体内。它的作用是使滑阀输入的压缩空气不能倒流，以保证整机的软锁

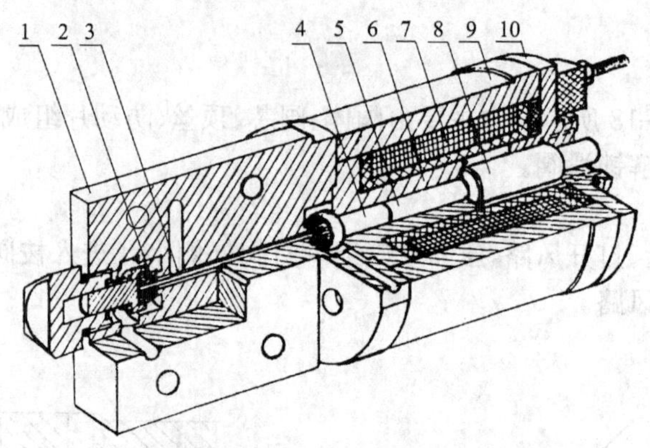

图 5-20　电磁阀结构

1—阀座；2—阀头；3—顶针；4—阀杆；5—连接杆；6—铁芯；7—线圈；8—衔铁；9—导磁体；10—导磁盖

闭在断风源后仍起作用。

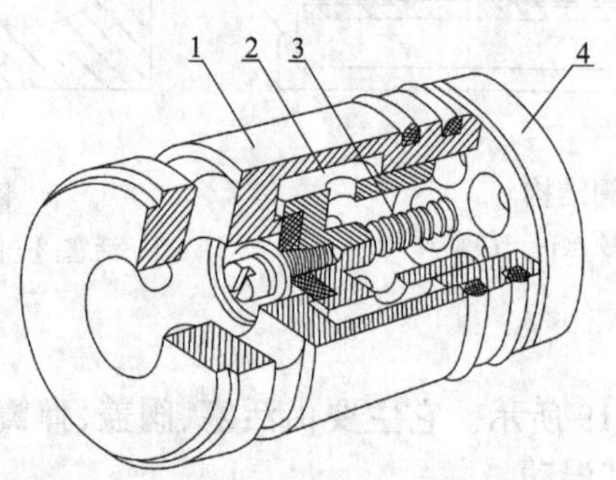

图 5-21　单向阀结构

1—阀体；2—单向阀芯；3—弹簧；4—弹簧座

2. 工作原理

单向阀的工作原理如图 5-22 所示。

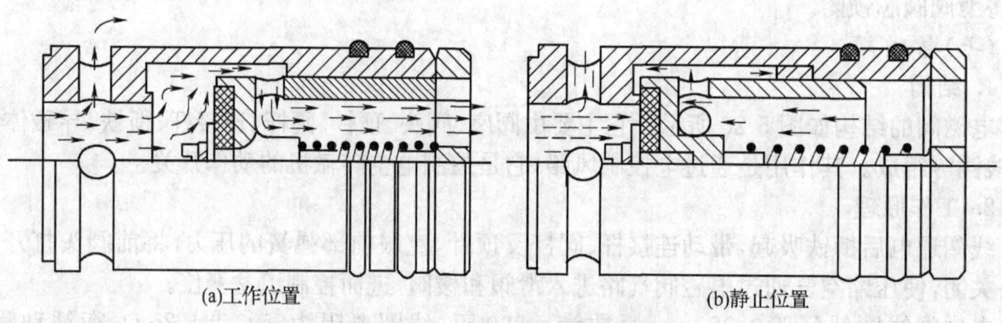

图 5-22　单向阀的工作原理图

滑阀阀芯换向后，转辙机内压缩空气排出，使单向阀内外产生气压差，单向阀外的气压克服单向阀小弹簧的压力将阀打开，压缩空气进入气缸中，使转辙机转换位置，如图 5-22(a)所示。随着气缸中的压力增大，单向阀两端的气压逐渐变小，压差趋于平衡时，在弹簧的作用下，单向阀关闭，如图 5-22(b)所示，实现了软锁闭的功能。切断风源后，气缸内的气压可保持3 min。

（九）滑　　阀

1. 结构

滑阀的结构如图 5-23 所示。它由阀体、衬套、E 型圈、隔套、阀芯、右缓冲胶垫、左缓冲胶垫、排气管、钢套、钢垫、放风丝堵等组成。

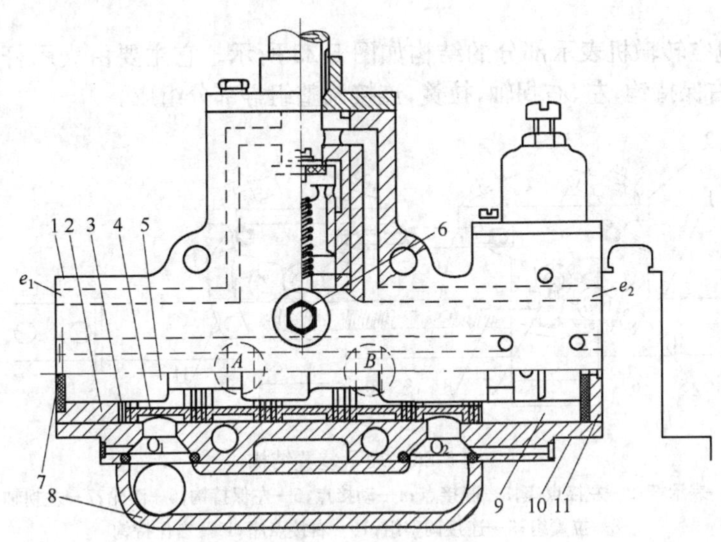

图 5-23　滑阀的结构

1—阀体；2—衬套；3—E 型圈；4—隔套；5—阀芯；6—放风丝堵；7—左缓冲胶垫；8—排气管；9—钢套；10—右缓冲胶垫；11—钢垫

2. 工作原理

滑阀是受电磁阀和小锁闭阀控制的。当电磁阀通电吸起，小锁闭阀解锁后，流向小锁闭阀的气流减小，通往滑阀阀芯的气流增加，推动阀芯向左（右）移动，阀芯左（右）腔室内的空气由排气管排往大气，从而使阀芯加速运动，直至到达左（右）端。此时，由于阀芯的转向，便打开通往气缸的气路，使压缩空气进入气缸推动活塞进而使道岔变位。

（十）活塞与气缸

1. 结构

活塞与气缸是控制道岔变位的部件，其结构如图 5-24 所示。它主要由大气缸座、缸体、活塞、活塞杆组成。

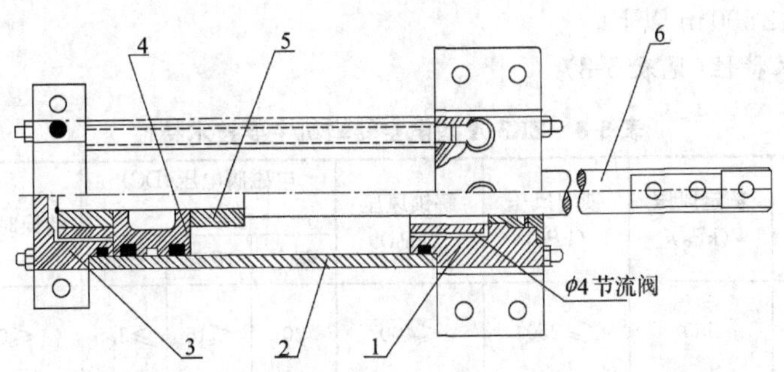

图 5-24　气缸结构

1—大气缸座；2—缸体；3—缸体座；4—活塞；5—缓冲小活塞；6—活塞杆

2. 工作原理

滑阀换向以后,打开气缸原来的气路,使气缸中的压缩空气排入大气,同时接通气缸另一侧的气路,使管路中的压缩空气进入气缸,推动活塞及动作杆进而带动道岔变位。

(十一)表示部分

1. 结构

ZK3-A 型电空转辙机表示部分的结构如图 5-25 所示。它主要由表示杆,左、右接点座,动、静接点,左、右保持钩,左、右拐轴,拉簧,连接调整组等部分组成。

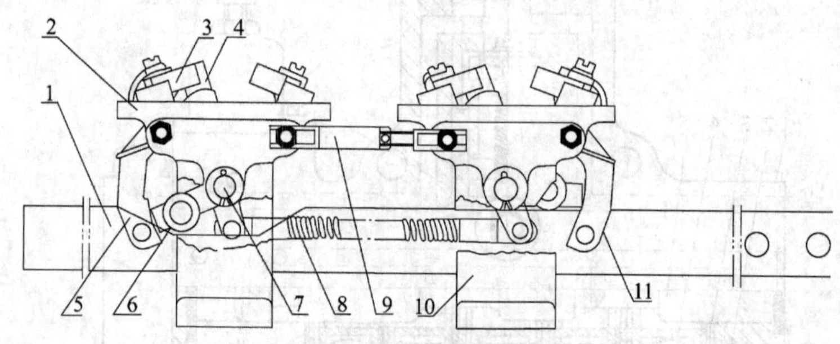

图 5-25　表示装置结构

1—表示杆;2—左接点座;3—静接点;4—动接点;5—左保持钩;6—滚轮;7—左拐轴;8—拉簧组;9—连接调整组;10—右接点座;11—右保持钩

2. 工作原理

以转辙机在伸出位为例。由于表示杆通过连接铁与活塞杆连在一起,使之与活塞杆同步运动。左侧接点组的动接点转换滚轮在表示杆的梯形槽前坡向上滚动,上到表示杆平面,保持钩在其弹簧的作用下被弹回,动接点离开右静接点,从而切断原表示,打入左侧静接点内。右侧接点组和左侧接点组同步动作,当滚轮走到坡棱时,在后斜坡外侧的撞针已阻挡了保持钩,动接点靠弹簧张力使悬空的滚轮被打到斜坡底部,同时动接点由右打入左静接点中接通表示。

三、ZK3-A 型电空转辙机的主要技术参数

(一)工作环境

1. 环境温度:−40～+55 ℃。

2. 相对温度:不大于 90%(温度为+25 ℃时)。

3. 海拔高度:2 500 m 以下。

(二)主要技术特性(见表 5-8)

表 5-8　ZK3-A 型电空转辙机主要技术特性

型号	活塞杆行程(mm)	额定风压(kPa)	锁闭风压(kPa)	解锁风压(kPa)	电磁阀电压(DC)(V)			转换时间(s)	额定负载(N)
					额定	吸起	释放		
ZK3-A	170±2	550	≥250	≤400	20	≤16	≥3.5	≤0.6	1 960
	200±2								2 450

第三节　ZK4 型电空转辙机

一、ZK4 型电空转辙机

ZK4 型电空转辙机是在 ZK3 及 ZK3-A 型电空转辙机基础上优化结构设计，采用先进气动元件及相关技术研制的，是 ZK3-A 型电空转辙机的换代产品。

(一)ZK4 型电空转辙机主要技术特点

(1)采用差压式自保换向阀结构(ZK3-A 型转辙机使用的二位五通换向阀具有自锁功能，结构比较复杂，其可靠性也难以满足使用要求)，消除了换向阀误动作的隐患，提高了安全及可靠性、简化结构，并具有结构新颖、体积小、重量轻等特点。

(2)采用双锁闭设计，即气缸、换向阀的气锁闭和电磁阀锁闭，防止了因泄露或断气源造成设备失控引发的故障。

(3)利用电磁锁闭阀代替气动锁闭阀，克服了解锁时与动作杆卡阻的缺陷，实现了到位锁闭、解锁动作的顺序化。

(4)设备主要轴套机构部件均采用 SF-2 复合材料衬套，减少现场维修工作量，同时提高了整机的使用寿命。

(5)采用集成式气源处理元件，克服现场调整压力因振动而造成变化等问题。

(6)表示装置安全可靠、故障率低，动作直观，便于观测、维修。

ZK4 型电空转辙机在 ZK3-A 型电空转辙机基础上优化结构设计，改进气路并采用新开发的换向阀，改进后二者主要区别有：

(1)用差压自保式换向阀芯结构代替了 ZK3-A 型电空转辙机滑阀中的梭阀、小锁闭阀。

(2)用电磁锁闭阀代替了 ZK3-A 型电空转辙机中的气动大锁闭阀。

(3)采用集成式气源处理元件代替原 ZK3-A 型电空转辙机中气源处理二联件。

(4)采用新型密封材料提高了整机使用寿命和可靠性。

(5)气缸和阀体用铝合金材料代替铸铁材料，提高关键器件寿命，并减少整机重量和美化外观。

(二)ZK4 型电空转辙机结构

ZK4 型电空转辙机由差压式自保换向阀、气缸、表示装置、电磁锁闭阀、组合式气源处理元件、管路等组成。

ZK4-170 型电空转辙机结构如图 5-26 所示。

1. 差压式自保换向阀

差压式自保换向阀是一种新型的二位五通换向阀，能够完成气路转换并实现自锁。差压式自保换向阀与其他换向阀不同，能够实现强制自保，即换向阀阀芯在失电状态能够实现自锁，有效防止电空转辙机在工作中由于振动及电磁阀漏泄，导致换向阀误换向而造成道岔错误动作的故障。

自保原理是将换向阀阀芯设计成不同截面，如图 5-27 所示，阀芯中间截面积为 S_1，两端截面积为 S_2，$S_1>S_2$，即 $\Delta S=S_1-S_2$，当换向阀受压缩气体作用动作完成时，由于换向阀阀芯气体作用面存在面积差 ΔS，对阀芯工作一侧产生一个附加作用力 $F=P\Delta S$，该力使阀芯可靠保持在换向后的工作位置而不产生误动，完成自锁闭功能。

设 $D_1=36\ \text{mm}$，$D_2=32\ \text{mm}$，$D_3=16\ \text{mm}$；工作气压 $P=5.5\ \text{kgf/cm}^2\approx53.9\ \text{N/cm}^2$。

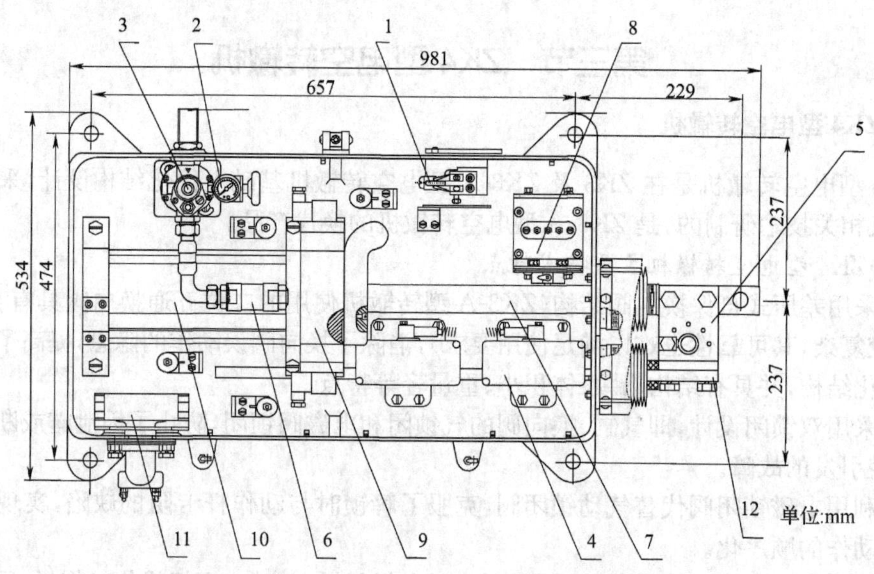

图 5-26　ZK4-170 型电空转辙机结构图

1—安全接点;2—压力表开关组;3—组合式气源处理元件;4—表示接点组;5—连接铁;6—单向阀;7—活塞杆;8—电磁锁闭阀;9—换向阀;10—气缸;11—引线插座;12—表示杆

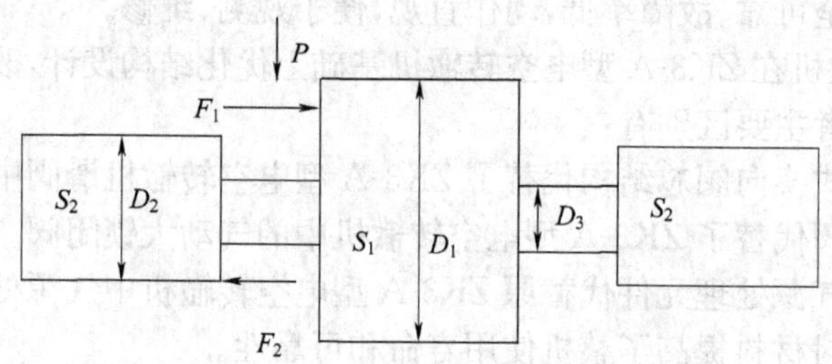

图 5-27　差压式自保换向阀基本原理图

锁闭力 $F=F_1-F_2=P\left(\frac{\pi}{4}D_1{}^2-\frac{\pi}{4}D_2{}^2\right)=11.75\ \text{kgf}\approx115.15\ \text{N}$。

图 5-28 为电磁差压式自保换向阀结构,换向阀主要由电磁阀、阀体、阀芯、隔套、推套等组成。

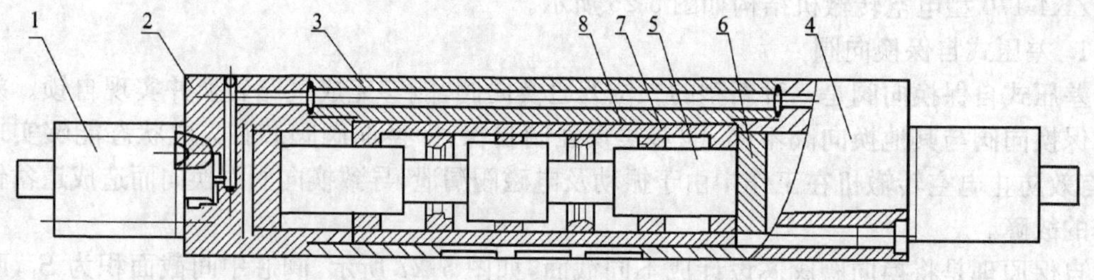

图 5-28　电磁差压式自保换向阀结构

1—电磁阀;2—左端盖;3—阀体;4—右端盖;5—阀芯;6—推套;7—小隔套;8—大隔套

由图可见,差压式自保换向阀阀芯直径不等,利用换向阀阀芯变径结构使阀芯截面积不等,而产生压力差,保持换向阀阀芯的位置。电空转辙机换向阀是电空转辙机主要控制部件,采用了新型差压式自保换向阀，通过定、反位电磁阀的动作，使换向阀换向；动作完成后，由于阀芯截面积不等产生的压力差，使阀芯保持在正确的位置，确保转辙机不会由于振动等原因造成误换向，提高了整机动作安全可靠性；并且在转换后，能够对气缸不间断补充压缩空气。

2. 电磁锁闭阀

电空转辙机的锁闭装置一般为气动、电磁锁闭等方式。气动锁闭结构在 ZK3 型电空转辙机已使用，虽设计原理比较科学，但由于气体的不稳定性容易产生卡阻。电磁锁闭由于电特性比较稳定，比气动解锁效果可靠。

电磁锁闭阀由线圈、导磁体、锁闭杆、弹簧等组成，如图 5-29 所示。电磁锁闭阀是电空转辙机的锁闭装置，通过电磁力使锁闭阀阀头缩回，完成解锁；断电后，电磁力消失，通过弹簧力使锁闭阀阀头伸出，锁定动作杆，从而锁闭道岔。

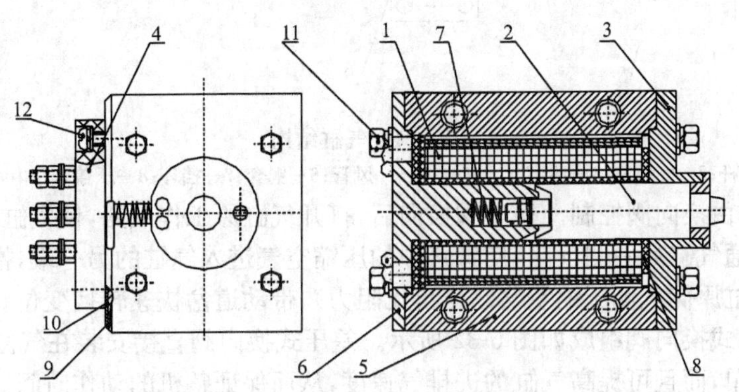

图 5-29　电磁锁闭阀结构

1—线圈；2—锁闭杆；3—前盖组成；4—接线端子；5—导磁体；6—后盖；7—弹簧；8—橡胶垫；9—标牌；10—绝缘垫板；11—螺钉 M6×6；12—螺钉 M5×14

电磁锁闭阀采用双线并绕的双线圈电磁铁结构，通电线圈励磁后锁闭杆吸起，使锁闭销头部由工作风缸活塞杆(动作杆)的圆孔中退出返回，实现解锁。活塞杆(动作杆)运动到位后电磁阀失电，在弹簧作用下锁闭杆被弹力推出，使锁闭杆头部(锁闭销)伸出，卡锁住活塞杆，完成对动作杆的锁闭，从而完成锁闭道岔的功能。电磁锁闭阀的两个单线圈分别与换向阀(见本节“ZK4 型电空转辙机气路原理”图 5-35)定、反位电磁阀并联，不论是定位或反位电磁阀通电，电磁锁闭阀均动作，完成定、反位的解锁和锁闭任务。

二极管反相并联在电磁锁闭阀线圈两端，安装在电磁锁闭阀接线端子上，主要是对换向阀上电磁阀起保护作用。二极管正向导通续流作用如图 5-30 所示。在电磁阀及电磁锁闭阀断电瞬间，由于线圈电感的储能作用，线圈电流不能突变消失，其自感或互感电流在线圈的两端产生较高的电势易烧毁损坏线圈，二极管在断电瞬间可起到正向导通续流作用，保护线圈；在电磁阀、电磁锁闭阀正常工作时(定位电磁阀电压为 $+V_D$ 或反位电磁阀电压为 $+V_F$)二极管处于反向截止，不影响各阀的正常工作。

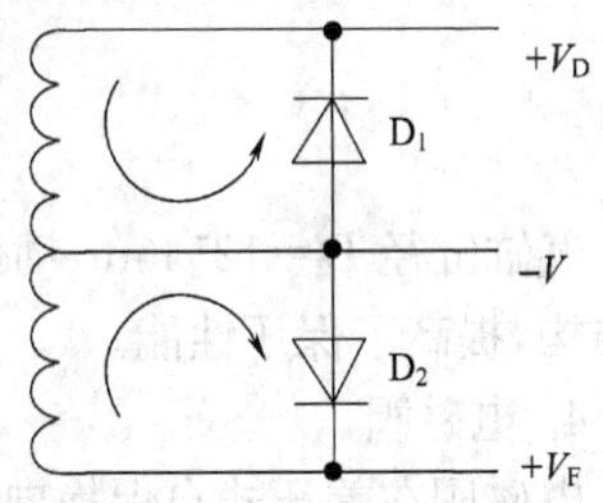

图 5-30　二极管的续流作用

3. 气缸

气缸是电空转辙机的主要执行部件，是双向直推、往复式直线自润滑气缸。气缸活塞杆通过密贴调整杆与道岔尖轨相连，压缩空气推动气缸活塞杆伸出或拉入,完成道岔的转换。ZK4型转辙机气缸采用铝合金材料代替传统的铸铁材料,寿命提高,整机重量减少,外观美化。它主要由气缸体、活塞、活塞杆、气缸座、铜套等组成,如图5-31所示。

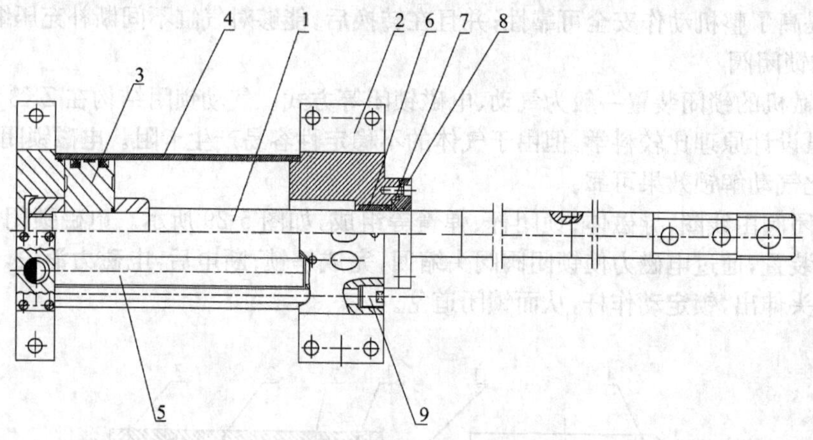

图 5-31　气缸结构

1—活塞杆;2—气缸座;3—活塞;4—气缸体;5—风管;6—铜套;7—挡环;8—压盖;9—内六角螺母

气缸的工作由换向阀控制。换向阀换向后,打开气缸原工作气路,使气缸中的压缩空气排入大气,同时接通气缸另一侧气路,使管路中的压缩空气进入气缸的另一端,推动活塞、活塞杆快速移动(因气缸原储气侧压缩空气已排出无阻力),带动道岔快速转换变位。

气缸和差压式换向阀组成如图 5-32 所示。差压式换向阀直接安装在气缸前座上,这样不但结构紧凑、简单,而且可提高气缸的进排气速度,从而保证整机的动作时间。

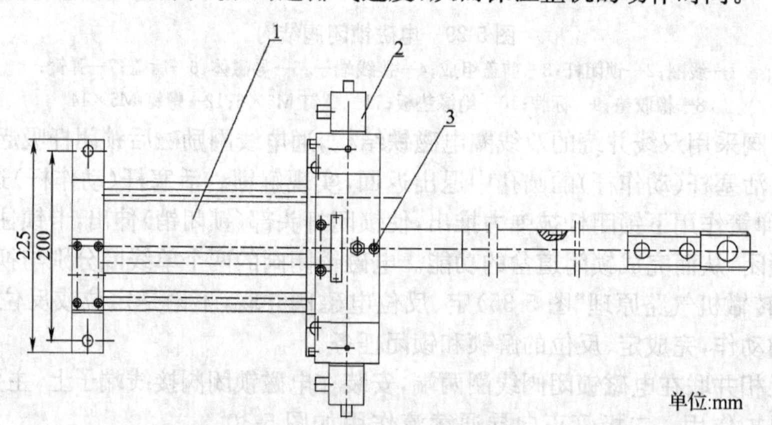

图 5-32　气缸与换向阀组成

1—气缸;2—换向阀;3—螺钉 8×65

气缸缸径 $D=125$ mm,动作杆直径 $d=40$ mm。润滑方式采用无供油润滑设计,并优化密封结构,提高了保压性能。

4. 电磁阀

电磁阀在差压式自保换向阀中起放大控制作用,控制小流量压缩空气去推动差压式自保换向阀阀芯,达到主气路的换向目的,如图 5-28 所示。

电磁阀主要由动铁芯、导磁套筒、弹簧钢体、线圈、插座等组成,如图 5-33 所示。电磁阀无控制电源时,动铁芯在弹簧弹力的作用下,铁芯头部的密封垫将差压式换向阀通向两侧电磁阀的气路封堵住，压缩气体不能进入两侧电磁阀，差压式自保换向阀处于静止状态。

当电磁阀线圈接通控制电源励磁时，导磁套内的动铁芯在电磁吸力作用下克服小弹簧弹力快速移动，将电磁阀后端头排气口封堵住，同时打开前端头和换向阀相连的进气通路，气体进入换向阀腔内，推动阀套和活塞动作（阀套装有Y形密封圈，保证气体不进入换向阀阀芯腔内，推套两端有压差产生足够的推力）。

当转换到位后电磁阀失电时，动铁芯失去电磁力，在弹簧的作用下将电磁阀后端头排气口打开（电磁阀内残留气体排出），同时前端头封堵住与换向阀相连的进气通路。

手动钮的作用与电磁阀相同，当按下手动钮时，手动推杆机构的顶针同电磁阀控制一样，使动铁芯在顶针的作用下移动，将电磁阀后端头排气口封堵住，同时打开前端头和换向阀相连的进气通路。手动复位时，推杆顶针弹回，动铁芯在弹簧力的作用下，将电磁阀后端头排气口打开，同时前端头封堵住和换向阀相连的进气通路。

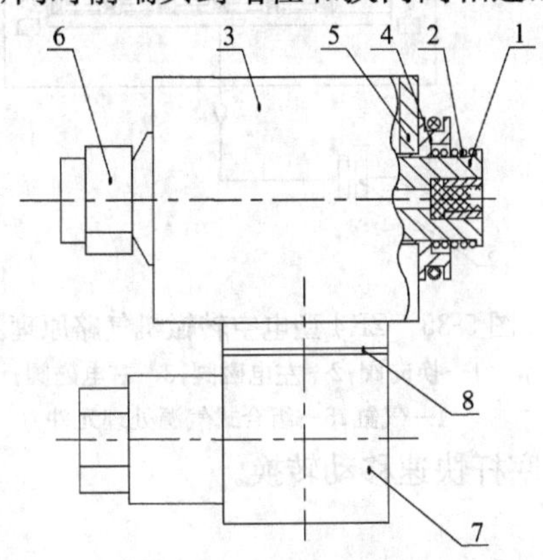

图 5-33　电磁阀结构图

1—动铁芯；2—弹簧钢体；3—线圈；4—导磁套筒；5—压板；6—锁紧螺母；7—插座；8—皮垫

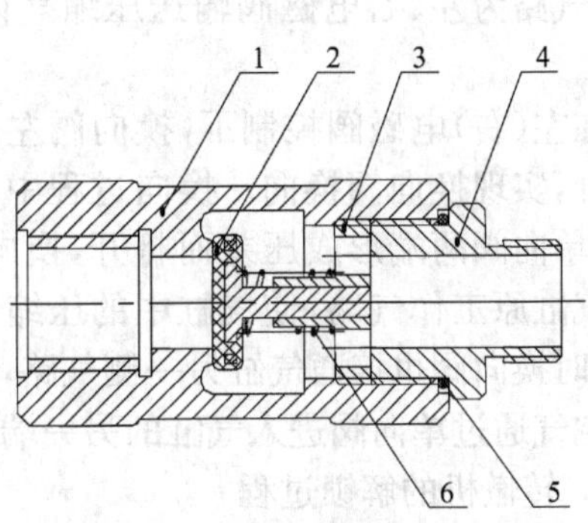

图 5-34　单向阀

1—单向阀体；2—活塞组；3—导向架；4—管接头；5—密封圈；6—弹簧

5. 单向阀

单向阀主要由阀体、活塞组、导向架、弹簧等组成，其结构如图 5-34 所示。

单向阀输出端连接差压式换向阀阀体两侧气路（该气路为左右电磁阀输送压缩气体），使进入差压式换向阀的压缩空气不能倒流，保证转辙机的气锁闭在断气源后仍能够起作用。在电磁阀控制下，实现换向阀换向。换向过程中由于机内气体的排出和流动，单向阀两端形成压差，单向阀入端的气压克服单向阀小弹簧的弹力将其气路打开。

压缩空气进入气缸中动作气缸，气缸活塞杆到位后，随着气缸中压力增大，单向阀两端气压差逐渐变小，压缩气体压力趋于平衡，不再流动，变为静止；在弹簧作用下单向阀关闭截止，实现气锁闭功能。在断开气源后气缸压力可保持 3 min。

6. 其他部件

（1）组合气源处理元件

组合气源处理元件采用集过滤、油雾、调压功能为一体的集成式元件，对压缩空气起到净化、油雾和调压的作用。压缩空气在进入换向阀前进行净化处理，并使油雾器滴出的油形成雾状随压缩空气进入换向阀、气缸，从而起到润滑作用；同时调压阀具有调整气源压力作用。工作原理同 ZK3-A 型的气源处理二联件，只是前者将过滤、油雾、调压三元件集成于一体。

（2）表示装置

表示装置是反映电空转辙机定位或反位道岔尖轨的密贴位置状态的装置,采用了ZK3-A型电空转辙机的表示装置,如图5-25所示。表示系统由动接点、静接点、表示杆和保持钩组成。

表示装置中的表示杆通过连接铁与动作杆相连,并与动作杆同步动作,接通或切断表示电路,表示尖轨位置。当动作杆由定位向反位动作时,与其相连的表示杆也随之动作,定位动接点的滚轮移动到表示杆的顶面,从而切断定位表示。动作杆运动到位时,表示杆撞钉打开反位接点的保持钩,反位动接点在拉簧的作用下接通反位表示。

(三)ZK4型电空转辙机工作原理

1. 转辙机的气径路

外部压缩空气,通过管道进入组合气源处理元件进行滤水和滤尘净化、风压调整及油雾处理后,进入单向阀,由于单向阀两端达不到一定的压差而截止。单向阀输出端连接差压式换向阀阀体两侧气路,该气路为左、右电磁阀输送压缩气体,如图5-35所示。

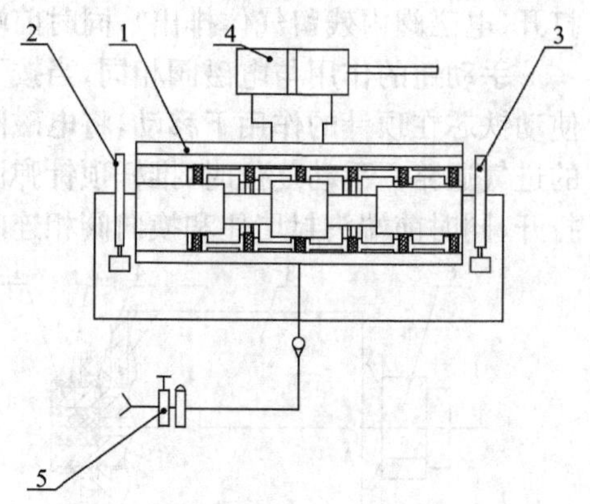

图5-35　ZK4型电空转辙机气路原理图

1—换向阀;2—左电磁阀;3—右电磁阀;4—气缸;5—组合式气源处理元件

在左(右)电磁阀控制下,换向阀左(右)腔气路可打开,实现换向阀换向。换向过程中由于气体的流动,单向阀两端形成压差而打开,换向阀换向后,打开气缸原工作气路,使气缸中的压缩空气排入大气,此时换向阀也接通气缸另一侧气路,使管路中的压缩空气通过单向阀进入气缸的另一端,推动活塞、活塞杆快速移动转换。

2. 转辙机的解锁过程

当转辙机为拉入(定位)状态时,见图5-36。

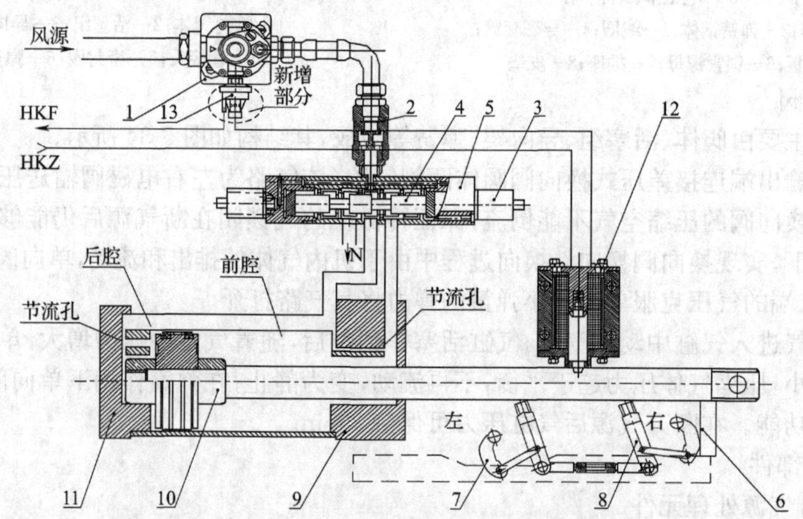

图5-36　改进后ZK4型电空转辙机工作原理图

1—组合式气源处理元件;2—单向阀;3—电磁阀;4—阀芯;5—阀体;6—连接铁;7—保持钩;8—动接点;9—气缸座;10—活塞;11—气缸座;12—电磁锁闭阀;13—压力开关

反位电磁阀接通控制电源励磁,其动铁芯将电磁阀后端排气口封堵住,同时打开前端和换向阀相连的进气通路,换向阀左腔气路打开,压缩空气经通道进入换向阀左腔,推动阀套及换向阀芯向另一端快速移动而转换，其进气口接通工作气缸的后腔，排气口接通气缸的前腔，原前腔压缩气体经换向阀排气口排向大气，气缸风压软锁闭解除。此时转辙机双层气锁闭全部解锁。

反位电磁阀励磁的同时，与其并联的电磁锁闭阀反位线圈也得电励磁，其内部控制电路如图 5-37 所示。通过电磁力的作用使锁闭杆吸起，锁闭阀头由工作风缸活塞杆（动作杆）的圆孔中退出，缩回到阀体内，使动作杆处于解锁状态返回，实现动作杆解锁。至此转辙机解锁过程全部完成。

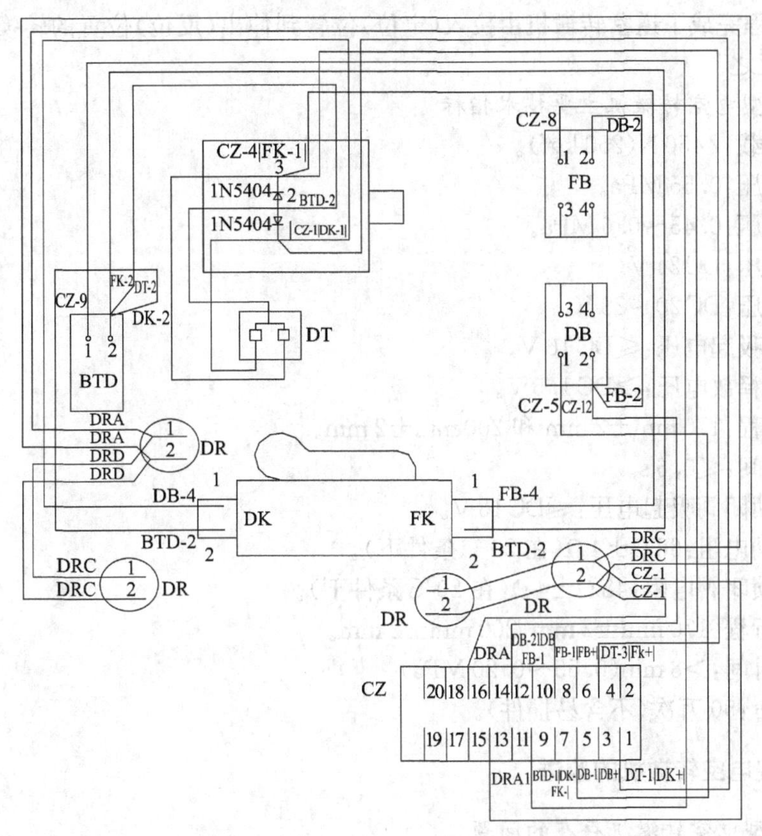

图 5-37　ZK4 型电空转辙机内部控制电路图

BTD—安全开关；DT—电磁锁闭阀；DB—定位表示开关；FB—反位表示开关；
DK—定位电磁阀；FK—反位电磁阀；CZ—接线插座

3. 道岔动力转换及表示转换过程

由于换向过程中压缩空气的流动，形成单向阀两侧气压差，使单向阀入端气压高于出端气压而打开。换向阀换向到位后，打开气缸前腔工作气路，使气缸前端中充入的压缩空气排入大气，同时接通气缸另一侧气路，使管路中通过单向阀的压缩空气进入气缸的后腔，从而推动活塞杆向外快速伸出，实现道岔快速向反位转换。

待道岔尖轨转换到位与基本轨重新密贴后，由于表示杆与活塞杆通过在活塞杆端部的连接铁连在一起，与活塞杆进行同步动作，在活塞杆动作的同时首先完成切断原定位表示，在道岔转换到底尖轨密贴后，接通反位表示，从而完成表示的转换过程。

4. 转辙机的锁闭过程

道岔转换到位后表示电路切断反位电磁阀和电磁锁闭阀反位线圈供电，由于电磁锁闭阀失电，电磁锁闭阀电磁力消失，其锁闭阀杆在弹簧作用下前移，使锁闭阀阀头伸出进入工作风缸活塞杆(动作杆)的圆孔中，卡锁住动作杆，完成了对道岔的电磁机械锁闭。

同时气缸活塞杆到位后，压缩气体压力逐步趋于平衡，不再流动，变为静止；单向阀在弹簧弹力作用下关闭，并开始保压。由于单向阀的截止，气径路关闭使工作气缸内保持一定的压力，实现了对道岔的软锁闭；同时换向阀到位后，由于其差压自保原理而实现自保气锁闭(完成双层气锁闭)。至此完成了对道岔的气锁闭和电磁机械锁闭过程。

以上各过程完成了道岔转辙机由拉入(定位)位置到伸出(反位)位置的转换，若向定位转换，各过程则反之。

(四)ZK4 型电空转辙机主要技术指标

1. 额定负载：2 450 N(250 kgf)。
2. 额定风压：0.55 MPa。
3. 工作风压：0.45～0.6 MPa。
4. 额定电压：DC 24 V。
5. 工作电压：DC 20～28 V。
6. 电磁阀吸起电压：≤DC 16 V。
7. 电磁阀释放电压：≥DC 1.5 V。
8. 活塞行程：170 mm±2 mm 和 200 mm±2 mm。
9. 动作时间：≤0.6 s。
10. 电磁锁闭阀吸起电压：≤DC 13 V。
11. 电磁阀电阻：68 Ω±4 Ω(在 20 ℃条件下)。
12. 电磁锁闭阀电阻：48 Ω±4 Ω(在 20 ℃条件下)。
13. 活塞行程：170 mm±2 mm，200 mm±2 mm。
14. 保压时间：>8 min(0.55～0.20 MPa)。
15. 用寿命：50 万次(不含易损件)。

二、ZK4 型电空转辙机的改进

(一)ZK4 型电空转辙机存在的问题

ZK4 电空转辙机虽然有自身性能可靠、结构简单新颖、维修方便等诸多优点，但存在电磁锁闭阀卡阻、线路压降大及二极管和低风压保护等缺陷。

为克服 ZK3 型转辙机气压锁闭阀机械卡阻问题，ZK4 型电空转辙机采用电磁锁闭阀代替气压锁闭阀，虽然解决了 ZK3 型转辙机在失风压时处于无锁闭的自由状态的问题和电磁阀泄漏导致道岔转换失控的问题，但在现场实际使用中还存在以下缺点：

1. 道岔调整稍有不好就会导致电磁锁闭阀阀头受力或动作杆上的锁闭孔与阀头移位，电磁锁闭阀仍存在卡阻问题，并造成动作不畅(慢)或道岔不能转换。

2. 由于 ZK4 型转辙机电磁锁闭阀的定位和反位线圈合用一个阀芯，采用双线并绕，当其中一个线圈断电时就会在另一线圈上产生感应电压，由此会产生转辙机误动作的可能。虽然采取了加线圈续流二极管进行防护，但由于二极管的续流作用，存在影响动作时间、增加卡阻或二极管损坏影响转辙机可靠工作的问题。

3. ZK4 型电空转辙机由于增加了电磁锁闭阀(控制电磁阀和电磁锁闭阀定反位线圈并联)，额定工作电流为 0.8～0.9 A，是 ZK3 型电空转辙机控制电流(0.3 A)近 3 倍，为保证转辙机控制电磁阀端的控制电压大于或等于 DC20 V，这就使转辙机单芯电缆控制距离大为降低（由 ZK3 型单芯电缆控制 280 m，降低到 85 m），造成现场由 ZK3 型电空转辙机更换为 ZK4 型电空转辙机时必须增设电缆和考虑控制电源容量问题，影响了 ZK4 型电空转辙机的运用。

(二)对 ZK4 型电空转辙机的技术改进

1. 改进方案

(1)机内改进

对 ZK4 型电空转辙机进行改进，将电磁锁闭阀随转辙机每动作一次就解锁和锁闭改为只有发生断风或低于某一个风压值时才进行锁闭，在控制电路上针对电磁锁闭阀再增加一路电源，具体改进如图5-38所示。

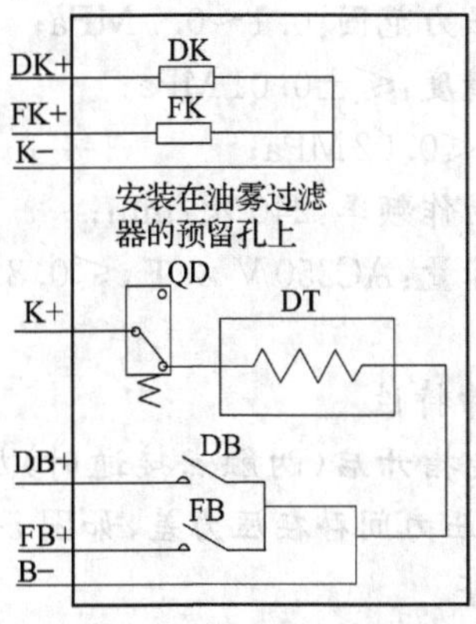

图 5-38　ZK4 型电空转辙机内部改进后电路图

DK—定位电磁阀；FK—反位电磁阀；DB—定位表示开关；FB—反位表示开关；DT—电磁锁闭阀；QD—压力开关

在 ZK4 型电空转辙机机内增加压力开关(QD-1/8-7)，安装在气源处理元件的预留孔处，并对电磁锁闭阀增加一路控制电源，将原并联控制电路改为单独供电进行控制；电磁锁闭阀长期通电，该电源负极与表示共用负极；将电磁锁闭阀线圈改为单线圈，降低电流功率，减少线路电压损耗，电磁锁闭阀线圈电阻为 102 Ω±8 Ω(常温)，额定电压 DC24 V，吸起值不大于 10 V，额定功率 5.6 W；同时取消二极管，这样电空转辙机控制线由原来 6 线改为 7 线，内部控制电路如图5-39所示。

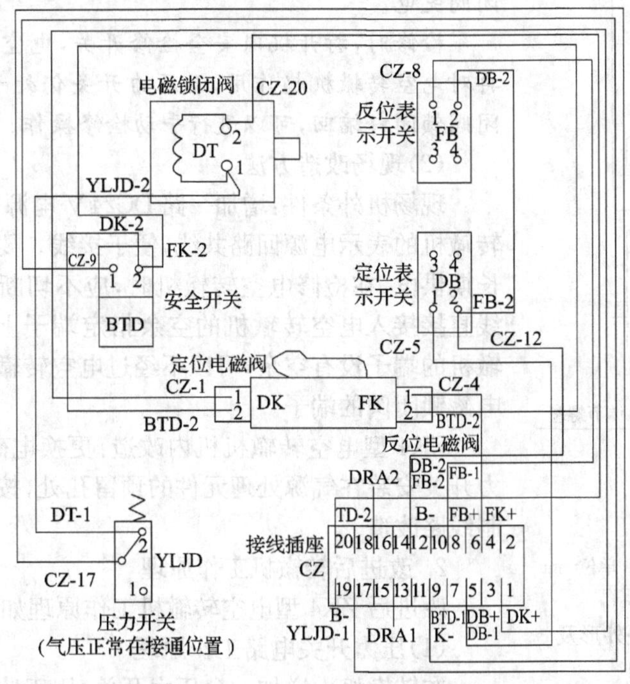

图 5-39　ZK4 改进型电空转辙机内部电路结构图

压力开关(QD-1/8-7)简介

QD-1/8-7 型压力开关(气电转换器)是一种新型压力开关,具有迟滞小、动作灵敏、可靠、调节方便及体积小的特点,其功能是把设定的压力信号转换为电信号输出。

① 主要技术参数

使用环境温度:−25～70℃(在不冻结状态下);

使用压力范围:0.1～0.7 MPa;

重复精度:≤±0.01 MPa;

迟滞:<0.02 MPa;

最高动作频率:240 次/min;

接点容量:AC250 V 以下,≤0.8 A;DC30 V 以下,≤0.6 A。

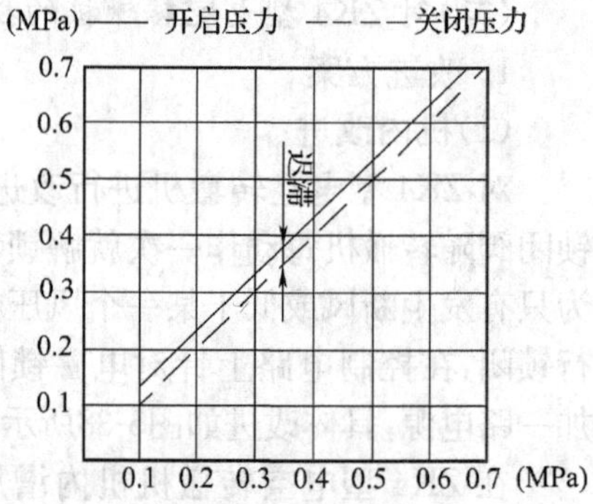

② 迟滞特性

迟滞是指开启(两触点接通时)压力与关闭(两触点断开时)压力间存在压力差,如图 5-40 所示。

图 5-40 迟滞特性图

③ 调整

压力开关外形及安装尺寸如图 5-41 所示。在正常使用前,在专用气动元件测试台上,应按所需的控制压力,通过其调节螺塞来调节压力的弹簧力,控制压力大于或等于0.32 MPa时接点接通,小于或等于 0.30 MPa 时接点断开。调节后压力低于调定压力值时两插脚上的接点片状态为断开,当工作压力达到调定的压力值时两接点就闭合(即两脚接通)。

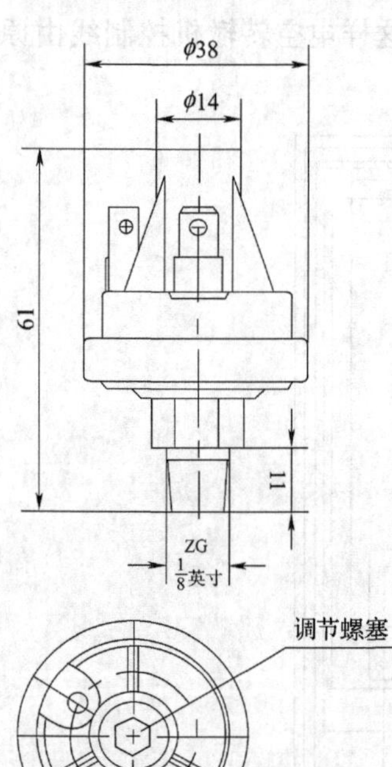

图 5-41 压力开关外形及安装尺寸图

在气压正常工作状态下,压力开关接通,电磁锁闭阀处于得电状态。只有当风压低于设定值时,压力开关断开,电磁锁闭阀失电。

检修时,打开机内安全检修开关,电空转辙机控制电路不再对电空转辙机起作用,而压力开关仍处于接通状态,电磁锁闭阀锁闭杆缩回,可以进行手动检修操作。

(2)现场改造方法

现场机外条件:增加一路 DC24 V 电源,该电源回路与电空转辙机的表示电源回路共线,便于接线。要求该电源能够保证长期供电,在检修电空转辙机时,应不切断。增加的一路电源线直接接入电空转辙机的空余指定端子上,当现场 ZK4 型转辙机的端子没有空余,可以不经过电空转辙机总端子直接接到电磁锁闭阀的端子。

ZK4 型电空转辙机机内改造:更换电磁锁闭阀线圈,将压力开关安装在气源处理元件的预留孔处,按改进图进行机内控制线路改造。

2. 改进后转辙机工作原理

改进后 ZK4 型电空转辙机工作原理如图 5-36 所示。

(1)压力开关电路工作原理

在转辙机内增加一台压力开关,用于监督转辙机的进气压力,见图 5-36 中虚线圈所示。压力开关设定接通值为0.32 MPa,电空转辙机额定工作风压为

0.55 MPa。

进气压力正常情况下(≥0.32 MPa),该压力开关始终处于接通状态,其接点条件接通电磁锁闭阀工作电源,电磁锁闭阀一直处于得电励磁解锁状态,转辙机在非锁闭(非低风压)状态。

当进气压力低于转辙机最低允许工作压力时(≤0.30 MPa),压力开关断开,切断电磁锁闭阀的工作电源,电磁锁闭阀失电,阀芯锁闭头在弹簧作用下伸出,插入锁闭气缸活塞杆(动作杆),从而起到低风压辅助锁闭道岔作用,将道岔锁闭保持在尖轨与基本轨密贴位置,实现道岔转辙机的低风压锁闭。

当供气压力恢复正常值时(≥0.32 MPa),压力开关接点又重新接通,其接点条件接通电磁锁闭阀工作电源,道岔转辙机实现气压正常而解锁。

(2)转辙机的解锁过程

转辙机气压软锁闭的解锁过程和改进前相同。当转辙机为拉入(定位)状态时,如图5-36所示。左侧反位电磁阀接通电源励磁,电磁阀动铁芯在电磁吸力作用下克服弹簧弹力快速移动,将电磁阀后端排气口封堵住,同时打开前端和换向阀相连的进气通路,换向阀左腔气路打开,压缩空气经通道进入换向阀左腔,推动阀套向右移动,此推力大于换向阀自保状态的锁闭力,使差压式换向阀解锁。因而推动换向阀芯也向右端快速移动而转换;差压式换向阀转换到位后,其进气口接通工作气缸的后腔,排气口接通气缸的前腔,原前腔压缩气体经换向阀排气口排向大气,气缸风压软锁闭解除。此时转辙机双层气锁闭全部解锁。

由于压力开关检查气压正常,其接点在闭合状态,接通电磁锁闭阀工作电源,电磁锁闭阀处于得电励磁状态,通过电磁力的作用使锁闭杆吸起,锁闭阀头缩回在阀体内,动作杆处于解锁状态。至此转辙机解锁过程全部完成。

(3)道岔动力转换及表示转换过程

道岔动力转换过程与改进前相同。换向阀换向到位后,打开气缸前腔工作气路,使气缸前端中充入的压缩空气排入大气,同时接通气缸另一侧气路,使管路中通过单向阀的压缩空气进入气缸的后腔,从而推动活塞杆向外快速伸出,实现道岔快速向反位转换。

待道岔尖轨转换到位与基本轨重新密贴后,由于表示杆与活塞杆通过在活塞杆端部的连接铁连在一起,与活塞杆进行同步动作,在活塞杆动作的同时首先完成切断原定位表示,在道岔转换到底尖轨密贴后,接通反位表示,从而完成表示的转换过程。

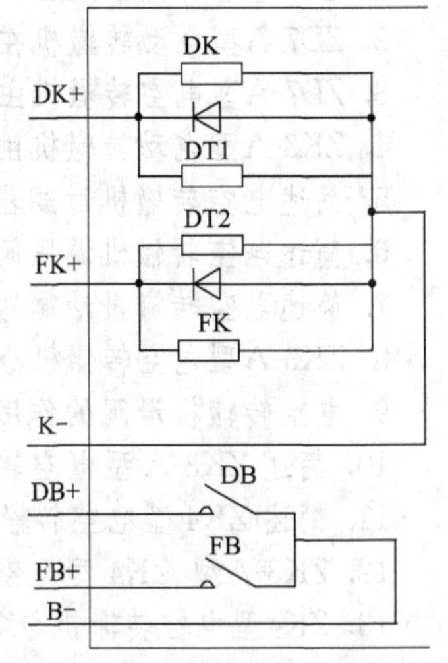

图5-42　改进前ZK4型电空转辙机内部电路图

DK—定位电磁阀;FK—反位电磁阀;DB—定位表示开关;FB—反位表示开关;DT1(DT2)—电磁锁闭阀线圈

(4)转辙机的锁闭过程

道岔转换到位后表示电路切断左侧电磁阀供电,电磁阀失电,动铁芯失去电磁力,在弹簧的作用下将电磁阀后端头排气口打开(电磁阀内残留气体排出),同时前端头封堵住和换向阀相连的进气通路。

气缸活塞杆到位后,压缩气体压力达到平衡,不再流动变为静止,单向阀在弹簧弹力作用下关闭,并开始保压。由于单向阀的截止,气径路关闭,使工作气缸内保持一定的压力,实现了对道岔的软锁闭;同时换向阀到位后，由于其压差自保原理而实现自保气锁闭。至此完成了对道岔的双层气锁闭过程。

以上各过程完成了道岔转辙机由拉入(定位)位置到伸出(反位)位置的转换，若向定位转换，各过程则反之。

根据 ZK4 型电空转辙机的改进，其控制电路也有相应的改进，见本书第三章第五节有关内容。

3. 改进后机内电路

改进前机内电路如图如图 5-42 所示，电磁阀与电磁锁闭阀并联，同时利用二极管吸收自感或互感电流，电磁锁闭阀平常锁闭活塞杆，只有当给电磁阀通电时，电磁锁闭阀同时得电励磁，锁闭杆缩回，解锁活塞杆。由于电磁阀与电磁锁闭阀并联，造成工作电流大，线路电压损耗大，同时二极管存在老化周期，并在运营中不易发现等事故隐患。改进后电路，解决了以上问题，将原电磁锁闭阀在转辙机每次转换都进行解锁、锁闭的工作状态，改变为只要转辙机工作气压正常，电磁锁闭阀就保持在解锁状态；只有气压低于一定值需要防护时，电磁锁闭阀才进入锁闭状态，进行低风压锁闭防护。此方法解决了电磁锁闭阀在风压正常情况下无意义的而且可能引起卡阻故障的动作；同时增加了转辙机失压(风压过低影响正常转换)的防护，更提高了转辙机工作的安全和可靠性。在只增加一路电源(增加一根控制线)，即由原 6 线改为 7 线控制的情况下，就达到了与原 ZK3 型转辙机电缆控制距离相同的要求，现场再增加一芯电缆后即可直接将 ZK3 型更换为改进后的 ZK4 型。

复习思考题

1. ZD7型电动转辙机主要由哪些部分组成？
2. ZD7-A型电动转辙机在 ZD7 型基础上做了哪些改进？
3. ZD7-A型电空转辙机主要技术特性是什么？
4. ZK3-A型电动转辙机由哪几大部分组成？各部分的作用是什么？
5. 简述电空转辙机过滤器的工作原理。
6. 简述电空转辙机调压阀的工作原理。
7. 简述电空转辙机油雾器的工作原理。
8. ZK3-A型电空转辙机小锁闭阀的作用是什么？
9. 电空转辙机滑阀的作用是什么？
10. 简述 ZK3-A 型电空转辙机表示系统的工作原理。
11. 简述 ZK4 型电空转辙机工作原理。
12. ZK3-A型、ZK4 型电空转辙机的转换时间不得大于多少？
13. ZK4型电空转辙机与 ZK3-A 型的主要区别是什么？

第六章 车辆减速器

第一节 概 述

一、驼峰调速设备的作用

在驼峰解体车辆溜放作业中,为保证前后钩车之间的间隔,并使溜放车组能够停在调车线的预定地点或同停留车安全连挂,需要用调速设备对溜放车组的速度进行调整控制。车辆减速器是机械化、半自动化和自动化驼峰编组站的主要调速设备。通过在驼峰调车场安装和使用车辆减速器可以提高解编能力,保证调车作业和人身安全,减轻工人劳动强度,减少钢轨磨耗和车轮踏面的擦伤,具有显著的社会和经济效益。

根据驼峰调车场的作业要求和减速器的主要作用,减速器可分为间隔制动和目的制动两类。间隔制动减速器主要用于保证溜放钩车之间的间隔,同时兼顾目的制动调速,应满足动作速度快和较大制动力的要求,在任何情况下均能对车辆进行有效的制动,主要有 T·JK、T·JK3-A(B)、T·JK4 型等减速器。目的制动减速器为调整目的连挂速度而设置,主要有 T·JK1-D、T·JK2-B型等减速器。

二、驼峰调速设备的种类

驼峰调速设备种类繁多,大体分类如下:

- 驼峰调速设备
  - 点式调速设备
    - 重力式减速器
      - 气动型:T·JK1-D　T·JK2-A　T·JK2-B　T·JK3-A(B)　T·JK4
      - 液压型:T·JY2-B　T·JY3-A(B)
      - 电动型:T·JCD
    - 非重力式减速器
      - 气动型:T·JK
      - 液压型:T·JDY
  - 连续式调速设备
    - 加、减速顶
    - 推送小车

第二节 气动重力式车辆减速器

浮轨重力式减速器由于结构简单、动作速度快、能耗小(耗气量仅为非重力式的 1/3～1/4),在我国应用较普遍,根据在驼峰应用的部位分为目的制动减速器和间隔制动减速器。

一、浮轨重力式减速器

重力式减速器在我国应用较早,由于结构不断改进,性能更加优越,现场维护更加方便,运用寿命不断延长。较新型号主要有:应用于目的制动的 T·JK1-D、T·JK2-A、T·JK2-B;应用于间隔制动的T·JK3-A、T·JK3-B、T·JK4等型号。型号虽多,但基本结构和工作原理相同。

（一）重力式减速器基本结构

浮轨重力式减速器由基本轨、制动轨、制动钳、钢轨承座、曲拐、气缸(油缸)等主要部件组成,如图 6-1 所示。

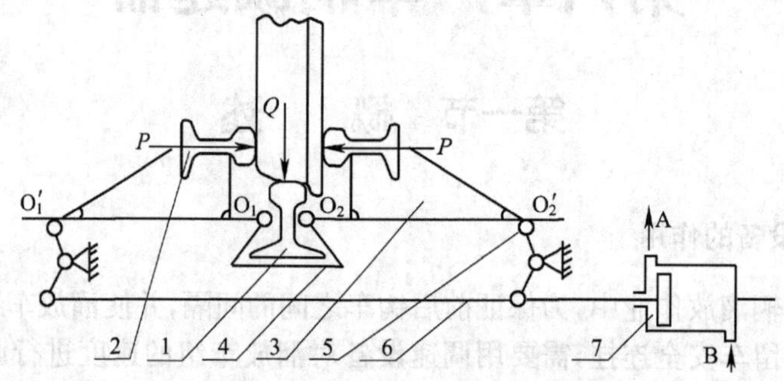

图 6-1　浮轨重力式减速器结构

1—基本轨;2—制动轨;3—制动钳;4—钢轨承座;5—曲拐;6—连杆;7—气缸(油缸)

（二）重力式减速器基本工作原理

1. 制动过程

制动电磁阀得电吸起,推动阀芯,换向阀换向,进气管路与气缸后腔 B 口接通,压缩空气进入推动活塞伸出,带动推杆机构使曲拐转动,使其处于抬起位置,支起制动钳使其以曲拐滚轮为支点绕 O_1、O_2 轴旋转,两制动轨之间距离缩小到制动钳口尺寸(126 mm),进入制动状态。

由于制动开口尺寸小于车轮的厚度,当需要制动的车辆进入制动状态的减速器时,制动轨被车轮挤开。内外制动钳以曲拐滚轮为支点向上旋转,使 O_1、O_2 抬升,抬起与其铰接的钢轨承座,使基本轨浮起,车辆压在浮起的基本轨上,这样车辆重量由基本轨、钢轨承座传给制动钳,通过制动钳传递变为制动轨对车轮的侧压力 P,来对车辆制动。O_1、O_2 为杠杆力点,曲拐滚轮为杠杆支点(O'_1、O'_2)。制动力和被制动钩车的重量成正比。

2. 缓解过程

缓解过程与制动过程相反。缓解电磁阀得电吸起,换向阀换向,进气管路与气缸前腔 A 口接通,压缩空气推动活塞杆缩回,带动推杆机构使曲拐向下旋转,制动钳落下,制动轨恢复到缓解位置。此时制动轨开口尺寸大于 165 mm,缓解过程结束。

二、T·JK2 型车辆减速器

（一）T·JK2 型车辆减速器的工作原理

T·JK2 型减速器是利用被制动车辆的重量,通过能浮动的基本轨及制动钳的传递,使安装在制动钳上的制动轨对车轮两侧产生侧压力,来对车辆进行制动,以达到减速的目的。因此,这种减速器是一种重力式减速器,它的制动力和被制动车辆的重量成正比。

T·JK2 型减速器制动原理如图 6-2 所示。

减速器的缓解位置如图 6-2(a)所示。制动轨开口尺寸 B_2 大于车轮的厚度,车辆通过减速器时不起制动作用。

减速器的制动位置如图 6-2(b)所示。压缩空气自工作气缸 A_2 进入气缸时,气缸活塞杆

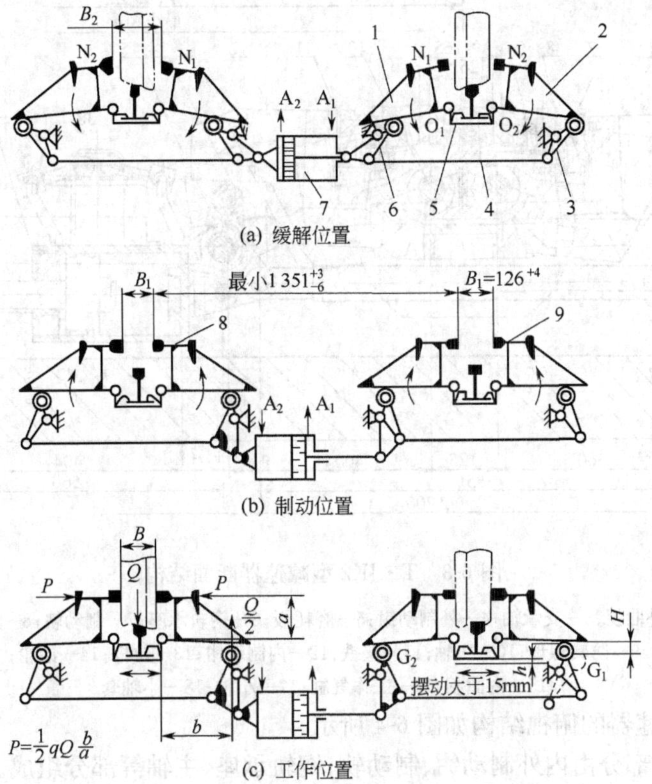

图 6-2　T・JK2 型减速器制动原理图

1—内制动钳；2—外制动钳；3—外曲拐；4—拉杆；5—钢轨承座；
6—内曲拐；7—工作气缸；8—内侧制动轨；9—外侧制动轨

伸出推动连杆，连杆带动曲拐至抬起位置，内、外制动钳在曲拐的作用下，绕轴 O_1、O_2 转动，使内、外制动轨之间的距离缩小到 B_1，B_1 小于车轮厚度，这时减速器处于制动状态，准备对进入减速器的车辆进行制动。

减速器的工作位置如图 6-2(c)所示。当车辆进入制动状态下的减速器后，车轮将内外制动轨间的开口由 B_1 挤开到车轮的厚度 B。这时，内、外制动钳以曲拐滚轮为支点，连同连接轴 O_1 和 O_2 及钢轨承座同时向上抬升，迫使基本轨浮起，压在浮动基本轨上车轮的重力经过内、外制动钳的杠杆传递，使内、外制动轨对车轮产生侧压力，来对车辆进行制动，以达到减速的目的。

当压缩空气进入制动缸 A_1 口时，驱动活塞杆将连杆和曲拐拉回到缓解位置，即图 6-2(a)的位置，从而解除对车辆的制动。

减速器在制动状态，内、外制动钳可以同时绕制动轴 O_1 和 O_2 转动，并可随钢轨承座左右摆动。也就是说，减速器的制动机构是一个具有两个自由度的平行运动机构，能适用于车辆的蛇形运动。

(二)T・JK2 型车辆减速器的结构

1. 结构

T・JK2 型减速器的断面结构如图 6-3 所示。

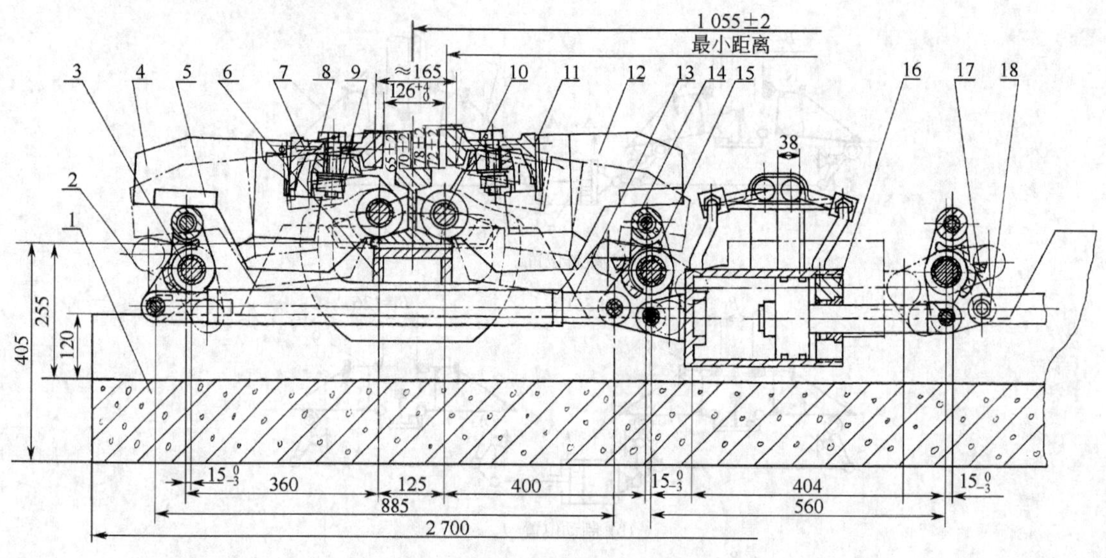

图 6-3　T·JK2 型减速器断面结构

1—轨枕板；2—外曲拐；3—支承轴；4—外制动钳；5—磨耗板；6—钢轨承座；7—制动轨；8—六角头带孔螺栓；9—防转螺母；10—主轴；11—垫铁；12—内制动钳；13—拉杆；14—滚轮；15—内曲拐；16—工作气缸；17—小轴；18—小轴套

T·JK2 型减速器的俯视结构如图 6-4 所示。

减速器的制动部分由内外制动钳、制动轨、钢轨承座、主轴等部分组成。

减速器的传动部分由内外曲拐、拉杆和气缸等部分组成。

制动钳通过主轴和钢轨承座铰接。工作气缸通过拉杆和曲拐连接，带动内、外制动钳，使钳口处于制动或缓解位置。制动部分是浮在传动部分上，而且钢承座可以在浮动基本轨内左、右移动。因此，减速器对车组制动时，整个制动轨、制动钳和钢轨承座连成一体，以滚轮为支点，左、右摆动可达 15 mm，以适应车辆的蛇形运动。

工作气缸是浮动的，其行程位置的限制和确定由内、外曲拐上的定位平面来实现。在制动时，外曲拐上的定位平面与拉杆平面接触，以保证在制动位置时，内、外曲拐的偏心距在 $15_{-3}^{\ 0}$ mm范围；在缓解位置时，内曲拐上的定位平面与拉杆平面接触，以保证在缓解时有确定的位置。

2. 减速器的主要部件

(1)制动钳和钢轨承座

制动钳和钢轨承座是由内、外制动钳、主轴、主轴套和钢轨承座等部分组成，如图6-5所示。

制动钳是由 ZG270-500 铸钢浇铸而成。在内、外制动钳下部都装有磨耗板，其目的是为了防止内、外制动钳的磨耗。磨耗板用六角螺栓和防转螺母紧固在制动钳上，并用电焊点焊，以防松动。磨耗板采用 45 号钢并经热处理。

钢轨承座由 Q235-A(A3)钢板焊接而成。除制动轨外，钢轨承座是最重的金属部件，每件重 67 kg。

主轴承受较大应力，采用 40Cr 合金钢并经调质处理。主轴套由青铜制成，套内有油槽，组装时槽内应注满润滑油脂。

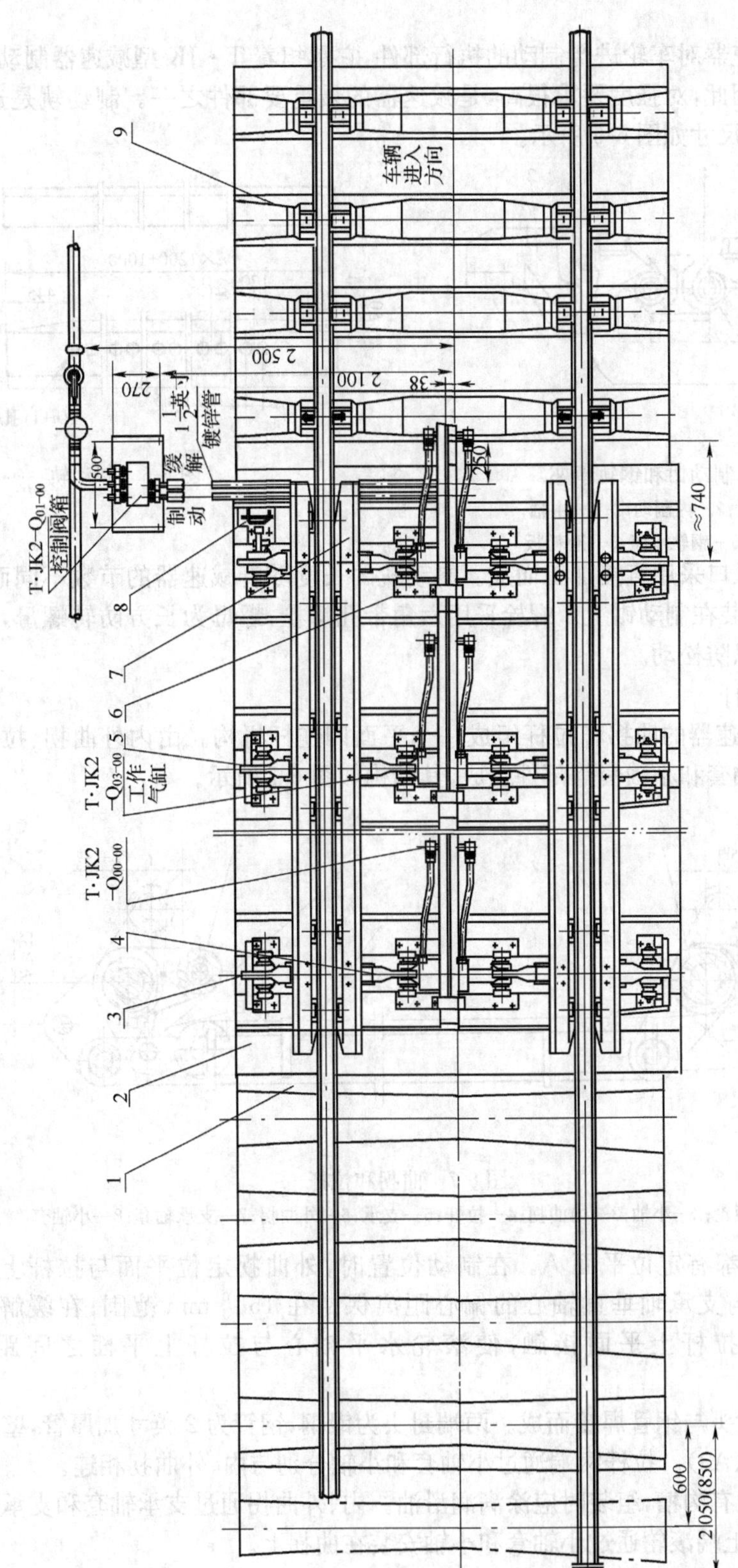

图 6-4　T·JK2 型减速器俯视图

1—尾部过渡道床；2—主道床；3—外制动钳；4—内制动钳；5—曲拐；6—中间承座；7—制动轨；8—接点盒开关；9—头部过渡道床

(2)制动轨

制动轨是减速器对车轮进行制动的执行部件,它承担着 T·JK 型减速器制动梁和制动夹板的双重作用。因此,对强度要求很高,是减速器的最重要部件之一。制动轨是选用60 kg/m钢轨改制而成,其尺寸如图 6-6 所示。

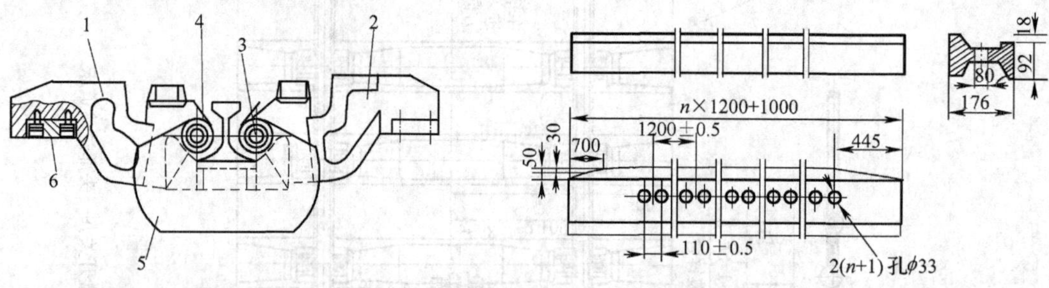

图 6-5 制动钳和钢轨承座

1—外制动钳;2—内制动钳;3—主轴;4—主轴套;5—钢轨承座;6—磨耗板

图 6-6 制动轨

制动轨的喇叭口采用直接加工而成。制动轨的长度随着减速器的节数不同而异,制动轨通过螺栓、螺母安装在制动钳上。螺栓采用六角带孔螺栓,螺母为长方防转螺母,紧固后用钢丝穿绕两个螺栓以防松动。

(3)曲拐和拉杆

T·JK2 型减速器的曲拐和拉杆组成一个平面四连杆机构。由内外曲拐、拉杆、滚轮、小轴、支承轴、支承轴套和小轴套等部件组成,其结构如图 6-7 所示。

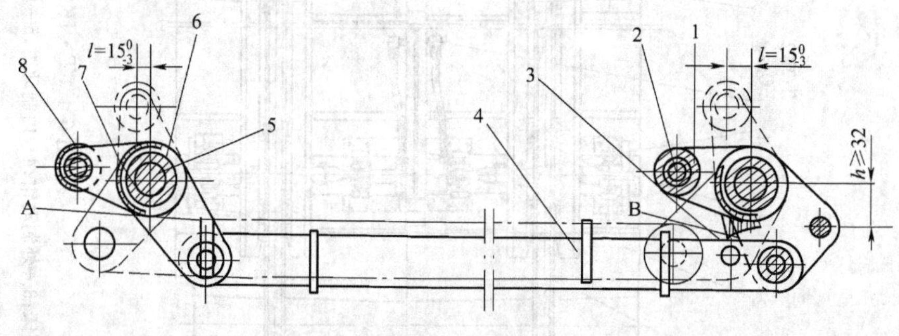

图 6-7 曲拐和拉杆

1—滚轮;2—小轴;3—内曲拐;4—拉杆;5—支承;6—外曲拐;7—支承轴套;8—小轴套

内、外曲拐上都有定位平面 A。在制动位置时,外曲拐定位平面与拉杆上平面接触,使滚轮垂直轴心与支承轴垂直轴心的偏心距离保持在 15_{-3}^{0} mm 范围;在缓解位置时,内曲拐定位平面与拉杆上平面接触,使滚轮水平轴心与拉杆上平面之间距离保持在 88_{0}^{+3} mm范围。

拉杆由两端封头与钢管焊接而成。两端封头为锻钢,钢管为 2 英寸加厚管,壁厚 4.5 mm,材料均为 Q235-A(A3)。拉杆两端通过小轴套和小轴分别与内、外曲拐相连。大、小轴套由尼龙 1010 制成,套内有沟槽,组装时应涂满润滑油。内、外曲拐通过支承轴套和支承轴固定在支座上。内、外曲拐上端滚轮通过小轴套和小轴安装在曲拐上。

(4)专用轨枕板和整体道床

T·JK2 型减速器的专用轨枕板是减速器浮动基本轨的基础，也是安装减速器各部零件的基础。其外形尺寸如图 6-8 所示。

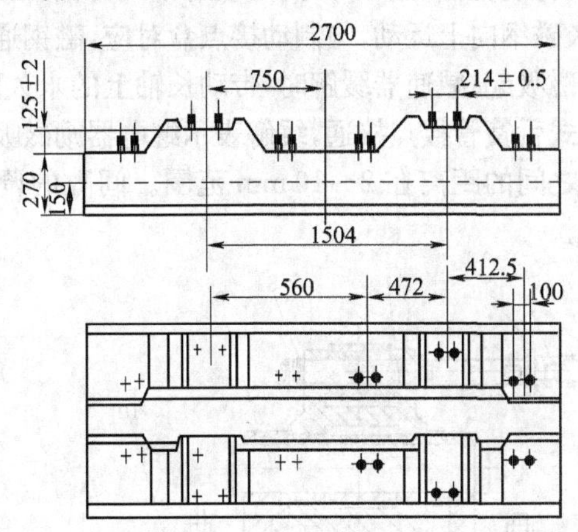

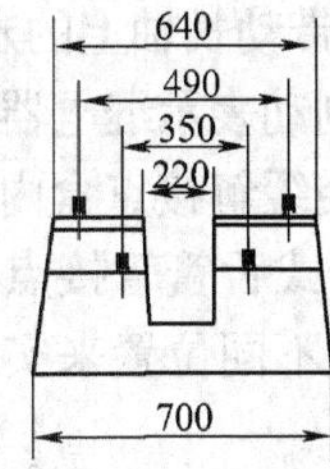

图 6-8 T·JK2 型减速器轨枕板

轨枕板上的全部固定螺栓采用螺旋道钉及硫磺锚固。螺旋道钉锚固后抗拔力不应小于 50 kN，任意两根道钉之间的绝缘电阻，在正常试验大气条件下不应小于 5 MΩ，在水淋条件下不应小于 16 kΩ。

整体道床包括主道床和头、尾过渡道床。

主道床由轨枕板并利用工字钢或旧钢轨浇灌而成。成型后轨枕板上平面必须在同一平面上，允许误差±2 mm，任何两块轨枕板的中心距尺寸公差应符合 1 200 mm±2 mm。

过渡道床由标准混凝土轨枕并利用工字钢浇灌而成。浇灌后轨枕上平面必须在同一平面上，允许误差±2 mm，道床上平面要抹平，并且要有向外坡度。

(5)机座

T·JK2 型减速器的零部件件通过机座安装在轨枕板上。机座包括支座、接点盒支座、管架支座。支座由可锻铸铁 KT35-10 制造。接点盒支座和管架支座由 Q235-A(A3)钢板焊接而成。支座、接点盒支座、管架支座均用于固定曲拐拉杆组件。接点盒支座上还安装有两只干式舌簧接点盒，管架支座上安装有管架。

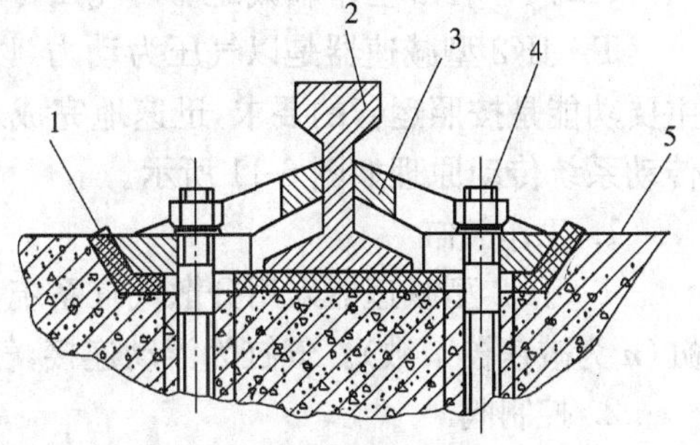

图 6-9 浮动基本轨和钢轨固定座

1—橡胶垫板；2—浮动基本轨；3—钢轨固定座；4—螺旋道钉；5—轨枕板

(6)浮动基本轨与钢轨固定座

T·JK2 型减速器的两根浮动基本轨采用 43 kg/m、长 25 m 的钢轨，安装在轨枕板上的钢轨固定座上，如图 6-9 所示。

基本轨在钢轨固定座内可以上下浮动，以传递车组重量，车组越重，基本轨下浮越大，制动轨对车轮的侧压力也越大，制动力就越大。钢轨固定座由可锻铸铁 KT35-10 制成。

(7)制动、缓解位置表示接点盒

T·JK2 型减速器表示接点盒采用干式舌簧管接点盒，每台减速器一套两只装在减速器的接点盒支座上，如图 6-10 所示。

减速器制动、缓解位置表示装置可以装在减速器头部或尾部。在头部(尾部)的外曲拐上，装有长轴，长轴上装有钢制成的连接块，连接块头部压入永久磁钢。接点盒支座上装有两个干式舌簧管接点盒，装在上部的为制动干式舌簧管接点盒，下部的为缓解干式舌簧管接点盒。减速器制动时，外曲拐上升，带动长轴上的永久磁钢向上运动，与制动接点盒对应，磁钢通过磁感应接通干式舌簧管接点，使制动表示继电器励磁吸起；减速器缓解时，带动长轴上的永久磁钢向下运动，与缓解接点盒对应，使缓解接点盒内干式舌簧管接点接通，缓解表示继电器励磁吸起。

永久磁钢和干式舌簧管接点盒之间的距离在 2～10 mm 范围。间隙的调整可通过外曲拐长轴上弹簧卡圈的不同位置来实现。

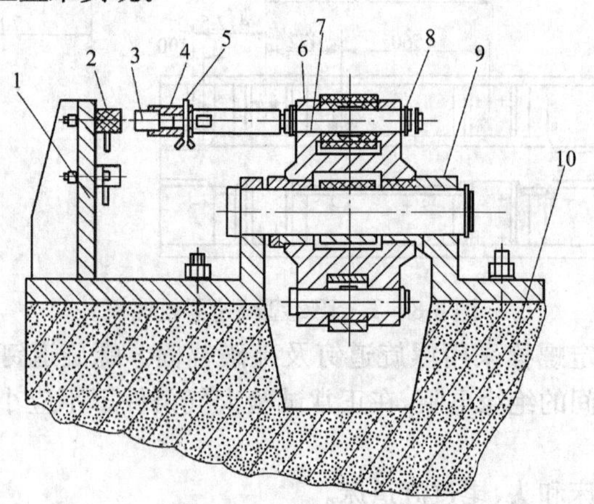

图 6-10　表示接点盒

1—接点盒支座；2—干式舌簧管接点盒；3—永久磁钢；4—连接块；5—开口销；6—外曲拐；7—长轴；8—弹簧卡圈；9—支座；10—轨枕板

(三)T・JK2 型车辆减速器的气压传动系统

T・JK2 型减速器是以气压为动力，以电气为控制方式的车辆减速器。气压传动系统的主要功能是按照运营的要求，迅速地完成对减速器的制动和缓解。T・JK2 型减速器的气压传动系统传动原理如图 6-11 所示。

1. 工作气缸

T・JK2 型减速器采用分散气缸系统，每组制动钳一个气缸，每台减速器共有 $n+1$ 个气缸(n 为减速器节数)。气缸为浮动连接，气缸的进、出气管采用高压胶管。

2. 控制阀

T・JK2 型减速器采用 K35D2-25Y 型三位五通换向阀作为控制阀门，安装在减速器近旁的阀箱内。

快速排气阀是将气缸内工作过的压缩空气快速排放。它设置在换向阀与气缸的制动进气口之间，可加速减速器的缓解。快速排气阀的型号为 KKP-L40。

3. 管道

主支管道采用公称通径 ϕ100 mm 的钢管，并配置相应通径的闸阀。分支管道采用公称通径 ϕ 40 mm的钢管，并配置相应通径的闸阀。主支管道和分支管道可走管沟也可以在地面架空敷设。

4. 油雾器和分水滤气器

油雾器和分水滤气器安装在三位五通换向阀前端，以净化和油润进入三位五通换向阀的

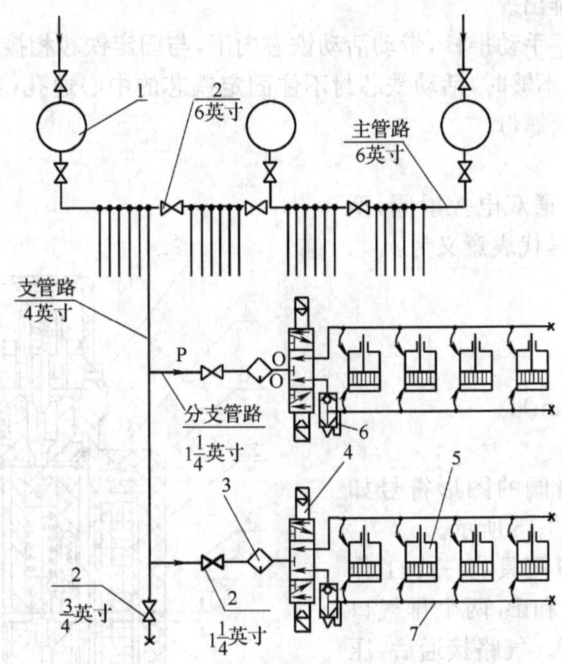

图 6-11　T·JK2 型减速器气压传动系统原理图

1—储气罐；2—闸阀；3—油雾器；4—三位五通换向阀；5—工作气缸；6—快速排风阀；7—减速器内部管路

压缩空气。油雾器选用 QYW-40 型，分水滤气器采用 QSL-40 型。

（四）T·JK2 型车辆减速器气动元件

1. 三位五通换向阀

三位五通换向阀是 T·JK2 型减速器的制动、缓解控制阀。三位五通换向阀是由电磁先导阀和气控阀两部分组成。

(1)电磁先导阀

电磁先导阀起放大作用，由它来控制压缩空气去推动气控阀芯换向，以达到切换主气路换向的目的。电磁先导阀采用二位三通螺管式微型电磁阀，型号为 K23D-3T，其符号代表意义如下：

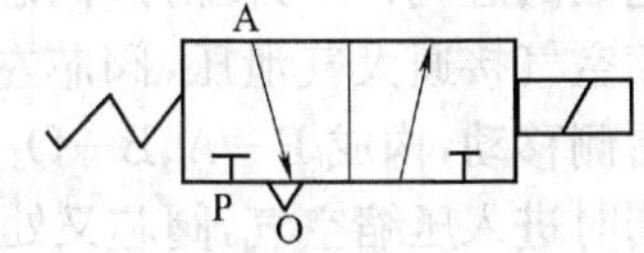

图 6-12　二位三通螺管式微型电磁阀图形符号

K——气动元件；

23——二位三通；

D——电控方式；

3——公称通径(mm)；

T——常通。

二位三通螺管式微型电磁阀的图形符号如图 6-12 所示，结构如图 6-13 所示。

微型电磁阀分为常通和常闭两种类型，T·JK2 所使用的是常通型。电磁阀无电时，气体从“P”口经固定铁芯的中心孔、固定铁芯与隔磁套管的间隙，由“A”排出。得电后，线圈励磁，活动铁芯被吸下，克服小弹簧的压力，与固定铁芯相接触，封住固定铁芯的中心孔，同时打开活动铁芯上面的通口，气体从“A”腔经固定铁芯、活动铁芯与隔磁套管的间隙，经放气嘴的中心孔,从"O"口排出。

若采用手动时,按下手动推杆,带动活动铁芯向下,与固定铁芯相接触,同样可起到以上的作用。当手动推杆行程不够时,活动铁芯封不住固定铁芯的中心通孔,不能换向,此时可调整螺套,调整好后上紧背紧螺母。

(2)气控阀

气控阀采用三位五通双电控滑阀,型号为 $K35D_2$-25Y,其符号代表意义为:

K——气动元件;

35——三位五通;

D_2——双电控;

25——公称通径(mm);

Y——中间泄压式。

三位五通双电控滑阀的图形符号如图 6-14 所示,结构如图 6-15 所示。

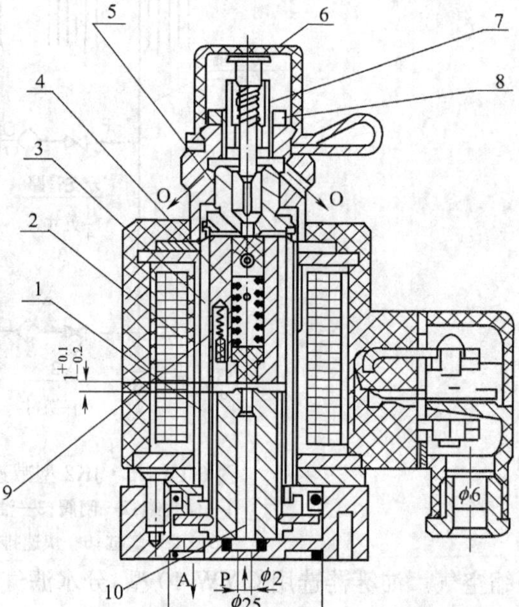

三位五通双电控滑阀具有三个工作位置,两个工作气口 A 和 B,两个排气口 O_1 和 O_2,一个进气口 P。气路接通后,压缩空气从进气口 P 进入,通过阀内气路分别进入左、右两个先导电磁阀的 P 口,由于先导电磁阀无电,压缩空气由两个电磁阀 A 中输出分别进入滑阀的左、右腔,阀芯受到两侧相同的压力,使对称阀芯处于中间位置。此时,滑阀两工作气口 A、B 分别与 O_1 和 O_2 连通,因此,称之为中间泄压式。

图 6-13 二位三通电磁阀的结构

1—固定铁芯;2—线圈;3—隔磁套管;4—活动铁芯;5—放气嘴;6—手动推杆;7—螺套;8—背紧螺母;9—小弹簧;10—固定铁芯通孔

如果右侧电磁阀得电励磁,切断右侧电磁阀进气口 P,使滑阀阀芯右腔内的压缩空气接通大气泄压,阀芯左腔内的压缩空气推动阀芯向右侧移动,构成 P—A、B—O_2 的气路。断电后,阀芯两侧又同时进入压缩空气,阀芯又处于中间位置。

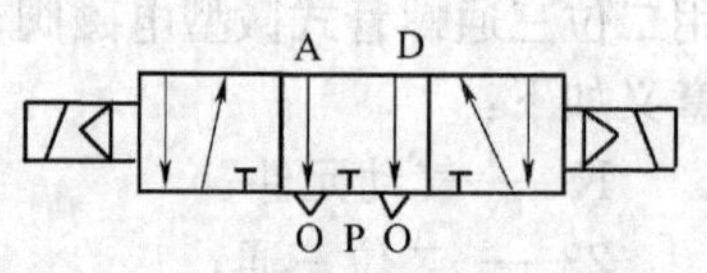

图 6-14 三位五通双电控滑阀图形符号

反之,如果左侧电磁阀得电励磁,阀芯左腔接通大气泄压,阀芯被右侧压缩空气推向左侧,构成 P—B、A—O_2 通路。断电后,阀芯又处于中间位置。

2. 快速排气阀

快速排气阀用来将减速器工作气缸内的压缩空气快速排放,而不通过换向阀排放,以减少减速器的缓放时间。快速排气阀采用 KKP-L40 型,其符号代表意义为:

K——气动元件;

KP——快速排气阀;

L——螺纹连接;

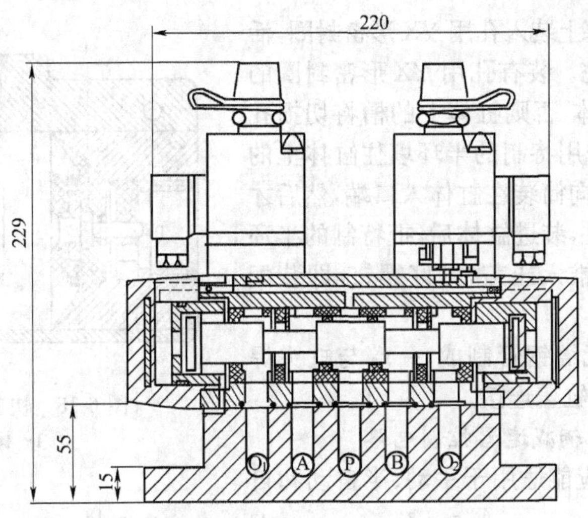

图 6-15　三位五通双电控滑阀的结构

40——公称通径(mm)。

快速排气阀的图形符号如图 6-16 所示。

KKP-L40 型快速排气阀的工作原理如图 6-17 所示。

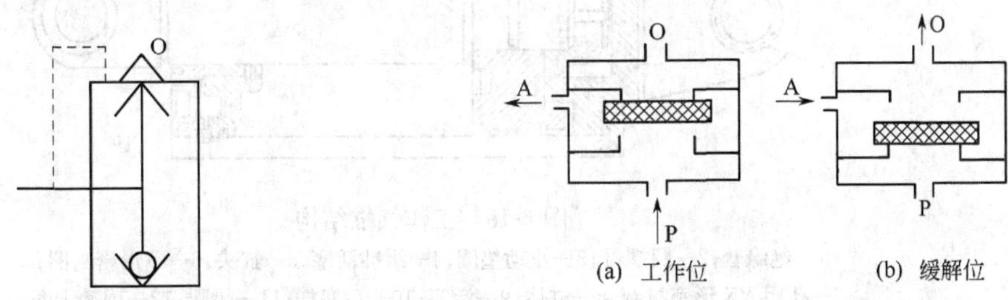

图 6-16　快速排气阀图形符号　　图 6-17　快速排气阀工作原理图

制动时，如图 6-17(a)所示，压缩空气从进气口 P 进入，推动密封活塞，使进气口 P 与工作口 A 连通，同时关闭排气口 O。减速器缓解时，如图 6-17(b)所示，进气口 P 没有压缩空气，A 口的压缩空气推动密封活塞，使工作口 A 与排气口 O 连接，同时关闭 P 口，工作气缸的压缩空气从 O 口中排入大气。

KKP-L40 型快速排气阀的结构如图 6-18 所示。

P 口进气时，橡皮碗向右运动，关闭排气口 O，使 P→A 相通，A 口实现进气。P 口排空时，橡皮碗在 A 口和 P 口压差作用下，向左运动，使 A→O 相通，实现快速排气。

3. 工作气缸

气缸是把压缩空气的能量转变为机械能。T·JK2型减速器的工作气缸安装在股道中心的轨枕板上，气缸两端与拉杆连接，是一种单活塞双作用的浮动气缸，其结构如图 6-19 所示。

气缸由缸头、缸体、活塞、缓冲活塞、活塞杆、导向套、缸盖、卡键、压盖及密封件等部件组成。

装配时先在缸盖上压入导向套，装入轴用 YX 形密封圈、防尘圈和 O 形密封圈，再装上垫圈和弹簧卡圈，然后穿入活塞杆。在活塞杆的一端装上 O 形密封圈，套上活塞、缓冲活塞，拧紧圆螺母,装上止动垫圈,活塞上装入孔用 YX 形密封圈,活塞与活塞杆组件即装完。装有孔用 YX 形密封圈的活塞不可直接装入缸体,否则缸体上的槽将切损孔用 YX 形密封圈。要先用特制的半环填住缸体上的半环槽,再用特制的导向筒装在缸体入口端,然后才能往缸体内装活塞组件,装进缸体后,把特制的半环取出,换上卡键,然后推入压盖,拧好螺钉,即装配完毕。

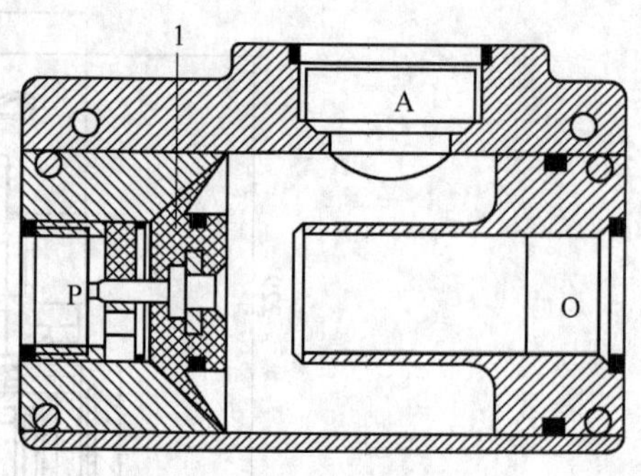

图 6-18　快速排气阀结构

1—橡皮碗

缸体采用 35 号无缝钢管制成,一端与缸头焊接,另一端通过卡键与缸盖连接。

(五)T·JK2 型车辆减速器控制电路

减速器控制电路应能适用于手动、半自动和自动化控制方式,并能在操纵台上显示出减速器的实际状态,其电路如图 6-20 所示。

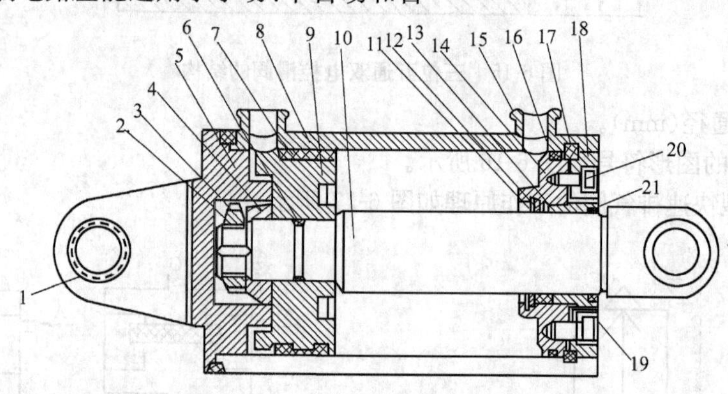

图 6-19　工作气缸结构

1—绝缘套;2—圆螺母;3—止动垫圈;4—缓冲活塞;5—缸头;6—O 形密封圈;7—孔用 YX 形密封圈;8—缸体;9—活塞;10—活塞杆;11—垫圈;12—弹簧卡圈;13—轴用 YX 形密封圈;14—缸盖;15—末端管接头;16—O 形密封圈;17—卡键;18—压盖;19—导向套;20—螺钉;21—防尘圈

1. 手动控制电路

为了完成减速器的制动和缓解,在操纵台上设置了制动和缓解按钮 ZA 和 HA,为非自复式,与其相对应的有制动继电器 ZJ 和缓解继电器 HJ。为了在操纵台上显示出减速器的制动和缓解,设置了制动表示继电器 ZBJ 和缓解表示继电器 HBJ。为了保证检修人员作业安全,在操纵台上设置了非自复式检修按钮 JXA,与其相对应设置了检修继电器。

需要减速器制动时,按下按钮 ZA,制动继电器 ZJ 吸起,并通过其自身接点自闭。其励磁电路为:

KZ—$HA_{11\text{-}13}$—$ZA_{11\text{-}12}$—ZCJ↓—JXJ↓—$ZJ_{1\text{-}4}$线圈—KF

ZJ 励磁电路中用照查继电器 ZCJ 落下接点证明已经切断半自动控制条件,用 JXJ 的落下接点证明没有进行检修作业。

ZJ 的自闭电路为:

KZ—$HA_{11\text{-}13}$—ZJ↑—ZCJ↓—JXJ↓—$ZJ_{1\text{-}4}$线圈—KF

ZJ 吸起后,接通了Ⅰ、Ⅱ两台减速器的制动电磁阀 ZT 电路,使其励磁,构成三位五通换向

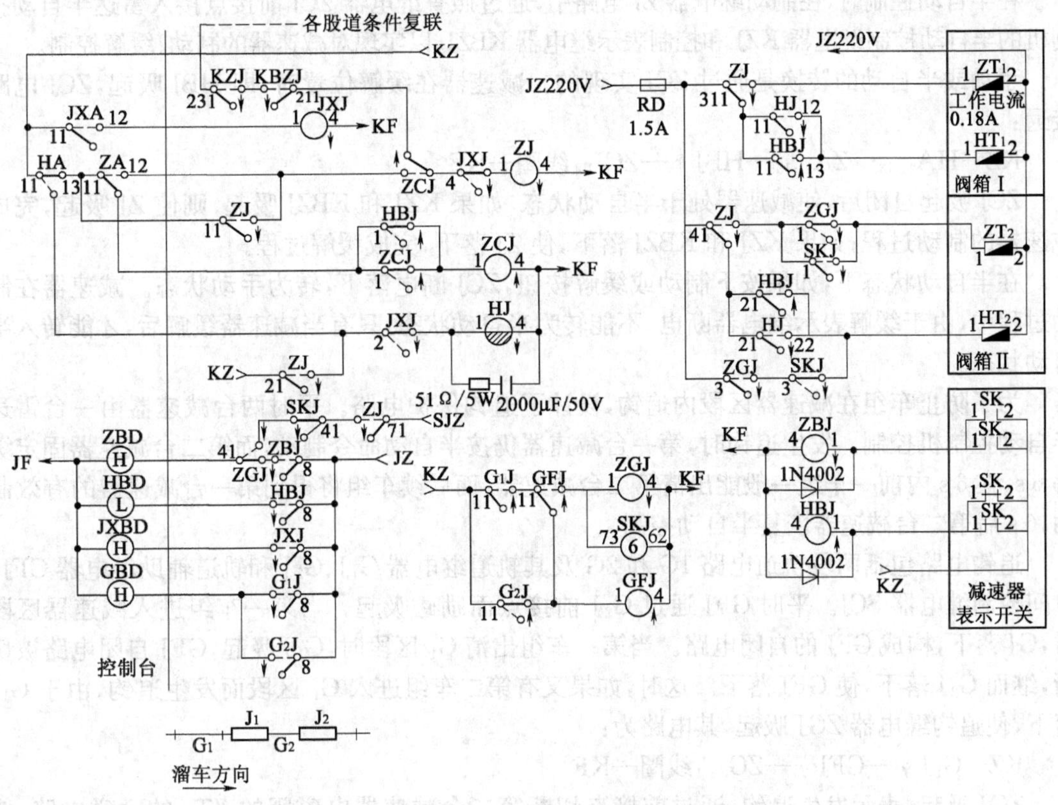

图 6-20　T·JK2 型减速器控制电路

阀的制动气路，使减速器处于制动状态，减速器达到制动位置后，干式舌簧管接点盒 SK 接合，使表示继电器 ZBJ 吸起，用 ZBJ 前接点接通操纵台制动表示灯 ZBD。

ZJ 吸起后，同时接通 HJ 励磁电路：

KZ—ZJ↑—JXJ↓—$HJ_{1\text{-}4}$线圈—KF

要求减速器缓解时，按下 HA，制动继电器 ZJ 断电落下，切断制动电磁阀电路，接通Ⅰ、Ⅱ两台缓解电磁阀励磁电路：

$$\text{JZ220V—RD—ZJ}\downarrow\text{—}\begin{matrix}\text{HBJ}\downarrow\\ \text{HJ}\uparrow\end{matrix}\text{—HT—JF220V}$$

HT 吸起后，三位五通换向阀接通缓解气路，使减速器处于缓解状态。减速器达到缓解位置时，干式舌簧管接点盒 SK 接合，使缓解表示继电器 HBJ 励磁吸起，操纵台点亮缓解表示灯 HBD。

为了保证减速器可靠缓解，在缓解电磁阀电路中接有 HBJ 和 HJ 两组接点。因为干式舌簧管接点只接在减速器其中一个制动钳的曲拐上，这组制动钳缓解到位并不等于整台减速器全部缓解到位。因此，为了提高可靠性，并入 HJ 接点，HJ 的缓放时间为 2～3 s，能保证减速器可靠缓解时再切断缓解电磁阀。

为了减少干簧接点火花拉弧，提高接点工作可靠性，在制动、缓解表示继电器线圈上接入反向二极管 1N4002(1 A，100 V)。

2. 半自动控制电路

在半自动控制时，在制动继电器 ZJ 电路中，通过照查继电器 ZCJ 前接点接入雷达半自动控制机的半自动控制继电器 KZJ 和控制表示继电器 KBZJ，以实现对减速器的制动、缓解控制。

手动或半自动的转换是通过 ZCJ 实现的。减速器在缓解位置时，即 HBJ 吸起，ZCJ 电路接通：

KZ—$HA_{11\text{-}13}$—$ZA_{11\text{-}13}$—HBJ↑—$ZCJ_{1\text{-}4}$线圈—KF

ZCJ 吸起自闭后，使减速器处于半自动状态，如果 KZJ 和 KBZJ 吸起，则使 ZJ 吸起，完成减速器的制动过程；如果 KZJ 和 KBZJ 落下，使 ZJ 落下，完成缓解过程。

在半自动状态下，如果按下制动或缓解按钮，ZCJ 断电落下，转为手动状态。减速器在制动过程中，由于缓解表示继电器断电，不能转为半自动状态，只有当减速器缓解后，才能转入半自动状态。

为了防止车组在减速器区段内追钩，设计了追钩保护电路。平时两台减速器由一台雷达半自动控制机控制。发生追钩时，第一台减速器仍按半自动命令制动，而第二台减速器固定缓解 6 s，在 6 s 内前一车组一般能出清第二台减速器，而后续车组将得到第一台减速器的有效制动，6 s 后第二台减速器恢复半自动控制。

追钩电路包括两段轨道电路 1G 和 2G 及其轨道继电器 G_1J、G_2J 和轨道辅助继电器 GFJ，时间控制继电器 SCJ。平时 GFJ 通过 G_2J 前接点而励磁吸起。当第一车组进入减速器区段时，GJ 落下，构成 GFJ 的自闭电路。当第一车组出清 G_1 区段时，G_1J 吸起，GFJ 自闭电路被切断，继而 G_2J 落下，使 GFJ 落下。这时，如果又有第二车组进入 G_1 区段而发生追钩，由于 G_1J 落下，使追钩继电器 ZGJ 吸起，其电路为：

KZ—G_1J↓—GFJ↓—$ZGJ_{1\text{-}4}$线圈—KF

ZGJ 吸起，表示发生追钩，通过前接点切断第二台减速器电磁阀的 ZT_2 的励磁电路，使 ZT_2 断电失磁，第二台减速器缓解。与此同时，SKJ 电路接通：

KZ—G_1J↓—GFJ↓—$SKJ_{73\text{-}62}$线圈—KF

延时 6 s 后 SKJ 吸起，用其前接点重新将 ZT_2 电路接通，使其恢复半自动或手动控制。当车组出清 2G 区段，GFJ 又重新吸起，ZGJ、SKJ 落下，追钩电路恢复常态。

在表示上，为区别正常制动与追钩制动，在发生追钩时，增加红闪表示信号。追钩时，ZGJ 吸起切断正常的表示电路，接通闪光信号，其电路为：

SJF—ZJ↑—SKJ↓—ZGJ↑—ZBD(H)—JF

制动表示灯 ZBD 闪红光，6 s 后恢复正常状态的制动或缓解表示。

(六)T·JK2 型车辆减速器的主要技术参数

1. 适用环境

(1)环境温度：−40～60 ℃。

(2)相对湿度：不大于 90%(温度＋25 ℃时)。

(3)海拔高度 2 500 m 以下。

2. 使用范围

(1)适用于各种规模的驼峰场，并主要作为目的制动设备。

(2)必须安装在直线上。

(3)允许最大入口速度为 7 m/s。

(4)适用于标准轨距 $1\,435^{+6}_{-2}$ mm，钢轨类型 43 kg/m。

3. 主要技术特性及限界

(1)减速器的节数、总长度、制动轨长度、有效制动长度和整体道床尺寸如表 6-1 所示。

表 6-1　T·JK2 型减速器长度及道床尺寸

节数	总长度(m)	制动轨长度(m)	有效制动长度(m)	主道床长度(m)	过渡道床长度(m)
4	10.6	5.8	4.8	5.96	2.3+2.3
5	11.8	7.0	6.0	7.16	2.3+2.3
6	13.0	8.2	7.2	8.36	2.3+2.3
7	14.2	9.4	8.4	9.56	2.3+2.3
4+4	16.2	5.8+5.8	9.6	5.96+5.96	2.3+2.3
5+5	19.0	7.0+7.0	12.0	7.16+7.16	2.3+2.3
6+6	21.4	8.2+8.2	14.4	8.36+8.36	2.3+2.3
7+7	23.8	9.4+9.4	16.8	9.56+9.56	2.3+2.3

(2)减速器杠杆比 3.19。

(3)减速器制动缓解一次耗气量如表 6-2 所示。

表 6-2　T·JK2 型减速器耗气量

节　数	耗　气　量　(m^3)	
	工作压力为 0.7MPa 时	自由空气
4	0.030	0.240
5	0.036	0.285
6	0.042	0.332
7	0.047	0.380
4+4	0.060	0.474
5+5	0.071	0.570
6+6	0.083	0.664
7+7	0.095	0.759

(4)减速器单位长度制动能高 0.12 m/m，整台减速器制动能高如表 6-3 所示。

表 6-3　T·JK2 型减速器制动能高

节　数	有效制动长度(m)	设计制动能高(m)	降低能力后的制动能高(m)	安全制动的入口速度(km/h)
4	4.8	0.58	0.49	11.0
5	6.0	0.72	0.61	12.3
6	7.2	0.86	0.73	13.4
7	8.4	1.01	0.84	14.4
4+4	9.6	1.15	0.98	15.6
5+5	12.0	1.44	1.22	17.4

续上表

节　数	有效制动长度(m)	设计制动能高(m)	降低能力后的制动能高(m)	安全制动的入口速度(km/h)
6+6	14.4	1.73	1.47	19.0
7+7	16.8	2.02	1.71	20.5

注:(1)实测中 90%以上的制动能高不应小于表中设计制动能高。

(2)实际使用中不到 10%的被制动车组的制动能高将有所下降,如表中列出的降低能力后的制动能高。

(3)驼峰设计中应采用降低能力后的制动能高。

(5)减速器的动作时间(未安装快排阀):全制动时间 0.6 s;全缓解时间 0.9 s;缓解时间 0.5 s。

(6)T·JK2 型减速器工作风压 0.7 MPa。

T·JK2 型减速器的上部限界如图 6-21 所示。

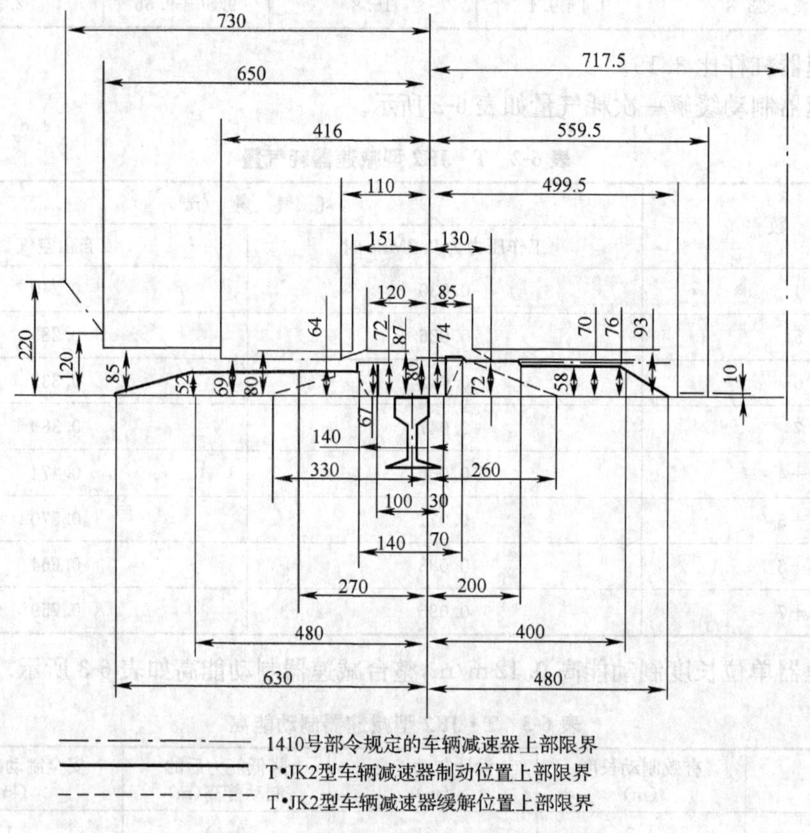

图 6-21　T·JK2 型减速器上部限界图

三、T·JK2-A(50)、T·JK2-B(50)型车辆减速器

T·JK2-A(50)、T·JK2-B(50)型减速器是 T·JK2 型减速器的派生型,其制动原理与 T·JK2型减速器完全相同。两型主要零部件也大多数通用。

T·JK2-A(50)、T·JK2-B(50)型与 T·JK2 型减速器的主要区别是把气缸由线路中心移到线路的外侧,以便于检修气缸。T·JK2-A(50)、T·JK2-B(50)型减速器的断面图及俯视图如图 6-22 和图 6-23 所示。

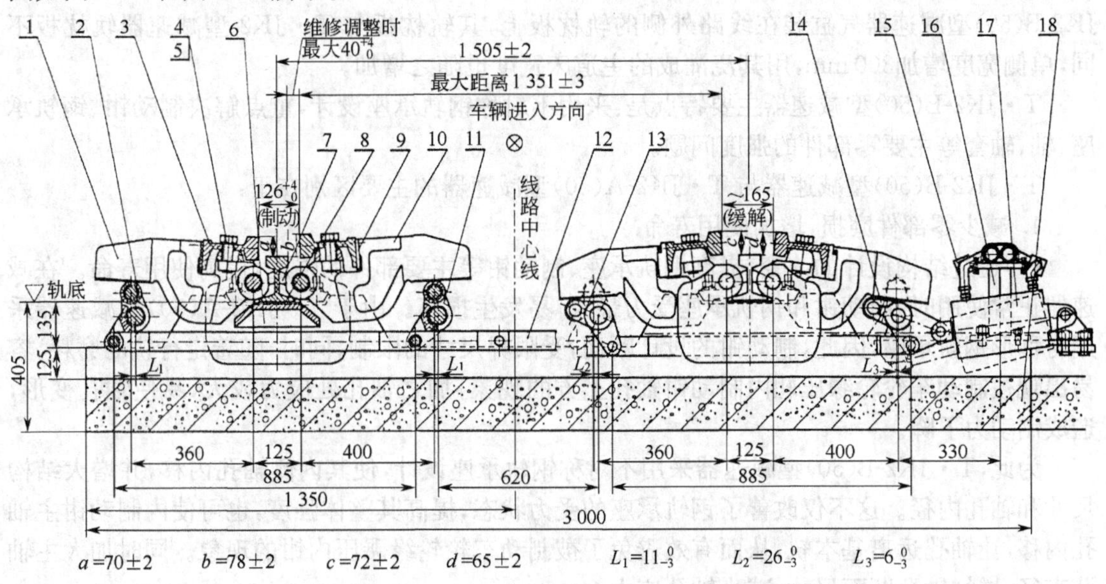

图 6-22　T·JK2-A(50)型减速器的断面图

1—外制动钳；2—滚轮；3—制动轨；4—高强度螺栓；5—防转螺母；6—钢轨承座；7—钢轨固定座；8—橡胶垫板；9—垫铁；10—内制动钳；11—曲拐Ⅰ；12—连杆组件；13—曲拐Ⅱ；14—外曲拐；15—管路附件；16—管架；17—工作气缸；18—轨枕板

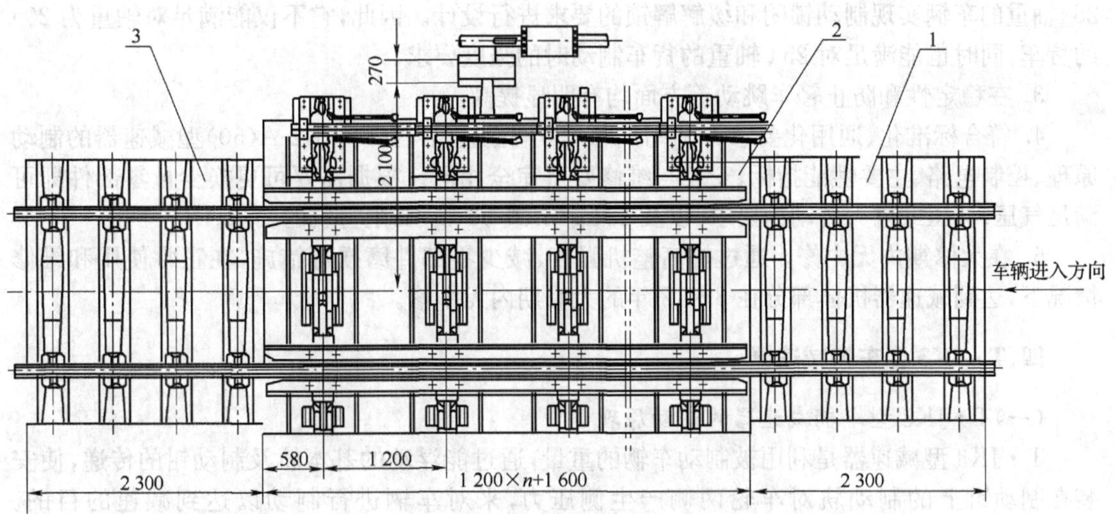

图 6-23　T·JK2-A 型减速器的俯视图

1—头部过渡道床；2—主道床；3—尾部过渡道床

T·JK2-A(50)型减速器的制动部分，包括制动轨、制动钳、钢轨承座、制动轴等部分与 T·JK2型减速器完全相同，两侧完全对称。但是，拉杆传动部分与 T·JK2 型不太一样，T·JK2-A(50)型是同方向推拉，两侧不对称。制动时，气缸活塞杆伸出，通过外曲拐推动拉杆与曲拐Ⅰ、曲拐Ⅱ。曲拐Ⅰ与曲拐Ⅱ通过限位面保持必要的偏心距。缓解时，由外曲拐限位面确定缓解位置。

T·JK2与T·JK2-A(50)、T·JK2-B(50)型减速器工作气缸通用。T·JK2-A(50)、T·JK2-B(50)型减速器气缸装在线路外侧的轨枕板上,其轨枕板与T·JK2型减速器轨枕板不同,单侧宽度增加300 mm,用其浇灌成的主道床宽度也随之增加。

T·JK2-B(50)型减速器主要特点是:采用不对称钢轨承座设计,重点解决制动钳、钢轨承座、轴、轴套等主要零部件的强度问题。

T·JK2-B(50)型减速器与T·JK2-A(50)型减速器的主要区别在于:

1. 减少零部件磨损,增加使用寿命

(1)通过结构设计的改变,提高钢轨承座、制动钳等主要部件的强度,提高使用寿命。在减速器正常使用时,制动钳和钢轨承座受力最大,易发生损坏。由于T·JK2-A(50)型减速器采用对称形钢轨承座,因此,制动钳的设计断面,受限界尺寸的限制,同时,随着走行轨的磨耗,容易出现被制动车轮轮缘压轧内制动钳轴孔上方的现象,加之轴孔处应力较大,易使轴孔变形,造成制动力下降。

为此,T·JK2-B(50)型减速器采用不对称钢轨承座设计,使其内侧轴孔内移,并增大结构尺寸和轴孔内径。这不仅改善了钢轨承座的受力状态,提高其整体强度,也可使内制动钳主轴孔内移,让轴孔远离基本轨,从而有效避免了被制动车轮轮缘碾压内钳的现象。同时加大主轴孔直径,增加轴孔断面尺寸,减小轴孔应力。

(2)增加轴类硬度。改进加工工艺,使轴类硬度由HRC30增加到HRC45。

(3)减少零件的磨损。在曲拐、缸座、拉杆等的轴座上增加防转设计和限位平面,以防止轴的转动;采取增加主轴、滚轮轴及其轴套的直径、更换滚轮套材料等措施,减少零件的磨耗。

2. 适应车辆重载的强度要求。T·JK2-B(50)型减速器的气缸和曲拐偏心均按能满足25 t轴重的车辆实现制动锁闭和缓解解锁的要求进行设计。因此,它不仅能满足对轴重为20 t的货车,同时也能满足对25 t轴重的货车制动时的强度要求。

3. 在稳定性和防止轻车跳动等方面均有明显提高。

4. 符合标准化、通用化要求。T·JK2-B(50)型减速器与T·JK2-A(50)型减速器的制动原理、控制电路、主要性能指标、安装与维修要点完全相同。根据需要可更换少量零部件即可满足气压、液压或电力传动的要求,以及43 kg/m或50 kg/m走行轨的要求。

5. 在大修期内无中修。通过提高整机强度、减少零部件磨损等措施,在正常使用和维修情况下,达到减速器机体部分在8~12年的大修期内无中修。

四、T·JK3型车辆减速器

(一)T·JK3型车辆减速器的制动原理

T·JK3型减速器是利用被制动车辆的重量,通过能浮动的基本轨及制动钳的传递,使安装在制动钳上的制动轨对车轮两侧产生侧压力,来对车辆进行制动以达到减速的目的。T·JK3型减速器的制动原理如图6-24所示。

在减速器的缓解位置,如图6-24(a)所示,装在基本轨两侧的制动轨N_1和N_2之间的开口尺寸B_2大于车轮的厚度。这时,车辆通过减速器时不起制动作用。

当压缩空气自工作气缸入口A_1进入气缸时,气缸活塞通过活塞杆将曲拐3、7和连杆5推到制动位置,如图6-24(b)所示,使内外制动钳1、2绕制动轴O_1和O_2向上旋转,使制动轨N_1和N_2之间的距离缩小到B_1,B_1小于车轮的厚度。这时减速器处于制动位置,准备对进入减速器的车辆进行制动。

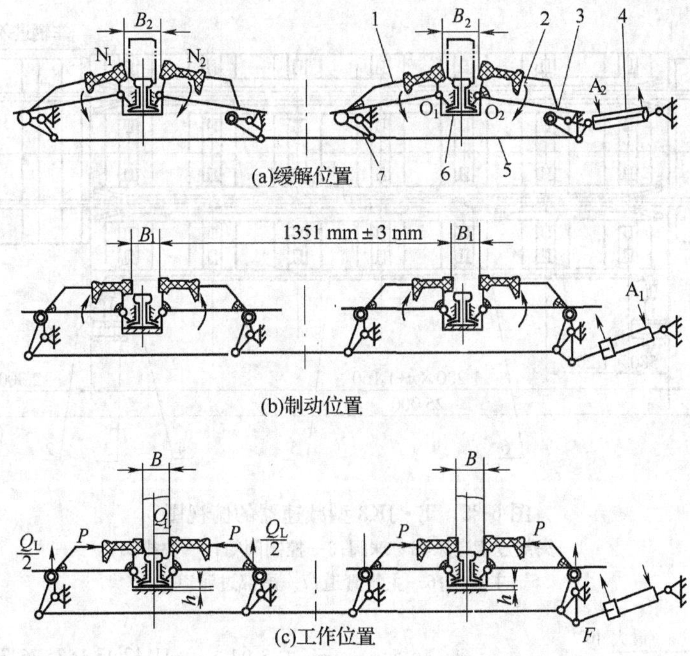

图 6-24 T·JK3 型减速器的制动原理图

1—内制动钳；2—外制动钳；3—曲拐；4—气缸；5—连杆；6—钢轨承座；7—曲拐

当车辆进入制动状态下的减速器后，车轮将制动轨 N_1 和 N_2 间的开口由 B_1 挤开到车轮的厚度 B，如图 6-24(c)所示。这时，内外制动钳以曲拐滚轮为支点，连同连接轴 O_1 和 O_2 及钢轨承座同时向上抬升，迫使基本轨浮起，压在浮动基本轨上车轮的重力经过内外制动钳的杠杆传递，使制动轨 N_1 和 N_2 对车轮产生侧压力来对车轮进行制动以达到减速的目的。

若车辆进入减速器后再进行制动时，气缸的推力通过活塞杆将曲拐和连杆推向制动位置，使内外制动钳绕制动轴向上旋转，使制动轨压向车轮两侧，此时，内外制动钳以曲拐滚轮为支点，连同钢轨承座同时向上抬升，迫使基本轨浮起，压在浮动基本轨上车轮的重力经制动钳的杠杆传递，使制动轨对车轮产生侧压力对车轮进行制动而减速。

当压缩空气进入工作气缸的反向入口 A_2 时，驱动活塞将曲拐和连杆拉回到缓解位置，从而解除减速器对车辆的制动。

(二)T·JK3 型车辆减速器的结构

1. 结构

T·JK3 型减速器的俯视图如图 6-25 所示。

T·JK3 型减速器的断面图如图 6-26 所示。

由图 6-26 可以看出，减速器的制动部分主要由内制动钳、外制动钳、钢轨承座、限位块、制动轴和制动轨等组成。内、外制动钳通过制动轴和钢轨承座铰接在一起，并通过限位块放在基本轨上。因此，制动钳组件和减速器的基本轨之间可相对运动，并非紧固在一起，这样的结构保证了减速器制动部分在对车辆制动时，可以随着车辆的蛇行运动而左右摆动，改善了车辆和减速器的受力情况，也防止了车轮的挤出。减速器的传动部分是由曲拐、曲拐轴、连杆、气缸、气缸座和气动管路及阀门等组成。曲拐和连杆等组成四连杆机构，由气

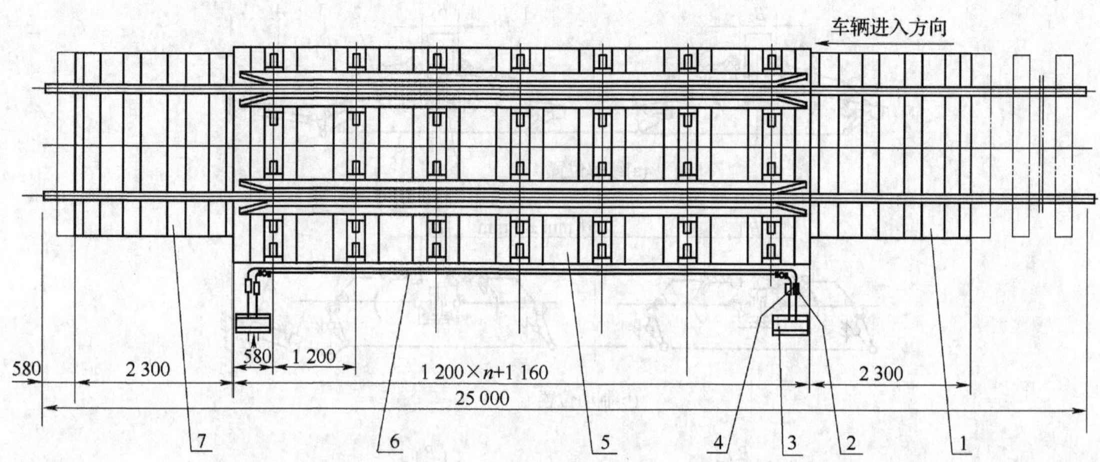

图 6-25　T·JK3 型减速器的俯视图

1—头部过渡道床；2—球阀；3—控制阀箱；4—快排阀；

5—主道床；6—主气管道；7—尾部过渡道床

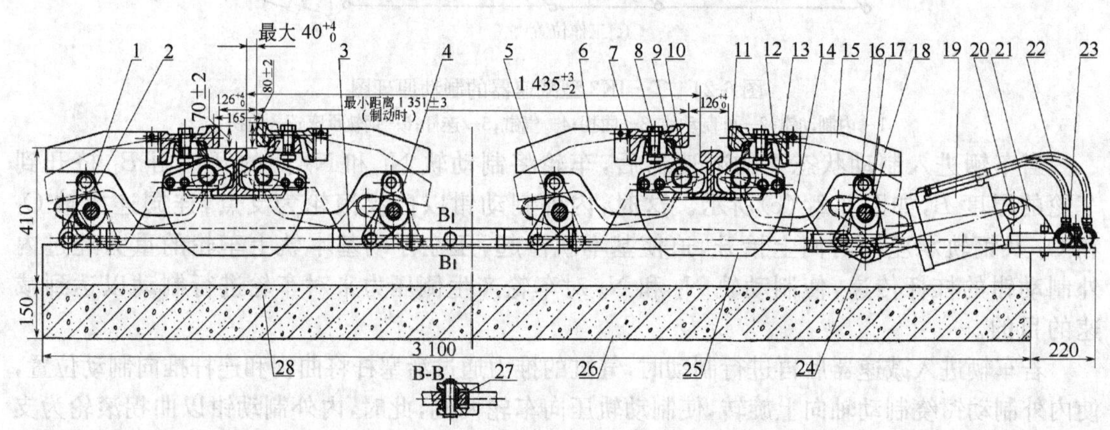

图 6-26　T·JK3 型减速器的断面图

1—推臂滚轮；2、4、5、17—曲拐；3—连杆；6—内制动钳；7—调整垫板；8—制动轨固定螺栓；

9—制动轴；10—弹簧卡圈；11—限位块；12—制动轨；13—内六角螺钉；14—连杆；

15—外制动钳；16—小轴；18—曲拐支承轴；19—气缸；20—气缸铰轴；

21—气缸座；22—高压胶管；23—进气管；24—小轴；25—钢轨承座；

26—专用轨枕板；27—绝缘套；28—橡胶垫板

缸作传递动力，带动制动钳使减速器制动，曲拐转至下方位置时制动钳靠自重落下使减速器处于缓解位置。

2. 主要部件

T·JK3 型减速器主要由制动轨、内外制动钳、钢轨承座及限位块、曲拐及连杆、支座及轨枕板、各类轴套及浮动基本轨等组成。

(1)制动轨

制动轨是压向车轮侧面对车辆进行制动的长梁。制动轨是用 60 kg/m 钢轨改制而成的，结构如图 6-27 所示。

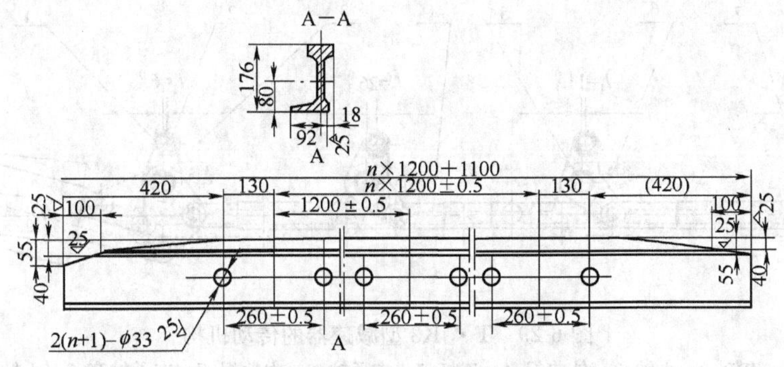

图 6-27　T·JK3 型减速器的制动轨结构

制动轨用螺栓固定在制动钳上，制动轨和制动钳之间安装调整垫板，制动轨磨耗后通过调整垫板来调整。内、外侧制动轨通用，若制动轨入口部分首先磨耗到限，而其他部分尚未到限时，可将内、外侧制动轨互相倒头使用，增加使用寿命。

(2)制动钳和钢轨承座

制动钳和钢轨承座是减速器的主要受力部件，内、外制动钳和钢轨承座通过制动轴铰接在一起，并通过限位块放置于基本轨上，其结构如图 6-28 所示。

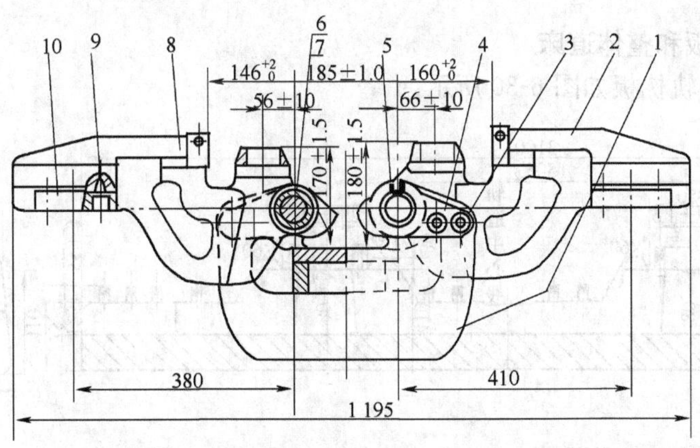

图 6-28　制动钳和钢轨承座的结构

1—钢轨承座；2—内制动钳；3—内六角螺钉；4—限位块；5—弹簧卡圈；
6—制动轴；7—制动轴套；8—外制动钳；9—内六角螺钉；10—磨耗板

制动钳尾部下方装有磨耗板，磨耗板用 45 号钢热处理，增加耐磨性，也可取消磨耗板，在制动钳尾部下方用耐磨焊条堆焊加工。内、外制动钳采用 35 号铸钢，铸件不得有铸造缩松、裂纹等缺陷。

钢轨承座采用 Q235-A(A3)碳素钢板焊接而成。制动轴受有较大的弯曲和剪切应力，因此必须采用好的合金钢材并进行调质处理。

(3)曲拐和连杆

曲拐、连杆、轴和支座组成了平面四连杆传动机构，每套制动钳有一套传动机构，在传动机构的一端和工作气缸相连接，在压缩空气的推动下带动四连杆机构动作，通过曲拐及其滚轮使减速器处于制动或缓解状态。曲拐连杆传动机构如图 6-29 所示。

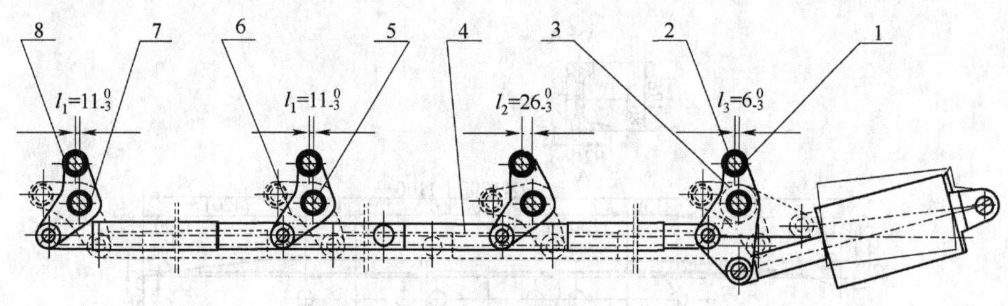

图 6-29　T·JK3 型减速器的传动机构

1—滚轮；2—小轴；3—外曲拐；4—连杆；5—支承轴；6—内曲拐；7—支承轴套；8—小轴套

为了使减速器两侧的内、外制动钳制动和缓解位置相一致，上述传动机构中四个曲拐的旋转角是不同的，曲拐上有标记，不得乱装。在连杆的中间装有绝缘套，使连杆和连杆之间相互绝缘，以便减速器区段安装轨道电路。

内、外曲拐均采用 ZG270-500 铸钢，连杆由无缝钢管和连接头焊接而成，曲拐滚轮采用 45 号钢经热处理而成，所有轴套均用尼龙 1010 制造，套内有油槽，组装时应压足润滑脂。

为使减速器有一个确定的制动位置，曲拐上有一个加工定位面，使曲拐旋转到定位面和连杆接触为止。

(4)专用轨枕板和整体道床

减速器的专用轨枕板如图 6-30 所示。

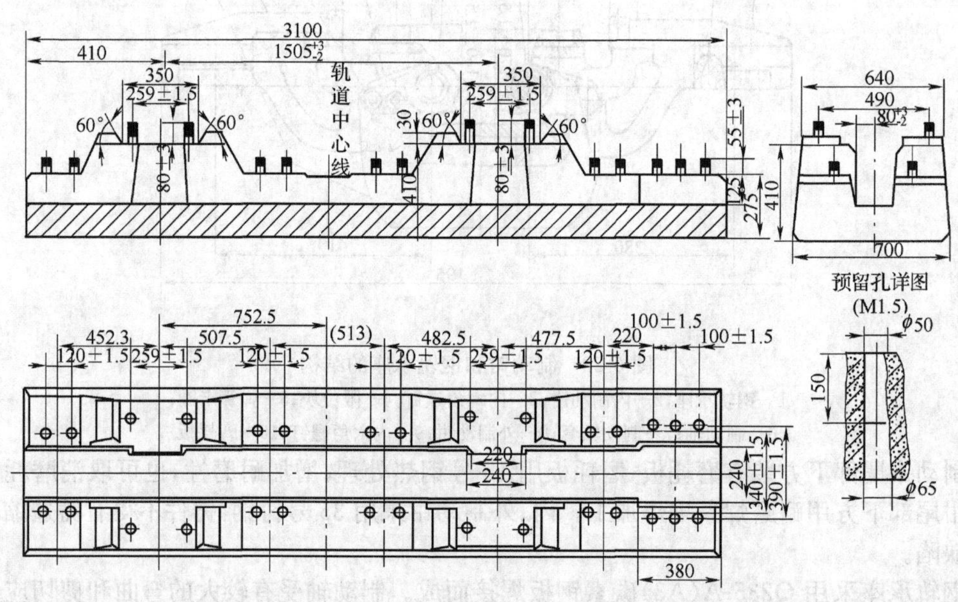

图 6-30　T·JK3 型减速器的专用轨枕板

T·JK3 型减速器的整体道床分为主道床和头尾过渡道床。主道床由专用轨枕板利用工字钢或旧钢轨浇灌混凝土而成，头、尾过渡道床则用标准混凝土轨枕利用工字钢浇灌在一起。

(5)浮动基本轨和钢轨固定座

T·JK3 型减速器为浮动重力式减速器，浮动基本轨采用 43 kg/m、长 25 m 的钢轨。25 m 长的钢轨可以供两台 7 节减速器串联安装。

钢轨固定座是为基本轨的浮动而专门设计的，它能适应基本轨的上下起浮，但必须保证基本轨不能左右偏倒，以保证基本轨距为 $1\,435^{+6}_{-2}$ mm。浮动基本轨和钢轨固定座的结构如图 6-31 所示。

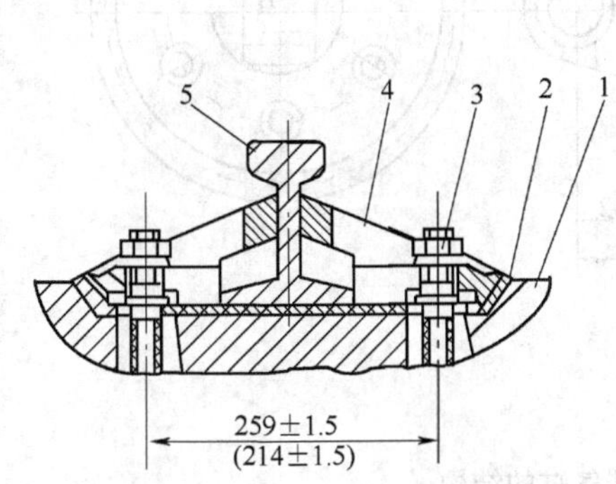

图 6-31 浮动基本轨和钢轨固定座的结构

1—专用轨枕板；2—钢轨垫板；3—螺旋道钉；4—钢轨固定座；5—浮动基本轨

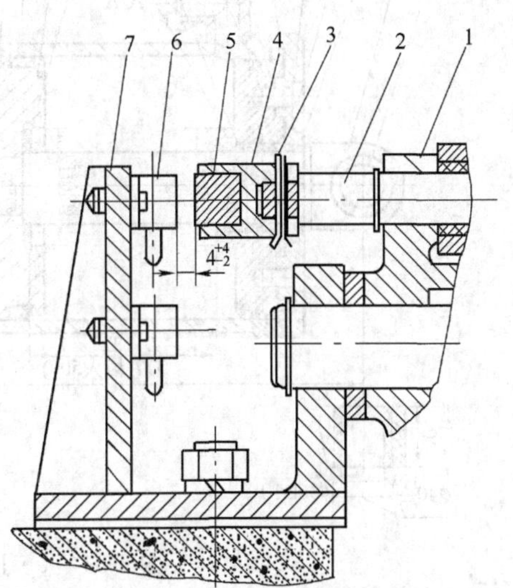

图 6-32 T·JK3 型减速器制动、缓解位置表示装置

1—头部(或尾部)曲拐；2—小轴；3—开口销；4—连接块；5—磁钢；6—干簧接点盒；7—头部支座

(6)制动、缓解位置表示装置

T·JK3 型减速器制动、缓解位置表示装置是由用干簧接点制作的接点盒和装在曲拐滚轮轴上的磁钢组成，如图 6-32 所示，曲拐上升(制动)或落下(缓解)即接通相应的接点，表示制动或缓解。

减速器制动缓解位置表示装置可以装在减速器头部或尾部。在头部或尾部曲拐滚轮的小轴上装有连接块，连接块用非导磁体黄铜或合金铝制成。连接块头部压入磁钢，磁钢和安装在头部或尾部曲拐支座上的干簧接点盒之间保持 2～8mm 的间隙。当减速器制动缓解时，曲拐连同磁钢将上下运动，磁钢通过磁感应将使干簧接点接通或断开，以此即可表示减速器的制动或缓解状态。

(三)气动元件

1. 气动控制阀

T·JK3 型减速器采用的气动控制阀主要是电磁气动换向阀用以控制气流的方向。具体型号为 $K35D_2$-25Y。另外，为了缩短缓解时间安装了快速排气阀 KKP-L40 型。上述两种控制阀的型号说明、结构原理前面做了说明，此处不再复述。

2. 二联件

T·JK3 型减速器采用 KGL-100 型压缩空气过滤器和 QYW-40 型油雾器。

3. 气缸

T·JK3 型减速器每组制动钳一个气缸，气缸通过四连杆机构使减速器的内外制动钳同时动作,以达到制动和缓解。

气缸的结构如图 6-33 所示。

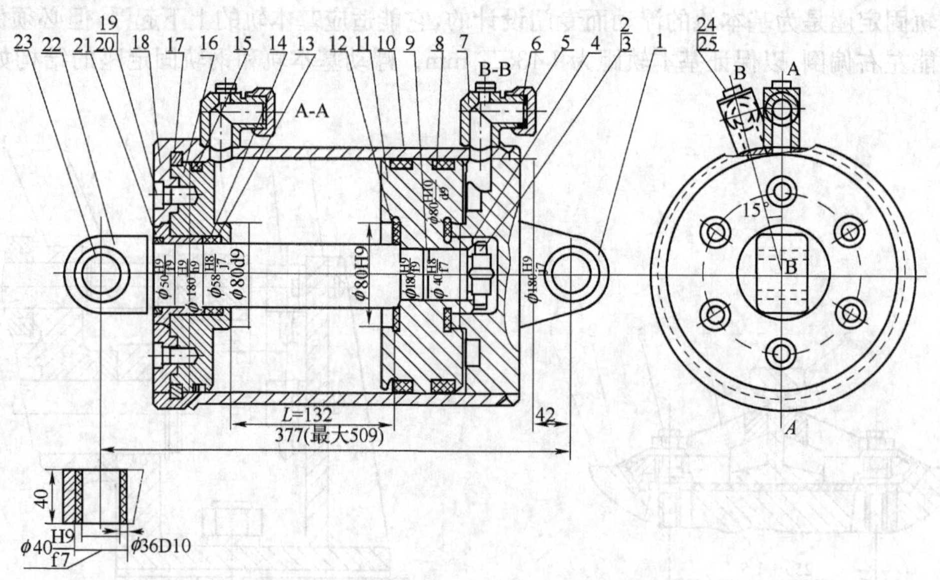

图 6-33　T・JK3 型减速器气缸的结构

1—后盖;2—圆螺母;3—止动垫圈;4—缓冲活塞;5—护帽;6、9、15—O 形密封圈;7—油口;8—孔用 YX 形密封圈;10—缸筒;11—活塞;12—橡胶垫;13—轴用 YX 形密封圈;14—导向套;16—前盖;17—孔用卡键;18—压盖;19—内六角螺栓;20—弹簧垫圈;21—无骨架防尘圈;22—活塞杆;23—套;24—螺塞;25—组合垫圈

T・JK3 型减速器的气缸是活塞式双作用的单活塞杆气缸。气缸主要由缸筒、活塞、活塞杆、导向套、前盖、后盖、压盖以及卡键、螺栓和密封圈等组成。气缸各种零件的要求不同,缸筒由无缝钢管制成,缸筒和后盖采用焊接结构;缸筒和前盖通过卡键、压盖用螺栓连接起来,结构紧凑,连接可靠,便于维修;活塞杆通过导向套和活塞定位,以保证浮动气缸的正常动作;气缸的缓冲靠橡胶垫及缓冲气室。气缸活塞与缸筒之间、活塞杆与导向套之间采用 YX 密封圈密封,用以防止活塞两侧气压内泄及活塞杆侧气压外漏。活塞与活塞杆之间、前盖和盖筒之间均采用 O 形圈密封。气缸的进出气口采用 M27×1.5 螺纹连接,O 形圈密封,并通过钢丝编织胶管和气管路连接起来。导向套的外侧和活塞杆之间装有防尘圈,用于防尘,保护气缸。

气缸基本参数如下:

内径　$D=1\,800$ mm;

活塞杆直径　$d=50$ mm;

行程　$s=130^{+3}_{0}$ mm。

(四)T・JK3 型车辆减速器控制电路

T・JK3 型车辆减速器控制电路与 T・JK2 型车辆减速器基本相同,唯一不同之处是 T・JK3 型采用双台,室外减速器两台表示串接后形成一个表示。

(五)T・JK3 型车辆减速器的主要技术参数

1. 适用环境

(1)环境温度:−40～60 ℃。

(2)相对湿度:不大于 90%(温度+25 ℃时)。

(3)海拔高度：2500 m 以下。

2. 使用范围

(1)作为驼峰场间隔制动调速设备，也可作为目的制动调速设备使用。

(2)必须安装在直线上。

(3)允许车辆最大入口速度为 7 m/s。

(4)适用于轨距 $1\,435^{+6}_{-2}$ mm，钢轨类型 43 kg/m。

3. 主要技术特性及限界

(1)T·JK3 型减速器的结构长度及道床尺寸如表 6-4 所示。

(2)减速器杠杆比为 3.27。

(3)不同节数减速器制动缓解一次压缩空气和自由空气的消耗量如表 6-5 所示。

(4)减速器单位长度制动能高为 0.125m/m，不同节数减速器的制动能高如表 6-6 所示。

表 6-4　T·JK3 型减速器的结构长度及道床尺寸

减速器节数	结构总长度(m)	制动轨长度(m)	有效制动长度(m)	主道床(长×宽)(m)	过渡道床(长×宽)(m)
4	10.56	5.90	4.8	5.96×3.1	2.3×2.5
5	11.76	7.16	6.0	7.16×3.1	
6	12.96	8.30	7.2	8.36×3.1	
7	14.16	9.50	8.4	9.56×3.1	
8	15.36	10.70	9.6	10.76×3.1	
5+5	18.92	7.10+7.10	12.0	(7.16+7.16)×3.1	
6+6	21.32	8.30+8.30	14.4	(8.36+8.36)×3.1	
7+7	23.72	9.50+9.50	16.8	(9.56+9.56)×3.1	

表 6-5　T·JK3 型减速器耗气量

减速器节数	耗　　气　　量(m^3)	
	压缩空气用量(0.7 MPa)	自由空气用量
4	0.03181	0.2545
5	0.03817	0.3054
6	0.04453	0.3563
7	0.05089	0.4072
8	0.05725	0.4581
4+4	0.06361	0.5090
5+5	0.07633	0.6108
6+6	0.08906	0.7126
7+7	0.10178	0.8144

表 6-6　不同节数减速器的制动能高

减速器节数	有效制动长度(m)	制动能高(m)
4	4.8	0.60
5	6.0	0.75
6	7.2	0.90
7	8.4	1.05
8	9.6	1.20
4+4	4.8+4.8	1.20
5+5	6.0+6.0	1.50
6+6	7.2+7.2	1.80
7+7	8.4+8.4	2.10

注：1. 减速器相邻两组制动钳之间的距离为 1.2 m。
2. 实测中 90%以上的制动能高不应小于表中的设计能高值。

(5)减速器的动作时间

全制动时间：0.60 s。

全缓解时间：1.25 s。

缓解时间:0.40 s±0.15 s。

T·JK3 型减速器的上部限界如图 6-34 所示。

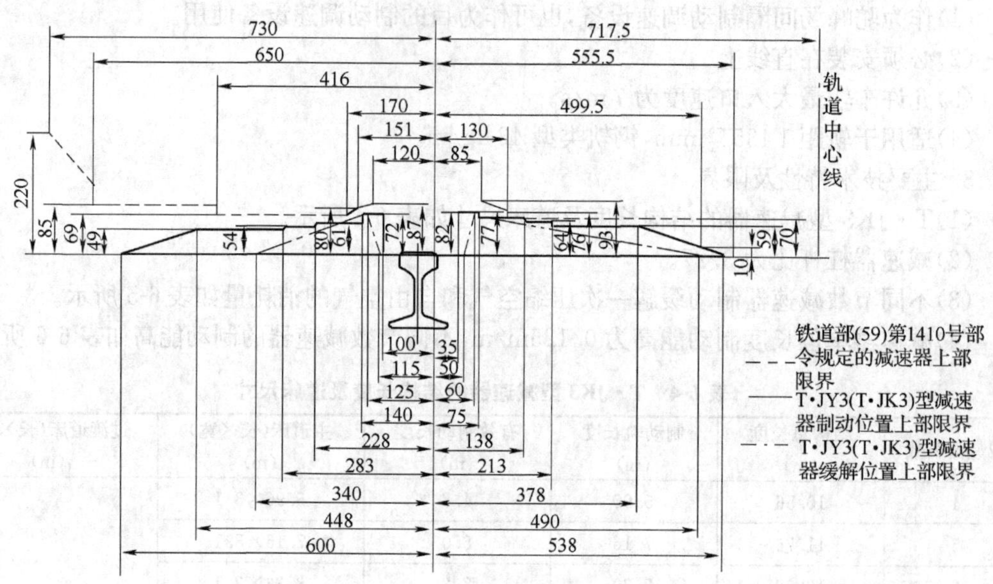

图 6-34　T·JK3 型减速器的上部限界图

五、T·JK3-A(50)型钢轨车辆减速器

(一)T·JK3-A(50)型车辆减速器的制动原理

50 kg/m 钢轨车辆减速器的制动原理和 T·JK3 型减速器完全相同。它是利用被制动车辆的重量,通过能浮动的基本轨及制动钳的传递,使安装在制动钳上的制动轨对车轮两侧产生侧压力,来对车辆进行制动,以达到减速的目的。因此,50 kg/m 钢轨车辆减速器是一种浮轨重力式车辆减速器,它的制动力和被制动车辆的重量成正比。

(二)T·JK3-A(50)型车辆减速器的结构

50 kg/m 钢轨车辆减速器主要由制动钳组件(包括内、外制动钳,钢轨承座,限位块和制动轴等)、工作气缸(或油缸)及驱动的四连杆机构(包括曲拐、连杆、支承轴和支座等)、制动轨、浮动基本轨和由轨枕板浇灌的整体道床组成,如图 6-35 所示。

(三)T·JK3-A(50)型车辆减速器的主要参数

1. 减速器单位制动能高为 0.125 m/m。不同节数减速器制动长度和制动能高如表 6-7 所示。

表 6-7　不同节数减速器制动长度和制动能高

减速器节数	有效制动长度(m)	制动能高设计值(m)	减速器节数	有效制动长度(m)	制动能高设计值(m)
4	4.8	0.60	4+4	9.6	1.20
5	6.0	0.75	5+5	12.0	1.50
6	7.2	0.90	6+6	14.4	1.80
7	8.4	1.05	7+7	16.8	2.10
8	9.6	1.20			

2. 50 kg/m 钢轨车辆减速器分为气动和液压两种方式,其动作时间也不相同,如表6-8 所示。

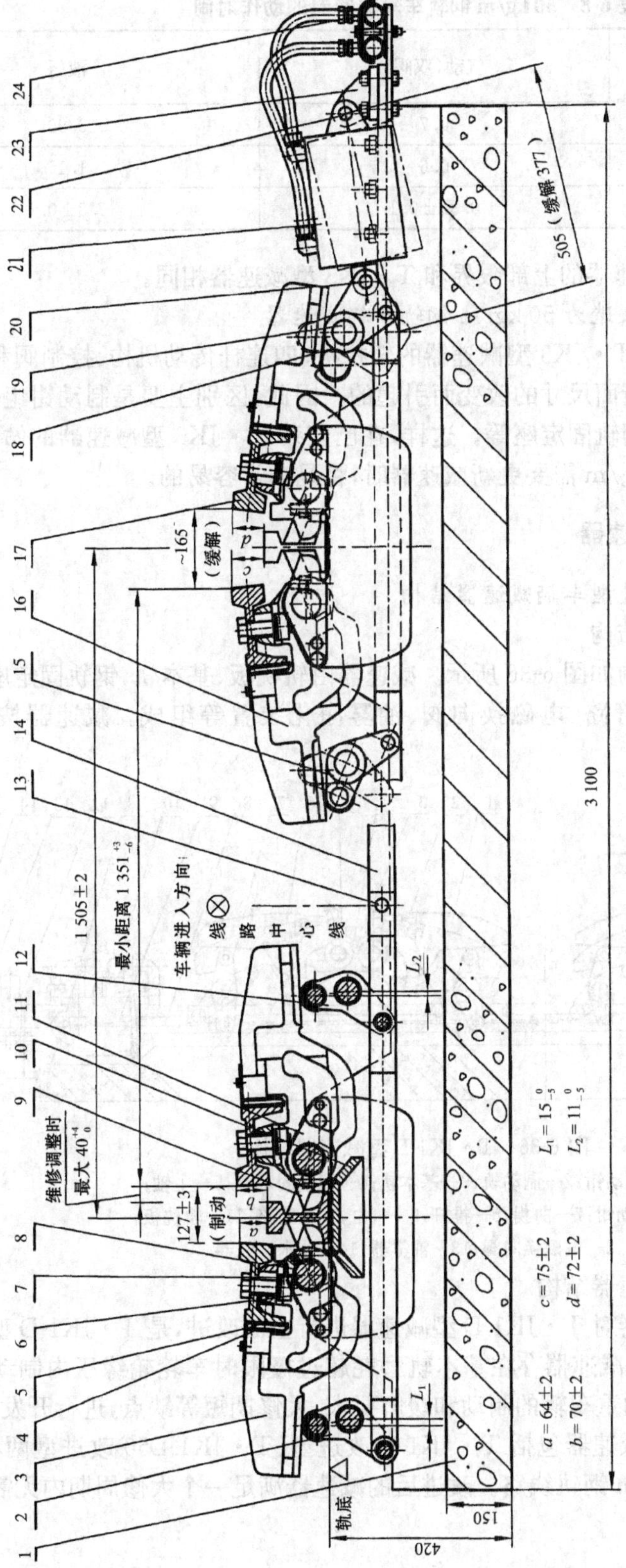

图 6-35　T·JK(Y)3-A(50)型减速器的断面图

1—轨枕板；2—曲拐；3—外制动钳；4—调整垫板；5—角钢组件；6—外限位块；7—主轴；8—主轴套；9—钢轨固定座；10—钢轨承座；11—内限位块；12—曲拐；13—绝缘套；14—拉杆组件；15—曲拐；16—内制动钳；17—制动轨；18—外曲拐；19—支承轴；20、22—小轴；21—气缸；23—气缸支座；24—管路附件

表 6-8　50 kg/m 钢轨车辆减速器的动作时间

动作时间＼动力方式	气动(双阀)	液压
全制动时间(s)	0.7	0.90
全缓解时间(s)	0.6	1.15
缓解时间(s)	0.35±0.1	0.3±0.1

3. 50 kg/m 钢轨车辆减速器的上部限界和 T·JK3 型减速器相同。

(四)T·JK3 型减速器改造为 50 kg/m 钢轨车辆减速器

50 kg/m 钢轨减速器和 T·JK3 型减速器的轨枕板、四连杆传动机构、控制阀和工作缸等均相同,其区别是由基本轨断面尺寸的改变而引起的。因此,区别主要是制动钳组件(内外制动钳、钢轨承座、限位块)和钢轨固定座等。这样,在已安装 T·JK3 型减速器的站场,如因走行轨由 43 kg/m 改造为 50 kg/m 需要更新减速器时,将是非常容易的。

六、T·JK1-D 型车辆减速器

(一)T·JK1-D 及其改进型车辆减速器结构

1. T·JK1-D 型减速器结构

T·JK1-D 型减速器结构如图 6-36 所示。减速器由轨枕板、基本轨、钢轨固定座、制动轨、制动钳、推杆、曲拐、气缸、管路、电磁换向阀、油雾净化装置等组成。减速器按节数分为 n=4、5、6、7节。

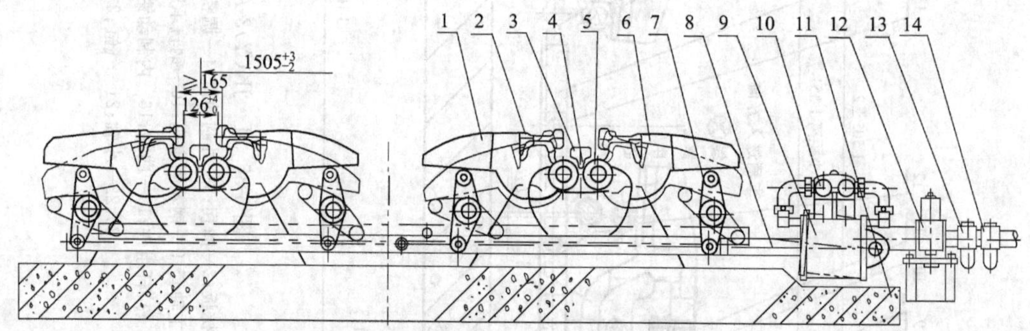

图 6-36　T·JK1-D 型减速器结构

1—内制动钳;2—制动轨;3—基本轨;4—钢轨固定座;5—主轴;
6—外制动钳;7—曲拐;8—推杆;9—气缸;10—管路;11—轨枕板;
12—电磁换向阀;13—油雾器;14—分水滤气器

2. T·JK1-D 改进型减速器结构

T·JK1-D 改进型减速器对 T·JK1-D 型减速器进行全面改进,是 T·JK1-D 型减速器的替代产品,针对 T·JK1-D 型减速器存在基本轨磨耗超过极限时车轮轮缘压内制动钳造成断裂的隐患,以及不满足 25 t 轴重车辆的制动和缓解要求、大修期短等缺点,进行开发研制。

T·JK1-D 改进型车辆减速器包括 T·JK1-D 改进型、T·JK1-D50 改进型两种型号,分别适用于 43 kg/m 和 50 kg/m 钢轨线路。改进后的减速器满足一个大修周期内无需中修和少量维护的要求。

(1)改进内容

①内外制动钳主轴孔相对基本轨双向外移，有效避免了车轮轮缘碾压内制动钳造成制动钳断裂，同时有效地改善了减速器在制动状态下的受力状况，增加了减速器制动的平稳性，机械部件振动小，提高了制动钳组的使用寿命。

②控制换向阀采用大流量中泄式三位五通换向阀，从控制箱到气缸之间的风管路无需装快排阀，就可使减速器的动作时间符合要求，减少了故障点。缓解时，换向阀排气量大，气缸、曲拐同步性好，缓解快。

③先导阀采用二位三通电磁换向阀，控制电流功率小，便于远距离控制，实现在断电情况下手动按钮可按下自锁，便于检查制动位的机械尺寸及对减速器维护。

④油雾装置安装在控制箱内直接给换向阀润滑，油杯是原来的 4 倍以上，延长现场注油周期。

⑤加强了制动钳和底座等主要部件的机械强度，疲劳试验寿命可达 200 万次（负载按车辆轴重为 25 t）。

⑥主轴轴套采用钢套和硬质铜套双套设计，硬质铜套在主轴及镶嵌在制动钳孔的钢套之间转动，以轴套的内外圆均匀磨损代替制动钳镶嵌套的局部磨损和底座孔的磨损，从而有效防止因轴套局部变形和磨耗快而降低制动效果，延长了使用寿命，满足 10～12 年大修周期的要求。所有的轴都采用了防转设计，避免了轴座孔磨损。

⑦传动力机构采用双限位措施，即以气缸限位为主，曲拐限位为辅，采用整体推杆，避免了曲拐限位磨损后曲拐偏转过度不缓解和冲击力过大造成的推杆断裂。

⑧采用了具有四级过滤的过滤器代替过去只有 20 μm 的单级铜网过滤器，过滤精度小于 10 μm，有效地提高了换向阀和气缸等主要气动元件的使用寿命。

⑨气缸的前后端盖增加缓冲气室，减速器的制动缓解机械部件无冲击现象；前端盖活塞杆处的 QY 形密封圈和 J 形防尘圈设计为组合圈，使安装拆卸方便。

⑩符合标准化、通用化要求，根据需要更换少量零部件就可满足气动或电动传动及 43 kg/m或 50 kg/m 基本轨的要求。

（2）改进后的结构

改进后的结构如图 6-37 所示。内外制动钳主轴孔相对基本轨双向外移（对称式结构），主轴轴套采用钢套和硬质铜套双套设计，传动力机构采用双限位措施，即以气缸限位为主，曲拐限位为辅；采用整体推杆。

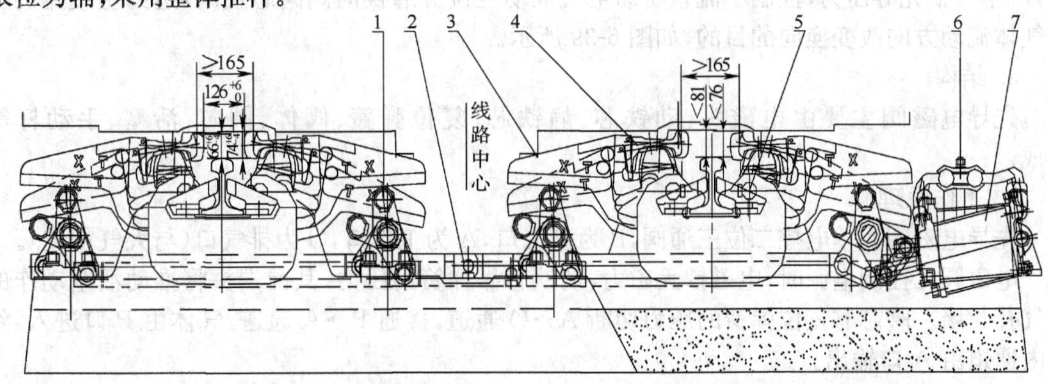

图 6-37　改进后 T·JK1-D 型减速器结构示意图

1—曲拐；2—推杆组件；3—制动钳；4—制动轨；5—主轴；6—管路；7—气缸

(二)气动控制系统

T·JK1-D 型减速器气动控制系统主要由控制阀箱、气源净化过滤器、工作气缸、连接管路等组成。

1. 控制阀箱

控制阀箱主要由先导电磁换向阀、三位五通换向阀、油雾器件、箱体等组成,如图 6-38 所示。

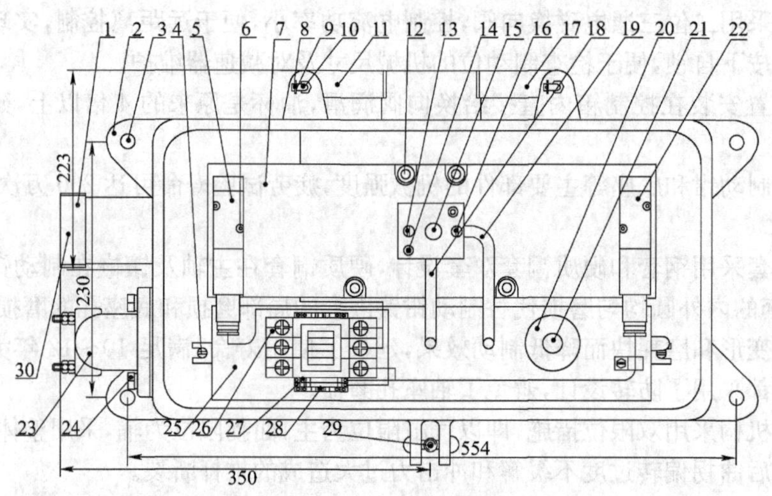

图 6-38 控制阀箱结构

1—进气孔;2—控制箱体;3—M12 安装孔;4—M8 螺纹销(14);5—先导电磁阀;6—M4 内六角螺栓;7—Q35ZX-50 型三位五通换向阀;8—轻型平垫圈;9—开口销 3×20;10—弯头螺栓;11—工作口 A;12—M8 内六角螺(130);13—油箱进气针阀;14—内六角 M5 螺栓(55);15—视油窗;16—油量调整针阀;17—工作口 B;18—进气管;19—油管;20—油箱盖;21—排气针阀;22—先导电磁阀;23—进线管弯头;24—螺栓 M10(25);25—油箱;26—隔离开关;27—导轨终端固定件;28—回拉式直通弹簧端子;29—门扣组成;30—油位视窗

①先导电磁换向阀

先导电磁换向阀(简称电磁阀)在气动换向系统中起放大控制作用,首先由电磁铁控制气路,产生一个先导压力,控制小流量压缩空气推动三位五通换向阀阀芯换向,达到主气路的压缩气体流动方向改变换向的目的,如图 6-39 所示。

a. 结构

先导电磁阀主要由电磁头、动铁芯、静铁芯、复位弹簧、阀体、阀芯、活塞、手动杆等组成。

b. 工作原理

先导电磁阀为单电控二位三通阀,P 为进气口,A 为工作口,O 为排气口(与大气相连)。

电磁阀无控制电源时,电磁铁无磁力,动铁芯靠弹簧的压力,其前端头将推动活塞动作的进气孔封堵。阀芯靠复位弹簧的压力切断 A→O 通道,接通 P→A 通道,气体由 P 口进入,经阀内通道由 A 口输出。

电磁阀得电时,电磁铁励磁,动铁芯克服小弹簧的压力被吸移动,与固定静铁芯相接触,动铁芯后端头将静铁芯与大气相连的排气孔封堵,动铁芯前端头将原封堵的进气孔打开,气体进

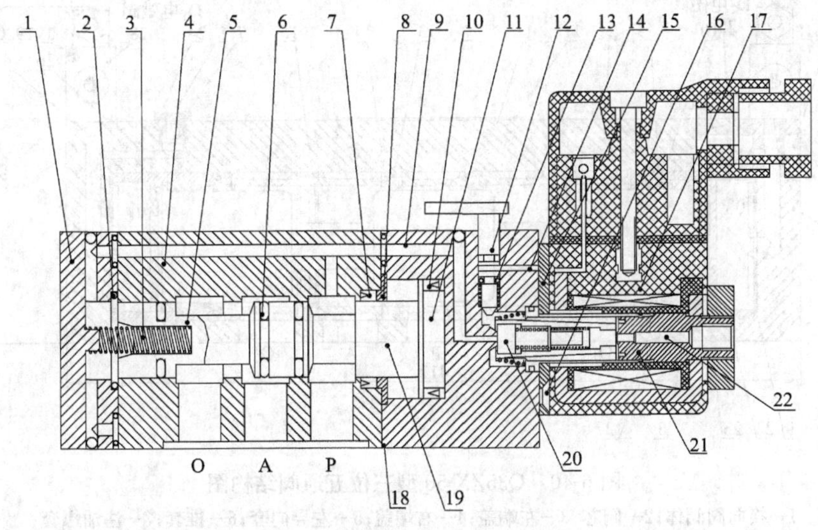

图 6-39　先导电磁换向阀

1—后端盖；2—O 形圈；3—复位弹簧；4—阀体；5—阀杆；6—密封圈；7—V 形密封圈；8—挡圈；9—端盖；10—V 形密封圈；11—活塞；12—手动杆；13—O 形圈；14—销；15—压板；16—十字槽盘头螺钉；17—电磁头；18—钢球；19—阀芯；20—动铁芯；21—静铁芯；22—排气孔

入气室，推动活塞移动，活塞又推动阀芯克服复位弹簧的压力而转换。阀芯的转换切断 P→A 通道，接通 A→O 通道，与 A 口相接的腔体气体由 O 口排向大气。

电磁阀失电时，电磁铁失磁，动铁芯由小弹簧的弹力的作用，与静铁芯分离，动铁芯后端头将打开封堵的排气孔，动铁芯前端头将进气孔封堵，气室内的气体由打开的排气孔泄压，同时通过复位弹簧的压力使阀芯复位，切断 A→O 通道，接通 P→A 通道。

若采用手动控制时，按下手动推杆，可实现电控的相同作用。该阀手动推杆带有自锁功能，可停留在制动位，方便现场对减速器的检修。

②三位五通换向阀

三位五通换向阀是控制减速器动作的主要阀件，采用 ϕ50 mm 新型大流量中位泄压式三位五通换向阀，与先导电磁换向阀配套使用，换向动作快，性能可靠，不需要配带快速排气阀就能达到减速器要求的快速缓解时间。在失电情况下，在制动位的三位五通换向阀阀芯可复中位，气缸排气，减速器缓解，使钩车不被夹停在减速器上，防止后续钩车将车撞坏；在缓解位三位，五通换向阀阀芯复中位，使气缸排气并切断气源，有利于现场对设备的维护，延长设备使用寿命并节省能源。

a. 结构

三位五通换向阀主要由阀体、阀芯、左右端盖、导向套、推套、密封圈、涨圈、隔套、注油装置等组成，如图 6-40 所示。

b. 工作原理

三位五通换向阀有 5 个气孔。其中 P 口为风源入口；A、B 为工作口，分别接入气缸前后腔；O_1、O_2 为排气口，与大气连通，如图 6-40 所示。

气路接通后，压缩空气由 P 口进入阀体内，经隔套间隙通道气路分别进入两侧先导电磁

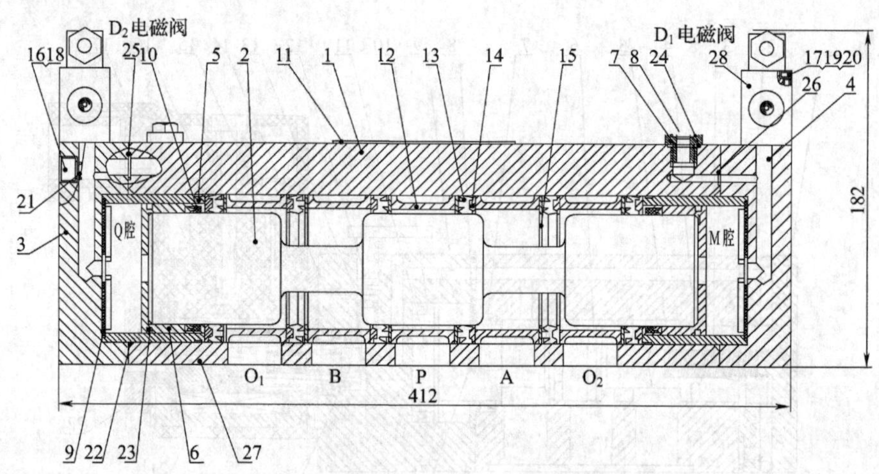

图 6-40　Q35ZX-50 型三位五通阀结构图

1—换向阀阀体；2—阀芯；3—左端盖；4—右端盖；5—左导向套；6—推套；7—注油螺套；8—注油堵；9—左缓冲垫；10—QY 形密封圈(孔用)；11—标牌；12—隔套；13—E 形圈；14—涨圈；15—垫圈；16—螺钉 M8(35)；17—螺钉 M4(45)；18—弹簧垫圈 8；19—弹簧垫圈 4；20—轻型平垫圈 4；21—轻型平垫圈 8；22—O 形密封圈 80×2.65；23—O 形密封圈 65×2.65；24—O 形密封圈 12.5×1.8；25—O 形密封圈 9×1.8；26—O 形密封圈 4.5×1.8；27—钢球 $\phi5$；28—电磁换向阀

换向阀的 P 口，由于先导电磁换向阀均无电，压缩空气由两个阀的 A 口输出，分别进入三位五通换向阀的 M 腔和 Q 腔，阀芯两侧此时受到的压力相等，使阀芯处于中间位置状态，而使 A、B 工作口分别与排气 O_1、O_2 口连通，因此称中位泄压式。

当 D_1 先导电磁换向阀得电使其阀芯转换时，切断该先导电磁换向阀进气口 P→A 通道，接通 A→O 通道，使三位五通换向阀 M 腔由 O 口接通大气而泄压，压力变为 0，Q 腔压力为气源压力(M 腔与 Q 腔形成气压差)，推动三位五通换向阀阀芯向 M 腔方向移动，阀芯封闭 O_1 口，使三位五通换向阀 P 口和 B 口连通，气源的压缩空气由 P 口通过 B 口输出，进入到减速器工作气缸的后腔，同时 A 口和 O_2 口连通，工作气缸的前腔的压缩空气通过 A 口进入 O_2 口和大气相通泄压。后腔为气源压力，使工作气缸活塞伸出，完成工作气缸的制动过程。

当 D_2 先导电磁换向阀得电时，三位五通换向阀工作过程与上述相反。

D_2 先导电磁换向阀得电，使三位五通换向阀 Q 腔通过 D_2 先导电磁换向阀的 O 口接通大气而泄压，压力变为 0，此时 M 腔压力为气源压力(M 腔与 Q 腔形成气压差)，推动三位五通换向阀阀芯向 Q 腔方向移，并封闭 O_2 口，使三位五通换向阀 P 口和 A 口连通，气源的压缩空气由 P 口通过 A 口输出，进入到减速器工作气缸的前腔，同时 B 口和 O_1 口连通，工作气缸的后腔的压缩空气通过 B 口进入 O_1 口和大气相通泄压。前腔为气源压力，使工作气缸活塞缩回，完成工作气缸的缓解过程。

电磁阀断电后，阀芯两侧又同时进入压缩空气，形成新的平衡，阀芯又处于中间位置，使 A、B 工作口又分别与 O_1、O_2 排气口连通泄压，减速器工作气缸压缩气体排向大气。

2. 风源净化过滤器

为有效提高换向阀和气缸等主要气动元件的使用寿命，彻底解决因气源杂质多，气动元件在工作时发生卡阻问题，采用旋风式、具有多级过滤的新型过滤器 JMGL-50 型(如图 6-41 所示)，代替过去净化效果较差的传统单级铜网过滤装置(如图 6-42 所示)。过滤效果可小于 10 μm，进一步提高了减速器的运用可靠性和安全性。

(1)结构

过滤器主要由旋风片风道、挡板、过滤铜网、隔板、4 级过滤布等组成，如图 6-41 所示。

(2)工作原理

当压缩空气经进风口分两路进入过滤器的下腔迅速形成高速旋转对流碰撞，再经过旋风片的旋风道碰撞，这时压缩空气的大部分杂质和水分受高速旋转离心力和对流碰撞的作用就分离出来，沿筒形壁在重力作用下落入过滤器的底部，经排污口排出(排污口的排污可使用自动方式或定期手动排污)。挡板的作用是阻挡分离出的杂质等被压缩空气带起。经旋转碰撞净化后的气体再经过过滤铜网进行粗过滤，气体杂质颗粒已小于 50 μm，气体在进入过滤器上部经过含有四级过滤布的精过滤装置的过滤，经出风口输出供减速器设备使用，此时空气中杂质已经小于 10 μm，这样压缩空气完全可以满足气动元件换向阀和气缸的工作要求，避免由于气源净化不好造成的气动元件卡阻故障，使其可靠工作，并延长使用寿命。

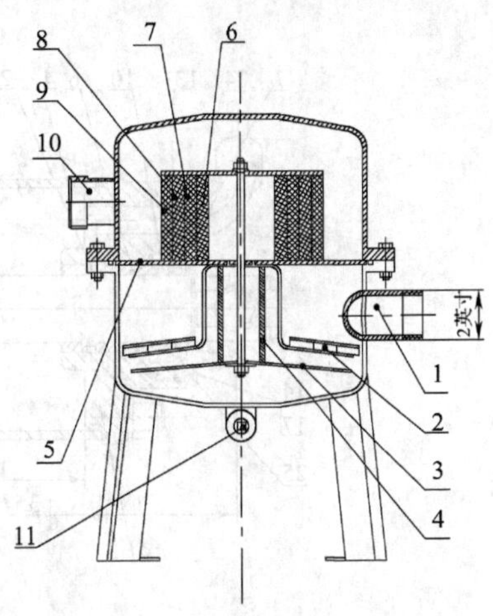

图 6-41　JMGL-50 型过滤器结构

1—进风口；2—旋风片上旋风道；3—挡板；4—过滤铜网；5—隔板；6—一级过滤布；7—二级过滤布；8—三级过滤布；9—四级过滤布；10—出风口；11—排污口

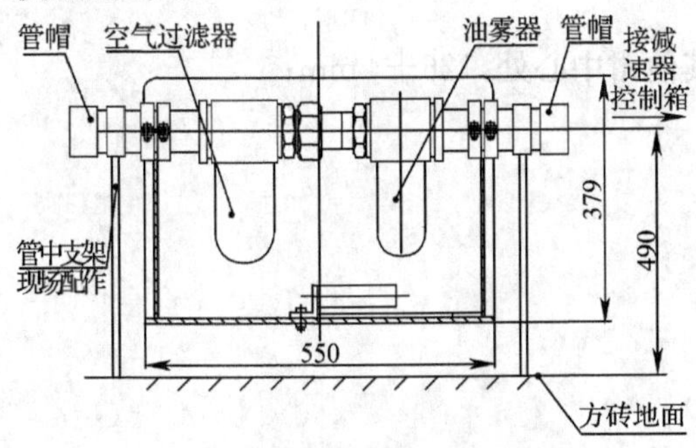

图 6-42　原采用的过滤及油雾装置

3. 工作气缸

T·JK1-D 型减速器气缸为单活塞双作用气缸。气缸主要由活塞组、前后端盖、缸体、密封防尘件、轴套、活塞支撑环等组成，如图 6-43 所示。

为了适应气缸在浮动摇摆状态下工作的情况，T·JK1-D 型减速器改进了气缸导向结构，活塞处增加了丁字形青铜支承环，增加导向长度，提高了缸体相对运动的稳定性和耐磨耗；气缸前后端盖增加缓冲气室，减少减速器的制动缓解对机械部件的冲击；轴套采用铸锡青铜，缸体、活塞杆等零部件采用了热处理与镀铬工艺，提高了光滑度等级和耐磨与抗腐蚀性，延长密封圈使用寿命，减少日常维修；前端盖活塞杆处的 OY 形密封圈和 J 形防尘圈设计为组合圈，安装拆卸方便。

气缸活塞直径×行程：ϕ180 mm×124 mm。

(三)T·JK1-D 型车辆减速器的主要技术参数

1. 最大入口速度：7 m/s(25.2 km/h)。

2. 单位制动能高：0.12 m/m。

3. 电磁阀额定工作电压：DC 24 V(范围 DC20～28 V)或 AC220 V(范围 AC187～250 V)。

4. 压缩空气最大使用压力：0.8 MPa。

5. 动作时间(额定压力下)：全制动时间，≤0.5 s；全缓解时间，≤0.7 s；缓解时

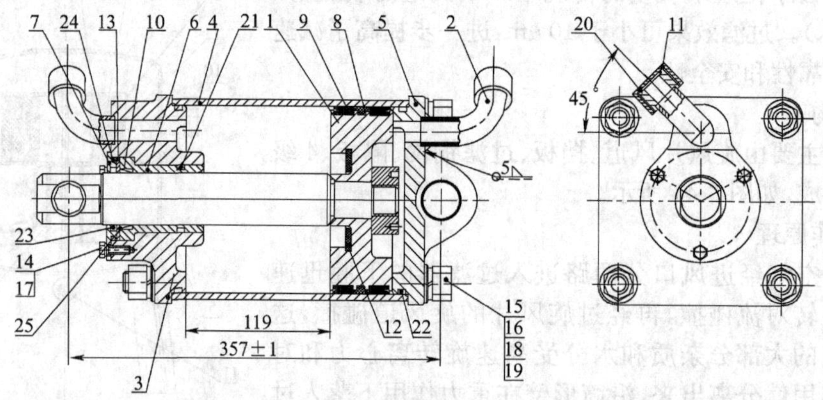

图 6-43　气缸组成

1—活塞组成；2—气缸接头；3—气缸前端盖；4—气缸体；5—气缸后端盖；6—轴套；7—压盖；8—支撑环；9—YX 形密封圈 D180；10—YX 形密封圈 D50；11—螺堵；12—缓冲垫；13—压环；14—螺栓 M8×25；15—螺栓 M20×290；16—螺母 M20；17—垫圈 M8；18、19—垫圈 M20；20、21、22、23、24、25—O 形密封圈

间，≤0.4 s。

6. 轨道绝缘电阻：在恶劣气候条件下(雨淋)不小于 50 Ω。

7. 节距：1.2 m。

8. 两内侧制动轨轨顶间最小距离：$1\,351^{+3}_{-6}$ mm。

9. 制动轨开口

制动位：入口第一钳中心处，129 mm＋5 mm；其他钳中心处，126＋4 mm；

缓解位：≥165 mm。

10. 制动轨上侧面至基本轨顶面距离

制动位：内侧，74^{+6}_{-4} mm；外侧，70^{+6}_{-4} mm；

缓解位：内侧，≤81 mm；外侧，≤78 mm。

11. 制动轨高度限界尺寸

制动位：内侧轨，93 mm；外侧轨，87 mm；

缓解位：内侧轨，80 mm；外侧轨，76 mm。

(四)T·JK1-D 型车辆减速器的控制与表示装置

重力式减速器控制与表示装置电路，主要由控制气动或液动换向阀的电磁阀和检查减速器位置状态的表示接点装置组成。室内控制电路通过对电磁阀进行控制，实现了对减速器动作的控制。

1. 控制装置电路

减速器控制装置电路如图 6-44 所示，由制动电磁阀 ZT 和缓解电磁阀 HT 控制换向阀的换向。电磁阀引入线直接与两电磁阀接线端子连接，回路线(负极)均通过控制开关。根据电磁阀的控制电源的不同，电磁阀分为两种：一种电源为单相交流 AC220 V(JZ220、JF220)电磁阀，另一种电源为直流 DC24 V(KZ24、KF24)电磁阀。

每组减速器设有一个阀箱，一个阀箱内设有制动电磁阀 ZT 和缓解电磁阀 HT，控制三位五通换向阀的换向工作。

2. 表示装置电路

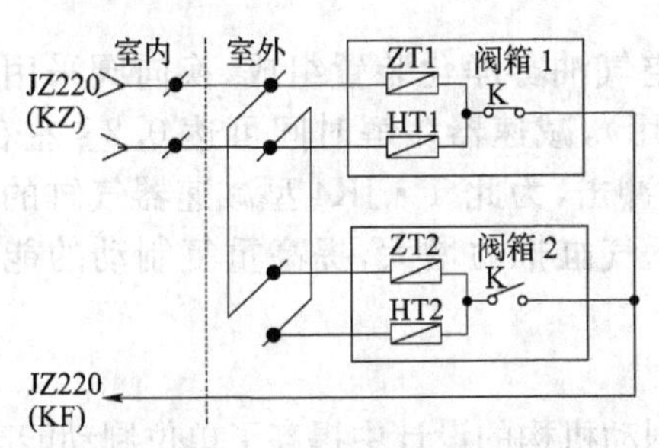

图 6-44 控制装置电路

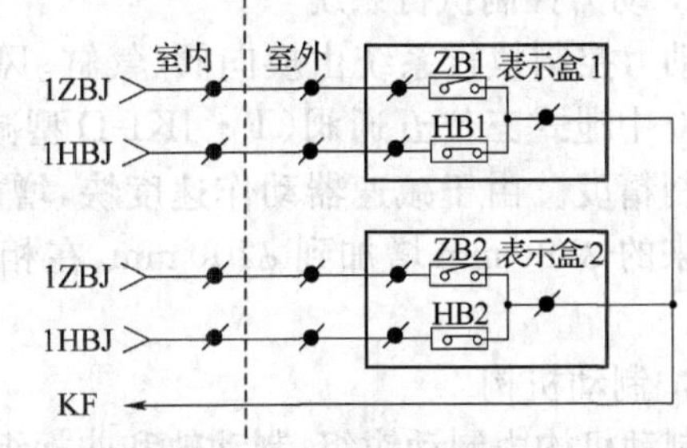

图 6-45 表示装置电路

表示装置电路如图 6-45 所示。该装置是用来反映减速器制动或缓解状态的表示器件，通过感应开关(磁敏元件)将减速器的制动或缓解的位移信号转变成电的开关信号。一般采用直流 24 V 作为电的开关信号，控制室内的表示继电器。

每组减速器设有一个表示盒，盒内设有制动表示 ZB 和缓解表示 HB 感应开关。

控制电路和表示电路的负极应分开，必要时控制电源和表示电源分设，以免相互影响。

七、T·JK4 型车辆减速器

T·JK4 型减速器是以压缩空气为动力源的浮轨重力式减速器，适用于间隔制动位，是在目的重力式减速器的基础上研制的。它主要针对提高间隔位重力式减速器的抗冲击能力、零部件耐磨耗、延长大修周期而设计的。其结构及工作原理与 T·JK1-D 型减速器基本相同。

(一)T·JK4 型车辆减速器的主要特点

1. 控制换向阀采用大流量中泄式三位五通换向阀。该阀具有以下特点：

(1)从控制箱到气缸之间的风管路无需装快排阀，就可使减速器的动作时间符合要求，减少了故障点。

(2)在断电情况下，手动操作，可方便检查制动位的机械尺寸。

(3)缓解时，换向阀排气量大，气缸、曲拐同步性好，缓解快。

2. 适当增大杠杆比，使重复制动力增大 20%以上，对车辆进行非重力情况下的制动更加合理可靠，增大了重复制动力。

3. 加强了制动钳和底座等主要部件的机械强度，疲劳试验寿命可达 300 万次，能满足对入口速度为 25 km/h 的 25 t 轴重的车辆进行有效控制。

4. 主轴轴肩增加注油孔，方便现场人员给主轴注油润滑，从而改善了主轴的润滑状况，降低了主轴和轴套的磨耗量，延长减速器的大修期。

5. 主轴轴套采用硬质铜套，并可在主轴及镶嵌在制动钳孔的钢套之间转动，从而有效防止因轴套局部变形和磨耗快而降低制动效果。

6. 所有的轴都采用了防转设计，避免了轴座孔磨损。

7. 气缸的前后端盖增加缓冲气室，减速器的制动缓解机械部件无冲击现象；活塞支撑环设计为丁字形，增长导向长度；前端盖活塞杆处的 QY 形密封圈和 J 形防尘圈设计为组合圈，使安装拆卸方便。

8. 机械结构强度加强，单位重量大，吸收能量可靠性高。

(二)T·JK4 型车辆减速器的主要部件

1. 动力控制执行系统

动力控制执行系统由换向阀、气缸、风管路和空气油雾净化装置组成,换向阀采用大通径 ϕ50 中泄式三位五通阀(T·JK1-D 型减速器使用),减速器缓解时间可达 0.2 s 左右,提高控制精度。由于减速器动作速度快,增加了机械冲击,为此 T·JK4 型减速器气缸的缸径由原来的 ϕ180 mm 增加到 ϕ200 mm,在相同条件下气缸推力增大,提高重复制动的能力和效果。

2. 制动机构

制动机构由制动钳组、制动轨和曲拐组成。在制动机构的设计中提高了单位制动能高,由 0.12 m/m 提高到 0.13 m/m,提高了制动钳的疲劳寿命和耐磨损性。

减速器制动钳常规的设计方法是:制动钳镶嵌铜套如图 6-46(a)所示,制动钳绕主轴沿小于 180°的非圆周进行转动。由于铜套相对主轴的耐磨性较差,轴套易局部磨损,主轴在底座中转动,造成底座轴孔的磨损。另外,以往的制动钳组在钢轨底座设有一支撑块,当主轴处磨损形成一定间隙,需更换轴套和支撑块,更换时须拆卸制动钳,费时费力不易更换,直接影响减速器的使用性能和寿命。

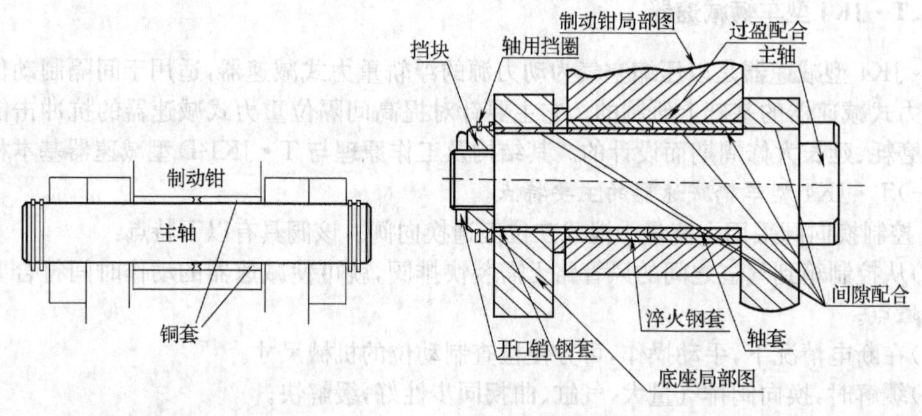

(a)制动钳常规设计结构　　(b)T·JK4 型减速器制动钳

图 6-46　主轴结构示意图

T·JK4 型减速器制动钳的设计,重点解决以上问题,如图 6-46(b)所示。主轴轴套采用钢套和硬质铜套的双套设计,即制动钳镶嵌淬火钢套,主轴上装有可以转动的硬质铜套,使主轴相对底座不能转动,而硬质铜套在主轴及镶嵌在制动钳孔的钢套之间转动,以轴套的内外缘均匀磨损代替制动钳镶嵌套的局部磨损和底座孔的磨损,从而有效防止因轴套及轴座孔局部磨耗变形影响制动效果的问题。日常维护注油时,可通过主轴轴肩的油杯给主轴和轴套注油,并在中修时可通过拆卸主轴组成来更换轴套,保证主轴处的间隙,保证维修方便,占道封锁时间短。

T·JK4 型减速器的用钢量多于同类减速器,并且加强了制动钳和底座等主要部件的机械强度,疲劳试验寿命可达 300 万次(负载按车辆轴重为 25 t),满足铁路高速重载的发展要求。

3. 动力传动机构

动力传动机构为平行四边形机构,减速器制动和缓解,是靠气缸活塞杆伸出和缩回驱动四杆机构来实现的。在设计中严格遵循计算,合理布置各个力的作用点,以达到气缸作用力的最佳传动效果。T·JK4 型减速器的传动力机构制动缓解的限位是以气缸为主、以曲拐为辅的双重限位结构，使机构的动作可靠、准确；推杆采用了整体结构，从而避免了曲拐冲击推杆造成推杆断裂。

4. 其他部件

由于冲击力不可能完全克服，所有受力部件在一定程度上进行了加强，主轴轴套和滚轮轴套采用了硬质耐磨铜套，所有轴都进行了一定程度的加大耐磨面积，并采取一定防转措施。

(三)T·JK4 型车辆减速器的主要技术参数

1. 最大入口速度：7 m/s(25.2 km/h)。

2. 单位制动能高：0.13 m/m。

3. 电磁阀额定工作电压：DC24 V(工作电压范围 DC18～30 V)或 AC220 V(工作电压范围 AC187～250 V)。

4. 电磁阀的额定功率：≤5 W。

5. 压缩空气额定压力：0.8 MPa。

6. 动作时间(额定压力下)：全制动时间≤0.5 s；全缓解时间≤0.7 s；缓解时间≤0.4 s。

7. 轨道绝缘电阻：在恶劣气候条件下(雨淋)不小于 50 Ω。

8. 使用寿命：3×10^6 次。

第三节　液压重力式车辆减速器

一、T·JY1 型车辆减速器

(一)T·JY1 型车辆减速器的工作原理

T·JY1 型减速器的工作原理如图 6-47 所示。

图 6-47(a)是减速器的缓解位置，两制动轨之间的距离 B_2 大于车轮的厚度。这时，车辆通过减速器时不起制动作用。

当压力油自入口 A_1 进入油缸时，油缸活塞将抽板拉到制动位置，如图 6-47(b)所示，使外制动钳尾部的滚轮沿着抽板的斜面上升，外制动钳绕轴 O 转动，制动轨之间的距离缩小到 B_1，小于车轮厚度，这时，减速器处于制动位置，准备对进入减速器的车辆进行制动。

当车轮进入制动状态下的减速器后，车轮将制动轨的开口 B_1 挤到车轮的厚度 B。这时，外制动钳以外钳滚轮为支点，内制动钳以内钳滚轮为支点向上抬升，内、外制动钳的连接轴 O 也同时上升，迫使基本轨浮起，如图 6-47(c)所示。压在浮动基本轨上车轮的重力经内、外制动钳的杠杆传递，使制动轨对车轮 R 产生侧压力，从而对车轮进行制动，使车辆减速。

当压力油进入反向入口 A_2 时，迫使油缸活塞将抽板推回到缓解位置，从而解除减速器对车辆的制动，如图 6-47(a)所示。

(二)T·JY1 型车辆减速器的结构及主要部件

T·JY1 型减速器的俯视图如图 6-48 所示。

T·JY1 型减速器的断面结构如图 6-49 所示。

T·JY1 型减速器安装在整体道床上。整体道床分为三块，中间的一块为主体道床，减速

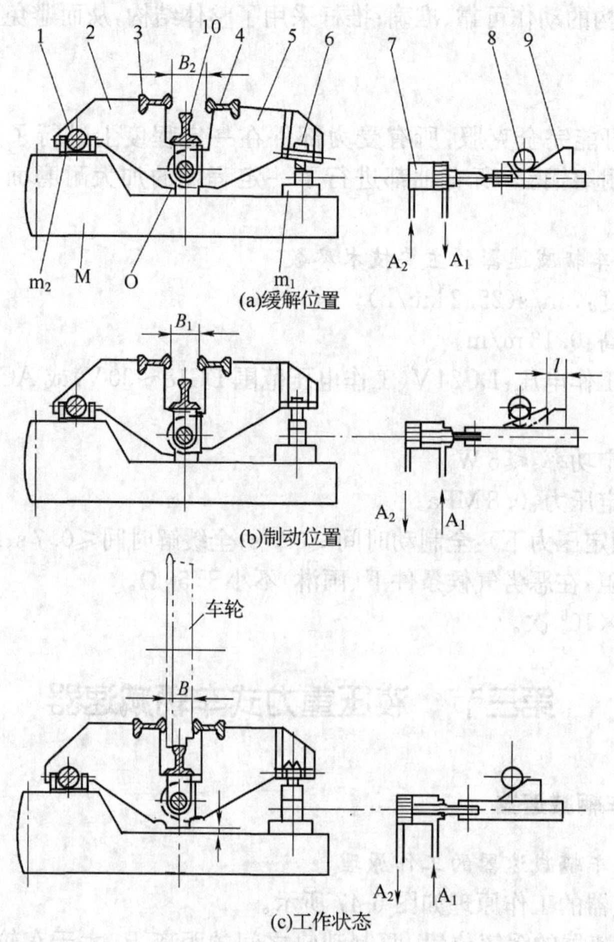

图 6-47　T·JY1 型减速器的工作原理图

1—内钳滚轮；2—内制动轨；3、4—制动夹板；5—外制动钳；6、8—外钳滚轮；7—油缸；9—抽板；10—浮动基本轨

器的制动钳、机座等都安装在主体道床上。减速器两端各有一块过渡道床，头部过渡道床长 2.36 m，尾部过渡道床长 2.5 m，宽均为 2.3 m。过渡道床主要作为减速器浮动基本轨起浮时的过渡部分。

T·JY1 型减速器主要由内制动钳、外制动钳、制动轴、制动轨、补强轨、抽板、工作油缸、复位油缸、基本轨、钢轨支架和整体道床等部件组成。

1. 制动轨和补强轨

制动轨是直接对车轮产生侧压力的长梁，是利用 43 kg/m 钢轨改制而成，如图 6-50 所示。制动轨的长度随着减速器节数不同而变化。制动轨两端 350 mm 处向外弯曲，使减速器出入口处形成喇叭口，以利于车轮进入，减少车轮进入减速器时的撞击。为了增强制动轨的强度，使制动轨在各部磨耗均匀，每根制动轨均装一根补强轨。补强轨与制动轨相同，只是两端不弯曲。

2. 制动钳

制动钳是由外制动钳和内制动钳通过中间制动轴的铰接，组成一对钳子，制动轴装在基本轨的下部，并由一个钢轨支架托住基本轨的底面。

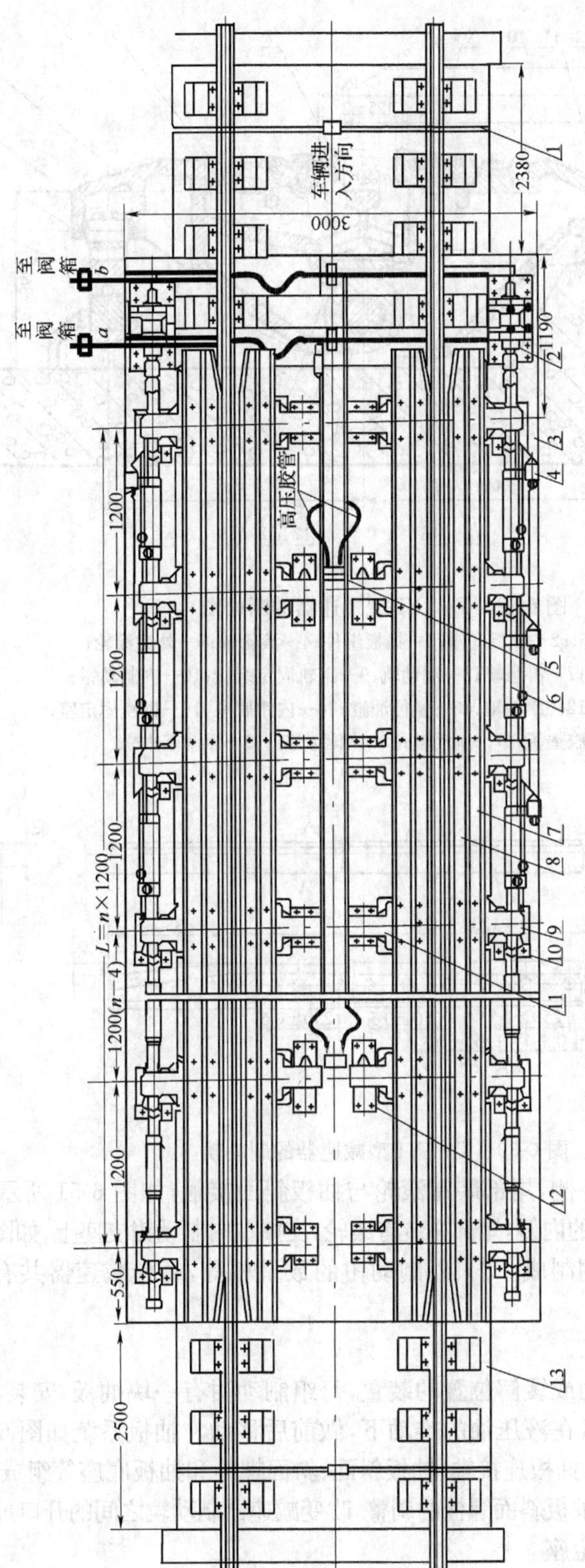

图 6-48　T·JY1 型减速器的俯视图

1—头部过渡道床；2—工作油缸；3—主体道床；4—表示接点盒；5—复位油缸；6—抽板组件；7—补强轨；8—制动轨；9—外制动钳；10—抽板底座；11—内制动钳；12—内钳底座；13—尾部过渡道床。

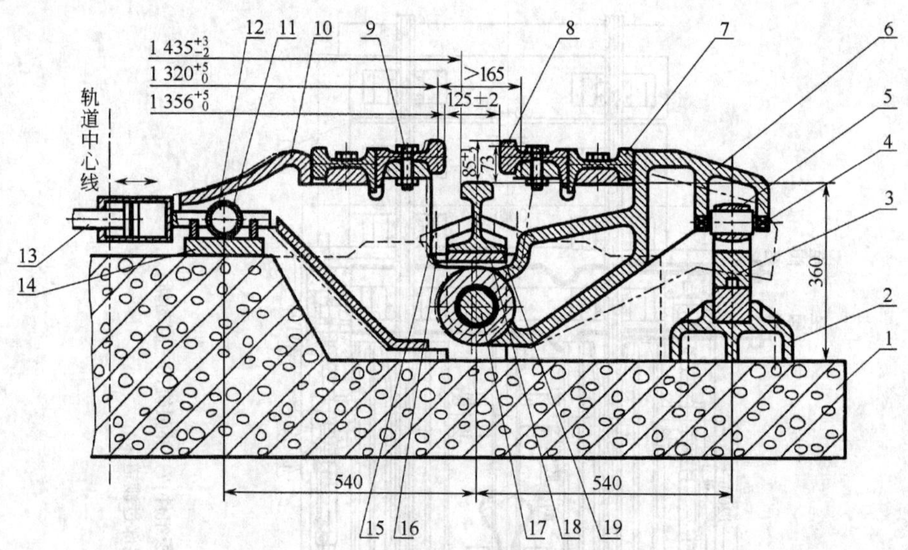

图 6-49　T·JY1 型减速器的断面图

1—整体道床；2—抽板底座；3—抽板组件；4—滚轮轴；5—外钳滚轮；6—外制动钳；7—补强轨；8—制动轨；9—钢轨固定螺栓；10—内制动钳；11—内钳滚轮；12—滚轮轴；13—复位油缸；14—内钳底座；15—钢轨固定座；16—橡胶垫板；17—制动轴；18—钢轨支架；19—浮动基本轨

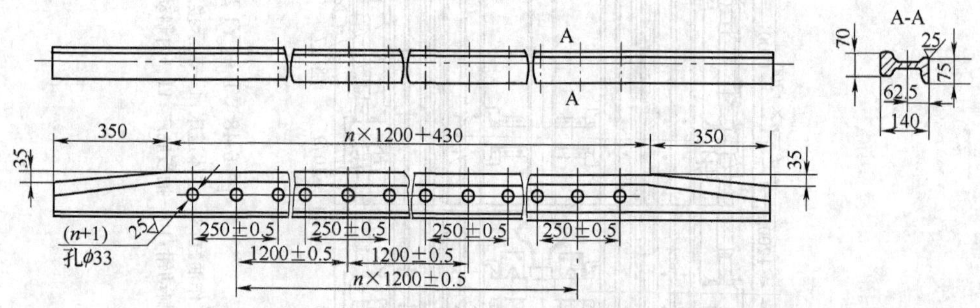

图 6-50　T·JY1 型减速器的制动轨

外制动钳装在基本轨的外侧，尾部装有滚轮与抽板斜面接触，如图 6-51 所示。

内制动钳装在浮动基本轨的内侧，尾部亦装有滚轮，支撑在内制动钳支座上，如图6-52所示。

内、外制动钳由 25 号铸钢制成。内、外制动钳的数量相等，每台减速器共有 $4(n+1)$个，其中 n 为减速器的节数。

3. 抽板

抽板是使减速器处于制动或缓解位置的装置，每组制动钳有一块抽板，安装在减速器的两外侧，头部与工作油缸相连接，在液压油的推动下，做前后移动。抽板系统如图 6-53 所示。

抽板系统是由抽板连接板、抽板连接轴、抽板斜面、斜面螺栓和抽板底座等组成。抽板系统可通过和工作油缸的连接螺母及抽板斜面螺栓的调整，改变减速器制动轨之间的开口尺寸的大小。

4. 浮动基本轨及钢轨固定座

减速器的两根浮动轨采用 43 kg/m、长25 m的钢轨，用特殊的钢轨固定座安装在整体道床

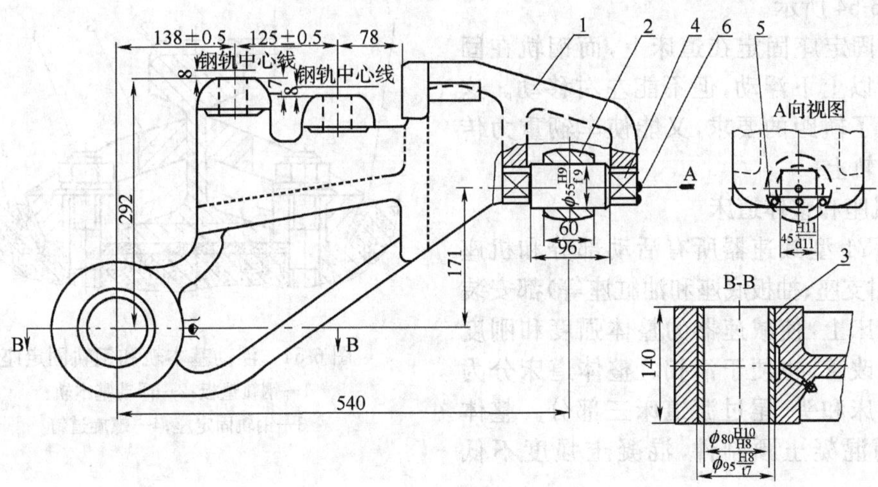

图 6-51　外制动钳组件

1—外制动钳；2—滚轮；3—轴套；4—滚轮轴；5—固定板；6—油杯

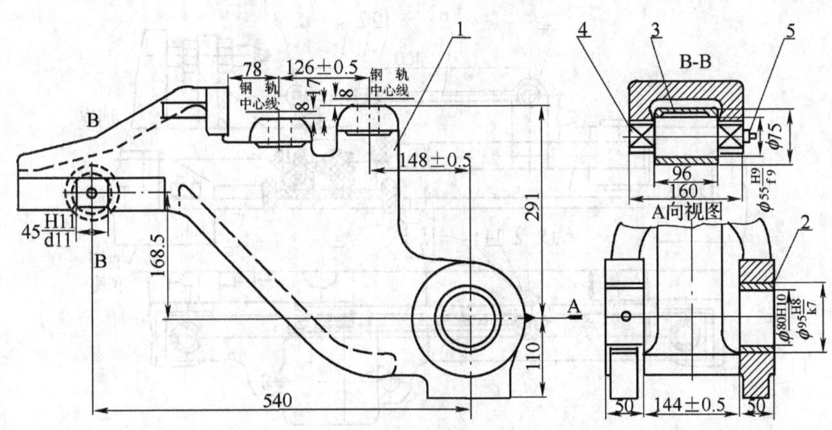

图 6-52　内制动钳组件

1—内制动钳；2—轴套；3—滚轮；4—滚轮轴；5—油杯

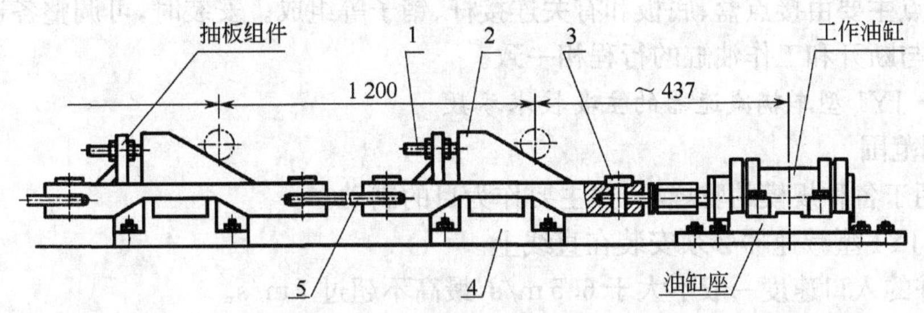

图 6-53　T·JY1 型减速器的抽板系统

1—斜面调整螺栓；2—抽板斜面；3—抽板连接轴；4—抽板底座；5—抽板连接板

上,如图 6-54 所示。

钢轨固定座固定在道床上,而钢轨在固定座内可以上下浮动,但不能左右移动。这样既保证了轨距的要求,又能使车辆重力传递到制动轨上。

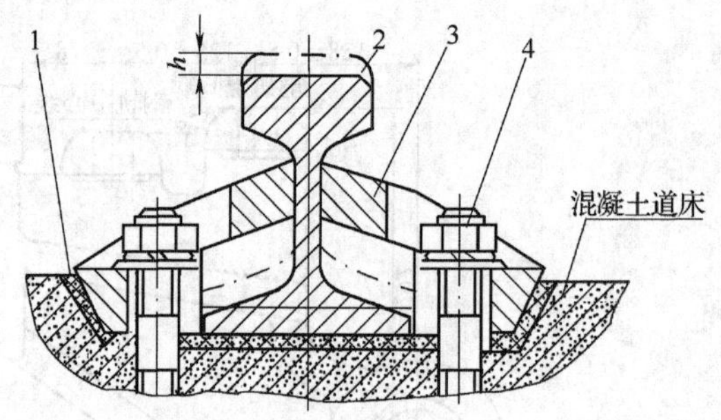

图 6-54　浮动基本轨和钢轨固定座

1—钢轨垫板;2—浮动基本轨;3—钢轨固定座;4—螺旋道钉

5. 机座和整体道床

T·JY1 型减速器所有活动部分和机座(内制动钳支座、抽板底座和油缸座等)都安装在整体道床上,使减速器的整体强度和刚度都有显著改善,也便于清扫。整体道床分为中间主道床和头、尾过渡道床三部分。整体道床采用混凝土预制件,混凝土强度不低于C35 级。

6. 制动、缓解位置表示接点盒

减速器制动、缓解表示接点盒每台减速器 2 套,对称安装在减速器头部两个抽板底座上,再和抽板连接板连接,如图 6-55 所示。

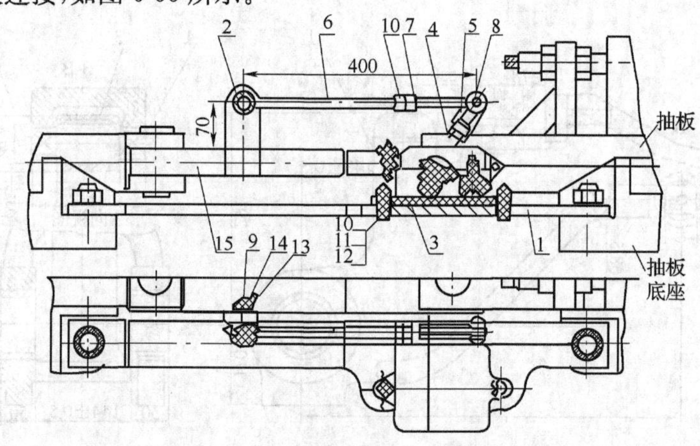

图 6-55　T·JY1 型减速器制动、缓解表示接点盒

1—底板;2—销座;3—接点盒;4—拐肘;5、6、7—连接杆;8、9—销子;10—螺母 AM12;11—螺栓 M12×40;12—弹簧垫圈;13—垫圈;14—开口销;15—抽板连接板

表示接点主要由接点盒、底板和有关连接杆、销子等组成。安装时,可调整各连接杆,使其接点的接通与断开和工作油缸的行程相一致。

(三)T·JY1 型车辆减速器的主要技术参数

1. 适用范围

(1)适用于各种规模的驼峰场,并主要作为目的制动。

(2)T·JY1 型减速器必须安装在直线上。

(3)允许的入口速度一般不大于 6.5 m/s,最高不超过 7 m/s。

(4)适用于标准轨距 $1\,435^{+3}_{-2}$ mm,钢轨类型 43 kg/m 的驼峰场。

2. T·JY1 型减速器的上部限界

T·JY1 型减速器的上部限界如图 6-56 所示。

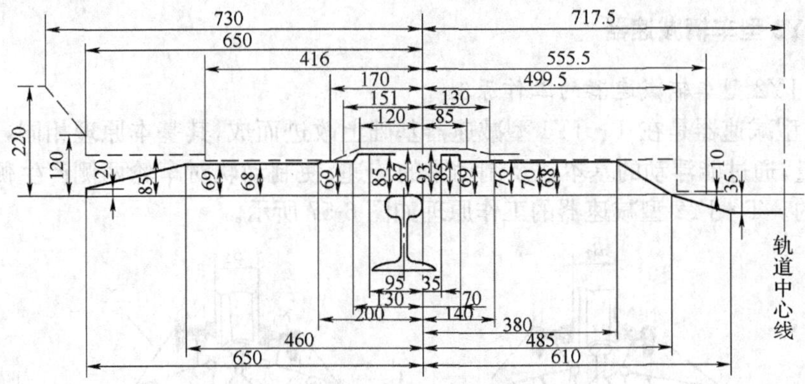

图 6-56 T·JY1 型减速器的上部限界

3. T·JY1 型减速器的技术参数

(1)不同节数减速器的结构长度、有效制动长度、整体道床尺寸如表 6-9 所示。

表 6-9 T·JY1 型减速器结构长度及道床尺寸

节数	结构总长度(m)	制动轨长度(m)	有效制动长度(m)	整体道床(m)		
				主道床(长×宽)	头部过渡道床	尾部过渡道床
4	11.40	5.93	5.10	6.54×3.0	2.36×2.30	2.50×2.30
5	12.60	7.13	6.30	7.74×3.0		
6	13.80	8.33	7.50	8.94×3.0		
7	15.00	9.53	8.70	10.14×3.0		
5+5	20.34	7.13+7.13	6.30+6.30	(7.74+7.74)×3.0		
6+6	22.74	8.33+8.33	7.50+7.50	(8.94+8.94)×3.0		

注:减速器每组制动钳的中心距(简称节)l=1.2 m。

(2)减速器单位长度制动能高 h=0.093 m/m。不同节数减速器的制动能高如表 6-10 所示。

表 6-10 不同节数减速器的制动能高

减速器节数	有效制动长度(m)	制动能高(m)	减速器节数	有效制动长度(m)	制动能高(m)
3	3.9	0.36	7	8.7	0.81
4	5.1	0.47	5+5	6.3+6.3	0.59+0.59=1.18
5	6.3	0.59	6+6	7.5+7.5	0.70+0.70=1.40
6	7.5	0.70			

注:实测中 90%以上的制动能高不应小于表中的数值。

(3)减速器的动作时间:全制动时间不大于 0.9 s;全缓解时间不大于 0.8 s;缓解时间为 0.3 s±0.10 s。

(4)减速器机械杠杆比为 1.8。

(5)液压系统的最大使用压力 7 MPa。

二、T·JY2 型车辆减速器

(一)T·JY2 型车辆减速器的工作原理

T·JY2 型减速器是在 T·JY1 型减速器基础上改进而成，其基本原理相同，是利用被制动车辆的重量，通过能浮动的基本轨及制动钳的传递，使制动轨对车轮两侧产生侧压力，对车辆进行制动的。T·JY2 型减速器的工作原理如图 6-57 所示。

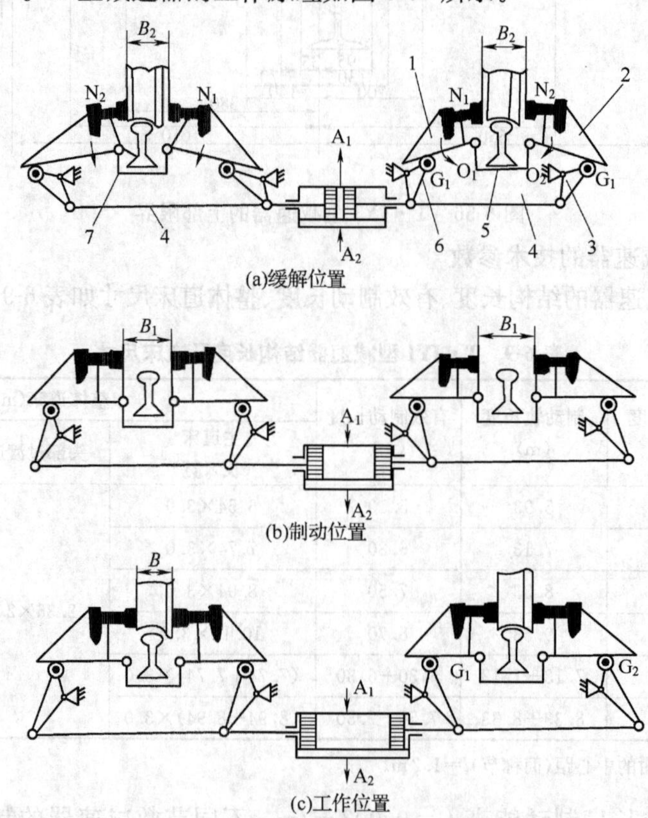

图 6-57　T·JY2 型减速器工作原理图

1—内钳臂；2—外钳臂；3—外曲拐；4—连杆；5—浮动基本轨；6—内曲拐；7—钢轨承座

减速器在缓解位置时，如图 6-57(a)所示，油缸由 A_2 侧充油，活塞杆缩回，内、外曲拐在落下位置，内、外制动钳也处于落下位置，两制动轨 N_1 和 N_2 之间的距离 B_2 大于车轮的厚度，车辆通过减速器时不起制动作用。

当压力油自油缸 A_1 侧进入油缸时，活塞杆被推出，通过两个连杆带动油缸两侧的 4 个内外曲拐抬起，同时带动制动钳绕 O_1 和 O_2 向上转动，使制动轨 N_1 和 N_2 之间的距离缩小到 B_1，小于车轮厚度，如图 6-57(b)所示。这时减速器处于制动位置，准备对进入减速器的车辆进行制动。

当车辆进入制动状态的减速器后，如图 6-57(c)所示，车轮将制动轨 N_1 和 N_2 之间的开口由 B_1 挤开到车轮的厚度 B。由于 G_1、G_2 两支点高度不变，则制动钳和钢轨承座的连轴 O_1 和 O_2 必然要上升，迫使浮动基本轨浮起。压在浮动基本轨上车轮的重力经过内、外制动钳的杠杆传递，使制动轨 N_1 和 N_2 对车轮产生侧压力，从而对车辆进行制动，使车辆减速。

当压力油进入油缸 A_2 侧时，活塞杆缩回，内、外曲拐落下，车轮两侧同时失去侧压力，从而解除减速器对车辆的制动。

(二)T·JY2 型车辆减速器的结构

T·JY2 型减速器的俯视图如图 6-58 所示。

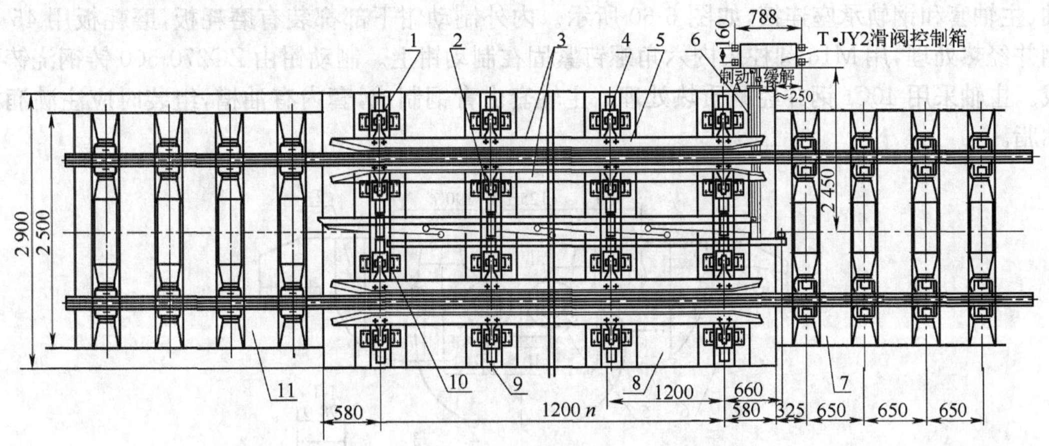

图 6-58　T·JY2 型减速器的俯视图

1—外制动钳；2—内制动钳；3—制动轨；4—外曲拐；5—内曲拐；6—臂板转极器；7—头部过渡道床；8—主道床；9—止挡；10—工作油缸；11—尾部过渡道床

T·JY2 型减速器的断面图如图 6-59 所示。

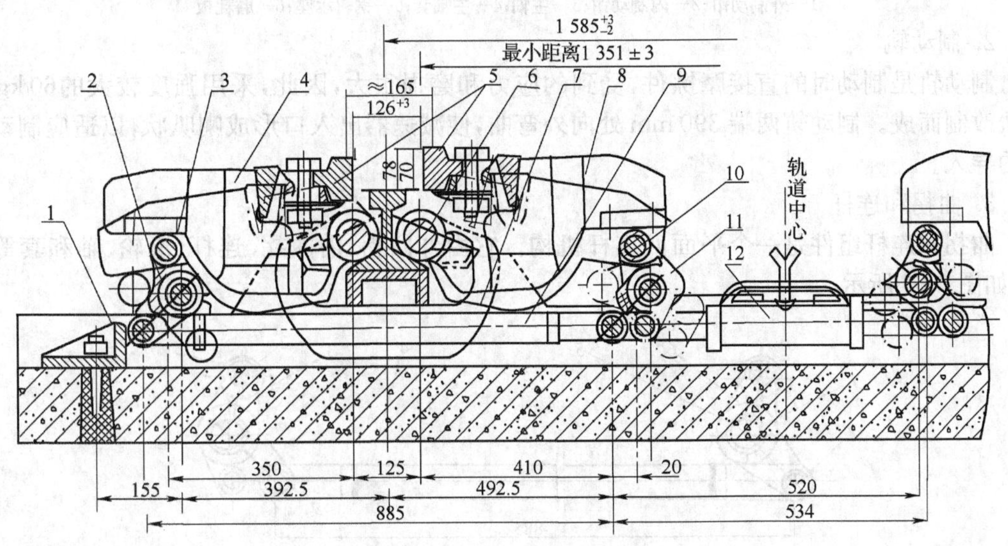

图 6-59　T·JY2 型减速器的断面图

1—止挡；2—外曲拐；3—磨耗板；4—外制动钳；5—制动轨；6—主轴；7—钢轨承座；8—内制动钳；9—连杆；10—滚轮；11—内曲拐；12—工作油缸

减速器的制动部分由内、外制动钳，制动轨，钢轨承座，主轴等组成。减速器的传动部分由内、外曲拐，拉杆和工作油缸等组成。制动钳通过主轴和钢轨承座铰接，工作油缸通过连杆和曲拐带动制动钳，使钳口处于制动或缓解位置。

T·JY2 型减速器主要由内、外制动钳，钢轨承座，制动轨，内、外曲拐和连杆，特制轨枕板，支座和各类轴销等部分组成。

1. 制动钳和钢轨承座

制动钳和钢轨承座是 T·JY2 型减速器的主要部件。它是由外制动钳和内制动钳通过主轴、主轴套和钢轨承座连接，如图 6-60 所示。内外制动钳下部都装有磨耗板，磨耗板用 45 号钢并经热处理，用 M16 圆柱头内六角螺钉紧固在制动钳上。制动钳由 ZG270-500 铸钢浇铸而成。主轴采用 40Cr 钢并经调质热处理。主轴套由青铜制成，套内有油槽，组装时应注满润滑油脂。

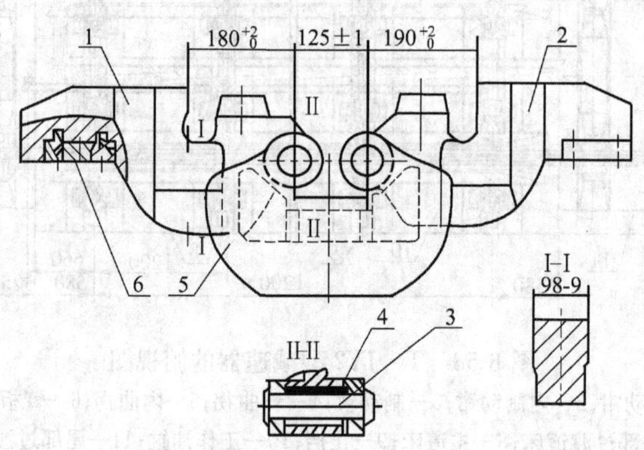

图 6-60 制动钳和钢轨承座

1—外制动钳；2—内制动钳；3—主轴；4—主轴套；5—钢轨承座；6—磨耗板

2. 制动轨

制动轨是制动时的直接摩擦件，受到的应力和磨损很大，因此，采用强度较大的60 kg/m 钢轨改制而成。制动轨两端 390 mm 处向外弯曲，使减速器出入口形成喇叭状，以适应制动车轮的导入。

3. 曲拐和连杆

曲拐和连杆组件是一个平面四连杆机构。它由外曲拐、内曲拐、连杆、滚轮、轴和套等组成，如图 6-61 所示。

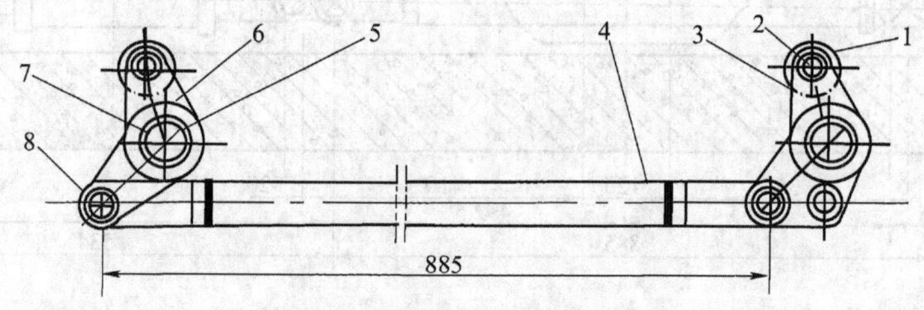

图 6-61 曲拐和连杆

1—滚轮；2—小轴；3—内曲拐；4—连杆；5—支承；6—外曲拐；7—支承轴套；8—套

内、外曲拐由 ZG 270-500 铸钢制成。连杆由两端封头与钢管焊接而成。套由尼龙 1010 或尼龙 6 制成，套内有沟槽，组装时应涂满润滑油脂。

4. 支座和特制轨枕板

T·JY2 型减速器的所有部件都通过支座(包括钢轨固定座、头部支座、支座和管架支座)

安装在特制轨枕板上。因而轨枕板既是减速器的主要部件，也是线路的基础。T·JY2 型减速器特制轨枕板如图 6-62 所示。

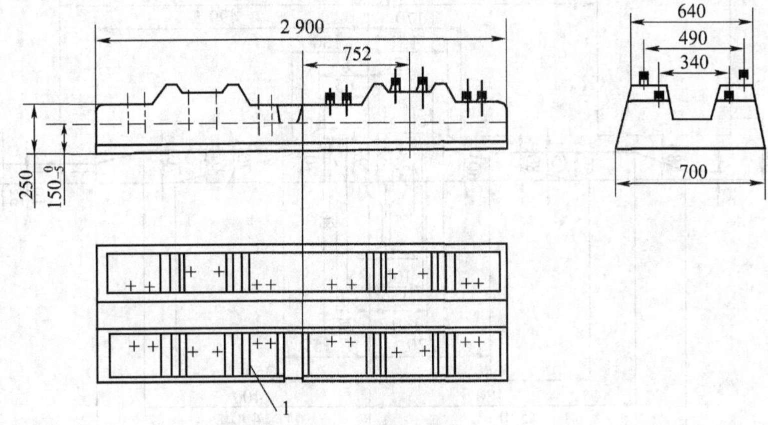

图 6-62　T·JY2 型减速器特制轨枕板

1—清扫槽

轨枕板下部利用工字钢或旧钢轨浇灌成主道床。头、尾过渡道床由标准混凝土轨枕利用工字钢或旧钢轨浇灌而成。

5. 制动、缓解位置表示接点盒

T·JY2 型减速器制动、缓解位置表示接点盒由 X2680 型臂板信号转极器改造而成。每台减速器安装一套，装在减速器头部（尾部）的轨枕板上。转极器通过连轴与头部（尾部）曲拐的滚轮轴相连接。曲拐上升或落下时转极器即接通相应的接点表示制动或缓解。

改造后的臂板转极器如图 6-63 所示。

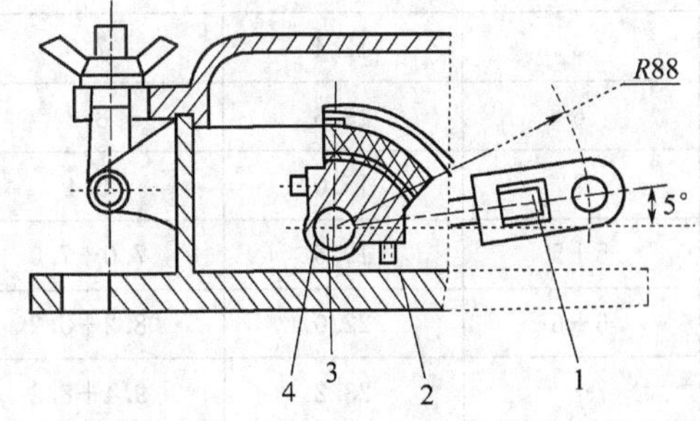

图 6-63　改造后的臂板转极器

1—螺栓；2—止挡螺钉；3—连轴；4—转块

为了使与转极器相连的曲拐在缓解时位置固定不变，用头部止挡来限制缓解时曲拐的位置。

（三）T·JY2 型车辆减速器的主要技术参数

1. 适用范围

（1）T·JY2 型减速器适用于各种规模驼峰编组站，并主要作为目的制动。

（2）T·JY2 型减速器必须安装在直线上。

（3）允许入口速度一般不大于 6.5 m/s，最大不超过 7 m/s。

（4）适用于标准轨距 $1\,435^{+3}_{-2}$ mm、钢轨类型 43 kg/m 的驼峰场。

2. 上部限界尺寸

T·JY2 型减速器的上部限界尺寸如图 6-64 所示。

3. 主要技术特性

（1）减速器的长度及道床尺寸如表 6-11 所示。

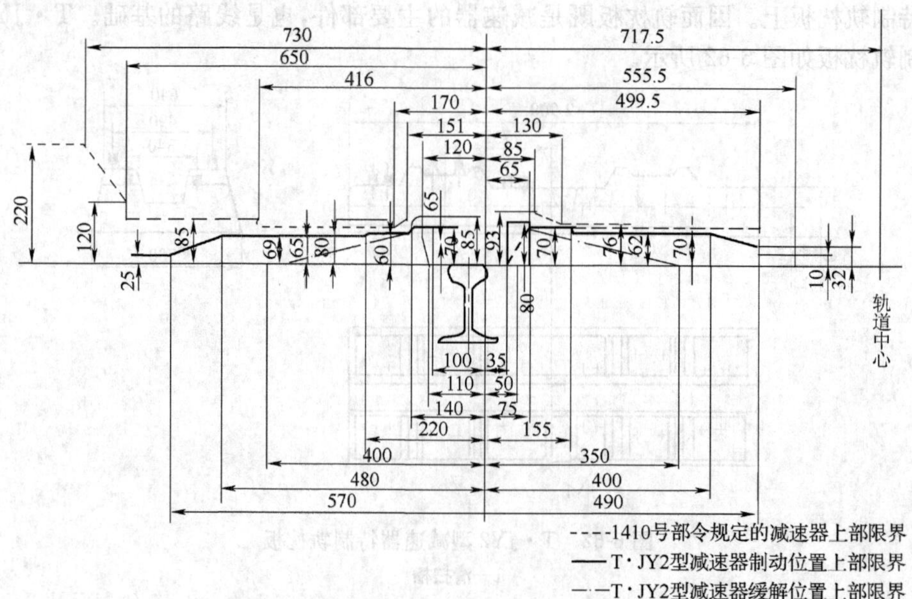

图 6-64　T·JY2 型减速器的上部限界

表 6-11　T·JY2 型减速器长度及道床尺寸

节数	总长度(m)	制动轨长度(m)	有效制动长度(m)	主道床长度(m)	过渡道床长度(m)
4	11.2	5.8	4.8	5.96	2.3+2.3
5	12.4	7.0	6.0	7.16	2.3+2.3
6	13.6	8.2	7.2	8.36	2.3+2.3
7	15.0	9.4	8.4	9.56	2.3+2.3
5+5	19.6	7.0+7.0	12.0	7.16+7.16	2.3+2.3
6+6	22.0	8.2+8.2	14.4	8.36+8.36	2.3+2.3
7+7	23.2	9.4+8.2	15.6	9.56+8.36	2.3+2.3

注:减速器每组制动钳中心距(简称节)l=1.2 m。

(2)减速器的单位长度制动能高 h=0.12 m/m,不同节数减速器的制动能高如表 6-12 所示。

表 6-12　不同节数减速器的制动能高

减速器节数	有效制动长度(m)	制动能高(m)	减速器节数	有效制动长度(m)	制动能高(m)
3	3.6	0.43	7	8.4	1.01
4	4.8	0.58	5+5	12.0	1.44
5	6.0	0.72	6+6	14.4	1.72
6	7.2	0.86	7+7	15.6	1.86

注:实测中 90%以上的制动能高不应小于表中的数值。

(3)减速器的动作时间:全制动时间不大于 0.9 s;全缓解时间不大于 0.8 s;缓解时间小于

等于 0.4 s。

(4)减速器杠杆比为 1.8。

(5)液压系统的最大使用压力 7 MPa。

第四节 电动车辆减速器

气(液)动重力式减速器在国内应用最为广泛,但其动力源(气压、液压)需集中设置动力站,需大量的输送管路及设备,一次投资及日常维护成本较高,特别是中小型驼峰场,集中建设动力站成本更高。电动减速器以电力为驱动方式,可不用建动力站,电能可直接输送到现场驱动设备,节省能量转换环节,能量损耗低,利用率高;而且电动减速器维护简单,费用低,节能环保。

一、电动减速器的发展与优势

1999 年西安职工大学研制成功我国第一代 T·DJ 型(电动器设于轨道内侧立式安装)电动车辆减速器,也是世界上首创用交流电动机作为动力的车辆减速器。2002 年天津信号厂研制出 T·JCD 型电动减速器,2004 年又研制出适用于间隔制动位的 T·JCD1 型减速器,并通过铁道部审查。

电动车辆减速器与气动车辆减速器相比有明显的优越性,不但一次性投资少,而且运营费用低,适用于高温和严寒地区;不设动力室、蓄压器、风管路等设备,缩短整个工程的安装周期,节省了设备的房建和占地的投资,节省了动力室、蓄压器、风管路的维修费用,减少了维修定员,降低了生产作业成本,有利于中、小型驼峰的建设。

电动减速器动作时间快(比气、液动减速器全制动、全缓解时间缩短近 50%),提高了自动化控制系统的控制精度。电动减速器有一台或两台电动器故障时,不影响该组减速器的使用。如某台电动器短路,该台电动器的短路保护将断开,不影响整个站场电动减速器的工作。

电动减速器具有以下主要特点:

1. 安装、维护简单,操作方便,易于掌握。

2. 以电能为减速器工作能源,省去了庞大的动力站等中间环节,降低了投资,同时减少了维修工作量和维修费用。

3. 六连杆机构两级传递,直角直线双重锁闭,锁闭位一定范围内的过位或欠位,均可安全锁闭和解锁;制动、缓解可靠,消除了正常使用中不缓解(夹停)的可能。

4. 锁闭机构将被制动车辆的反作用力(冲击力)作用于底板,从根本上避免了因冲击力直接作用于电动机而切断电动机轴。

5. 设备结构强度大,整机对误差不敏感,允许有较大的制造、安装误差,允许较大的磨耗量,使用寿命长、可靠性高。

6. 电动系列重力式减速器主要零部件与相对应的 T·JK1-D 及 T·JK4 型减速器通用,可在现有气动减速器轨枕板上直接安装,改造方便,费用低。

7. 在 380 V 额定电压下,工作电流保持在 10 A,降低了配电条件。

8. 电动机可以较长时间堵转,堵转电流小。

9. 工作电流小,动作时间快,耗能低,调速精度高。

10. 控制系统、电动机及驱动机构放在股道外侧,结构紧凑,有利于安全作业和检修。控制箱采用模块化设计,拆装方便,故障处理简单。

二、T·JCD系列电动减速器的结构及工作原理

电动减速器动力源采用电动(电动机),重力式减速器与气(液)动重力式减速器基本通用,不同点主要在传动动力的机构。电动传动机构是电动减速器的关键环节,目前电传动机构主要有电动机直接驱动、飞轮式电动机直接驱动、电动机六连杆驱动及电动单元驱动方式。

(一)T·JCD系列电动减速器结构

T·JCD及T·JCD1型减速器采用电动机六连杆驱动方式,主要由制动钳组、制动轨、轨枕板、推杆组、六连杆机构、电动机及控制箱等组成。曲拐、连杆、摇柄、曲柄、安装底板构成两级传递双重锁闭的六连杆机构,控制箱采用模块化设计,如图6-65所示。

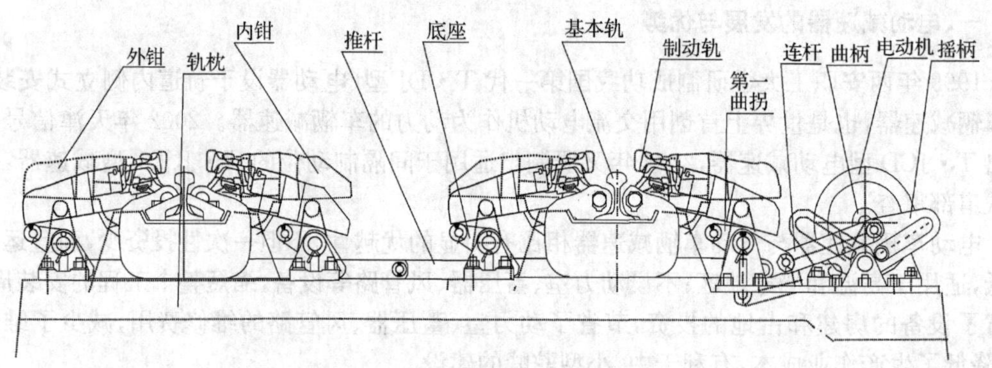

图6-65 T·JCD系列电动减速器结构示意图

1. 传动机构

T·JCD系列电动减速器传动机构指电动机与推杆机构之间的连接机构,该机构不仅要完成运动传递,而且还具有力转换特性——增力和锁闭效果。传动机构为两级传递、直角直线双重串联锁闭的六连杆机构,传动机构结构如图6-66所示。传动机构主要由曲拐、连杆、曲柄、摇柄底板等组成。

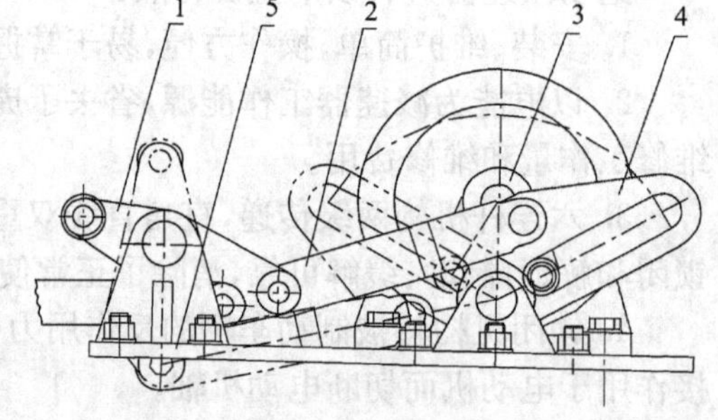

图6-66 传动机构

1—曲拐;2—连杆;3—曲柄;4—摇柄;5—安装底板

六连杆机构巧妙地采用了二次放大机构原理,制动和缓解的可靠性得到大幅度提高,并将制动冲击力产生的曲拐反作用力卸载到底板上,可有效防止电动机轴因受到径向力的冲击而折断,解决了电动减速器电动机易断轴的问题。该机构无需现场调整,锁闭和解锁可靠。

在T·JCD1型间隔制动减速器上采用了相邻电动机用联轴器互锁,进一步保证减速器缓解的可靠性。

该减速器传动机构力矩传动比为3.2,即曲拐上得到的主动力矩为电动机力矩的3.2倍,输出同样力矩时,所需电动机力矩较低,使电动机工作电流大幅减小。

2. 电动机结构

YLJ200-24型可堵转电动机是为电动减速器设计的专用电动机,主要由机座、转子、定子、

端盖、电动机轴等组成，如图 6-67 所示。

定子绕组采用不等匝、不等跨距的非正规绕组，有效地削弱了次谐波和高次谐波对基波磁场的影响，从而增加了电动机堵转转矩，提高了电动机功率因数。

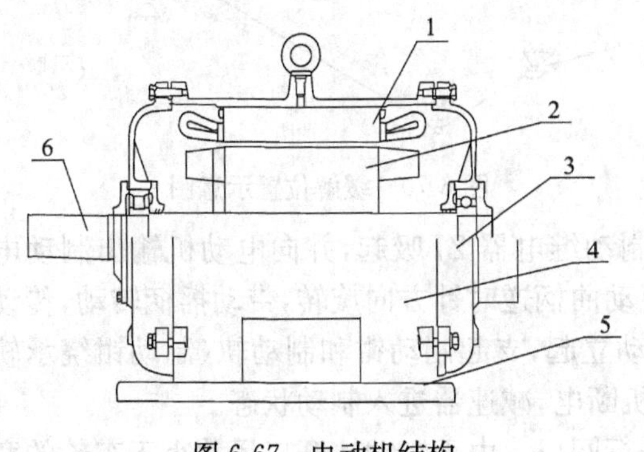

图 6-67 电动机结构

1—定子；2—转子；3—端盖；4—机壳；5—机座；6—电动机轴

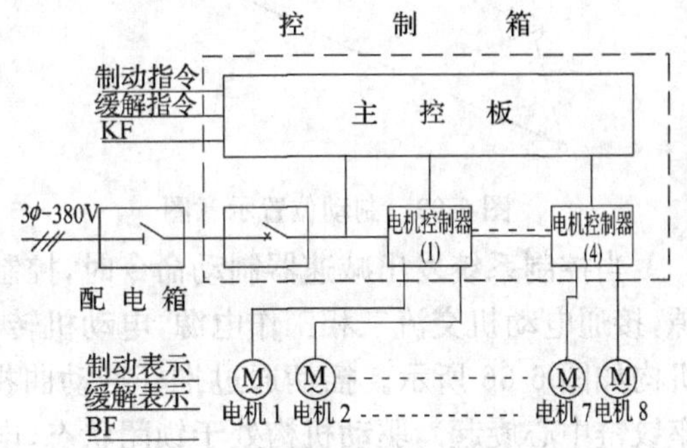

图 6-68 配电箱、控制箱电路框图

转子槽形采用大小槽相间结构，有效调节槽漏磁大小，改善电动机启动转矩，降低电动机启动电流。定子槽采用多槽深槽结构，增加了导线的有效截面积，降低了电子密度，提高了电动机效率。

为了使电动机能够适应冲击负荷，电动机机壳采用钢板结构，提高了电动机的机械性能。电动机采用内转子、外定子交流电动机，可以较长时间堵转，且堵转转矩大、电流小。

3. 控制箱及控制电路

控制箱采用模块化设计，由箱体、配线、主控板、分控制板组成。每块分控制板控制两台电动机，各分控制板可以互换；主控板根据控制信号控制各分控制板上的接触器动作，实现制动和缓解。主控板、分控制板可以方便地进行插拔、更换。配电箱内设置一个隔离开关，控制箱动力线路上设置一个空气开关。如图 6-68 所示。

（二）T·JCD 系列电动减速器的工作原理

T·JCD 系列电动减速器以电动机为动力，用曲柄摇杆传递力矩，改变电动机转动方向，通过推杆机构推动制动钳组进入制动位或缓解位。溜放车辆通过处于制动状态的减速器时，车辆重量通过基本轨及制动钳组的传递，转换成制动轨对车轮的侧压力，实现对溜放钩车的制动。

1. 传动机构原理

传动机构采用滑块摇杆机构串联，曲柄与电动机轴同步旋转，通过滑块带动摇柄，通过连杆带动曲拐转动，曲拐推动制动钳抬升或落下，完成制动和缓解。

在制动位置时，曲柄与摇柄的导槽垂直，构成第一级直角锁闭，而摇柄与连杆、曲轴、安装底板构成的四连杆机构处在死点位置，构成第二级直线锁闭。直角、直线两级串联锁闭，即使各杆位置存在一定误差，仍能保证锁闭的可靠。制动位置四连杆机构示意图如图 6-69 所示。

缓解时只需电动机对曲柄施加较小的力即可，缓解可靠，缓解位置四连杆机械示意图如图 6-70所示。

2. 制动过程

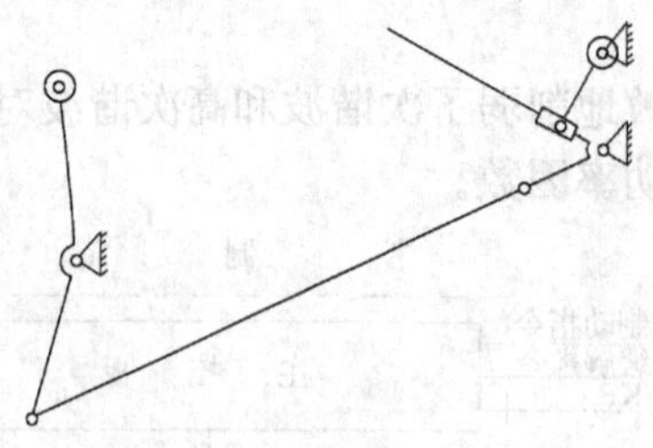

图 6-69 制动位置示意图

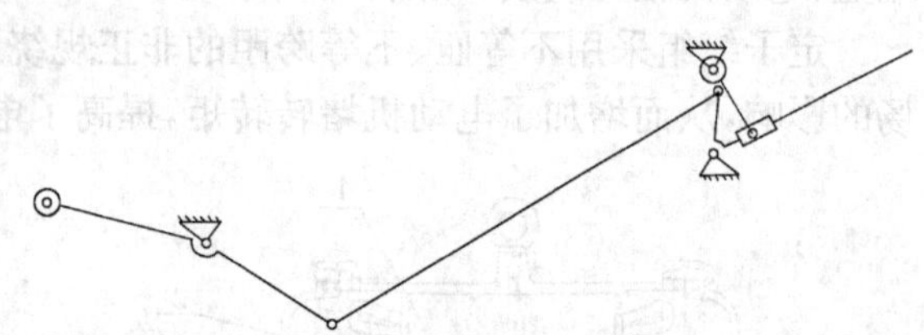

图 6-70 缓解位置示意图

当控制系统发出减速器制动命令时，控制箱制动继电器 ZJ 吸起，并向电动机输出制动电源，接通电动机交流三相工作电源，电动机转子驱动曲柄逆时针方向旋转，带动摇柄转动，传动机构如图 6-66 所示。摇柄通过推杆推动曲拐转动立起，支起制动钳和制动轨(制动钳绕承轨座铰链中心旋起)，驱动机构处于锁闭状态，电动机断电，减速器进入制动状态。

需要制动的车辆进入制动状态的减速器时进行闯口。由于制动轨开口尺寸小于车轮的宽度，制动轨被车轮挤开。内外制动钳绕曲拐滚轮旋转，抬起与其铰接的底座，使基本轨浮起，车辆又向下压迫基本轨，这样车辆重量通过制动钳传递并转变成制动轨对车轮的侧压力，达到制动的目的。

3. 缓解过程

控制系统发出缓解指令，控制箱缓解继电器吸起，并向电动机输出缓解电源，接通电动机交流三相工作电源，缓解过程与制动过程相反，电动机转子驱动曲柄顺时针方向旋转，带动摇柄转动，摇柄通过推杆拉动曲拐向下旋转，制动钳落下，制动轨恢复到缓解位，电动机断电，缓解过程结束。

三、T · JCD 系列电动减速器的控制电路

电动重力式减速器室内控制电路与气动重力式减速器电路相同，室外减速器电动机控制电路与气动减速器电磁阀控制电路不同。

电动减速器控制电路原理框图如图 6-71 所示。控制室来的控制信号，KZ、KF 或 JZ22、JF220 接在室外控制箱控制电路的制动(缓解)继电器或电子驱动模块的输入端，经其控制动作制动(缓解)交流接触器或固态继电器，交流接触器或固态继电器的接点接通三相电动机的交流电源使其转动(正转或反转)，使减速器动作。

三相动力电源由动力配电箱输出，送入减速器控制箱的断路器，经保护后向减速器提供动力，接入控制电动机电源的制动和缓解交流接触器或大功率固态继电器，控制电动机的正转或反转，实现减速器的制动或缓解。制动和缓解交流接触器(大功率固态继电器)的作用是实现三相电源倒相输出(倒两相)，驱动电动机正转或反转；同时实现其互锁只允许同一时间一台交流接触器或大功率固态继电器有电源输出。

延时控制时间继电器的作用是：控制电动机的通电时间，保证减速器制动或缓解到位后切断其动力电源，防止电动机堵转时间过长。

四、T · JCD 系列电动减速器的主要技术参数

1. 最大入口速度：7 m/s(25.2 km/h)；

2. 单位制动能高：0.12 m/m；

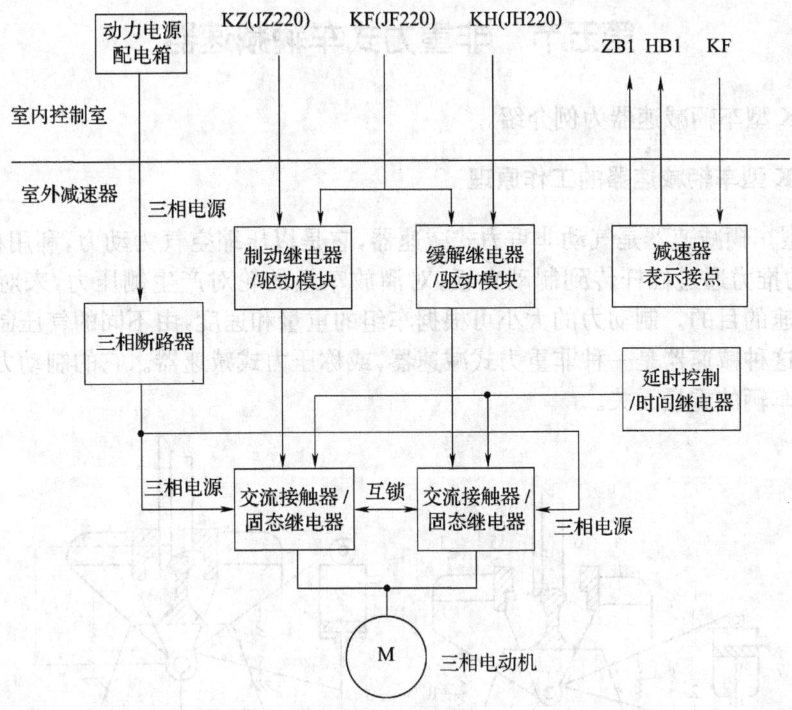

图 6-71 T·JCD系列电动减速器控制电路框图

3. 控制工作电压：AC220 V±22 V 或 DC24 V±2.4 V；
4. 电动机工作电压：三相交流 380V（工作电压范围 AC304～420 V）；
5. 电动机堵转电流：10 A（额定电压 AC380 V）；
6. 电动机转矩：135 N·m；
7. 动作时间：全制动时间 0.4 s，全缓解时间 0.45 s，缓解时间 0.3 s；
8. 环境温度：－40～60 ℃；
9. 制动轨长度、有效制动长度能高、基础尺寸见表 6-13。

表 6-13 制动轨长度、有效制动长度能高、基础尺寸表

节 数	制动轨长度	有效制动长度	能高 (m/m)	基础尺寸（含过渡道床）长×宽（m）
4	6.1	5.3	0.636	10.6×4
5	7.3	6.5	0.78	11.8×4
6	8.5	7.7	0.924	13×4
7	9.7	8.9	1.068	14.2×4
4+4	12.2	10.6	1.272	17.2×4
5+5	14.6	13	1.56	19.2×4
6+6	17	15.4	1.848	21.6×4
7+7	19.4	17.8	2.136	24×4

第五节　非重力式车辆减速器

以 T·JK 型车辆减速器为例介绍。

一、T·JK 型车辆减速器的工作原理

T·JK 型车辆减速器是气动非重力式减速器，它是以压缩空气为动力，利用杠杆原理，将制动缸产生的推力通过杠杆传到制动夹板，对溜放车组的轮对产生侧压力，来对车组进行制动，以达到减速的目的。制动力的大小可根据车组的重量和速度，由不同的气压制动等级进行调整。因此，这种减速器是一种非重力式减速器，或称压力式减速器。它的制动力仅与外力有关，与被制动车辆的重量无关。

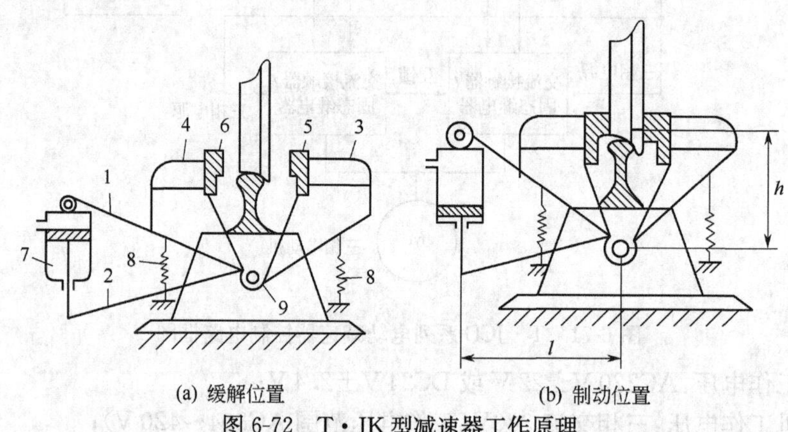

(a) 缓解位置　　(b) 制动位置

图 6-72　T·JK 型减速器工作原理

1、2—上、下部制动钳；3、4—制动梁；5、6—制动夹板；7—制动气缸；8—弹簧；9—杠杆轴

图 6-72 为减速器的工作原理图。在缓解位置时，制动缸内无压缩空气，靠自重和部分弹簧的作用，使活塞杆伸入到制动缸内，就像一把钳子在“张开”位置，对车轮不产生作用力。制动时，压缩空气通过风管路送入到制动缸内，推动活塞杆向外伸出，连接在制动缸上的上、下部制动钳在制动缸的推动下，绕着杠杆轴转动，使固定在上、下部制动钳上的制动梁和制动夹板相对移动，于是制动夹板紧压车轮，从而产生制动力，使溜放车组减速。

从制动夹板工作面的水平中线，到固定轴中心的垂直距离为 h，从制动缸的活塞杆轴心到固定轴心垂直的水平距离为 l，那么杠杆比 $k=l/h$，T·JK 型车辆减速器的 $k=2.6$，即上、下部杠杆将制动缸的力放大 2.6 倍后，作用于车轮上。

二、T·JK 型车辆减速器的结构

T·JK 型减速器的结构如图 6-73 所示。

T·JK 型减速器由减速器机体、控制装置和复轨器三部分组成。

减速器的机体主要包括枕木、钢轨支撑、轴承座、制动钳、制动梁、制动夹板、制动缸、快速排气阀和内部供气管路。支撑枕木采用尺寸为 3 000 mm×240 mm×200 mm 的桥枕立放，轴承座和钢轨支撑用螺栓与枕木连接。上部和下部制动钳的一端分别与制动气缸连接，另一端通过杠杆轴和轴承铰接，构成减速器组，一台减速器由多个减速器组组成。内外制动梁通过卡板固定在上下部制动钳平面上。制动夹板用螺栓紧固在制动梁端面。为使减速器达到全缓解

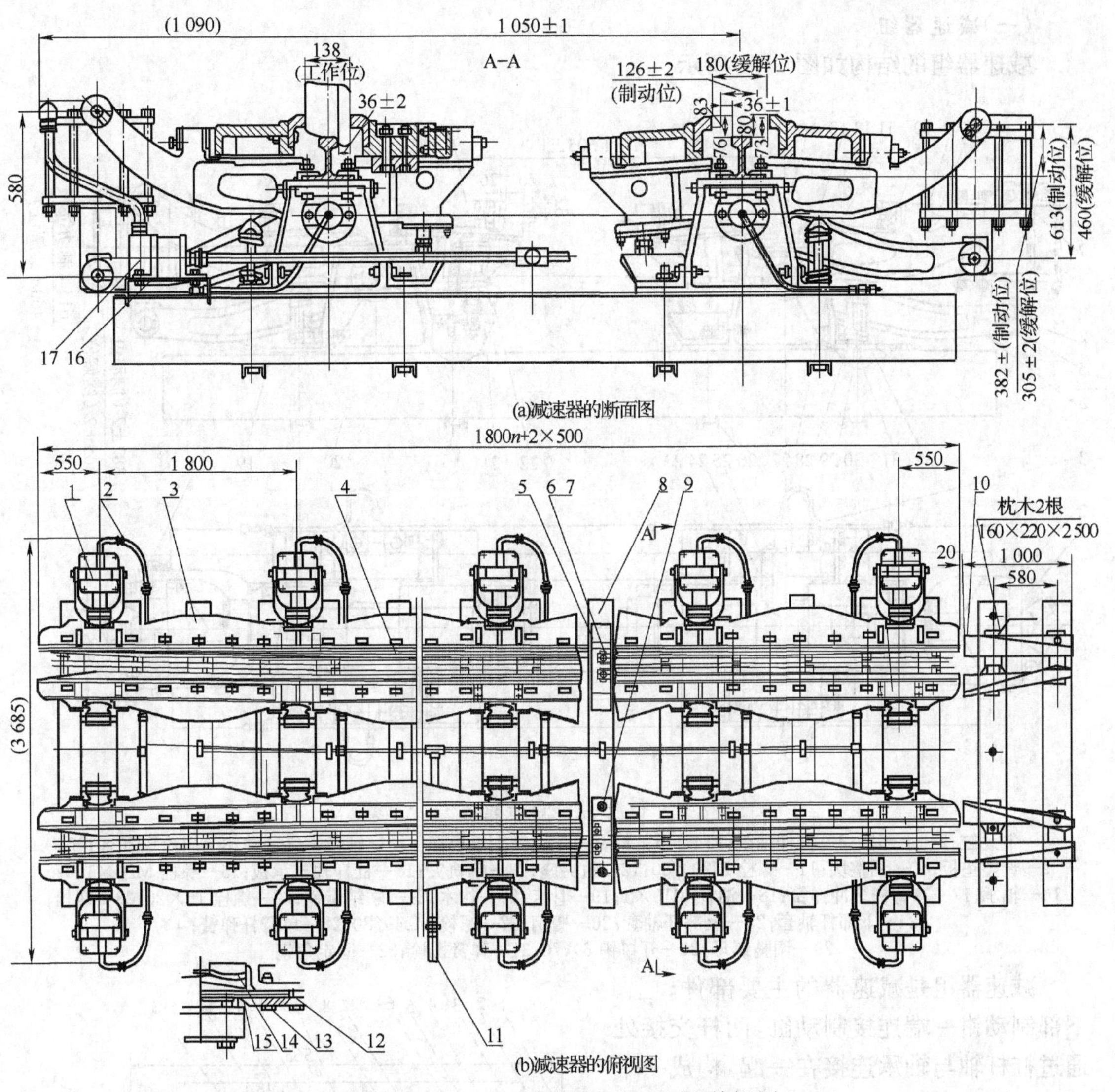

图 6-73 T·JK 型减速器的断面图和俯视图

1—减速器组；2—制动缸胶管；3—制动梁；4—制动夹板；5—支承；6—轨夹座；7—钢轨夹；8—枕木；9—支承螺栓；10—复轨器；11—连接管；12—弹簧箱；13—螺栓；14—弧形块；15—弹簧钢带；16—支架；17—快速排风阀

位置，每个减速器组装设定位弹簧。

控制装置通过供气管路和制动缸接通，在支管路和制动缸之间装设快速排风阀，以加快减速器的缓解速度。

T·JK 型减速器是钳夹式非重力式减速器，由于操作不当造成制动等级过高时，可能使溜放车组的车轮被挤出减速器。为防止车轮挤出时脱线，在每台减速器的出口后方铺设复轨器。当两台减速器串联安装时，在两台减速器之间不宜铺设复轨器。

三、T·JK 型车辆减速器的主要部件

T·JK 型减速器主要由减速器组、制动梁、制动夹板、支承、快速排风阀、送风管路及复轨器等部件组成。

(一)减速器组

减速器组的结构如图 6-74 所示。

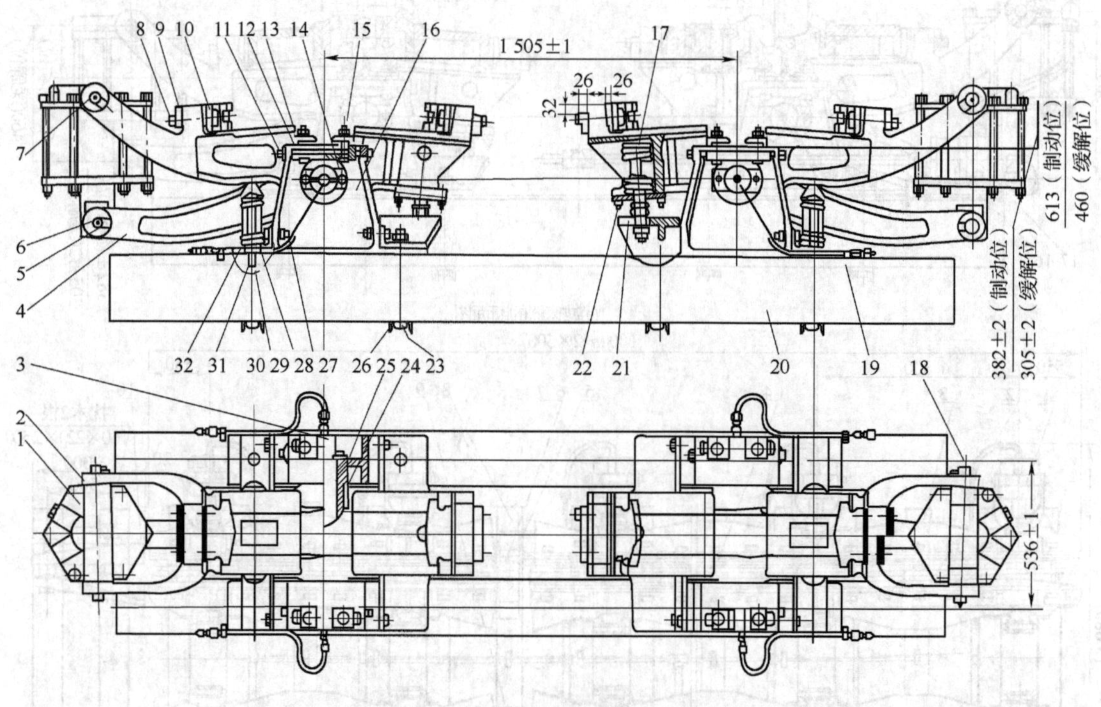

图 6-74 减速器组

1—制动缸;2—上部杆;3—杠杆轴组件;4—下部杆;5—气缸轴支承板;6—活塞轴;7—气缸轴;8—螺栓 M20×140;9—调整垫板;10—调整块;11—螺栓 M20×80;12—轨夹座;13—钢轨夹;14—杠杆轴支承板;15—螺栓 M20×120;16—轴承;17—双臂杆缓冲弹簧;18—油杯 M10×1;19—管卡;20—枕木;21—联结卡铁;22—螺栓 16×20;23—螺栓;24—下部杆轴套;25—上部杆轴套;26—槽钢;27—螺栓 M24×80;28—单臂杆弹簧;29—调整螺母;30—开口销 6×70;31—弹簧螺栓;32—固定角钢

减速器组是减速器的主要部件。上、下部制动钳一端连接制动缸,两杆交接处通过杠杆轴与轴承连接在一起,构成一个钳式减速器组。杠杆轴内开有油孔及油槽。上、下部制动钳与杠杆轴相配合的轴承孔中,安装了铁基粉末冶金含油轴套,从而改善了润滑条件,提高了动作性能和寿命。

上、下部制动钳和轴承等装在 3 000 mm×240 mm×200 mm的桥梁枕木上,每个减速器组装设有两根枕木,每台减速器共有(n+1)个减速器组。

制动气缸为单作用单活塞杆专用气缸,其结构如图 6-75 所示。

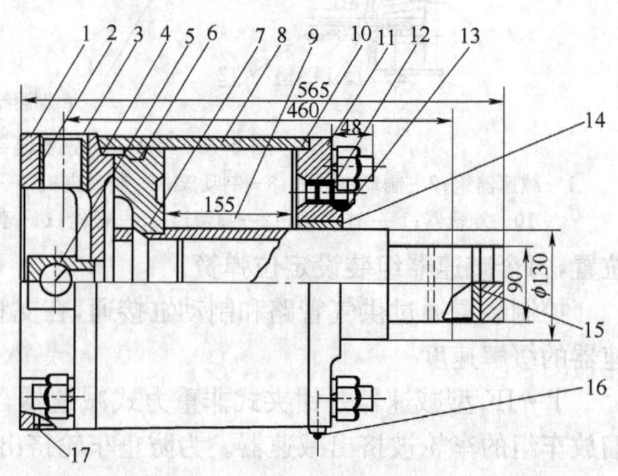

图 6-75 T·JK 型减速器制动气缸

1—上缸盖;2—护轴盖;3—小轴套;4—O 形圈;5—引风口;6—YX 形密封圈;7—活塞;8—缸身;9—活塞杆;10—缸垫;11—下缸盖;12—带钢网管道接头;13—O 形圈;14—大轴套;15—小轴套;16—油杯;17—O 形圈

缸身采用 20 mm 厚 25 号无缝钢管,

缸盖分上缸盖和下缸盖，通过 4 条 M30×400 螺栓，将两个缸盖和缸筒连成一体。活塞与活塞杆采用复合式。活塞采用耐磨铸铁 MT-4，活塞杆采用 25 号无缝钢管和 A3 圆钢焊接而成。

为使减速器达到要求的全缓解位置，减速器组装设有定位弹簧。为缓和冲击和限制上、下部杆的动作位置，减速器组装设有缓冲弹簧，在调整减速器开口尺寸时也可以起到调节作用。缓冲弹簧是由弹簧导架、底板、导管轴套、大弹簧、小弹簧等部件组成。缓冲弹簧的结构如图 6-76 所示。

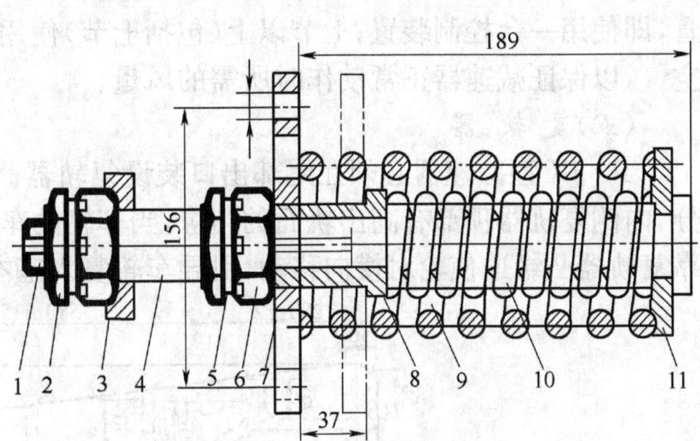

图 6-76　缓冲弹簧组的结构

1—弹簧导架；2—螺母；3—斜面垫圈；4—下部螺母；5—防动圈；6—上部螺母；7—底板；8—导管轴套；9—大弹簧；10—小弹簧；11—垫

（二）制动梁和制动夹板

制动梁是减速器的主要传力杆件。制动梁分为中梁和端梁，制动梁通过下卡板、弹簧箱、弹簧钢带和弧形块等与减速器组相结合，使各减速器组合为一体，协调动作。制动梁分为左端梁、右端梁和中梁，其材质为 ZG25 铸钢。

制动夹板分为前端左侧夹板、前端右侧夹板、后端左侧夹板、后端右侧夹板、中部左侧夹板和中部右侧夹板。材质采用 55 号钢轧制成，其断面形状如图 6-77 所示。

（三）快速排风阀

快速排风阀的结构如图 6-78 所示。它是由缸体、上下盖、活塞、排气阀及进气阀等组成。其中活塞和进、排气阀均为铸铝 ZL7，重量轻，冲击小。安装时，阀密封圈用环氧树脂或其他黏结剂粘牢。

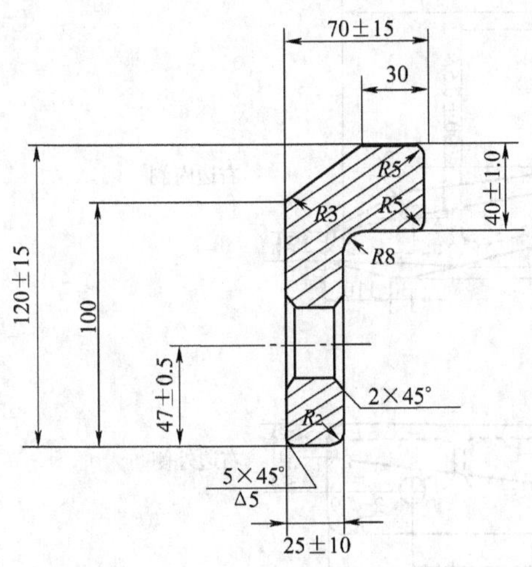

图 6-77　制动夹板的断面图

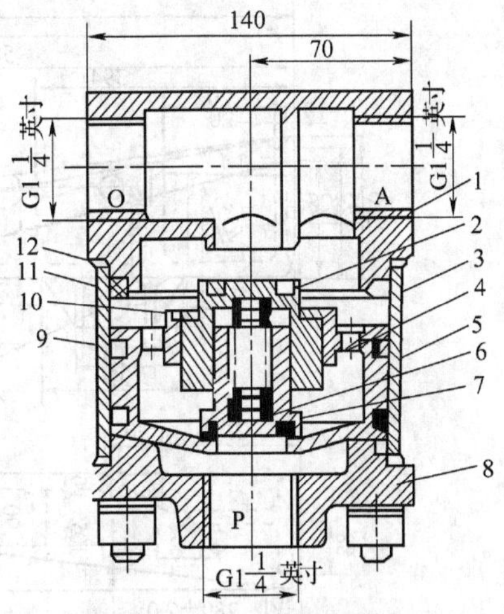

图 6-78　快速排风阀的结构

1—上盖；2—阀密封圈；3—缸体；4—排气阀；5—活塞；6—弹簧；7—进气阀；8—下盖；9—螺栓 M16×170；10—O 形密封圈；11—挡圈；12—缓冲橡胶圈；13—端盖密封圈

（四）送风管路

送风管路包括主管和支管。主管通过耐压橡胶软管与减速器控制装置的进风管连接；支管通过快速排风阀，用小管径的耐压软管与制动缸相接。六节以下（包括六节）使用一根风源管，即使用一台控制装置；七节以上（包括七节）使用两根风源管，并以两台控制装置供应压缩空气，以保证减速器正常动作时所需的风量。

（五）复 轨 器

T·JK 型减速器必须在尾部出口装设复轨器。复轨器由 ZG25 铸钢制成，有内外左右之分，内侧复轨器顶部有高出轨面的凸缘，当车辆的车轮被减速器挤出时，车轮进入复轨器后，依靠复轨器凸缘迫使轮对横向移动，引导车轮复入基本轨。复轨器的结构如图 6-79 所示。

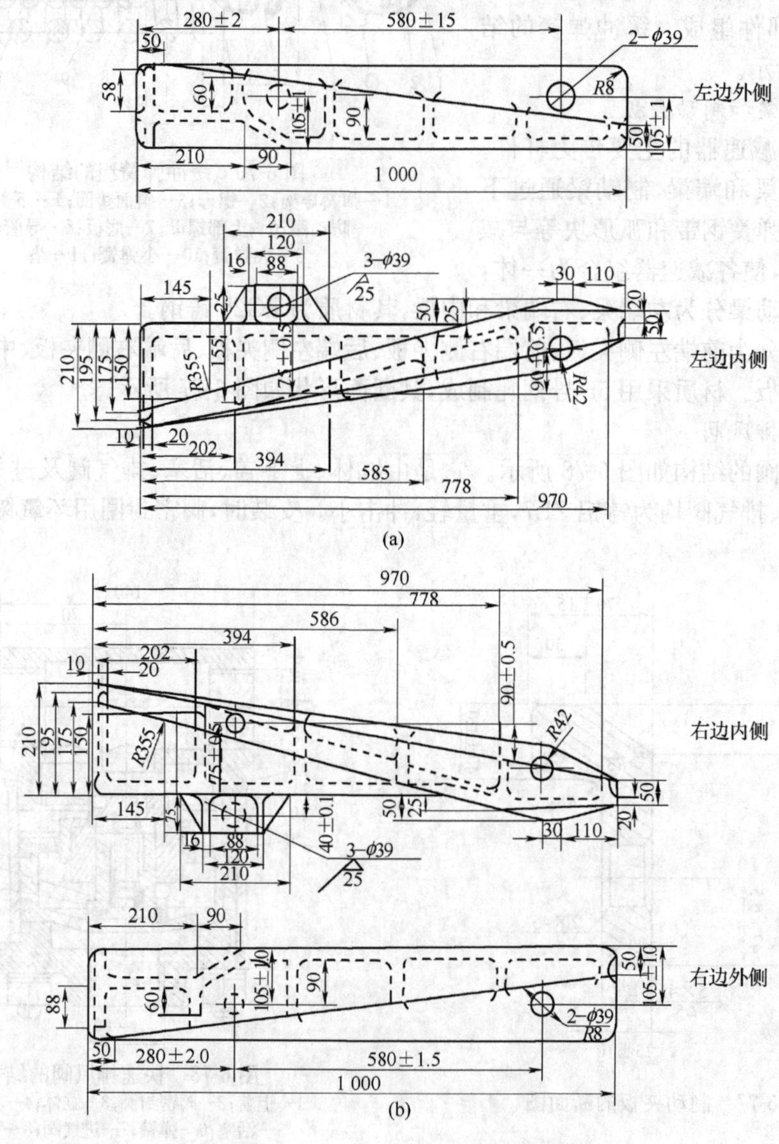

图 6-79 T·JK 型减速器的复轨器

(六)连接角钢

为了加强减速器的整体性,在各节轴承下部,每侧增加连接角铁各一根,以便有效地防止爬行运动。

四、T·JK 型车辆减速器控制装置的结构

T·JK 型减速器的控制装置是由小风缸、电空阀、风压调整器、风压表、控制箱等组成,其结构如图 6-80 所示。

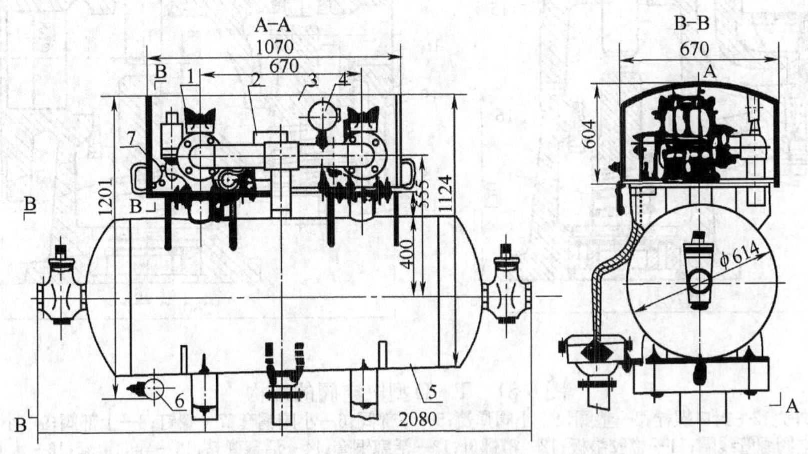

图 6-80　T·JK 型减速器控制装置的结构
1—电空阀;2—风压调整器;3—箱体;4—风压表;
5—辅助储气缸;6—油水排污阀;7—电热电阻

小风缸又名辅助风缸,其作用是减少送风时的瞬间风压降,保证减速器在要求的时间内达到规定的压力。缸身及封头采用低温压力容器钢板制成,封头用整块钢板冲压成形,缸身下部装有排污阀。

T·D 型电空阀是控制减速器动作的设备。它是由阀体和两个螺管线圈电磁铁组成。其结构如图 6-81 所示。

T·TF 型风压调整器用以控制减速器的制动缸送入不同压力的压缩空气,使减速器的制动力分为不同的等级。T·TF 型风压调整器装有三根波顿管,利用波顿管在不同风压下产生不同位移来动作接点。

五、T·JK 型车辆减速器的气动元件

(一)快速排风阀的工作原理

快速排风阀是一个具有三个通路的控制阀,安装在制动缸和主风管路之间,排气口直通大气。其工作原理如图 6-82 所示。

图 6-82(a)为充气位。压缩空气从进气口进入快排阀右腔,推动活塞向左侧移动,堵住排气口,压缩空气继续供给,克服弹簧的弹力后,推动进气阀,将压缩空气送入制动风缸。

图 6-82(b)为保持位。压缩空气进入制动缸,使减速器处于制动位置。由于制动缸内的气压与进气口的气压相同,进气阀在弹簧的作用下向右移,关闭进气阀。如果制动缸漏风等原因使制动缸内的气压小于进气口气压,克服弹簧的弹力后,进气阀再次打开,向制动缸充气,使制动缸一直保持工作风压。当溜放车组进入减速器时,车轮迫使制动钳扩大开口,使制动缸产

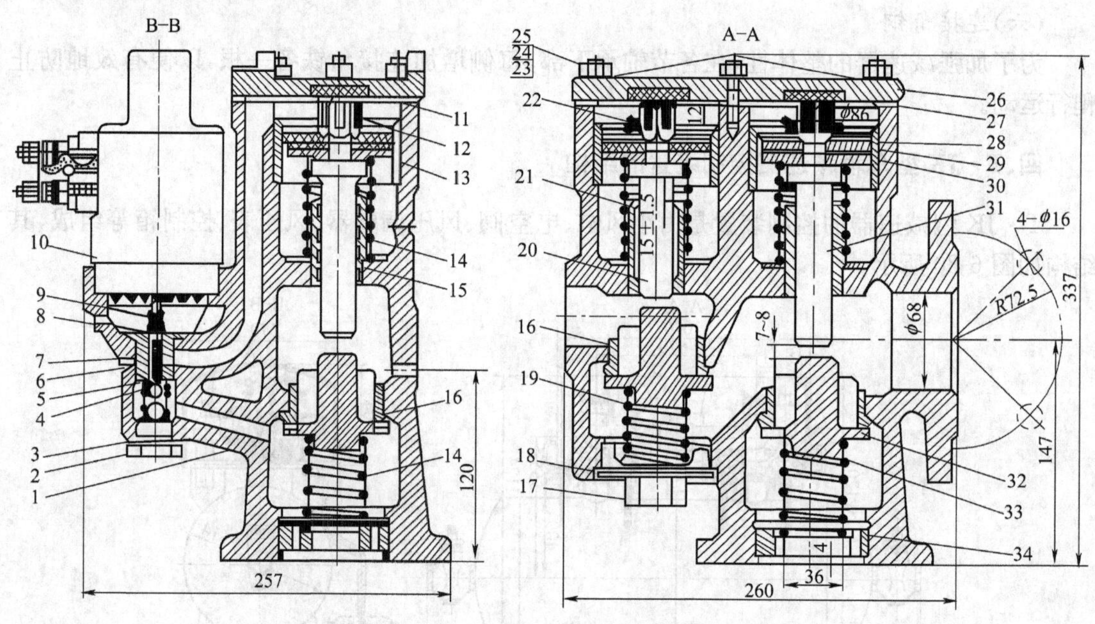

图 6-81 T・D 型电空阀的结构

1—外壳;2—封口螺栓;3—垫圈;4—小阀弹簧;5—下部阀;6—小阀铜套;7—螺钉;8—上部阀;9—小帽;10—电空阀螺管线圈;11—橡胶垫板;12—槽螺母;13—活塞铜套;14—活塞弹簧;15—导向铜套;16—大阀铜套;17—封口螺栓;18—垫圈;19—大阀弹簧;20—缓解活塞杆;21—导向铜套;22—销;23—螺栓;24—螺母;25—垫圈;26—盖;27—垫板;28—垫圈;29—皮碗;30—活塞顶板;31—制动活塞杆;32—皮垫圈;33—大阀;34—调整螺母

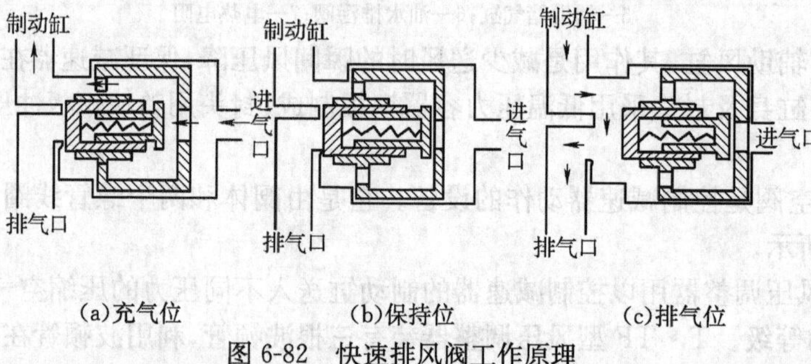

图 6-82 快速排风阀工作原理

生大于供风压力的背压,推动活塞向右移动,打开排气阀,将高出工作风压的背压从排气口排出,达到稳定风压的作用。

图 6-82(c)为排气位。减速器缓解时,送风管路减压,使活塞右移,打开排气口,制动缸通过大气排风。

(二)T・D 型电空阀和 T・TF 型风压调整器的工作原理

T・D 型电空阀和 T・TF 型风压调整器的工作原理如图 6-83 所示。

1. T・D 型电空阀工作原理

T・D 型电空阀是用来控制减速器的制动和缓解。减速器制动时,制动电磁铁 ZD 得电励磁,打开阀体中的制动工作阀 ZGF,压缩空气通过制动工作阀送到制动缸,使减速器制动。减速器缓解时,缓解电磁铁 HD 得电励磁,打开阀体中的缓解工作阀 HGF,压缩空气通过缓解工作阀排入大气,使减速器缓解。

2. T・TF 型风压调整器

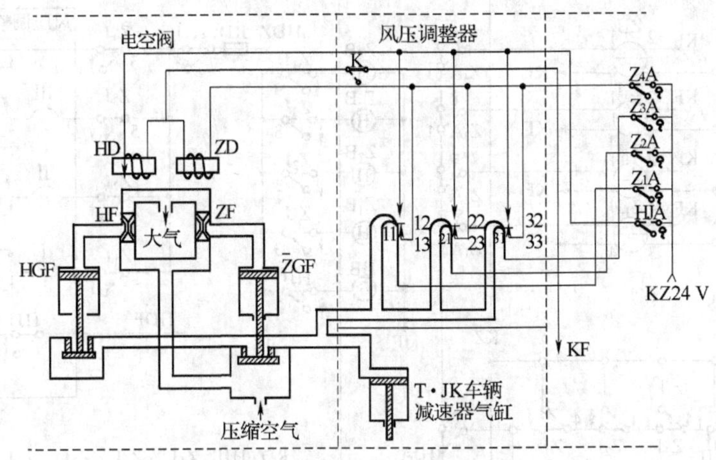

图 6-83　电空阀及风压调整器工作原理

T·JK 型车辆减速器有四级制动，其中Ⅰ、Ⅱ、Ⅲ级风压力是由风压调整器控制。风压调整器有三根波顿管，利用波顿管在不同风压下产生不同位移来动作接点，接通或断开电空阀电路，以控制向制动缸送入不同压力的压缩空气，使减速器的制动力分为不同等级，第Ⅳ级是系统风压。

下面以Ⅲ级制动为例来说明。按压Ⅲ级制动按钮 Z_3A，制动电磁铁 ZD 通过风压调整器第三组接点 31-33 得电励磁，打开制动工作阀 ZGF，向制动缸送压缩空气。当进入的压缩空气达到Ⅲ级风压时，Ⅲ级波顿管胀起，动接点 31 随之移动与 33 断开，切断制动电磁铁 ZD 电路，使减速器制动缸内保持Ⅲ级风压。如果制动缸风压继续上升，超过Ⅲ级风压，Ⅲ级波顿管继续伸胀，直到带动接点 31 与上接点 32 接触，便接通缓解电磁铁 HJ 电路，打开缓解工作阀 HGF，使压缩空气排放到大气中，减少制动缸内的压力，直至使Ⅲ级波顿管收缩到与上接点断开，切断缓解电磁阀 HJ 电路，使制动缸内的风压始终处于Ⅲ级工作压力。

六、T·JK 型车辆减速器的控制电路

T·JK 型车辆减速器控制电路如图 6-84 所示。

T·JK 型车辆减速器有四个制动等级和一个缓解状态。因此，在驼峰控制台上设置了四个制动按钮 Z_4A～Z_1A 和一个缓解按钮 HJA，均为二位自复式带灯按钮。对应按钮设置了 Z_4J～Z_1J 四个制动继电器和一个缓解继电器 HJJ。

对减速器进行制动时，按压所需的制动等级按钮，如进行Ⅲ级制动，按压 Z_3A，使 Z_3J 吸起后自闭。这时构成制动电磁铁 ZD 的励磁电路：

HDZ—RD—HJJ↓—Z_3J↑—$Ⅲ_{31\text{-}33}$—ZDJ 线圈—HJJ↓—HDF

ZD 得电励磁后，打开电空阀，使压缩空气进入制动缸，推动活塞杆，使减速器进入制动状态。

在进行Ⅰ、Ⅱ级制动时，工作过程与上述相同，只是用波顿管Ⅰ、Ⅱ调节气缸中的压力。当进行Ⅳ级制动时，制动电磁铁 ZD 电路中只由 Z_4J 的接点控制，而不经过波顿管的接点。因此Ⅳ级制动的压力最大，制动气缸中的压力与供风压力相同，称为全压制动。

处于制动状态的减速器如需缓解时，只要按压缓解按钮 HTA，即可切断 Z_1J～Z_4J 的励磁电路。HJJ 未设自闭电路，在其线圈两端并联了一只 1 000 μF 的电解电容和 51 Ω 电阻，构成缓放电路，大约缓放 3～4 s，以保证减速器真正缓解。

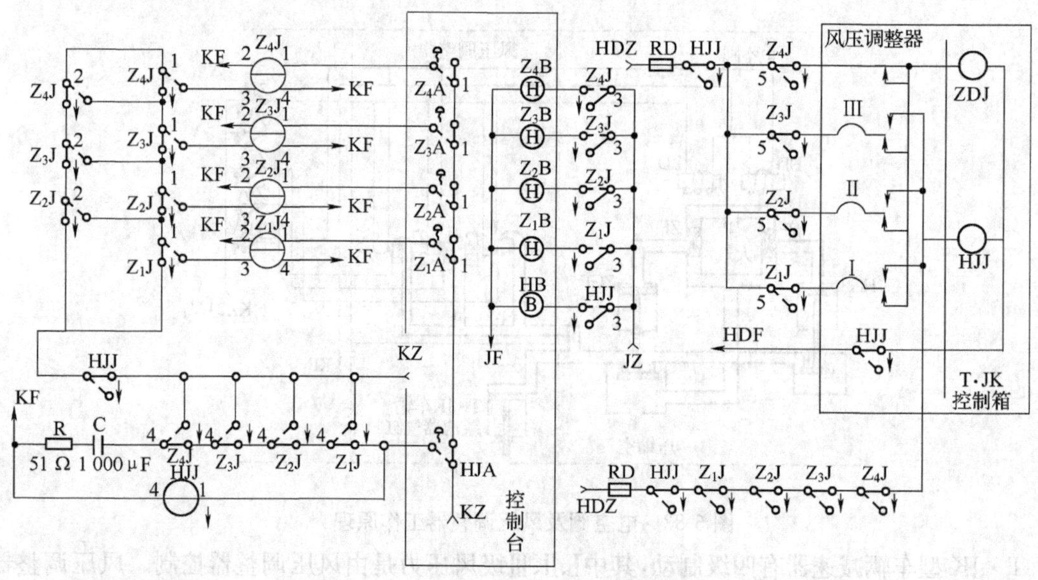

图 6-84 T·JK 型车辆减速器控制电路

在制动继电器(Z_1J~Z_4J)的励磁电路中,所有的制动按钮接点均串联,在自闭电路中也采用各制动继电器后接点串联的方式,其目的是为了保证同一时间内只能有一个制动继电器励磁。

在缓解继电器电路中,加入了所有制动继电器 ZJ 的前接点并联条件,其目的有二:其一是制动时给电容 C 预先充电,以保证缓解时 HJJ 有足够的缓放时间;其二是制动时将电容 C 与 HJJ 励磁电路脱离开,以保证按压 HJA 时 HJJ 会立即吸起,及时缓解减速器,提高减速器控制车组速度的精度。

减速器在制动或缓解时,通过各自继电器的吸起接点点亮按钮内的表示灯。制动时为红色表示灯,缓解时为白色表示灯。

七、T·JK 型车辆减速器的主要技术参数

(一)适用环境

1. 环境温度:−40~60 ℃。
2. 相对湿度:不大于 90%(温度+25 ℃时)。
3. 海拔高度:2 500 m 以下。

(二)使用范围

1. 作为驼峰场间隔制动设备。
2. 可以安装在直线上或曲线半径宜大于 200 m 的曲线上。
3. 允许最大入口速度为 7 m/s。
4. 适用于标准轨距 $1\,435^{+6}_{-2}$ mm,钢轨类型为 43 kg/m。
5. 通过 T·JK 型减速器的机车、车辆的下部限界必须满足铁道部颁布的部令规定的限界要求。

(三)T·JK 型减速器

1. 外形尺寸

长:(1 800×n+2×550)mm(不包括复轨器)。

宽:3 685 mm。

高:645 mm(指减速器在工作状态轴承底面到制动缸顶点的距离)。

2. 工作压力 0.7 MPa。

3. 减速器单位制动能高 0.117 m/m,每节制动能高 0.210 6 m/m,不同节数的制动能高如表 6-14 所示。

表 6-14 T·JK 型减速器制动能高

节 数	4	5	6	7	8	9	10
制动能高(m/m)	0.84	1.05	1.26	1.47	1.68	1.90	2.11

4. 减速器耗风量如表 6-15 所示。

表 6-15 T·JK 型减速器耗风量

制动等级	计算压力(MPa)	耗 风 量(m^3)							
		3 节(0.149 0)	4 节(0.184 2)	5 节(0.219 4)	6 节(0.254 6)	7 节(0.304 2)	8 节(0.339 4)	9 节(0.374 6)	10 节(0.409 8)
Ⅰ	0.20	0.029 80	0.036 84	0.043 88	0.050 92	0.060 84	0.067 88	0.074 92	0.081 96
Ⅱ	0.32	0.047 68	0.058 94	0.070 21	0.081 47	0.097 34	0.108 61	0.119 87	0.131 14
Ⅲ	0.55	0.081 95	0.101 31	0.120 67	0.140 03	0.167 31	0.186 67	0.206 03	0.225 39
Ⅳ	0.70	0.104 30	0.128 94	0.153 58	0.178 22	0.212 94	0.237 58	0.262 22	0.286 86

注:(1)耗风量为自由空气量;

(2)括号内尺寸为不同节数减速器送风管及制动缸的总容积;

(3)计算压力值取各级制动压力的中间值。

5. T·JK 型减速器重量如表 6-16 所示。

表 6-16 T·JK 型减速器重量

节 数	3	4	5	6	7	8	9	10
重量(t)	14.4	18	21.6	25.2	28.8	32.4	36	39.6

6. 制动时间 0.6 s。

7. 全制动时间 1.39 s。

8. 缓解时间 1.23 s。

9. 全缓解时间 1.94 s

(四)T·JK 型减速器控制装置

1. 小风缸最大工作压力 0.7 MPa。

2. 小风缸容积 0.5 m^3。

3. 小风缸缸长 1 800 mm,缸内径 600 mm。

4. T·D 型电空阀工作压力 0.7 MPa。

5. T·D 型电空阀外形尺寸 277 mm×257 mm×335 mm。

6. T·TF 型风压调整器外形尺寸 180 mm×207 mm×256 mm,其中长度不包括连接钢管的长度。

(五)T·JK 型减速器上部限界

T·JK 型减速器上部限界如图 6-85 所示。

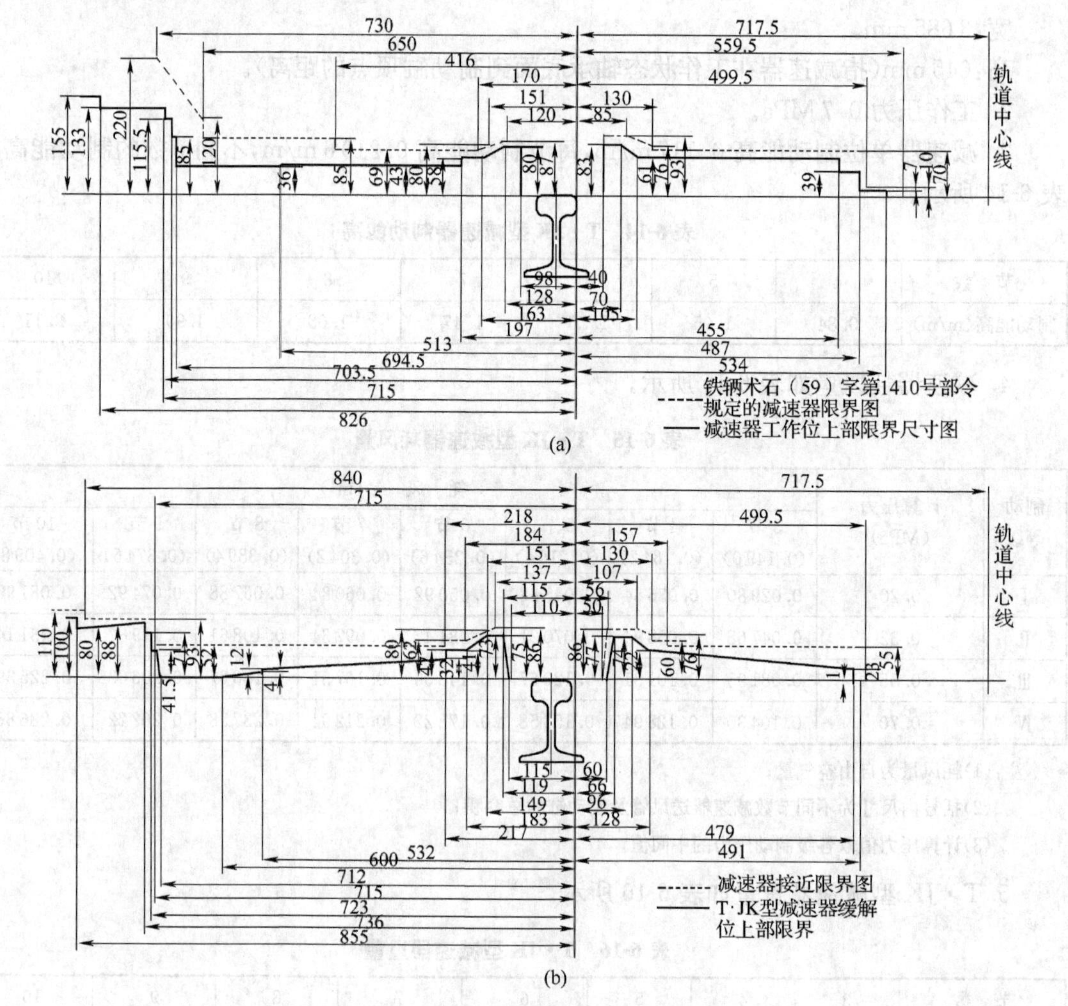

图 6-85　T・JK 型减速器的上部限界

复习思考题

1. 什么是重力式减速器？举例说明重力式减速器的工作原理。

2. 简述 T・JK 型减速器的工作原理。

3. T・JK型减速器有几级制动？为什么采用分级制动方式？各级制动的风压是多少？

4. T・JK型减速器安装快速排风阀的作用是什么？n 节减速器有几个快速排风阀？简述快速排风阀的工作原理。

5. T・JK型减速器的制动夹板分为几种？各种的名称是什么？

6. T・JK型减速器有哪些主要部件？

7. T・JK2型减速器使用的三位五通换向阀的型号是什么？各符号代表的意义是什么？图形符号是什么？

8. T・JK2型减速器在制动和缓解时对曲拐是如何定位的？

9. 简述 T・JK2 型减速器表示装置的工作原理。

10. T・JK2型减速器有哪些磨耗部件？其磨耗量的标准是什么？
11. 简述 KKP-L40 型快速排气阀的工作原理。
12. 各种类型减速器的开口尺寸是多少？
13. 各种类型减速器的全制动时间、全缓解时间和缓解时间是多少？
14. 说明 T・JK2 型减速器三位五通换向阀工作原理。
15. T・JK2-B 型减速器与 T・JK2-A 型减速器的主要区别是什么？
16. T・JK2-D 型改进型减速器要在哪些方面进行了改进？
17. 说明 T・JK4 型减速器的主要特点。
18. 说明 T・JY1 型液压重力式减速器主要由哪些部件构成。
19. 简要说明 T・JCD 系列电动减速器的结构及工作原理。

第七章　驼峰空压设备

驼峰空气压缩机系统(简称空压系统)是现代化驼峰设备的重要组成部分,压缩空气是电空型转辙机及风动车辆减速器的动力。空气压缩机(以下简称空压机)的种类很多,驼峰常用的空压机主要是活塞式和螺杆式两种。本章介绍 4L-20/8 型活塞式空压机,双螺杆、单螺杆空压机的工作原理、设备构成、维修方法及故障处理。

第一节　4L-20/8 型空气压缩机

一、工作原理

4L-20/8 型空气压缩机的工作原理如图 7-1 所示。

它由电动机驱动,通过三角皮带轮带动曲轴转动,再由连杆、十字头带动一、二级气缸活塞在气缸内作直线往复运动。当一级气缸活塞由上止点(活塞上死点)向下止点(活塞下死点)运动时,由活塞上端面与气缸和气缸盖构成的空间(称为气缸容积)逐渐增大形成低气压状态,外界空气从进气管道冲开进气阀的阀片进入气缸内。活塞继续往下移动直至活塞下止点。此过程,外界空气不断被吸入气缸,当活塞由下止点开始往上运动时,进气阀自动关闭,不再吸气。随着活塞向上运动气缸容积不断减少,气缸内空气被压缩,压力逐渐增大,当压力超过排气阀的背压及弹簧力之和时,压缩气体冲开排气阀经中间冷却器冷却后进入二级气缸,再次被压缩后,压力达到额定压力,经过排气管后送入储气罐。L 形空压机是双缸、双作用、水冷压缩机。活塞上、下两个端面都是工作面,只不过有活塞杆的一端,面积小一些。上、下气缸盖上的进、排气阀为同侧放置。当活塞向下运动时,上吸气阀打开,吸气,排气阀关闭。同时,活塞下部的空间被压缩,下吸气阀关闭,排气阀打开,排气。反之亦然。压缩机如此循环周而复始工作,产生压缩空气。

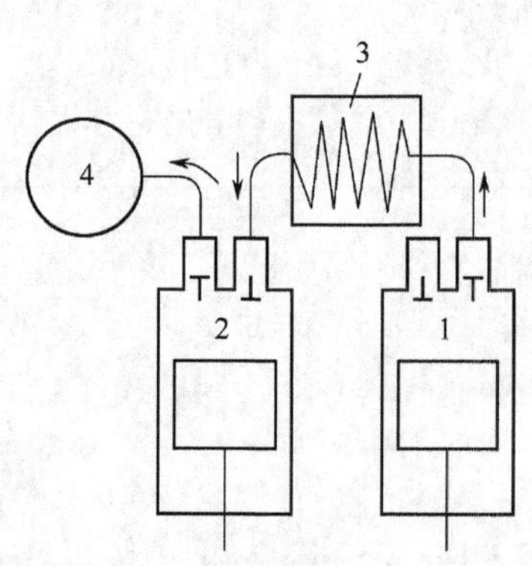

图 7-1　空气压缩机二级压缩过程示意图
1—一级气缸(低压缸);2—二级气缸(高压缸);3—冷却器;4—储气罐

二、空压机的结构

(一)整机结构

4L-20/8 型空气压缩机的结构如图 7-2 所示。它由曲轴连杆机构、配气机构、冷却及润滑油系统、气压调节机构等组成。

(二)各部件的结构及其作用

1. 曲轴连杆机构

曲轴连杆机构主要由气缸体、气缸盖、曲轴、连杆、活塞组成。

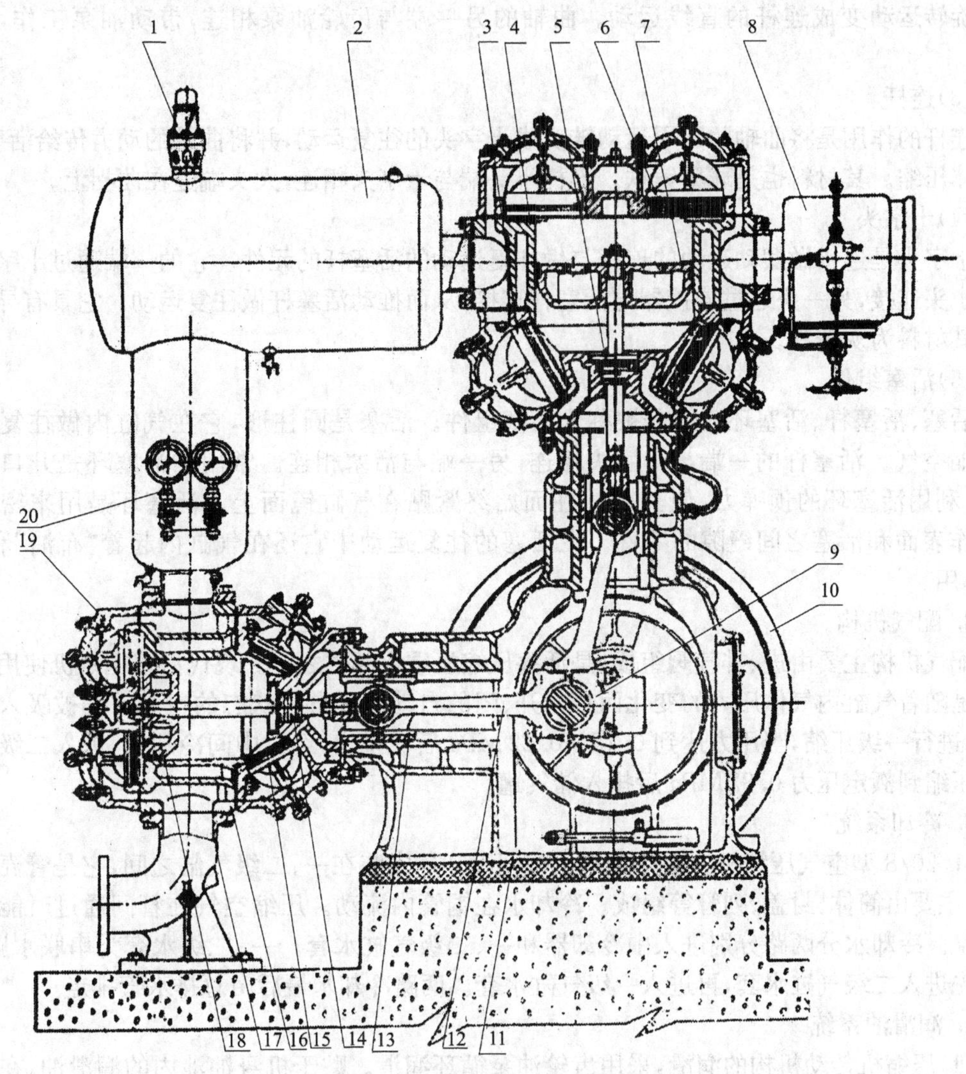

图 7-2　4L-20/8 型空气压缩机的结构

1—安全阀；2—中间冷却器；3—一级排气阀；4—一级气缸；5—一级填料；6—一级吸气阀；7—一级活塞；8—减荷阀；9—曲轴；10—皮带轮；11—机身；12—连杆；13—十字头；14—二级填料；15—二级排气阀；16—二级气缸；17—排气管；18—二级活塞；19—二级吸气阀；20—压力表及引压管

(1)气缸

4L-20/8 型空气压缩机的两个气缸成直角布置。一级气缸直径大，垂直布置。二级气缸直径小，水平布置。它们都是由灰铸铁制成，气缸由缸盖、缸体、缸座组成，互相间用双头螺栓连在一起，各接合面用石棉胶垫密封。气缸为双层结构，外层是气缸体，里层是气缸套。它们中间分别留有水路和气路，还有注油孔，各自是独立分开的。在缸盖上有四个气阀孔，用以安装两个吸气阀和两个排气阀。

(2)曲轴

曲轴是压缩机中最重要的零件，其材料是球墨铸铁。曲轴的一端与皮带轮相连，把电动机轴的旋转运动变成连杆的直线运动。曲轴的另一端与齿轮油泵相连，带动油泵工作，进行润滑。

(3)连杆

连杆的作用是将曲轴的圆周运动转变成十字头的往复运动，并将曲轴的动力传给活塞，进行气体压缩。其材料也是球墨铸铁。连杆小头端与十字头相连，大头端连在曲拐上。

(4)十字头

十字头是连接做摆动运动的连杆与做往复运动的活塞杆的元件。它的一端通过十字销与连杆小头连接，另一头通过连接器与活塞杆连接，从而推动活塞杆做往复运动。它具有导向作用。其材料为灰铸铁。

(5)活塞组件

活塞、活塞杆、活塞环三部分被称为活塞组件。活塞是圆柱形，它在气缸内做往复运动来压缩空气。活塞杆的一端与十字头相连，另一端与活塞相连。常用的活塞环是开口的铸铁环，利用活塞环的预弹力，使其外圆柱面始终紧贴在气缸镜面上。活塞环是用来密封气缸工作表面和活塞之间缝隙的零件。在活塞的往复运动中它还在气缸内起着“布油”和“导热”作用。

2. 配气机构

配气机构主要由进、排气阀组成，是活塞压缩机重要部件之一。现代活塞压缩机使用的气阀都是随着气缸内气体压力的变化而自行开、闭的自动阀。自由状态的空气首先被吸入一级气缸，进行一级压缩，当压力达到 0.18～0.22 MPa 后被排出，经过中间冷却器，进入二级气缸继续压缩到额定压力 0.82 MPa 后排入储气罐。

3. 冷却系统

4L-20/8 型空气压缩机为水冷方式。中间冷却器安装在一、二级气缸之间，它是管壳式冷却器，主要由筒体、封盖、列管等组成。冷却水在铜管内流动。压缩空气在管间通过时能很快地降温。冷却水分两路分别进入中冷却器和一、二级气缸水套。一、二级水套为串联水路，冷却水先进入二级气缸水套，再进入一级气缸水套。两路冷却水最后由总排水管排走。

4. 润滑油系统

(1)压缩机传动机构的润滑，采用齿轮油泵循环润滑。贮于机身油池内的润滑油，在进入油泵前，先经过滤油盒，再由油泵压到滤油器，然后通过曲轴中央的油孔，到达曲柄销摩擦表面，进行润滑。同时部分润滑油沿连杆中心的油孔，润滑连杆大头瓦、连杆小头衬套、十字头销及十字头滑道的摩擦面。曲轴两端的轴承利用飞溅的油进行润滑。

(2)另一部分是气缸润滑系统，它由注油器、逆止阀及注油管组成，注油器的动力由齿轮油泵主动轴经过蜗轮传来，通过蜗轮轴与注油器的凸轮轴连接，通过凸轮的转动，推动注油器给油泵的活塞上下打油，油通过油管和逆止阀进入气缸，以使活塞与缸体之间润滑。在停机时可通过手摇把手动给气缸注油或检查油路是否有故障。

5. 气压调节机构

气压调节机构主要由减荷阀和压力调节器组成，是用来自动调节储气罐内压力的装置。减压阀安装于一级气缸的进气口处。在其下部安装一个手轮，可实现手动调节。减压阀一端通过压力调节管与储风罐相连，当罐内压力超过规定值时，罐内压缩空气克服减压阀的弹簧压力，进入减荷阀的活塞缸内，推动活塞关闭进气阀，使空压机进入无负荷运转，这既降低了功耗又防止了过压事故的发生。当储气罐内压力降低,减荷阀内的活塞在弹簧的作用下自动切断来自储气罐压缩空气的通路,空气压缩机进入工作状态。

6. 填料组件

填料是阻止气缸内气体自活塞杆与气缸之间泄漏的组件。对填料的基本要求是密封性能良好并耐用。填料主要包括密封圈、挡油圈和隔环,挡油圈与密封圈用灰铁制成,每个元件由相等的三瓣组成,在外圆柱面上用弹簧扣紧,使内圆柱面紧密地贴和在活塞杆上,各元件的端面和它们配合的零件的端面均经过仔细研磨,保证配合的严密性。挡油圈内径开有环槽,可以刮下活塞杆上所有附带的机身内的润滑油,防止其进入气缸。挡油圈是安装在紧靠机身的一边,挡油圈刃口指向十字头方向。而密封圈则相反,安装在紧靠气缸一边。

7. 安全阀

安全阀是一种保护性装置,用来控制容器和设备内的压力。当压力超过额定值时安全阀是能自动卸载的一种装置。因此在空压机每一级管路上都装有安全阀,以防止压缩机每一级压力过高。空压机上使用最多的是全启开式安全阀。

安全阀每年应经有权验检部门校正一次,以保证其能正常工作。

三、空压机的附属设备

为使空压机能正常工作,生产清洁的压缩空气,空压机还有一些相配套的附属设备,主要包括:空气滤清器、逆止阀、后冷却器、压缩空气干燥器、储气罐及冷却水系统。

(一)空气滤清器

空气滤清器的结构如图 7-3 所示。

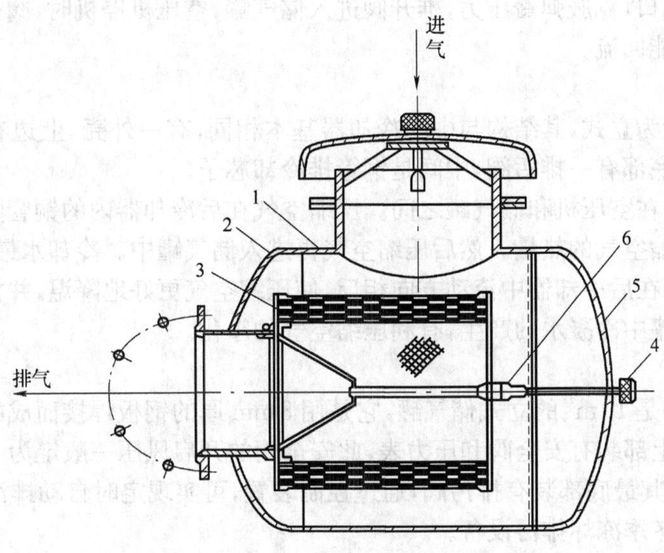

图 7-3 空气滤清器的结构

1—筒体;2、5—封头;3—圆柱形滤网;4、6—螺母

空气在进入空压机之前,必须经过空气滤清器以过滤空气中所含的灰尘及杂质。空气过滤器主要由壳体和浸油丝网组成。壳体有封头、进气孔和排气孔。浸油丝网由多层波状铁丝组成,网上浸有锭子油,当混浊空气通过后,其灰尘粘于铁丝网上,不能进入空压机。此网每10天应清洗一次,重新浸油后再装上。

(二)逆 止 阀

逆止阀也称止回阀,此阀正向开通,逆向截止。逆止阀装于空压机与储气罐之间的管道上。压缩空气只能由压缩机流向储气罐,决不允许压缩空气由储气罐流向空压机。逆止阀在此起安全作用。

空压机中常用的逆止阀有旋启式和升降式两种,其结构如图 7-4 所示。

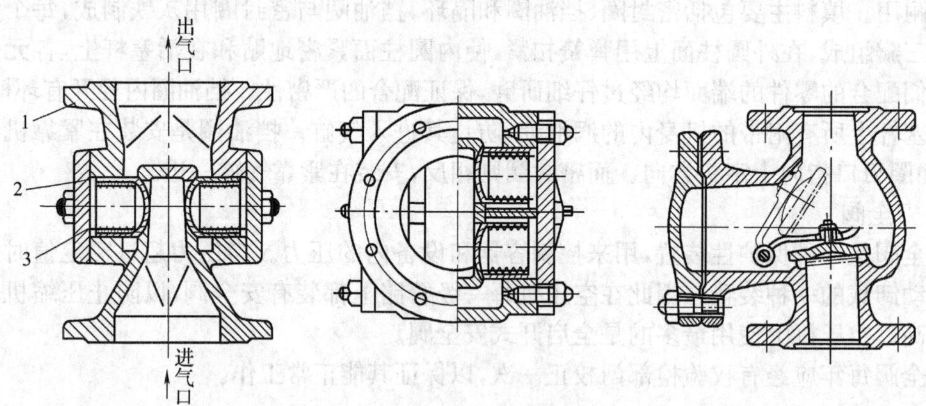

图 7-4　逆止阀的结构

1—阀体;2—阀;3—弹簧

旋启式逆止阀由阀体、旋启阀组成,当进气口压力超过出气口(即储气罐侧)压力时,储气罐侧压力大,旋启阀被压到阀座上,关闭气路,使气体不能倒流。

升降式逆止阀由阀体、钢阀和弹簧组成。钢阀分上下两列,每列两个。当空压机工作时,压缩空气经过进气口,克服弹簧压力,推开阀进入储气罐,空压机停机时,阀被弹簧紧密地压在阀座上,使气体不能回流。

(三)后冷却器

后冷却器一般为立式,其结构与中间冷却器基本相同,有一外壳,上边有进气口、出气口、进水口和出水口,底部有一排污阀,中间是铜管排冷却芯子。

后冷却器安装在空压机和储气罐之间。压缩空气在后冷却器内的铜管间流动。冷却水在管内流动,带走压缩空气的热量。然后压缩空气再进入储气罐中。冷却水最后回到冷水池中。压缩空气与冷却水在后冷却器中流动方向相反,使压缩空气更好地降温,并析出压缩空气中的油和水,减少储气罐中冷凝水的产生,有利压缩空气的净化。

(四)储 气 罐

驼峰场常用的是 $10\,m^3$ 的立式储气罐,它是用 8 mm 厚的钢板焊接而成的,下部有人孔,可以清洗内部油垢,上部装有安全阀和压力表,此安全阀的开启风压一般定为 0.85 MPa,关闭压力为 0.7 MPa。在其最底部装有排污阀,通过控制装置,可实现定时自动排污。在北方底部要加防寒设施,以防冬季冻坏排污设备。

(五)冷却水系统

驼峰空压站冷却水系统主要是开路循环系统,包括冷水池、热水池、冷水塔、水泵(分冷水泵、热水泵)、水管路及阀门。其作用是为空压机及后冷却器提供循环的、不间断的冷却水,以降低空压机的机身温度和压缩空气温度,防止空压机缸体变形等。

冷却水系统的构成如图 7-5 所示。

冷却水由冷水池通过冷水泵进入空压站的总进水管,然后分别进入后冷却器、压缩机的中间冷

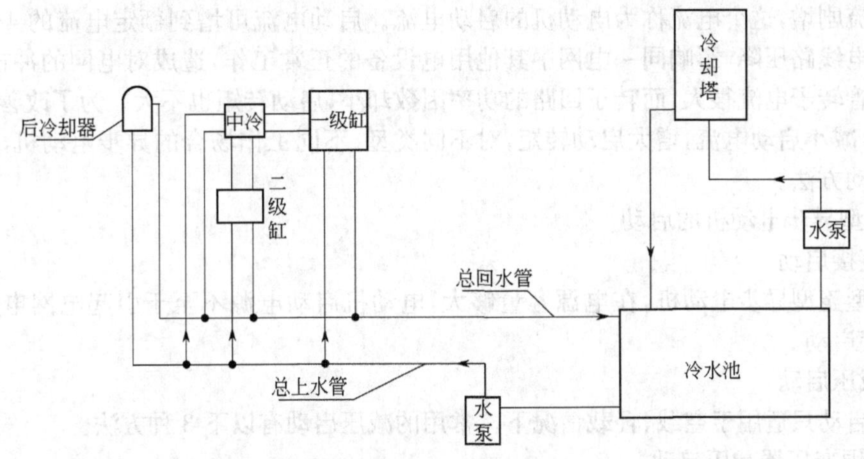

图 7-5 冷却水系统示意图

却器、一级缸和二级缸，进行冷却后回到热水池。由热水泵将水加到冷却塔的顶部，经冷却塔再流回冷水池。冷水池的容量视用水量而定，一般应能蓄水 60 t 为宜。水温最高时不应高于 40 ℃。

（六）压缩空气干燥器

压缩空气经后冷却器冷却后，仍含有一定的水分。其含量取决于空气的温度、压力和相对湿度。冬季当室外温度低于 0 ℃时，供气管道、减速器、转辙机内压缩空气所析出的水会结冰，影响这些设备的安全使用。所以必须设有空气干燥装置。对于驼峰空压站来讲，冷冻式干燥器较为合适。冷冻方法是利用制冷设备使压缩空气冷却到一定的露点温度，析出相应所含的水分，达到所需干燥度。

四、电 动 机

电动机是空压机最重要的配套设备，并且纳入自动控制的范围。从 20 世纪 90 年代起，空压机配套的电动机主要是笼型异步电动机。该电动机的转子绕组本身成闭合回路，整个转子成一坚实的整体，结构简单、坚固耐用。同容量同转数的笼型电动机比绕线转子电动机的效率高约 30%，功率因数高约 5%。缺点是启动电流较大。绕线转子电动机是通过集电环和电刷在其转子回路中外加电阻，减少启动电流，增加启动转矩。缺点是构造复杂，价格较贵。电刷要经常维修。没有特殊要求时，都采用笼型异步电动机。

（一）三相异步电动机的接线方法

三相异步电动机定子绕组有两种接线法。一种是△形接法，另一种是 Y 接法。在电动机的铭牌上都标明了该电动机绕组所采用的接法。一般 4 kW 电动机都采用△形接法。同时在电动机的接线板上标明三相绕组各相的头、尾，U1、U2 为 U 相，V1、V2 为 V 相，W1、W2 为 W 相，并按一定次序在接线板上排好，便于接线。使用电动机必须按照铭牌上标明的电源电压和接线方法进行接线。对于电源电压为 380 V 的电动机，如果将△形接法误接成 Y，会使接到每一相绕组的 380 V 电压降为 220 V，使电动机转矩比额定转矩减少 1/3。如果还要带额定负载，将造成过载而烧坏绕组。若将 Y 接法误接成△形，则每相绕组所承受的电压升高 1.73 倍，定子电流将大大增加而烧坏绕组。

（二）电动机的启动

异步电动机启动时，刚接通电源，转子尚未转动的瞬间，转子回路中感应电流很大，使定子绕组中电流剧增,这个电流称为电动机的启动电流。启动电流可增到额定电流的 4～7 倍,这会导致供电线路压降,影响同一电网中其他用电设备的正常工作,造成对电网的冲击。同时,启动时尽管转子电流很大,而转子回路的功率因数却小,启动转矩也不大。为了改善电动机的启动特性,减小启动电流,增大启动转矩,对不同类型、不同工作场合的异步电动机,必须采用不同的启动方法。

1. 笼型异步电动机的启动

(1)直接启动

对小型笼型异步电动机,在电源容量够大,电动机启动电源不至于引起电网电压显著下降,可直接启动。

(2)减压启动

减压启动只适用于空载、轻载情况下。常用的减压启动有以下 3 种方法。

① 自耦变压器减压启动

自耦变压器又称补偿器,它能降低电动机的启动电压,以减少启动电流,启动后即退出运行。由于它不受到电动机的电压及接法限制,电压降又可根据要求调节,所以应用普遍。

② Y-△形转换减压启动

此种方法只适用于定子绕组是△形接法的电动机。操作顺序是先合上电源断路器,然后将 Y-△形转换开关合到"启动"位置,使定子绕组接成 Y 形,此时每相绕组上的电压是电源线电压的 0.6 倍,电动机降压启动。待电动机转数到达额定转数时,把转换开关合到"运转"位置,定子绕组恢复△形接法,电动机进入正常运转。此种减压启动法,因其结构简单,可频繁启动,应用比较广泛。

③ 电阻减压启动

在定子回路中串入电阻,限制启动电流。当电动机转数接近额定转数时,将电阻短路,电动机处于额定电压下运行。当串入的电阻使启动电流降为直接启动时的启动电流的 36%时,加到定子绕组上的电压也降到额定电压的 60%,而启动转矩仅为直接启动转矩的 36%。因此能耗大,受电阻容量限制,不能频繁启动,使用范围受到限制。

2. 绕线转子异步电动机的启动

绕线转子异步电动机通常采用在转子电路中串联变阻器的启动方法,增大转子电路的电阻,减少转子绕组的启动电流,相应降低定子绕组的启动电流。过去驼峰空压机也有配绕线转子异步电动机的。

(1)启动变阻器

由薄钢板、硅钢片制成电阻片或用钢丝绕成的电阻器和转换装置组成。用启动变阻器启动方法简单,只能手动。机械特性较差,只适用于小容量电动机的启动。

(2)频敏变阻器

频敏变阻器是一种无触点电阻元件,把它接在绕线转子异步电动机的转子电路中,在启动过程中,因其阻抗是随转子电流频率的降低而减少,能自动地使电动机平稳启动。频敏变阻器结构简单,且能自动操作,启动平稳,使用广泛,只是不能用来调速。

(三)电动机的维护

做好电动机的日常维护工作,是减少故障和事故,确保电动机正常运行,延长其寿命的重要措施。

1. 电动机运行标准

(1)电流在允许范围内。

(2)温升不超标。

(3)滑环、整流子无火花。

(4)各部振幅及轴向窜动不大于规定值。

2. 构件(除无损外)应满足以下要求：

(1)电动机内无明显积灰和油泥,线圈、铁芯、槽楔无老化、松动、变色等现象。预防性试验合格。

(2)绝缘电阻在热态下不低于 1 MΩ/kV。

(3)主体完整、清洁,零附件齐全好用。

(4)外壳上铭牌完整。

(5)启动、保护和测量装置齐全,灵活好用,电缆头制作符合标准,电缆敷设符合要求。

(6)外观整洁,轴承不漏油,接地装置符合要求。

3. 资料应齐全、准确,设备应建履历卡,检修和试验记录,3 kV 以上电动机运行记录及产品说明书等。

4. 电动机的定期维护

作为空压机动力装置的电动机,其定期维护应结合空压机的定期维护合并进行。主要项目如下：

(1)拆卸电动机,用压缩空气吸扫灰尘,排除个别绕组线圈缺陷,更换损坏的槽楔和绝缘套管。

(2)检查风扇叶片,如有缺损或松动应修复。

(3)测量定子和转子间的空气间隙应均匀,若有偏差应调整。

(4)检测绕组相间和各相对地绝缘电阻,如小于 0.5 MΩ,应进行烘干处理。

(5)更换轴承衬垫,修整转子轴颈,清洗轴承,加注润滑脂,如轴承磨损超限时应更换。

(6)绕线转子异步电动机要修整集电环(换向器),更换电刷,使电刷与集电环接触良好。

(7)装好电动机,检查定子、转子和试验带负载运行。

五、空压站配电系统

(一)驼峰空压站配电设备的组成及电路原理

1. 设备组成和平面布置

驼峰空压站配电设备要求能为空压机提供不间断电源。空压站的配电室要求单独设置。配电室设备主要有:电源屏、负载屏、联络屏等。为提高功率因数还可增设电容补偿屏。由两个变压器来的两路电源分别引入主、副电源屏。其平面布置如图 7-6 所示。

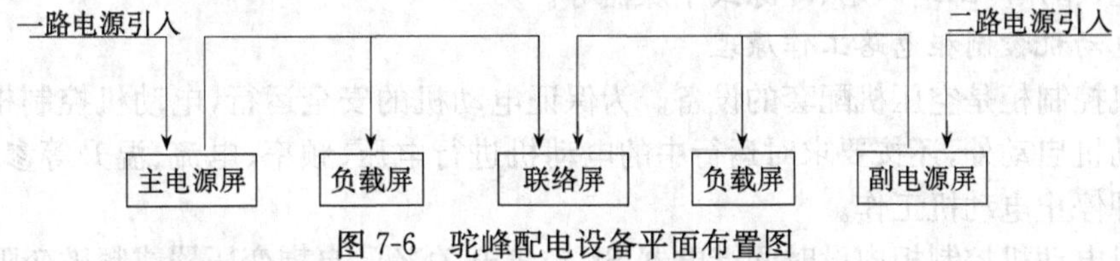

图 7-6 驼峰配电设备平面布置图

电源屏为两个,分别称为主屏和副屏,用于一、二路电源的引入。主、副屏一般设置在所有屏的两端,彼此距离较远,目的是停电检修时防止接触另一路电源。

2. 电路工作原理

(1)电源屏

主、副屏内部结构及电路相同,分别用于一、二路引入电源。每个屏内设一个自动开关。电源经铜排母线引入经自动开关触头后送给联络屏。

自动开关的作用是在电路出现异常时自动断开电源,以保护电动机及其他相关部件。

自动开关由自由脱扣机构、触头系统、灭弧室、过电流脱扣器、分励脱扣器、失压脱扣器、操作机构及其控制电路组成。

自动开关的闭合可用手动操作也可用电动操作,自动开关的断开原理如图 7-7 所示。当电路发生过载或短路时,电流上升,使铁芯的磁力增大,超过规定时,衔铁被吸向铁芯拐轴上部拨动脱扣轴转动,进而带动触头转动,使自动开关断开。

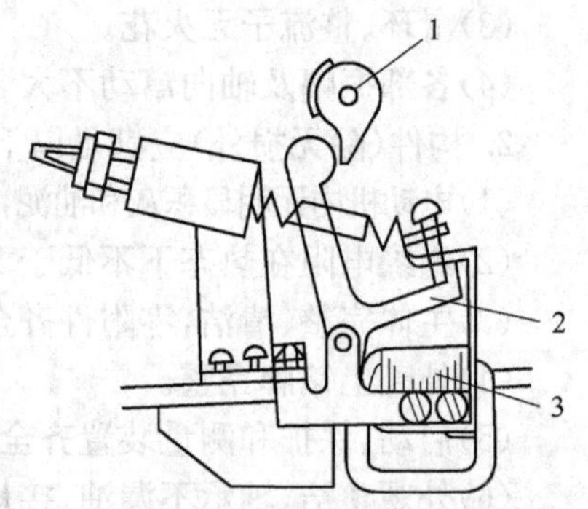

图 7-7　过电流脱扣器

1—转动脱扣轴;
2—衔铁;3—线圈及铁芯

(2)联络屏

联络屏是为实现一、二路电源自动切换而设置的。屏内设两个转换开关,两路电源经主、副屏输出分别接至两个转换开关上部,下部用母线连在一起。如图 7-8 所示。

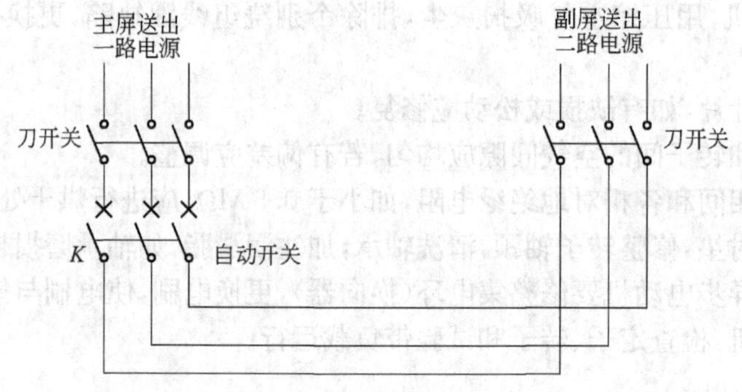

图 7-8　联络屏供电图

(3)负载屏

负载屏主要负责给空压机电动机提供动力电源。每个屏设有 3～4 个回路,一般有 2 个回路为 2 台空压机电动机提供三相交流电,其余为空压站其他用电设备提供电源。负载屏的数量因空压站规模不同而不同。

负载屏直接从电源母线上 T 接,经负载屏内的自动开关送到每台空压机电动机控制柜、水泵控制柜(箱)、冷却塔风扇、冷冻式干燥器等。

(二)电动机控制柜电路工作原理

电动机控制柜是空压机配套的设备。为保证电动机的安全运行,电动机控制柜主要功能除控制电动机启动外,还按要求对运行中的电动机进行电压、频率、电流、温升等参数的监测,如有异常即停止电动机工作。

空压机电动机控制柜内设时间继电器 SJ、空气开关 ZK、自耦变压器或频敏变阻器 PK、过流继电器 GLJ 及中间继电器、交流接触器等,其电路如图 7-9 所示。

在继电式空压机自动控制模式下,电动机控制柜工作程序如下:

在自动控制状态下,自动控制电路中的开机操纵继电器 KCJ 吸起后,控制柜中的第一交流接触器 1C 吸起，电动机开始启动，同时接通时间继电器 SJ 电路，经过 10 s 延时后，SJ 吸起，进而接通 2C 电路，使之吸合接点短接频敏变阻器使电动机正常运转。

当自动控制电路中停机操纵继电器 TCJ 吸起后，切断 1C 自闭电路，使之落下。1C 落下后使 SJ 落下，进而使 2C 落下，电动机停止运行。

在手动和局控状态时，分别由手动继电器 SDJ 和启动按钮 QA 接通 1C 电路使之吸起，进而控制电动机运转。

若电路发生短路或空压机故障使电动机工作电流超过 260 A 时，GLJ 吸起，使 ZJ_2 吸起，切断 1C 电路，使空压机停机。经值班人员手动恢复后，ZJ_2 才能复原，电动机才能重新启动。

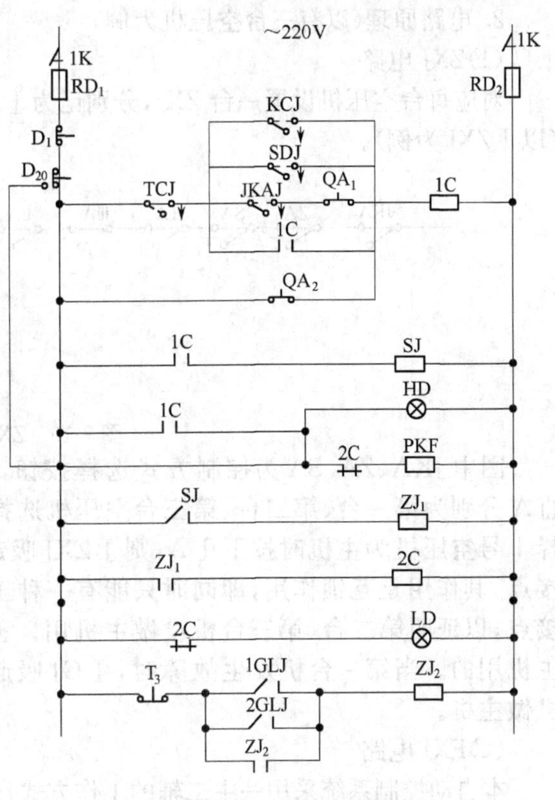

图 7-9 控制柜电路图

六、空压机的自动控制及信号保护

通过自动控制及信号保护（以下简称自动监控设备），空压机能提高工作效率，及时发现故障，使设备工作可靠，从而达到运行经济，节约能源，改善劳动条件，减少操作人员的目的。

近十多年随着驼峰大规模的技术改造，许多驼峰空压站都采用自动监控设备。目前，驼峰空压机的监控设备有继电器控制方式和微机控制方式。继电器控制方式比较传统，对工人文化水平要求相对低些。该种方式只能采集开关量，继电器数量多，维修麻烦，故障不易查找。随着计算机技术水平的不断提高，微机控制方式就逐步推广应用开来。与继电器控制相比，微机控制具有对信息进行存储、记忆、运算和逻辑判断等功能，并可进行数据采集、处理、打印和屏幕显示。采用微机控制方式对工人文化水平要求相对高些。

（一）继电器控制方式

1. 代号说明

自动控制电路中设置的继电器名称如表 7-1 所示。

表 7-1 自动控制电路中设置的继电器名称

代 号	名 称	代 号	名 称
ZQJ	主机启动继电器	KCJ	开机操纵继电器
KQJ	辅机启动继电器	TCJ	停机操纵继电器
ZKJ	主机开机继电器	JHBJ	减荷表示继电器
FKJ	辅机开机继电器	YCJ	运行继电器
FGJ	辅机关机继电器	ZAJ	自动按钮继电器
XAJ	下限安全继电器	JKAJ	局控按钮继电器
SAJ	上限安全继电器	SDJ	手动继电器
1SJJ	第一时间继电器	GJ	故障继电器
GHJ	故障恢复继电器	PKDF	排空电磁阀
ZXJ	主机选择继电器	JHDF	减荷电磁阀
FXJ	辅机选择继电器	FFKJ	辅机开机反复示继电器

2. 电路原理(以有三台空压机为例)

(1)ZXJ 电路

对应每台空压机设置一台 ZXJ,分别记为ⅠZXJ、ⅡZXJ、ⅢZXJ 等,其电路如图 7-10 所示(以ⅠZXJ 为例)。

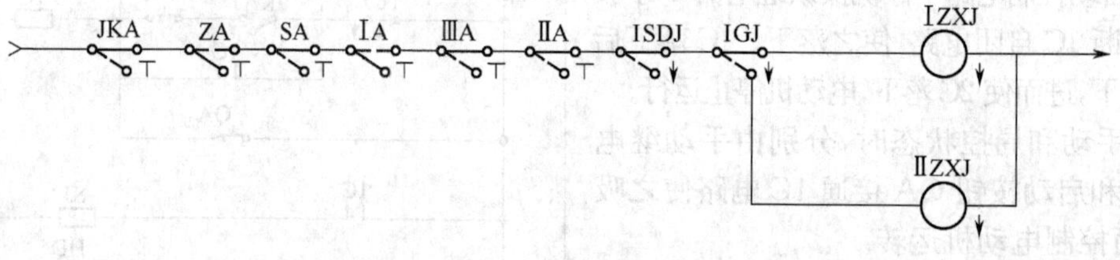

图 7-10 ZXJ 电路图

图中 JKA、ZA、SA 为控制方式选择按钮,分别为局控、自动、手动按钮。ⅠA、ⅡA、ⅢA 分别为第一台、第二台、第三台空压机选择按钮。当选择自动控制方式,按下 ZA,选择Ⅰ号空压机为主机时按下ⅠA,则ⅠZXJ 吸起,这里检查了 JKA、SA、ⅡA、ⅢA 的常开接点,其作用是互锁作用,即同时只能有一种工作方式。这里还检查了ⅡA、ⅢA 的常开接点,以证明第二台、第三台机没做主机用。ⅠGJ 是为发生故障能自动选择下一台机为主机用的。当第一台机发生故障时,ⅠGJ 吸起,使ⅠZXJ 落下,同时ⅡZXJ 吸起,第二台机做主机。

(2)FXJ 电路

本自动控制系统采用一主二辅的工作方式,选择一台主机的同时,也就自动选择了两台辅机,其顺序为选Ⅰ号机为主机时,Ⅱ号机为第一辅机,Ⅲ号机为第二辅机;选Ⅱ号机为主机时,Ⅲ号机为第一辅机,Ⅰ号机为第二辅机,以此类推。FXJ 电路如图 7-11 所示(以选Ⅰ号机做主机为例)。

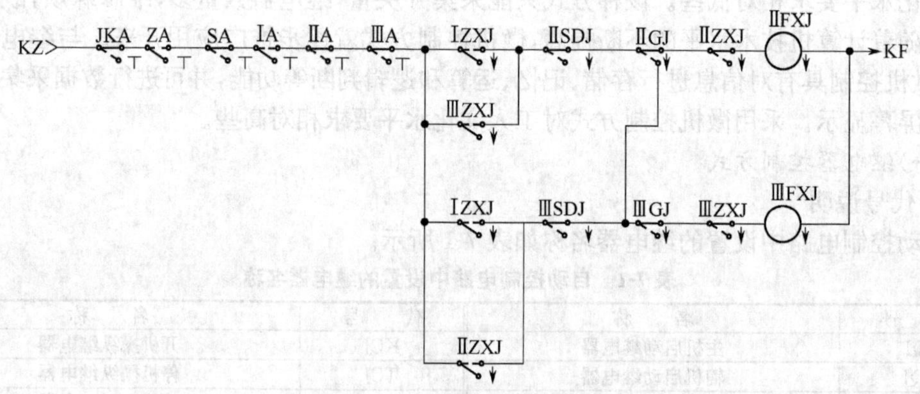

图 7-11 FXJ 电路

按下 ZA、ⅠA,ⅠZXJ 吸起,使ⅡFXJ、ⅢFXJ 吸起,这时分别检查了各自的 GJ 和 ZXJ 的落下接点。GJ 的接点有两个作用,其一是证明本机无故障,其二是当本机有故障时自动转下一个为辅机。

(3)ZKJ 和 ZGJ 电路

整个自动控制系统设一个 ZKJ 和一个 ZGJ,其电路如图 7-12 所示。

ZKJ 和 ZGJ 是用电接点压力表控制的，见图 7-12 中 ZFYB(主机风压表)，为保证安全，可用两块表并联使用。当风压表的动针与低压针接触时，ZKJ 吸起，使主机启动。当风压表的动针升至与高压针接触时，ZGJ 吸起，使主机关机。开机和关机的风压值可根据实际需要调整，一般调在 0.75 MPa 时，ZKJ 吸起，到 0.8 MPa 时，ZGJ 吸起。

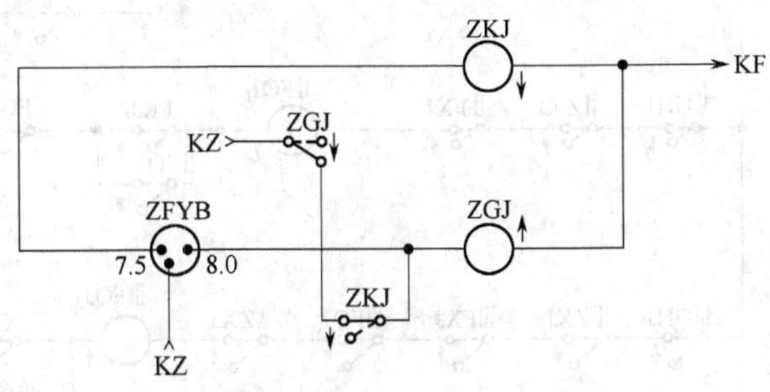

图 7-12 ZKJ 和 ZGJ 电路图

在 ZGJ 电路中有一条自闭电路，其目的是防止风压值升到 0.8 MPa 时，接点接触不牢，引起 ZGJ 跳动。

(4)FKJ 和 FGJ 电路

对应 ZKJ 和 ZGJ 系统还设置了一个 FKJ 和 FGJ，其电路如图 7-13 所示。其作用就是控制第一辅机的启动和关机。FKJ 和 FGJ 是用 FFYB(辅机风压表)控制的，风压表的动针与高压针接触时，FGJ 吸起，使第一辅机关机。风压表的动针与低压针接触时，FKJ 吸起，使第一辅机开机，参与打风。其高低压指针可根据需要而定，一般调在 0.70 MPa 时，FKJ 吸起，到 0.78 MPa 时，FGJ 吸起。

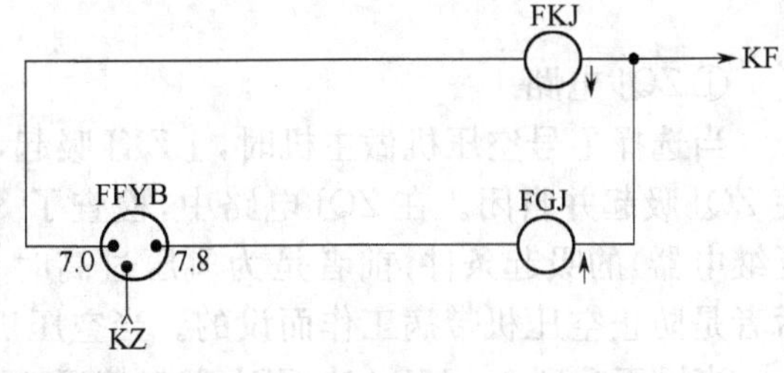

图 7-13 FKJ 和 FGJ 电路图

(5)SAJ 和 XAJ 电路

上限安全继电器 SAJ 和下限安全继电器 XAJ 是为防止风压过高和过低而设置的。当风压因故过高时，SAJ 吸起，切断所有空压机的启动电路，强迫空压机立即停机，以保证安全。当风压因故过低时，XAJ 吸起，接通第二辅机启动继电器电路，使第二辅机参与工作。其电路如图 7-14 所示。

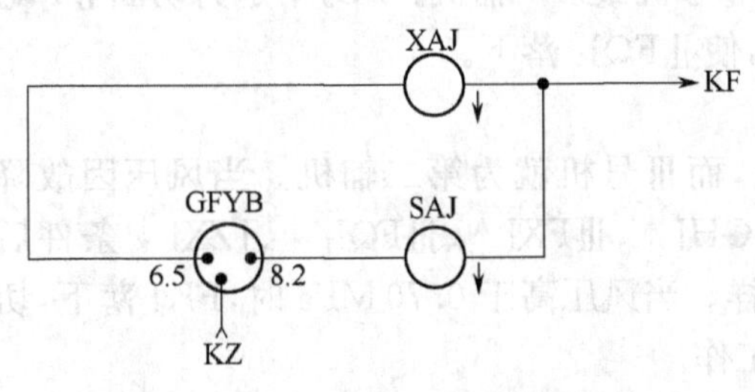

图 7-14 SAJ 和 XAJ 电路

SAJ 和 XAJ 是靠 GFYB(故障风压表)控制的，当风压高于 0.8 MPa 时，风压表的动针和高压指针接触，使 SAJ 吸起，强制所有机器停机。当风压低于 0.65 MPa 时，风压表的动针与低压指针接触，使 XAJ 吸起，使第二辅机启动，参加工作。

(6)ZQJ、FQJ_1 和 FQJ_2 电路

主机启动继电器 ZQJ、第一辅机启动继电器 FQJ_1 和第二辅机启动继电器 FQJ_2 是分别接续 ZKJ、FKJ 及 XAJ 工作的，用以接通相应的开机操纵继电器 KCJ，进而控制空压机的启动。对应每台空压机设置一台 ZQJ、一台 FQJ_1 和一台 FQJ_2，其电路如图 7-15 所示，下面以Ⅰ号空

压机做主机为例介绍 ZQJ、FQJ_1 和 FQJ_2 电路原理。

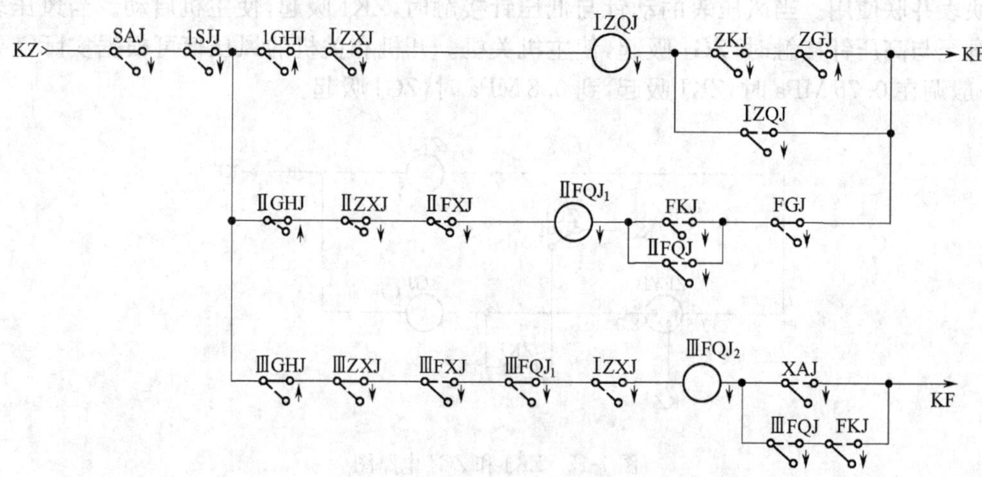

图 7-15　ZQJ 和 FQJ_1、FQJ_2 电路图

①ZQJ 电路

当选择Ⅰ号空压机做主机时，ⅠZXJ 吸起，风压低于 0.75 MPa 时，ZKJ 吸起，ZGJ 落下，使 ZQJ 吸起并自闭。在 ZQJ 电路中，检查了 SAJ 的落下接点和 1GHJ（Ⅰ号空压机故障恢复继电器）的吸起条件，前者是为风压过高时切断ⅠZQJ 电路，强制空压机停机而设置的，后者是防止空压机带病工作而设的。当空压机发生故障时 GHJ 落下，ZQJ 就不能吸起。

当风压升到 0.8 MPa 时，ZGJ 吸起接通 1SJJ 电路，经延时 13 s 后，1SJJ 吸起，从而切断ⅠZQJ 正电使之落下。

②FQJ_1 电路

当风压降至 0.7 MPa 时，FKJ 吸起使ⅡFQJ_1 吸起，Ⅱ号空压机开始运行。ⅡFQJ_1 的电路，分别检查了 SAJ↓、1SJJ↓条件，作用同ⅠZQJ 电路中的一样，而ⅡZXJ↓、ⅡFXJ↑条件证明Ⅱ号机做辅机而不是做主机，FKJ↑条件是说明Ⅱ号机做第一辅机。FGJ↓是为切断ⅡFQJ 电路而设的。当风压升至 0.78 MPa 时，FGJ 吸起，使ⅡFQJ_1 落下。

③FQJ_2 电路

当选Ⅰ号机做主机时，Ⅱ号机就做第一辅机，而Ⅲ号机就为第二辅机。当风压因故降至 0.65 MPa 时，XAJ 吸起，检查 SAJ↓、1SJJ↓、ⅢGHJ↑、ⅢFXJ↑、ⅢFQJ_1↓、ⅠZXJ↓条件后ⅢFQJ_2吸起。这里的条件作用同 ZQJ 和 FQJ_1 一样。当风压高于 0.70 MPa 时，FKJ 落下，切断ⅢFQJ_2 的自闭电路，使之落下。第二辅机停止工作。

若选Ⅱ号机为主机，则Ⅲ号机为第一辅机，Ⅰ号机为第二辅机，对应的ⅡZQJ、ⅢFQJ_1 及ⅠFQJ_2的励磁电路原理同上。选择其他机为主机时，辅机类推，这里不一一讲述。

(7)PKDF、JHDF 及 JHBJ 电路

排空电磁阀 PKDF 和减荷电磁阀 JHDF 是为开机前及停机后实现自动排空和自动减荷而设置的，以防止空压机带负荷启动损坏设备。减荷表示继电器 JHBJ 是为实现自动控制而设的。对应每台空压机有一套排空设备。现以Ⅰ号空压机的电路为例介绍 PKDF、JHDF 及 JHBJ 电路，如图 7-16 所示。

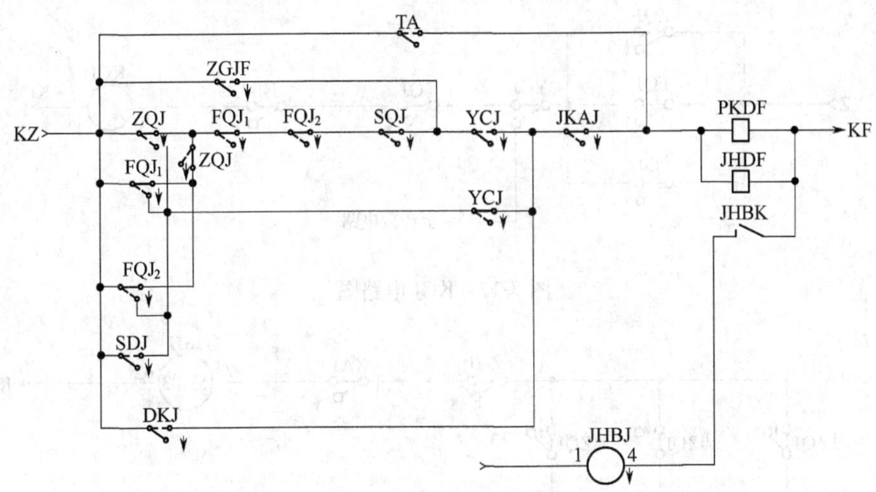

图 7-16 PKDF、JHDF 及 JHBJ 电路图

①Ⅰ TA 是Ⅰ号机停车按钮，通过Ⅰ TA 直接给 PKDF 和 JHDF 送电，用以在局控方式时实现排空和减荷。

②PKA 是排空按钮，为随时排空而设，如发现二级缸在停车后还有风就可以按下 PKA，将风排出。

③在手动作业方式时，通过 SDJ 的吸起实现自动排空。这条电路检查了 YCJ 的落下条件，即当空压机开始运行后，切断排空电路，以实现自动加负载。

④在自动控制方式时，如Ⅰ号机做主机，则Ⅰ ZQJ 吸起后，经 YCJ 的落下接点给 PKDF 和 JHDF 送电，实现自动排空和减荷。延时 7 s 后，YCJ 吸起，切断 PKDF 和 JHDF 电路，排空完毕，空压机开始正常工作。风压打满后Ⅰ ZQJ 落下，经其落下接点，再检查Ⅰ FQJ_1、Ⅰ FQJ_2、Ⅰ SDJ的落下接点及 ZYCJ 的吸起接点，给 JHDF 和 PKDF 送电，以排出二级缸内残存的风压。延时后Ⅰ YCJ 落下，停止排空。

若Ⅰ号机做第一辅机或第二辅机，PKDF 和 JHDF 的工作同上。只是用Ⅰ FQJ_1 和Ⅰ FQJ_2代替Ⅰ ZQJ 的作用。

⑤JHDF 通电后，减荷表示开关 JHBK 接通，使Ⅰ JHBJ 吸起，机器运行后，Ⅰ JHDF 断电，使Ⅰ JHBJ 落下。

(8)KCJ 电路

对应每台空压机设一台开机操纵继电器 KCJ，由 KCJ 接通控制柜中的第一次交流接触器 1C 电路使之吸起，从而启动空压机，电路如图 7-17 所示。

由图可以看出，ZQJ 或 FQJ_1、FQJ_2 吸起后，空压机开始排空，JHBJ 吸起，使 KCJ 吸起，进而使 1C 吸起并自闭。由于 1C 吸起使 YCJ 吸起，YCJ 吸起又使 KCJ 和 JHBJ 落下。YCJ 吸起接通计时电路，以记载空压机的运行时间。

(9)1SJJ 电路

全套自动控制电路设一个关机延时继电器 1SJJ，其作用是切断 ZQJ 电路使空压机停机。电路如图 7-18 所示。

空压机做主机启动，ZQJ↑，风压升到 0.80 MPa 时，ZGJ↑经延时 3 s 后 1SJJ 吸起。切断

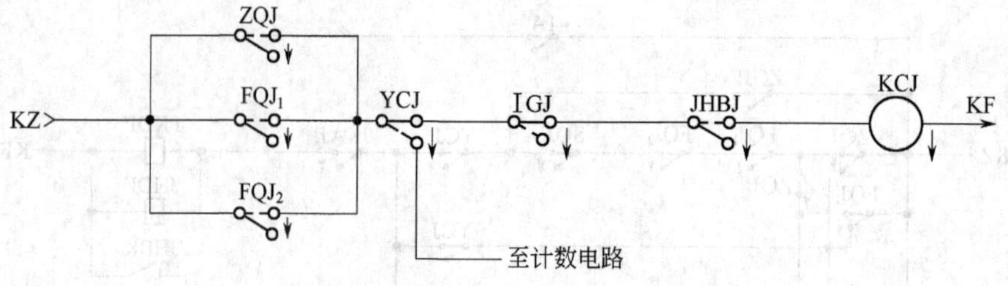

图 7-17　KCJ 电路图

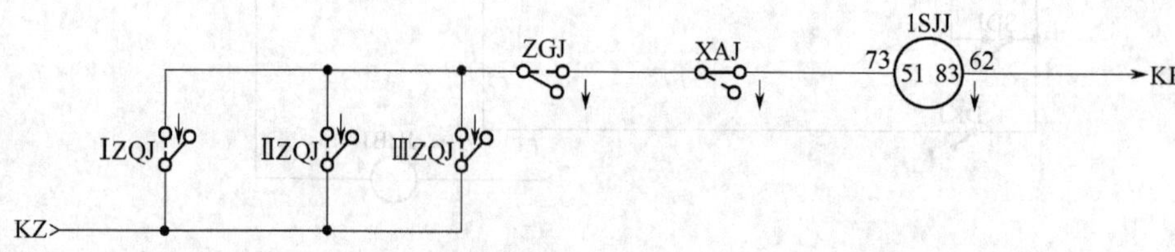

图 7-18　1SJJ 电路

ZQJ 的正电，使之落下，进而使空压机停机。

(10)TCJ 电路

与 KCJ 相对应，每台空压机设一台停机操纵继电器 TCJ，用于操纵空压机停机。其电路如图 7-19 所示。

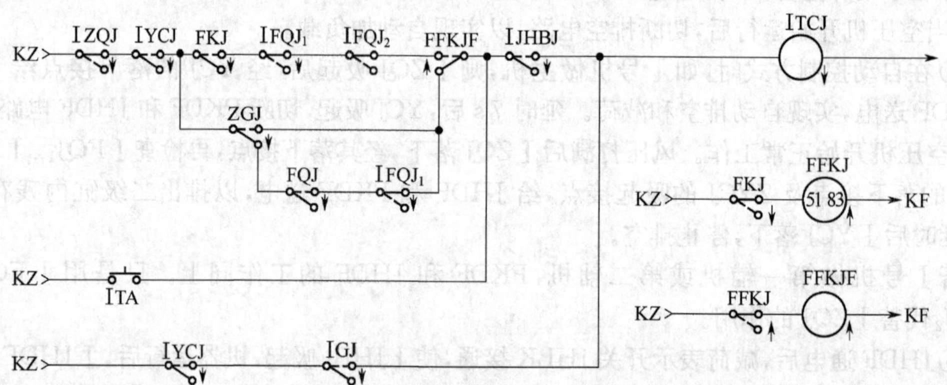

图 7-19　TCJ、FFKJ、FFKJF 电路

TCJ 有 5 条励磁电路，下面分别讲解其吸起条件。

① 做主机时励磁电路：空压机在运行状态时 YCJ↑。

当风压升到 0.80 MPa 时 ZGJ↑，经延时 3 s 后 1SJJ↑→ZQJ↓，由 ZQJ↓＋YCJ↑使空压机开始排空 JHBJ↑，这时 ZQJ↓＋YCJ↑＋ZGJ↑＋FFKJF↑＋JHBJ↑→TCJ↑。这里 FFKJF 是 FKJ 的反复示继电器、FFKJ 的复示继电器，它常态是吸起的。

② 做第一辅机时的励磁电路：空压机做第一辅机启动后，FQJ_1↑、YCJ↑。

当风压升至 0.78 MPa 时，FGJ↑→FQJ_1↓，加之 YCJ↑使空压机排空 JHBJ↑，这时 ZQJ↓＋YCJ↓＋FKJ↑＋FQJ_1↓＋FFKJF↑＋JHBJ↑→TCJ↑。

③ 做第二辅机时的励磁电路：空压机做第二辅机启动后，FQJ_2↑、YCJ↑。

当风压超过0.76 MPa时，FKJ↓，加之XAJ↓使FQJ_2↓，进而使JHBJ↑，空压机开始排空。FKJ落下后，接通FFKJ电路，开始延时，30 s后才能吸起。在FFKJ延时过程中，FFKJF是落下的。在这段延时时间里YCJ↑、FKJ↓、JHBJ↑、FFKJF↓，这时TCJ↑，进而使空压机停机。

④在现地操纵下的励磁电路：这条路只有一个按钮接点，按下按钮，JHBJ↑→TCJ↑。

⑤空压机发生故障时的励磁电路：当空压机发生故障时，故障继电器GJ吸起，加之YCJ吸起条件，使TCJ↑。

TCJ↑后，使控制柜中的1C↓→2C↓，空压机便停机了。

(11)其他电路

在自动控制电路下，还有其他一些电路，如表示灯电路、水泵电路、手动控制电路、故障及恢复继电器电路等，因这些电路较简单，一目了然，加之篇幅所限这里就不再介绍了。

(二)微机控制方式

1. 概述

微机控制系统是通过工业控制机把采集的开关量和模拟量加以分析比较，进行逻辑判断，从而对空气压缩机进行自动控制的微机控制系统。

系统采用以Windows为基础的图形界面形式实现数据的采集与控制。操作员通过屏幕菜单提示进行操作。操作方式简单易用，显示内容清楚直观。

根据空压机运行的各项指标及标准，系统建立了多种监测记录和报警功能，使设备严格按规范运行使用，为设备的安全运行提供了有效可靠的保证。若运行中设备出现故障，可立即报警停机，从而提高了人身和设备的安全性，并可根据计算机运行记录来查找故障，进行维修。

2. 系统硬件

(1)主机系统

采用工业控制机，放置在机柜内。

开关量输入板：输入开关量信息。

模拟量输入板：输入模拟量信息。

开关量输出板：输出控制命令。

(2)计算机机柜外围扩展板

开关量输入通道板：采集开关量信息。

模拟量输入通道板：采集模拟量信息。

继电器板：可驱动被控设备。

(3)其他

显示器、打印机、UPS不间断电源、防雷箱等。

主机系统硬件框图如图7-20所示。

3. 系统软件

(1)软件构成

由Windows2000实时多任务操作系统软件和应用软件组成。

应用软件主要由定时巡测、开关量输入、模拟量输入、开关量输出处理、设备运行数据记录及显示处理等程序模块组成。在操作系统软件的统一管理调度下，实时对现场各种信息进行监测采集、记录、存储和显示，严格控制设备的正常运行。

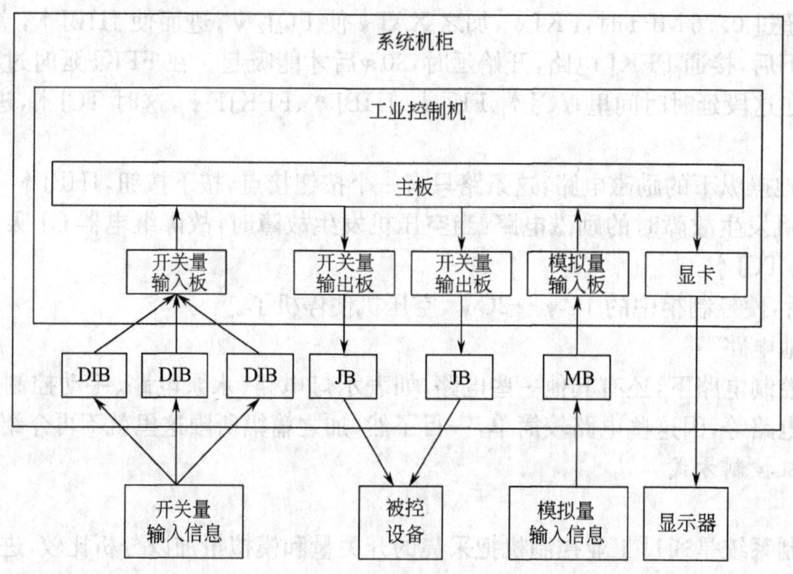

图 7-20　主机系统硬件框图

(2)系统软件框图

系统软件框图见图 7-21。

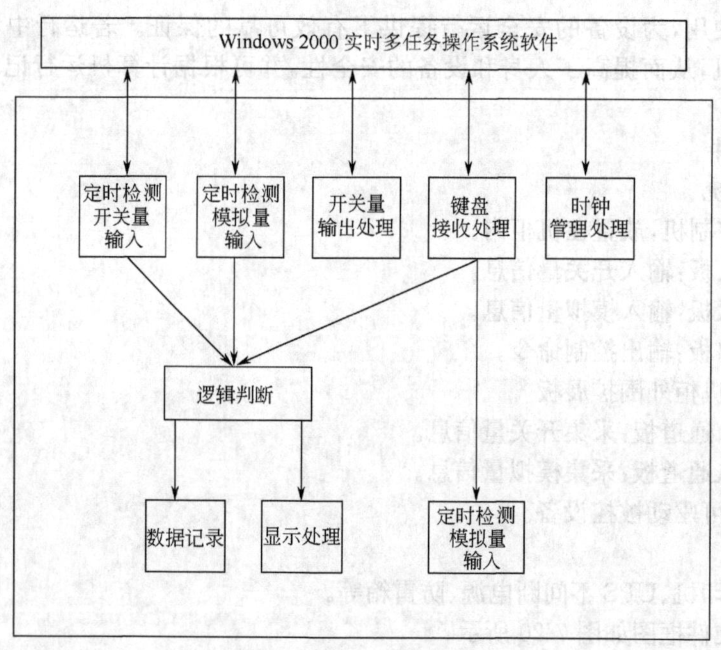

图 7-21　系统软件框图

4. 系统监测信息

(1)开关量输入

①空压机开关量输入

运行,减荷,一级气压上限、下限,二级气压上限、下限,一级气温上限,二级气温上限,油温上限，油压上限，油压下限，热继电器，水温上限，转换开关自动、手动位。

②水泵开关量输入

转换开关自动、手动位，水泵运行，风扇运行，水泵热继电器。

③系统开关量输入

总水压上限、下限，总水温上限、下限，总转换开关自动、手动位，储气罐气压上限、下限，报警，报警回应。

(2)开关量输出

①空压机开关量输出

启动、停机、减荷、放空、空压机排污、后冷却器排污。

②水泵开关量输出

冷水泵启动、停机，热水泵启动、停机。

③系统开关量输出

储气罐总排污、故障报警。

(3)模拟量

空压机电动机电流。

5. 系统状态

系统设置有"手动控制"、"自动控制"和"检修"三种工作状态。

手动控制：由操作员通过观测空压机上的各种仪表，控制空压机电动机控制柜和水泵控制柜。

自动控制：由计算机根据开关量和模拟量信息进行控制。

检修：系统处于检修状态时不允许使用。

6. 操作要求

(1)手动控制

①操作员确认管路系统各闸门开关正确。

②计算机系统必须在"手动状态"下才可以开机。

③空压机和水泵所有手动操作按技术规范进行。

④空压机和水泵机组在运行过程中，根据机组上各仪表观测运行状况，也可根据计算机屏幕显示观测机组运行状况。

(2)自动控制

①必须在机组停机状态下，操作员确认管路各闸阀开关正确。

②必须在机组停机状态下，进行计算机系统"手动状态"和"自动状态"的切换。

③空压机和水泵机组的主、辅机设置由操作员通过计算机键盘或鼠标设定。

④空压机组、水泵机组出现故障报警停机后将自动倒向检修状态，禁止使用处于检修状态机组，只有操作员确认故障排除后才能将该设备设置于任意状态。无故障又不需投入运行的机组可置于待机状态。

⑤系统采用"自动控制手动优先的原则"，当某机组运行中出现异常情况且系统监测不到时，可以手动卸荷停机，而其他机组运行不受影响。

7. 报警与保护

(1)报警内容(根据机型不同参数会不同)

一级气压：≥0.23 MPa；

二级气压：≥0.83 MPa；

一级气温:≥160℃;

二级气温:≥160℃;

水压:≤0.1 MPa;

水温:≥40℃;

油压:≤0.1 MPa 或≥0.3 MPa;

油温:≥60℃;

过流过载:过热继电器动作。

(2)报警处理

自动控制报警时,报警表示灯亮,响铃,主控界面上显示故障内容,同时自动停机(有一些报警不导致停机)。报警铃响时应尽快切除,然后根据微机提示内容去处理故障。

8. 查询与打印

系统设有故障信息查询与打印功能。操作员可通过主控界面中"故障信息查询"查看和打印由故障内容、范围、时间和机组号等条件组合搜索的系统运行中空压机和水泵所有或部分故障报警内容。

9. 系统工作流程

(1)开机步骤

① 水泵处于停机状态下开始设置。

② 把水泵控制柜、空压机电动机启动柜转换开关扳至"自动"位置。

③ 计算机控制柜状态转换开关扳至中间位置。

④ 按次序打开各级电源开关、显示器开关、计算机开关。待主控窗口自动打开后,将计算机控制柜状态转换开关转为自动。

⑤ 从菜单中点击"启动系统监控",再从"系统设置"菜单中确定空压机和水泵的主、辅机,然后再从"运行"菜单中点击"系统启动",此时系统进入自动工作状态。

(2)工作过程

① 当储气罐压力降到设定的主机启动压力时(0.75 MPa),电接点压力表把开关量信号或压力变送器把模拟量信号送至计算机系统,计算机发出控制命令,先启动水泵。

② 当机组电接点水压表送给计算机开关量信号确认循环水系统正常后,关闭减荷阀,打开放空阀,10 s 后启动空压机,当油压离开下限且空压机"运行"点闭合后,空压机再空载运行 10 s,打开减荷阀,关闭放空阀,空压机负载运行。

③ 负载运行 3 min 后,依次打开各级排污阀,10 s 后关闭排污阀。

④ 在主机运行后,储气罐压力继续下降至设定的第一辅机启动压力(0.70 MPa)时,启动第一辅机(次序同②),构成双机运行。

⑤ 在第一辅机启动后,储气罐压力继续下降至设定的第二辅机启动压力(0.68 MPa)时,启动第二辅机(次序同②),构成三机运行。

⑥ 当储气罐压力升至设定第二辅机停机压力(0.74 MPa)时,关闭减荷阀,打开放空阀,待二级气压降到下限值,空压机停机,待空压机"运行"点断开,卸荷再持续一段时间,第二辅机达到停止运行。

⑦ 当储气罐压力升至设定第一辅机停机压力(0.78 MPa)时,第一辅机停机(次序同⑥)。

⑧ 当储气罐压力达到设定主机停机压力(0.80 MPa)时,停止主机运行(次序同⑥)。

⑨ 若储气罐压力模拟信号或开关量信号故障时,储气罐压力继续上升到 0.81 MPa,另有一块电接点风压表上限接点接触,把开关量送至计算机系统,系统则自动报警并驱使机组停机。

⑩若所有的电接点风压表或自动控制系统故障时，储气罐压力继续上升到 0.83 MPa，安全阀自动打开，实现最终自动保护。

⑪系统运行过程中，若总水温升至上限，冷却塔（和热水泵）自动启机，当总冷却水温降至下限，冷却塔（和热水泵）自动停机（该条根据现场水循环特点定）。

(3)关机步骤

①点击"系统停止"，然后再点击"停止系统监控"，此时可以关闭主控窗口。

②从显示屏左下角点击"开始"，从菜单中点击"关闭系统"。确认后计算机即可关闭。

③将计算机控制柜状态转换开关转为中间状态后，按次序关闭各级电源开关。

第二节 螺杆空气压缩机

一、基本结构

螺杆空气压缩机结构示意图如图 7-22 所示。螺杆空压机主要由一个内腔为扁圆 8 字形的缸体和一对相互啮合的螺旋形转子组成。通常把具有凸齿的转子称为阳螺杆，具有凹齿的转子称为阴螺杆。一般阳螺杆与电动机连接，由阳螺杆带动阴螺杆转动，所以阳螺杆也称为主动螺杆，阴螺杆又称从动螺杆。螺杆上的球轴承使螺杆可以轴向定位，并承受压缩机的轴向力。圆柱轴承则起着径向定位及承受压缩机的径向力。压缩机机体两端分别开设一个进气口，一个排气口。

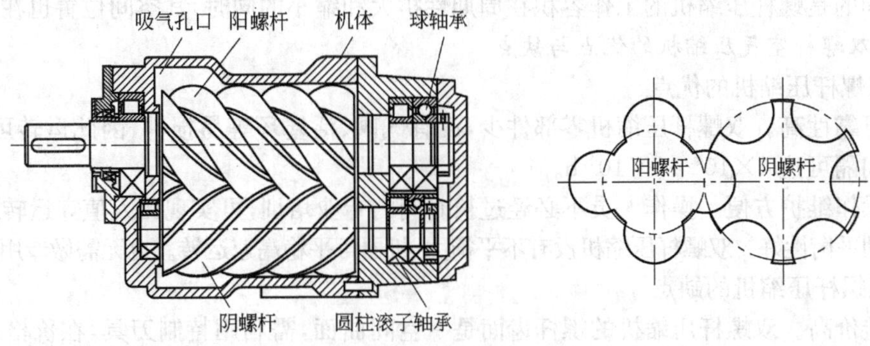

图 7-22 螺杆压缩机结构示意图

如对压缩空气没有特殊要求，一般使用喷油式螺杆压缩机。通过对气缸喷入一定压力的润滑油，一方面吸收带走压缩过程产生的热量，改善压缩过程的热交换，降低排气温度；另一方面起润滑、密封和消声作用。

螺杆压缩机除主机结构外还有气路、油路、水路、传动、电控与调节系统。

气路系统主要包括：空气过滤器、进气消声器、中间冷却器、排气消声器、后冷却器、止回阀、安全阀等。

油路系统主要包括：油箱、油泵、油冷却器、油过滤器、供油和配油管道及阀门。

水路系统主要包括：中间冷却器、后冷却器、机体水套、进水管、回水管及阀门。

传动系统主要包括：联轴器、齿轮变速箱、同步齿轮等。

电控与调节系统主要包括：进气调节阀、减荷阀、电气控制及自动保护装置。

二、工作原理

螺杆压缩机的工作循环可分为吸气、压缩、排气三个过程。随着转子旋转,每对相互啮合的齿相继完成相同的工作循环。

(一)吸气过程

当电动机带动螺杆旋转时,主动、从动螺杆吸气端的齿由相互啮合到逐渐脱离,齿间空隙逐渐增大,形成一定的真空度。气体在压差的作用下被吸入。随着螺杆的不断旋转,螺杆上的各个齿间容积也不断增大,当齿间容积达到最大值时,与吸气口断开,吸气过程结束。

(二)压缩过程

主动、从动螺杆在吸气过程结束后,继续旋转,齿间容积不断减少,气体压力逐渐升高,实现气体压缩过程。当齿间容积转到与排气口相通时,压缩过程结束,进入排气过程。

(三)排气过程

齿间容积与排气口连通后,即开始排气过程。随着齿间容积的不断缩小,具有排气压力的气体通过排气口被排出。一直到齿间容积达到最小值,齿末端线形完全啮合。此时齿间容积内的气体通过排气口被完全排出。排气过程结束。

随着螺杆的连续回转,上述过程周而复始地重复。

三、特　点

螺杆压缩机就压缩气体的原理而言与活塞压缩机相同——气体的压缩依靠容积的变化而达到,不同的是螺杆压缩机的工作容积在周期性扩大和缩小的同时,其空间位置也在变动。

(一)双螺杆空气压缩机的优点与缺点

1. 双螺杆压缩机的优点

(1)可靠性高。双螺杆压缩机零部件少,没有气阀、活塞环等易损件,因此运转可靠,寿命长,大修间隔可达 $4\times10^4\sim8\times10^4$ h。

(2)操作维护方便。操作人员不必经过长时间的专业培训,可实现无人值守运转。

(3)动平衡性好。双螺杆压缩机没有不平衡力,机器可平稳高速运转。也无需做专用地基。

2. 双螺杆压缩机的缺点

(1)造价高。双螺杆压缩机的螺杆齿面是一空间曲面,需利用特制刀具,在价格昂贵的专用设备上加工,因此价格高。

(2)相对活塞压缩机来说,功率高,热效率低。一般满载时功率消耗比活塞压缩机高15%左右。

(3)齿间容积周期性地与吸、排气口连通,气体通过间隙泄漏及齿轮传动系统的高速运转,使压缩机产生很强的中、高频噪声,总声级可达 104 dB(A),必须有消声、减噪措施。成套设备都有隔声罩。

(二)单螺杆空气压缩机的优点和缺点

单螺杆压缩机在 20 世纪 50 年代由法国工程师发明,于 1963 年正式投产。该机只有一个螺杆转子,还有两个附加星轮,这三个零件相互啮合转动,如图 7-23 所示。其工作原理与双螺杆压缩机基本一样。机组系统与双螺杆机组系统相同。

1. 单螺杆压缩机的优点

单螺杆压缩机除与双螺杆压缩机有相同优点外,还有独特的优点:

(1)结构合理,具有理想的力平衡性。螺杆上的气体轴向力和径向力相互抵消,星轮上所

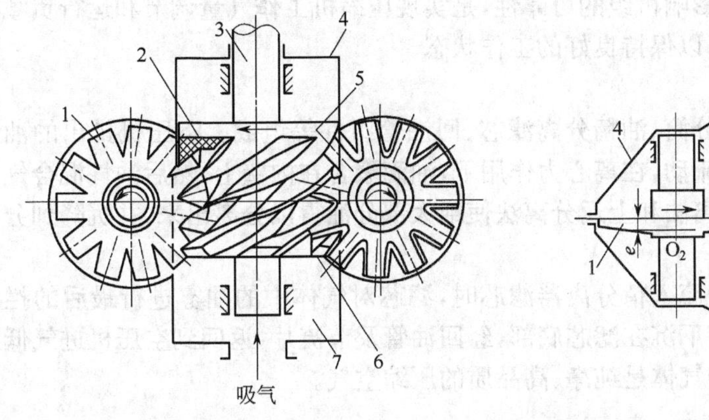

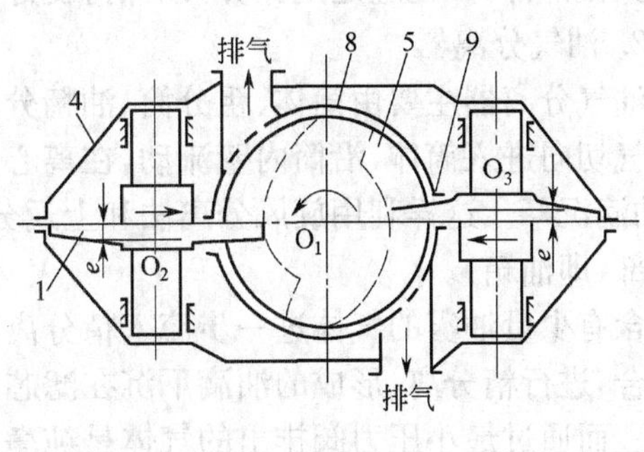

图 7-23　单螺杆压缩机简图

1—星轮；2—排气孔口；3—主轴；4—机壳；5—螺杆；6—转子吸气端；7—吸气孔口；8—气缸；9—孔槽。

受的气体力也比较小。

(2)单机容量大，无余隙容积。螺杆每转动一周，每一螺槽被使用两次，与其他型式压缩机结构尺寸相同时，其容积流量大。

(3)高速轻载，易于建立流体动力润滑。螺杆、星轮啮合实质上是一对球面蜗杆传动，传动比大。由于结构上的特点可实现无磨损运行。

2. 单螺杆压缩机的缺点

(1)中、高频率的噪声大。

(2)螺杆、星轮啮合与机壳的几何形状和形状位置精度要求高。

(3)在压缩机启动和停机过程中，由于转速过低，建立流体动力润滑的条件受到破坏，使螺杆和星轮受到一定程度的磨损，需要定期维修或更换星轮。

(4)螺杆、星轮的传动是空间交错的，在齿面啮合处相对滑动速度大，长时间运转后，会引起严重的磨损与发热，效率较低，功率损耗较大。

四、系统各主要部件功能

(一)气路系统

气路系统包括：空气滤清器、卸载阀、空压机、油气分离器、最小压力阀、气冷却器、气水分离器。

大气通过空气滤清器，滤去灰尘杂质后，由卸载阀控制进入空压机工作腔，随着转子啮合旋转，空气被压缩，并在压缩过程开始时与喷入的润滑油混合，当混合气体被压缩到规定值时，即从排气口排出，通过单向阀进入油气分离器进行分离，再经最小压力阀、气冷却器、气水分离器送入使用系统中。

1. 卸载阀

卸载阀采用蝶阀或滑动截止阀结构，通过电气和气路调节系统控制启闭件(蝶板活滑动件)做旋转或往复运动，使空压机实现卸载←→负载的工作状态，可靠地进行气量自动控制。部分机型所用卸载阀的结构比较特殊，它由大活塞、顶杆、阀片、薄膜及两根大小不一的弹簧等组成，同时从过滤器至滑阀，利用三通而增设了一路气源，由容调阀控制，推动卸载阀底部的薄膜，近而使顶杆带动阀片，缓慢关小进气口，减少吸气量，使之能在一定的条件和范围内实现无级自动气量调节，减少整机电能消耗。

卸载阀的功能保持,将直接影响机组的可靠性,是实现压缩机工作气量调节和运行负载控制的关键部件,因此应定期保养,以保持良好的工作状态。

2. 油气分离器

油气分离器主要由筒体、粗分筒、油精分离滤芯、回油管组件等组成。空压机排出的油气混合气切向进入筒体,沿筒内壁流动,在离心力作用下,油滴聚合在内壁上,然后油气混合气上返,油滴沉降。这样利用旋风分离法和上返分离法使绝大部分油得以分离出来,并沉降到分离器底部(即油箱)。

含有少量油雾的气体进一步流入精分离器滤芯时,滤芯对气体中的油雾进行最后的拦截和聚合,进行精分离,形成的油滴下沉在滤芯底部,经回油管及节流片,返回到空压机进气低压部分。而通过最小压力阀排出的气体是纯净、高品质的压缩空气。

3. 最小压力阀

最小压力阀由阀体、滤芯、筒体、弹簧等组成,连接在油气分离器筒体盖板上,其功能:当空压机运行时(该阀处于关闭状态),阀前系统很快建立起润滑油所需的循环压力,确保主机各运转部位的润滑。当滤芯前压力超过设定压力 0.5～0.4 MPa 时,该阀开启供气,由于保持了最小压力阀的开启压力,保证了油气混合气体比较正常地流过精分离器滤芯,确保了较好的分离结果,同时避免了压差过大或压力波动大造成的滤芯受损现象,另外还能防止卸载或停车时压缩空气倒流,损坏主机和滤芯的可能。

4. 冷却器

风冷机型采用轻便高效板翘式冷却器,通过冷却风扇的冷却风,对空压机排出的压缩空气进行冷却。风冷却的压缩机对厂房要求设有专用的吸、排空气的风道。冷却效果不如水冷方式。

水冷机型用管壳式冷却器,用水冷却压缩空气,效果更好。

(二)油路系统

油路系统包括:油箱(油气分离器底部)、油冷却器、油滤清器、断油阀。

油气分离器的下部起油箱作用,并有加油塞、放油塞、油位计。当空压机运转时,油气分离器中的气体,在最小压力阀的作用下,首先建立起压力,迫使润滑油通过油冷却器,再经过油滤清器,进入断油阀,分三路对主机上、下喷油孔和机械密封部位供油,或只对主机上、下喷油孔供油,以带走空气在被压缩过程中所产生的热量,同时对主机工作腔进行润滑及密封,避免内泄漏。

喷入压缩机的油与空气混合被压缩,再通过排气单向阀重新进入油分离器。

1. 油冷却器

风冷机型油冷却器采用板翘式铝合金结构,其冷却方式和空气冷却器相同,用冷却风扇的冷却风进行冷却,降低润滑油温度,保证机组的运转可靠稳定。

水冷机型同样采用管壳式冷却器,用水来冷却冷却器,从而冷却润滑油。

2. 油滤清器

油滤清器采用装有差压发讯器的油滤清器,其功能是滤去油中颗粒、粉尘和杂质,保持润滑油的洁净,对星轮片和螺杆及机械密封的运转起保护作用。如果滤芯堵塞,将导致主机供油不足,使油气温度升高,从而影响到主机各运动件的寿命。

当油滤堵塞时,差压发讯台发出指示,信号灯亮,应及时停机检查或更换。是否更换滤芯应根据实际情况(使用时间的长短及滤芯堵塞情况)而定。

3. 断油阀

断油阀主要由阀体、阀芯、浮动塞、弹簧等主要元件组成。

开车瞬间，主机高压区即向断油阀端部供气，克服弹簧压力，推开浮动塞，即打开断油阀阀芯，开始供油。机组运行时，断油阀始终是开着的。机组停车后，断油阀关闭，以防止油涌入机壳内。

（三）电气控制系统、调节系统及安全保护

1. 电气控制系统

机组有完整的电气控制系统，可分为两部分：一部分为主电动机，一般常用“Y-△”启动控制部分。另一部分则与其他机械部件组成调节系统。

2. 调节系统

调节系统的功能是按用气量多少对机组进行启动、负载、卸载、停车以及再开车的调节控制，并对空压机油气超温、电气故障、电动机接线逆相缺相、电动机过载、水冷失水自动停机进行保护。

调节系统除电控箱内部分电气元件外还包括下列元件：电接点温度计、卸载阀、滑阀、放空阀、电磁阀、压力控制器等。

(1)启动情况

接通电源，电源指示灯亮。按下启动钮后启动指示灯亮，电动机“Y”型连接状态下启动运行，经延时 25～35 s 后，由“Y”型转“△”型正常运行，运行指示灯亮，在电动机启动的同时，少量空气从卸载阀的小孔吸入，此时电动机尚在“Y”型启动状态，电磁阀均未得电，放空阀(常开型电磁阀)处于放气状态，油气分离器中气体仍从回气系统放空，只是在电动机“△”型正常运行时，电磁阀才滞后得电，从而关闭放空，进入负载运行工作状态，压缩气体才在油气分离器中建立起压力。

(2)负载情况

电磁阀通电后，常闭型电磁阀同时开启，油气分离器中的压缩空气，通过调节系统管路，进入卸载阀压力腔，卸载阀开始开启，直至全开，空压机开始负载工作。当最小压力阀打开后供气管道开始建立排气压力，直至在额定排气压力(或预定排气压力)下负载工作。

(3)卸载情况

排气压力超过额定排气压力(达到卸载压力)时，压力控制器触点打开，电磁阀均失电，放空阀打开放空，常闭型电磁阀关闭，卸载阀关闭，最小压力阀关闭，空压机处于卸载状态。此时空压机由于卸载阀小孔的作用，油气分离器中的压力仍能维持 0.15～0.25 MPa，保证油路循环的最低需求。这种卸载情况若在设定的延时时间内(4～6 min)排气压力就降到压力控制器的下限负载压力时，空压机将重新恢复到负载状态运行。若超过延时设定的时间，排气压力仍比负载压力下限值高时，则电动机停转，卸载指示灯亮，当排气压力降到负载压力下限时，在压力控制器的控制下，电动机自动启动，并转入“Y-△”运行，空压机进入负载状态，重新开始供气。

(4)气量调节情况

当用气量小于排气量时，系统压力上升，当系统压力接近压力控制器上限调定压力(0.05 MPa)时，首先容调阀开始动作，卸载阀开始逐步关闭进气口，其关闭量随压力上升而增加，实行无级自动气量调节。

出厂前容调阀的动作压力和流量已设定好，用户也可视现场实际用气量，做最佳调整。

(5)停车情况

① 正常运行后停车

按下停车按钮，电磁阀均失电，放空阀放空，卸载阀关闭，油气分离器中压力下降，最小压力阀关闭，经延时 20～30 s 后即压力降至 0.15 MPa 左右时机组方停车。

② 紧急停车

当运行中出现特殊的异常情况时，方可人工按下紧急停车按钮，实行紧急停车。

3. 安全保护

(1)油气温度超温保护

机组所设定的最高油气温度为 100 ℃,当空压机油气温度超过 100 ℃,电接点温度计触点闭合,超温指示灯亮,电动机停转。电接点温度计动作后,KA2 中间继电器自锁,切断 KA1 回路,切断主回路,无法再启动机组运行。待排除故障后,按紧急停车按钮,切断控制电源,消除 KA2 对 KA1 的互锁后,方能启动运行。

(2)主电动机过载保护

当主电动机运转电流超过定值时,过载热继电器切断,电动机停转,电气故障显示。排除故障后,按下过载热继电器复位杆方能启动运行。

(3)油滤清器堵塞灯光报警

当油滤清器堵塞时,油滤清器差压发讯器动作,堵塞指示灯亮。

(4)断相与相序保护(部分机组)

当电源控制回路接入断相与相序控制回路后,三相电路中任何一相熔断器开路或供电线路缺相,或因维修更改供电线路发生与原认定相序错相接时,保护电路即动作,切除了 JC 主回路电源,从而达到保护电动机,防止电动机倒转,保护主机的目的。

(5)油气分离器滤芯堵塞显示

当油气分离器滤芯堵塞,滤芯前和滤芯后差值大于 0.15 MPa 时,压差发讯器发讯显示。

(6)断水保护

水冷型空压机在控制线路中利用靶式流量计内部的微动开关,使得在断水状态时接通时间继电器(KT4)的主线圈,经延时后,串接在主回路中的触头动作,切断主电路停车,并显示断水指示。

复习思考题

1. 简述活塞式空气压缩机的工作原理。
2. 4L-20/8型空气压缩机由哪几部分组成? 各有什么作用?
3. 活塞式空气压缩机应有哪些配套设备?
4. 空气滤清器有哪几部分组成?
5. 简述逆止阀的工作原理。
6. 后冷却器由哪几部分组成?
7. 驼峰配电柜有几种? 各起什么作用?
8. 自动空气开关在过流时是如何自动断开的?
9. FXJ电路为什么加入了 GJ 接点?
10. ZGJ为什么设了一条自闭电路?
11. SAJ和 XAJ 各有什么作用?
12. ZQJ电路检查了哪些条件?
13. SAJ和 GHJ 在 ZQJ 电路中起什么作用?
14. FQJ_1和 FQJ_2 何时吸起? 何时落下?
15. PKDF和 JHDF 什么时候动作?
16. 简述螺杆空压机的工作原理。
17. 单螺杆空压机由哪些部分组成,优缺点如何?

18. 双螺杆空压机由哪些部分组成，优缺点如何？
19. 微机控制空压机系统硬件由哪些组成？
20. 微机控制空压机系统应用软件由哪几种程序模块组成？
21. 微机控制空压机系统开关量输入有哪些？
22. 微机控制空压机系统开关量输出有哪些？
23. 螺杆空压机气路系统主要包括那些部件？
24. 螺杆空压机油路系统主要包括那些部件？
25. 螺杆空压机采取了哪些安全保护措施？

第八章　自动化驼峰主要测量设备

自动化驼峰测量设备是为自动化驼峰控制系统提供车组溜放速度、股道空闲长度、车组重量、车组走行阻力和车组信息等各种静态及动态数据参数的设备总称，是自动化驼峰控制系统的重要基础设备，直接影响控制系统功能的实现和控制精度。自动化驼峰测量设备包括测速雷达、测重、测长、车轮传感器、光挡、气象站等设备。

第一节　测速雷达

驼峰场使用的测速雷达都属于多普勒测速雷达。根据波长的不同大致有两种：一种是3 cm波长雷达，另一种是8 mm 波长雷达。3 cm 波长雷达(TZ-103 型和 TZ-104 型)已经属于淘汰产品，目前全路各大驼峰场基本都使用8 mm 波长的测速雷达。

8 mm 测速雷达具有信息量大(在 3～30 km/h 速度范围，雷达的多普勒信号 f_d 频率为200～2 000 Hz，是 3 cm 波段雷达的 4 倍)、测速精度高、体积小、重量轻、检修测试方便等优点。主要型号有：T·CL-2 型、T·CL-3 型、T·CL-2A 型、T·CL-2B 型等。本节主要介绍T·CL-2A型测速雷达。

T·CL-2A 型驼峰测速雷达用于连续测量驼峰调车场溜放车辆的实际速度。它测速准确，并具有自检和速度显示功能，具有体积小、安装调试方便、环境适应能力强等特点。

一、T·CL-2A 型驼峰测速雷达结构

T·CL-2A 型驼峰测速雷达内部结构示意图如图 8-1 所示，后面板示意图如图 8-2 所示，9 芯插头如图 8-3 所示。

二、T·CL-2A 型驼峰测速雷达工作原理

T·CL-2A 型测速雷达由微波收、发系统，低频放大器，自检电路及显示器组成。

T·CL-2A 型驼峰测速雷达工作原理框图如图 8-4 所示。

体效应振荡器加电后产生频率为 35.1 GHz(37.5 GHz)、功率为 30 mW 的超高频电磁波 f_1，通过隔离器、环行器收发隔离正向导通，经圆锥形介质透镜喇叭天线辐射到前方被测目标物体上，同时，电磁波 f_1 的一小部分功率经环行器反向隔离进入混频器作为本振频率。当发射频率为 f_1 的电磁波遇到运动目标时，根据多普勒效应，反射回一个新的频率信号 f_2，即 $f_2=(f_1+f_d)$。当车辆迎着天线溜放时 $f_2>f_1$，当车辆远离天线运动时 $f_2<f_1$。反射信号 f_2 由天线接收后，经环行器的正向导通至混频器与本振频率进行混频，其差频信号 f_d 为多普勒信号频率，即 $f_d=|f_2-f_1|$。多普勒频率 f_d 与目标物体运动速度成正比，与发射电磁波的波长成反比，将这个多普勒信号通过低噪声多普勒信号放大器进行滤波、放大和整形处理，送到计算机中，由计算机软件计算出频率的大小，即可得出移动目标物体的运动速度。

为监测雷达的工作状态，还设计了雷达自检电路。利用混频器直流偏压和控制系统发出

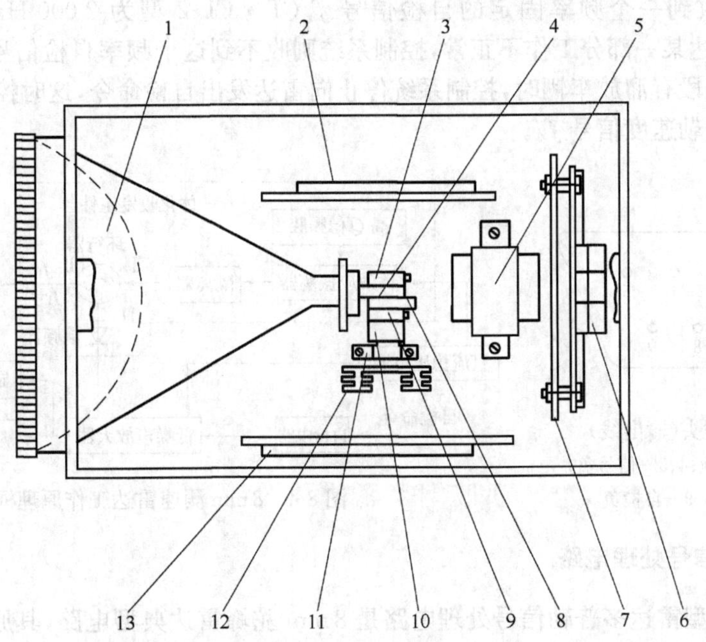

图 8-1　T·CL-2A 型驼峰测速雷达内部结构示意图

1—透镜天线；2—电源板；3—混频器；4—环行器；5—变压器；6—处理显示板；7—显示板支架；8—隔离器；9—主振腔；10—稳频腔；11—高频支架；12—散热片；13—放大板

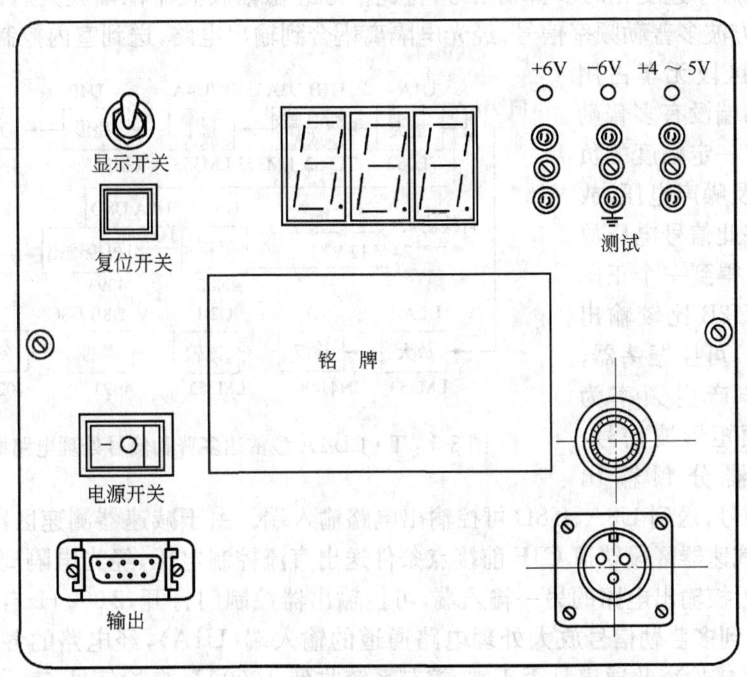

图 8-2　T·CL-2A 型驼峰测速雷达后面板示意图

的自检命令，在减速器区段没有溜放车辆时可对雷达进行自检。若雷达各部分工作全部正常，控制系统能够收到一个频率固定的自检信号 f_z(T·CL-2 型为 2 000 Hz,T·CL-3 型为 2 222 Hz),若雷达某一部分工作不正常,控制系统则收不到这个频率自检信号 f_z,即可给予报警。当减速器区段有溜放车辆时,控制系统停止向雷达发出自检命令,这时控制系统收到的是溜放车辆的多普勒速度信号 f_d。

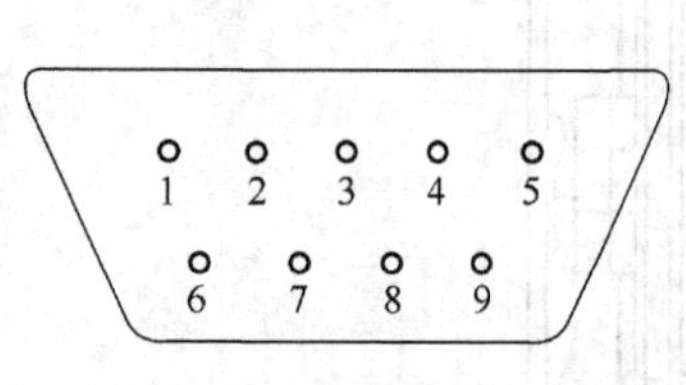

图 8-3 9 芯插头(输出线)
1、2—信号正;3—地;4、5—信号负;
6、7—自检正;8、9—自检负

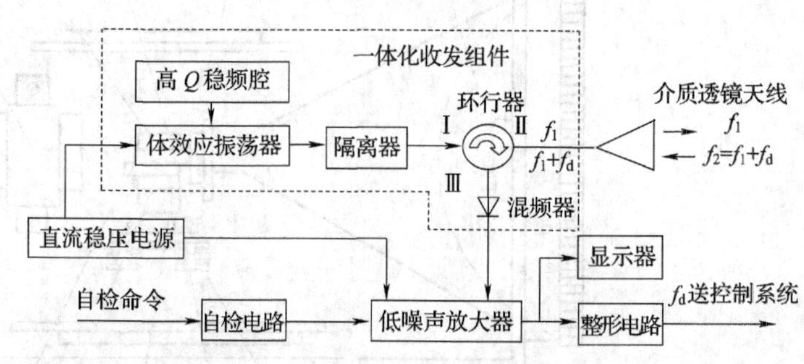

图 8-4 8 mm 测速雷达工作原理框图

三、多普勒信号处理电路

T·CL-2A 型雷达多普勒信号处理电路是 8 mm 驼峰雷达典型电路,其原理框图如图 8-5 所示,具体电路原理图如图 8-6 所示。减速器区段有车时,雷达工作在测速状态,雷达微波组件混频器输出的微弱低频多普勒信号输入到低噪声信号放大器。经放大后,通过低通滤波器,消除低频干扰信号,再经过两级带通滤波器,进一步消除雷达测速通带外的高低频率干扰信号,保留反映实际车速变化的多普勒信号,将此信号经稳幅放大器稳幅放大后,通过双门限比较器整形输出方波多普勒频率信号,经光电隔离耦合到输出电路,送到室内控制系统。

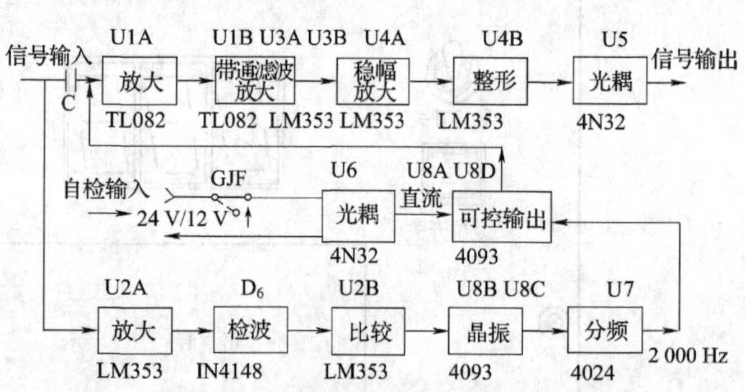

图 8-5 T·CL-2A 型雷达多普勒信号处理电路原理框图

当减速器区段无车占用时,混频器输出端没有多普勒信号输出,但有一定幅度的负极性直流偏压及噪声电压,放大电路 U2A 将此信号电压放大后进行检波,得到一个正向电压信号,经 U2B 比较输出控制 U8B、U8C 可控振荡器,使其振荡工作产生频率为 256 kHz的高频矩形波信号,经 U7 分频器分频输出 2 000 Hz自检信号,送到 U8A、U8D 可控输出电路输入端。由于减速器测速区段无车占用,室内控制系统经减速器区段轨道 GJF 前接点条件送出直流控制电压,经光电隔离器输出高电位"1"信号,进入可控输出电路的另一输入端,可控输出器控制门打开,2 000 Hz自检信号经控制门输出,将其送到多普勒信号放大处理电路通道的输入端(U1A),经电路的各环节直至输出端(U5)输出,完成检查此通道是否正常,控制系统收到 2 000 Hz 自检信号,表示雷达天线在自检工作状态并工作正常。如果信号处理通道任一环节出现故障,2 000 Hz 自检信号则不能由信号放大处理电路的输出端输出,系统则收不到自检信号,就可判定雷达故障。

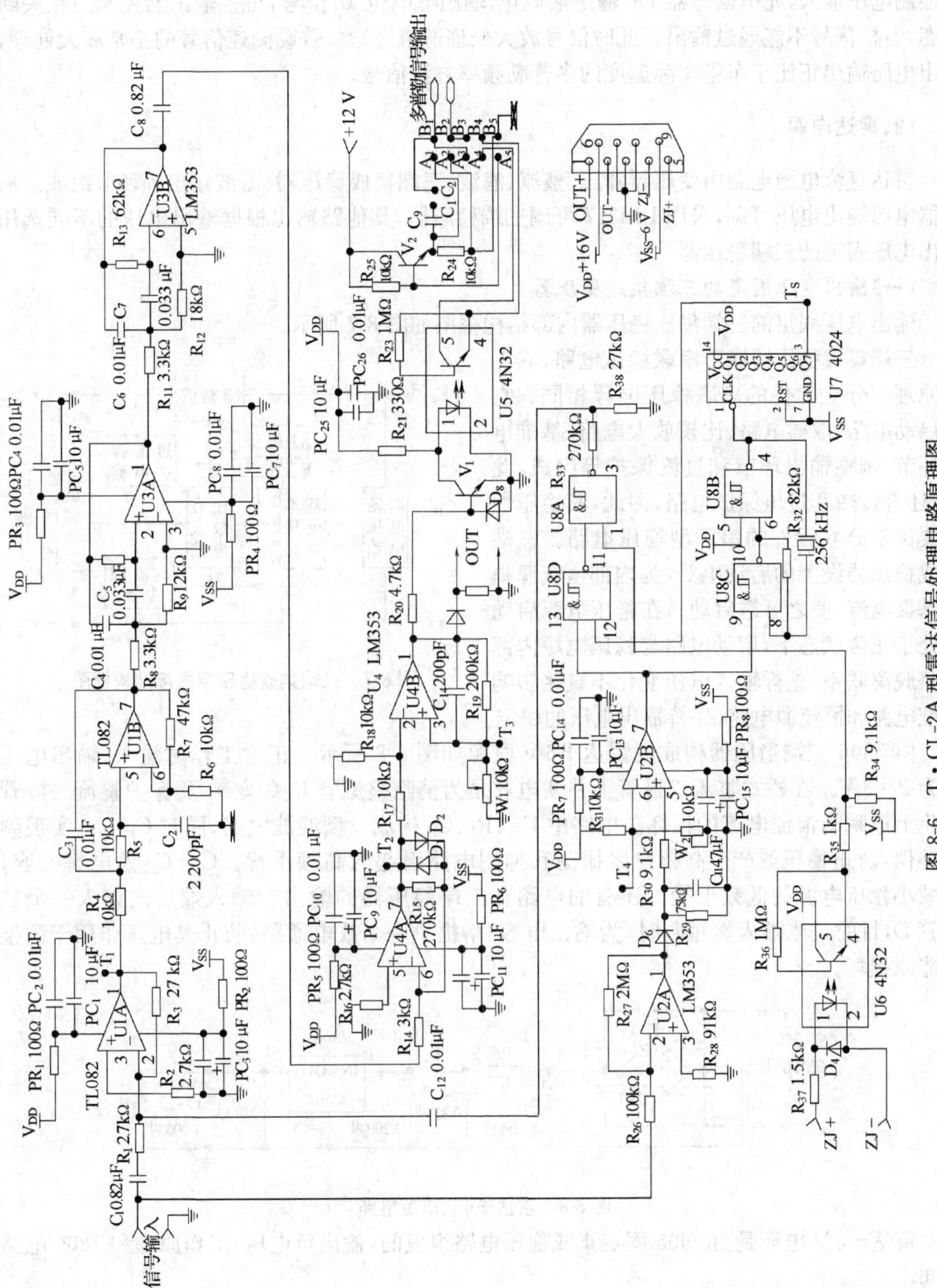

图 8-6　T·CL-2A 型雷达信号处理电路原理图

当有车占用时减速器区段 GJF 落下,系统中断自检控制信号,即光电隔离器输入端无直流控制电压输入,光电耦合器 U6 输出端截止,输出低电位"0"信号,可控输出器控制门在关断状态,自检信号不能通过输出。此时信号放大处理通道进行多普勒测速信号的正常放大处理,输出电路输出正比于车组实际速度的多普勒频率方波信号。

四、雷达电源

雷达直流电源电路由变压器降压、整流、滤波、三端集成稳压器、滤波输出等环节组成。振荡器电源输出电压可调,采用 LM317 可调三端稳压器,其他路输出根据输出电压的不同选用输出电压固定的三端稳压器。

(一)输出电压固定的三端集成稳压器

输出电压固定的三端集成稳压器内部结构框图如图 8-7 所示。

三端集成稳压器属于串联稳压电路,其工作原理与分立元件的串联稳压电源相同。它由启动电路、取样电路、比较放大电路、基准电压环节、调整输出环节和过流保护等组成,此外,还有过热和过压保护电路,因此,其稳压性能要优于分立元件的串联型稳压电路。三端集成稳压器设置的启动电路,为内部恒流源提供基极电流,使之可靠启动。在稳压电源启动后处于正常状态下,启动电路与稳压电源内部电路脱离联系,这样输入电压变化不直接影响基准电路和恒流源电路,保持输出电压的稳定。

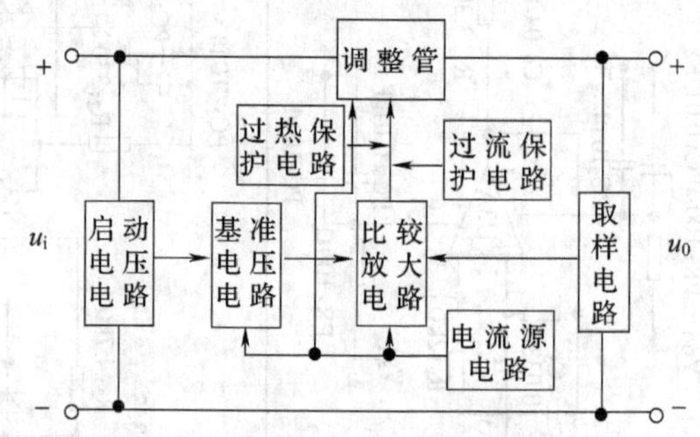

图 8-7 三端集成稳压器内部结构框图

由 7806 三端稳压器构成的雷达+6 V 电源如图 8-8 所示。正常工作时输入、输出电压差为 2～3 V。在桥式整流二极管上并联电容是为消除整流管开关噪声,及保护整流二极管避免上电瞬间浪涌电流的损坏。电路中 C_{13}、R_1、C_{14} 构成 π 型滤波电路,同时 C_{14}、C_{16} 实现频率补偿,防止稳压器产生高频自激振荡和抑制电路引起的高频干扰。C_{13}、C_{17} 是电解电容,以减小稳压电源的低频干扰。还有的电路在三端稳压器的输出和输入端反向接入一个二极管 D,目的是当输入端短路时,为输出电容 C_{17} 提供一个放电通路,防止其电压作用于调整管造成损坏。

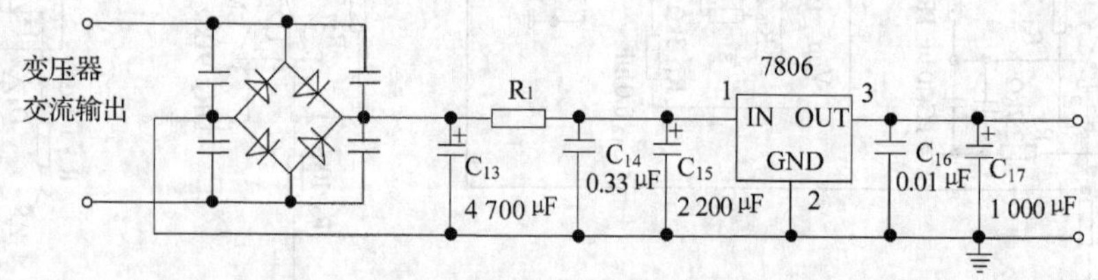

图 8-8 雷达+6 V 电源电路

雷达−6 V 电源是由 7906 固定集成稳压电路组成的,输出负电压,工作原理和 7806 电路相同。

(二)输出电压可调的三端集成稳压器

输出电压可调的三端集成稳压器,其输出电压有一定的调整范围,外接元件很少,使用方便。三个接线端分别是输入端 V_1、输出端 V_0 和调整端 adj。公共端改接到输出端，器件本身无接地端。消耗的电流都从输出端流出。可调稳压器依靠外接电阻来调节输出电压。三端可调稳压器结构简图如图 8-9 所示。若接调整电阻 R_1、R_2 后，输出电压为：

$$V_0=V_{REF}\left(1+\frac{R_2}{R_1}\right)$$

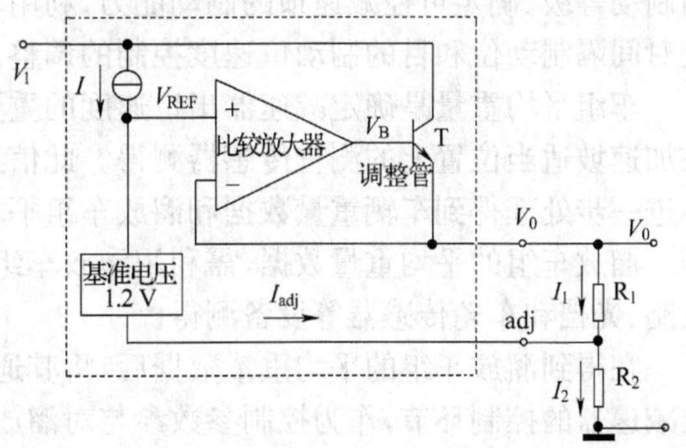

图 8-9　三端可调稳压器结构简图

为保证输出电压的精度和稳定性，要选择精度高的电阻，同时电阻要紧靠稳压器，防止输出电流在连线电阻上产生误差电压。图 8-10 所示为采用可调集成稳压器的雷达振荡器电源电路，通过调整 W_1 即可调整输出电压，调整范围为 4～5.5 V。

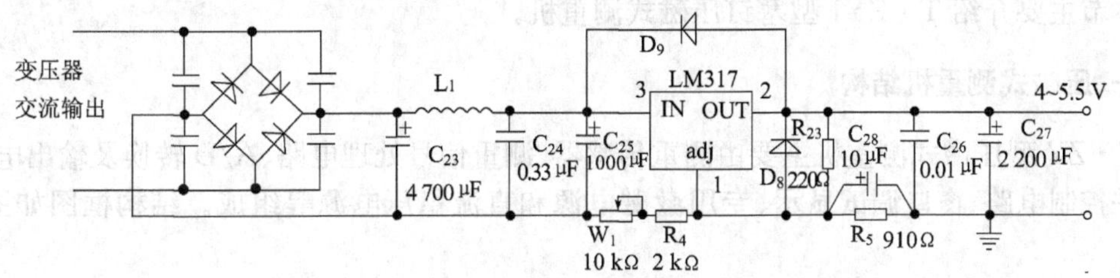

图 8-10　雷达振荡器电源电路

五、整机技术指标

1. 微波发射频率：35.1 Hz±0.1 Hz。
2. 微波发射温漂：≤1 MHz/℃。
3. 微波发射功率：≥30 mW。
4. 微波天线主、副瓣抑制比：≥26 dB。
5. 微波天线主瓣方向角：4.5°±0.5°(3 dB 处)。
6. 速度测量范围：1～30 km/h。
7. 有效测量距离：>50 m(对平板车而言)。
8. 显示器显示的精度：±0.1 km/h。
9. 输出信号幅度：≥8 V(峰—峰值，R_L>1kΩ)。
10. 自检控制电压：+12 V。
11. 自检信号频率：2 048 Hz±1.024 Hz。
12. 电源电压允许范围：交流 220 V±22 V，50 Hz±2 Hz。

第二节　压磁测重机

测重设备在自动化驼峰控制系统中用于测定溜放车组重量，是调整溜放车组速度控制的重要依据，尤其是在减速器—减速顶为调速设备的点连式调速系统中，它决定非重力式减速器的制动等级，确定可控减速顶的制动能力，利用车组重量粗略估算等效车组走行阻力，参与确定对间隔制动位和目的制动位速度控制的调整。

车组平均重量是确定减速器出口速度的重要参数。溜放车组的测重信息，一般通过安装在加速坡适当位置上的测重传感器测得。此信息经测重信息处理电路处理后得到轮重数据，经进一步处理得到车辆重量数据和溜放车组平均重量数据。

溜放车组的平均重量数据，需利用溜放车组的分钩信息准确测得。分钩信息一般由轨道电路、光挡和车轮传感器等设备测得。

在得到溜放车组的平均重量数据后，将其通过各道岔区段轨道电路环节传递到各个制动位减速器的控制环节，作为控制参数参与对溜放车组的控制。在使用非重力式减速器的站场，减速器的制动等级要根据车辆平均重量等级来选定。如果制动等级选低了，减速器制动力太小，不能有效地将车速降下来，可能造成追钩，使道岔不能及时转动而进入异线。反之，如果制动等级选得过高，有可能将车轮挤出，造成脱轨事故。因此，判断车组重量等级是正确使用非重力式减速器的关键。

本节主要介绍 T・ZY1 型塞钉压磁式测重机。

一、压磁式测重机结构

T・ZY 型压磁式测重机主要由测重传感器、测重信号处理电路、A/D 转换及输出电路、轨道开关控制电路、窗口调试显示、专用激磁电源和直流稳压电源等组成。结构框图如图 8-11 所示。

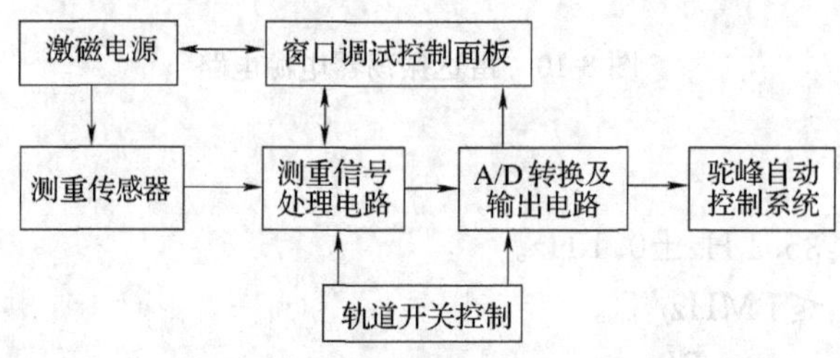

图 8-11　压磁式测重机结构框图

室外部分主要有压磁测重传感器及其电源、信号传输配线电缆盒。

室内部分主要有测重机箱，机箱内装有各种功能电路板、稳压电源和传感器激磁电源。机箱前部为重量显示、调测窗口面板；机箱后部为外接引线插件，机箱可放入标准计算机机柜内，也可单放于其他地方。

二、塞钉式压磁测重传感器工作原理

塞钉式压磁测重传感器是根据铁磁材料的磁弹性效应，利用特殊磁性材料制作而成。根据物理学的磁弹性效应，处于外磁场中的某种铁磁材料，在外加机械力的作用下，其内部磁化强度矢量的大小和方向也将随之改变。传感器通过测量钢轨所受轮重产生的剪切应力来测量车轮重量。

塞钉式压磁测重传感器的核心部件是压磁芯。压磁芯由特殊性能的硅钢片叠成，边沿有 4 个受力的凸台，芯片中间位置冲有 4 个圆孔，用来缠绕线圈。在对角线位置上的两对孔内，分别绕上激磁线圈和信号线圈，与变压器相似，两个线圈平面相互垂直。当激磁线圈通过恒定的交流电流时，在线圈周围将产生磁场。设想将两个孔中间分成A、B、C、D 4个区域，如图8-12所示，当传感器不受外力时，其磁场为各向同性，4个区域内的导磁率相同，在绕以激磁线圈的2个孔周围，磁力线基本上呈轴对称分布，这时磁力线不与测量线圈交链，信号输出线圈不产生感应电动势。传感器在外部压力作用下，A—B这一窄条上将受到很大的压应力，而C和D两区域基本上仍处于"自由状态"。在A—B区域内其导磁率将会明显下降，由于磁阻增大，使得一部分磁力线不再通过A—B区域，而绕向C—D区域，经过信号输出线圈闭合。由于激磁线圈产生的磁通一部分和信号输出线圈相交链，使得信号输出线圈产生感应电动势，这样便可得出外部压力与电压输出的线性关系曲线。

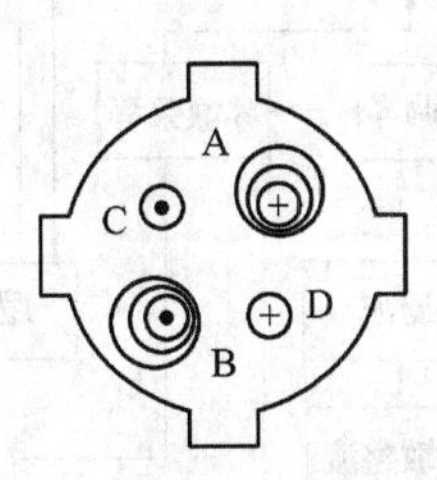

(a) 铁芯不受力时磁力分布情况

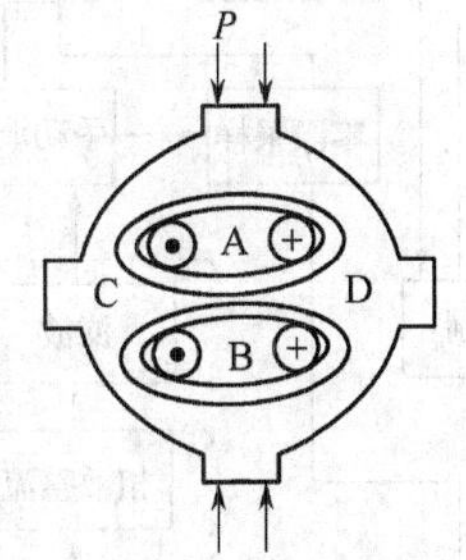

(b) 铁芯受力后磁力线分布情况

图 8-12 压磁传感器工作原理

三、测重信号处理电路

(一)测重信号的处理

1. 测重信号处理电路

测重信号处理电路由输入放大、相敏整流、移相调整、调零自动补偿电路、滤波放大、过零调整电路、峰值检测、A/D转换、数据锁存和中断输出等电路组成，如图8-13所示。

传感器输出的轮重信号，经电缆传送进入室内，首先经测重机信号处理电路交流放大后，送入相敏整流电路变成直流信号。由于车轮通过传感器所在钢轨的前后区段时，该两段的测量交流信号相位差为180°，所以经过相敏整流后，每个车轮的轮重都可得到正负两个半波直流信号电压。此信号经过正电压峰值采集电路，将车轮经过传感器中心时包络线达到最高点的信号电压采集并保持，便得出轮重的模拟电压。轮重模拟电压经过A/D变换电路变为数字量。此轮重数字量被锁存，送测重显示装置显示。当车轮通过传感器时，电路产生一个电压过零脉冲，在A/D转换完成后此脉冲作为一个中断脉冲，通知计算机控制系统通过接口电路读取溜放车组的数字重量信息。

2. 测重信号处理过程中的各级波形

测重传感器是测重机获取车组重量的关键器件，测重传感器可以成对安装使用，也可单一使用。实践证明双传感器维护调整工作量大，而一个传感器输出信号足以保证正常工作，因此现场普遍采用单传感器工作，其重量信号处理过程(单传感器)的各级波形及时序如图8-14所示。

(二)测重信号处理单元电路

1. 相敏整流解调器

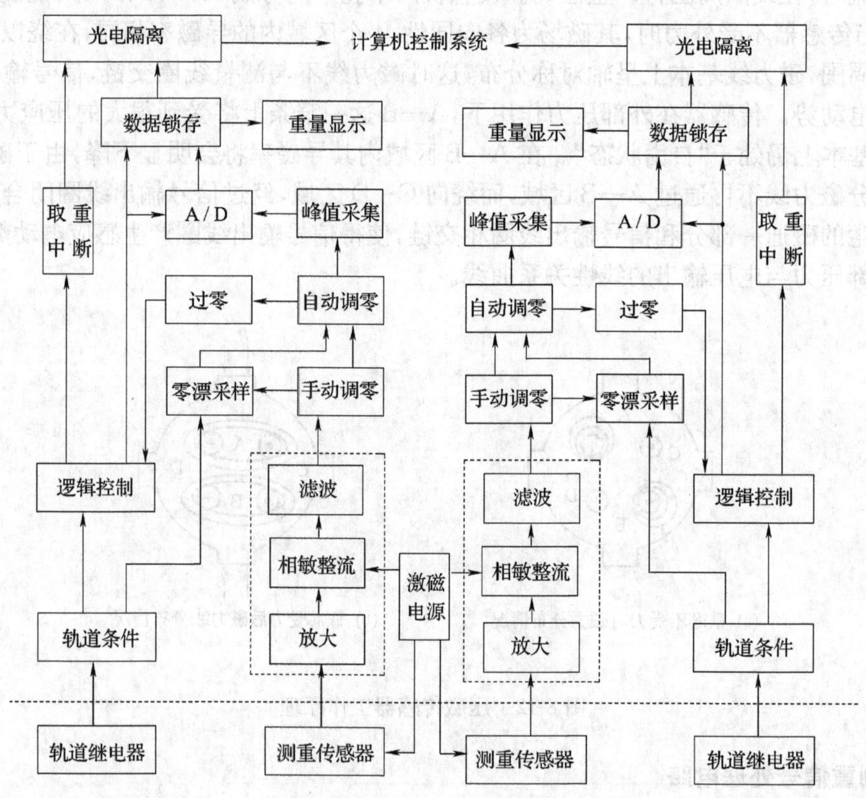

图 8-13　测重信号处理电路原理框图

由于整流输出与输入信号有关,相敏整流解调器的输出能够反映输入信号的大小和极性的变化,同时利用参考信号(相位控制)端,以两个交流信号之间的相位差来模拟被控制量之间的关系,也反映输入信号和参考信号之间的相位关系,所以称为相敏整流解调器。

车轮经过测重传感器时,在钢轨剪应力的作用下波形如图 8-14(a)所示。传感器输出波形为上下对称的400 Hz信号形成的包络线交流信号,波形如图 8-14(b)所示。由于车轮通过以传感器为中心的前后钢轨时,传感器输出相位差 180°的轮重交流信号。为得到每个轮重信号的正负两个半波低频直流轮重信号电压,并且该信号电压能够反映输入信号的大小和极性的变化,采用相敏整流解调器。传感器输出的轮重信号经交流放大后,送入相敏整流电路进行整流滤波处理。

在测重电路中采用 ZF6009 型厚膜相敏整流解调器电路完成对测重信号的放大和相敏整流。ZF6009 包括前置放大器、相敏检波器、有源滤波器。前置放大器的放大倍数在 0～200 倍范围内可调。

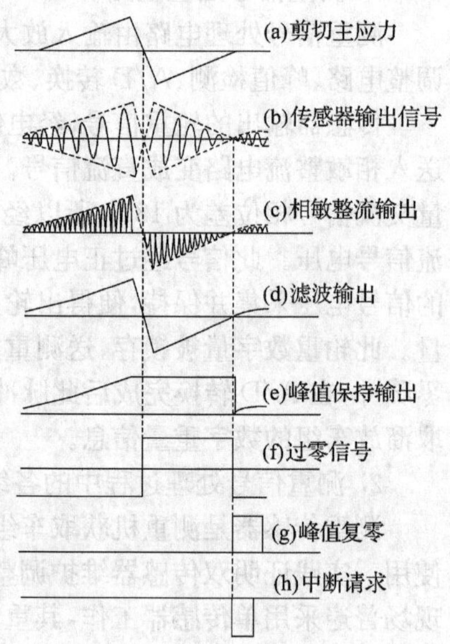

图 8-14　单传感器重量信号处理电路各级波形序图

ZF6009 相敏整流解调器的内部框图及外部接线如图 8-15 所示。

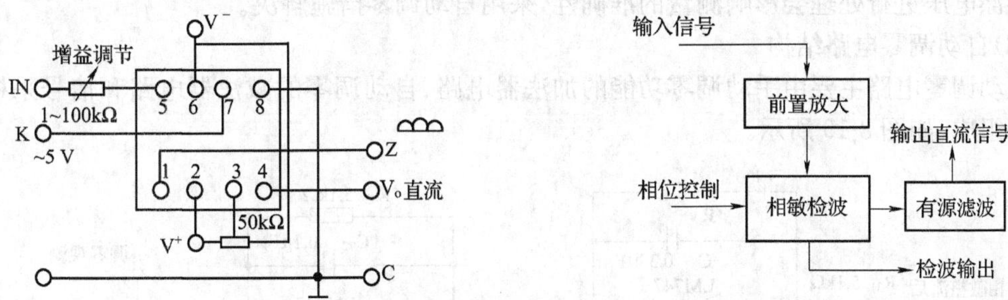

图 8-15　ZF6009 相敏整流解调器内部框图及外部接线

1—相敏检波输出；2—正电源；3—调零端；4—输出端；5—信号输入；6—负电源；7—参考信号输入；8—地

ZF6009 相敏整流解调器的应用如图 8-16 所示。

ZF6009 相敏整流解调器为厚膜集成电路，外形尺寸如图 8-17 所示。

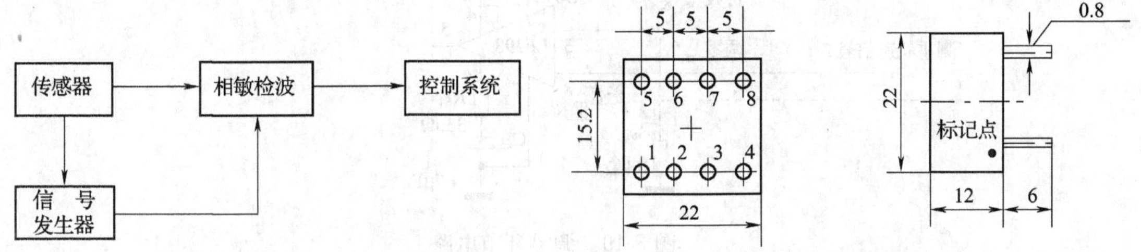

图 8-16　ZF6009 相敏整流解调器的应用　　　图 8-17　ZF6009 相敏整流解调器外形及尺寸

在测重电路中，放大及相敏整流环节电路如图8-18所示。U2/ZF6009 的 5 端为测重信号输入，输入波形如图 8-14(b)所示。由于传感器输出为毫伏级信号(可达数百毫伏)，不需要较大的增益，所以放大倍数调节电阻选的较大，为 82 kΩ。U2 的 1 端为相敏检波输出端，波形如图 8-14(c)所示，输出为整流后的脉动信号；4 端输出经有源滤波后的直流(变化较慢的)信号，输出波形如图8-14(d)所示。7 端为参考信号输入相位控制端，整流放大后的波形如果正负不对称，则调整相位调整电位器对该端进行相位调整。

相位调整电路为放大器电路，如图 8-18中 U1 所示。400 Hz 激磁电源通过该电路 W_1 电位器送入放大器电路输入端，输出信号作为参考信号输入 ZF6009 的相位控制端 7，进行相位调整。

2. 调零电路

经相敏整流滤波后的信号送调零电路处理。

(1)调零电路作用

当传感器安装完成通以固定的激磁电流时，传感器输出有一初始的交流小

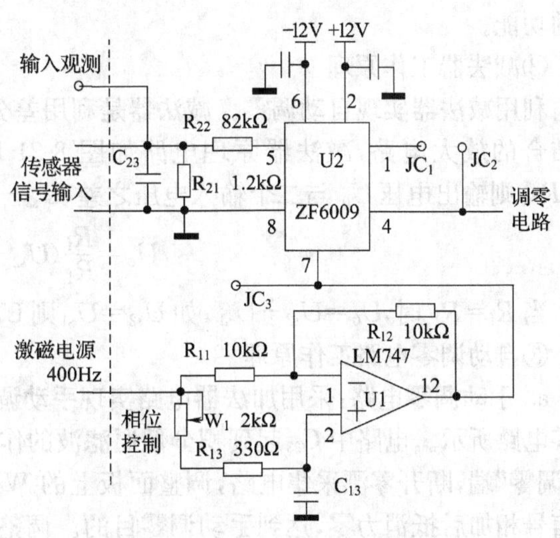

图 8-18　相敏整流及相位调整电路

信号,信号处理电路输出会有一个非零点的直流电压,即传感器和处理电路的零漂电压。如果不对零漂电压进行处理会影响测量的准确性,采用自动调零措施解决。

(2)自动调零电路结构

自动调零电路主要由手动调零功能的加法器电路、自动调零的减法器电路和信号采样保持电路组成,如图 8-19 所示。

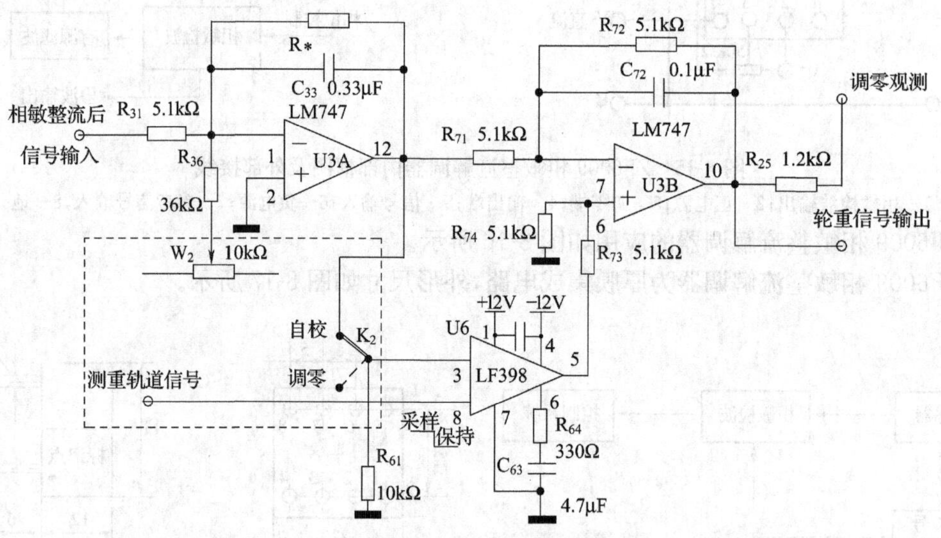

图 8-19 调零环节电路

①加法器工作原理

利用加法器实现手动调零。加法器电路实际上是多输入端的反相放大器,加法器原理电路如图 8-20 所示。根据加法器电路运算原理,$R_1=R_2=R_f$,则有$-U_0=U_{s1}+U_{s2}$。在测重信号处理电路中,利用加法器的加法运算原理,使 U3A 两输入信号相加后为零。

相敏整流滤波输出的信号送入加法器反相输入端,电位器 W_2 输出的信号也送入反相端,调整 W_2 使两信号大小相等、方向相反,经加法器相加运算后,电路输出则为零,实现了手动调零的功能。

②减法器工作原理

利用减法器实现自动调零。减法器是利用差分式电路实现的,它是反相输入和同相输入相结合的放大电路,减法器原理电路如图 8-21 所示,根据减法器电路运算原理,$R_f/R_1=R_3/R_2$,则输出电压 U_0 与二个输入电压之差$(U_{s2}-U_{s1})$成比例:

$$U_0=\frac{R_f}{R_1}(U_{s2}-U_{s1})$$

当 $R_f=R_1$ 时,$U_0=U_{s2}-U_{s1}$;如 $U_{s2}=U_{s1}$ 则 $U_0=0$。

③自动调零电路工作原理

a. 手动调零电路:采用加法器电路实现手动调零,如图 8-19 中 U3A 及 W_2 等组成的手动调零电路所示。电路中 C_{33} 起到积分低通滤波的作用。在测重轨道区段无车时,将 K_2 扳键置向“调零”端,断开零漂采集电路,调整面板上的 W_2 调零电位器进行手动调零,使其信号与零漂信号相加后抵消为零,达到手动调零目的。调整完成后将 K_2 扳键复位置向“自校”端,以便实现自动调零补偿。手动调零是静态调整,传感器随环境及条件的变化还会产生一定的零漂,为达到更好的动态调零效果在电路中又设置了自动调零电路。

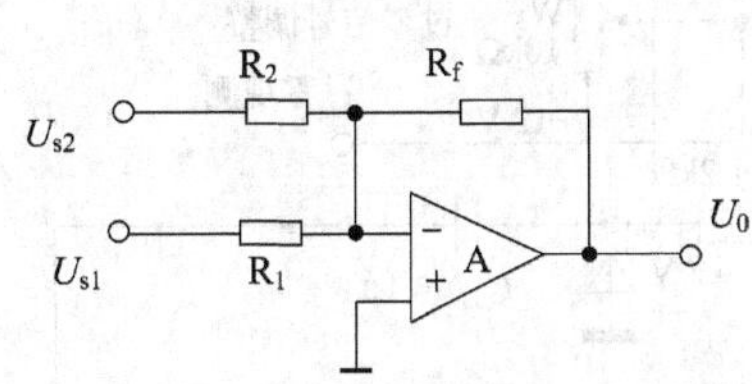

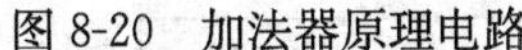

图 8-20　加法器原理电路

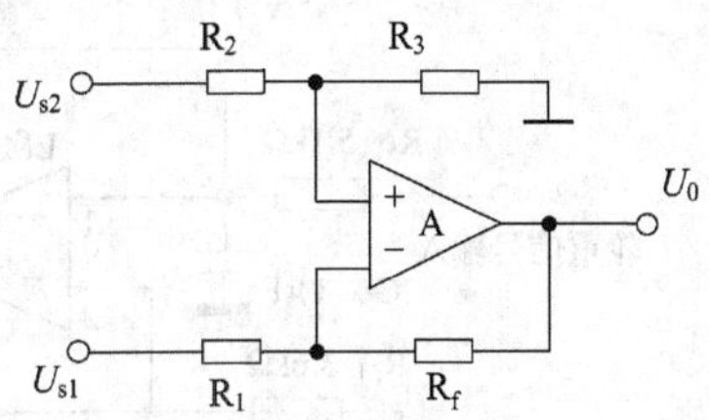

图 8-21　减法器原理电路

b. 自动调零电路：由零漂信号采集保持和自动调零补偿电路组成。

利用 LF398 采样保持器实现对零漂信号的采样和保持，将动态零漂信号记忆下来，如图 8-19 中的 U6 电路所示。

在轨道区段无车时，LF398 采样保持器控制端 8 有采样信号高电平，工作在采样状态，使其对动态零漂信号进行实时采样；轨道区段有车未接近传感器时，其控制端 8 信号由采样转换为保持，即由高电平转为低电平，信号采样保持器工作状态立刻由采样转为保持，对进车时刻采样到的零漂信号进行保持。

自动调零补偿电路如图 8-19 中的 U3B 电路所示。无车时 LF398 采样保持器输出端 5 输出所采集的零漂信号，并送到自动补偿调零减法器电路的同相端 6，反相端 7 也同时接收手动调零环节送来的相同的零漂信号，两个相等的输入信号通过减法器电路相减后，输出端 10 则为零，则消除了零漂信号。

当车组接近和通过测重传感器时，传感器输出轮重信号，经相敏整流滤波后（该轮重信号和零漂信号叠加），经加法器 U3A 输出送到减法器自动调零补偿电路的反相输入端 7，和同相输入端 6 的零漂信号相减后，输出端 10 输出无零漂信号的轮重信号，实现了轮重信号的自动调零补偿，减小了测量误差，提高了测重的精度。

3. 过零信号电路

过零信号是轮重信号突变经过零点的信号。此信号在测重电路中用来计轴、启动 A/D 转换、向计算机控制系统申请中断及形成复零信号等重要时序控制。

过零信号电路主要由过零信号形成电路及过零信号输出电路组成，如图 8-22 所示。

第一级为过零信号形成电路。由反相输入迟滞比较器 U5A 电路组成。

轮重信号由 U5A 反相端 1 输入，同时过零调整电压信号经电位器 W_3 的中点输出也接入 1 端，反相输入端 1 形成两个信号相加输入。参考电压 $V_{REF}=0$（接地）经 R_{54}（3.6 kΩ）接入同相端 2。当无轮重信号时，1 端在过零电压的作用下达到正门限值，使输出端 12 输出低电平；在有车轮接近和压上传感器时，有正轮重信号输入，输出端 12 输出不变，仍为低电平；当车轮经过传感器中心点，轮重信号相位突变，即输入信号正半周产生过零点，下降到负门限电压值时，比较器输出则由低电平上跳到高电平；当车轮信号消失后又恢复到低电平，形成一个正脉冲过零信号，脉冲宽度约为 100 ms。波形如图 8-14(f)所示。

第二级为过零信号输出电路，由 U5B 组成。该电路有两种工作方式：自检时工作在多谐振荡器状态；正常时工作在放大器状态。

自检时U5B的正反相输入端均断开，工作在多谐振荡器状态，每秒输出一次过零脉冲（不用按钮去检测），进行模拟量到数字量的自动 A/D 变换检测。

如图 8-22 所示，正常工作时 U5B 为同相输入放大器电路，U5B 反相输入端经二极管正极

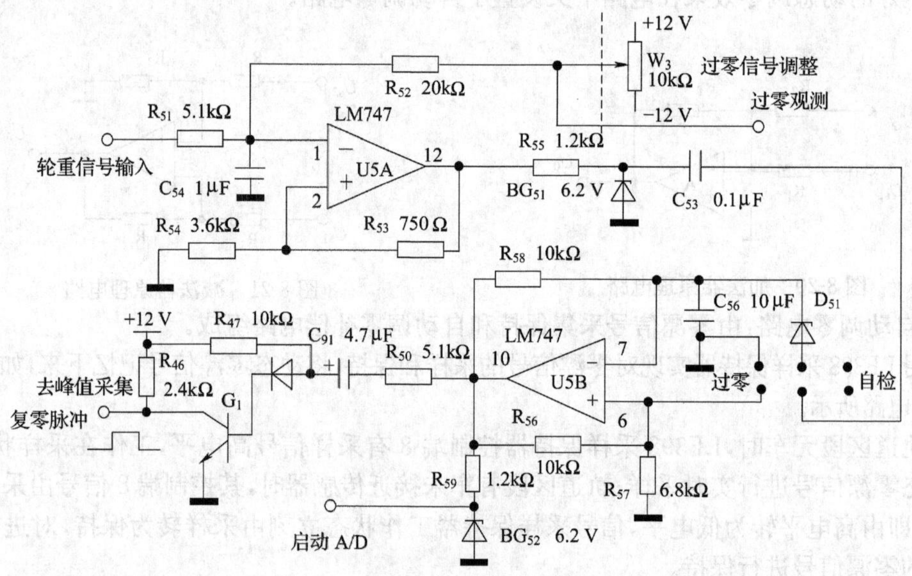

图 8-22 过零信号电路

接地,同相端接过零信号。由于反相输入端通过二极管正极接地,破坏了电路的振荡条件,使之工作在放大状态,其输出信号仍是正脉冲信号。

该正脉冲信号有两个作用:一是去启动 A/D 转换电路和形成中断请求脉冲;二是经延时后控制三极管 G_1 开关电路形成复零信号。在无信号时,三极管 G_1 在+12 V 电压作用下导通输出低电平,无复零信号输出。在过零信号的上跳前沿及高电平期间,G_1 仍维持导通状态,待过零脉冲下跳后沿使三极管开关 G_1 截止,输出高电平复零信号。经 RC 电路延时使 G_1 恢复导通,复零信号消失,此正脉冲复零信号波形如图 8-14(g)所示。

复零信号使采样保持电路的保持电容记忆的峰值信号电压快速放掉,采样保持电路复原,准备测量下一轮重。

(三)压磁测重传感器激励电源

压磁测重传感器是一种有源传感器,为保证测量精度,对激励电源有严格要求。压磁测重机设有高稳定度的传感器激励电源。电源输出频率为 400 Hz,激励电流 0.4 A,电源输出功率不小于 20 W。电源频率稳定度不大于±2%,电源稳定度不大于+2%。

四、测重机主要技术性能

1. 测重范围:轮重负荷 1~12 t。
2. 测重精度:静态测量误差不大于±2.5 t,动态测量误差不大于±5 t。
3. 重量信号输出连续量:不小于 0.2 V/t;重量等级:128 级任意选用。
4. 传感器使用寿命:不低于 500 万次。
5. 适应工作环境温度:室内设备 0~+40 ℃;室外设备−40~+70 ℃。
6. 允许溜放速度:不大于 20 km/h。
7. 测重传感器允许超载 200%。
8. 测重传感器安装在驼峰加速坡区段,对线路没有特殊要求。

第三节 测 长 设 备

测长设备是测量调车线路空闲长度的设备，也称测距设备。

在自动化驼峰，在调车线路的入口处安装点式减速器的主要作用是目的制动，具体表现为对钩车离开减速器出口速度的控制上。由动力学可知，钩车离开减速器的出口速度为：

$$v=\sqrt{2as}$$

式中 s——减速器末端至钩车到达目的地之间的距离；

a——钩车在 s 距离内平均减速度。

由此可见，空闲长度是计算减速器出口速度的必要条件。空闲长度的测量可通过不同的途径实现，本节介绍工频测长系统、音频测长系统和微机测长系统。

一、TGWC 型工频测长系统

(一)结构及硬件工作原理

目前较为常用的是工频(50 Hz)测长设备。为提高电气化区段的抗干扰能力和测量精度，避免频率过低导致轮对接触电阻对测长精度的影响，适当提高了测长设备的工作频率(采用 175 Hz)。工频测长及 175 Hz(25 Hz)测长两者基本原理相同，175 Hz(25 Hz)测长专门用于电气化区段调车线内有电力机车牵引的编发线。工频(50 Hz)测长设备的特点是设备结构简单，特别是发送端设备无复杂的电子电路，轨道电路供电电流大，工作可靠性高，维护简单，有效测量长度可达1 050 m，并且测量精度较高。

1. 设备结构

工频测长设备具备独立和联机两种结构模式。

独立测长设备设有专用机柜，在机柜内设有数层套箱，每层套箱安装一个单元电路板，每单元板最多可测 16 股道。其中除正常使用套箱设备为工作状态外，设有一层套箱单元板为冷备状态。各套箱均可任意设置状态。测长计算机计算出的走长、停长值通过 RS-232 串口直接送往控制台室的显示终端。

在 TW-2 驼峰自动控制系统中，测长模块是整个控制系统中的一部分。在结构上，测长模块仅是一块单元电路板(CB)，其作用是采集和测量股道空闲长度模拟量/数字量参数，由计算机计算出走长、停长值。各种信息(包括报警)通过 CAN 总线和上位机通信交换信息。

对应不同的结构模式，工频测长设备只是改变外部的安装结构，而内部单元电路板和软件均不用变动。

测长设备由室外轨道变压器箱内送电变压器、电抗器、可调电阻器、钢轨接续线、传送电缆和室内设备轨道测长模块(CB 板)组成。如图 8-23 所示。

工频 50 Hz 测长轨道电路，室外设有一个 XB2 变压器箱，箱内安装有送电变压器、电抗器及可调电阻器。测长轨道电路从减速器出口开始到峰尾停车设备处，长度一般不大于1 000 m。

2. 硬件工作原理

工频测长设备是利用编组线内股道的两条钢轨及终端短路封线构成回路。在回路始端直接输入工频 50 Hz 电信号，当车组在轨道上行走时，随着车组距始端距离的变化，引起短路输入阻抗发生变化，由计算机采样轨道电路的电压变化值，经过软件计算得出相应的长度值，这

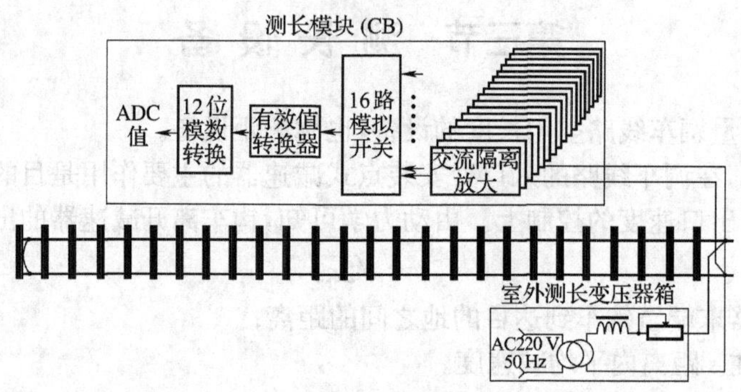

图 8-23　测长设备结构图

种方式称为阻抗—电压—长度方式,即阻抗模值测长。

测长设备由室内净化电源统一送出工频交流 220 V 的信号电源到各个股道的变压器箱,经变压器变成低压交流电,由电抗器滤波处理经可调限流电阻送到钢轨上,在股道的末端装设有短路线。由于轨道电路的特性,在正常情况下,测长股道的始端便有一交流 1.5～1.8 V空闲电压,电流约为 3～5 A。送端变压器Ⅱ次侧为 0～36 V 可调,可以在 1 V 的间隔范围内调整,通过选择变压器的抽头和调整可调电阻,可以很容易地准确调整出股道空线时的额定电压值。电抗器的作用是保持回路中电流的稳定并对信号电源进行滤波,使送入轨道的电流恒定。

在一定的条件下,轨道电路的短路输入阻抗与轨道的空闲长度之间建立起一种非线性的函数关系。也就是说,轨道电路始端轨道电压与短路点到始端的距离呈一种函数关系(近似成正比关系)。当车组进入股道后,由空闲长度所反映的工频电压值送至测长轨道数据处理电路进行处理,测长计算机按照高次方程曲线逼近的 A/D 转换计算关系式确定轨道电路输入电压的有效值,这个有效值与空闲长度呈线性关系,也就是运用数理统计方法,回归每股道的轨道电路特性曲线,通过高次方程运算,消除轨道电路特性非线性变化的影响,从而有效地降低了测长误差,可满足均方差小于 7 m。在调整时,分别记录调整股道的空线和满线状态时的电压值及与之对应的 A/D 转换值,计算出调整系数,计算机根据每股道各自电压计算公式,便可自动得出相应的电压值,这个电压值经计算机用数理统计方法求出关系方程式中的各项系数。这样,当测长轨道输入其电压值时,便得出轨道的空闲长度。

(二)主要技术参数

(1)轨道送电电压:交流 220 V±4.4 V。

(2)轨面电压:(1.5～1.8 V)±0.05 V(600～1050 m 时测量)。

(3)发送频率:工频 50 Hz。

(4)轨道回路电流:3～5 A。

(5)空线故障报警限:>50 m。

(6)空线自动调整范围:±40 m。

(7)测量空线长度误差:≤30 m。

(8)测量均方差:<7 m。

(9)每个测长模块最大容量:16 股道。

二、T·CJ3-1A 型音频测长机

(一)结构及工作原理

音频测长机主要由发送端的音频信号振荡器、功率放大器，接收端的选频放大器、AC/DC变换等环节组成。设备框图如图 8-24 所示。

基本原理是采用阻抗模值测量法，采用运算放大器为主要器件的模拟电路。振荡器产生的音频信号经发送电路功率放大后输出恒流电流，通过一对电缆送到轨道电路始端，通过轨道电路阻抗作用使端电压模值变化，轨端电压模值通过一对电缆芯线馈给接收电路，经接收电路的选频放大、AC/DC 交直流变换后，获得空闲长度的模拟电压值。为防止发送对接收的影响，测长的发送和接收必须分缆传送；由于测长机为电子设备，又直接和钢轨连接，必须在各环节采取有效的防雷措施。

(二)主要技术参数

1. 轨道电路工作频率为 133 Hz、163 Hz，避开工频及其他可能干扰的频率，相邻股道选用不同的频率，有较好的抗干扰能力。工作频率降低后，一个区段的有效测量长度延至850 m。

2. 功放发送的恒定电流由 50 mA 增加到100 mA，恒流精度±2%，提高了接收信号的信噪比。

3. 振荡器设置道床漏泄补偿开关，在雨天道床漏泄严重影响测量精度时，人工操作补偿开关，使振荡器电流输出提高 6%～7%，对全场各股道补偿由于道床漏泄引起的测量负差。

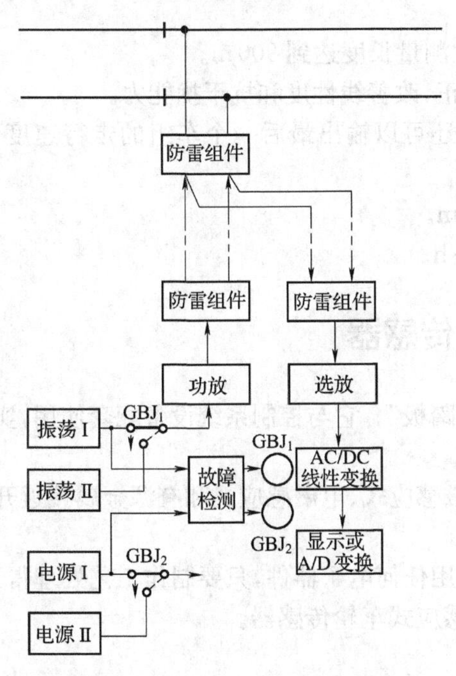

图 8-24　T·CJ3-1A 型音频测长机结构框图

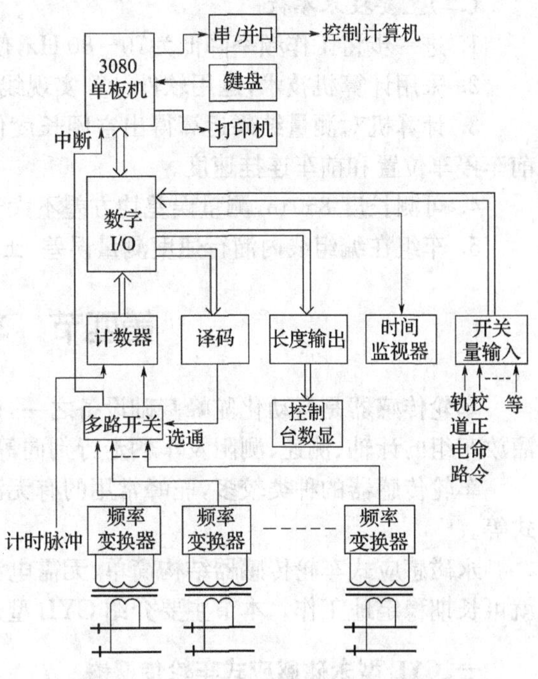

图 8-25　T·CW 微机测长机结构框图

4. 采用双机热备自动转换、报警的冗余结构，提高系统的可靠性。

5. 测量误差：道床干燥时，平均误差不大于 10 m，均方差不大于 7 m，道床潮湿时(道床电阻 1 Ω·km)0～600 m内平均误差不大于 15 m，均方差不大于 10 m，600 m 以外不大

于 30 m。

三、T·CW 型微机测长机

(一)结构及工作原理

T·CW 微机测长机主要由频率变换器、8080 单板机、I/O 接口,计数器、译码器、多路开关、通信接口等环节组成,结构框图如图 8-25 所示。

基本原理是采用阻抗频率测长法,频率变换器为音频振荡器,轨道电路的短路输入阻抗通过变压器把音频信号电压耦合到振荡回路中去,引起回路谐振频率的变化,谐振周期与空闲长度成正比,测量谐振频率变化的周期,即可获得轨道电路的空闲长度信息。谐振器输出的信号经整形电路变为方波,成为输出的长度信息,经光电隔离后送入多路开关(各股道的长度信息均送多路开关),经选通后进入计数器,其正半周使计数器对时钟脉冲计数,其负跳变为计算机中断信号。计算机通过 I/O 采集的数值乘以时钟周期的 2 倍,即得出频率变换器输出的长度信息的周期。经计算机进一步处理可得出轨道电路空闲长度值。频率信息处理具体如图 8-26 所示。

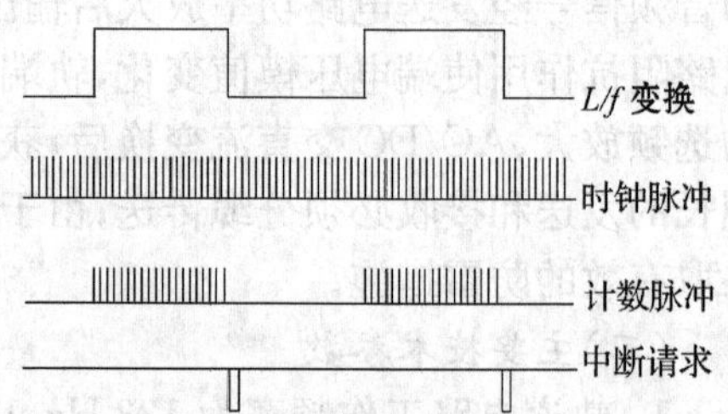

图 8-26　长度频率信息的处理

计算机的测量结果通过串口通信送给系统计算机处理,参与对溜放车组的控制。

(二)主要技术参数

1. 进一步将工作频率降低为70～80 Hz,使有效测量长度达到 900 m。

2. 采用计算机技术,运用软件计算实现线性校正,改善线性度和抗干扰能力。

3. 计算机对测量结果运算得出空闲长度值外,还可以输出最后一个车组的走行速度值、前车停车位置和前车连挂速度。

4. 可测长度 850 m,测量误差均方差不大于 10 m。

5. 车组在编组线内溜行速度测量误差:±1 km/h。

第四节　车轮传感器

车轮传感器是自动化驼峰基础设备之一,俗称“踏板”。它与控制系统设备配套使用,实现溜放车组的计轴、测速、测阻及车辆走行判向等。

车轮传感器的种类较多,驼峰常用的有无源永磁感应式、电磁感应式和有源金属接近开关式等。

永磁感应式车轮传感器结构简单、无需电源、不用任何电子器件,只要制作工艺处理得当,就可长期稳定地工作。本节主要介绍 CYL 型永磁感应式车轮传感器。

一、CYL 型永磁感应式车轮传感器

(一)结构及主要技术参数

1. 结构

永磁感应式车轮传感器(踏板)的结构如图 8-27 所示。将高强度漆包线绕制在一块长方形永磁材料制成的铁芯上,然后用性能较好的绝缘材料将其密封在传感器外壳内,线圈引线用

接线端子固定在接线口上，通过连接电缆将信息传输到室内设备。

2. 主要技术参数

(1)传感器线圈与外壳的绝缘电阻：>20 MΩ。

(2)适应车速范围：3～30 km/h。

(3)线圈电阻：1 000 Ω。

(4)有车经过时峰—峰值输出电压：≥2 V。

(5)负载电阻：1 000 Ω。

(6)安装高度：40 mm±2 mm(传感器顶面距钢轨顶面)。

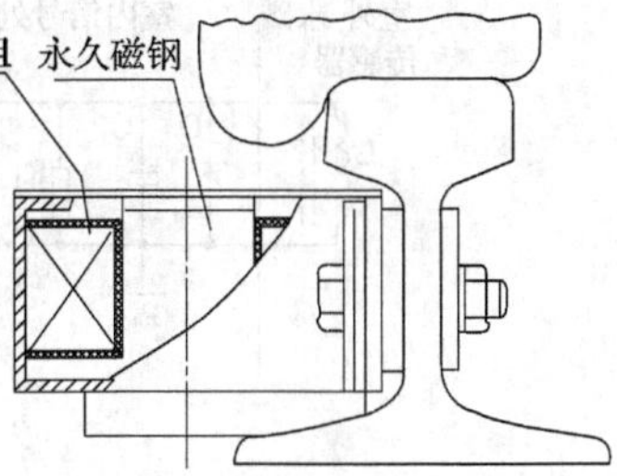

图 8-27　永磁感应式车轮传感器结构及安装方式

(二)工作原理

永磁感应式车轮传感器是在永磁材料外面绕制线圈绕组，安装在钢轨内侧的轨腰附近，与轨道构成(以车轮为宽度的气隙)磁路，其感应电动势为 $e=-\mathrm{d}\Phi/\mathrm{d}t$。

当无车经过时，永久磁铁产生的磁力线通过钢轨、传感器顶面和钢轨轨头之间的气隙构成闭合磁路。此时的闭合磁路由于空气隙大，磁阻较大，磁通量较小并无变化，传感器无信号输出。当车辆以一定的速度接近传感器时，车轮进入其顶部的空气隙，车轮封闭磁路气隙，使磁路的磁阻逐渐减小，磁通量 Φ 则逐渐加大，$\mathrm{d}\Phi/\mathrm{d}t$ 磁通变化率大于 0 为正值，在线圈绕组中产生相应的感应电动势 e 为负值，表示其作用使感应电流所产生的磁场阻止线圈中原磁通的增加；当车轮到达传感器中心时，即车轮中心线与传感器中心线重合，其磁阻为最小，磁通量达最大值，但此时的磁通变化率为零，所以 $\mathrm{d}\Phi/\mathrm{d}t=0$，感应电动势 e 为 0；此时完成输出信号的负半周。

此后车轮逐渐离开传感器，气隙磁阻逐渐加大，磁通量逐渐减小，$\frac{\mathrm{d}\Phi}{\mathrm{d}t}$磁通变化率小于 0 为负值，感应电动势 e 的方向则是相反的为正值，表示其作用使感应电流所产生的磁场阻止线圈中原磁通的减少，此时完成输出信号的正半周。

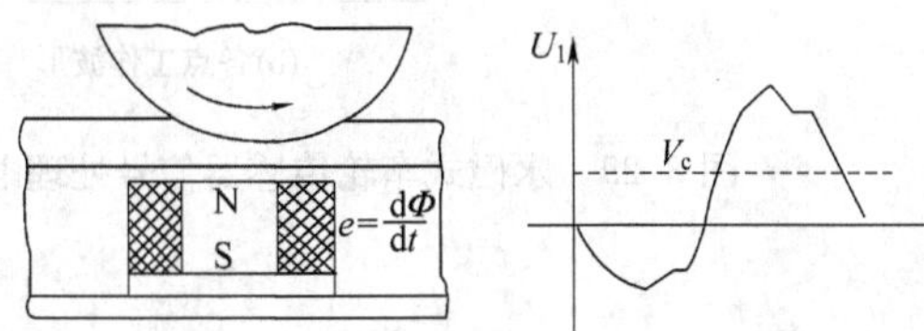

图 8-28　永磁感应式传感器工作原理和波形

感应电动势随车轮进入、出清无源传感器的运动而变化，输出的波形近似为正弦波，如图 8-28 所示。

(三)信号处理电路

永磁感应式车轮传感器输出的信号，控制系统信息采集设备不能够直接采集使用，需对其进行隔离和整形处理。信号处理电路种类较多，这里以 TW-2 驼峰自动控制系统使用的一种电路为例进行介绍。

1. 电路结构

信号处理电路结构为反相输入单门限电压比较器形式。采用运算放大器为主电路，经限幅、滤波、信号比较、放大整形、光电隔离后输出矩形波信号，如图 8-29 所示。

2. 电路工作原理

由于传感器信号处理电路为反相输入，其传输特性与同相端输入电路传输特性相反，如图

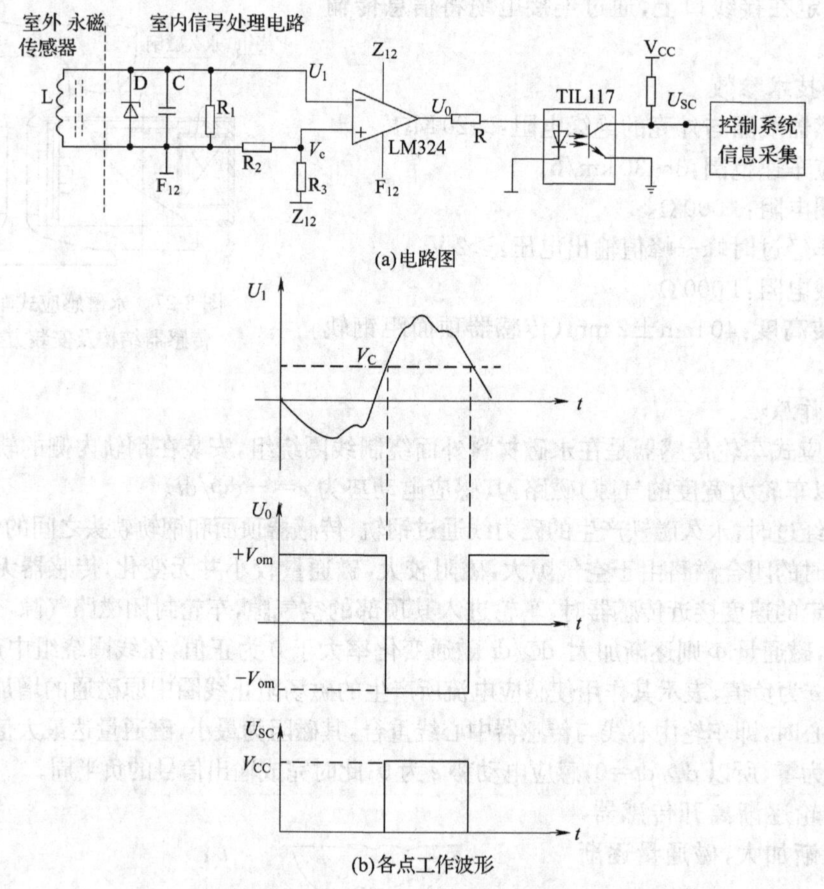

图 8-29　永磁式车轮传感器信号处理电路及各点工作波形

8-30 所示。

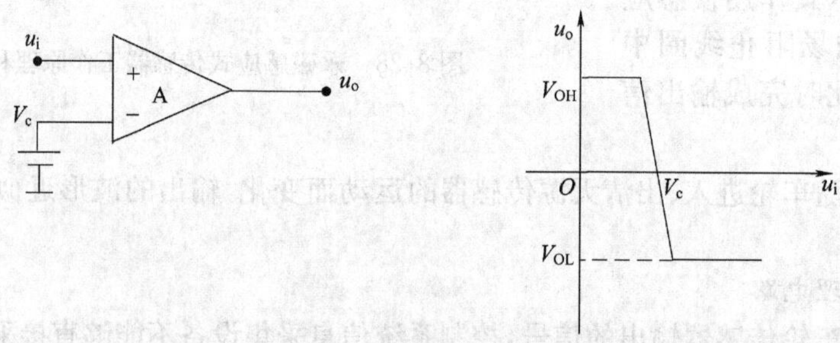

图 8-30　反相输入单门限电压比较器传输特性

永磁感应式车轮传感器信号处理电路如图 8-29(a)所示。该电路为反相输入单门限电压比较器。输入端并联稳压二极管 D(2CW52),其作用为限幅,将输入信号限值在其稳压值上,防止过大信号进入;电容 C 选 4.7～10 μF,起低通滤波作用,具有较大时间常数,可以充分滤除振动噪声,提高信噪比;R_2、R_3 决定其门限阀值 V_c 电平,其噪声门限值的设定应低于最低车速输出的电压值,一般设为 0.5～1.0 V。在车速大于或等于 3 km 时,输出信号峰—峰值V_{PP}大于或等于2 V,经电缆线路传输有一定的衰减,车速过低影响其可靠性。同时要求传感器信号先负后正(信号为正弦波),如果方向相反,则使先产生的正半周的信号幅度低(实测先产生的正半周信号幅度较小)易造成丢轴现象,图 8-29(b)为工作波形。运算放大器工作在开环状态,有信号输入时进入饱和放大状态,所以其输出波形为矩形波。该电路适用于车辆速度不高的驼峰场。

(四)永磁感应式车轮传感器的改进

永磁感应式车轮传感器,由于信号输出幅度与车速成正比,当车速为 3 km/h 时,在标准安装高度下,信号输出幅度峰—峰值为 2 V(负载电阻 1 kΩ),当车速低于 3 km/h 时输出信号过低,易造成信号丢失。所以,一般不适合于车速低于 3 km 的低速区段安装。在测量高速车轮时,虽然信号输出幅度与车速成正比,但振动等引起的干扰可影响其测量的可靠性。

为使永磁感应式车轮传感器能够适应较低和较高的车轮速度,提高其工作的可靠性,可对其采取如下措施进行改进:

(1)采用双磁钢双线圈正反向串联结构。在一块传感器结构中,利用两个磁钢及线圈正反向串联,实现输出信号的叠加及增加采集信号波形的数量,提高抗干扰能力,并可实现判别方向。

(2)在一块传感器结构中,采用双置永磁感应式车轮传感器,实现两路输出信号冗余使用,提高可靠性及抗干扰能力。

(3)进一步适当提高线圈匝数,提高输出信号幅度,改善信噪比。

(4)采用智能信号处理电路,提高车轮信息识别的正确性和可靠性。

二、T·LJS 型有源式车轮传感器

T·LJS 型有源式车轮传感器为有源电磁感应式传感器。

(一)结构及主要技术参数

1. 结构

T·LJS 车轮传感器为双置式传感器(也可为单置),一个封装壳体内安装两个相同的电子检测电路(电子开关),电子开关由 LC 高频振荡器、信号检测放大电路及电流输出电路组成。两个开关间隔一定距离。传感器底座为 L 形防锈铜合金铸件,底座上加工有适于扣件安装的螺栓安装用的螺孔。传感器装有一条 4 芯电缆(每个电子开关有两条引接线)用于输出,采用全封闭直接引出方式。

2. 主要技术参数

(1)电源电压:DC 8 V±0.2 V。

(2)耗电:<50 mA。

(3)输入内阻:1 000 Ω±50 Ω。

(4)有车轮电流:≤1.45 mA。

(5)无车轮电流:≥2.65 mA。

(6)短路电流:≥6 mA。

(7)断路电流:≤0.2 mA

(8)信号延迟:2 ms±0.1 ms。

(9)开关电流:50 mA。

(10)开关电压:30 V。

(11)传感器线圈与外壳的绝缘电阻:>20 MΩ。

(12)适应车速范围:0~30 km/h。

(13)安装高度:44 mm±2 mm(传感器顶面距钢轨顶面)。

(二)工作原理

1. 涡流效应测量原理

T·LJS型有源式车轮传感器运用涡流效应原理实现接近测量,由LC高频振荡器和信号检测放大处理电路组成。接通电源后,电感线圈被一个独立的高频信号激励,在传感器的感应面产生一个交变磁场,当金属物体接近此感应面时,金属物体内部产生涡流而吸取了振荡器的能量,使振荡器输出幅度衰减,根据衰减量的变化来识别出有无金属物体接近。其原理是检测车轮接近传感器的距离 d,小于 d 时输出一种状态,定义为车轮接近信号;大于 d 时,为无车轮信号。实际应用时,将线圈所形成的电感作为振荡回路的组成部分,使振荡回路谐振于某一频率。没有导体接近时,振荡幅度达到最大;有被测金属导体接近时,在金属体内产生涡流,使回路的 Q 值减小,振荡幅度减小,检测振荡幅度的变化,并将其转换为电流变化,输出具有开关性质的电流信号。

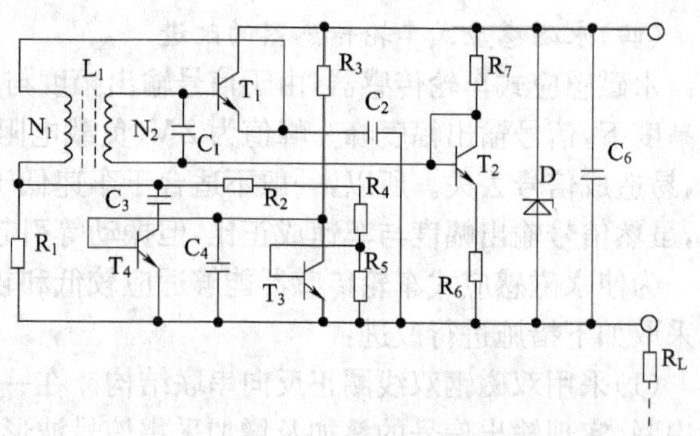

图 8-31 有源式车轮传感器单元电路原理图

2. 有源式车轮传感器工作原理

有源式车轮传感器实际是电感式位移传感器,是一种金属感应线性器件。有源式车轮传感器在其壳体内装有直流供电的振荡器,振荡器线圈下端加以屏蔽,只在线圈上端形成以空间为开磁路的交变电磁场。

金属物进入这个磁场时,在金属体内产生涡流,此涡流又产生反磁场,由于振荡器的反馈作用,使振荡器内阻增大,使振荡器输出幅度线性衰减减弱,检测电路检测振荡幅度的变化,转换成输出电流的变化。安装在室内的信号处理电路测量电流下降(有车轮通过)和电流上升(车轮出清),输出控制系统可用的计数信号,此工作原理又称为变衰耗原理。车轮传感器单元电路如图 8-31 所示,电流环信号传输原理如图 8-32 所示。

图 8-31 中的电路包括振荡器电路、滤波电路、振荡幅度检测电路、可变恒流源、工作点补偿电路。L_1(感应线圈)与 C_1、T_1、C_2 组成振荡电路。R_3、R_4、R_5 为振荡信号采样电路。T_3、T_4 完成信号幅度检测放大及可变恒流控制功能。T_2 为 T_1 工作点稳定电路,使 T_1 的工作不受传感器开关信号的影响。D则是为了吸收外界雷电感应,保护传感器电路所加的瞬态电压抑制二极管。改变取样电压即可实现传感器检测距离的调节。

振荡器部分 L_1 为感应线圈,与 C_1、T_1、C_2 组成了LC振荡电路,产生约 40 kHz 的振荡信号,振荡频率可用 C_1 调节。R_1 为振荡回路的负载。在无车轮接近传感器时,无接近金属产生涡流能量,振荡器满足起振条件,振荡器振荡,谐振电路谐振于某一频率,振幅最大。此时 L_1 有高频(40 kHz)最大电压信号输出,使采样电压电路输出信号幅值高,控制 T_3、T_4 通过负载 R_L 输出无车时较大的电流信号。

车轮接近传感器时,则进入传感器磁场,使金属车轮体内产生涡流,此涡流又产生反磁场(涡流损失),由于振荡器的反馈作用,使振荡器内阻增大,振荡幅度急剧下降,即 L_1 线圈振荡电压下降,使采样电压输出信号幅值变低,控制 T_3、T_4 通过负载 R_L 输出有车接近时较小的电

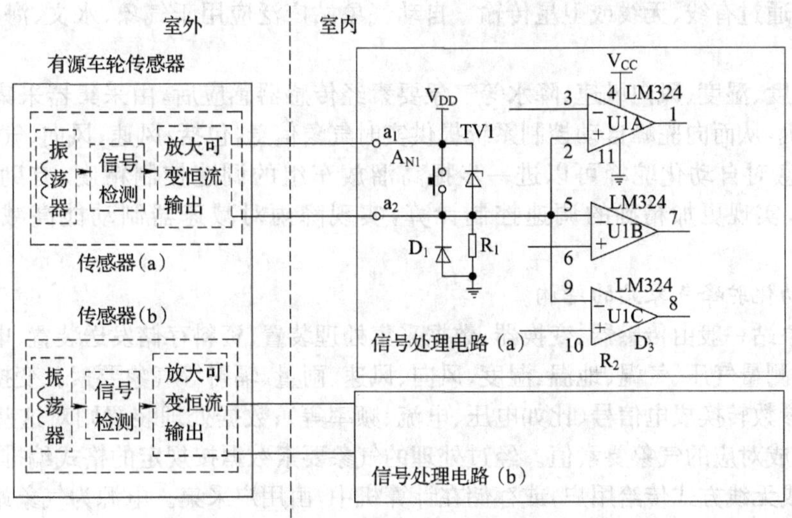

图 8-32　车轮传感器电流环信号传输原理图

流信号。

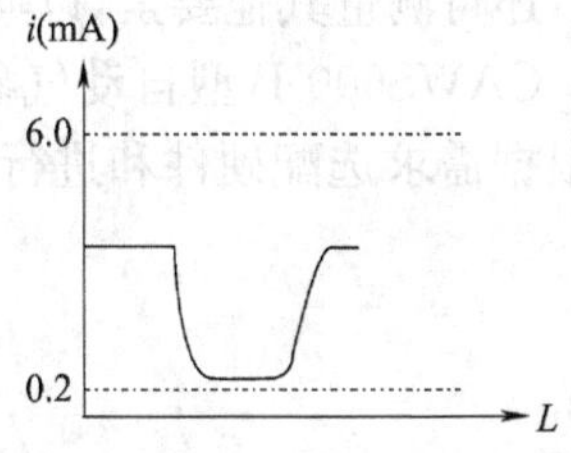

图 8-33　传感器电流输出特性

当车轮出清传感器时，涡流能量消失，振荡器恢复谐振，振荡电压幅度升高，使采样电压电路输出信号幅值升高，控制 T_3、T_4 使输出电流变大，通过电流信号由大→小→大的变化，完成一个车轮的检测。也就是检测振荡幅度的变化，并将其转换为电流变化，输出具有描述车轮性质的模拟电流信号，实现有无车轮通过的准确检测。车轮通过传感器时电流输出特性如图 8-33 所示。

该电流信号包含了车轮信号和故障信号两部分信息，上部 6.0 mA 是短路故障判断线，当传感器或电缆出现短路时，检测电路得到的电流大于设定值时，检测电路输出报警信号。下部是断路故障线，设定值为 0.2 mA。当传感器损坏或连接电缆断路时，检测电路得到的电流小于设定值时，输出报警信号。

T·LJS 车轮传感器为双置式传感器，车轮经过时输出两个错开的电流信号，以此可以判断车辆运行的方向。电流信号采用的是电流环传输(电源和信号传输共用一对线)，具有抗干扰能力强、传输距离远的特点，用电流环传输方式允许传输线回线电阻达 50 Ω，信号电缆的有效传输距离不小于 1 km。车轮传感器输出的脉冲信号的宽度与车辆的速度成反比，车速提高时，信号脉冲宽度减小。

第五节　驼峰气象站及光挡设备

一、驼峰气象站

(一)气象站在自动化驼峰中的作用

自动气象站是由电子设备及计算机控制的自动进行气象观测和数据采集处理的系统。它能够对风向、风速、气压、温度、湿度、雨量、蒸发、辐射、日照等气象要素进行全天候监测，可在无人值守的边远无人等极端环境地区工作。自动气象站既可作为单站使用，也可组成自动站网络,数据可通过有线、无线或卫星传输。自动气象站广泛应用于气象、水文、海洋,科学研究等领域。

气压、温度、湿度、风向风速、降水等气象要素经传感器感应后,由采集器采集并上传到控制系统计算机,从而向驼峰自动控制系统提供实时气象信息,包括:风速、风向、气温及降雨等。

气象信息对自动化驼峰可以进一步提高溜放车组的调速控制精度,有助于计算溜放车组风阻力,实现更加精确的调速控制计算,实现降雨对减速器制动能高减弱后的自动补偿。

(二)自动化驼峰气象站的结构

自动气象站一般由传感器、变换器、数据采集处理装置、资料存储发送装置、电源等部分组成,可以连续测量气压、气温、地温、湿度、风向、风速、雨量、辐射等气象要素。变换器将传感器感应的气象参数转换成电信号(比如电压、电流、频率等);数据处理装置则对这些电信号进行处理,再转换成对应的气象要素值。经过处理的气象要素数据按规定的格式编排,经资料发送装置以有线或无线方式传给用户,或存储在计算机中,由用户采集。电源为气象站正常工作提供动力,在野外通常使用太阳能电池。整个系统由一部微机自动管理。

自动气象站观测项目通常为气压、气温、相对湿度、风向、风速、雨量等基本气象要素,经扩充后还可测量其他要素,以典型的 CAWS600-B 型自动气象站为例。

CAWS600-B 型自动气象站在硬件和软件两个方面均采用模块组合式开放性设计,用户可根据需求选配硬件和进行软件功能设置。自动化驼峰用气象站系统布局框图如图 8-34 所示。

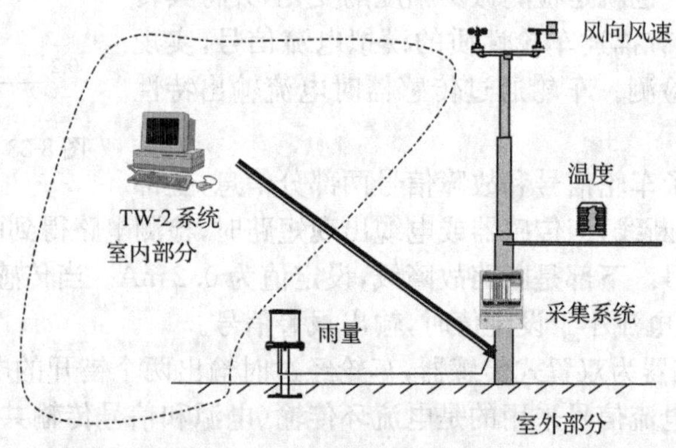

图 8-34　自动化驼峰用气象站系统布局框图

自动气象站与 TW-2 驼峰自动控制系统采用串行通信联机,提供实时气象信息。

(三)自动气象站的工作原理

1. 风速、风向传感器

风是许多小尺度的脉动,叠加在大尺度规则气流上的三维矢量。但在气象学上把空气的水平移动叫作风,即把它作为二维矢量来考虑。风由两个参数来确定,即风速(风矢量的模数)和风向(风矢量的幅角)。风传感器可用来测量近地风向、风速。

风速传感器的感应元件是三杯风感应组件,如图 8-35(a)所示,由三个低惯性轻金属制作的风杯和杯架组成。变换器为多齿转光盘和狭缝光耦。当风杯受水平风力作用而旋转时,带动同轴的多齿转光盘在狭缝光耦中转动,以光电子扫描输出脉冲串,输出相应于转数的脉冲频率信号。也就是当风杯转动时,使下面的光敏三极管接收上面发光二极管发射的光线,处于导通或截止状态，形成与风杯转速成正比的脉冲频率信号，该脉冲信号由计数器计数，经换算后就可得出实际风速值。

风向传感器为单翼风向传感器，如图 8-35(b)所示。采用低惯性轻金属的风向标响应风向，风向传感器的变换器为码盘和光电组件。当风标随风向变化而转动时，通过轴带动同轴码盘(一个 7 位格雷码盘)在光电组件缝隙中转动。按照码盘切槽的设计，码盘每转动 2.8°，光电组件就会产生新的 7 位并行格雷码，经整形后输出对应风向的电信号(产生的光电信号对应当时风向的七位格雷码)。

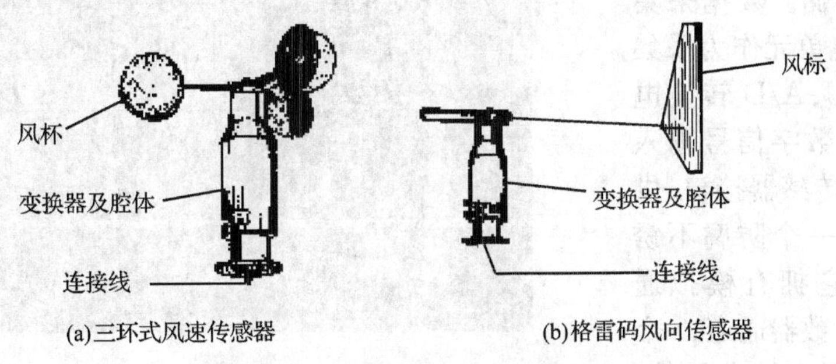

(a)三环式风速传感器　　(b)格雷码风向传感器

图 8-35　光电风速、风向传感器

注：在数字系统中只能识别 0 和 1，各种数据要转换为二进制代码才能进行处理。格雷码是一种无权码，采用绝对编码方式。典型格雷码是一种具有反射特性和循环特性的单步自补码。它的循环、单步特性消除了随机取数时出现重大误差的可能；它的反射、自补特性使得求反非常方便。格雷码属于可靠性编码，是一种错误最小化的编码方式。

也可采用精密导电塑料电位器，从而在电位器活动端产生变化的电压信号输出。

还有一种风速计，风速传感器的轴上吊有磁性圆盘，用霍尔开关器件将轴的转速转换成电信号，其输出信号频率与风速的大小成正比。当风杯转动时，带动同轴的磁性圆盘，在霍尔开关电路中感应出与风速成正比的频率脉冲信号，经计数器处理后，输出实际风速值。

2. 翻斗式雨量传感器

翻斗式雨量传感器是气象站自动测报系统的配套设备之一，具有一个机械双稳态结构，利用所接水的重量使翻斗自己翻转，由磁钢触发翻斗侧壁上的干簧开关，由计数器记录干簧管动作次数。

SL3 型双翻斗雨量传感器由集水器、雨量翻斗、调节螺钉、干簧开关等构成。每一次翻斗的雨量相当于 0.1 mm 降水。

在测量过程中，雨量计随着翻斗间歇进行翻倒动作，带动开关，发出一个个脉冲信号，由计数器记录其脉冲信号，将非电量转换成电量输出。

雨水由截面积为 200 cm^2 集水器汇集，通过装有小圆护网的小漏斗及其下端的引流管注入计量翻斗。当翻斗的水量达到一定的数量值时，翻斗翻转，另一半翻斗开始集盛雨。计数翻斗中部装有一块小磁钢，磁钢上端有干簧管。当计雨量翻斗翻动时，磁钢触发干簧管，使干簧接点因磁化而瞬间闭合一次，送出一个电路导通脉冲，相当于 0.1 mm 降雨量。采集器实时接受雨量传感器送来的降水量计数信号，每分钟计算出一分钟内的降水量，同时每小时计算出一小时内的降水量。

3. 环境温度传感器

铂电阻温度传感器，因其测量范围大、线性好、精度高、稳定性强等特点而被广泛使用。在气象站中采用铂电阻温度传感器。

铂电阻信号通过桥式电路转换为电压信号，再经过放大及 A/D 转换后送微处理器进行处理。由于铂电阻电阻值 R_t 与温度之间存在非线性关系，为了能对铂电阻测温的非线性进行校正，需要对铂电阻传感器输出的电压信号通过硬件电路或计算机软件进行非线性校正。

4. 数据采集器

数据采集器用来实时收集数据，并对传感器收集来的数据进行处理、存储。数据采集器以高精度采集单元作为采集核心，包括 CPU、A/D 转换电路，计数电路和数字信号输入电路等，还配有传感器接口、供电单元等，置于一个防腐不锈钢包装箱内。它拥有模拟通道、数字通道、计数器通道、1 个 RS-232 通信口及存储卡插件，+5 V、+9 V 和+12 V 三种供电输出。数据采集器外形及结构如图 8-36 所示。

图 8-36 数据采集器

在计算机(单片机)的 CPU 实时控制下，数据采集器根据各个数据的不同采样间隔要求，完成数据的连续采集，并把所得数据交给运算处理器进行处理。

(四)自动气象站的主要技术参数

1. 风向传感器

(1)测量范围：0～360°。

(2)准确度：±5°。

(3)工作电压：DC12 V。

(4)抗风强度：≥75 m/s。

(5)分辨率：2.5°。

(6)工作环境：－50～＋50℃，0～100%RH。

(7)输出信号：7 或 8 位格雷码和 TTL 电平信号。

(8)启动风速：0.3 m/s。

2. 风速传感器

(1)测量范围：0～60 m/s。

(2)测量精度：±0.3 m/s+0.03 m/s。

(3)工作电压：DC12 V。

(4)抗风强度：≥75 m/s，分辨率：0.1 m/s。

(5)工作环境：－50～＋50 ℃，0～100%RH。

(6)输出信号：0～1 221 Hz，TTL 电平脉冲信号。

(7)启动风速：0.3 m/s。

3. SL3 型雨量传感器

(1)集水器口径：ϕ159.6 mm。

(2)强度：<4 mm/min。

(3)分辨率：0.1 mm。

(4)输出：1 脉冲为 0.1 mm。

4. 铂电阻(Pt100)空气温度传感器

(1)测温范围：- 40～+65 ℃。

(2)误差：±0.5 ℃。

二、驼峰光挡设备

光挡设备在国外编组站驼峰应用广泛，近些年来国内也逐步开始应用。

(一)光挡作用

自动化驼峰配置光挡设备可以实现以下功能：

1. 配合计轴器实现准确的计轴计辆，准确地得到每钩车的实际辆数；
2. 可以在准确判别摘错钩(特别是少摘)的基础上自动调整作业计划；
3. 可以实现溜放窗计划显示与车辆通过光挡的时机同步按辆滚动显示；
4. 可以解决没有光挡的站场无法区别一分路上追钩和摘错钩的问题；
5. 可以使提钩显示盘的“翻屏”时机更加合理；
6. 能够提供钩车高度信息，使目的控制在考虑风阻力影响方面更加准确；
7. 在有些特殊情况下，得到钩车是否摘开钩的信息，有利于系统决策更加合理；
8. 能够应对未来非 4 轴的车辆控制问题。

(二)光挡分钩原理

1. 红外光电开关工作原理

红外线属于一种电磁射线，人眼可见的光波是 380～780 nm，发射波长为 780 nm～1 mm 的长射线称为红外线。多数光电开关选用的是波长接近可见光的红外线光波，如 875 nm。光电开关(光电传感器)一般由红外光电二极管和高灵敏度光敏晶体管组成发射器和接收器，利用被检测物对光束的遮挡或反射，由同步回路选通电路，从而检测物体的有无。物体不限于金属，所有能反射光线的物体均可被检测。光电开关将输入电流在发射器上转换为光信号射出，接收器再根据接收到的光线的强弱或有无对目标物体进行探测。

光电开关分为反射式和对射式两种。

反射式光电开关是集发射器和接收器于一体的传感器，当有被检测物体经过时，物体将光电开关发射器发射的光线反射到接收器，于是光电开关就产生了开关信号。

对射式光电开关包含了在结构上相互分离且光轴相对放置的发射器和接收器，发射器发出的光线直接进入接收器，当被检测物体经过发射器和接收器之间且阻断光线时，光电开关就产生了开关信号。当检测物体为不透明时，对射式光电开关是最可靠的检测装置。光挡设备一般采用结构分离的对射式光电开关。

2. 光挡测量分钩原理

国外自动化驼峰基本都使用光挡设备检测车辆分钩，工作原理如图 8-37 所示。光源 E 发射红外光束，接收机 R 接收到 E 的光束时，接收机输出级输出继电器接点闭合，或晶体管输出高电平“1”信号；当光通道被阻断时，接收机 R 接收不到光信号，输出继电器接点断开，或晶体管输出低电平“0”信号。接收机和发射机为分离式，分别安装在峰顶测重传感器处线路两侧限界以外。一般光电开关安装 4 组，其中 E_1-R_1、E_2-R_2 光通路相交于车辆车钩中心处，用于判别分钩并构成冗余结构，从光通路被车钩遮挡阻断开始到车辆分开、光通路恢复接通为止，正好是一钩车组。E_3-R_3、E_4-R_4 用于判断车辆受风面积及辅助测量。

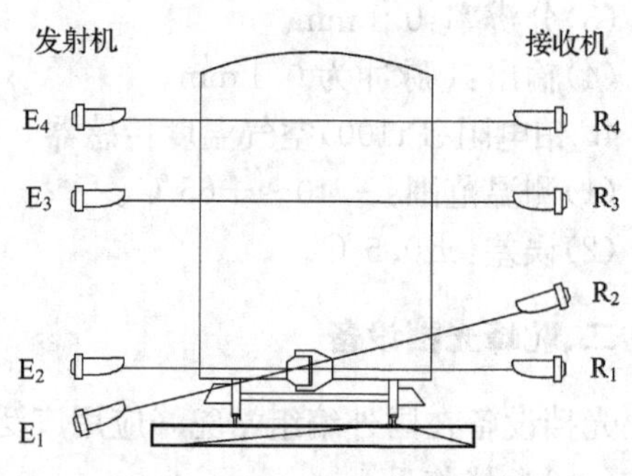

图 8-37 测量车钩分钩

光挡设备的信号处理由安装在现场的计算机信息采集处理系统完成,处理后的信息送计算机控制系统。

如果增加对射式光电开关数量,将光挡形成光幕,就能够更加可靠地检测车辆的辆数及精确地测量车辆受风面积,并还可构成冗余结构。例如设置 8 对光电开关,就存在 8 条光学通道,每个通道状态用二进制值表示(通道遮挡为"1",导通为"0"),通过计算机对每个通道状态的数据进行处理,就能够可靠、准确地识别出溜放钩车组车辆的辆数、受风面积及是否摘开钩,如表 8-1 所示。当使用较多对传感器时,可以设置为不同的调制频率来避免光线之间的干扰。

表 8-1 光学通道信息表

光学通道	状　态	二进制值	光学通道	状　态	二进制值
1	导通	0	5	遮挡	1
2	导通	0	6	遮挡	1
3	导通	0	7	遮挡	1
4	导通	0	8	遮挡	1

如果沿线路设置两组光挡,按其阻断和恢复的次序,可以判别出是溜放、上峰还是钓鱼回牵,从而可正确地处理信息的传递。

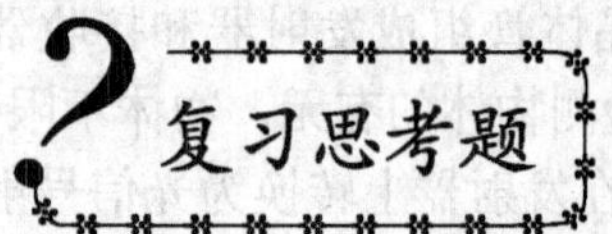

复习思考题

1. 简述 T·CL-2A 型驼峰测速雷达的结构和工作原理。
2. 简述压磁测重设备的构成和工作原理。
3. 简述 TGWC 型工频测长设备的工作原理。
4. 有源及无源车轮传感器安装高度标准是多少?
5. 气象站在自动化驼峰中的作用是什么?
6. 自动化驼峰配置的光挡设备可以实现的功能是什么?

第九章　驼峰电源屏

驼峰电源屏有电动型和电空型。电动型电源屏由7台分屏组成，这7台分屏是：1台DDY-Ⅰ型调压电源屏，2台交流电源屏，1台转换电源屏，2台电动型直流电源屏及1台电池电源屏。电空型电源屏由6台分屏组成，即1台DDY-Ⅰ型调压电源屏，2台交流电源屏，1台转换电源屏，2台电空型直流电源屏。

驼峰电动型电源屏的排列位置如图9-1所示，屏间连线关系如图9-2所示。

调压屏	A交流屏	B交流屏	转换屏	A直流屏	电池屏	B直流屏

图9-1　驼峰电动型电源屏的排列位置

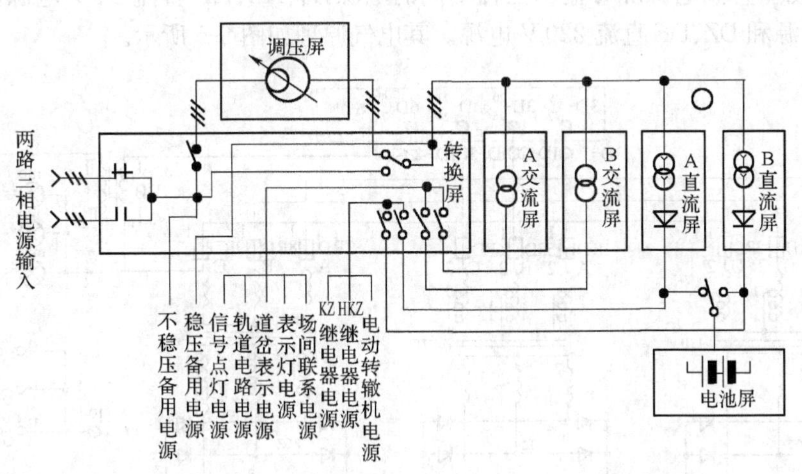

图9-2　驼峰电动型电源屏屏间连线关系

驼峰电空型电源屏的排列位置如图9-3所示，屏间连线关系如图9-4所示。

调压屏	A交流屏	B交流屏	转换屏	A直流屏	B直流屏

图9-3　驼峰电空型电源屏的排列位置

DDY-Ⅰ型的调压屏和交流屏在有关6502电气集中的书籍中有详细介绍，这里不再叙述，下面重点介绍几种驼峰专用的电源屏。

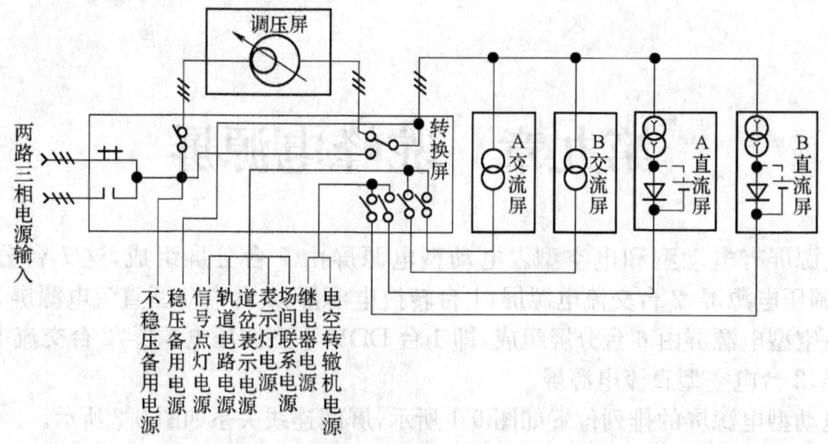

图 9-4　驼峰电空型电源屏屏间连线关系

第一节　驼峰电动型直流电源屏

驼峰电动型直流电源屏可输出三种不同的电源，即 KZ、KF 直流 24 V 电源，HKZ、HKF 直流 24 V 电源和 DZ、DF 直流 220 V 电源。其电气原理如图 9-5 所示。

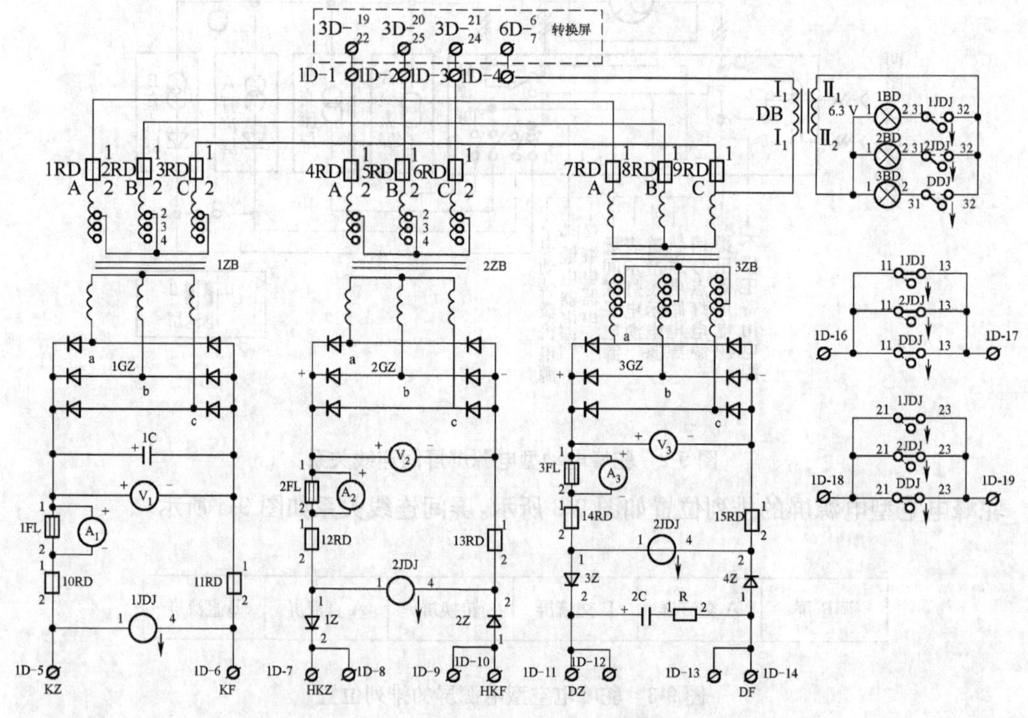

图 9-5　驼峰电动型直流屏电气原理图

一、KZ、KF 直流 24 V 电源

KZ、KF 直流 24 V 电源是驼峰电气集中继电器工作电源。

输入的三相交流电源经 1ZB 三相整流变压器和 1GZ 三相桥式整流电路整流后，输出直流 24 V 额定电压，额定电流为 30 A。

改变三相整流变压器 1ZB 一次侧绕组的跨接端子，可以获得 24 V、28 V、30 V 的输出电压。

在输出端并有电容 1C，容量为 18 800 μF，其目的是防止两路电源在转换过程中造成直流电源断电。

输出 KZ、KF 直流 24 V 电源在正常工作时，监督继电器 1JDJ 励磁吸起，并用其前接点接通白色表示灯 1BD 电路，使 1BD 亮灯。由于某种故障断电时，1JDJ 失磁落下，1BD 灭灯，其第一、二组后接点分别接通驼峰转换屏的声、光报警电路，通知维修人员查找故障并修复。

二、HKZ、HKF 直流 24 V 电源

HKZ、HKF 直流 24 V 电源是驼峰自动集中进路命令传递电路电源。

三相整流变压器及整流电路与 KZ、KF 直流 24 V 电源相同，输入三相电源经 2ZB 三相整流变压器变压和 3GZ 三相桥式整流电路整流后，输出直流 24 V 额定电压，额定电流为 30 A。

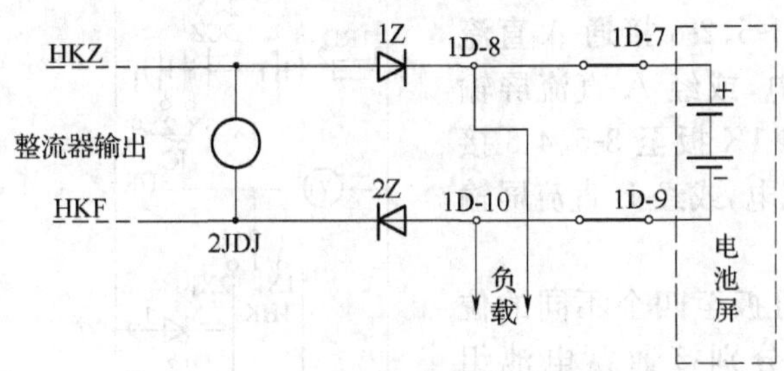

图 9-6　输出端串接二极管的作用

HKZ、HKF 直流 24 V 电源的输出端串接了 1Z 和 2Z 二极管（50 A），其工作原理如图 9-6 所示。

该电源正常工作时，通过 1D-8、1D-10 向负载供电，同时通过 1D-7、1D-9 向电池屏 24 V 电池组浮充电，此时 1Z、2Z 两二极管均正向导通。当输出电源突然停电时，电池屏 24 V 电池组通过 1D-7、1D-9 和 1D-8、1D-10 向负载供电。24 V 电池组在放电时，二极管是反向连接，不会向三相整流电路反向供电。此时，监督继电器 2JDJ 落下，接通转换屏声、光报警电路，通知值班人员及时采取措施。

三、DZ、DF 直流 220 V 电源

DZ、DF 直流 220 V 是快速电动转辙机的工作电源。

输入三相电源经 3ZB 三相整流变压器变压和 3GZ 三相桥式整流电路整流后，输出直流 220 V，额定电流为 30 A。

改变 3ZB 三相整流变压器Ⅱ次绕组的跨接端子，可以使直流输出电压分别为 210 V、220 V、240 V。

DZ、DF 直流 220 V 正常输出时，监督继电器 DJJ 励磁吸起，其第三组前接点接通白色表示灯 3BD。发生故障时，DJJ 失磁落下，通过其第一、二组后接点接通转换电源屏声、光报警电路。

输出端跨接电容 2C 和电阻 R 组成浪涌吸收器，防止整流管受过电压的冲击。

第二节　驼峰电池电源屏

驼峰电池电源屏与电动型直流电源屏配合使用。电池屏内设有一组 24 V 和一组 220 V 镉镍蓄电池组，分别作为电动型直流电源屏内 HKZ、HKF 24 V 电源和 DZ、DF 220 V 电源的备用电源。驼峰电池屏的电气原理如图 9-7 所示。

一、24 V 蓄电池组电路

正常情况下，24 V 蓄电池组由直流屏中 HKZ、HKF 24 V 电源浮充电，当 HKZ、HKF 24 V 电源故障停电时，由蓄电池组继续向驼峰自动集中传递电路供电，保证已经下溜的车组安全溜放。

如图 9-7 所示，开关 1K 的 5、6 接 24 V 蓄电池组，1K 的 1-5、2-6 接通 A 直流屏，由 A 直流屏浮充电，或经 A 直流屏输出端子向负载放电；将 1K 扳至 3-5、4-6 接通，则由 B 直流屏浮充电，或经 B 直流屏输出端子向负载放电。

组合开关 3HK 可扳至四个不同的位置，其中 1X、2X、3X 分别接通蓄电池组 30 V、28 V、24 V 三挡电压。组合开关 1HK 三组接点 C_1、C_2、C_3 是同步动作的。

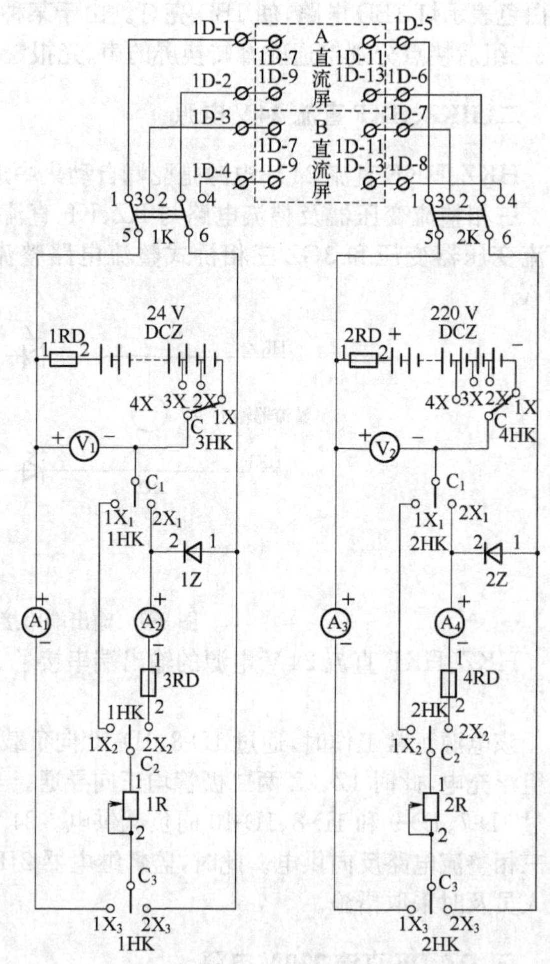

图 9-7　驼峰电池屏电气原理图

(一)浮充电及充电电路

所谓浮充电就是将充满电的蓄电池组与充电装置并联运行，平时充电装置以较小电流补偿蓄电池组的局部自放电。

当组合开关 1HK 的 C_1-$2X_1$、C_2-$2X_2$、C_3-$2X_3$ 接通时，构成浮充电路：

HKZ—$1K_5$—$1RD_{1\text{-}2}$—24 V DCZ（＋）—24 V DCZ（－）—$3HK_{3X\text{-}C}$（直流屏输出 24 V 时 ）—$1HK_{C_1\text{-}2X_1}$—A_2—$3RD_{1\text{-}2}$—$1HK_{2X_2\text{-}C_2}$—$1R_{1\text{-}2}$—$1HK_{C_3\text{-}2X_3}$—$1K_6$—HKF

24 V 蓄电池组浮充电流的大小由可调瓷盘电阻 1R 控制。1R 阻值大，浮充电流小；1R 阻值小，浮充电流大。浮充电流过大，镉镍电池将发热，影响电池组的使用寿命；浮充电流过小，将会逐渐减小镉镍电池组的容量。一般浮充电流控制在 30～50 mA 范围。浮充电时，直流屏 24 V 整流器的输出电压应与 24 V 蓄电池组电压相配合，即直流屏输出电压分别为 30 V、28 V、24 V 时，组合开关 3HK 应分别接通 1X、2X、3X。

充电和浮充电电路一样，区别在于电流的大小，正常充电电流应为蓄电池组额定容量的 1/4。如充电电流达不到所要求的数值，可把直流屏输出电压提高一级对电池组充电，也可将

KZ、KF 和 HKZ、HKF 电源串联对电池组充电。

(二)放电电路

蓄电池放电电路分为直流屏电源停电放电和电池屏试验放电两种。

24 V 直流电源停电时的放电电路为：

24 VDCZ(＋)—$1RD_{2\text{-}1}$—$1K_5$—负载—$1K_6$—$1Z_{1\text{-}2}$—$1HK_{2X_1\text{-}C_1}$—$3HK_{C\text{-}3X}$—24 VDCZ(－)

为了恢复和检查蓄电池组的容量，需要进行放电试验，这时应扳动开关 1HK，使 C-$1X_1$ 接通，放电电路为：

24 V DCZ(＋)—$1RD_{2\text{-}1}$—A_1—$1HK_{1X_3\text{-}C_3}$—$1R_{2\text{-}1}$—$1HK_{C_2\text{-}1X_2}$—$1HK_{1X_1\text{-}C_1}$—$3HK_{C\text{-}X_3}$—24 V DCZ(－)

二极管 1Z 的作用是：浮充电时 1Z 处于截止状态，迫使浮充电电流经过 A_2、3RD 和 1R，使浮充电流受到控制。当电池组向负载放电时，1Z 导通，使负载能够获得较大的电流。调节 1R 阻值，可以得到所需要的放电电流值。

放电试验时，电阻 1R 是放电电路的负载，一定要把 1R 阻值调大后才能把组合开关 1HK 扳到放电位置，以免放电电流过大损坏电池。

熔断器 1RD 用于防止电池短路或过大电流放电。3RD 用于充电电路防护，防止过大电流充电损坏电池组。

长期工作在浮充电状态下的镉镍电池组，要定期用充放电试验检查容量是否符合技术要求。

二、220 V 蓄电池组电路

220 V 蓄电池组是电动型直流电源屏 DZ、DF 220 V 的备用电源。正常情况下由 DZ、DF 220 V 电源浮充电。当 DZ、DF 220 V 电源故障停电时，由 220 V 蓄电池组继续向电动转辙机供电，使之在一定时间内正常工作。

220 V 蓄电池组电路结构及原理与 24 V 蓄电池组基本一样，仅电压数值和元器件规格、型号不同。

在浮充电时，直流屏 220 V 整流器输出电压应与 220 V 蓄电池组相配合，即直流屏输出电压分别为 240 V、230 V、220 V、210 V 时，组合开关 4HK 应分别接通 1X、2X、3X、4X。

在充电时，如充电电流达不到所要求的数值，可以把直流屏输出电压提高一级对蓄电池组进行充电。

浮充电、充电和放电的操作过程与 24 V 蓄电池组相同。

第三节　驼峰转换电源屏

驼峰转换屏的作用是完成引入的两路三相电源的自动和手动转换；完成 A、B 交流屏之间，A、B 驼峰直流屏之间的手动转换。各种输入、输出电源均在转换屏内汇接，通过手动转换可实现调压屏、交流屏、直流屏既能正常供电又能断电维修。

该屏的电路结构及工作原理与 DDY-Ⅰ型大站电源屏转换屏相同的从略，不同之处主要有：

1. 该屏与电动型直流屏配套使用时，屏内闸刀控制开关 22K、26K 为 KZ、KF 直流 24 V 电源的输出控制开关；23K、27K 为 HKZ、HKF 直流 24 V 电源的输出控制开关；24K、28K

为 DZ、DF 直流 220 V 电源的输出控制开关。与电空型直流屏配套使用时，因电空转辙机由 HKZ、HKF 直流 24 V 电源供电，不再使用闸刀开关 24K、28K，其他开关作用与上述相同。

2. 控制台表示灯电源除 24 V 外，还有 22 V 和 30 V 两挡，由 5K 和 14K 闸刀开关控制输出，7D-1、2 和 7D-4、5 端子输出 24 V；5D-1 和 7D-4、5 端子输出 22 V；5D-2 和 7D-4、5 端子输出 30 V。

第四节　驼峰电空型直流电源屏

驼峰电空型直流屏输出两种电源，即 KZ、KF 直流 24 V 和 HKZ、HKF 直流 24 V。其电气原理如图 9-8 所示。

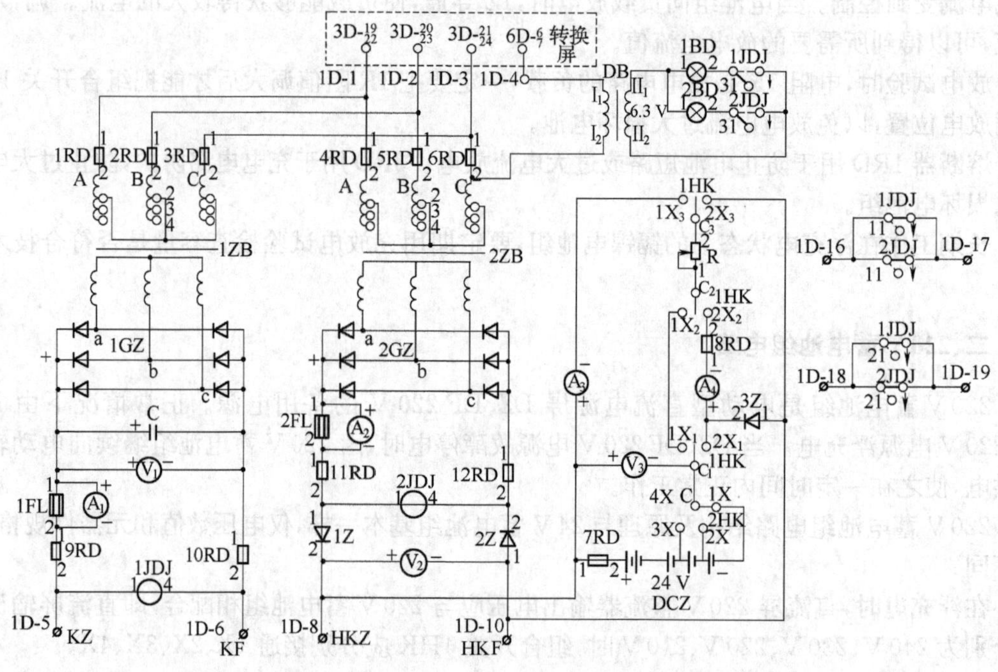

图 9-8　驼峰电空型直流屏电气原理图

一、KZ、KF 直流 24 V 电源

输入三相交流电源经 1ZB 三相整流变压器和 1GZ 三相桥式整流后，输出直流 24 V 电压。改变 1ZB 一次侧绕组的跨接端子，可以得到 24 V、28 V、30 V 不同的输出电压。

在两路电源转换时，KZ、KF24 V 电源将瞬间停电，为保证不间断地供给继电器工作电源，在整流电路输出端并联了 4×4 700 μF 的电容 C，C 还有滤波作用。

二、HKZ、HKF 直流 24 V 电源

HKZ、HKF 直流 24 V 电源的三相整流变压器及整流电路与 KZ、KF 直流 24 V 电源相同，输入三相电源经 2ZB 和 3GZ 后，输出直流 24 V 电压。

在驼峰电空型直流屏内设有一组镉镍蓄电池组，该电池组与 HKZ、HKF 直流 24 V 电源输出

并联。平时对蓄电池组进行浮充电，电源突然停电时，由蓄电池组向外供出直流 24 V 电源。

当组合开关 1HK 的 C_1-$2X_1$、C_2-$2X_2$、C_3-$2X_3$ 接通时，构成浮充电路：

HKZ—$7RD_{1\text{-}2}$—24 V DCZ(＋)—24 V DCZ（－）—$1HK_{1X\text{-}C}$—$1HK_{C_1\text{-}2X_1}$—A_4—$8RD_{1\text{-}2}$—$1HK_{2X_2\text{-}C_2}$—$R_{1\text{-}2}$—$1HK_{C_3\text{-}2X_3}$—HKF

为了恢复和检查蓄电池组的容量，需要进行放电试验。放电时，1HK 的 C_1-$1X_1$、C_2-$1X_2$、C_3-$1X_3$ 接通，构成放电电路：

24 V DCZ(＋)—$7RD_{2\text{-}1}$—A_3—$1HK_{1X_3\text{-}C_3}$—$R_{2\text{-}1}$—$1HK_{C_2\text{-}1X_2}$—$1HK_{X_1\text{-}C_1}$—$2HK_{C\text{-}1X}$—24 V DCZ(－)

放电时，应先将电阻 R 的阻值调到最大值，1HK 置放电位置后，慢慢调小 R 阻值至所需要的放电电流，为防止 R 在最小的情况下放电而损坏蓄电池组，增加了 7RD 熔断器防护。

监督继电器 1JDJ、2JDJ 用来监督电源输出的工作状况。正常工作时，用它们的第三组前接点接通相应的工作表示灯 1BD、2BD，电源故障时，1JDJ 或 2JDJ 失磁落下，相应的表示灯灭灯，并通过 1JDJ 或 2JDJ 的后接点接通转换屏中的声、光报警电路，通知维修人员查找故障。

第五节　自动化驼峰电源屏

自动化驼峰电源屏针对自动化驼峰的特点实现了不同设备运用电源的分设。主要对驼峰交流屏、直流屏进行了改进，同时增加了驼峰微机屏、测长屏、电热屏。

一、改进型驼峰直流电源屏

改进后的驼峰直流电源屏可输出四种不同的电源，即 KZ、KF 供给继电器工作的直流 24 V电源；HKZ、HKF 供给转辙机工作，同时带有镉镍电池组作为备用电源的直流 24 V 电源；JKZ、JKF 供给减速器表示工作的直流 24 V 电源；LKZ、LKF 供给雷达自检工作的 24 V 电源。如图 9-9 所示。

(一)继电器直流 24 V 电源 KZ、KF

本电源是由一台三相变压器经二极管组成三相全波整流后输出直流 24 V 电压。通过调整三相变压器二次侧绕组的跨接端子，可以得到 24 V、28 V、30 V 不同的输出电压。为获得平滑的直流电源输出及渡过两路电源转换的时间保证不间断地给继电器供电，在整流电路输出端并联了电容 C。

(二)电空道岔直流 24 V 电源 HKZ、HKF

HKZ、HKF 直流 24 V 电源的三相变压器及整流电路与 KZ、KF 直流 24 V 电源基本相同，仅在屏内设有一组镉镍蓄电池组，以保证在电源停电时使已经启动的道岔转换到底。该电池组与 HKZ、HKF 直流 24 V 电源输出并联。平时对蓄电池组进行浮充电，电源突然停电时，由蓄电池组向外供出直流 24 V 电源。

1HK 为三层联动组合开关，当组合开关 1HK 的 31-33、21-23、11-13 接通时，构成浮充电路：

HKZ—10DLQ—24 V DCZ(＋)—24 VDCZ(－)—$1HK_{11\text{-}13}$—A6—11DLQ—$1HK_{23\text{-}21}$—R—$1HK_{31\text{-}33}$—HKF

可调电阻 R 用来调整充电电流、浮充电电流和放电电流的大小；10DLQ 用作大冲击电流和短路保护；11DLQ 为充电回路保护，以防止过大充电电流损坏电池组。

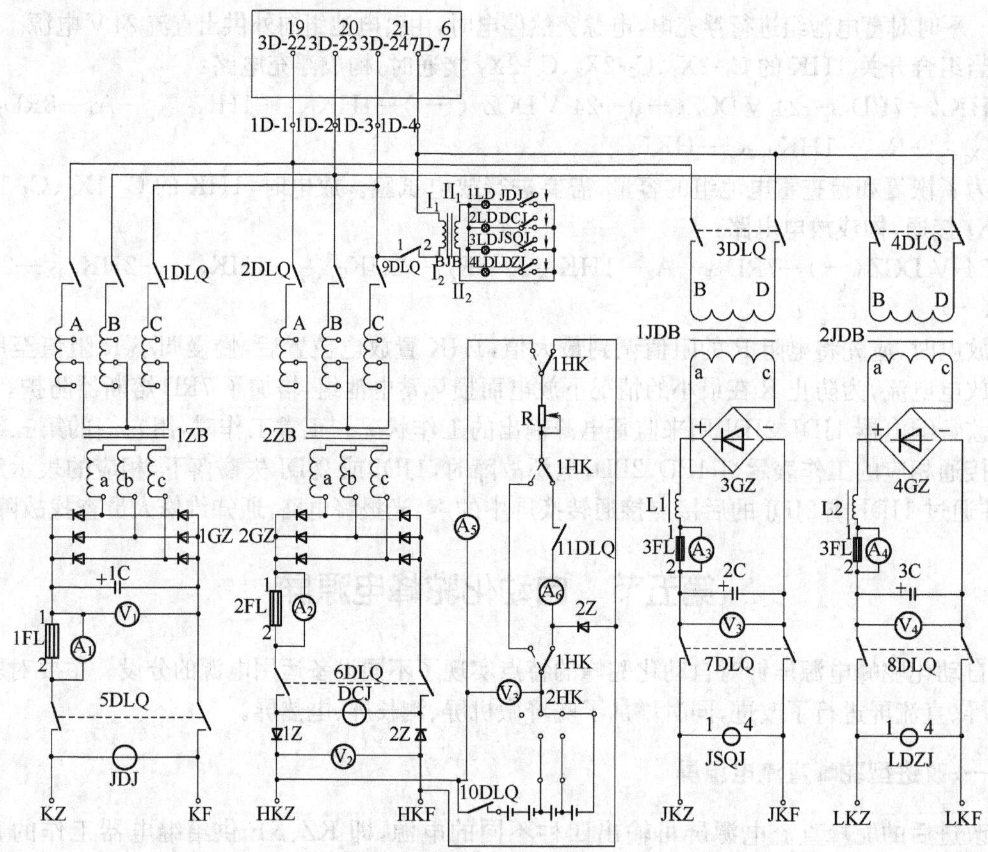

图 9-9　改进型驼峰直流电源屏

放电时，应先将电阻 R 的阻值调到最大值，1HK 置放电位置后，慢慢调小 R 阻值至所需要的放电电流，为防止 R 在最小的情况下放电而损坏蓄电池组，增加了 7RD 熔断器防护。

监督继电器 1JDJ、2JDJ 用来监督电源输出的工作状况。正常工作时，用它们的第三组前接点接通相应的工作表示灯 1BD、2BD，电源故障时，1JDJ 或 2JDJ 失磁落下，相应的表示灯灭灯，并通过 1JDJ 或 2JDJ 的后接点接通转换屏中的声、光报警电路，通知维修人员查找故障。

二、改进型驼峰交流电源屏

改进型驼峰交流屏是在原驼峰交流电源屏基础上增加了减速器、雷达、控制、备用电源输出，充分满足了驼峰各种不同设备间的电源分设，减少了由于某路电源不良而造成的电源间互相影响。其电气原理如图 9-10 所示。

驼峰信号点灯电源电路由信号变压器 XB 进行隔离，分两束输出；当输出正常时，1XHJ、2XHJ 监督接触器吸起，点亮面板 XBD 信号工作灯，此时 V_1、V_2 电压表显示信号电源输出电压，A_1、A_2 电流表显示信号电源输出电流。

减速器 1、2 电源电路由减速器变压器 JSQB 进行隔离，分两束输出；当输出正常时，1JSQJ、2JSQJ 减速器监督接触器吸起，点亮面板 1、2JSD 工作灯，此时 V_3、V_4 电压表显示减速器电源输出电压，A_3、A_4 电流表显示减速器输出电流。

减速器 3、雷达电源电路是由减速器、雷达变压器 JLB 进行隔离，分两束输出；当输出正常

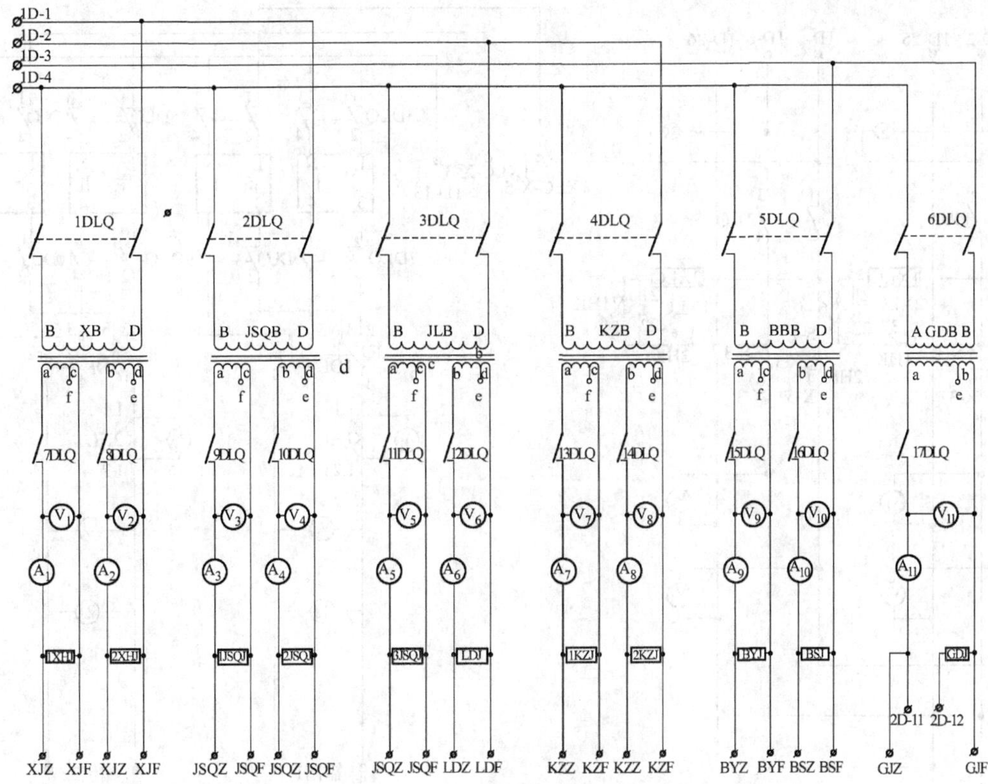

图 9-10 改进型驼峰交流电源屏

时，3JSL、LDJ 减速器、雷达监督接触器吸起，点亮面板 3JSD、LDD 工作灯，此时，V_5、V_6 电压表显示减速器、雷达输出电压，A_5、A_6 电流表显示减速器、雷达输出电流。

控制电源电路是由控制变压器 KZB 进行隔离，分两束输出；当输出正常时，1KZJ、2KZJ 控制监督接触器吸起，点亮面板 KGD 工作灯，此时 V_7、V_8 电压表显示控制输出电压，A_7、A_8 电流表显示控制输出电流。

备用、表示灯电源电路是由备用、表示灯变压器 BBB 进行隔离，分两束输出；当输出正常时，BYJ、BSJ 备用、表示灯监督接触器吸起，点亮面板 BYD、BSD 工作灯，此时 V_9、V_{10} 电压表显示备用、表示灯的输出电压，A_9 电流表显示备用电源的电流。

轨道电源电路是由轨道变压器 GDB 进行隔离输出，当输出正常时，GDJ 轨道监督接触器吸起，点亮面板 GDD 工作灯，V_{11} 电压表显示轨道电源的输出电压，A_{10} 电流表显示轨道电源的输出电流。

电路中设有的监督交流接触器分别监视交流屏中各种电源的工作状态，若某电源故障，则其相应接触器落下，其接点在转换屏中报警，通知有关人员手动切换至备用交流屏供电，做到驼峰电源先接后断。

三、驼峰测长电源屏

驼峰测长电源屏实现两路二相电源的引入、稳压和电源的输出，具有两路电源自动和手动转换功能。其电气原理如图 9-11 所示。

外网两路电源分别接在输入端子 1D-1、1D-2、1D-25 和 1D-5、1D-6、1D-26 端子上，如先闭

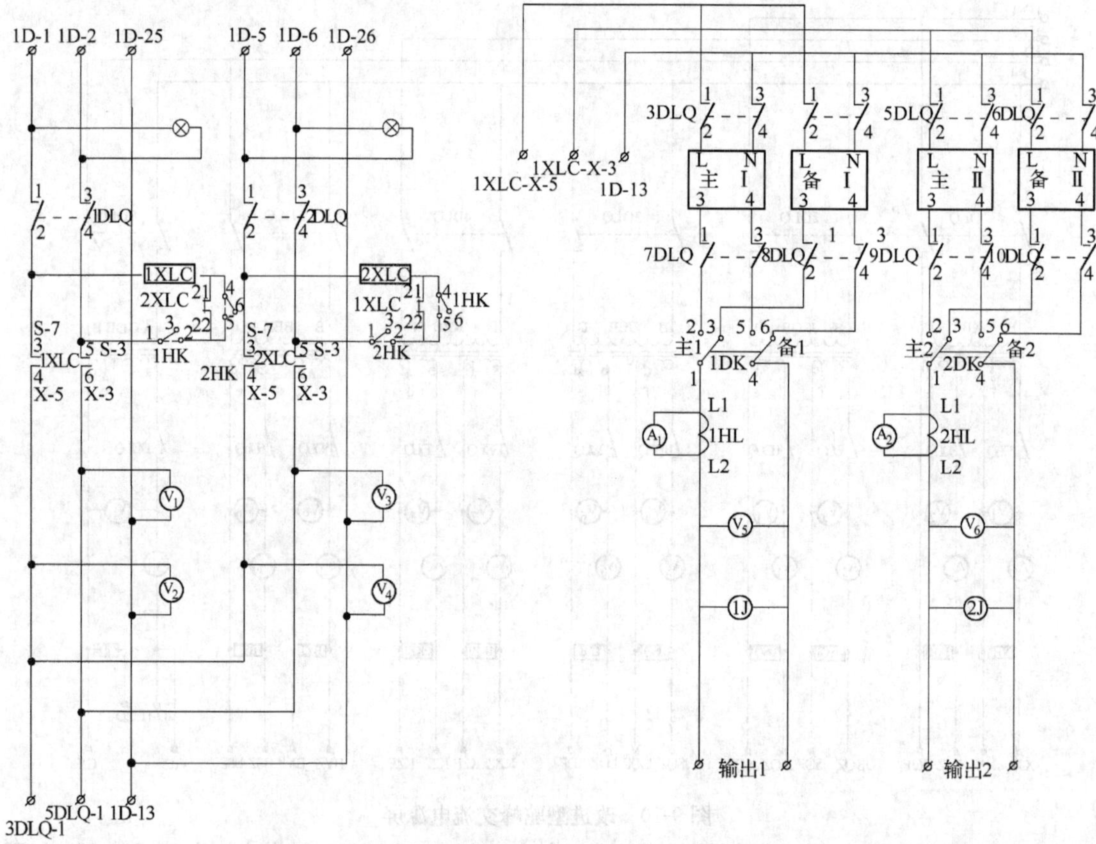

图 9-11　驼峰测长电源屏

合 1HK 则 1XLC 励磁吸起，其 1XLC 的主接点 3-4、5-6 接通，使一路电源供电，这时再闭合 2HK，为 2XLC 励磁电路准备好条件；一旦一路电源停电或手动切断一路电源，使 1XLC 落下，则 2XLC 得电励磁，其主接点 3-4、5-6 接通，电源由一路电源转为二路电源供电；反之，若先闭合 2HK，则二路电源首先供电，再闭合 1HK，则一路电源处于备用状态，面板上有两路电源供电和工作指示灯。

为了便于现场对电源屏设备的维护，实现设备的不停电检修，在电源屏 1XLC、2XLC 交流接触器线圈控制电路互切条件中分别并接了 2HK、1HK 接点，此时打开 1HK、2HK 开关，可使 2XLC 或 1XLC 接触器保持吸合，电源屏正常工作，这时，即可进行交流接触器的检修。

四、驼峰不间断电源屏

驼峰不间断电源屏是由两路单相交流电源引入电源屏后，经 UPS 不间断电源稳压供电，实现了两路电源自动转换和 UPS 故障后的电源旁路输出。其电气原理如图 9-12 所示。

外网两路电源分别接在输入端子 1D-1、1D-2 和 1D-3、1D-4，如先闭合 1HK 则 1XLC 首先励磁，通过 1XLC 的励磁接点，使一路电源供电，这时再闭合 2HK，给 2XLC 励磁电路准备好条件，一旦一路电源停电或手动切断一路电源，均会使 1XLC 落下，同时 2XLC 得电励磁，这时，由一路电源转为二路电源供电；反之，若先闭合 2HK，则二路电源首先供电，再闭合 1HK，则一路电源处于备用状态，面板上有两路电源供电和工作指示灯。

两路电源经自动转换后，给主、备 UPS 提供输入电源，UPS 输出的不间断稳定电源通过 1DK 开关给屏内电源模块和屏外微机设备供电；若 UPS 不间断稳压器发生故障，可断开 4DLQ、5DLQ、6DLQ、7DLQ 检修 UPS 稳压电源。

1HK 闭合，电源屏由一路电源供电，1XLC 吸起，这时，可将 2HK 断开，检修二路电源交流接触器 2XLC；2HK 闭合，电源屏由二路电源供电，2XLC 吸起，这时，可将 1HK 断开，检修一路电源交流接触器 1XLC。

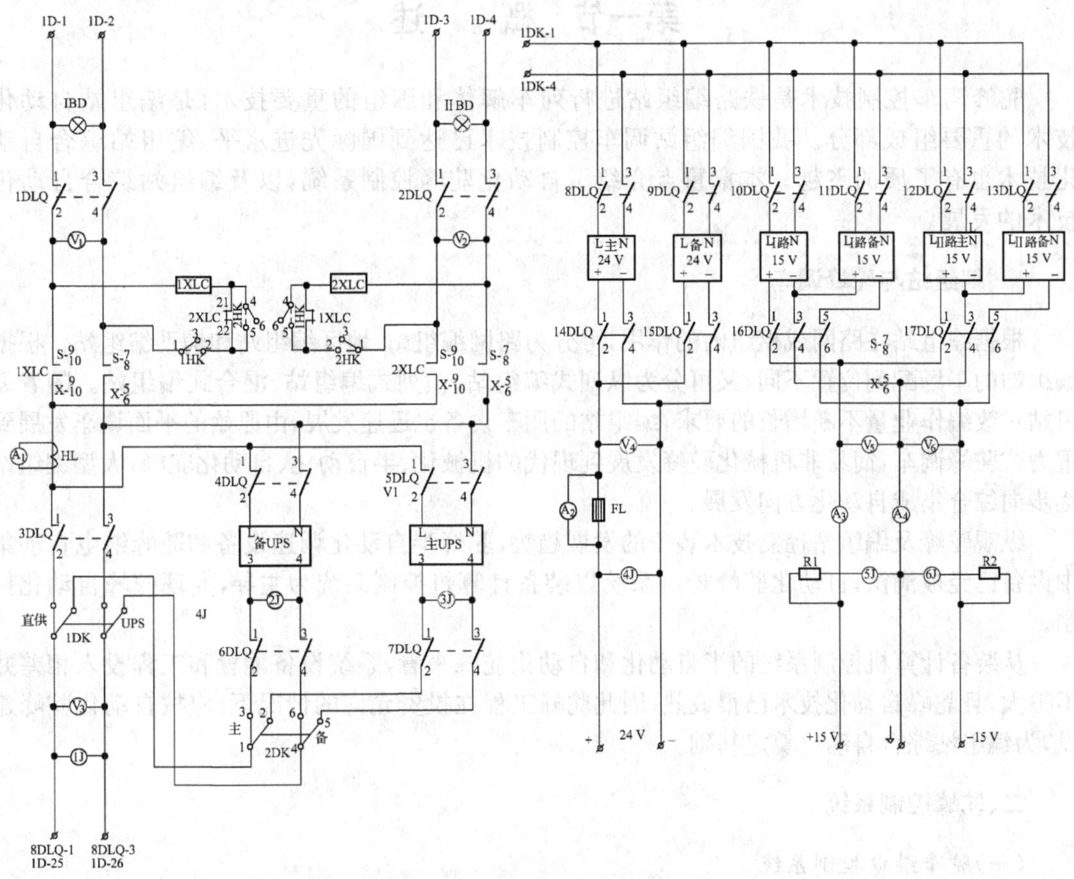

图 9-12　驼峰不间断电源屏

复习思考题

1. 驼峰电动型直流屏输出哪几种电源？每种电源的作用是什么？
2. 驼峰转换电源屏的作用是什么？
3. 驼峰测长电源屏的作用是什么？
4. 驼峰不间断电源屏的作用是什么？
5. 改进型驼峰直流电源屏共输出几种直流电源？用途是什么？
6. 改进型驼峰交流电源屏增加了哪几种电源？用途是什么？

第十章　自动化驼峰控制系统

第一节　概　　述

驼峰调车控制技术是铁路编组站进行列车解体和编组的重要技术,是编组站自动化技术的重要组成部分。我国编组站调车控制技术已达到国际先进水平,编组站综合自动化技术也有了质的飞越。本章重点介绍了自动化驼峰控制系统,以及编组站综合自动化技术的发展。

一、编组站与驼峰调车

根据编组站在路网或枢纽内的作用,可分为路网编组站、地区编组站和辅助编组站。根据编组站的车场配列位置不同,又可分为纵列式编组站、横列式编组站、混合式编组站。随着编组站对改编作业量不断增长的要求,编组站的调车设备也迅速发展,由原始的平面调车发展到重力式驼峰调车,简易非机械化驼峰发展到现代的机械化、半自动化、自动化驼峰,大型编组站逐步向综合集成自动化方向发展。

纵观驼峰及编组站控制技术装备的发展趋势,驼峰半自动化调速设备和驼峰继电自动集中设备已经被淘汰,自动化驼峰控制系统以装备计算机控制系统为主导,实现驼峰自动化控制。

从装备计算机控制系统的半自动化和自动化驼峰来看,系统设备配置和工程投入相差并不很大,且驼峰自动化技术已很成熟,因此驼峰工程在投资允许的情况下,应按自动化驼峰建设,为编组站综合自动化奠定基础。

二、驼峰控制系统

(一)驼峰继电控制系统

驼峰继电控制系统包括驼峰电气集中、驼峰道岔自动集中等设备。

驼峰电气集中用来实现调车作业时信号机与道岔的联锁关系,保证作业安全。驼峰道岔自动集中是专门为驼峰分路道岔设置的一种特殊的控制电路,它使分路道岔能够随车组溜放进路的变化自动而又及时地转换到正确的位置,完成随机选择溜放进路。

(二)驼峰半自动控制系统

驼峰半自动控制系统是指溜放部分速度控制为半自动化。系统主要由车辆减速器、雷达测速、测长器、测重器、半自动控制机、半自动控制台等设备组成。系统为闭环控制,操作员根据股道空闲情况(测长显示)、车组类型及走行情况、线路状态、气象条件等情况选择减速器出口定速,半自动控制机根据雷达测得车组在减速器区段的速度与定速值不断比较,控制减速器制动或缓解,保证溜放车组离开减速器的速度符合定速要求。由于人工选择出口定速,这就要求操作员有较强的责任心和丰富的经验。半自动化驼峰部分基本取消了铁鞋制动。半自动控制机主要有 TZ-103、TZ-104 型半自动控制机。

由于驼峰技术及设备的发展，独立的半自动控制系统已不再使用，但是驼峰自动控制系统均设有半自动控制功能，为驼峰的溜放速度控制提供了更大的灵活性。

（三）驼峰自动控制系统

驼峰自动控制系统的核心是计算机控制，具有驼峰推送、调车进路集中联锁控制、溜放进路自动控制、溜放速度自动控制等功能。驼峰自动控制系统与驼峰机车遥控（信号）、车辆减速器（减速顶）及各种基础测量设备等组成自动控制系统。控制系统将驼峰基础测量设备测出的溜放车组速度、重量等级、股道空闲长度、走行阻力、车轮传感器信息等内容送入计算机控制系统，计算机将接收到的各种信息根据过程控制程序及一定的数学模型进行计算、处理，自动给出各部位减速器的出口速度值，发出对溜放车组的控制命令，自动控制调速设备、进路控制设备等相应的设备工作，达到溜放车组与股道停留车安全连挂，实现速度与进路的自动控制。

目前，驼峰自动控制系统在我国的应用已经相当普遍和成熟，有多种型号，它们有其共性，但又各具特点。从结构上看，基本属于集中管理、分散控制的分布式计算机实时过程自动控制系统，分为上下两层，上层为双机热备的上位机系统，下层为不同功能的子系统（微机控制器或功能模块），需依据站场规模及功能需要组合而定，各子系统分别完成独立的功能，并且能够相互通过上位管理系统彼此交换信息。

三、我国编组站调车控制技术的发展

我国铁路编组站在1960年苏家屯上行建成第一个机械化驼峰，1978年在丰台西上行建成第一个半自动化驼峰后，1983年在南翔下行场建成了我国第一个采用国产小型机DJS131集中控制的全场点式打靶调速自动化驼峰，开创了我国驼峰自动化的先河；1986年在山海关建成了我国第一个采用微机的驼峰溜放进路自动控制；1989年我国第一个综合自动化编组站成第一个半自动化驼峰在郑州北编组站建成，主要包括驼峰解体作业过程自动控制系统（溜放进路、溜放速度及推峰机车遥控）、编组站货车信息管理系统（YIS）、枢纽调度监督系统、编尾计算机联锁系统及站内无线通信系统。在引进方面，我国从1987年到1997年先后在郑州北下行、徐州北、阜阳北、向塘西下行分别引进了美国GRS公司和美国公司USS的驼峰自动化系统。

20世纪90年代中期以前，我国编组站技术装备还是以半自动化驼峰为主，即溜放间隔调速第一、二制动位为减速器手动控制，第三制动位减速器为人工定速自动控制的半自动控制系统，溜放进路采用继电自动集中。半自动化驼峰典型的调速设备为TZ-103型雷达及半自动控制机。

经过二十多年的发展，驼峰自动化水平大大提高，我国编组站自动化技术有了长足的发展，编组站驼峰自动控制、峰尾平面溜放、车辆信息管理系统、到达场和出发场计算机联锁等系统的可靠性不断提高，功能不断完善，性能不断优化，技术日益成熟。特别是从20世纪90年代中期以来，驼峰自动控制技术提高很快，驼峰自动化设备迅速普及，在编组站自动化系统中发挥了重要的作用，使路网和区域编组站综合能力大幅度提高。

目前国内自动化驼峰控制系统，主要有全路通信信号研究设计院研制的TW-2系列组态系统、FTK-3系统和TYWK计算机一体化控制系统，铁道科学研究院研制的TBZK系统等。

我国铁路大部分编组站实现驼峰自动化，驼峰自动化达到国际先进水平，但编组站综合自动化技术发展滞后，各系统独立发展，长期停留在简单“联机”的水平上，编组站的管理和控制没有作为一个整体来考虑。普遍存在着编组站内不同的独立系统之间,信息交换不够,不能实现资源共享。特别是信息管理系统与作业过程控制系统,更缺乏有效和充分的信息交换。编组站现车管理需要大量的人工介入,结果造成作业效率低,信息资源浪费,无法发挥系统的综合优势。

四、编组站调车控制技术的发展趋势

随着列车提速、超长重载货物列车的开行及货物列车的集中到达,编组站的信息、管理、控制、生产决策等环节统一在一个综合自动化系统中,实现管控一体化,及加快驼峰减速器、道岔转辙机及参数测量等基础设备的升级换代,进一步提高驼峰自动化技术水平,全面提高编组站解编能力是编组站发展的趋势。

由于我国编组站各系统相互独立割裂,不能实现资源共享,严重阻碍编组站技术、效率、效益的发展,严重阻碍我国铁路运输现代化的发展。铁路科技人员研制开发了编组站综合集成自动化系统。

以综合集成自动化系统为代表的编组站综合控制技术,将驼峰溜放速度控制、进路控制、尾部溜放及停车设备控制、到达和出发等站场计算机联锁系统、调车机控制、车辆管理、信息管理、决策管理系统等集成为一体,是我国编组站发展史上一次质的飞跃,使我国的编组站整体技术水平达到世界领先水平。

第二节 TW-2 型组态式驼峰自动控制系统

一、概　　述

TW-2 型组态式驼峰自动控制系统(简称 TW-2 系统)是在已有的各个子系统(包括:TWJ-2 溜放进路控制、TWZ-1 自动集中、TWK-1 溜放速度控制、TWGC-1 工频测长)基础之上,统一构造,统一管理,统一操作,统一监控,其功能模块(包括硬、软件)可按需配置和组合,适合大中小不同站场规模,适合于不同功能选择与取舍的场合。

系统的功能模块包括:

1. 驼峰头部联锁;
2. 溜放进路自动控制;
3. 一、二部位减速器间隔自动控制;
4. 三部位减速器目的自动控制;
5. 股道空闲长度测量;
6. 可控顶自动控制;
7. 平面单钩溜放。

为了实现按需集成,TW-2 系统结构设计分为操作级、管理级及控制级三层集散式控制系统,控制级的各个节点是针对不同的控制范围和规模采用不同种类和数量的硬件模块。下层控制机为专用嵌入式控制模块,上层管理机为通用系统机。下层控制机用硬件组态,上层管理机用软件组态的方法以满足不同站场规模、不同控制功能的需求。

TW-2 系统各个控制级节点的功能模块在上层管理机实现了数据资源共享,从而实现了各个功能模块之间有机地结合,可达到完备的综合自动化效果。

（一）系统特点

1. 采用以太网(Ethernet)、控制局域网(CAN)、Windows 操作系统为平台的人机界面、32位编程、386EX 控制器、智能输入输出等技术。

2. 模块插件可带电插拔。

3. 通过系统和硬件电路设计，提高系统集成度，简化室内设备，做到每个驼峰只用 1～2 个控制机柜，插件数量少，占地面积小，可靠性高，维护简单。

4. 通过提高软件的智能化，信息资源充分共享的软件设计，尽可能减少室外设备的种类和数量。例如 TW-2 系统仅在每组减速器前设一个车轮传感器(踏板)，而道岔前后不设(踏板)，减少了不可靠因素，节省了大量的电缆和传感器，减少了维护工作量。

（二）系统主要技术条件

1. 具有自动、半自动、手动不同的作业手段，并且低级别操作优先于高级别操作。

2. 在 2 个峰位以上的站场，可实现双推双溜，并兼容双推单溜和单推单溜。

3. 系统应采用双机热备方式，并应具有自动切换、人工切换、双机同步检查、同步自动恢复，非同步切换屏蔽等功能。

4. 下层控制板插件在同种类(进路插件、测长插件、同一部位的减速器控制板插件、I/O 扩展板插件、电源插件等)之间可互换，不同种类插件错插时不会损坏。

5. 可带电插拔所有下层控制板插件，某下层控制板插件故障和更换，应不影响其他插件的工作。

6. 要求系统以计算机工作站及多媒体技术作为主要人机操作界面，操作工具用键盘、鼠标或轨迹球，全部人机界面均汉字化，并有普通话语音提示和报警功能。

7. 系统应具有达到工业标准的防止雷电击损的保护措施。

8. 系统接口：系统应该具有与调车单传输系统、车站信息管理系统、机车遥控系统、摘钩显示系统、尾部停车器控制系统、电务监测网等系统以不同的方式联机交换信息的手段和能力，并推荐采用标准接口和通信协议。

二、系统组成与结构

（一）系统结构

TW-2 系统结构设计为典型的 DCS 集散式控制系统，系统由标准化、通用化、模块化、系列化的微机组成，分为控制级、管理级、操作级三级体系结构，如图 10-1 所示。控制级与管理级之间，以及控制级内各控制板之间采用了 1 M 控制局域网(CAN 总线)进行通信联系；操作级与管理级之间以及各级内之间采用 100 M 以太局域网络(Ethernet)通信。

（二）设备组成

TW-2 系统的室外采集和室内执行设备包括：

1. 道岔转辙设备。包括 ZD6、ZD7、ZK4 等型号。

2. 轨道电路。包括道岔区段、无岔区段、警冲标区段和减速器区段等轨道电路。

3. 色灯信号机。包括驼峰信号机和调车信号机。

4. 车辆减速器。目的调速用 T·JK2 或 T·JK1-C 型，间隔调速用 T·JK 或 T·JK3 型车辆减速。

5. 雷达。可用各种驼峰测速雷达。

6. 车轮传感器(踏板)。可用永磁无源传感器或有源传感器。

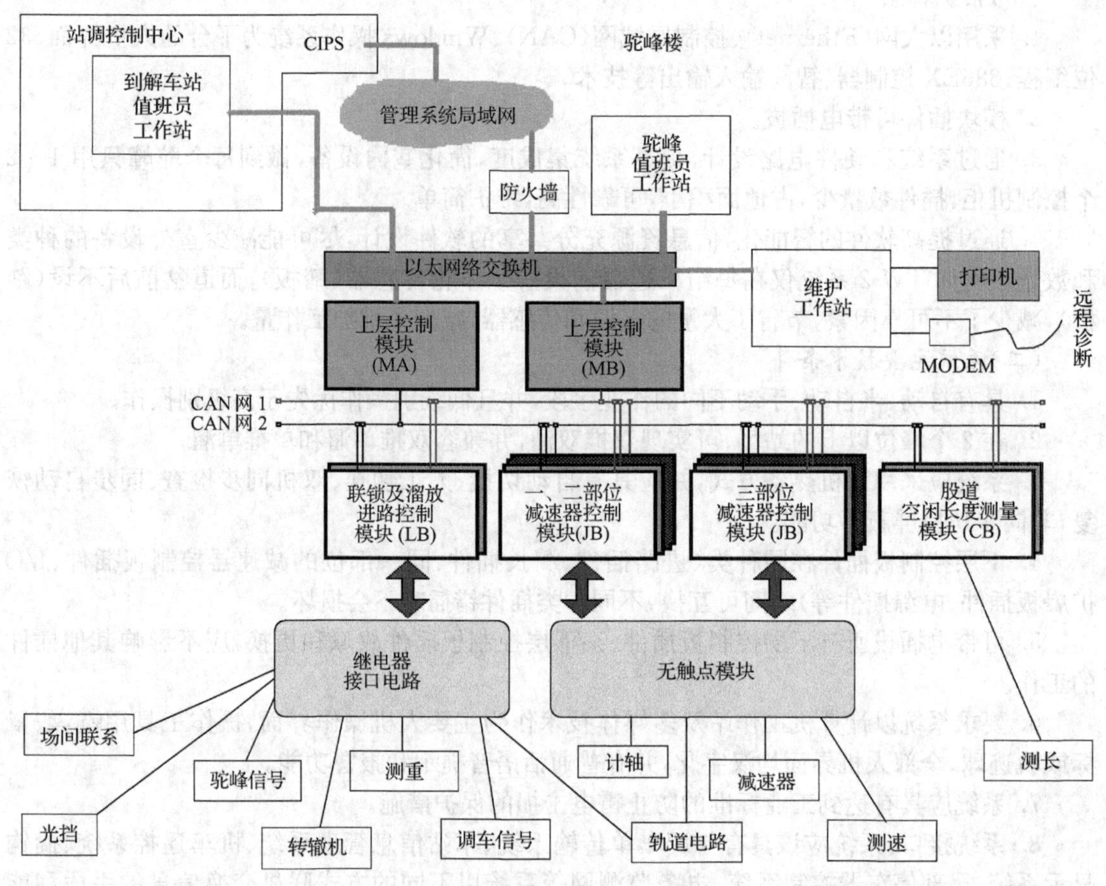

图 10-1　TW-2 系统结构示意图

7. 测长轨道电路。测长轨道电路从减速器出口开始到峰尾阻挡铁鞋处，送电端可采用工频 50 Hz(非电气化区段)或 175 Hz(电气化区段)供电，轨道电路长度一般不大于 1 000 m，用于测量调车线空闲长度。

8. 测重。采用压磁式测重传感器。

9. 气象站(选择配置)。通常布置在驼峰场二部位附近，通过串口和维护工作站连接，气象参数作为自动修正定速的依据。

10. 光挡(选择配置)。安装在峰顶驼峰主体信号附近，用来测量车型。

11. 驼峰控制台室内设备。如图 10-2 所示，以工作站为主，其设置数量、位置与驼峰规模和需设定员有关，通常按作业分工设以下设备：

(1)区长工作站。该工作站仅设在区长或线路值班员驻控制台室的场合，放在区长或线路值班员的办公桌上，用于监督驼峰作业过程。

(2)调车长工作站，该工作站为核心操作站，以显示图形窗、溜放窗及调车窗为主，必要时可开启测长窗。负责调车作业计划编辑、全场的调车进路、溜放进路、推送进路办理及驼峰信号控制。由调车长操纵，放在控制台桌面上。

(3)调速工作站。放在控制台桌面上，该工作站以图形窗、溜放窗为主，必要时可开启测长窗，赋予减速器单操及半自动定速权。

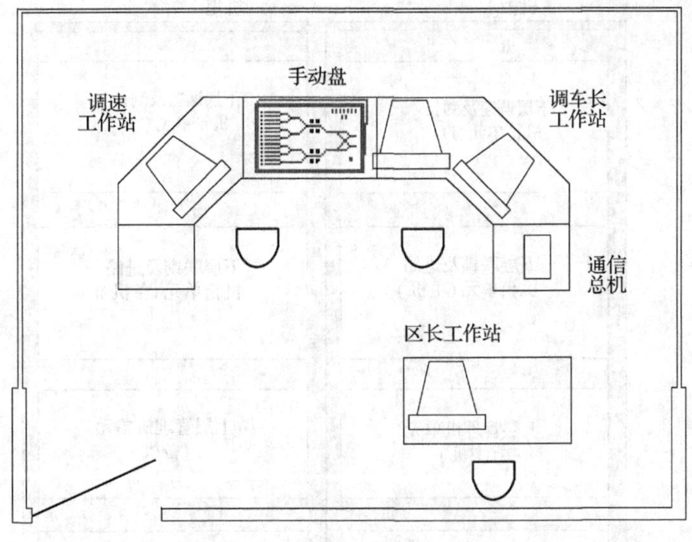

图 10-2　典型的控制台室设备布置图

(4)手动应急控制盘。可制作成活动的盘式，放置在桌面上，设减速器手动按钮，分路道岔手柄(一般不设表示)，用于紧急情况下的手动或维修试验用。

12. 机房及机械室设备。如图 10-3、图 10-4 所示。

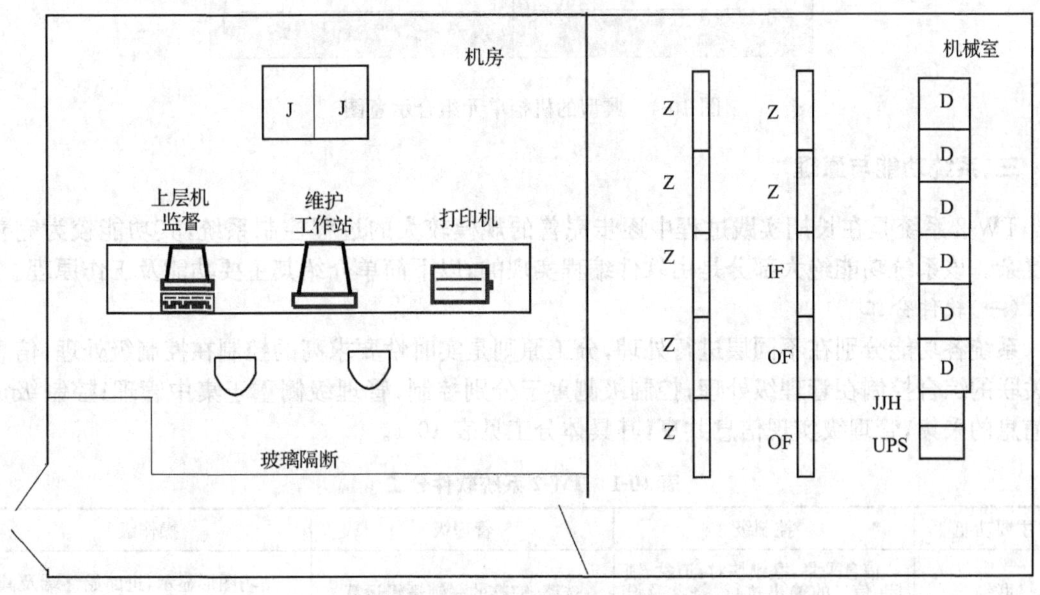

图 10-3　典型的 TW-2 系统室内设备布置图

J——TW 控制机柜；　　OF——室外分线柜；
D——电源屏；　　JJH——交流净化电源；
Z——组合柜；　　UPS——不间断电源。
IF——室内分线柜。

图 10-4　典型的机柜单元组合示意图

三、系统功能与原理

TW-2 系统是在长期实践过程中逐步完善的规模较大的过程控制系统，其功能较为完善和复杂。该系统功能绝大部分是由软件编程实现的，以下简单介绍其主要功能及工作原理。

(一)软件分工

系统各功能分别在不同层进行处理，分工原则是实时性要求高的控制在控制级处理，信息相关联的综合控制在管理级处理；控制级侧重于分别控制，管理级侧重于集中管理；控制级负责信息的采集，管理级实现信息共享，其具体分工见表 10-1。

表 10-1　TW-2 系统软件分工

主要功能	控制级	管理级	操作级
联锁	信息采集，联锁核对，道岔、锁闭、信号的输出执行，挤岔及设备故障逻辑运算	选路，完整的联锁逻辑运算	站场图形显示，进路始终端及其他办理操作接口
溜放进路控制	信息采集，钩车逻辑跟踪，道岔命令执行，追钩、钓鱼、分路不良、错道、道岔恢复、峰下摘钩及设备故障等逻辑运算	调车作业计划的存储，钩车全程速度跟踪，途停、堵门、满线逻辑运算	调车作业计划输入、编辑、电子表格显示，溜放作业操作与电子表格滚动显示
测重及峰顶计轴	输入轴重，计算辆平均重，收集并统计每钩轴数，回牵减轴运算，测重及计轴的故障判断逻辑	计算钩平均重量，划分重量等级，判别空重混，将测重和计轴记录对应到钩并随溜放跟踪	重量等级信息在图形窗的显示

续上表

主要功能	控制级	管理级	操作级
股道封锁/解锁	分路道岔发令及锁闭的执行	封锁/解锁逻辑运算	相关封锁/解锁的操作与显示
间隔调速	信息采集,减速器闭环过程控制(半自动功能),途停、追钩、设备故障等逻辑运算	间隔控制一、二部位出口速度数学模型计算(自动定速功能)及放头拦尾运算	定速、实速、减速器状态、计轴等信息在图形窗的显示
目的调速	信息采集,减速器闭环过程控制(半自动功能),途停、追钩、设备故障等逻辑运算	目的控制三部位出口速度数学模型计算(自动定速功能)及放头拦尾运算,打靶距离不够运算	定速、实速、减速器状态、计轴等信息在图形窗的显示等信息在图形窗显示,人工定速的操作
测长	轨道电压输入及模数转换,走长计算,鉴停及停长计算,故障判别计算	动长计算	测长值在图形窗显示,测长窗信息电子表格显示
报警记录	产生各种信息源,信息基本分析	信息高级分析、整理,信息格式化	信息存入数据库,数据库检索人机界面处理

(二)溜放速度自动控制

1. 三部位目的控制

第一步:三部位定速计算

车辆离开减速器的自由下滑过程中以规定速度与前方停留连挂的出口“打靶”速度的数学模型计算是在上层管理机完成的。

第二步:三部位间隔计算

三部位间隔计算也是在上层管理机中进行的。三部位主要用于目的打靶控制。

2. 二部位间隔控制

二部位间隔控制定速计算在上层管理机中进行,出口速度的计算和给定是在钩车进入二部位减速器区段时进行。

二部位间隔调整的原则是:优先考虑进入减速器的钩车与之前面钩车的间隔调整,确定基本定速基础上减速量;其次考虑进入减速器的钩车与之后钩车的间隔调整,确定基本定速基础上加速量;前、后间隔均没有调整的必要,则考虑如何保障三部位减速器规定入口速度,这一点也称为间隔控制位的目的调速因素。

3. 减速器过程控制原理

车辆在减速器上的控制是一个闭环控制过程,为了保证实时性,该过程在下层控制器中完成。下层减速器控制器接收上层管理机送来的定速信息,包括:给定速度、重量等级、预计轴数、开始控制轴数;由轨道电路占用或踏板计轴开始开机,开始累积测距;每 134 ms 按过程控制数学模型公式计算一次要求制动量 P_r,并据此选择和计算减速器的逻辑输出值,达到自动控制的目的。

在计算逻辑输出值基础上,再根据钩车的测重等级和空重混编情况加以限制,确定最后的输出等级。在特定情况下,允许输出等级比测重等级高一级。

(三)溜放进路自动控制功能

1. 调车作业计划

调车作业计划数据集中建立在上层管理机中,按“车次”形成不同的文件,为各工作站显示需要和下层控制机溜放跟踪需要所共享。钩计划数据结构为数组方式,以系统所规定的格式存放,全部为可见字符。通常系统规定在同一时刻只有一台工作站具有对计划的编辑权,需要编辑的计划被调到工作站中编辑,完毕后通过"计划保存"送至上层管理机更新待计划数据库。但是对于正在溜放中计划的变动则按钩更新,以确保该变动被及时执行。

(1)调车作业计划的接收

自动化系统与编组站现车管理系统(YIS)或调车单传输系统的接口,在相关检错纠错保障措施支持下,按照基本数据链规程交换数据,实现了调车作业计划的自动获取,该方式充分利用了调车作业单更多的信息量,有利于提高系统的效能,并避免了人为出错的可能性。

(2)信息共享

在系统的上层管理机中,当钩车出现在峰顶时就建立了一个钩记录临时向量数据结构,该记录除来自解体计划数据的原始钩信息外,还随着溜放的进行不断填充和汇集该钩来自下层测量信息和跟踪逻辑信息。例如溜放峰位、推峰速度、峰顶计轴、峰顶测重、在每个分路道岔和减速器的入口速度、出口速度、出清时间,经过道岔的方向、报警标志、减速器计轴、减速器给定速度等等。特别是每钩有一个唯一的"当前速度"变量,可以被来自下层的一、二、三部位雷达测速、各区段轨道电路测量的入、出口速度所刷新,能够最大限度地认定为钩车当前的实时速度参数,为间隔调速计算和各种功能运算所采用。由于系统的跟踪可以确定占用各跟踪点(分路道岔、警冲标区段、减速器)的钩序,并进而在对应的钩车临时记录文件中得知此前该钩发生的一切,因此实现了系统最大限度的信息共享。当钩车离开三部位减速器时,该钩记录被送至维护工作站存入已解体数据库,用于统计或其他。

2. 正常钩车的跟踪与控制

该功能在下层进路控制板中进行。

在溜放作业过程中,系统按预先输入、编辑并确认的调车作业计划去向规定,向全场分路道岔转辙设备发定、反位转换控制指令,正确、及时地逐级排列进路,将钩车输送到相应的调车线。由于溜放过程是连续的,可能同时有数钩车在分路道岔控制区域内,其位置是随机的,并且钩车有长有短,要求控制系统的跟踪逻辑有正确的输入采样、实时的反应速度、较高的分析判断能力和极强的适应性。系统对道岔的发令控制可通过工作站图形窗中的"岔前光带"颜色变化来表示,使跟踪处于调车长的监督之下。

3. 错道钩车的跟踪

在溜放控制过程中,无论何种原因造成道岔不能按输出指令执行均会导致错道。发生错道时,钩车将按道岔的自然位置或人工扳位置随机错往其他股道。TW-2 系统利用钩车软件跟踪的原理能对错道车进行跟踪直至股道,并处理跟踪过程中其他可能发生的情况,最终通过报警通知操作人员钩车去向,并向减速器控制提供改变方向后的跟踪信息。

4."追钩"逻辑

TW-2 系统采用了以下 3 种判别追钩的运算方法,分别介绍如下:

(1)区段计轴法

该方法被用于判别三部位减速器前发生追钩。

如果钩车出清三部位减速器时,钩车在减速器区段计轴对应的辆数大于事先预计的辆数,并且在钩车出清前,已经有另一个钩车曾经进入过上个跟踪点——警冲标区段,即可判定为"减速器前发生追钩"。

处理:清除留在减速器上的尚未执行的后钩命令,防止残留命令而发生跟踪错误。

(2)间隔测量法

该方法被用于判别一二三部位减速器上发生追钩。

采用间隔测量法方法的前提是系统可以准确知道两钩车之间的间隔，在TW-2系统中对于钩车在减速器的位置可以通过雷达测速积分结合计轴的方法准确知道，那么判断条件是：当某钩车最后一个轴进入减速器13 m后，出减速器前，若有新的计轴被采集到，该新的计轴认定为后一个钩车的第一个轴，被判定为“减速器上追钩”。（小于13 m时将由“减速器前追钩”或“道岔区追钩”识别）

处理：采用“放前夹后”的方法，设法拉开间隔，消除追钩，但是不采取清除与合并法，目的是追钩解除后可继续有效控制。如果追钩“拉开”不利，将由其他方法判别追钩。

(3)速度计算判断法

该方法被用于判别在道岔上或道岔间发生追钩，如图10-5所示。在道岔区段，当两个钩车间距小于分路道岔轨道电路长度时，将无法转辙道岔，区分钩车去往不同的股道，即当两钩车占用同一个轨道电路区段时，被称为追钩过程。

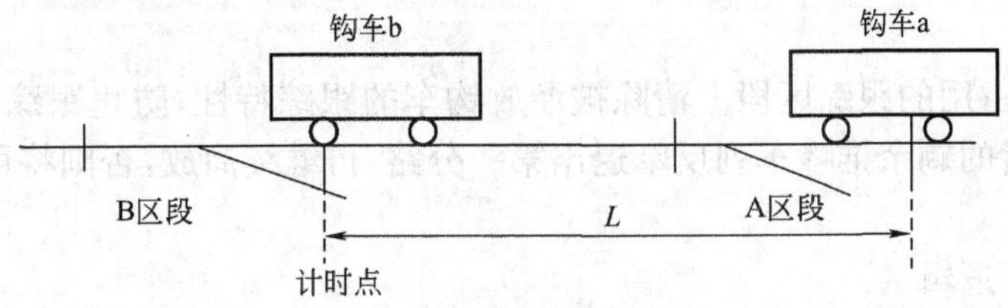

图10-5 追钩判别示意图

该方法是建立在逻辑跟踪之上，以任意两个跟踪区段(前为A，后为B)间追钩判别为例：

仅当两个跟踪区段范围内有两钩以上车时追钩计算才成立。例如有2钩车，前钩为a，后钩为b，只有当钩车b出清B区段时刻，钩车a尚未占用或尚未出清A区段才启动以下的追钩计算，否则没有追钩的可能性；

若区段B出清点到区段A进入点之间的距离小于钩车b的长度，当钩车b出清区段B时立刻判定为b钩追a钩；

系统已知从区段B出清点到区段A出清点的距离L；

根据钩车最快速度计算钩车走行L所需最快时间T，并从钩车b离开区段B时开始计时；

若在T时间内钩车出清区段A，出清者是应该是钩车a，判定为没有追钩；

若在T时间外钩车出清区段A，出清者是可能性最大的应该是钩车b+a，判定为追钩；

因为在T时间范围内，钩车a的最大走行距离应该小于[L－钩车b的长度－区段A的长度]，否则，两钩车的间隔小于了分路道岔区段的长度；

处理：认定追钩后，系统将及时合并和清除后钩车的跟踪信息，防止后续钩车可能发生的逐钩错位，造成钩钩错道的恶果。

TW-2系统实现了在没有安装分路道岔入口计轴传感器情况下，用该方法充分结合了钩车走行的速度范围及站场平面数据的软条件，对追钩判别有较高的准确性。

5.“钓鱼”逻辑

该功能的运算在下层进路控制板中进行。

溜放作业中由于没有及时摘开钩而反向牵回峰顶重新摘钩的现象称为“钓鱼”过程。TW-2系统判别钓鱼的运算逻辑是：

在第一分路道岔利用双区段轨道电路反向出清动作顺序与正常出清动作顺序不同;

在其他分路道岔后利用钩车在两个跟踪区段上的反向出清动作顺序与正常出清动作顺序不同,即“三点检查”法。

处理:“钓鱼”情况下出清第一分路道岔命令自动回收,其他跟踪区段命令反向传递,毋须人工介入。

6.“峰下摘钩”逻辑

该功能的运算在下层进路控制板中进行。

与“钓鱼”作业不同的是,峰下摘钩作业是在溜放作业中有意或无意没有摘开钩,但是不反向牵回峰顶重新摘钩,而是就近在峰下(地点在第一分路道岔区段入口至股道间)摘钩的情况。该作业的逻辑特征是:被溜放钩与溜放车列一同进入跟踪区段后,发生了被溜放钩在其后的跟踪区段正方向出清,或溜放车列在已经占用的区段反方向出清的情况。系统充分利用了分路道岔双区段轨道电路的出清顺序,识别“正向出清”和“反向出清”,并结合跟踪逻辑,分析出峰下摘钩情况。

处理:在共同占用的跟踪区段上清除被溜放钩车的跟踪特性,防止跟踪出错,报警提醒值班员指挥提开钩后的剩余推峰车列反牵退出第一分路,再继续溜放,否则将可能影响其后溜放的正确性。

7.“道岔恢复”逻辑

该功能的运算在下层进路控制板中进行。

道岔恢复的逻辑是:在溜放过程中分路道岔因故不能在规定时间内转换到底时,由程序控制道岔自动往回转。而后能自动锁闭(软锁闭)该道岔,避免新的转辙尝试,直至确认正常后人工解锁,保证调车作业的安全性。

8.“轨道电路分路不良”逻辑

该功能的运算在下层进路控制板中进行。

TW-2 系统利用峰顶计轴或作业计划中的辆数信息(推测钩车长度)、事先放在计算机内的站场区段距离参数表中的区段长度及钩车通过轨道区段的最高限制速度(第一分路道岔为 18.0 km/h、其他区段为 21.6 km/h),计算钩车从占用到出清该道岔区段的最小时限,称为轨道电路区段占用屏蔽时间。

$$区段屏蔽时间=\frac{区段长度+钩车长度}{区段通过最大速度}$$

系统实际占用时间少于该时间限时,将判定为高阻轮对分路不良。采用区段屏蔽时间技术在很大程度上有效地解决了由此引起的中途转换导致掉道的问题。一旦系统判定发生了轻车跳动,将及时报警,并拒绝为后续钩车发出道岔控制指令。该措施极大地提高了系统溜放进路控制的安全性。

9. 驼峰信号自动关闭

该功能的运算在上层管理机实现。

下述情况发生时系统能自动切断驼峰信号:

(1)发生道岔恢复;

(2)微机故障;

(3)发生追钩;

(4)发生错道;

(5)有计划去往被封锁股道；

(6)发生途停或堵门；

(7)股道封锁被破坏等。

由于TW-2系统与驼峰信号发生联锁,从而实现了驼峰溜放的故障导向安全。

10.“股道封锁/解锁”逻辑

该功能的运算逻辑在上层管理机实现。

在股道满线或编发线编成情况下,可使用TW-2系统软件封锁/解锁股道功能,只要通过工作站的封锁/解锁操作,系统将根据所选择的股道号,以及相邻股道的封锁随机情况,采用了一套逻辑算法,自动选择出相关的道岔,实行锁闭或解锁,以及其中应锁闭道岔的锁定方向,向控制级发出操作控制指令,对道岔进行“硬”锁闭/解锁(控制道岔的锁闭继电器SJ)。一旦道岔被锁闭,将拒绝执行任何溜放进路控制、调车进路及人工抢扳对该道岔的输出控制要求。

11.“摘错钩”逻辑

该功能的运算在下层进路控制板中进行。

通过设在第一分路道岔区段内的两个计轴器获得当前溜放钩的实际辆数,再与作业计划单中的辆数比较,不一致时判断为摘错钩。该逻辑运算中的要点是当发生钩车拉锯式来回走动时,利用两个计轴器判别每个轴的计轴方向,往前行轴计数累加,往后退轴计数累减。

12.“途停”逻辑

该功能的运算逻辑在上层管理机实现。

在溜放过程中,当钩车由于拉风不净抱闸或其他原因使其阻力过大,有可能使钩车无法完全溜放入线,或停留在道岔区上,其后果有可能导致侧冲,或高速冲撞追钩。

TW-2系统认定溜放钩车速度低于8 km/h判为途停,该速度来自钩车的全线速度实时跟踪信息,其来源是:

(1)一、二、三部位雷达测速(当钩车正处于减速器的测速区域时);

(2)钩车通过每个道岔的入、出口速度。

此外该钩车走行在轨道区段上或死区段上时,在已知作业计划中的辆数和站场区段距离参数表的基础上,采用占用时间超过了按最低走行速度8 km/h计算的时间限时,也判为途停。

处理:发生途停后,系统及时切断驼峰信号,同时将钩车刚出清的道岔锁闭至去往途停车的方向(刚出清的区段为减速器区段或第一分路道岔时除外),预防钩车侧冲。

若在某一个区段途停后60 s内解除,属于过程途停,其途停道岔锁闭可能会向下转移(在下一个跟踪区段也认定为途停)。

若在某一个区段途停维持时间超过了60 s,系统认定为永久性途停,系统将解除相关道岔的途停锁闭,终止对该钩的跟踪,并允许向途停钩车通往的股道排列调车进路,消除途停车对后续溜放的影响。

13.“堵门”逻辑

该功能的运算逻辑在上层管理机实现。

堵门是指钩车停留在警冲标区段后,对邻线溜放的形成超限。堵门逻辑来自于以下判别方法:

(1)在警冲标区段发生溜放途停60 s以后;

(2)没有来由的警冲标区段占用(例如,钩车倒溜或尾部调车侵入),立刻反应。

处理:报警并且始终将对应的最后分路道岔锁闭到通往该股道的位置,禁止邻线进入溜放钩车,直至警冲标区段出清为止。但是不影响向堵门股道排调车进路。堵门使后续通往该股道的钩车二部位减速器的定速降至最低限。

14."满线"逻辑

该功能的运算逻辑在上层管理机实现。

满线是指钩车在减速器区段上途停,或警冲标区段与减速器区段之间的死区段上发生途停。两个条件之一出现,进入满线处理逻辑。

处理1:报警并且自动封锁该股道,禁止后续钩车进入该股道,直至调车员办理股道解锁。

处理2:满线使后续通往该股道的钩车在二部位减速器的定速降至最低限。

由于有的站场股道有效长有限,经常发生满线后要继续进车的情况,因此采用哪种处理方法视站场而定。

15."侧冲"逻辑

该功能的运算逻辑在上层管理机实现。

如果两钩车在某道岔上的间隔较紧(但是没有达到追钩),两钩车对该道岔方向要求不同,并且钩车速度前慢后快(但前钩车速度大于8 km/h的途停判别限),当达到一定速度差时,就有可能在前钩车没有离开该道岔的警冲点时后钩车前部进入了警冲点,从而造成侧冲。

系统对钩车侧冲检查的运算方法是:每当钩车出清道岔区段,如果后钩车在该道岔有不同去向,将依据前钩车的出清速度、后钩车的当前速度、后钩车的当前位置,分别计算前钩车离开该道岔区段警冲点和后钩车进入相同警冲点的时间,并进行比较判别,得出结论。

16. 分路道岔控制安全接口

分路道岔手动控制可脱离计算机,直接通过应急台上的手柄操纵继电式道岔接口电路,给室外转辙机电机供电(电动式)或电空阀励磁(电空式)。手动控制优先于自动控制。无论手动或自动均在继电式道岔接口电路中有轨道电路落下锁闭、防瞬间分路不良、道岔启动后转换到底、到位切断电源等基本逻辑。由于分路道岔保护区段的设计,确保了无论手动或自动其命令执行的安全性均有基本的硬件联锁保障,不会发生钩车在道岔上时道岔中途转换。

(四)联锁功能

联锁逻辑运算由于对实时性要求不高,并且由于联锁涉及范围较宽,几乎涵盖了下层所有控制板管辖的设备(道岔、减速器、区段、信号机等),使其之间发生联锁,因此联锁逻辑运算主要在上层管理机上进行,下层只进行基本校验逻辑运算和比较执行。

驼峰调车进路包括两种类型,一类是峰上调车进路,另一类是含有分路道岔的机车上下峰进路,从驼峰信号机至各股道的调车进路属于机车上下峰区域。

1. 自动选路

对于TW-2系统,联锁逻辑两点间的路径选择,由于没有事先预定的进路对照表,选路过程是在按照站场形网络描述的设备链接数据结构中的搜索过程。

根据值班员操作确定进路的始端和终端后,只能自动地选出一条缺省进路,该缺省进路可以根据现场需要事先设定。依次确定进路的始端、变更点和终端后,能选出相应的迂回进路。变更点不仅可选信号机,也可选道岔或无岔区段。对于长调车进路的选路与变更进路的选路与基本进路同理。

进路选出后,将在按站场形网络描述的设备链接数据结构中留下一条建立连接关系的一组设备被选通的烙印,为该进路今后各个阶段、各项设备的联锁连续检查,直至进路的解锁,提供了由终端至始端的唯一通路。由于站场网络形链接数据结构为所有进路共享,进路敌对等各种联锁检查将变得顺理成章。

2. 进路检查与锁闭

进路选出后，首先检查进路建立的基本联锁条件，若不满足即自动取消操作，并立刻报出不能建立的原因；条件满足即向下层控制机送道岔转换命令。在规定时间内，若道岔转换到规定位置并且有关联锁条件，如进路空闲、未建立敌对进路等联锁条件成立时，即可对有关道岔及进路实现进路锁闭。若 30 s 内进路未完成锁闭，则由程序自动取消该进路。

3. 接近锁闭

当防护进路的信号机开放，进路的接近区段有车时，实现接近锁闭。当未设接近区段时，信号机开放后立即实现接近锁闭。

4. 信号机开放前联锁检查

信号机只有在办理进路或重复开放操作后，且其防护的进路空闲(机车上下峰进路不检查)、侵限绝缘检查通过、有关道岔位置正确、敌对进路未建立、进路锁闭等联锁条件检查通过时才能开放。

5. 信号机开放后连续检查及关闭条件

在信号开放过程中，程序连续不断地检查上述各项联锁条件，一旦某个条件发生变化，即由程序及时关闭信号。此外信号还能在下列情况下及时关闭：

(1)列车信号机在列车第一轮对进入该信号机内方第一轨道区段时；

(2)调车信号机在车列全部越过该信号机时；当信号机前留有车辆时，应在车列出清该信号机后方第一轨道区段时；信号机前后方存在死区段时，在车列出清该信号机内方第一轨道区段时；

(3)办理取消和人工解锁进路时；

(4)办理区段故障解锁时。

信号一旦关闭后，未经再次办理，不能自动重复开放。

6. 长调车进路

一次排列由多条基本调车进路相衔接的长调车进路时，防护各进路的调车信号机按运行方向由远而近地依次开放。

长调车进路的取消或总人解，其调车信号关闭过程与开放时相反，采用了按运行方向由近而远地依次关闭和解锁开放策略。

7. 信号灯丝检查

对列车主体信号机和调车信号机均具有灯丝监督功能，在信号开放后能不间断地检查灯丝良好状态。一旦灯丝检查未通过，关闭信号，并且禁止自动重复开放。

8. 正常出清解锁

列车或峰上调车进路锁闭的进路在其防护信号机关闭后，随着车列的正常运行，使各轨道区段分段地自动解锁。各轨道区段除条件不具备者，必须满足三点检查，延时 3 s 自动解锁。

机车上下峰进路的解锁是当车列顺序通过基本进路的各个区段后自动一次性解锁整个基本进路。

9. 调车中途返回解锁

折返调车信号机前方的道岔区段因折返作业而不能正常解锁时，在检查道岔区段空闲和车列全部驶入折返信号机内方后才能解锁。

车列驶入调车进路后，因折返而使进路的道岔区段均不能正常解锁时，在检查车列出清该进路和其接近区段后,进路一次解锁。

10. 总取消解锁

在信号开放过程中,当值班员按下总取消按钮和进路始端信号图标时,由程序判断是办理取消进路,即立即关闭信号,并在检查接近区段无车且车确实未进入到进路内方时,解锁进路内的所有区段。

11. 总人工解锁

信号开放后,车已占用接近区段或进路始端外方存在死区段,此时要想改变进路,需采用人工解锁方法。值班员按下总人解按钮和进路始端信号图标后,进路不能立即解锁,而是先关闭信号,再经规定延时后方能解锁。在延时过程中,一旦车进入进路内方即取消人工解锁操作。接车进路及有通过列车的发车进路在信号关闭后限时 3 min 解锁;其他发车进路及调车进路限时 30 s 解锁。

12. 故障解锁

区段在开机、停电恢复和因故障锁闭时,在检查区段未排列在进路中且区段空闲后,选择该区段的下拉菜单中的“故障解锁”选项可实现区段故障解锁。

进路在使用中由于轨道电路故障而不能正常解锁时,在轨道电路故障已经排除并检查车列已经通过进路后,选择该区段的下拉菜单中的“故障解锁”选项可实现区段故障解锁。

机车上下峰进路在使用中由于轨道电路故障而不能正常解锁时,在轨道电路故障已经排除并检查车列已经通过进路后,选择该进路始端的下拉菜单中的“故障解锁”选项可实现进路故障解锁。

13. 机车上下峰进路的自动控制

在溜放状态下,机车上下峰进路以溜放钩形式储存在作业计划单内,随着溜放作业的进行,执行到上下峰进路时,关闭驼峰信号并检查进路建立条件,满足时即转换道岔并在联锁条件具备后锁闭进路,开放相关线束调车信号和驼峰信号。

14. 推送进路办理

驼峰推送进路包括至峰顶的推送进路以及去往禁溜线、迂回线的取送车进路。

推送进路可以储存在调车作业计划中,通过溜放窗办理“溜放开始”,自动按钩执行,也可以与调车进路一样通过图形窗人工办理。

在值班员“溜放开始”的操作下,首先将溜放进路上相关背向道岔扳到定位并锁闭,而后根据“溜放开始”命令带的参数,选择相应的推送进路,以驼峰信号机为进路终端。检查推送进路建立的联锁条件是否满足,在允许的情况下控制道岔转换到规定位置。在道岔位置正确及其他联锁条件具备时,锁闭推送进路,此时溜放作业正式开始。

15. 去禁溜线或迂回线的自动控制

在溜放状态下,将去往禁溜线或迂回线的作业以溜放钩形式储存在调车作业计划中。当执行到去禁溜线或迂回线的计划时,先关闭驼峰信号,而后自动开放红闪信号指示推峰机车后退,一旦通向禁溜线或迂回线的进路联锁条件满足,即控制相关道岔转换到要求位置,同时锁闭进路,开放白闪信号。车列完全进入禁溜线或迂回线时,系统自动将白闪信号切换到红闪信号;如果车列在没有完全进入就需要中途折返退出禁溜线或迂回线时,在相关道岔区段仍显示红光带的情况下,须作业员人工操作驼峰信号停止,再开放后退,即人工确认取送禁溜车或禁止过峰的车是否到位。一旦车列退出了与禁溜线或迂回线相关的道岔区段,系统自动在延时后控制道岔转换到指向峰顶的位置，以便继续溜放。

16. 去禁溜线或迂回线的手动控制

在非溜放状态下进行去往禁溜线或迂回线按推送进路方式办理时，驼峰主体信号的白闪与红闪控制，去往禁溜线或迂回线的推送进路办理，以及退出禁溜线或迂回线后继续溜放等控制均由作业员操作完成。

17. 推送进路的解锁

推送进路的解锁可根据站场的布局和作业要求采取不同方式，通常情况下纵列式站场实行一段解锁方式；横列式站场实行两段解锁方式，第一段从始端到最靠近驼峰信号的反向信号机，第二段为剩余部分。对于纵列式站场，随着溜放作业的进行，解体车列顺序占用推送进路，溜放结束或暂停后，当车列出清推送进路时，该进路即自行解锁。对于横列式站场，随着溜放作业的进行，解体车列依次占用推送进路的第一段、第二段；溜放结束或暂停后，当车列出清第一段时，该进路即自行解锁；第二段进路在车列出清该进路且第一段进路解锁后方可解锁。

18. 道岔的控制

道岔不仅能由进路选动，还可实现人工单独操纵。道岔受进路锁闭、区段锁闭、人工单独锁闭或其他锁闭时，拒绝向该道岔发控制命令。

19. 纵列式站场场间联系

手动办理是通过在图形窗选择“场间联系”下拉菜单中的“允许推送”或“预先推送”选项；自动办理是通过溜放开始菜单中的“允许推送”或“预先推送”参数选项。只有办理了“允许推送”或“预先推送”后，才准许到达场排通推送进路。

在排通到达场推送进路并使之锁闭后，驼峰辅助信号机才能复示驼峰信号机的显示。预先推送时，驼峰辅助信号机显示黄色灯光，并且在车列推送至距驼峰信号机不少于90 m处自动地改点红灯。

在到达场推送进路锁闭并且驼峰辅助信号机开放后，在车列未占用推送进路前，通过图形窗的取消允许推送或预先推送的操作，可使驼峰复示信号机关闭，经30 s后到达场推送进路解锁。

当车列占用到达场推送进路后，该进路不能通过人工操作取消。在车列全部出清到达场并且占用界处的无岔区段和该区段的下一个道岔区段后，一次自动解锁整条进路。

禁止到达场和调车场同时向两场间的无岔区段里调车；在该无岔区段有车占用时，不允许再开放通往该无岔区段的调车信号机。

20. 驼峰信号机的控制

驼峰主体信号的控制方式分为：由值班员直接在图形窗上操作；由系统自动给定和改变信号；在个别站场，根据设计需要，值班员对峰顶操作交权，由峰顶控制台操作。

驼峰信号机和与其敌对的信号机，以及推送进路上的和峰下相关防护进路有关的道岔，均应有联锁。但与分路道岔不直接联锁。

信号开放后，当发生灯丝断丝、联锁道岔被挤、闪光电源损坏等故障，以及溜放作业中的异常情况时，信号机立即自动关闭。

驼峰信号机因设备故障自动关闭后，未经再次办理，不能自动重复开放。

驼峰信号显示在绿色、绿闪和黄闪之间变换时，由原来显示直接转换到要求的显示；在上述显示与红闪、白闪或白色之间变换，以及后三种显示之间的变换，都必须先关闭驼峰信号，再转换到要求的显示。

驼峰信号机开放后，推送进路上同方向的调车信号机应随之带动开放，包括前进和后退两种情况。

21. 线束调车信号机的控制

线束调车信号机的控制有以下两种方式：

线束调车信号机与机车上下峰进路相联系。这种情况下信号随着上下峰进路的锁闭而开放，取消而关闭。

个别站场线束调车信号机兼一般调车信号机，通过信号机内方第一个道岔区分，若道岔位置开向峰上调车部分时，该信号机与峰上调车信号机是完全一样的，包括信号的开放、关闭时机和其他有关控制。

此外，线束信号机还有一些特殊的联锁条件：

(1)上峰线调和下峰线调之间的互锁关系；

(2)上峰线调和驼峰信号之间的互锁关系；

(3)上峰线调信号机外方至股道间的上峰进路与上峰线调的联锁关系。

(五)故障—安全措施

1. 优化硬件的系统设计

采用集散式控制的体系结构，在控制级，不同功能不同模块，不同范围不同模块，风险分散，局部故障不扩散，具有局部故障情况下降级处理的效果。对于下层控制板，可以带电插拔，局部故障修复不影响系统的整体工作，缩短了故障修复时间。

2. 高可靠支持

上层管理机使用可靠性高、抗干扰能力强、适应于恶劣环境的工业 PC 机，下层控制机使用结构紧凑、可靠性高的专用单板微机，采用国际标准的 CPCI 技术，克服了以往电子电路最难解决的插接不可靠问题。

3. 双机热备

采用主备双机热备方式。系统连续不断地监视上、下层机的运行情况，上、下层机间的通信和下层机的输入输出。一旦发现故障即实现热切换，在切换过程中不会间断所有联锁和溜放的控制。

主备两系统间具有同步检查措施，一旦发生不同步，将报警，并且屏蔽备用机，防止由于非同步情况下切换系统导致不良后果。

4. 下层控制板看门狗

所有的下层控制板模块及智能 I/O 扩展模块各自均有板上独立的硬件看门狗电路，一旦程序“跑飞”，自动恢复，自动向管理级汇报断点诊断信息，并自动申请丢失的命令信息。该手段对于减速器控制板、测长控制板、智能 I/O 扩展模块在软故障情况下几乎不影响控制过程，实现了故障自恢复。

5. 系统看门狗

每个独立的并具有微处理器的模块均具有对自身的诊断，并将诊断结果定期向指定的监护者报告。此外，系统各个模块相互间形成“人盯人”的互诊断：

(1)智能 I/O 模块受对应的控制级功能模块的监督；

(2)控制级功能模块受上层管理级的监督；

(3)管理级模块受到操作级工作站的监督；

(4)操作级工作站模块受到管理级的监督；

(5)管理级通过诊断结果传递汇集了全部模块的诊断结果；

(6)热备中的双机管理级通过网络相互交换系统诊断信息；

(7)下层进路控制模块反复监听管理级的系统通告信息。

受进路控制模块控制的系统看门狗——故障动态继电器——不断受到系统生命脉搏信号刷新，下列情况会使脉搏信号终止：

(1)进路控制板本身故障；

(2)管理级故障使送出的系统通告信息中断；

(3)由于管理级直接监督的功能模块及间接监督的智能 I/O 模块至少有一个不可恢复的硬故障(互检未通过)，使管理级向进路控制板送出的系统通告信息中说“不”；

(4)管理级本身，或管理级从直接监督的下层功能模块及间接监督的智能 I/O 模块中反映有自检未通过，使管理级向进路控制板送出的系统通告信息中说“不”。

一旦系统看门狗起作用——故障动态继电器落下，将立刻在继电接口电路侧切断所有由本系统输出的控制电源，使全部输出无效。

6. 安全通信

上层机与下层机间的通信采用 CANBUS 本身的短包、CRC 校验和长包 BCC 重复校验的数据编码技术，实现双重检错和纠错，确保了信息传输的正确性。

7. 输出冗余

从安全角度考虑，继电接口电路中保留了 SJ 继电器及落下锁闭条件。当需要对道岔实行锁闭时，除了系统本身的“软锁闭”外(禁止向道岔发转辙操作命令)，还实施“硬锁闭”(输出并确认 SJ 继电器落下)。该措施实际上是一种输出冗余方式。

8. 动态输出

控制信息的输出电路采用动态驱动方式，道岔锁闭、信号机开放等关键控制信息以动态脉冲形式驱动动态继电器。故障时脉冲中断，设备导向安全侧。

9. 输入冗余

对关键的道岔表示信息，同时采集了定位和反位，由两者共同决定道岔所处的位置。

对关键的电气集中道岔轨道电路条件不仅采上接点，还同时采入了下接点(即反相条件)，由两者共同决定轨道占用/空闲状态，如果逻辑值不一致，选择安全侧——占用。

10. 输出回读

重要的输出控制信息(例如锁闭输出和信号输出)须经反馈回读比较，如果执行不正确将报警并导向安全侧输出。

11. 电气隔离

系统对外的所有输入输出接口，无论开关量、模拟量、脉冲量，均在系统内部采取了电气隔离措施，以提高系统的抗干扰能力。

12. 规范软件系统设计

软件采用自顶而下的分层设计方法，使程序具有良好的结构化、模块化和层次结构，保证故障在每一层都得到检查，将危险侧故障降到最少。为了避免导致不可预测的后果，系统对所有不合理、不可能的中间运算结果，以及模块发生不合理、超范围的带入数据和送出数据均安排了“紧急出口”，使其充分暴露并导向安全。

13. 联锁检查

完整的联锁软件在上层管理级中，但是下层具有基本的联锁检查功能，能够对道岔转换、信号开放、区段的解锁等来自上层的关键控制要求进行有效性和联锁判断，检查未通过将否定执行。

14. 系统防干扰

系统推荐采用一系列抗干扰措施来提高系统的可靠性和稳定性：良好的综合接地系统，通道防雷和电源防雷，UPS 供电等等。

四、系统硬件配置

(一)控制机柜

机柜尺寸为 600 mm(长)×600 mm(宽)×1 800 mm(高)，或 800 mm(长)×600 mm(宽)×20 000 mm(高)，每个机柜可放置 4～5 个机箱单元，所有机箱单元均为 19 英寸标准。每站根据规模和需要设 1～2 个机柜。

每站配置的机箱单元种类和数量将根据站场的功能要求和规模在设计时组合，常见的机箱单元有：

(1)上层工业控制 PC 机机箱；

(2)下层溜放进路及联锁机箱；

(3)下层速度控制及测长机箱；

(4)测重机箱；

(5)接口电源机箱；

(6)下层监测机箱。

1. 上层管理机

采用 APPRO 工业级 PC，分 A、B 两套，通过 CAN 卡与下层控制机连接。通常状态下 A、B 系统互为热备状态，并且相互可以诊断工作情况，在线机一旦发生故障，给出报警并自动切换到备用机工作。

2. 下层控制机

下层控制机机箱结构为 19 英寸，采用国际标准的 CPCI 技术，选择为 6U 高使用方式。每个机箱内最大配置可插入一组 HAC250P 双电源系统和 12 组各种微机电路板插件。各种专用微机插件和接口插件，均分为前后板两部分，前板称为主模块，后板称为后出线模块，电缆直接可以上到后板的连接器上。

主模块主要实现逻辑运算、板间通信功能，因此将嵌入式 CPU 及其相关电路、通信控制电路、接口控制电路等放置在前板。后出线模块主要实现接口功能，因此只安排了接口电路。前、后板件的通信通过 CPCI 总线进行。

下层控制机机箱单元内通常设有以下类型的插件：

(1)双电源系统模块

电源系统由两块模块电源和一块控制板组成，它支持 $N+1$ 级的热备并可以热插拔，具有标准的 DIN 输入/输出连接器，100～240 V 宽电压适应能力，内建 EMI 滤波器，方便插拔，标准的 LED 灯能够指示电源的工作/故障状态、过压过流保护等强大的功能。

(2)母板

系统的各个部分都可以通过母板相互连接起来，母板成为系统的核心通道。将系统总线、各种控制板的板间通信和电源布线等都集成到母板上，合理分配走线位置，规范定义 CPCI 连接器的接口内容，并充分考虑了系统分割的灵活性，进一步提高了系统的可靠性与扩展性能。母板上设跳线端子完成板地址设置、CAN 通信分割。

(3)进路控制板及后出线板

型号：KB-L，KB-L-R。KB-L 采用 Intel 386EX 高性能 CPU，由 EPROM 及 SRAM 存储器、两路 CAN 总线接口、两路 RS-232、外围接口及专用接口电路组成。前板主要实现逻辑运算、板间通信功能、后板实现接口功能。

(4)输入输出扩展板及后出线板

智能 I/O 插件 IOB 由 89C51 单片机(8031 或兼容芯片)、EPROM、RAM、一路 CAN 总线接口、一路 RS-232、4 片 8255、看门狗及专用开关量电路组成。前板布有 CPU、通信电路和开关量输出模块，IOB-R 布有开关量输入模块。

(5)减速器控制板及后出线板

采用 Intel 386EX 高性能 CPU，由 EPROM 及 SRAM 存储器、两路 CAN 总线接口、两路 RS-232、外围接口及专用接口电路组成。前板主要实现逻辑运算，板间通信功能，后板实现接口功能。减速器控制板具有“看门狗”电路，即使上层管理机故障也不会发生全场减速器失控情况。

(6)减速器无触点接口板及后出线板

完全替代减速器继电控制电路中的全部继电器，实现减速器继电组合内的所有逻辑；具有控制不同种类减速器电磁阀的能力；具有响应微机和控制台命令的能力；能够直接控制雷达的自检开关。每个减速器无触点接口板可控制四组减速器。

(7)踏板板及后出线板

最多可接 16 路踏板，前后板分别分布 8 路，适用于有源和无源踏板。有源踏板有面板指示灯，可以实时监测踏板情况，同时还有信号指示灯显示轮对经过踏板时的计轴情况。

(8)轨道板及后出线板

采集减速器区段的轨道条件。轨道电路的采样依靠轨道电路采样模块完成，一个模块可处理 12 个区段的占用/出清信息，也可对 6 路信息进行双冗余处理，以实现故障安全。采样信号为 0～500 mA 直流脉动信号或－500 mA 至 500 mA 交流信号，通过霍尔电流传感器对信号进行隔离并转换为 0～5 V 的电压信号，经过 A/D 转换器采样变为微机可识别的数字量，经 CPU 处理后，将其转化为开关量信号送出。

(9)测长板及后出线板

采用 Intel 386 EX 高性能 CPU，由 EPROM 及 SRAM 存储器、两路 CAN 总线接口、两路 RS-232、外围接口及专用接口电路组成。最多可支持 16 股道，通过片选依次对 16 股道电压进行扫描，经过 A/D 转换成数字量进行处理。

注意：联锁、进路模块为完全独立的双套系统，一旦其中任何一块控制板发生故障都会引起倒机。速度控制模块为单套系统，考虑到每块控制板控制两股道减速器，发生板故障仅仅影响本板两股道，因此采用单套系统。

3. 网络交换机

采用 100M 网络交换机。A、B 两台交换机采用级联方式连接，每台交换机上分别连接上层管理机和工作站的一块网卡，任何一路网线或网卡发生故障能够自动切换到另一路进行工作。

4. 维护工作站

维护工作站的显示与控制台室的其他操作工作站类同,是在 Windows 操作系统的平台上,设计了一样的窗口(包括主窗体、图形窗、调车单窗、溜放窗、测长窗、信息窗等),放置在机房内的计算机桌上,具有以下功能:

(1)维护工作站以信息窗为主,设有报警记录和统计报告的一级查询权,该工作站配置汉字打印机,打印各种一级报告。

(2)该工作站经常打开显示站场作业情况的图形窗和溜放窗,用于监督全场溜放作业过程,打开调车窗,查看系统接收计划情况。

(3)该工作站配有控制双机切换权、上电全场区段解锁权,以及针对上层管理机的维护操作权限。

(4)该工作站设有一个仿真终端窗,可通过开启该窗,并通过连接下层控制机插件维护测试口,进行特殊情况下直接针对插件的维护显示与操作。

(5)远程查询、诊断。通过维护工作站的串口,经调制解调器连接可直拨的电话线路进行。

(二)系统电源

1. 开关电源

能够提供直流 24 V 和 12 V 的开关电源,每路电源都是双电源模块。正常状态下是 A 路供电,如果 A 路发生故障,自动倒换到 B 路供电。24 V 为接口电源,包括微机采集和对继电器的驱动都是利用该电源;12 V 用于雷达、车轮传感器(踏板)工作。

2. 50 Hz交流净化电源或 175 Hz 变频电源

用于向测长轨道电路供电。对于非电气化区段,采用 50 Hz 测长系统供电;对于电气化区段,采用 175 Hz 测长系统供电。与 50 Hz 测长系统比较,175 Hz 测长系统增加了滤波器,通常安装在组合架上,连接室内、外分线盘。

3. UPS不间断电源

给计算机柜及外围设备供电,以渡过两路电源切换时 0.15 s 的断电时间。采用双路均衡负载供电方式,在正常情况下双路 UPS 均衡负载供电,一旦一路发生故障,能够零延时切换到另一路 UPS 工作,不影响正常的控制。

(三)接口继电器组合柜(架)

安装在继电器架上的接点电路具有以下作用:

1. 作为系统控制输出环节、采集输入环节室内与室外的电气隔离,有利于防干扰和防雷电。

2. 作为系统与控制对象电平与功率的转换媒介,例如控制器输出的是 24 V 直流弱电,信号机需要的是交流 220 V 强电,电动转辙机需要的是直流 220 V、可能达十几安培的强电。

3. 具有简单的,但是对于安全又非常重要的控制逻辑,是在基本环节上的冗余保障,例如在道岔控制电路中检查了轨道电路接点条件。

4. 应急盘上的手动控制可独立于计算机,由继电电路直接完成,是应急情况下可甩开计算机直接控制的基本保障。

(四)分线柜(盘)

通常分室内分线柜和室外分线柜。对于进路控制部分,A、B 系统采集部分在室内分线盘端子并联,分别输入到 A、B 采集模块;输出部分则分别通过不同配线驱动继电器的不同线圈。

五、系统接口电路

(一)输入输出接口(见表 10-2)

表 10-2 TW-2 系统输入输出接口

重力式减速器					
输 入			输 出		
ZBJ	制动表示	开入信号	ZJ1	前台减速器控制	静态开出
HBJ	缓解表示	开入信号	ZJ2	后台减速器控制	静态开出
SCJ	手动操纵	开入信号			
JGJ	减速器轨道	开入信号			
TB+,TB−	减速器入口计轴	模拟信号			
L+,L−	雷达	脉冲信号			
非重力式减速器					
输 入			输 出		
ZBJ	制动回读	开入信号	ZJ1	减速器控制在 1 级	静态开出
HBJ	缓解回读	开入信号	ZJ2	减速器控制在 2 级	静态开出
SCJ	手动操纵	开入信号	ZJ3	减速器控制在 3 级	静态开出
JGJ	减速器轨道	开入信号	ZJ4	减速器控制在 4 级	静态开出
TB+,TB−	减速器入口计轴	模拟信号	HJ	减速器控制在缓解	静态开出
L+,L−	雷达	脉冲信号			
分路道岔控制采集与驱动					
输 入			输 出		
DGJ1	保护区段轨道	开入信号	DJ	定位操纵	静态开出
DGJ	道岔轨道	开入信号	FJ	反位操纵	静态开出
SZJ	手柄中间	开入信号	SJ	锁闭	动态开出
DBJ	定位表示	开入信号			
FBJ	反位表示	开入信号			
SJ	锁闭	开入信号			
电气集中道岔控制采集与驱动					
输 入			输 出		
DGJ	道岔轨道	开入信号	DJ	定位操纵	静态开出
DGJX	道岔轨道下接点	开入信号	FJ	反位操纵	静态开出
DBJ	定位表示	开入信号	SJ	锁闭	动态开出
FBJ	反位表示	开入信号			
SJ	锁闭	开入信号			
调车信号机采集与驱动					
输 入			输 出		
XJ	信号	开入信号	XJ	信号	动态开出
DJ	灯丝	开入信号			

续上表

驼峰信号机采集与驱动					
输入			输出		
USJ	黄闪	开入信号	USJ	黄闪	静态开出
LSJ	绿闪	开入信号	LSJ	绿闪	静态开出
LJ	绿	开入信号	LJ	绿	静态开出
BSJ	白闪	开入信号	BSJ	白闪	静态开出
HTJ	红闪	开入信号	HTJ	红闪	静态开出
BJ	白	开入信号	BJ	白	静态开出
DJ	灯丝	开入信号	DLJ	峰顶电铃	静态开出
SNJ	闪光	开入信号	SNJ	闪光	静态开出
QXAJ	切断信号按钮	开入信号			
XQJ	限界检查	开入信号			
纵列式站场场间联系采集与驱动					
输入			输出		
YTJ	允许推送	开入信号	YTJ	允许推送	动态开出
YYJ	预先推送	开入信号	YYJ	预先推送	动态开出
YSJ	预推锁闭	开入信号	YSJ	预推锁闭	动态开出
XZFJ	信号总辅助	开入信号	TZCJ	驼峰场照查	动态开出
TZCJ	驼峰场照查	开入信号	LKJ	溜放开始	静态开出
DZCJ	到达场照查	开入信号			
DTJ	到达场推送股道	开入信号			
编发线接口采集与驱动					
输入			输出		
YLJ	允许列检	开入信号	XJ	允许列检	动态开出
FXJ	发车信号	开入信号			
无岔区段及警冲标区段采集					
输入			输出		
GJ	轨道	开入信号			
其他采集与驱动					
输入			输出		
ZFDJ	主副电源转换	开入信号	BPJ	报警响铃	静态开出
GDJ	轨道停电	开入信号	GZJ	微机故障	动态开出
RBJ	熔丝断丝报警	开入信号	DJJ	主备机切换	静态开出
DSBJ	灯丝断丝报警	开入信号			
FYBJ	风压低报警	开入信号			
测重采集					
输入			输出		
CZXT	测重选通	脉冲信号			
CZ0～CZ6	测重数据编码	并行数据			

（二）测长接口

驼峰微机工频(50 Hz)或 175 Hz 测长器，选用的电路简单可靠，很适合于驼峰使用，其硬件电路见本书第八章。对于 175 Hz 测长轨道电路，室内每股道增加一个有源滤波器，封装在继电器插件内，安装在组合架上，室外供电为 220 V(175 Hz)。

第三节　TBZKⅡ型驼峰控制系统

TBZKⅡ型驼峰控制系统是完成编组站驼峰调车场作业过程控制的计算机控制设备。系统将驼峰推峰机车控制、驼峰进路控制和驼峰溜放速度控制纳入计算机控制和管理，实现了驼峰作业的自动化。

一、概　　述

TBZKⅡ型驼峰控制系统采用分散控制、集中管理的模式，将驼峰作业控制过程按功能划分为驼峰推峰机车控制、驼峰进路控制和驼峰溜放速度控制三部分。各部分分别由独立的计算机完成，并由统一的计算机局域网构成一个完整的分布式计算机控制系统。系统结构如图 10-6 所示。

（一）系统特点

1. 清晰合理的系统结构

TBZKⅡ型控制系统可以划分为两层。第一层是双机热备的控制机柜；第二层是进路作业机、速度作业机、数据服务器和电务维修机。层间采用以太网通信。

2. 双机热备

控制系统中所有控制计算机均采用双机双通道的完全热备方式。控制计算机既可以选择双机热备工作方式也可以选择冷备工作方式。在冷备工作方式下，可以对备机进行离线检修、测试，不会影响控制系统的正常工作。

3. 双以太网冗余

控制系统中的所有 CPU 均采用双以太网冗余技术，双网同时工作。任一网络发生故障均不会影响系统的正常工作。双网冗余技术的采用保证了系统通信可靠性的要求。

4. 实时多任务操作系统

TBZKⅡ型控制系统采用了较高级的操作系统——实时 Linux 操作系统，杜绝了因软件原因造成的“死机”现象，显著提高了系统的可靠性。

5. 精细跟踪技术

TBZKⅡ型控制系统采用了精细跟踪技术。系统以峰下每一组分路道岔、减速器、雷达、踏板为计算点，依据站场横、纵坐标精确地测定和跟踪车组的位置、间隔及其变化趋势，为各部位调速、侧撞、途停提供准确依据。

6. 数据库技术

TBZKⅡ型控制系统采用了 MY_SQL 数据库技术，可以完成海量数据的存储、检索，快捷而且方便。

7. 远程访问

TBZKⅡ型控制系统支持远程访问。利用系统提供的调制解调器，通过电话线可以在异地远程访问系统，检索、查询数据，也可以回放再现溜放过程。远程访问可在控制系统的任意

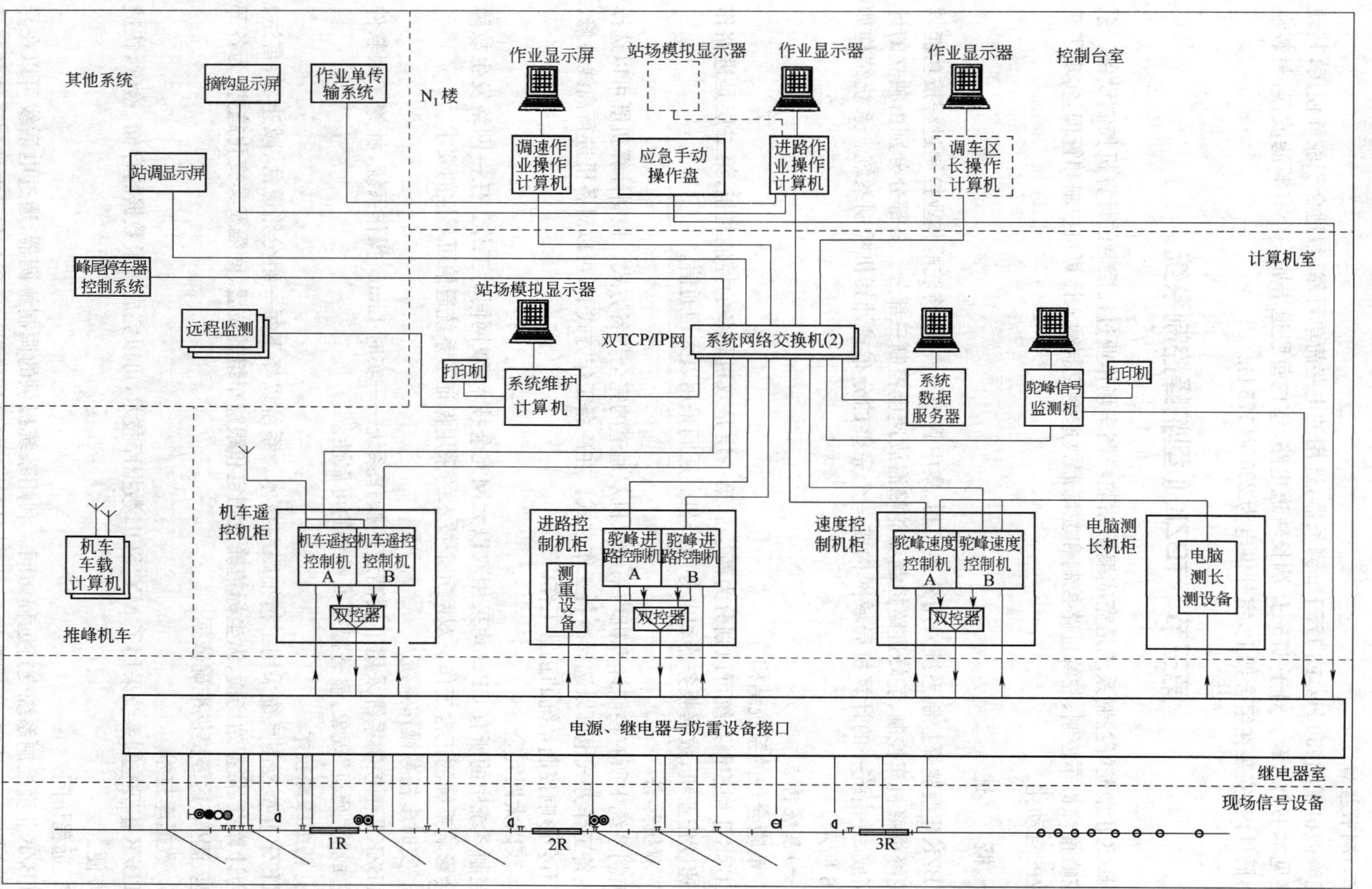

图 10-6　TBZK Ⅱ 驼峰控制系统结构

工作时段进行，没有任何限制。

8. 无通信阻塞

由于 TBZKⅡ型控制系统具有合理的系统结构，采用了较高级的操作系统、双网冗余技术以及高水平的网络管理技术，所以采用普通的双绞线既可创造良好的通信环境。TBZKⅡ型控制系统不会发生通信阻塞现象。

(二)系统主要技术指标

1. 系统适用于大、中、小各种类型的驼峰，即可满足大至 48 股道的综合自动化驼峰，亦可适用于仅有几股道的小驼峰。

2. 系统可满足双推双溜、双推单溜、单推单溜的驼峰作业要求。

3. 系统分为驼峰进路控制、溜放速度控制、推峰机车控制三大部分。根据不同驼峰的需要，各部分即可以单独构成系统，也可以随意组合构成不同的驼峰控制系统。

4. 系统可以满足日解体 6 000 辆以上，平均推峰速度不低于 5.5 km/h 的驼峰作业要求。

5. 系统的各控制计算机均采用双机完全热备方式。

6. 系统的双机控制器、同类的电源模块、同类的电路模板可以随意更换，具有良好的互换性。

7. 系统具有安全汉化的、友好的人机界面，并具有语音提示。

8. 系统对作业过程的各种信息和数据具有完善的记录，数据记录可保留 60 天以上。

9. 系统具有驼峰作业过程动态回放的功能，为维修人员分析故障提供了便利而直观的分析工具。

10. 系统具备工业标准的雷电防护。

11. 系统适用于电气化和非电气化区段。

12. 系统既可满足一个作业楼操作的集中控制方式，也可满足多个作业楼操作的分散控制方式的要求。

13. 系统具有钓鱼、追钩、峰下摘钩、途停、测撞、前追后分等自动处理功能，以及摘错、溜错、低速等报警功能。

14. 系统适用于一、二、三、四部位减速器调速的不同组合情况，也适用于可控减速顶调速的控制方式。

(三)系统硬件结构

1. 控制系统数据库服务器

控制机房内设 PC 数据库服务器，配置大内存、大容量冗余硬盘、双高速以太网卡。其上运行 MY.SQL 高速多用户数据库，记录现场各种状态变化、故障报警、钩车溜放数据，以便检索分析。

2. 驼峰进路作业机

驼峰进路作业机供调车长或调车值班员使用。以站场图形显示全场当前控制设备状态，用鼠标等操作办理推峰作业、调车作业、溜放进路作业，开放信号，单动道岔，变更作业计划，显示正常作业、报警信息以及进行相应语音提示。可根据站场规模选择单屏或多屏显示方式。

3. 溜放速度作业机

溜放速度作业机供作业员使用。在全场站场图形上显示当前减速器的信息，对其进行半自动定速等操作。

4. 驼峰调车区长作业机

驼峰调车区长作业机供驼峰控制楼内的区长使用。可了解与监督全场控制溜放过程，进行查询有关数据等操作。

5. 电务系统维护操作机

电务系统维护操作机位于控制机房内,供电务维修人员使用。可通过全场站场图形了解各种设备状态,进行数据查询、打印等操作。

6. 控制计算机

控制计算机位于控制机房内实施控制功能。控制计算机采用双机双通道完全热备方式,并采用实时操作系统。

二、控制计算机体系结构

(一)控制计算机构成

TBZKⅡ型驼峰控制系统控制计算机构成如图10-7所示。

1. 主机部分

CPU主机采用PC/104嵌入式计算机模块,其特点是功能强、兼容性好、体积小(90 mm×96 mm)、功耗低、可靠性高(MTBF约20年),适合工业环境使用。

2. 网络互联

由于采用国际标准,因而获得强有力的网络支持。可以选用MiniModule Ethernet MiniModule/Arcnet、MiniModule/488等标准网络产品。系统采用MiniModule Ethernet模块,构成双以太系统网络。

3. 控制总线

控制总线采用性能优良的实时总线RTP作为设计规范。

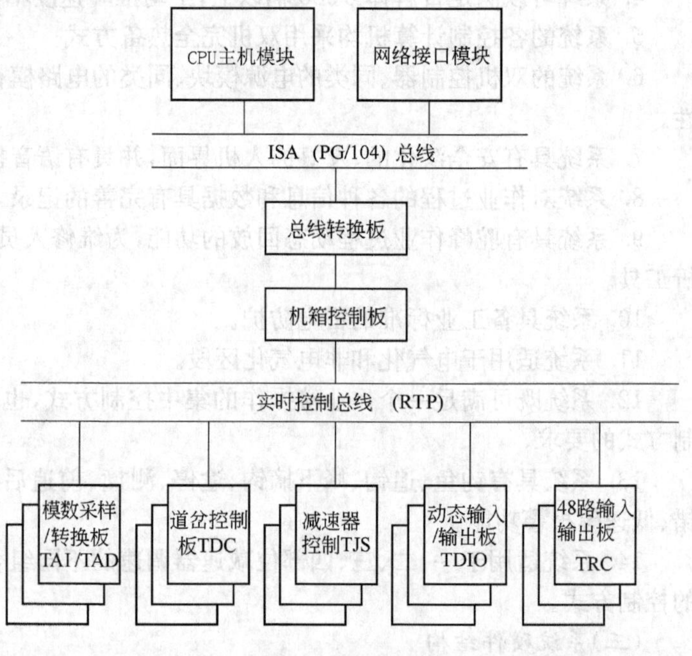

图10-7 TBZKⅡ型驼峰控制系统控制计算机构成框图

4. 控制模板

根据驼峰控制系统的需要,针对不同现场控制对象设计了专用接口板,其特点是当某一控制对象发生故障时,可迅速定位故障的接口模板,给现场维修工作提供了极大方便。系统有下列几种I/O功能模板。

(1)道岔控制板(TDC)

该模板具有28路开关量输入,4路正弦波信号整形中断输入,8路开关量输出,集中了4组道岔控制的接口电路。

(2)减速器控制板(TJS)

该模板具有12路开关量输入,4路正弦波信号整形中断输入,12路开关量输出,2路8位计数输入,集中了2组减速器控制的接口电路。

(3)输入、输出板(TRC)

该模板具有 24 路开关量输入和 24 路开关量输出，可作为一般用途的数据采集和控制。

(4)驼峰动态输入/输出板(TDIO)

该模板具有动态 32 路输入和 12 路输出，是进路控制专用的动态输入/输出接口板，用于计算机联锁及调车进路故障—安全的输入/输出。

(5)驼峰模数转换板(TAD)和模拟量输入采样板(TAI)

TAD 和 TAI 模板配合可完成多路模拟量信号的输入。

(二)控制计算机结构

1. 模板结构

模板采用欧洲标准双宽度模板尺寸(160 mm×233.35 mm)，总线端安装 2 个 DIN 连接器，连接器 P1 作为控制总线，连接器 P2 作为输入输出信号线。模板装有助拔器，插拔极为方便。这种模板结构的优点有：

(1)采用欧式 DIN 连接器使连接牢固、可靠，抗震能力强。

(2)欧式 DIN 连接器接点多且面积小，结构紧凑。

(3)双宽尺寸模板面积大小适中，便于设计功能较强的 I/O 模板，特别是设计针对控制对象的多功能模板。

(4)P1、P2 连接器在板的一侧，便于现场信号线布局，走线整齐。

(5)前面板可按具体模板要求设计，安排各种信号指示，便于观察设备运行状态。

2. 机箱结构

机箱按 19 英寸标准 6U 高度机箱尺寸设计。

3. 机柜结构

按 19 英寸标准机柜设计，尺寸 480 mm×800 mm×1 800 mm。

机柜内分为 5 层，分别放置：

(1)4 层：双机控制切换器、面板操作层；

(2)3 层：控制计算机Ⅰ机；

(3)2 层：控制计算机Ⅱ机；

(4)1 层：根据不同需要可放置测重机、交换机等设备；

(5)0 层：配线端子、电源隔离、电源端子。

(三)控制计算机的可靠性及抗干扰措施

1. 选用名牌厂家或有质量保证的厂家生产的电子器件，进行老化、筛选。高标准的印刷板质量，元器件直接焊装在印刷板上，一般不采用插座插芯片的方式。连接件全部采用 DIN 连接方式，取消边缘式连接件。

2. 信号隔离措施，对于开关、脉冲量信号，采用光电隔离将现场信号与控制计算机内部信号完全隔离，计算机系统内部负载不受外界干扰。对于模拟量输入信号，采用高性能无源变压器进行有效隔离，极大地提高系统的抗共模电压能力和共模抑制比。

3. 电源隔离措施，在主电源到控制计算机之间，增加超隔离变压器，抑制或减弱电网波动或瞬间峰值对计算机的影响，保证计算机的正常运转。

4. 双机热备控制，使系统在出现故障或对系统进行维护时不中断正常运行。

(四)双机切换控制器

为了实现双机热备功能，TBZKⅡ型驼峰计算机过程控制系统设计了专用的双机切换控制器。双机切换控制器可将双套控制计算机置于热备和冷备 2 种工作方式下。

当Ⅰ机、Ⅱ机正常工作时,Ⅰ机、Ⅱ机各自向双机切换控制器输出工作正常脉冲。这时可任意设定工作主机。

在热备工作方式下,当主机发生故障停止输出工作脉冲时,双机切换控制器自动启动切换控制逻辑,使备机接替工作。

在冷备工作方式下,双机切换控制器不控制切换。这时可对备机进行维修。

三、系统软件环境

(一)操作系统

TBZKⅡ系统控制计算机采用实时 Linux 操作系统。

系统作业操作计算机采用 Windows 2000 Professional 操作系统。

(二)系统网络

TBZKⅡ控制系统采用双以太网结构。各计算机均配备双以太网卡,通过以太网交换机星形连接构成两个独立的控制子网实现网络容错。网络任何单点故障均不影响系统正常工作。

(三)数 据 库

TBZK Ⅱ控制系统使用完全网络化跨平台关系型数据库系统。具有功能强、使用简便、管理方便、运行速度快、安全可靠等优点。可以用多种方式灵活地查找历史数据,并支持远程访问。

四、常用输入、输出的检查

(一)测速雷达

测速雷达信号来自室外雷达天线,输入至减速器控制板的计数输入端。日常检查可以在没有溜放车组的情况下,利用电务维修机雷达自检命令检查雷达天线及计算机输入电路是否正常。在正常情况下,在雷达自检命令执行后,对应股道的雷达速度应显示 31 km 左右的速度值。否则,应判断是否为下列原因:

1. 室外雷达故障,无输出信号。
2. 减速器控制板故障。
3. 雷达输入线路和自检命令输出线路(包括防雷器件)故障。

按故障原因做相应处理。

(二)开关量输入

开关量输入将继电器接点状态输入至计算机。继电器接点的条件是从机械室分线盘引入计算机零层。可以通过核对电务维修机动态画面和设备实际状态,确定继电器接点状态是否正确引入控制机柜。通过分线盘端子、组合侧面直至继电器接点人工短路/开路的方法确定故障点。

(三)开关量输出

开关量输出主要用于减速器控制、雷达检测、道岔转换、信号开放等。TBZKⅡ控制系统每一路输出均有指示灯显示。

减速器制动输出可以通过改变减速器制动命令进行检查。在无车的情况下,发减速器制动命令,减速器控制灯点亮,同时室外减速器制动,制动表示采回;发缓解命令,减速器控制板制动灯熄灭,室外减速器缓解,缓解表示采回。如不正常,应检查其对应的减速器控制板和输入/输出线路是否故障。

雷达自检可结合执行雷达自检命令是否正常进行检查。发出雷达自检命令后,减速器控制板自检输出灯点亮,雷达有自检回送信号。否则,应更换减速器控制板。如仍不能排除故障，应检查雷达自检发送是否有故障。

道岔控制、信号机控制在相应的接口控制板上均有对应的指示灯显示。通过进路作业机发出命令后，观察对应的指示灯是否点亮。若显示正常则应检查相关的线路和继电器。

(四)测重信号的检查方法

测重器把频率为 400 Hz、0.4 A 的激磁电流通过电缆送至测重传感器(测重头)。车轮通过传感器时，传感器产生与轮重成正比的电信号，经测重器的电路板处理后，以数字量的形式送至控制计算机。通过软件处理，把重量分成控制所需的重量等级。测重信号的检查方法为：

1. 按驼峰测重机维修说明，检查测重机是否正常工作。

2. 在主机动态画面显示中，观察车组出清头岔时重量显示与测重机显示是否相近。测重机显示与控制机划分重量等级关系见表 10-3。

表 10-3 测重机显示与控制机划分重量等级关系

测重机显示	0～28 t	29～40 t	41～60 t	60 t 以上
重量等级	1	2	3	4

若不一致(相差较大)，应检查连接测重器的接口板是否故障，

3. 在无测重信号时，重量显示为 0，计算机将按 3 级车控制。在所有车组重量均为 0 级时，应检查测重器是否有输出。若测重器输出正常，再检查头岔保护区段内前后两块车轮传感器是否正常。若这两块车轮传感器无信号，亦会产生上述故障。

4. 每天应对两峰的测重器各观察一列车的测重等级情况。测重器重量等级的显示，空车应显示 1 级。载重 50 t 以上的重车应显示 4 级。若不符要求，应查找原因。

(五)车轮传感器信号的检查方法

在该车轮传感器过车时或使用金属工具在车轮传感器上晃动，观察其对应接口控制板的指示灯是否闪亮，以确认故障发生在室外还是室内。

(六)CPU 板(包括 IOBC 板)、UIOC 板的检查方法

CPU 板、IOBC 板、UIOC 板是控制机的核心部分。这些模板的故障表现是程序不能运行、系统不能正常启动、复位后仍无法启动、输入输出混乱等。这时若计算机各路电压均正常，就应该更换 CPU 板或 UIOC 板。

控制机模板更换时，应注意跳线端子的跳线必须与原板一致。否则会由于工作状态不对而使系统不能正常工作。

第四节 FTK-3 型驼峰自动控制系统

一、概 述

(一)系统特点

FTK-3 型驼峰自动控制系统(简称 FTK-3 系统)是全双套、双机热备的控制系统。它具有驼峰调车进路自动控制、溜放进路自动控制、溜放速度自动控制、驼峰溜放信号自动控制及有关驼峰作业的其他控制功能。

1. 适用于大、中、小能力各种驼峰，以及点-连式、点-点式、可控减速顶式调速系统，适用于重力式、钳夹式、电动式等类型调速设备的配置。

2. 适用于不同种类站场配置、不同作业方式的驼峰站场。

3. 满足驼峰不间断作业要求。

4. 适用于电气化和非电气化区段。

5. 系统设备全双套热备,自动故障判别,无控制断点切换。

6. 系统有自动、半自动及手动三种控制方式,优先权依次为手动、半自动、自动。

7. 系统能够单机运行,同时对另一台计算机进行维护、检修及在线开发。

8. 系统硬件采用工业级以上产品。

9. 系统硬件采用功能化模块集中式结构。

10. 工作站数量可根据需要设置,各工作站具有统一功能,可互换。

11. 同种类型控制板可互换。

12. 系统采用防雷措施。

13. 系统采用符合国际标准的计算机网络协议。

14. 系统采集周期可达 0.02 s。

15. 系统具有窗口人机界面。

16. 系统具有按控制曲线进行数据存储及长期存储功能,并用数据库管理数据。

17. 系统具有回放功能。

18. 系统具有统计功能。

19. 系统具有维修诊断功能。

20. 系统具有远程诊断功能。

21. 系统可根据需要与车站信息管理系统、电务微机检测网、移频或无线机车遥控系统、峰尾停车器系统、编尾计算机联锁系统、峰上提钩显示盘、管理信息系统通过国际标准网络或串口连接。

(二)系统主要功能

FTK-3 系统有下列主要功能:

1. 调车进路自动控制——包括调车进路的建立、信号机控制、调车进路的解锁和推送进路办理。

2. 溜放进路自动控制——根据输入的调车单控制全场分路道岔(包括交叉渡线)自动排列溜放进路。

3. 溜放速度自动控制——根据钩车在编组线内的停留位置、辆数、车重、股道情况及钩车间隔,控制全场各部位减速器,调节钩车溜放速度。

4. 驼峰信号自动控制——自动控制驼峰溜放信号(黄闪、绿闪、绿灯)及停车信号,若与机车遥控装置相连能直接控制机车推送速度,实现推峰机车的自动控制。自动调车时自动控制调车信号及其他驼峰信号(白、白闪、红闪)。

5. 测长——采用工频测长,测试距离长、精度较高,当某股道测长故障时,还可使用计数测长继续控车。

6. 与车站信息管理系统联机——FTK-3 系统与车站信息管理系统联机后,可以从车站信息管理系统取得调车作业单及有关数据。解体结束后,把解体结果自动输回信息管理系统。

7. 可与其他微机系统(调车作业单传输机系统、机车信号或遥控系统、驼峰微机语音提示系统、峰尾停车器自动控制系统、提钩显示盘系统等)相连。

二、FTK-3 系统结构及硬件组成

(一)FTK-3 系统结构

FTK-3 型驼峰自动控制系统由控制主机、进路控制机箱、速度控制机箱、双机切换装置和多个工作站组成,如图 10-8 所示。

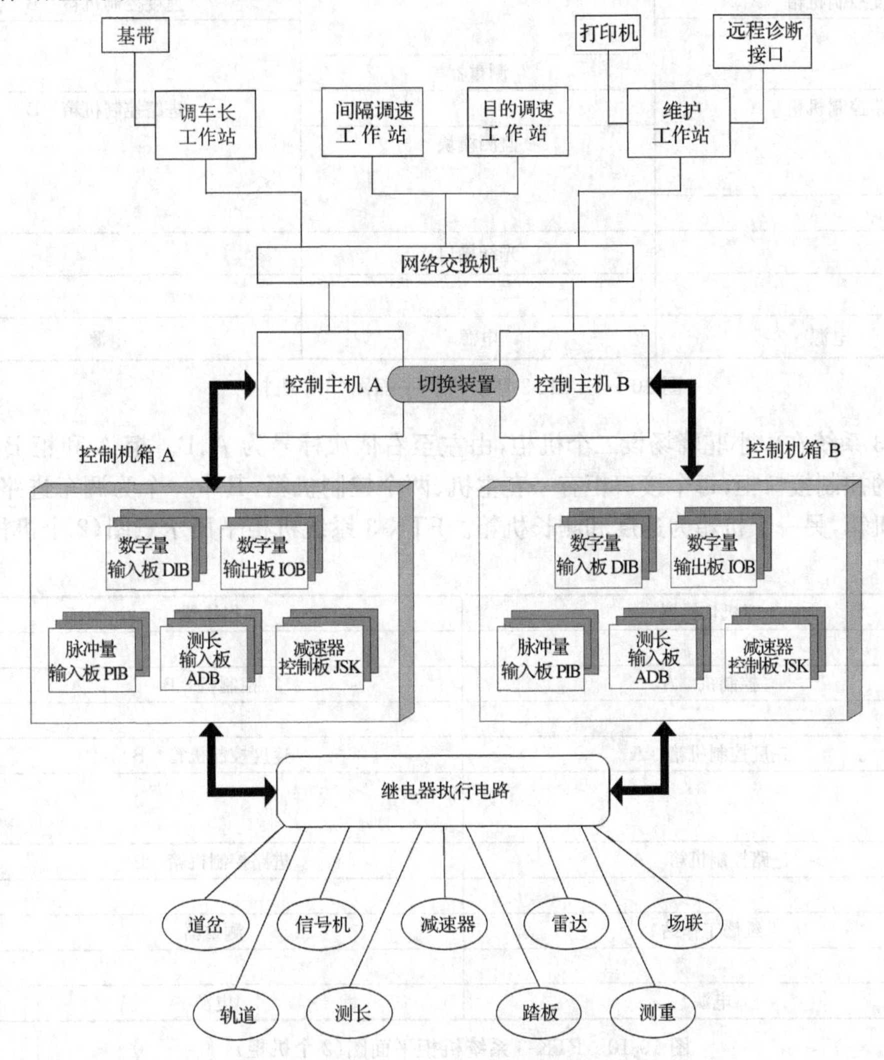

图 10-8　FTK-3 系统结构图

FTK-3 系统在大中驼峰场设三个机柜,从左至右分别是 A、C、B 柜,其中 A、B 两柜分别组成双套控制系统的 2 个独立系统。C 柜是主机控制柜。A、B 控制柜中各有 2～3 个控制机箱,即进路控制机箱和 1～2 个速度控制机箱。速度控制机箱负责控制全场的减速器和测长,进路控制机箱负责全场的道岔控制、信号控制和场间联系。主机控制柜中放有 A、B 控制系统的二台主控计算机和机房工作站主机、双机切换装置、网络集线器等设备。FTK-3 系统机柜平面示意图(3 个机柜)如图 10-9 所示。

控制机 A	双机切换器	控制机 B
速度控制机箱 A	集线器	速度控制机箱 B
速度控制机箱 A		速度控制机箱 B
	测重器	
进路控制机箱 A	监测模块	进路控制机箱 B
	光纤接口	
电源	电源	电源

图 10-9 FTK-3 系统机柜平面图(3 个机柜)

FTK-3 系统在中小驼峰场设二个机柜,由左至右依次标号为 A、B。柜 A 和柜 B 是两套完全独立的控制接口柜,每个接口柜有一套主机、两个控制机箱,其中一个为调车进路和溜放进路控制机箱,另一个机箱为速度和测长机箱。FTK-3 系统机柜平面示意图(2 个机柜)如图 10-10 所示。

双机切换器	集线器
控制机 A	控制机 B
速度控制机箱 A	速度控制机箱 B
进路控制机箱 A	进路控制机箱 B
维修工作站	测重器
电源	电源

图 10-10 FTK-3 系统机柜平面图(2 个机柜)

FTK-3 系统一般设有三种工作站:机房维护工作站、调车长工作站和速度监控工作站。工作站设置可根据需要增加,各种工作站通过以太网与两台系统主控计算机相连。

FTK-3 系统所有信息采集均来源于分线盘。

(二)系统硬件组成

1. 主机系统

FTK-3 系统设有两台主机。主机采用美国 APPRO 公司工业控制计算机,主机内部插有一块 PCXIO-3 双机切换显示卡、一块以太网卡。根据系统配制控制机箱的个数,配制若干个 PCXIO-2 总线扩展卡,必要时配制多串口卡。

(1)系统主机

系统主机采用美国 APPRO 公司的工业级计算机，是整个控制系统的核心。FTK-3 系统的全部实时控制功能均在主机上由采用 C 语言编程的应用控制软件包 YCS-3 完成。

控制软件包 YCS-3 存在主机的电子盘中，引导进入系统应用状态后，应用软件将不在主机电子盘中记录任何信息，防止电子盘工作产生故障，减少故障点。所有控制结果信息通过以太网传到各工作站中保存。

(2)双机状态显示卡

主机中安装一块 PCXIO-3 双机状态显示卡，该卡主要功能有两个方面。一是通过主机内的应用程序产生 100 ms 间隔的动态脉冲，使主机工作状态在系统双机状态显示盘上的显示灯根据控制需要点亮。二是根据程序控制产生切换命令。每台主机有四种工作状态，即主控、备用、离线、故障。在 C 机柜上设有双机状态显示盘，分别显示两台系统主机的工作状态。显示盘信息是由主机通过双机状态显示卡完成的。

(3)总线扩展卡

主机中安装若干个 PCXIO-2 总线扩展卡。该卡安装数量是与控制机箱的个数相同的，每个控制机箱中的各种接口板通过机箱总线板接至总线扩展卡，主机通过总线扩展卡驱动各控制机箱中的接口板，输入现场信息或输出控制信息，为了克服由于机箱与主机距离长在电缆上产生的干扰，总线扩展卡和各接口板之间均采用差动电路工作方式。PCXIO-2 卡还产生系统时钟信息基准。

(4)以太网卡

主机中安装一块以太网卡，主机和各工作站之间通过该卡进行网络通信。

(5)主机显示器

主机带有一台彩色显示器。通过键盘命令选择，可实时显示各控制板的工作状态和现场设备、继电器的实际状态，并显示系统应用软件诊断信息。

2. 工作站

FTK-3 系统可根据需要设置多台工作站。一般有三种类型：调车长工作站、速度监控工作站、机房维护工作站。FTK-3 系统所有工作站都运行相同的工作站应用软件，各种工作站的区别是由技术人员对该工作站授权命令不同而产生的。各种工作站均通过网卡与两台主机通过集线器相连，同时接收两台主机的信息，将信息记录在硬盘的数据库中。系统中各工作站同时向两台主机发送信息，所以各工作站均可以对控制信息记录报告进行备份，不会因某台工作站的故障而导致控制记录信息的丢失。

通过以太网将主机采集的全部信息接收并存储，动态显示站场图形、信息数据、调车单并可通过鼠标进行操作。不同类型工作站各有不同的功能。

(1)机房维护工作站

机房维护工作站采用分辨率不小于 1 024×1 280 的彩色显示器。工作站通过网卡与主机通信。机房维护工作站供电务维修人员使用。

(2)调车长工作站

根据现场站形的大小，FTK-3 系统为调车长配备 1 个或 2 个高分辨率彩色显示器，如果站场较小，采用 1 个显示器分窗口显示计划和站场图形。当站场较大时，采用多屏显示技术，支持二个显示器上分别显示计划和站场图形。调车长工作站是车站溜放作业的主要人机接口。

(3)速度监控工作站

根据减速器的设置,FTK-3 系统为车站减速器控制人员设置两台高分辨率彩色显示器,分别设在三部位操作员前和一、二部位操作员面前,两台显示器共用一个工作站主机的输出。对中小站场,可设一台高分辨率彩色显示器。

3. 双机切换装置

双机切换装置由双机切换装置及双机状态显示盘组成,双机切换装置上设有手动切换手柄。当手柄指向某套系统时,仅由该套系统进行控制作业。双机状态显示盘显示双机工作状态如下:

(1)主控:独立亮绿灯显示。

(2)备用:独立亮黄灯显示。

(3)离线:独立亮黄灯显示。

(4)故障:独立亮红灯显示。

(5)初始:当主机投入应用程序运行时,在程序没全部同步之前是初始状态,初始状态时,双机状态显示盘上有主控、备用、离线三个灯同时亮灯。

4. 进路控制机箱

驼峰场作业中溜放进路控制、调车进路控制和信号的自动控制功能是由 FTK-3 系统中的主机控制程序和进路控制机箱联合完成的。在进路控制机箱中有三种接口电路板:开关量输入板 DIB-80、开关量输出板 IOB-64 和脉冲量计数板 PIB-16。

(1)开关量输入板 DIB

FTK-3 系统进路控制机箱中关于进路的现场条件是由开关量输入板 DIB-80 完成的。这些条件包括:道岔表示、道岔手柄、道岔轨道、道岔锁闭、警冲标轨道、主体信号、调车信号、限界检查器、压力报警器、控制继电器反馈、测重信息等。这些条件都是继电器条件。每块DIB-80 板可采集 80 路开关量输入信息,每路输入电路都采用光电隔离元件,输入电路原理如图 10-11 所示。

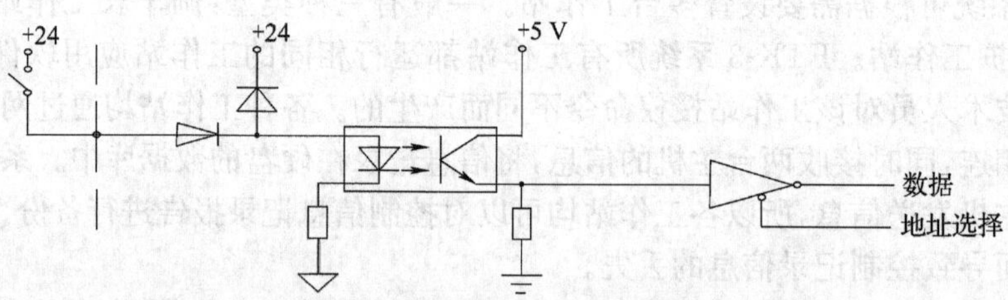

图 10-11 开关量输入电路原理示意图

- L1 绿色:闪烁,主机工作正常;
- L2 红色:亮灯,该控制器故障。

(2)开关量输出板 IOB

FTK-3 系统进路控制机箱中继电器的驱动是由开关量输出板 IOB-64 完成的,其中包括下列继电器:道岔控制、主体信号、调车信号、道岔锁闭等。每路输出电路原理:每路输出都在板内输入反馈回读,通过输出与输入的比较可以判别输出电路是否正确,如图 10-12 所示。每块 IOB-64 板有 64 路。

- L1 绿色:闪烁,主机工作正常;

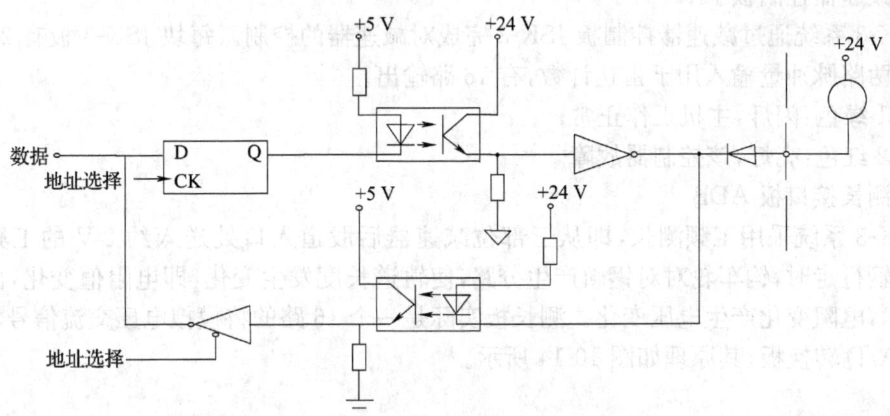

图 10-12　开关量输出电路原理示意图

• L2 红色:亮灯,该控制器故障。

(3)脉冲量输入板 PIB

为了判别推峰机车行进方向,系统在首岔入口处位置以 0.5 m 间隔连续安装三块车轮传感器(踏板),为了判别追钩,每组减速器入口处安装一块车轮传感器。这些车轮传感器分为无源和有源两种类型,当采用无源车轮传感器时,可直接引入系统进路控制机箱中的脉冲量输入板 PIB-16。如果使用有源车轮传感器,需先经过有源车轮传感器处理电路后再进入 PIB-16 板,每块 PIB-16 板可引入 16 路车轮传感器,其典型电路如图 10-13 所示。

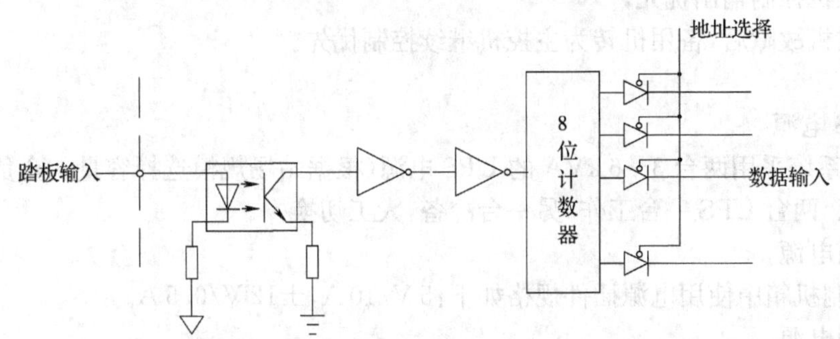

图 10-13　脉冲量输入电路原理示意图

• L1 绿色,闪烁主机工作正常。

(4)总线板和接口电路

FTK-3 系统每个机箱内各有一块总线板 BUS-3 板,每块信号接口板有上、下二个插头,上面插头是 64 芯,插在总线板上,下面插头接至机箱 75 芯插头,再接至分线盘,BUS-3 板通过电缆与主机中的总线扩展板 PCXIO-2 相连,通过主机程序控制进行信息读取和输出。各种接口板与 PCXIO-2 板采用差动方式连接。

(5)机箱

FTK-3 系统采用英国 VERO 机箱,每个机箱可插 12 块接口板。

5. 速度控制机箱

溜放速度自动控制及测长功能是由 FTK-3 系统中的主机控制程序和速度控制机箱联合完成的。在速度控制机箱中有减速器控制板 JSK-3 和测长接口板 ADB-16。

(1)减速器控制板 JSK

FTK-3 系统通过减速器控制板 JSK-3 完成对减速器的控制。每块 JSK-3 板有 24 路开关量输入,两路脉冲量输入用于雷达计数,有 16 路输出。

• L1 绿色:闪烁,主机工作正常;

• L2 红色:亮灯,该控制器故障。

(2)测长接口板 ADB

FTK-3 系统采用工频测长,即从三部位减速器后股道入口处送入约 2 V 的工频恒流电压,当车辆行走时,钩车轮对对钢轨产生分路,使轨道长度发生变化,即电阻值变化,由于采用恒流技术,电阻变化产生电压变化。测长板实际是一个 16 路的将模拟电压交流信号转为数字信号的 A/D 转换板,其原理如图 10-14 所示。

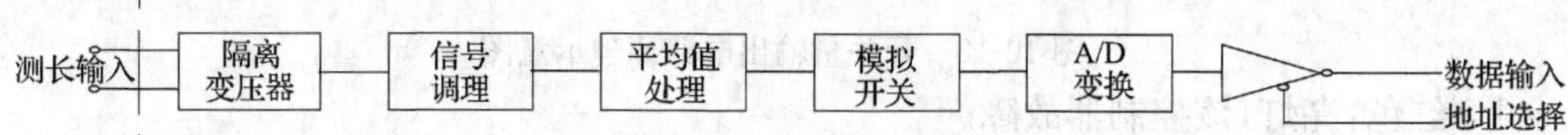

图 10-14　测长电路原理示意图

• L1 绿色:闪烁,主机工作正常;

• L2 红色:亮灯,该控制器故障。

6. 双机热备的切换和控制

FTK-3 系统在正常双机热备状态下工作时控制优先次序如下:

(1)主控机控制输出优先;

(2)主控机故障后,备用机转为主控机继续控制优先。

7. 电源

(1)UPS 电源

FTK-3 系统采用两台 3～6 kVA 的 UPS 电源(根据站场规模选择容量),全负荷时电池可支持 10 min。两台 UPS 一台工作,另一台冷备,人工切换。

(2)机箱电源

系统控制机箱中使用电源插件规格如下:5 V/10 A,±12 V/0.5 A。

(3)控制电源

FTK-3 系统采用两个 24V/20A 控制电源为计算机采集驱动使用。一台工作,另一台备用,该电源即是 JKZ 和 JKF。

8. 防雷

(1)通道防雷

FTK-3 系统对由现场直接引入的信号均安装防雷元件,共有三种信号直接引入,即雷达、车轮传感器(踏板)和测长。

(2)通信防雷

FTK-3 系统如与其他系统采用串口通信,防雷则使用基带传输器。

(3)控制电源防雷

FTK-3 系统对于控制电源设置电源防雷。

9. 机柜

FTK-3 系统采用进口机柜,机柜并排加固使用,前后门有锁,柜顶安有风量大、噪声低的风扇。

三、软件功能

为满足驼峰运营的需要，并提供高效、可靠、方便的控制与操作，YCS-3 软件包具有以下功能：

（一）溜放进路控制

1. 作业管理

调车单输入有自动和人工两种方式。自动方式是指收自管理信息系统（MIS）。人工输入是指由调车长人工输入编辑产生，人工输入是自动输入失效时的一种补充手段，也可用于临时钩计划的输入。FTK-3 系统最多可同时存储 20 个调车单。作业员有权修改未溜放的钩计划。调车单是溜放控制的依据。可以一峰溜放，另一峰机车下峰。

2. 钩车跟踪及溜放进路控制

钩车跟踪实际上是跟踪钩车运行并进行信息传递的过程。为了保证进路控制及速度控制的提前性，钩车进入某个道岔及减速器时即将该钩信息向下级设备登录，这称为预登，每个设备可预登多个钩车。当钩车压入道岔或减速器轨道电路后，预登链上移，第一预登数据成为占用钩车数据并作为控制依据。

在调车长工作站上输入溜放命令并在屏幕上显示“溜放”模式字样后，对本钩车的控制就开始了。可以从工作站上看到首岔道岔号数字的颜色变为绿（定位）或黄（反位）色，表示进路命令已开出；看到 T1 或 T2 字样变色，表示发出驼峰信号命令。当钩车自峰顶溜下时，计算机自动对该钩车进行跟踪，提前发出进路控制、速度控制命令及驼峰溜放信号命令，并不断发出驼峰信号命令，及时将控制结果登录存储，发现控制异常进行报警，并能自动检出或处理“钓鱼”、错摘钩、追钩、道岔恢复、道岔四开、满线、堵门等作业故障。

当钩车进入首岔后，屏幕上调车单下移一钩，凡已下移的钩均是正在跟踪或已经跟踪的钩车。原则上按调车单的去向控制进路。一旦检查此进路方向有危险或不能进入时，系统会自动选择新的进路，同时通过报警说明原因。

系统判定钩车不能按调车单指定进路溜放的因素有：道岔锁闭、手扳道岔、道岔的转动命令未被执行、追钩等情况。

判定进路方向有危险的因素有：道岔恢复，道岔四开、股道被堵门、股道满线、道岔挤岔等情况。

遇到上述情况，系统可在可能的范围内选择安全股道作为新的进路方向。

各种错道原因均有报警记录并在钩车统计报告上注明。

进路命令发出后，当无钩车占用道岔轨道时，命令立即执行，当有钩车占用道岔轨道时，该命令待钩车出清后执行。当最后钩车出清首岔后，在调车长工作站上输入停止命令即停止溜放。

符合以下情况之一，溜下的钩车没有命令，不进行跟踪，钩计划也不下移：不在溜放模式下、钩计划已溜完、股道号超范围及首岔锁闭。

（二）调车进路控制

1. 调车进路的建立

建立调车进路时，由作业人员采用始终端方式选定进路，系统接到操作命令后，操作相关道岔，检查与该进路有关的联锁条件，包括区段空闲、有关道岔位置正确、敌对进路未建立等，条件具备时，输出相应的命令对进路上的道岔进行锁闭，进路选出后，开放该进路的调车信号机。

在进路建立的过程中，系统不断地对上述条件进行校核，当发现建立进路的联锁条件发生变化时，系统将采取相应措施，以保证作业的安全。

在建立线束调车进路时，系统要检查相应线束调车进路所防护的道岔区段上有无被系统跟踪的溜放钩车，只有当进路道岔区段上没有跟踪钩车时，相应的线束调车进路才能建立。

对于有减速器的站场，系统要检查相应调车进路所经过及接近的减速器区段上有无被系统跟踪的溜放钩车，只有当相应减速器区段上没有跟踪钩车时，调车进路才能建立。建立调车进路时，除锁闭进路上的道岔外，还要对相应的减速器自动进行软封锁，并随着相应调车进路的解锁，符合解锁条件的有关减速器也自动解封，也可由操作人员根据需要人工解封。

2. 信号机控制

当作业人员办理进路后，调车信号机在进路区段空闲、有关道岔位置正确、敌对进路未建立及各自的特殊条件满足时能自动开放。已开放的调车信号机在车列全部越过该信号机时能自动关闭，当作业人员办理人工取消进路时，调车信号机也能自动关闭。

开放线束调车信号机时，系统也要对有关道岔位置正确、相应侵限区段空闲、敌对信号未开放等条件进行校核，当条件满足时锁闭相关的道岔，建立线束调车进路，并开放相应的线束调车信号机。线束调车信号机随车列全部顺序出清相应线束调车进路区段后自动关闭，相应线束调车进路随之自动一次解锁，也可随时由作业人员人工操作，系统校核条件满足时关闭线束调车信号机，并解锁相关的道岔。

信号开放后，系统不断地对信号开放的条件进行校核，当出现异常情况使相应的联锁条件发生变化时，系统能自动及时关闭信号机，以保证作业的安全。

3. 调车进路的解锁

(1)进路正常解锁

已经锁闭的进路，当车列通过时，随着车列的行进，系统对进路内各轨道区段的占用及出清状态进行记录和分析，在轨道区段的占用和出清顺序满足解锁条件的情况下，对各轨道区段及相应道岔按顺序分段自动解锁，直至车列全部通过该进路而完成进路的正常解锁。如果某一轨道区段的占用和出清顺序不满足解锁条件，则该轨道区段相应的道岔不能解锁。

(2)中途返回解锁

转线调车作业，包括牵出和折返两个过程。在牵出时车列没有按顺序通过进路上所有区段，根据反向的调车信号折返。此时，系统能使未解锁的牵出进路自动实现中途返回解锁。

(3)人工解锁

当调车进路建立后，在进路未使用的情况下，如需取消进路，在进路接近区段无车占用的情况下，可以人工取消进路；而在进路接近区段有车占用的情况下，只能利用人工解锁功能延时 30 s 解锁进路。

(4)区段故障解锁

进路在使用过程中由于轨道电路故障或其他异常原因而使某轨道区段不能正常解锁时，系统提供了区段故障解锁功能。当确认故障已经排除且轨道区段解锁的条件满足时，使用区段故障解锁功能实现相应区段的单独解锁。

(5)线束道岔的解锁

线束道岔不设区段故障解锁，采用一次性解锁方法。用线束信号机的取消来完成解锁。

方法同“取消进路”。

4. 解体进路的办理

当需要建立解体进路时，作业人员人工操纵道岔，并开放相应的驼峰解体信号，系统接到操作命令后，检查与解体进路有关的联锁条件，包括有关道岔位置正确、敌对信号未开放、相关的调车进路未建立等条件具备时，输出命令对有关道岔进行锁闭和进行其他的操作，并开放驼峰解体信号。

驼峰解体信号的关闭在正常情况下由作业人员操纵“停止”按钮完成，在某些异常情况下，如手动切断信号、信号机灯丝断丝、车辆超限时，系统能自动及时地关闭驼峰解体信号机，这时，只有当故障排除后，经人工确认并由作业人员操纵“停止”按钮来重新办理，驼峰解体信号才能再次开放。在信号自动状态下，如条件满足，驼峰信号可以自动开放。

5. 推送进路的办理

包括预先推送及允许推送的建立与取消。当作业人员操纵相应的按钮办理推送进路时，系统校核有关的联锁条件，条件满足时输出命令建立相应的推送进路。当取消推送进路的条件满足时，系统可自动或由作业人员操纵相应的按钮完成推送进路的取消。

6. 自动调车

在溜放模式下，只要调车单的备注栏中有“禁溜”、“迂迴”、“挂车”、“上峰”、“下峰”等标记时，能自动办理调车作业。自动开放调车进路并锁闭/解锁相关道岔及减速器及开放/关闭调车信号，调车结束后，自动下移调车单。自动调车时，手动调车优先。

7. 发车锁闭及解锁

对有发车线的站场，作业人员通过工作站的鼠标对股道进行发车锁闭及解锁操作，也可扳动道岔并锁闭及解锁，当发车信号继电器落下时解锁，要用人工解锁。

(三)钩车速度控制

包括减速器出口速度计算及按给定出口速度进行闭环自动控制两部分。

出口速度计算是根据外界因素(坡度、股道空闲长度、减速设备分布及制动能高、曲线及道岔阻力、气象)，内在因素(钩车车数、车重等)及前后钩车间隔等因素综合确定的。

一部位主要是间隔控制，二部位主要是间隔控制兼顾目的控制，三部位是目的控制，减速顶能起到自动调速到安全连挂速度的功能。

目的控制就是根据上述内在的因素和外界因素进行计算，使钩车与前钩车在编组线上安全连挂。间隔控制是对前、后钩车间隔进行检查并修正计算出口速度，使钩车保持必要的溜放间隔，防止在道岔警冲标内方追钩，最大限度减少在本级减速器上或下级减速器前追钩。

闭环自动控制是根据给定的出口速度(计速)或人工定速值，再根据采集的雷达数据进行闭环控制，以求达到最佳的控制精度。处理诸如“放头拦尾”、“拦头制动”，确定制动及缓解时机、雷达滤波、追钩及夹停判别、故障报警等，并将控制结果传到工作站。

为了防止某些意外情况下对钩车失控，有对未跟踪车的处理功能，即任一峰处在“溜放”或“过渡”模式下会对进入减速器的未跟踪车进行适度的控制。

(四)驼峰信号自动控制

1. 在溜放过程中对驼峰溜放信号进行自动控制。根据车列组成及溜放情况及时改变驼峰信号显示以实现变速推送，从而提高解体效率。但对预推不进行自动控制。自动控制驼峰溜放信号必须本峰信号〈自动〉灯亮。

2. 出现重大报警事件时及时关闭驼峰信号，使机车停止推峰。

(五)测　　长

股道空闲长度主要由测长控制器进行采集处理并将鉴停值发往主机,主机对测长数据进行处理有两种方式:

一种是自动方式:主机以测长板送来的鉴停值为基础,当钩车出清三部位时对每股道测长值按钩车长度进行修正。

一种是计数方式:用于测长故障情况。以鼠标命令设定的测长值为基础,钩车出清三部位时对测长值按钩车长度修正。计数方式使测长设备故障时仍能降级控车。注意,此时无法发现由于天窗及列车牵出产生的测长值变化。因此必要时要用命令及时对测长值进行修正。

FTK-3 系统显示的测长均为这种处理后的测长——“预计测长”。

(六)人工干预

系统控制的原则是人工干预优先。

对道岔控制,一旦道岔手柄按需要扳至任一侧,为手动控制;若道岔手柄放在中央且无锁闭,能自动按计算机命令进行控制。

对减速器控制,一旦对某钩车实行手动或半自动定速控制,则该钩车的自动控制失效,直到该钩车出清减速器区段并取消定速后自行恢复自动控制。手动优先级最高,其次为半自动,自动最低,一旦不处于自动控制状态,定速值也不起作用,所以某钩车一旦手动就要对该钩车的控制负责到底。按下减速器检修按钮相当于减速器硬封锁,计算机不能控制。

对驼峰信号自动控制,只有在工作站按下信号“自动”按钮后执行自动信号命令。每当按下任一个驼峰信号按钮或关闭驼峰信号之后,驼峰信号控制均进入手动控制状态,需重新按下信号“自动”按钮方可进入驼峰信号自动控制状态。

人工干预分两种。一种是通过控制台,一种是通过工作站。通过鼠标或计算机的干预例如通过命令的减速器封锁、扳道岔等称计算机手动,其优先级低于控制台的人工干预。另一种人工干预是对各部位实行人工定速或人工改变计算出口速度。所有的人工干预均记录在信息报告中。

(七)系统内控制功能分配

FTK-3 系统由主机及多个工作站有机结合成一个整体,工作站依据其放置位置,配置为不同类型的工作站。主机主要承担整个系统控制功能,运行 iRMX-Windows 实时多任务操作系统。工作站主要是人机接口及数据处理,运行 Windows 2000 窗口操作系统。其功能分配如下:

1. 主机

(1)通过机箱进行全场信息采集及处理,其中包括:道岔表示、道岔轨道区段、道岔控制反馈、减速器表示、减速器控制反馈、信号、信号控制反馈、雷达脉冲、测长、计轴信息,测重信息、推峰速度、场联信息等。

(2)根据调车计划、输入信息及人机命令,按控制逻辑及控制模型进行跟踪及控制。

(3)通过机箱进行全场信息输出,包括:控制道岔、控制减速器、控制信号、场联等。

(4)支持于机车遥控、峰尾停车器、气象站等系统的连接。

(5)产生控制信息,送到工作站显示及保存。

(6)通过以太网与各工作站及另一主机连接,传递交换信息。

(7)在显示器上实时显示各种接口板和全部现场设备工作状态,各继电器状态。

(8)实时测试各种接口板工作情况和检测自身软件工作情况。当发现硬件或软件产生故障，并在双机热备工作时，进行双机切换。

(9)软件调试及模拟。

2. 机房维护工作站

(1)动态显示站场图形、信息数据及调车单。

(2)支持多种信息的分类检索。

(3)结果数据处理、储存及报告生成。

(4)以动态图形曲线方式和数据显示减速器对钩车的控制过程。

(5)实时统计各种信息。

(6)修改控制参数及时钟。

(7)实际再现回放某时间的全场工作状况。

(8)显示及打印报告和控制曲线。

(9)远程诊断。

3. 调车长工作站

(1)动态显示站场图形、信息数据及调车单。

(2)采用鼠标器作为操作工具，完成对全场调车进路的办理、场间联系及溜放等操作。

(3)采用键盘和鼠标器在屏幕上完成人工计划输入和各种修改工作。

(4)支持串行通信或网络通信方式与车站信息管理系统(MIS)连接，接收作业计划并将控制结果送至MIS。

(5)支持与驼峰提钩显示盘的连接。

(6)支持人工在显示屏上对道岔和减速器操作。

(7)可全部替代原继电控制台功能。

(8)支持溜放作业自动信号开放。

4. 速度监控工作站

(1)动态显示站场图形、信息数据及调车单。

(2)支持人工定速，并且人工定速优先于计算机自动定速。

(3)支持人工设定测长。

(4)支持计数测长方式。

(八)作业模式

有四种作业模式，即"初始"、"空闲"、"溜放"和"过渡"，在工作站上动态显示各峰的作业模式。

1. "初始"模式：主机开机时的设置，仅对初始化工作。

2. "空闲"模式：在主机初始化结束后或场上已控车辆全部通过最后设备或控制结束时设置。在"空闲"模式下不对场上走行的机车或钩车进行跟踪及控制，但其他工作照常进行。

3. "溜放"模式：调出调车单并输入"溜放"命令，当该命令正确执行后该峰即进入"溜放"模式。在"溜放"模式下从该峰溜下的钩车只要符合条件均进行跟踪与控制，减速器对未跟踪车也会施行适度控制，除非对该减速器实行封锁。若已处于"溜放"模式时不能进行另一车列的溜放。在"溜放"模式下可对符合条件的计划进行自动调车。

4. "过渡"模式：在"溜放"模式下输入"溜放停止"命令后，该峰进入"过渡"模式。在"过渡"模式下对已溜下的钩车控制同"溜放"模式，对此后从本峰溜下的钩车按未跟踪车处理。减速器对未跟踪车也会施行适度控制，除非对该减速器实行封锁。若已处在"过渡"模式可以开始对另一车列的溜放。

第五节　TYWK 型驼峰信号计算机一体化控制系统

一、概　　述

TYWK 型驼峰信号计算机一体化控制系统(简称 TYWK 系统)与现有其他计算机自动控制系统的区别在于采用微电子智能模块替代传统的继电器控制电路,实现对驼峰信号机、调车信号机、调车表示器、轨道电路、转辙机和车辆减速器的直接控制。取消了继电器,实现了铁路信号的全计算机控制,完成了铁路信号由电气信号向电子信号的过渡。

该系统的维修工作站,利用系统全计算机控制和基础设备采用无继电器的智能电子模块控制而拥有高强度的自检自诊断功能,对控制系统实行 24 小时动态跟踪监视;对作业全过程、系统控制全过程进行记录和储存,通过重放和查询数据,判断作业故障产生原因;记录、接收控制模块对现场信号机械设备的检测结果,判断设备的使用状态,做到超标报警、超前防范,能使设备运用质量始终处于受控状态,指导维修人员合理维修,为由传统的计划维修转变到科学的状态维修创造了条件。

维修工作站根据要求可在上级管理部门设置远程终端,方便管理。

(一)系统主要特点

TYWK 系统的主要特点有:

1. 取消了全部继电器,实现计算机对信号机、转辙机、车辆减速器的直接控制,以及轨道电路占用状态的识别。

2. 系统功能齐全,包含了驼峰头部除峰顶摘钩以外的全部作业自动控制。

3. 设备工作稳定可靠,少维修、易维修,并基本达到无维修。

4. 维修工作站功能齐全,对系统实行全程动态监视,为状态修创造条件;

5. 适用于各种不同规模(大、中、小型驼峰)、不同控制制式(小能力、机械化、自动化)驼峰调车场的信号控制。

6. 控制系统上层主机与下层控制模块之间的信息交换采用双重通道,CAN 总线和 I/O 连接,互相校核,提高系统内部信息传输的可靠性。

7. 联锁关系采用三级逻辑判定。第一级,显控机根据站场作业模式、现场设备状态及进路使用情况判断作业人员键入命令的有效性;第二级,主控机沿用传统的进路联锁方式,对所接收的命令进行异性判定及逻辑运算,完成命令的下达;第三级,下层智能控制模块进行综合判定,最终判定命令是否执行。

(二)系统功能

1. 控制功能

(1)进路控制

进路控制包括推送机车推送进路控制、调车进路控制及钩车溜放进路控制,直接控制进路上的转辙机和信号机。系统对进路控制完全符合 TB/T 2306—2006《自动驼峰技术条件》的要求。

① 推送机车推送进路控制

包括推送机车推送进路(计算机联锁)的建立、锁闭和解锁,禁溜线及迂回线取送车进路的建立、锁闭和解锁，机车下峰及后退进路的建立、锁闭和解锁，以及驼峰信号机变速推峰信号的控制。

② 调车进路控制

分峰上调车进路控制和线束调车进路控制。峰上调车进路控制符合“电号-6502”大站电气集中的技术条件。线束调车进路控制符合“电号-7021”驼峰自动集中的技术条件。

③ 钩车溜放进路自动控制

钩车溜放进路自动控制包括调车作业单管理和溜放过程道岔自动控制。能同时存储来自车站信息管理系统输入的或人工输入的10列以上（列数可按照用户的要求增加）调车作业单，每列最多达80钩的进路命令，并具有命令检查，变更等功能。解体作业开始，车站值班员可从存储的调车作业单中调出任一列进行解体，系统将按照进路命令在钩车溜行时，控制分路道岔自动转换。系统允许两列车实行交叉套溜作业。

(2)钩车溜放速度自动控制

TYWK系统适合各种溜放速度控制制式，并直接控制车辆减速器和其他电控的车辆调速设备。

系统为驼峰钩车溜放速度控制设置了手动、半自动和自动三种模式，其优先级排列为手动—半自动—自动，手动优先。

系统按计算机给定的速度，对溜经各调速设备的车组实行自动控制，控制误差满足部颁有关标准要求。对长大车组实行放头拦尾控制。

每个制动位串联安装的车辆减速器应能分别接受控制。

(3)推峰机车速度自动控制

TYWK系统可以与任何一种机车遥控设备连接，在解体作业时，TYWK系统计算机计算出机车应有的推峰速度，送入机车遥控地面装置，控制推峰机车按本系统计算机计算的速度运行。

2. 操纵和显示功能

TYWK系统设计了友好的人机界面，操纵方便，显示完整清晰；采用图形操纵，以功能菜单人机对话方式完成各项操作。

系统还为道岔、减速器进行手动控制设置了手操盘。

采用大屏幕显示器显示站场图形、车辆运动信息、设备状态、解体作业计划、功能菜单、报警信息、速度控制各项参数以及调阅各种记录和报告。

3. 诊断维修功能

系统设置有维修工作站，对系统整个运行过程实施动态实时跟踪监测和记录，为故障维修提供依据。

维修工作站记录并保存系统运行过程中的各项数据，形成规定的记录格式，允许维护人员随时调阅、回放作业过程和打印各种记录。

维修工作站全程监视现场设备，使设备运用质量始终处于受控状态，为“状态修”提供条件。

4. 联网功能

系统根据需要可以与其运行有关的其他系统联网，如与车站信息管理系统(MIS或YIS)联机以获得调车作业通知单，与车站调度监督系统联机使其获得编组线空闲情况等。

系统可以与装备任何型式的集中联锁系统的相邻车场（到达场、到发场）联机，建立跨场的推送进路或调车进路。

能与机车信号系统或机车遥控系统联机,开放机车车内信号机或遥控机车推峰。

应用户要求,TYWK 系统也可以与 TIMS 或 TDCS 联机。

二、系统结构及硬件组成

TYWK 系统为集散式控制系统。主控机与维修工作站,以及下层智能化控制模块设在机房机柜内。显控工作站、速控工作站、储存工作站装于信号楼控制室内。它们间采用现场局部控制(CAN)总线方式构成的网络,进行数据交换。同时,下层智能化控制模块还通过开关量和 CAN 总线信息进行校核,确定信息的正确性,并直接实施信号设备的控制,从而由以上设备构成了一套驼峰信号计算机一体化控制系统。系统结构见图 10-15。

TYWK 系统对于所控制的功能范围内设备的操作与状态表示由显控及速控工作站的键盘或鼠标合作完成,操作人员可通过应急手操盘进行人工干预。

(一)机房内设备

1. 主控柜

主控柜全场一个,柜内装有两台主控机和插有开入板、开出板和双机切换板的机箱,机箱数量由站场规模决定。

(1)主控机

采用工控 PC 机。

最低配置:CPU Pentium 233,内存 64MB,硬盘 10GB,彩色显示器 15 英寸。

机内加插开入接口板一块,开出接口板一块及 CAN 板,CAN 板数量由工程规模决定。

(2)开入板

每块开入板接入 48 个开入点。板数由站场规模决定。

(3)开出板

每块开出板接入 24 个开出点。板数由站场规模决定。

(4)开入控制板

一个双机系统两块。

(5)双机切换板

一个双机系统一块。

2. 模块柜

数量视站场规模而定,一个模块柜可以容纳 5 个机箱。

机箱内按控制对象插入用途相同的控制模块,一般分为:

(1)道岔控制模块机箱;

(2)驼峰电子轨道电路模块机箱;

(3)调车信号机控制模块机箱;

(4)驼峰信号机和调车表示器控制模块机箱;

(5)车辆减速器控制模块机箱。

(6)根据需要设置测重器和道岔踏板控制模块机箱。

3. 监测柜

监测柜大站驼峰设一个,中小站驼峰可将监测设备安装在主控柜内。其设备由维修工作站主机及为监测服务的扩展机箱构成。

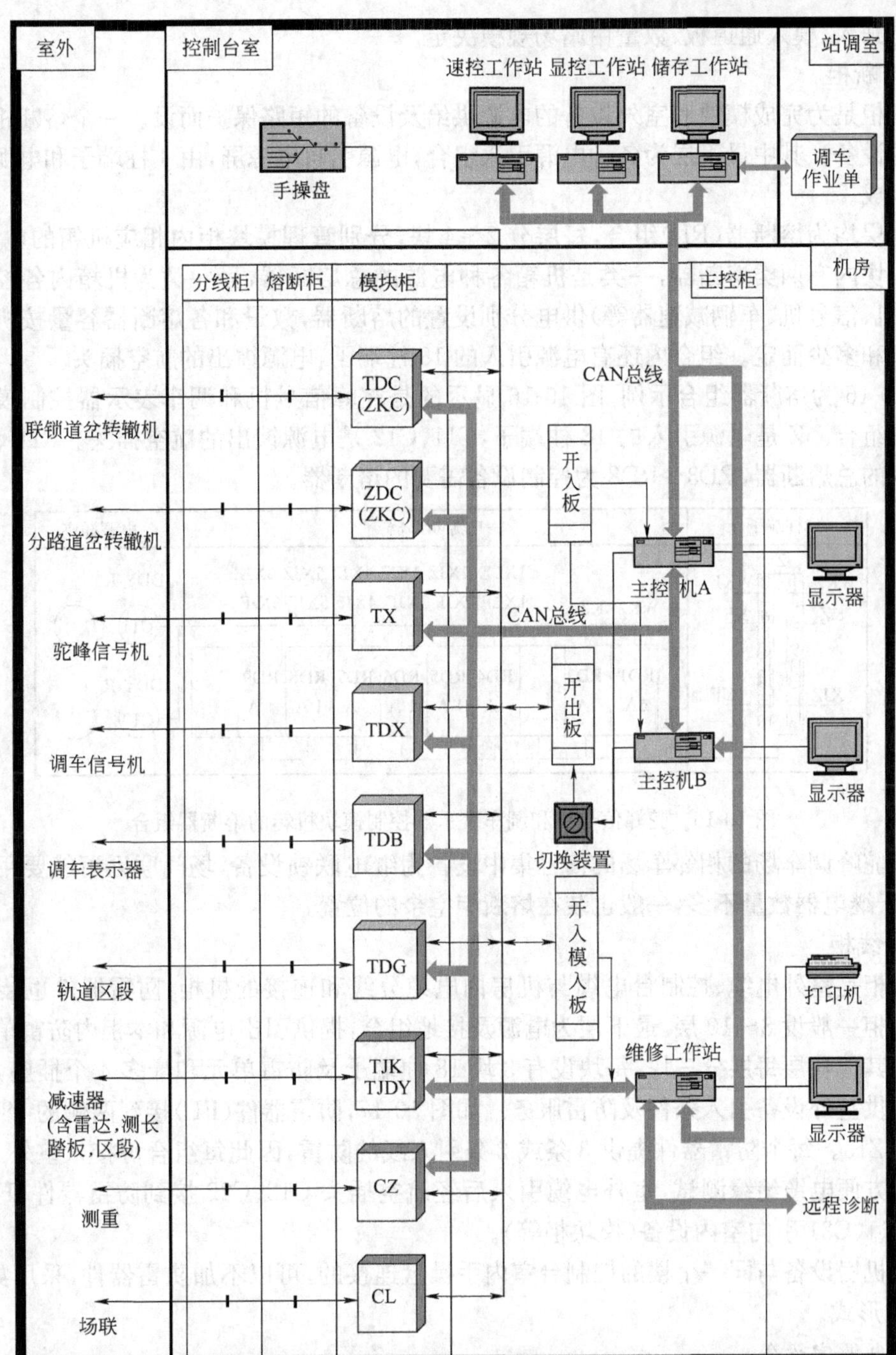

图 10-15　TYWK 系统结构框图

(1)维修工作站主机

采用工控 PC 机。

最低配置:CPU PentiumIII 800,内存 128MB,硬盘 20GB,彩色显示器 17 英寸。机内加插开入接口板和模入接口板各一块及 CAN 板,CAN 板数量由工程规模决定。

(2)扩展机箱

设有开入、模入通道板,数量由站场规模决定。

4. 熔断柜

熔断柜是为完成模块和室外设备的电源供给及设备的短路保护而设。一个熔断柜最多可装设 8 层设备。其中最下层为各种电源引入组合,电源引自电源屏,由 4 柱端子和电源总切换继电器组成。

其他层均为熔断器(RD)组合,每层分 2～4 块,分别管理模块柜内相应机箱的电源。RD 组合每一块内有两类熔断器,一类是机箱各种电源的总熔断器,另一类为机箱内各控制设备(如转辙机、信号机、车辆减速器等)供电分别设置的熔断器,数量和各熔断器容量按机箱控制设备类型和多少而定。组合内还有电源引入的 18 柱端子,电源馈出的航空插头。

图 10-16 为熔断器组合示例,图 10-16 显示的是驼峰信号机和调车表示器控制模块机箱的熔断器组合。Z 是电源引入的 18 柱端子,C11、C12 是电源馈出的航空插头。RD1、RD2 为电源引入的总熔断器,RD3～RD8 为控制设备需要的熔断器。

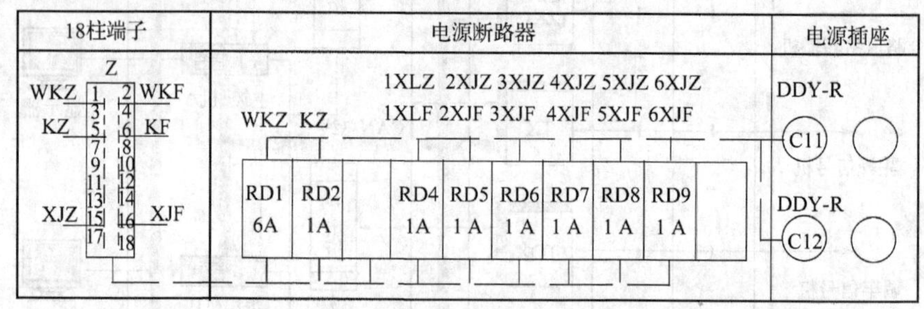

图 10-16　驼峰信号机和调车表示器控制模块机箱的熔断器组合

如果驼峰调车场的相邻车场的信号集中设备为继电联锁设备,场间联系可能要用一些继电器,由于继电器数量不多,一般也装在熔断柜空余的位置。

5. 分线柜

分线柜是室外电缆、控制台电缆与机房内电缆分线和连接的机柜,防雷器件也装在分线柜。分线柜一般设 8～10 层,最下层为电源及接地组合,提供引出电源和本柜内防雷单元的接地服务。其他各层每层分三块,每块设有 3 块 18 柱端子及防雷单元和最多 4 个插座,分别为各模块提供室外设备引入条件及防雷服务。如图 10-17,防雷器件(FL)接到两侧的 18 柱端子 Z11、Z12、Z13。每个防雷器件提供 3 条或 2 条引入线的防雷,因此每组合可接入室外 18 条条件线。为方便电缆绝缘测试,室外电缆引入后经航空插头 C12、C22 接到防雷器件(FL)。航空插头 C11、C21 引向室内设备(模块柜等)。

用于机房设备与同一个楼的控制台室内手操盘连接的,可以不加防雷器件,采用如图 10-18 所示的形式。

(二)电源室设备

1. 电源屏

TYWK 系统采用驼峰专用电源屏。电源结构如图 10-19 所示。

PDT-20kVA 驼峰电源屏系统适用于大、中型驼峰场,由 4 个电源屏组成:

一个稳压转换屏——两路三相 380 V 电源引入并可自动切换,一台交流稳压器和全套交直流屏电源切换装置。

一个 UPS 不间断电源屏——内装 4 台 3 kVA UPS,其中一台为备用,并提供三路轨道电

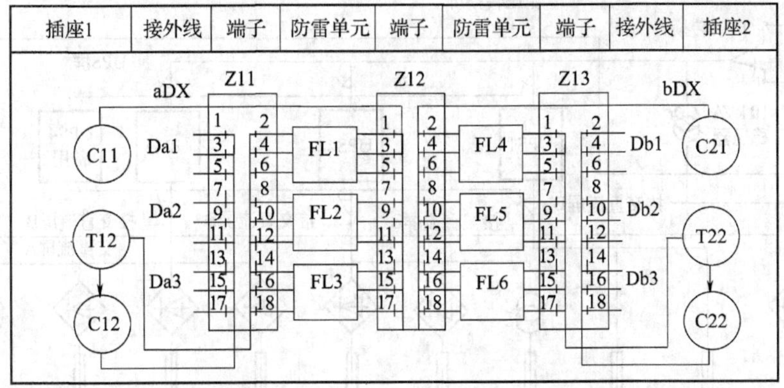

图 10-17　分线柜上为各控制模块机箱提供室外条件引入的组合

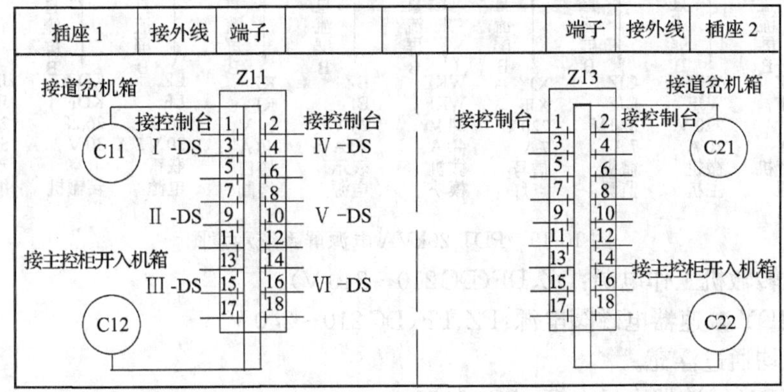

图 10-18　计算机机房与控制室在同一个楼的手操盘连接

路电源。

两个交直流屏——每屏提供 12 种交流、直流电源。两屏互为备用。

全套电源屏实行从引入到馈出三级防雷。

2. 电源种类

电源屏向控制系统提供以下电源，供工程设计时选用：

(1)微机主机电源：WJZ、WJF(AC 220 V)；

(2)微机模块电源：WKZ、WKF(DC 24 V)；

(3)接口控制电源：KZ、KF(DC 24 V)；

(4)动态继电器工作电源：JZ、JF(AC 24 V)；

(5)电空转辙机动作电源：KDZ、KDF(DC 24～28 V)。

(6)减速器电磁阀电源：FJZ、FJF(AC 220 V)；

(7)转辙机表示电源：BZ、BF(DC 24 V)；

(8)信号点灯电源：XJZ、XJF(AC 180 V、220 V)；

(9)场间联系电源：LZ、LF(DC 24～28 V)；

(10)微机监测电源：CJZ、CJF(AC 220 V)；

(11)减速器表示电源：JBZ、JBF(DC 24 V)；

以上电源均通过 UPS 电源。

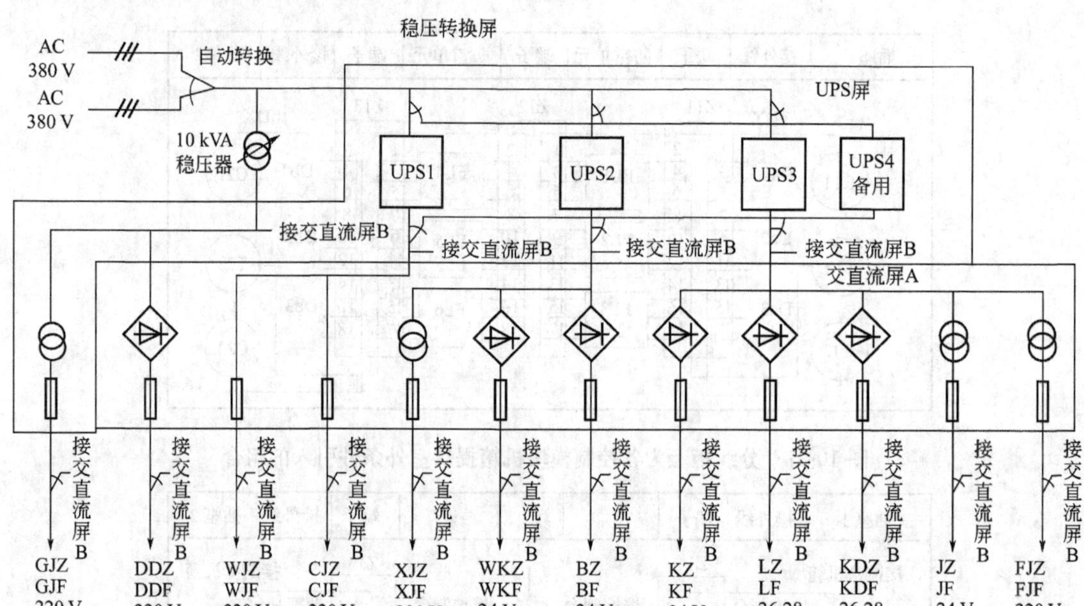

图 10-19　PDT-20kVA 电源屏系统示意图

(12)电动转辙机工作电源:DZ、DF(DC 210～240 V);

(13)T・JDY 减速器电磁阀电源:FZ、FF(DC 210～240 V);

以上电源均通过浮充。

(14)T・JDY 减速器电机电源:AC 380 V;

(15)轨道电源:GJZ、GJF(AC 220 V);

(16)备用电源:AC 220 V。

以上电源均通过稳压。

(三)控制室设备

装备 TYWK 系统的驼峰调车场,采用在一个信号楼内集中控制的方式。站场规模不同,控制室设备数量也不同。装备原则是:

大、中型驼峰,全自动控制——一台进路和信号显控工作站、一台储存工作站、一台减速器显控工作站、一台道岔手操盘、一台减速器手操盘。

大、中型驼峰,只装备进路控制——一台进路和信号显控工作站、一台储存工作站、一台道岔手操盘。

小型驼峰——一台工作站(包括显控、储存和减速器控制)、一台道岔和减速器手操盘。

1. 显控工作站

显控工作站是 TYWK 系统的主要控制设备。调车长通过它管理全场信号设备。它采用一台小型工控机。

最低配置:CPU PentiumIII 800,内存 128 MB,硬盘 20 GB,彩色显示器 21 英寸。机内加插 CAN 板,CAN 板数量由工程规模决定。

2. 速控工作站

速控工作站专为作业员配备,作业员通过它管理全场车辆减速器。

它采用一台小型工控机。

最低配置：CPU PentiumIII800，内存128MB，硬盘20GB，彩色显示器21英寸。机内加插CAN板，CAN板数量由工程规模决定。

3. 储存工作站

储存工作站是在大、中型驼峰，专为管理调车作业单而设，它采用一台小型工控机。

最低配置：CPU PentiumIII 800，内存128MB，硬盘20GB，彩色显示器17英寸。机内加插CAN板，CAN板数量由工程规模决定。

4. 手操盘

手操盘上只有操纵元件，如手柄和按钮，没有表示灯。大、中型驼峰调车场有两个手操盘，一个是道岔手操盘，另一个是车辆减速器手操盘。在小型驼峰调车场上，把道岔和车辆减速器手控合并在一个手操盘内。

(四)室外设备

1. 转辙机

控制模块控制三种转辙机：电动转辙机ZD6-A型，电动转辙机ZD7-A(ZD7-C)型，电空转辙机ZK型。

2. 信号机

驼峰信号机(TX)，驼峰复示信号机(FT)，调车信号机(TDX)，调车线路表示器(TDB)。

3. 驼峰电子轨道电路

驼峰电子轨道电路是TYWK系统开发的轨道电路，代替驼峰专用的以JWXC-2.3型继电器为轨道继电器的轨道电路。驼峰电子轨道电路既适用于分路道岔的双区段轨道电路，也适用于单区段轨道电路和减速器轨道电路。

电子轨道电路结构如图10-20，为分路道岔双区段轨道电路；用于一般道岔区段或无岔区段时，不设R_1及其跨接的绝缘节。

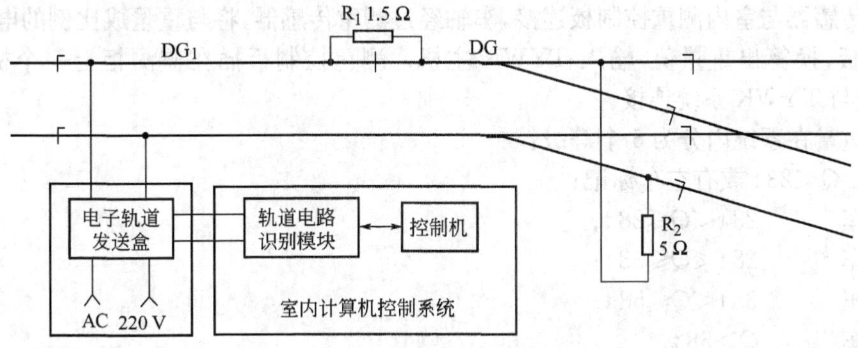

图10-20　电子轨道电路结构图

调整状态(轨道空闲)采样电压范围为DC2.0～4.8 V。大于4.8 V和小于0.1 V为故障，系统对故障状态的轨道电路按有车占用处理。采样电压低于调整状态(轨道空闲)采样电压的30%判为分流状态(有车占用)。

4. 车轮传感器

车轮传感器在使用上分判向计轴和无向计轴。采用TLJ型有源车轮传感器，该车轮传感器在车速0～60 km/h范围内能准确判轴。安装时，用专用的安装架卡接在钢轨上。

系统亦允许接入其他无源车轮传感器。

5. 测速雷达

采用8 mm波多普勒驼峰专用测速雷达。雷达天线装在轨道侧面。距轨道电路入口保持15 m以上。

6. 测长

直流测长装置,专用测长发送器向轨道送出5 A恒流直流电。将轨端采样电压送回减速器控制模块,轨端采样电压随着车辆远离而升高,与长度成正比。如图10-21所示。

测长采样电压输入减速器控制模块,在模块内进行A/D变换,得出电压值。按下式计算出线路空闲长度。

$$L=(A+BV+CV^2+DV^3)K$$

式中 L——测长值(轨道空闲长度),m;

A、B、C、D——计算参数;

V——模块测到的轨端采样电压,V;

K——空线调整系数。

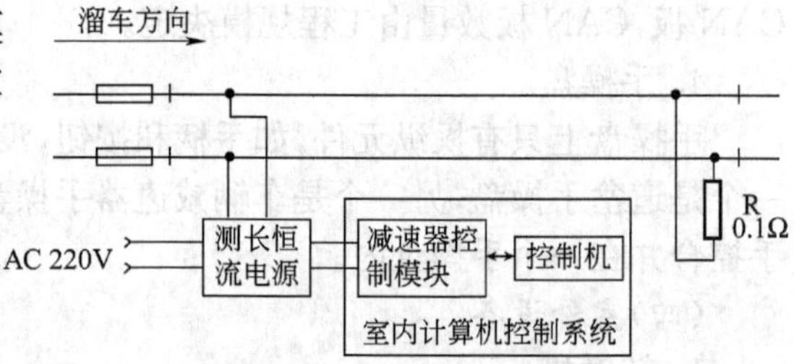

图10-21 测长轨道电路

系数A、B、C、D在施工调试时确定。空线系数K在每次股道内车列牵空时得到修正。

测长计算参数确定后,精度受轨道电阻和道床电阻变化而变化。

维修人员要加强检修,确保轨端连接线与钢轨接触良好,使轨道电阻保持不变。道床电阻受天气影响,阻值随湿度变化而变化,雨天湿度大,道床电阻变小,测长值出现负误差。为了保持精度,测长计算程序内设置了调整系数,每次车列牵出测长区段,由于区段末端电阻R插入,测长计算值产生跳变,程序据此判断出股道空闲,自动修正调整系数,以保持测长值准确。

7. 测重器

测重器采用驼峰专用测重器。每一峰装两个楔型测重传感器,装在第一分路道岔的保护区段内。传感器与室内测重控制板连接,车轴经过测重传感器,将与重量成比例的电压值输入测重控制板,换算出重量值,输入TYWK主机。测重控制板插在监测柜上一个机箱内,以CAN总线与TYWK系统连接。

车辆重量在系统内分为5个等级:

空车 $Q<23$ t或有空车标记;

一级车 $23\text{ t}<Q\leqslant28$ t;

二级车 $28\text{ t}<Q\leqslant38$ t;

三级车 $38\text{ t}<Q\leqslant58$ t;

四级车 $Q>58$ t。

8. 车辆减速器

系统适应以下各型车辆减速器:T·JK型非重力式车辆减速器,T·JK1型重力式车辆减速器;T·JK2系列重力式车辆减速器,T·JK3型重力式车辆减速器,DY型电控液压可调减速器。

每个模块控制器可分别控制两台车辆减速器。

三、功能与工作原理

(一)模块功能及面板显示

1. 道岔控制模块(TDC、ZKC)

(1)功能

① 管理一组道岔。

② 接受主机命令控制转辙机转换道岔。

③ 接受手操盘手柄命令控制转辙机转换道岔。

④ 实现自动返回功能,分路道岔电动转辙机在 1.2 s 后转不到要求位置(转辙机表示接点接不通)、电空转辙机 1.0 s 后转不到要求位置将发出转换回原位的命令,并报警。

⑤ 电动联锁道岔 8 s、分路道岔 6 s 转不到要求位置,切断电机电源。

⑥ 向主机报告道岔状态和位置。

(2)模块接入电源和开入开出条件

如图 10-22 所示。

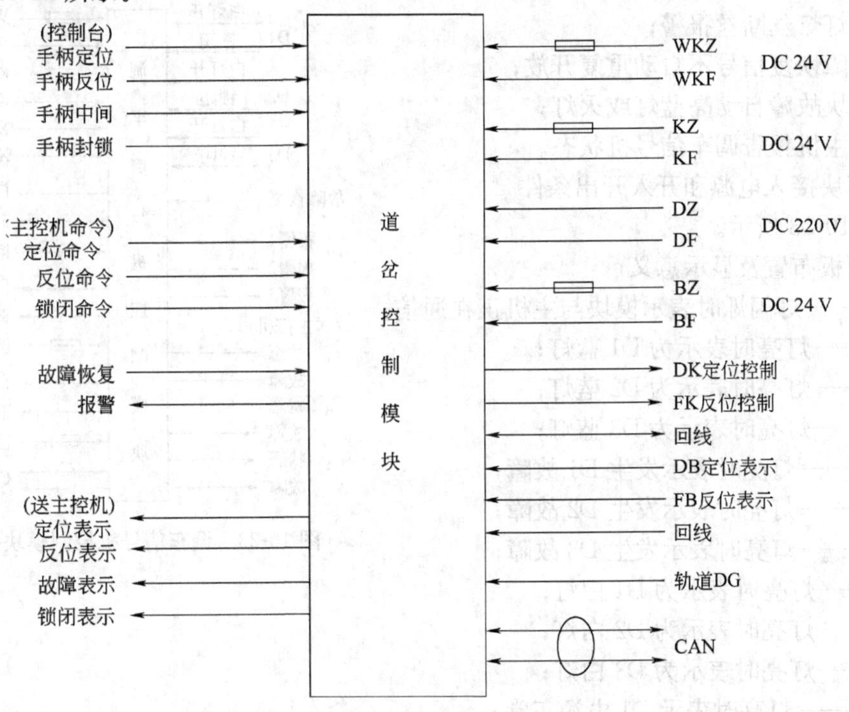

图 10-22 道岔控制模块外部条件

(3)面板布置及显示意义

道岔控制模块视转辙机类型不同型号各异,但面板表示灯显示内容相同。

TXB——灯闪烁时表示模块与主机正在通信;

DB——灯亮时表示道岔在定位;

FB——灯亮时表示道岔在反位;

SB——灯亮时表示道岔在锁闭;

DGB——灯亮时表示区段占车;

ZGZ——灯亮时表示发生故障(总故障);

DGZ——灯亮时表示电源故障;

YB——灯亮时定反位均无表示(预报);

BGZ——灯亮时为表示异常(表示故障);

NGZ——灯亮时表示内部工作异常(内故障);
WGZ——灯亮时表示转辙机转换异常(外故障);
MGZ——灯亮时表示驱动模块异常;
FW——复位键;
DYA——电源键。

2. 调车信号机控制模块(TDX)

(1)功能

① 管理三架调车信号机;
② 接受主机命令开放或关闭调车信号机;
③ 白灯灯丝断丝自动点蓝灯,并报警;
④ 蓝灯灯丝断丝报警;
⑤ 故障恢复信号不自动重复开放;
⑥ 模块故障自动亮蓝灯或灭灯;
⑦ 向主机报告调车信号机状态。

(2)模块接入电源和开入开出条件

如图 10-23 所示。

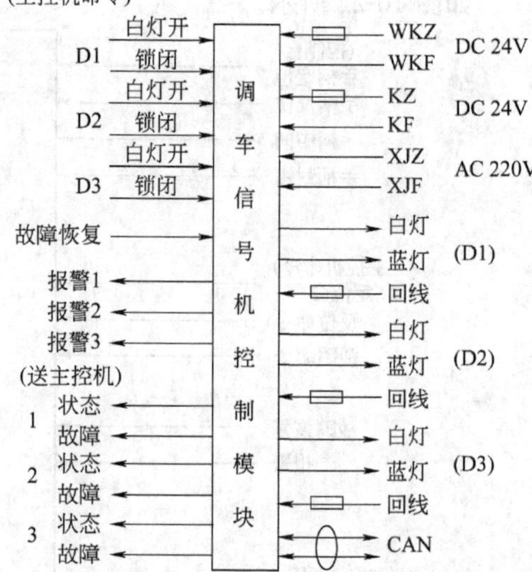

图 10-23　调车信号机控制模块外部条件

(3)面板布置及显示意义

TXB——灯闪烁时表示模块与主机正在通信;
ⅠA——灯亮时表示为 D1 蓝灯;
ⅡA——灯亮时表示为 D2 蓝灯;
ⅢA——灯亮时表示为 D3 蓝灯;
ⅠGZ——灯亮时表示发生 D1 故障;
ⅡGZ——灯亮时表示发生 D2 故障;
ⅢGZ——灯亮时表示发生 D3 故障;
ⅠB——灯亮时表示为 D1 白灯;
ⅡB——灯亮时表示为 D2 白灯;
ⅢB——灯亮时表示为 D3 白灯;
ⅠDY——灯亮时表示 D1 电源正常;
ⅡDY——灯亮时表示 D2 电源正常;
ⅢDY——灯亮时表示 D3 电源正常;
FW——复位键;
DYA——电源键。

3. 驼峰信号机控制模块(TX)

(1)功能

① 管理一架驼峰信号机;
② 接受主机命令开放或关闭驼峰信号机各种显示;
③ 白灯、绿灯、黄灯灯丝断丝自动点红灯,并报警;
④ 红灯灯丝断丝报警;
⑤ 按压 HA 关闭驼峰信号机;
⑥ 由开放信号转为禁止信号后,响铃 5 s;

⑦ 故障恢复信号不自动重复开放；

⑧ 模块故障自动亮红灯或灭灯；

⑨ 向主机报告驼峰信号机状。

(2)模块接入电源和开入开出条件

如图 10-24 所示。

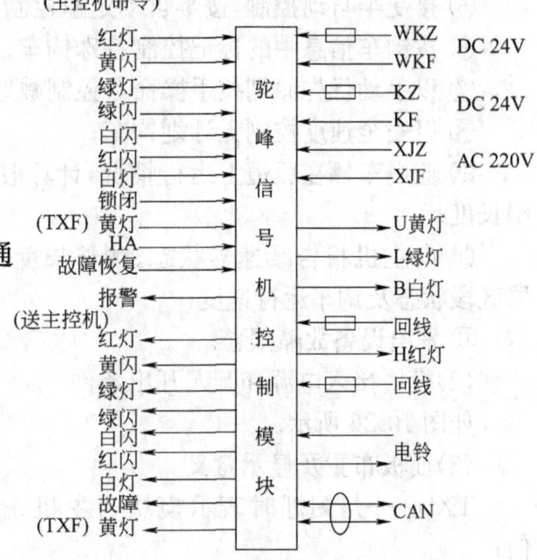

图 10-24 驼峰信号机控制模块外部条件

(3)面板布置及显示意义

TXB——灯闪烁时表示模块与主机正在通信；

ZK——灯亮时表示为自动状态；

GZ——灯亮时表示发生故障；

U、L、H、B——灯亮表示信号显示状态；

DY——灯亮时表示电源正常(XJZ、XJF)；

FW——复位键；

DYA——电源键。

4. 调车表示器控制模块(TDB)

(1)功能

① 管理 8 架调车表示器；

② 接受主机命令开放或关闭调车表示器；

③ 白灯灯丝断丝报警；

④ 故障恢复信号不自动重复开放；

⑤ 模块故障灭灯；

⑥ 向主机报告各调车表示器状态。

(2)模块接入电源和开入开出条件

如图 10-25 所示。

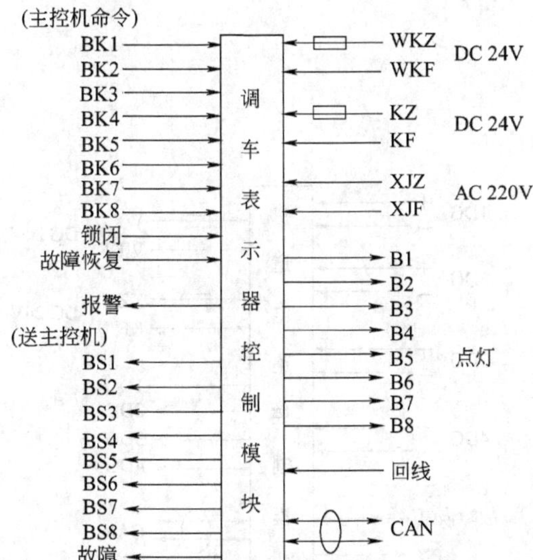

图 10-25 调车表示器控制模块外部条件

(3)面板布置及显示意义

TXB——灯闪烁时表示模块与主机正在通信；

MD——灯亮时表示器灭灯；

GZ——灯亮时表示发生故障；

B1～B8——灯亮为相应表示器亮白灯；

DY——灯亮表示电源正常(XJZ、XJF)；

FW——复位键；

DYA——电源键。

5. 车辆减速器控制模块(TJK)

(1)功能

① 管理两台车辆减速器及减速器轨道电路、一台测速雷达、一股道测长、一块踏板；

② 接受主机下传的钩车信息；

③ 按钩车信息计算车辆出口速度(自动定速)控制钩车按定速出口；

④ 计算放头值用放头拦尾的方法控制长钩车；

⑤ 接受半自动控制,按半自动定速控制钩车速度;

⑥ 按钩车信息中的标记控制特殊钩车;

⑦ 以手动优先原则按手操命令控制减速器;

⑧ 以安全速度控制无计划钩车;

⑨ 监视车辆在股道上运行情况,计算股道空闲长度;

⑩ 向主机报告减速器状态、测长长度、减速器区段状态及钩车运行速度;

⑪ 发出设备故障报警。

(2)模块接入电源和开入开出条件

如图 10-26 所示。

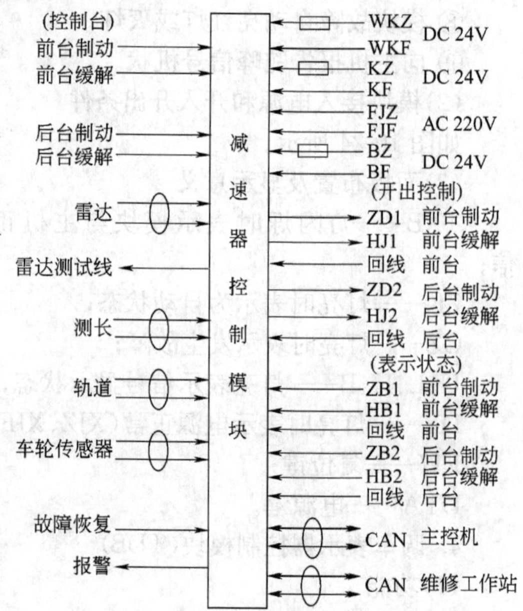

图 10-26 减速器控制模块外部条件

(3)面板布置及显示意义

TXB——灯闪烁时表示模块与主机正在通信;

JXB——灯亮时表示减速器在检修状态;

LDB——灯亮时表示雷达工作,灯灭时表示雷达自检;

TB1——灯亮时表示轨道区段有车占用;

TB2——灯亮时表示有车轮经过;

ZB1——亮灯表示前台减速器在制动位;

HB1——亮灯表示前台减速器在缓解位;

ZB2——亮灯表示后台减速器在制动位;

HB2——亮灯表示后台减速器在缓解位;

DGZ——灯亮时表示电源故障;

ZGZ——灯亮时表示轨道高压或断线;

FW——复位键;

DYA——电源键。

6. 轨道电路控制模块(TDG)

(1)功能

① 管理四个驼峰电子轨道电路;

② 向主机输送轨道电路状态和轨端电压;

③ 轨道电路故障报警;

④ 模块故障报轨道区段有车占用。

(2)模块接入电源和开入开出条件

如图 10-27 所示。

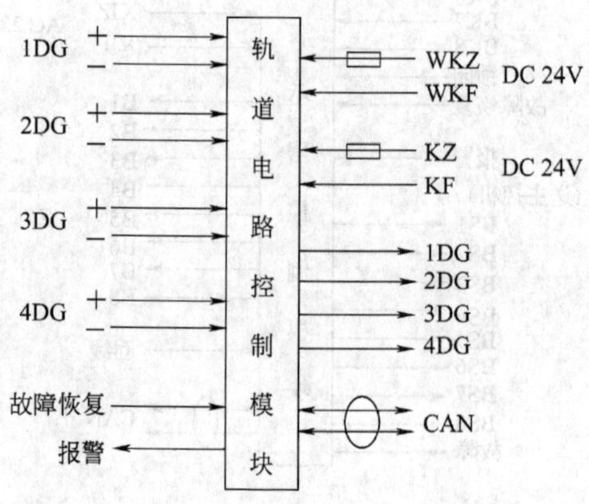

图 10-27 轨道电路控制模块外部条件

(3)面板布置及显示意义

TXB——灯闪烁时表示模块与主机正在通信;

1DG~4DG——灯亮时表示轨道区段占车;

GZ——灯亮时表示发生电源故障;

FW——复位键;

DYA——电源键。

7. 开入、开出板

(1)功能

① 接入向主机开入的条件,有输入时亮灯;

② 接受主机开出表示,有输出时亮灯。

(2)模块接入电源和开入开出条件

如图 10-28 和图 10-29 所示。

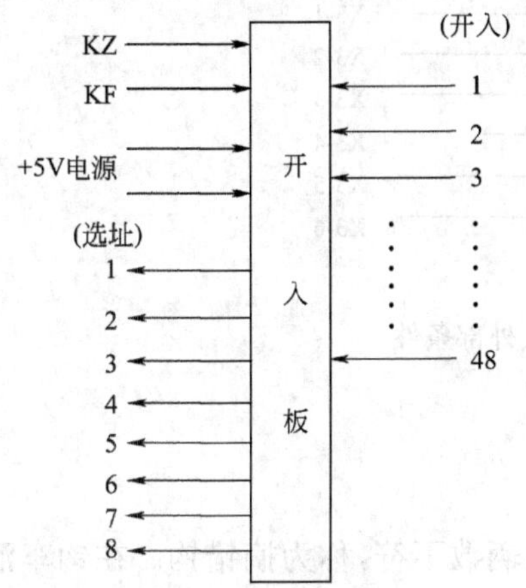

图 10-28　开入板外部条件

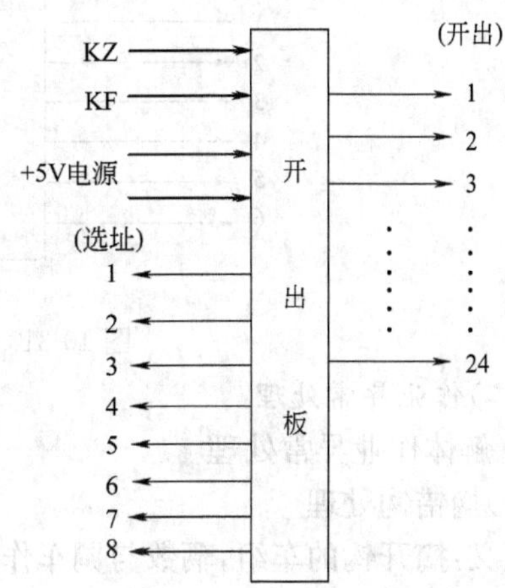

图 10-29　开出板外部条件

(3)面板布置及显示意义

开入板面板上有 48 个表示灯,开出板面板上有 24 个表示灯,灯亮时表示有相应的开出、开入条件由主机输出或输入主机。

8. 双机控制板

(1)功能

① 监视两台主机运行情况;

② 主控机故障时控制备用机自动投入;

③ 实现人工切换主、备机。

(2)模块接入电源和开入开出条件

如图 10-30 所示。

(3)面板布置及显示意义

A——灯亮时表示 A 机为控制值班机,B 机为备机;

B——灯亮时表示 B 机为控制值班机,A 机为备机;

LJ——灯亮时表示该机联机正常;

GZ——灯亮时表示发生故障,立即切换到另一台主机值班。

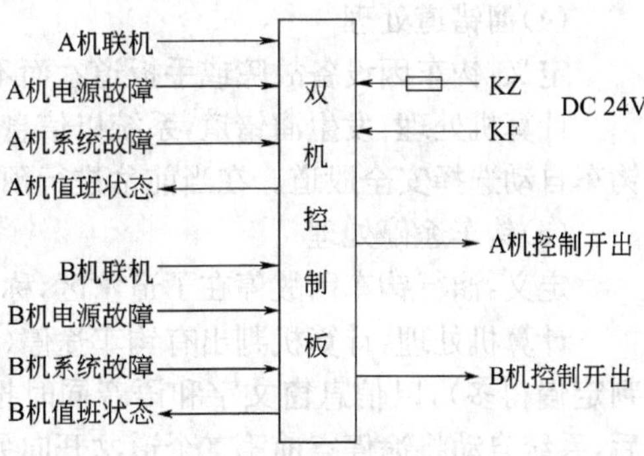

图 10-30　双机控制板外部条件

9. 道岔传感器模块

(1)功能

用于测试电动转辙机的动作电流。

(2)模块接入电源和开入开出条件

如图 10-31 所示。

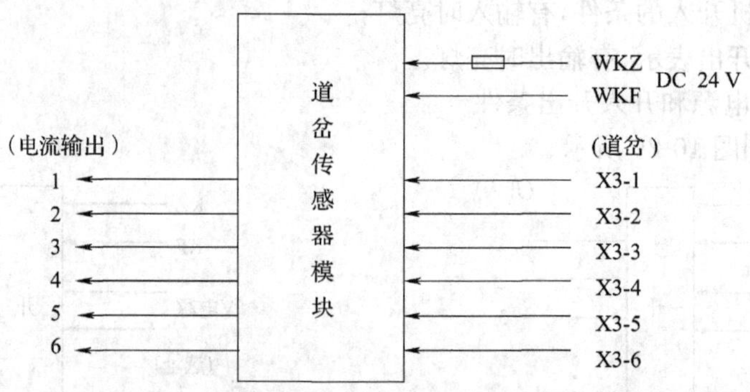

图 10-31　道岔传感器模块外部条件

(二)作业异常处理

1. 解体作业异常处理

(1)摘错钩处理

定义:摘开钩的车组,辆数与调车作业单上该钩的辆数不符,称为摘错钩。在钩车溜过头岔时,通过头岔方向踏板测出。

计算机处理:发生摘错钩,系统在信息窗文字和语音同时报警,并有对话框提示。同时关闭驼峰信号机。

(2)摘错钩预报

定义:当头岔方向车轮传感器测得的车轴数与测重器测得的车轴数不符时,系统做摘错钩预报。

计算机处理:计算机只做在信息窗文字报警。

(3)钓鱼处理

定义:车辆压入头岔,摘不开钩,后退牵才出头岔,发生钓鱼。

计算机处理:发生钓鱼,系统以信息窗文字和语音同时报警。同时收回头岔以后道岔的预登命令。

(4)溜错道处理

定义:钩车因设备故障或手扳道岔而不能按调车作业单的进路溜行,称为溜错道。

计算机处理:发生溜错道,系统以信息窗文字和语音报警,并关闭驼峰信号机,同时为错道钩车自动选择安全股道。在当前岔进行预报警,进入末级道岔最终报警。

(5)钩车途停处理

定义:溜行钩车因故停在了道岔区,称为途停。

计算机处理:计算机判出有钩车途停(请注意:为避免误判,计算机判定时间较长,比人工判定慢得多),以信息窗文字和语音同时报警,并有对话框提示,同时关闭驼峰信号机。途停后,系统自动将途停点前第二个道岔开向另一侧并锁闭,若后续钩车跟得过紧而无法扳动途停点前第二个道岔时,途停点前第一个道岔位置要顺向途停钩车,以免侧冲。

(6)钩车在道岔区追钩处理

定义：前后两钩车同时压入一个道岔轨道电路，称为追钩。

计算机处理：出现追钩，系统以信息窗文字和语音同时报警，并有对话框提示。同时关闭驼峰信号机。大中型驼峰，道岔上装有车轮传感器时，一般能自动合钩，清除道岔上的追钩车的预登。

(7)堵门改道处理

定义：钩车在三部位被夹停，该股道被堵，不能再进车，称为堵门。

计算机处理：发生堵门，关闭驼峰信号机，计算机将已摘开钩并要进入该股道的钩车进行自动改道处理，同时对自动改道进行预报警，并有信息窗文字和语音同时报警。

(8)溜向堵门股道提示

定义：当前要摘钩的钩车，目的股道为堵门股道，计算机做溜向堵门股道提示。

计算机处理：有此情况，系统以信息窗文字和语音同时报警，并有对话框提示。

2. 提示性报警

(1)溜放改道无效提示

提示意义：调车作业单上出现无效股道。

计算机处理：计算机以信息窗文字和语音同时报警。

(2)测重异常预报提示

提示意义：当测重器测定钩车为空车，而调车作业单上该钩没有空车标记，产生测重异常预报。

计算机处理：有此情况，系统以信息窗文字报警，并将该钩车按二级车控制。

(3)道岔手柄不在中间位置提示

提示意义：手操盘内有道岔手柄不在中间位置，将影响进路自动控制。在溜放开始时提示。

计算机处理：有此情况，在操作了【溜放开始】后，系统以信息窗文字和语音同时报警。

(4)头岔命令不符提示

提示意义：头岔预登命令与调车作业单要求不符。

计算机处理：有此情况，系统以信息窗文字和语音同时报警。

(5)道岔封锁提示

提示意义：道岔被封锁。在溜放开始时提示。

计算机处理：有此情况，系统以信息窗文字和语音同时报警。在道岔图形有蓝点封锁标记。

(6)道岔恢复提示

提示意义：道岔因尖轨夹异物转不到位而返回原位，称为道岔恢复。

计算机处理：有此情况，系统以信息窗文字和语音同时报警。

(7)道岔转不到位提示

提示意义：办理溜放开始后，头岔根据命令自动转换，若头岔不能转换到规定位置，发道岔转不到位提示。

计算机处理：有此情况，系统以信息窗文字和语音同时报警。

(8)在减速器上追钩提示

提示意义：两钩车在减速器上追钩。

计算机处理：有此情况，系统以信息窗文字和语音同时报警。

(9)钩车在减速器上被夹停提示

提示意义:钩车在溜放控制过程中被夹停。

计算机处理:有此情况,系统以信息窗文字和语音同时报警。

(10)控制模块通信故障提示

提示意义:控制模块与主机间通信发生故障,将影响正确控制。

计算机处理:有此情况,系统以信息窗文字和语音同时报警,并有对话框提示。

(11)道岔故障预报警

提示意义:道岔控制可能有故障。

3. 速度控制中异常处理

(1)无计划(无预登)钩车控制

无计划钩车溜入减速器,由于钩车没有预登,无钩车车数、车重等信息。减速器控制模块按程序预先设定出口定速控制。各部位出口定速值为:

一部位——21 km/h;

二部位——16 km/h;

三部位——测长(股道空闲长度)短于打靶区长度为 5 km/h;

测长(股道空闲长度)大于打靶区长度为 6 km/h。

(2)速度控制设备故障

① 测重设备故障

测重设备故障,系统对下溜的钩车车重按下法设定:

调车作业单上有空车标记的空车按 2 级车控制;

无标记的空车和其他有载车均按 3 级车控制。

② 测长故障

测长故障后,测长值显示满线,对以后溜向该股道的钩车均以 4.5 km/h 定速,不放头进行控制。

③ 雷达故障

雷达是控制的重要依据,雷达故障后,系统进入盲控状态,根据钩车的长度采用不同的制动时间进行控制。此时,出口速度误差很大,仅能防止钩车高速进入股道。

④ 车轮传感器故障

车轮传感器故障对追钩判断、放头量有影响,对速度控制影响不大。

⑤ 减速器轨道电路故障

减速器轨道电路故障时,系统对已有预登命令的本钩车在 5 min 内能正常受到控制。对后续钩车系统将不再自动控制。

(3)异常车辆控制

① 走行部分异常和制动器缓解不良的(抱闸)车辆,经减速器控制和极易失速,途停在道岔区或股道口,严重影响后续钩车溜放。

② 减速器对油轮车、薄轮车、大轮车等车辆的制动力会显著降低,溜放时要进行人工干预,不溜或进行铁鞋制动。

(4)大钩车溜放

大钩车溜放时,为减少占用减速器时间提高解体效率,系统采用放头拦尾控制,最大的放头量能达到车长的 70%,二次放头量可达到 90%。

当股道空闲长度测长值(股道内车停住时,空闲长度测长值为三部位出口至停留车的距离;前钩车正在溜行时,为三部位出口至正在走行的前钩车距离)大于车长时,控制正常。

当股道空闲长度测长值小于车长时,系统按测长值减去本钩控制用长度(最少为车长的30%)后剩余部分用做放头,因此有时放头量很少,过早把车制动到低速,长时间占用道岔区,甚至由于减速顶的制动使钩车停在道岔区。

复习思考题

1. 简述 TW-2 型驼峰自动控制系统的组成。
2. 简述 TW-2 型驼峰自动控制系统 3 种追钩判别方法。
3. TW-2 型驼峰自动控制系统在什么情况下自动切断驼峰信号?
4. TW-2 型驼峰自动控制系统下层控制机箱内设有哪几种插件?
5. 简述 FTK-3 型驼峰自动控制系统进路控制机箱接口电路板的作用。
6. FTK-3 型驼峰自动控制系统有哪几种作业模式?
7. 简述 TYWK 型驼峰信号一体化控制系统的主要特点。
8. 简述 TYWK 型驼峰信号一体化控制系统的主要控制模块功能。
9. 说明驼峰电子轨道电路调整及分路状态电压标准。
10. 简述 TBZKⅡ型驼峰控制系统的硬件结构。
11. 如何检查 TBZKⅡ型驼峰控制系统的输入、输出?

第十一章　编组站综合自动化

第一节　概　　述

一、编组站自动化在现代化铁路运输中的作用和地位

编组站的自动化程度对提高路网运输的能力至关重要，编组站是实现点线能力协调的重要措施之一。随着铁路现代化技术的发展，铁路列车提速和超长重载列车的开行，货物列车集中密集到达路网编组站，对编组站运输压力越来越大，过去以驼峰自动化为优势的编组站已不适应运输发展的需要。编组站综合自动化存在的问题和落后逐渐暴露和突出。

将编组站的信息、控制、管理、生产决策等环节统一在一个综合自动化系统中，完成编组站对货物列车的解、编作业中的控制、管理、信息采集和传输、共享等工作，就是编组站综合自动化的主要任务。

编组站是生产货物列车的加工厂，从货车的到达经过解体、编组，重新组合为新的列车的作业过程，也就是各种信息输入、整理、交换、组合、输出的过程。从信息理论上讲，这是产生列车信息的源头。

在现代化铁路运输中，编组站是铁路信息自动化系统重要的一部分。特别是随着铁路运输管理指挥系统 TDCS 和车号识别系统的广泛使用，应将编组站这个铁路运输的信息源纳入到铁路运输管理指挥系统中，使系统信息采集自动化程度的更加完善和快捷。

二、我国铁路编组站自动化存在的问题

我国铁路编组站自动化经过十几年的努力已经基本完成了以驼峰自动化为代表的编组站过程控制系统的普及，同时也完成了编组站信息处理系统的普及，但是均为各自独立，长期停留在简单“联机”水平上，严重阻碍了编组站效率的提高和发展。

(一)子系统各自为阵

我国铁路编组站自动化的各种技术装备，主要有以下不同用途的独立子系统：编组站管理信息系统(YIS)，驼峰自动控制系统，推峰机车遥控系统，峰尾平面溜放联锁系统，电气集中联锁系统(到达场和出发场)，编组站调度监督系统，车辆实时跟踪系统，车辆车号自动识别系统，机车车号自动识别系统，车辆超偏载检测系统，车辆限界检测系统，红外轴温探测系统，无线车次号校核系统。

各个子系统基本上都是单独开发建设，自成体系，没有形成有机的整体。由于逻辑上的不一致性，系统软、硬件的异构性，信息的多样化、复杂性和控制管理的非实时性等一系列问题，使各个自动化分系统各自为阵，难以互通信息，无法统一调度，严重限制了系统的进一步发展和效率、效益的进一步提高。

(二)管理与控制之间严重脱节

编组站计划管理信息系统与过程控制系统信息交换严重脱节。作为编组站控制区域最大

的车站集中联锁系统，虽然所有一切控制的指示源头都来自站调的调度计划，并且管理系统主要输出内容就是调度计划，但是由于信息不通，都是通过书面计划通知或调度电话通知，由运输人员在联锁系统提供的人机界面上照单办理；驼峰自动控制系统虽然已经实现了与计划管理系统的联机，但是接口五花八门，均停留在低层次、低水平信息交换上，仅限于解决最基本的溜放钩计划自动储存问题。尾部停车器控制本来是完全与调车场调车计划相关的，但是苦于没有信息来源，只能从驼峰尾部联锁系统和头部自动化系统的输出采集，间接获取信息。从各个控制系统(PCS)计划执行到管理系统调度计划的回馈，几乎全部是一片空白。作业计划的执行和各环节的衔接均依靠人工的介入操作。

(三)管理与管理之间严重脱节

与编组站管理信息系统(YIS)同属于站调管理层的调度监督系统(DSS)虽然能够将现场过程控制信息集中实时显示给站调，但也仅仅是调车场内道岔、轨道区段、信号机的动态变化图示，无法知道进路与计划执行的对应关系。从信息的角度看，由于两者背靠背，计划与进路完全脱节，相互之间缺少应有的信息关联。

局调度所的管理系统，是编组站调度管理的上级系统，许多计划信息源自于此，但是目前除了列车的预确报可以通过TMIS网收发外，其余信息(例如日班计划、阶段计划)包括调度所对计划执行情况的了解，均通过电话通告，或仅仅显示在编组站有关部门的荧光屏上。

(四)管理系统技术发展受到严重制约

编组站管理信息系统由于信息不通、不全、不及时，大大弱化和影响了作为编组站核心的管理信息系统的功效。目前各编组站使用中的管理信息系统基本上甩掉了对行车调度计划的管理，仅保留了现车管理部分。即便如此也因为没有信息来源，与车流相对应的现车信息是由围绕YIS系统工作的不同人员，在不同的地点，不同的时间，进行不同的操作，试图模拟实际现车的变化，费时费力差错多并且不及时，管理系统仍然耳目不灵，没有足够的"知情权"，因此在各个编组站其现车管理系统的主要输出产品——解体调车计划和编组调车计划基本上由人工完成，计算机系统仅仅被用来充当编制的工具。统计功能也因为缺少信息很难自动完成。

为了解决这个问题，我国编组站曾经实施过独立的车辆实时跟踪系统(RCT)，该系统试图利用设置在编组站的大量计轴传感器实现车辆跟踪，作为管理信息系统前置车辆实时信息反馈。但是脱离过程控制系统的执行信息反馈，自成体系孤立被动跟踪车辆，使信息的准确性和实用性大打折扣。

(五)控制系统(PCS)发展受到严重制约

编组站的车站联锁控制系统，由于与计划脱节，全依靠人工办理，甚至于不能被称为自动控制系统。由于操作工作量较大，分散在不同的信号楼办理(以三级六场为例，不含驼峰就需要分散在6个信号楼内)，很难集中。前几年个别编组站曾经有过集中操纵的尝试，但由于没有解决自动化问题，实质性操作工作没有减少，减人不减量，集中后会相互干扰影响，效果极差，最终又不得不分散开来。

驼峰自动化方面，受通道速度和一切从简的观念影响，联机数据尽可能简单，只能收到来自管理系统的"调车作业通知单"的钩计划信息，失去了很多车辆特征信息(如货物装载信息、车辆编号、车型、车辆重量、计长等)，使大量有用的信息不能在驼峰自动化中被有效利用，影响了驼峰自动化功能的进一步扩展和提高。此外，由于欠缺了解更高层次的调度意图(例如解体次序、推峰时机、调车线集结完毕)，使驼峰自动化的自动化程度无法进一步提高，仍然保留了人工启动计划的溜放开始，人工办理封锁/解锁股道等操作。

(六)信息混乱无序,共享困难

信息分散在各自的系统中,共享非常困难,甚至于不可能。相互联机被认为是各子系统获取自己所需信息的一种途径,但是往往无序混乱低效。以自动化驼峰为例,需要互提信息和接口的对象有:信息处理系统、调度监督系统、机车遥控系统、尾部停车器控制系统、摘钩表示系统、电务监测系统、到达场联锁系统和峰尾联锁系统,达八处之多!不同的对象、不同的接口、不同的内容、不同的速率、不同的规程协议等,凌乱繁杂,效率极低,信息量也不足,甚至于重复。

另外,还有大量的信息资源不能被利用,以车号自动识别系统为例,目前虽然国内50多万辆车辆(全部国铁车辆和绝大多数自备车辆)均已安装了可读取标签,各编组站入出口500多个车站均已配置了识别装置,正确识别率达98%以上。但是只作为车辆部门的管理装置,由于信息不通,甚至于都不能提供给车站车号部门作为自动抄车号使用。

除此之外,还有超偏载信息、车辆轴温测量信息、机车识别信息、车次号识别信息等,均不能被很好地利用。

总之,目前编组站综合自动化中各个分系统基本上各自为阵,没有或者很少有信息交换,没有大系统的概念,阻碍和限制了编组站信息化和智能化技术的进一步发展和提高。因此,要求各系统能协调工作,消除信息孤岛,达到数据集成,信息共享,以减少信息资源的浪费,已成为迫切需要解决的问题。

第二节　编组站综合集成自动化系统(CIPS)

编组站综合集成自动化系统(Freight Classification Computer Integrated Process System),简称编组站CIPS,整合并集成了我国目前编组站(车站)各种成熟的过程控制分系统,统一信息管理,建立信息共享平台,有机地构建成管控一体化的整体系统。编组站CIPS建立在针对流程工业的计算机集成过程系统理论基础之上,以信息集成为核心,综合了管理技术、生产技术、信息技术、自动化技术、系统工程技术,实现了管理与控制一体化。

一、系统概述

(一)CIPS指导思想

1. 依托管理,实现编组站综合集成自动化

编组站综合集成自动化系统(CIPS)是贯穿于编组站组织、管理与运营生产的理念,宗旨是从管理入手实现行车、调车指挥与执行自动化,提高编解质量,缩短车辆停留的作业周期,降低编解成本。

2. 从系统观点协调,实现全局优化

编组站CIPS将编组站作业的各个环节,即列车到达、解体、编组、列车出发、调度指挥、计划管理等全部活动过程作为一个不可分割的有机整体,从系统的观点进行协调,进而实现全局优化。

3. 以站调为核心,实现信息流与车流集成

编组站CIPS以站调为核心,尤其重视发挥站调在现代化编组站的主导作用;编组站作业包括信息流和车流(列车、车辆)两大部分,编组站CIPS尤其重视信息流的管理运行及信息流与车流间的集成。

4. 以综合性技术集成,实现编组站综合集成自动化

编组站CIPS技术是基于现代管理技术、制造技术、信息技术、自动化技术、系统工程技术

的综合性技术，具体包括了铁路行车组织、铁路车站及枢纽、编组站调车控制、车站联锁集中控制等学科的知识与技术。

5. 以成熟单元系统为基础，实现编组站综合集成自动化

编组站 CIPS 的核心是集成。集成的作用是将原来编组站独立运行的驼峰自动化、车站联锁、现车管理、机车遥控、车号识别、调度监督等多个单元系统组成一个协同工作的、功能更强的新系统。集成不是简单的叠加，而是有机的组合。集成的目的是协调发挥各个分系统的优势，取得编组站的整体效益。

(二)CIPS 实现目标

编组站 CIPS 建立在针对流程工业的计算机集成过程系统(Computer Integrated Process System)理论基础之上，以信息集成为核心，综合了管理技术、生产技术、信息技术、自动化技术、系统工程技术，实现了控制、调度、管理、经营、优化、决策一体化。

1. 管控一体化系统

编组站 CIPS 的核心目标是实现站内车站班计划、阶段计划、车流推算、调车计划、本务机折返和调车机调动等计划的自动编制，在此基础上将调度计划中与站内经路有关的部分直接下达给控制系统自动执行，亦即以 CIPS 管理系统所编制的接发车计划、调车计划、本务机站内折返计划、调车机工作计划等为依据，产生并向联锁、驼峰、停车器自动化分系统实时下达调度指令，操控进路自动办理，使编组站所有的列车进路、调车进路、机车走行进路和溜放进路自动执行，形成管、控一体的编组站综合集成自动化系统，实现作业过程控制全面自动化。

编组站综合集成自动化系统(CIPS)包括编组站综合管理系统和编组站综合控制系统两大部分，即在综合控制系统基础上，以编组站综合管理系统为核心，组建一个完整的系统，实现新一代编组站综合自动化的目标，在现代管理技术、运输调度技术、信息技术、自动化技术、系统工程技术等技术手段的基础上实现具有高技术含量的编组站综合集成自动化系统。该系统利用国内成熟的各类控制、管理系统，通过对系统的整合优化，使得控制系统之间、控制系统与管理系统之间有机地结合起来，形成管控一体的编组站综合集成自动化系统，达到集中控制、统一指挥、数据集成、信息共享、减少作业环节，使运输作业管理更加现代化、信息化，同时减轻生产人员的劳动强度，缩短列车车辆在编组站的停留时间，加速车辆周转，减少行车及其他工作人员。

编组站综合集成自动化系统(CIPS)符合我国铁路跨越式发展的总体方向，在信息化和自动化方面有较大的突破，使我国的编组站整体技术达到世界领先水平。

2. 调度决策指挥自动化

编组站综合管理系统的核心是信息管理自动化，其实质是调度指挥自动化。在获得实时现车数据，对编组站各种资源时时刻刻透明掌控的基础上，并且通过与局调度所综合管理信息系统的数据交换支持，采用优化决策、人工智能、专家系统等方法实现自动编制各种调度计划；实现在调度指挥自动化方面质的突破，达到自动编制编组站内各种计划，包括日班计划、车流推算、阶段计划、解体调车计划、编组调车计划、本务机车调度计划和调车机车调度计划等，其中包含了到达场股道、驼峰调车线、出发场股道等资源的合理使用计划；同时，随着执行过程的自动反馈，动态优化调整各计划以适应当前情形，由于计划编制的快速实时，可以根据自动获取的随机情况和调度意图随时调整，并且立刻自动下达给控制系统，可以充分发挥计算机快捷迅速的优越性，从而真正实现调度决策指挥自动化。

3. 调度计划自动执行

在调度指挥自动化的基础上实现调度计划的自动执行。编组站 CIPS 的首要目标是将调

度计划中与站内经路有关的部分直接下达给控制系统并自动执行，即以 CIPS 综合管理系统所编制的接发车计划、调车计划、本务机站内折返计划、调车机工作计划等为依据，自动操纵进路的办理，向计算机联锁、驼峰自动化和停车器自动化分系统实时下达调度指令，操控进路自动办理，使编组站所有的列车进路、调车进路、机车走行进路和溜放进路自动执行，实现作业过程控制全面自动化。

4. 统一集中控制

在调度计划自动执行的前提下，实现编组站到、解、编、发的作业在站调楼内的控制中心集中办理，取消编组站内各个信号楼的现地操纵。自动化程度的大幅度提高与作业人员的大幅度减少，以及站内当前所有工况尽收眼底，使得在调度大厅集中监控与操纵全站到、解、集、编、发的作业成为可能和必然，获得单一指挥、统一办理、流水执行、高效运转的效果。

5. 实时现车，作业实迹真实透明

在编组站 CIPS 环境下，在获得到达列车的确报信息的基础上，通过联锁自动化分系统和驼峰自动化分系统在计划指导下自动执行的反馈，可以通过控制系统的跟踪逻辑和检测装置(例如驼峰光挡和车轮传感器的计轴计辆装置)轻而易举地自动获得车辆的动态跟踪和作业实迹的透明记载，实现信息流与车流的同步，为调度自动化奠定了信息基础，解决长期以来现车情况不真实这一困扰我国编组站管理信息系统的一个老大难问题。

6. 提高系统整体随机应变能力，加强列车密集到达处理能力

编组站的随机因素很多，主要表现在以下几个方面：每天到达列车的车流去向不固定，有很大的随机性；车辆装载、车辆类型及车辆状态也是随机的，而且技术性扣车可能是突发性的(例如车辆扣修、货物倒装，实际核查结果证实到达列车编组顺序表中的信息有误或有遗漏)，调度计划编制和作业安排必须按照相关规则随机伺服处理，应急快速计划调整；编组站统一规划使用的站场资源很多，而到、编、发线路及错综复杂的经路，有可能因为施工或其他原因被暂停使用；特别是近几年受客运优先影响，货运列车密集到达。

上述随机因素要求编组站综合集成自动化系统充分发挥实现整体协调，调度计划快速应变优化、计划立刻调整执行，缩减计划下达、布控及修改环节，提高系统整体随机应变能力，并可从调度到执行建立不同的运营节奏模式。例如驼峰作业可以有不同的平均推峰速度模式，当列车密集到达时，可以在管理系统指挥下自动选择高速模式，并且通过推峰机车的遥控和驼峰自动化系统过程调节自动执行。

7. 提高编组站整体效率，缩短车辆在编组站作业周期

通过编组站整体闭环，优化调度，合理安排各工序间的衔接，加大自动化力度，取消人工计划布控、作业人员横向沟通协调及实况汇报等通信联络时间，扩展调机司机和外业人员的信息视野，利用车号、燃轴等检测信息预告服务于技术作业等手段，提高编组站的整体作业效率，有效减少车辆在编组站的中转时间与停留时间。

编组站列车加工流水线上，包括了列车到达、到达作业、解体、编组、出发作业以及列车出发等环节，这些工序之间是串行的，不可逾越，只有缩短每一个环节的时间才能提高整体效率。编组站综合集成自动化系统可以在以下方面提高编组站效率，缩短车辆在编组站的停留周期：

(1)通过到、解、集、编、发每个环节上均按计划自动执行，减少人为操作环节，在批量计划指导下，从一个工作步骤到另一个工作步骤，从一道工序到下一道工序变得流畅而连贯，减少了等待办理时间和各工序间的衔接时间。

(2)跨场作业由于集中控制，以及在同一个计划源指导下不同控制系统自动协调作业，无

需按照传统的模式人为办理场间联系，消除了相互联系时间。

(3)编组站作业工序中到达作业和出发作业包括的列检、商检、车号及连结作业是以外勤人员手工作业为主，减少这部分的作业时间对提高整体效率至关重要，为此，编组站 CIPS 系统考虑建立编组站无线数据网，并通过手持无线移动信息终端，及时将信息送达有关人员手中，提前自动通知预备，并及时反馈确认和订正信息，可大大缩短外勤人员取送信息的时间，并可以准确考核记录统计作业执行时间。

(4)如果利用车辆轴温探测信息的集成协助列检、车辆识别信息的集成协助车号、超偏载探测信息的集成协助商检，将进一步缩短到发作业工序。

(5)调机车载信息化将加大强化司机对即将要进行计划的知情程度，减少确认和准备时间，甚至于可以通过车载执行进路的站场动态显示，减少机车在走行方向后端时的走行距离，提高效率。

8. 信息资源的充分利用

编组站综合集成自动化系统的核心是数据整合，信息集成，并且从系统设计的初始就定位在信息开放式，只要有条件，就可以将各种信息资源通过自身设置的信息采集装置或与其他分系统信息源接口，实现信息共享。除了列车、车辆、计划、进路信息外，可被集成和分享的信息有：车辆车号识别信息、机车车号识别信息、列车车次识别信息、车辆轴温探测信息、车辆超偏载检测信息、有线/无线话音通信信息、闭路电视信息及电源监控、信号设备检测、环境监控信息和办公室自动化信息。

这些信息被集成和共享后可提高作业预见性，使站内各个作业流程更加顺畅贯通。其优势可以体现在以下方面：

(1)直接被用于为编组站调度指挥自动化和编组站控制自动化服务。

(2)通过编组站综合集成自动化系统获取所需要的从计划、站场到各种采集执行设备的实时信息和历史信息。

(3)人机界面综合化，避免信息重复采集，减少系统间纵横交错、交叉传递信息的混乱。在编组站综合集成自动化系统(CIPS)环境下，所有的数据均集成在综合信息管理系统，供所有在编集成分系统共享，规范统一丰富及时，减少和避免了横向联系，简化和规范了信息渠道。

9. 大幅度减员增效

通过调度计划的计算机辅助决策指挥，计划统一编制及动态调整，计划直接发布至控制环节执行，取消正常情况下人为参与控制等手段，有效地大幅度减少车站作业人员、调度人员与管理人员。

二、CIPS 系统功能

编组站 CIPS 系统作为管、控一体的集成系统，其构成分为综合管理系统和综合控制系统两大部分。

(一)编组站综合管理系统功能

综合管理系统负责信息的集成和信息共享平台的管理，是数据整合，信息集成的核心，其重点是计划与进路信息的集成，在此基础上实现：编组站范围内的计划自动执行，达到真正意义上的编组站自动化；将进路的执行结果作为计划执行的自动反馈，列车与车辆在编组站内的自动跟踪与实时现车，确认调度计划的执行实迹；现车信息与站场表示信息的融合；调车机车跟踪与指挥，并为调机自动化子系统提供信息源。

1. 调度计划信息管理自动化

CIPS管理系统基本点是以电子信息化的手段,管理编组站的站内运转所需要的各种工作调度计划,包括:站内接发列车工作计划、站内本务机折返工作计划、站内现车及调车工作计划、站内调车机工作计划、站内线路施工要点计划、站内货运工作计划。CIPS为车站调度与运转提供了优秀的管理工具,力图消除站内各工种的信息死角,实现无纸化调度。

在此基础上调度计划管理自动化过程是:自动接收来自铁路局下达的日班计划、阶段计划要求及到达列车预确报,基于站内结存车,自动优化决策,策划站内各种工作计划,合理应用站内线路与调车机等站内资源,进行车流推算。其结果通过铺画车站技术作业图表、车站班计划表、调车作业(解体、编组与取送车)计划表体现出来,为调度计划的自动执行提供正确的计划信息源。

调度计划管理自动化的自动决策内容包括:接发车场线决策、解体顺序、编制解体钩计划及解体峰位决策、头部调机应用、调车分类线应用决策、编组顺序、牵出线、编组钩计划编制、尾部机车应用决策、编制取送调车钩计划决策、出发列车接续关系决策、列车、调车、机车走行经路决策。

2. 执行过程管理自动化

过程管理因管控一体化而诞生,是实现车站调度计划自动指挥执行的必然产物。过程管理是调度计划与过程控制之间的桥梁,是管与控的中间件。过程管理的主要作用是由计算机管理取代各个岗位值班员、信号员甚至其他作业人员的工作,即按照调度计划,处理与监控执行过程。编组站综合管理系统将调度计划信息交付实施,并在执行过程管理中贯穿了自动化的理念。

过程管理的功能与要点包括:

(1)调度计划的分解与转化

调度人员输出的计划通常比较宏观,若要各个不同范围、不同功能的子系统执行,需按照执行环节与作业类别,将调度计划分解细化与转化,产生各过程控制分系统可识别的计划指令,直接动态下达给联锁、驼峰、停车器及调机等过程控制自动化分系统付诸执行。

(2)进路类执行过程管理

凡涉及到机车车辆走行进路的部分,在调度计划分解时,其调车进路已被转化为计划进路信息,同时站内走行经路也被自动确定。被管理的进路类型包括:列车进路(接发车或通过)、本务机单机走行进路(入段、出段或立折)、调车机单机走行进路(机车返场返岔)、平面牵出调车进路(推峰、编组、取送车)、驼峰溜放进路、平面单溜/连溜进路、头部股道封锁/解锁、停车器制动/缓解。

(3)非进路类执行过程管理

管理系统还对其他执行环节进行了自动化管理,扩大了自动化涉及面,例如:列车邻站预告的自动申请或响应、车机联控语音播报、技术作业(列检、商检等工作)提前/开始/结束通知提醒、利用车号识别信息自动核对车号、进站过程各种车辆探测信息的采集与预告、出发列车确报发报、调车作业通知单打印。

(4)计划指令的自动触发

指令触发管理是计划对执行条件、执行顺序及执行节奏管理的调控手段,是过程管理的核心功能,只有经触发的指令才允许被控制系统执行,也就是指令的触发将决定计划是否同意被执行。通过对指令的触发管理决定调度计划正确无误的执行时机,管理系统通过对计划指令的适时触发,调节控制指令的执行时机,贯彻调度计划的工作流程安排,管理进路相扰时的优先次序,协调场间作业与执行的联系。

(5)执行结果反馈信息收集与处理

收集与管理过程控制系统的反馈信息，监督计划的执行过程，是过程管理的重要功能之一。受控分系统按计划指令执行过程中，随时自动反馈其执行状态。管理系统通过管理反馈信息，可以实现精确报点，自动获得当前真实现车，提取调车钩分数据，按执行结果动态调整未执行的调度计划及后续计划指令的触发。

(6)过程信息综合展现

过程管理的动态性很强，信息变化多端，为了便于管理人员及调度人员直观掌控与监督整个车站的计划执行过程，管理系统提供了组合动态图形界面，展现作业过程信息。组合图示同时融合了全站场信号表示、调机位置跟踪、实时现车、列车信息等内容。

3. 历史数据管理

编组站 CIPS 管理系统对于已经执行过的计划与实际信息作为历史数据进行管理，可用于情景再现、报表管理、统计分析、决策参数优化、运输资料电子归档、电务信息与环境信息监测。

(二)编组站综合控制系统功能

编组站综合控制系统主要以目前国内技术成熟的各种编组站过程控制分系统为基础，经进一步开发与改进提升自动化程度，取消正常情况人工介入操纵，并保留原有手动模式作为降级处理后备手段。各子系统功能如下：

1. 计算机联锁自动化子系统

该子系统除应满足计算机联锁系统的基本功能，如进路建立、进路锁闭、进路解锁、进路正常解锁、调车中途返回解锁、取消进路、人工延时解锁、进路故障解锁、引导进路解锁、信号机控制、道岔控制等。除此之外，还应在传统的计算机联锁分系统与管理系统之间，设置程序进路控制模块(PRC)，将管理系统下达的列车运行计划、调车作业计划等指令解析成为进路始终端信息，实现编组站到达场、峰尾及出发场各种列车与调车进路的自动选路，自动办理控制进路，从而自动控制列车到达进路、列车出发进路以及调车进路，并自动将计划执行结果反馈给综合管理信息系统。特殊情况下，控制中心值班员可用表示控制盘人工控制进路。

2. 驼峰自动化子系统

驼峰自动化子系统满足和适应综合集成自动化系统的整体要求，在综合管理系统的直接管理和控制下，不仅仅实现了溜放钩计划的联机储存，而且实现了解体顺序、推峰时机、溜放时机、套溜、禁溜线取送车、机车上下峰及股道封锁/解锁等作业无人参与，自动按照计划指令的要求执行，达到溜放进路、溜放调速、头部调车的自动控制，具有多种防护、报警功能。

驼峰自动化子系统实现推送进路、钩车溜放进路的排列、锁闭进路、开放信号，指挥调机作业；自动控制钩车溜放速度，使溜放钩车在调车线上安全连挂；在特殊情况下可实行半自动控制；提供摘钩计划显示；接收列车的到达计划及解体计划等信息，送出车列解编后的去向实际位置、调车场股道占用情况等信息，为编组站内有关部门全面了解车流情况提供信息。

在综合管理系统故障或特别授权情况下驼峰自动控制系统可独立运行。

3. 调机自动化子系统

调机自动化子系统不仅限于推峰机车，其范围覆盖全站所有调机，为管理系统提供机车位置与车况信息；并且在 CIPS 共享信息平台支撑下，调机自动化子系统可实现对站场内各种与调机相关的地面作业信息(包括计划、指令、信号、进路等)的车上显示以及调机作业过程的监控、跟踪及速度防护、距离防护等安全防护功能；同时对于驼峰推峰机车，完成推峰过程的推峰速度自动控制。对于推峰机车系统可以同时控制四台机车进行作业，并可根据站场作业的需求，实现“双推双溜”以及“双推单溜”作业方式。

系统满足全场8台调车机车(包括4台推峰机车)全站(全场)同时作业的需求,并且具备调机数量可扩展能力。

4. 驼峰停车器自动控制子系统

尾部停车器将按照计划指令要求,紧密配合尾部调车作业,智能化地控制尾部停车器的制动与缓解。

停车器控制子系统通过管理系统局域网从中心数据库中获取尾部和头部的调车计划和执行情况,并直接获取是否越区及作业方法(取送、单溜、连溜)的信息,通过解析计划和确定计划的执行步骤来确定停车器输出。同时,由于头部和尾部作业是在管理系统的协调统一计划安排下,并且下达给头、尾控制子系统分别执行,包括头部封锁和尾部调车的时机与配合,使得停车器的自动控制更加安全、高效和智能化。

5. 外业移动信息分系统

在CIPS管理系统信息支持下,为外勤车号员、商检人员、列检人员、调车组等外业工作人员提供无线移动数据信息服务。按照工种要求及作业区域划分,外业人员手持的小型数字移动装置具有业务提醒、作业通知、作业预告、查询、作业信息反馈等功能。

6. 微机监测和环境集中监控子系统

管理系统作为编组站的信息集散地,可进而集成由各个控制系统、监测模块测得的电务检测及环境监控数据,实现监测与调度计划间的信息绑定,并在整个CIPS网下或通过CIPS与外界的接口,实现监测信息或报表的广泛共享。

通过微机监测和环境集中监控子系统让维修人员及时了解各类设备的运行情况及其环境条件,并在设备故障或环境异常时给出级别不同的报警信息以及相应维修建议信息。

系统除应满足《信号微机监测系统技术条件》的有关技术要求外,还针对编组站的特点满足以下功能:

(1)动力供风系统低风压报警。

(2)实时显示推峰速度,并记录每一溜放钩车越过驼峰信号机时的推峰速度。

(3)系统自动创建和自动录入以下基础数据库:文本信息记录数据库、已执行钩计划信息记录数据库、减速器控制过程详细信息记录数据库、设备分类变化历史信息记录数据库。

(4)在维护工作站上具有溜放进路及联锁部分的"回放"功能。

(5)空调监控。

(6)环境状态监控,包括:温度、湿度、火灾探测等。

7. 闭路电视子系统

闭路电视监视系统作为编组站综合集成自动化系统的一个子系统,能够实时地向站调楼提供现场作业情况,指导现场作业,保证远程集中控制的安全、准确;向站调人员提供全站各场的运行情况,对站场重要作业点进行监控;同时站调楼指挥管理人员能够通过内部局域网调看现场视频图像。

闭路电视监视系统应具备的功能主要有:监视功能、图像选择功能、录像功能、摄像范围控制功能等。

8. 其他

(1)综合电源子系统

电源子系统是信号设备的供电设备,分别向综合集成自动化系统各子系统和室外信号机、电动转辙机、继电器、减速器、雷达等设备提供稳定、可靠、高精度的电源。

控制中心的综合电源主机通过局域网集中监测所有站场的智能电源屏，实现信号电源的综合监控管理。综合电源主机将各站场电源运行参数和告警信息发送给综合管理系统服务器，服务器对综合电源子系统数据进行实时更新，使该类信息在系统中共享、集成，在系统各类工作站上可以查询运行的参数和告警信息，便于综合维护。

(2)综合雷电及电磁干扰防护子系统

综合雷电及电磁干扰防护系统应结合所处地理位置的雷害情况及信号综合控制系统的特点，本着科学、经济、可靠耐用的原则，按分区、分级、分设备设置相应的防护区，对雷电及电磁干扰进行综合防护。

三、CIPS 系统模型与结构

(一)系统模型

1. 递阶模型结构

如果采用递阶结构模型描述，CIPS 可按功能分解为 5 个层次的金字塔结构，如图 11-1 所示。该结构是分别由美国国家标准局 NBS 和国际标准化组织 ISO 提出的。

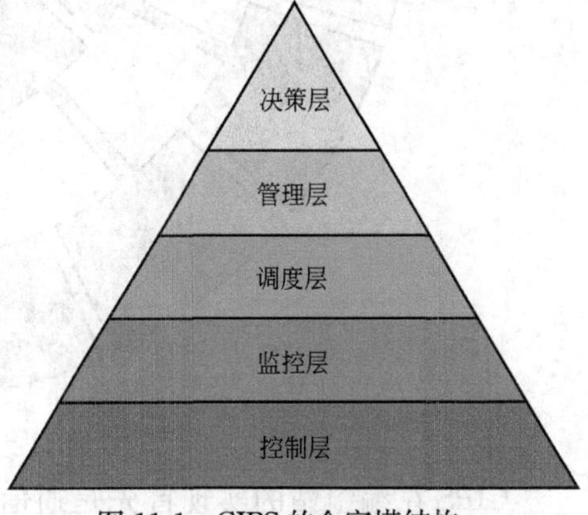

图 11-1 CIPS 的金字塔结构

结合编组站的情况，驼峰自动控制系统和联锁系统提供了直接控制以及使用人员监督和操作的界面，属于控制层和监控层，如图 11-2 所示。编组站综合管理信息系统实现调度层和管理层，而决策层只有在编组站综合管理信息系统与车站、电务段等部门的办公室自动化以及铁路局调度所管理信息系统的密切配合后才能实现。

2. 轮图模型结构

结合编组站的功能需求，CIPS 采用轮图表示，如图 11-3 所示，其核心层为统一的过程数据库，以列车和车辆及站场进路信息为核心，可分为实时数据库系统和关系数据库系统两类，中间层为 4 个功能部分，外层为其功能的展开。

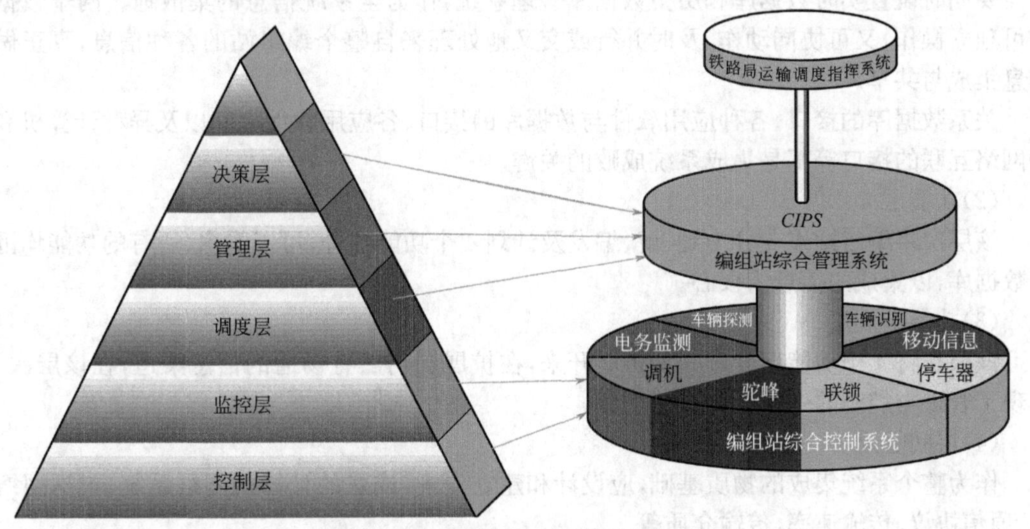

图 11-2 CIPS 系统与金字塔结构关系图

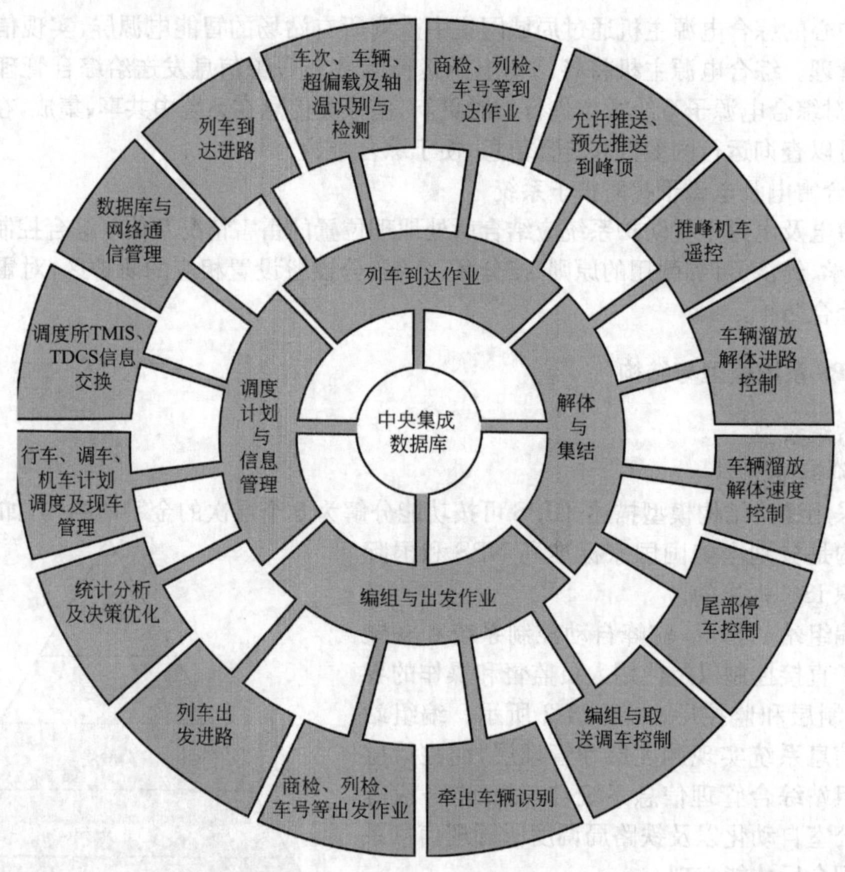

图 11-3　CIPS 系统的轮图结构

CIPS 在编组站的实现首先是通信网络与信息集成，这是关键支撑技术，主要内容为：

(1)核心层

信息集成是 CIPS 的核心，而数据库管理系统是信息集成的基础。编组站信息集成环境中需要同时设置实时数据库和历史数据库管理系统，作为全系统信息的集散地。两个数据库既可独立操作，又可协同动作，及时并行或交叉地处理来自整个编组站的各种信息，真正做到信息集成与共享。

关系数据库的接口、各种应用软件与数据库的接口、各应用软件之间以及异种计算机和异种网络互联的接口等都是集成系统成败的关键。

(2)功能层

该层次将编组站作业分为到、解、编发及计划 4 个功能部分，可以看出，所有的功能均围绕着数据库，以集成的信息为核心。

(3)功能扩展层

该层次将 4 个功能部分进一步扩展开来，在扩展层仍然有畅通的信息渠道，在该层次上，体现了管理与控制的一体化。

(4)层间管道

作为整个系统集成的物质基础，应设计和建立先进、成熟的计算机网络系统，包括网络拓扑、通信协议、传输速率、传输介质等。

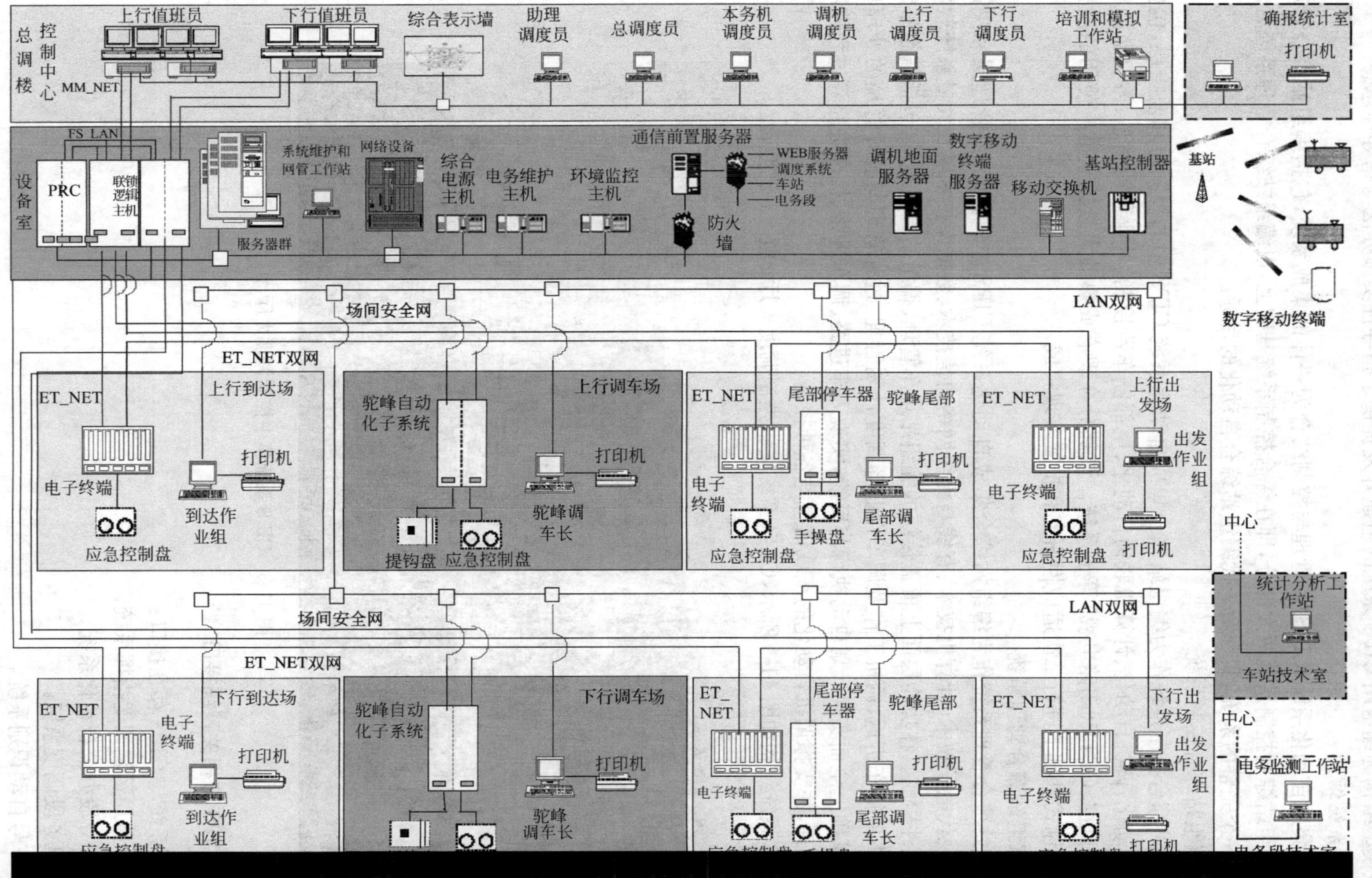

图 11-4 CIPS系统结构图

该模型结构为编组站 CIPS 系统的组建开发提供了指导性实施办法与指导性思想。

(二)系统结构

综合集成自动化系统(CIPS)是管理与控制结合为一体的集成系统,包括编组站综合管理系统和编组站综合控制系统两大部分,即在综合控制系统基础上,以编组站综合管理系统为核心,组建一个完整的系统,实现新一代编组站综合自动化的目标。

1. 编组站综合控制系统

编组站综合控制系统作为编组站综合集成自动化系统 CIPS 中的控制层和监控层,包括了驼峰自动化、调机自动化、计算机联锁自动化、尾部停车器控制、外业移动信息、微机监测和环境集中监控、CCTV(闭路电视)等子系统。该部分在现有成熟的大量独立推广使用的过程控制系统制式基础上进行二次适应性研究和扩展实现集成。

2. 编组站综合管理系统

编组站综合管理系统作为编组站综合集成自动化系统 CIPS 中的调度层、管理层和决策层,采用现代电子技术、计算机技术、有线与无线网络通信技术、数据库技术以及大量系统软件与应用软件构成。在功能层面上覆盖传统的编组站现车管理、编组站调度表示,包括编组站内接发车、本务机车折返、调机工作及调车作业等调度计划管理、过程管理与统计管理的处理功能,在此基础上全面实现计划自动执行与反馈,实现列车进路、调车进路、机车进路等过程控制的自动办理,并支撑调机自动化的车载信息与各种控制。

CIPS 系统结构如图 11-4 所示,CIPS 系统集中控制调度大厅如图 11-5 所示。

图 11-5　CIPS 系统集中控制调度大厅

四、CIPS 与相关系统接口

以下系统与 CIPS 存在接口:

1. 铁路局运输调度指挥系统。
2. 车务段办公自动化系统。
3. 机务段调度系统。
4. 车号自动识别系统。
5. 红外轴温探测系统。

6. 车辆超偏载检测系统。

7. 车辆全限界检测系统。

8. 脱轨器控制系统。

以上系统可通过计算机数据通信接口与CIPS系统交换信息，提高CIPS系统的信息集成度，并取得信息互惠。通过与这些系统的信息集成，可进一步提高CIPS系统的自动化程度与智能化程度，加强车站管理，强化调度及作业人员对作业过程的监管，提高作业效率。尤其是作为CIPS系统上级的铁路局运输调度指挥系统，相互正确、及时、有效的信息交换是CIPS系统正常运行的保障。

第三节 编组站综合自动化系统（SAM）

一、SAM系统的总体目标

（一）局站融合，建立一体化的信息系统

新丰镇编组站综合自动化系统（SAM）遵循《铁路信息化总体规划》和铁路快速发展的方向，即建成功能完善、结构合理、技术先进、管理科学、经济适用、安全可靠、具有中国特色的铁路编组站综合自动化系统；充分体现前瞻性、功能性、系统性、经济性和可操作性；充分挖掘编组站的列车到/发能力和解/编能力，进而提高铁路的运输生产效率；构建规范化的编组站异源、异构信息资源共享平台；实现SAM系统与路网信息的融合；确保信息的准确、安全、畅通与共享；发挥信息化的整体效益，使我国编组站的总体技术达到世界先进水平。

（二）实现运输组织的优化

采用集中-分布式控制模式，集中管理和控制与现地控制相结合，实现独特的编组站调度指挥与集中控制；实现功能提升的作业过程控制自动化。尽量减少调车/列车进路交叉和作业干扰；避免资源运用冲突。缩短机车、车辆站内的走行距离和在站的中转停留时间。实现编组站作业管理与过程控制一体化；适度集中、高效化。将编组站的调度指挥、管理与作业过程自动控制有机地结合在一起。充分挖掘编组站的站场与股道、调车机和其他设备资源配置的最大潜力；充分协调车站各组成部分及各作业环节的工作。车站作业计划自动编制，且具有实时性、灵活性和可操作性。

（三）管控融合，实现减员增效的目标

实现铁路局与车站计划、调度管理一体化，即将铁路局调度和车站调度（含局、站货调、机调）有机地结合在一起。为最终实现区域（路局）的计划、调度管理一体化奠定基础。“局-站一体化”的实质是：计划编制的局-站互动，提高路网运输计划的质量，为组织超编组计划高质量直达列车的规划和编组方案奠定基础。填补路网信息的“断点”，铁路局调度全面了解编组站作业实际情况，为提高调度管理质量，及时解决存在问题提供条件。

（四）运维融合，为系统平稳运行保驾护航

编组站了解路网运输有关信息，为改善编组站计划调度和管理质量提供条件。实时掌握编组站各项动态运营指标，存在问题和经验，提高车站领导指挥水平。提供准确数据，辅助部、局领导管理决策。实现车站调度指挥与管理信息化、计算机化、智能化；实现运营管理与决策支持。

SAM系统调度大厅如图11-6所示。

二、SAM系统的组成和架构

（一）系统的层次结构

SAM系统组成及层次结构如图11-7所示。

图 11-6　SAM 系统调度大厅

(二)系统总体构成

上层是铁路局计划,调度系统,负责协调编组站所需要的信息。从路网(全局)的角度规划最优的列车运营方案、列车编组计划,下达临时调整的调度命令。

中间层是车站调度指挥与管理系统,负责接收与执行铁路局下达的日班/阶段计划、列车编组计划和临时调整的调度命令。编制车站的日班/阶段作业计划;将到/发线、调车机、本务机、驼峰/牵出线的使用计划,调车作业钩计划(解体、编组、取送车),分解到车站各个工作岗位去执行;并将站场、列车及车辆的动态信息实时反馈给路局计划、调度系统。

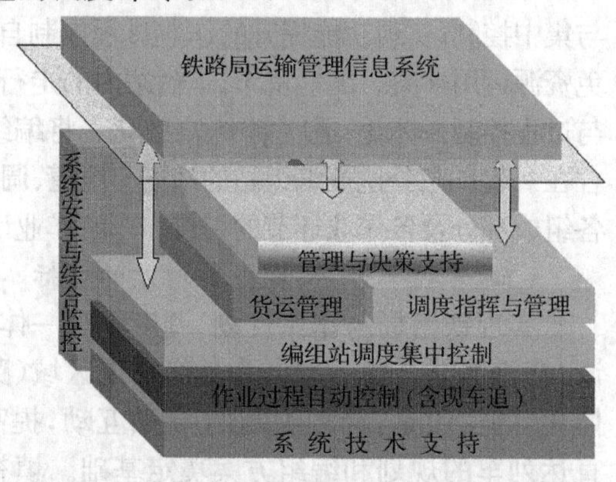

图 11-7　SAM 系统组成及层次结构

基础层是调度集中控制与作业过程自动控制系统。负责接收车站调度指挥与管理系统下达的作业计划,并将其分解成指令下达给相关的控制设备;实现进路自动控制、驼峰溜放控制、计算机联锁控制、尾部停车器控制、调车机车遥控;并将执行结果实时反馈给调度指挥与管理系统。

三、SAM 系统的主要功能

SAM 的系统功能可概括为以下各项:

1. 铁路局与编组站信息交互:自动接收铁路局日班计划、阶段计划、调度命令、运输生产指标、承认车、阶段装卸计划;自动接收和发送列车预确报、列车到发报点;自动上报计划执行情况、请求车、运非转换和装卸作业情况、实时统计数据、18 点统计报告,站内车辆实时跟踪数据、全站调度表示信息向路局透明等等。

2. 与相关系统和站段的信息沟通：与TIMS、TDCS、机务管理信息系统、车辆管理信息系统、机务段、车辆段、电务段、工务段、供电段专网以及SAM系统维修中心等沟通信息。

3. 站调智能专家系统辅助决策：自动编制、调整车站阶段计划，自动铺画车站技术作业大表，优化到发线、编组线、调机、驼峰和牵出线使用；自动描绘技术作业大表的计划线；计划预演，推算和组织车流；现车管理；根据控制系统作业实绩报告，自动描绘技术作业大表的实际线、自动调整车站阶段计划；提供人工确认、人工干预、计算机辅助编制阶段计划的手段；自动下达阶段计划，掌控编组站阶段计划的执行。

4. 自动编制调整调车钩计划，掌控计划的执行情况：解体钩计划、编组钩计划、取送车计划、调机使用计划、本务机车出入库计划；提供人工确认、人工干预、计算机辅助编制调车钩计划的手段；自动下达调车钩计划，掌控计划的执行。

5. 编组站调度集中控制：自动接收接发车计划和调车钩计划；根据现场作业实际情况，自动修改计划的执行顺序；分解计划执行步骤，检测进路无冲突后，形成计划执行指令队列，经人工确认或修改指令的执行顺序；形成进路的始终端命令，通过计算机联锁系统，自动排列接发列车和调车作业进路；提供人工干预的手段。

6. 机车、车辆实时自动跟踪：本务机车跟踪到轨道区段。调车机车除轨道区段外，可显示到前方调车信号机的距离。车辆跟踪可提供进入编组站的每一辆货车的实时位置，包括车型、车号、场别、股道号、顺位(如果已挂在机车上则提供调机号和顺位)，以及该车的所有信息；自动核对到达、出发列车编组顺序表；提供便捷的实时查询手段；调车作业与钩计划发生偏差时自动告警；提供人工干预、修正的手段。

7. 到达场、编尾、出发场、交换场计算机联锁控制与编尾停车器的自动控制：可以接收编组站调度集中的进路命令，自动排列进路；可以自动接收调车钩计划，返回计划执行实绩报告；可以提供进路、设备状态等共享信息。

8. 驼峰自动控制：推峰、调车进路的集中联锁控制；与到达场和编发线尾部相关车场联锁和照查；溜放速度和溜放进路的自动控制；在机车遥控模式条件下，可以自动控制驼峰调机的推峰速度；与其他有关系统联网；系统和设备的监测和维修支持等功能。

9. 调车机车综合安全控制：驼峰调车机车的遥控或自控；调车机车的综合安全监控；调车机车的实时跟踪。

10. 自动采集到达、出发场脱轨器控制表示信息。

11. 编组站综合信息调度表示：显示编组站全貌的大屏幕电视幕墙；有关岗位的工作站或个人计算机有选择地显示各场、各咽喉区的局部图像。显示内容：站场图形、联锁和驼峰设备状态和测量数据、编组站作业状况、机车车辆实时跟踪信息、接发车情况、接发车及调车计划、关键部位的视频图像、编组站关键性指标的动态显示等。

12. 到达与出发作业自动化：自动核对到达、出发列车编组顺序表；自动检测超载、偏载、超限、车门关闭和施封状况；自动检测热轴、车辆运行故障；利用编组站实时信息无线网指导并简化到达、出发作业，实行现场作业过程的掌控。

13. 编组站资源管理、运营决策支持：支持对全站资源、安全和技术运营方案进行科学管理；查询车站资源的运用情况；调度计划、任务完成情况；运营指标分析；潜在问题预警和报警；安全生产的决策支持。

14. 货运、货场全面信息化管理：以铁路局货流分析为目标，实现铁路局货调与车站货调一体化，形成车站级货流分析信息平台；铁路整车、集装箱、零担运输业务处理；货运计划受理与审批、承运受理、装卸、到达交付、中转配装等各作业环节信息处理;货运信息查询、货运营销、货运安全、统计、内外勤、集装箱等各项管理;图形化货场管理。

15. 编组站统计自动化:自动报告列车到、发时间;自动动态统计作业量和各种运营指标;编组站运营指标分析;自动编制和上报各种报表。

16. 编组站关键部位和关键作业岗位的视频监控:监控区域主要是驼峰、编尾、到达和出发场两端咽喉区,支持集中控制与指挥;调车场调车线,支持公安防盗。

17. 系统监测与集中值机:监测内容包括系统设备工况、设备运行关键性参数、供电电源、机房环境的分散监测和集中显示,支持集中值机和状态修。

18. 网络通信支持:编组站综合信息网、编组站控制信息网、编组站实时信息无线网,提供 SAM 系统各种信息通道;编组站计划调度系统、管理与决策支持系统、货运系统内部网络与编组站综合实时信息网双向沟通,支持编组站信息整合和共享;与 TDCS、相关系统和相关站段专网沟通,实现编组站与路网信息交互。提供综合网络安全防护管理及系统时钟同步控制:SAM 系统时钟与路网标准时钟同步;系统中所有计算机时钟与 SAM 系统时钟同步。

19. 编组站综合数据库:存储编组站基础信息、各种共享信息、计划和控制的历史数据。

20. 系统维护与技术支持:在线诊断,作业过程回放,远程诊断和监控;维修中心对系统运行状况进行全天候监视指导,协助故障、事故分析等。

四、系统接口

SAM 系统接口如图 11-8 所示。

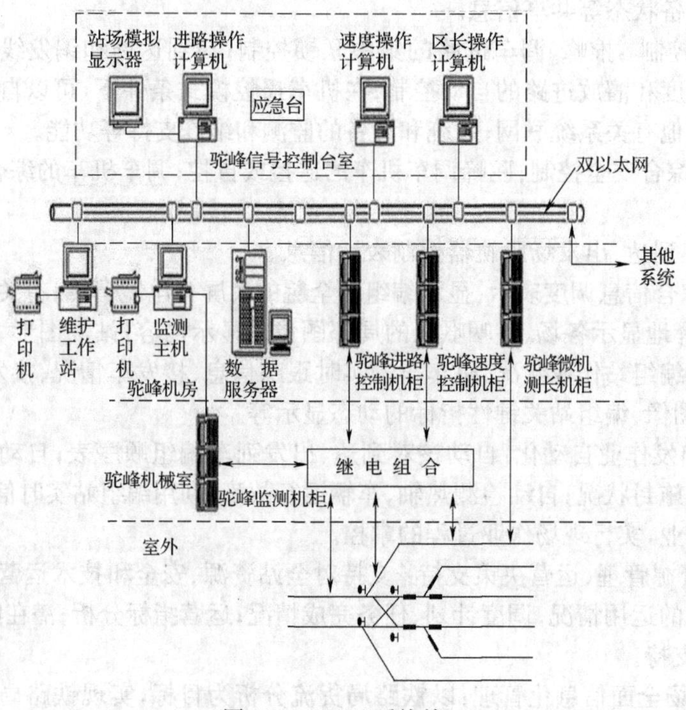

图 11-8　SAM 系统接口

复习思考题

1. 编组站综合集成自动化系统 CIPS 具体实现了哪些目标?
2. 简述编组站综合自动化系统的主要功能。
3. 简述编组站综合自动化系统 SAM 层次结构及分工。
4. 简述编组站综合自动化系统 SAM 的主要功能。

职
业
技
能

第十二章　驼峰轨道电路的维护与故障处理

第一节　JWXC-2.3 型轨道电路的维护与故障处理

一、JWXC-2.3 型轨道电路的检修

表 12-1　JWXC-2.3 型轨道电路的检修作业内容及质量标准

修程	工作步骤	作业内容及质量标准	注意事项
日常养护	一、送(受)电端箱盒外部检修	(1)箱盒无破损,号码清楚正确,加锁装置良好。 (2)基础倾斜不超过 10 mm,箱盒底距地面不少于150 mm,排水良好。 (3)各部螺栓油润、紧固、满帽。 (4)硬面化整洁无杂物	
	二、送(受)电端引接线检修	(1)引接线双套化固定良好,油润不锈蚀,断股不得超过 1/5。 (2)各塞钉孔不锈蚀,塞钉打入深度最少与轨腰平,露出不超过 5 mm 并涂漆封闭。 (3)引接线距轨底不应小于 30 mm,采取防混线措施。引接线处不得设有防爬器和轨距杆等有可能造成短路的金属部件。 (4)引接线与箱、盒间绝缘良好	
	三、轨道电路设备检修	(1)钢轨绝缘应做到钢轨、槽型绝缘、接头夹板(鱼尾板)相吻合,轨端绝缘安装应与钢轨接头保持平直;道钉、扣件不得碰接头夹板;装有钢轨绝缘处的轨缝应保持在 6～10 mm,两钢轨头部保持水平,高低相差不大于2 mm,在钢轨绝缘处的轨枕保持坚固,道床捣固良好。高强绝缘螺栓扭力达标。 (2)引接线应双套化。塞钉打入深度最少与轨腰平,露出不超过 5 mm,塞钉与塞钉孔要全面紧密接触,并涂漆封闭,线条密贴接头夹板,达到平、紧、直;焊接式接续线焊接牢固,焊接接头的上端端头应低于新钢轨柜面11 mm,与接头夹板固定螺母竖向中心线的间距不得小于 10 mm;钢绞线应油润无锈,断股不得超过 1/5。 (3)道岔跳线应双套化。道岔跳线处不得有防爬器和轨距杆等物。穿越钢轨处,距轨底不应小于 30 mm,不得与可能造成短路的金属件接触。 (4)检查轨距杆绝缘外观,安装良好	
集中检修	一、箱盒内部检修	(1)内部清洁,名牌齐全正确,字迹清楚,防尘、防潮设施良好。 (2)各部螺丝紧固,垫片、备帽、套管齐全,配线绑扎整齐,无破皮及混线可能,焊点焊接良好。 (3)器材类型正确,安装牢固,封印完整。 (4)电缆引入口处采用灌胶防护,电缆不下沉。 (5)熔断器容量标准,接触良好,运用不超期(5 年)。 (6)箱内每个种类熔丝至少有一个备用熔丝并立式固定存放。 (7)限流电阻辅助线、片作用良好,各制式轨道电路限流电阻阻值(包括引接线电阻)符合规定:JWXC-2.3 型闭路式驼峰轨道电路送电端限流电阻,交流闭路式不小于 4 Ω,直流闭路式不小于 2 Ω	发现绝缘不良时需分解检查。电气化区段正线及衔接正线的各类钢轨绝缘每年分解检查一次,侧线各类绝缘每两年分解检查一次;非电气化区段正线及衔接正线的各类钢轨绝缘两年分解检查一次,侧线各类绝缘三年分解检查一次
	二、Ⅰ级测试	(1)站内轨距杆绝缘电阻不小于 200 Ω,站外不小于600 Ω。 (2)各种安装装置绝缘作用良好,绝缘电阻不小于 200 Ω。 (3)钢轨绝缘不小于 1 000 Ω。 (4)调整状态测试:	

续上表

修程	工作步骤	作业内容及质量标准	注意事项
集中检修	二、Ⅰ级测试	①JWXC-2.3型交流闭路式驼峰轨道电路,轨道继电器的直流电流:线圈并联时,应为380~580 mA;线圈串联时,应为230~330 mA。 ②JWXC-2.3型直流闭路式驼峰轨道电路,轨道继电器的工作电流不小于207 mA。 (5)分路状态测试: ①JWXC-2.3型交流闭路式驼峰轨道电路,用0.5 Ω标准分路电阻线在轨面上分路时,轨道继电器的直流电流:线圈并联时,不大于110 mA;线圈串联时,不大于56 mA,继电器应可靠落下,缓放时间不大于0.2 s。 ②JWXC-2.3型直流闭路式驼峰轨道电路,用0.1 Ω标准分路电阻线在轨道上分路时,继电器电流不大于56 mA,继电器应可靠落下。 (6)加锁、销记	

二、电气化区段JWXC-2.3型直流轨道电路的故障处理

故障现象:轨道电路红光带。

处理方法:如图12-1所示。

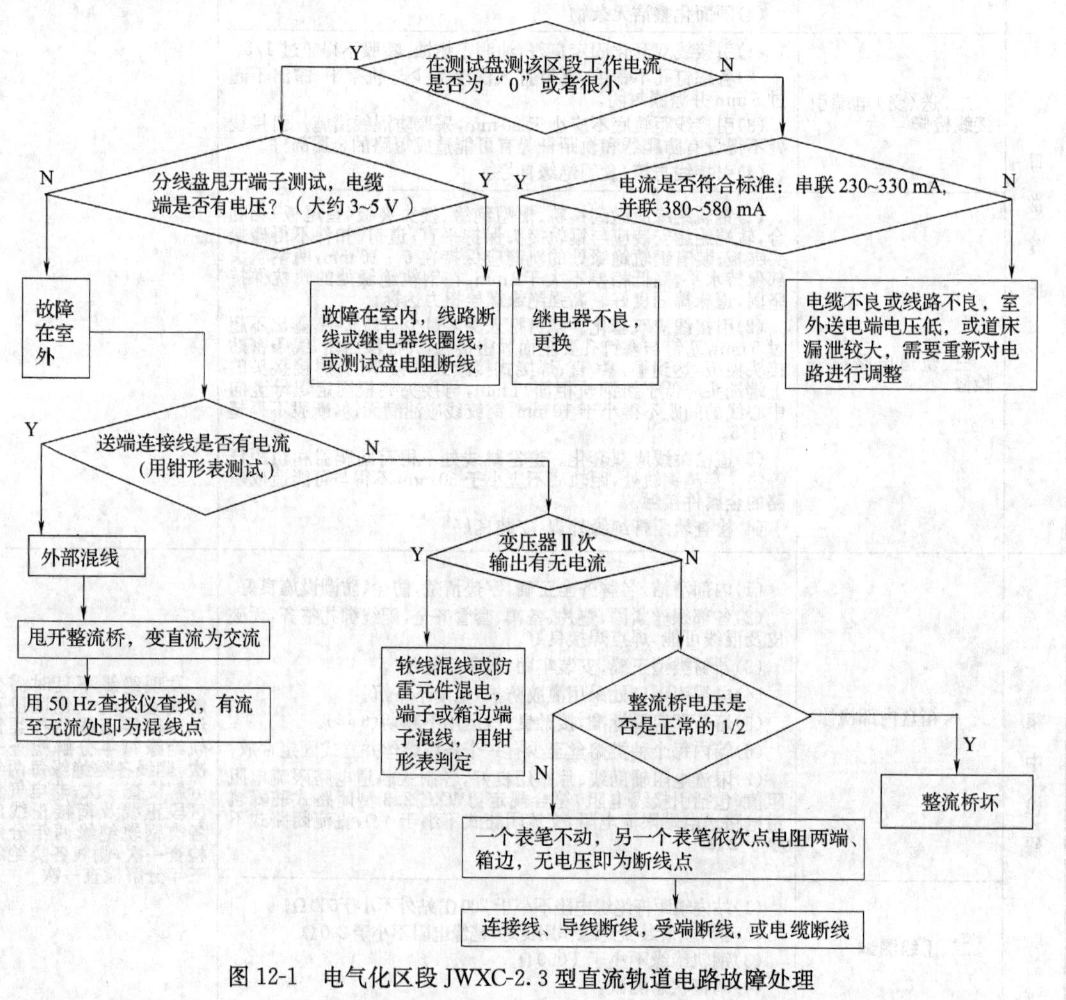

图12-1　电气化区段JWXC-2.3型直流轨道电路故障处理

第二节 GLG型高灵敏轨道电路的维护与故障处理

GLG型高灵敏轨道电路的检修方法与JWXC-2.3型轨道电路相同。

一、GLG型高灵敏轨道电路的调整

(一)调整状态

GLG型轨道电路是在最小道床漏泄电阻的情况下，预定接收器的动作电压抽头，通过发送器变压器次级抽头作粗调，以限流电感抽头作细调的方法使轨道电路满足表12-2所示的调整标准。

表12-2 最小漏泄电阻时轨道电路的调整标准

接收器输入脉冲电压(S_1)	JZXC-480继电器线圈直流电压
1.1～1.2 V	>DC7.4 V

确定最小漏泄电阻的方法有两种：

1. 以0.6 Ω·km计算漏泄电阻

在轨道区段中央并接可调电阻(如0.6 Ω)，使整个区段的总漏泄电阻达到最小(0.6 Ω·km)，此时对轨道电路进行调整，达到表12-2标准。

2. 以实际的最小漏泄电阻进行调整。

估算或以雨天时的最小漏泄电阻调整(此时的漏泄电阻大于0.6 Ω·km)。

(二)分路状态

在满足上述调整状态后，晴天在送端以规定的分路电阻分路轨道，残压应满足表12-3要求。在300 m以下区段，分路电阻值取0.6 Ω；在300 m以上区段，分路电阻值取0.15 Ω；在漏泄严重区段，分路电阻值取总漏阻的0.3倍。

表12-3 轨道电路分路时的残压标准

接收器输入脉冲电压(S_1)	JZXC-480继电器线圈直流电压	接收器输出交流电压(S_2)
<释放值(工作值)	<DC2.4 V	<AC4.2 V

增大发送器限流电感L_1匝数，降低调整状态时接收器的输入电压储备系数，即降低发送电压或提高接收器的动作值，能提高轨道电路的分路灵敏度。

同时符合上述的调整状态和分路状态，即可实现一次调整。

二、GLG型高灵敏轨道电路的测试

检修时，一般可采用SBD-6或XJ-18等扫描示波器观察和测量脉冲电压和波形。平常维护中，可利用积分表来测量脉冲电压，它是在通用数字万用表的直流电压挡，外附一个积分器，将脉冲电压的峰值保持下来，供读数。

发送器，在端子1、2间(1为正极性)测量输出脉冲电压；接收器，在S_1插孔，测量输入的脉冲电压。

另外,由接收器的 S_2 插孔,用交流电压挡可测量输出给继电器的交流电压。

由原电气集中轨道电路标准测试盘可测试轨道继电器的交流输入电压和线圈直流电压。

三、GLG 型高灵敏轨道电路故障处理

GLG 轨道电路调试中出现的故障现象及处理方法见表 12-4。

表 12-4　GLG 型高灵敏轨道电路故障处理

序号	现象	接收器(S_1)	测试盘交流电压或 S_2	测试盘直流电压	故障原因分析	处理办法
1	正常工作情况	≥1.1～1.2 工作值	10.5 V	8.2 V		
2	GJ↓红光带	无正向电压,有反向电压	2 V	0.6 V	输入电缆极性反	对调受电端电缆芯线
3	GJ↓红光带	有正常正向电压	2 V	0.6 V	(1)发送与接收交流相位反了。 (2)接收器交流熔断器 2RD 断丝	(1)对调发送器 GJZ、GJF。 (2)更换熔断器
4	GJ↓红光带	有正常正向电压	0	0	接收器直流熔断器 1RD 断丝	更换熔断器
5	GJ↓红光带	有很高电压	2 V	0.6 V	发送器假负载电阻 R_2 开路	更换电阻
6	GJ↓红光带	无正向和反向电压	2 V	0.6 V	(1)发送器交流熔断器断丝。 (2)轨道上有短路物	(1)更换熔断器。 (2)排除短路
7	分路灵敏度低	≥1.2 工作值(最小漏阻时)	10.5 V	8.2 V	(1)发送器限流电阻匝数太少。 (2)接收器输入电压储备系数太大	(1)适当增加电感 L_1 匝数。 (2)降低发送器电压(减低电压抽头)或适当提高接收器工作值

"接收盒 2—12 有电压,轨道出现红光带"故障处理,如图 12-2 所示。

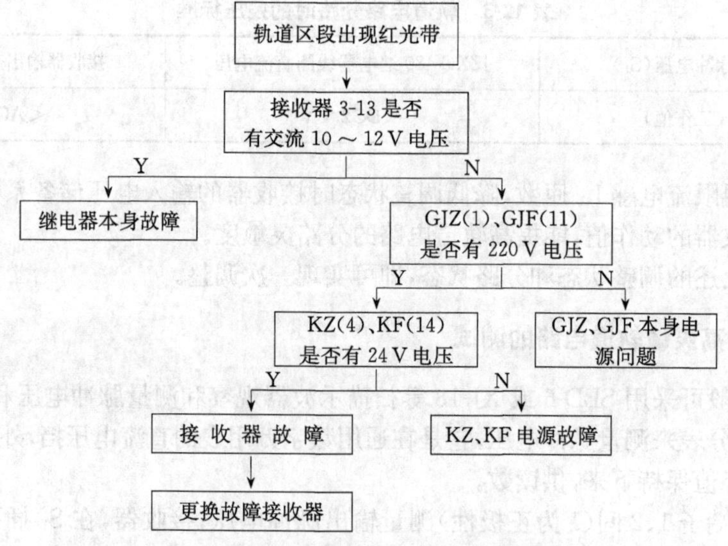

图 12-2　GLG 型轨道电路故障处理流程

第三节 TGLG 型高灵敏轨道电路的维护与故障处理

TGLG 型高灵敏度轨道电路的检修方法与 JWXC-2.3 型轨道电路相同。

一、TGLG 型高灵敏轨道电路的调整

(一)调整状态

TGLG 型轨道电路是在最小道床漏泄电阻的情况下,预定接收器的动作电压抽头,通过发送器变压器次级抽头作粗调,以限流电感抽头作细调的方法使轨道电路满足表 12-5 所示的调整标准。

表 12-5 最小漏泄电阻时轨道电路的调整标准

轨道继电器	局部电压(S_3)	轨道电压(S_2)
JDBX-A $\frac{550}{550}$	22 V±2.2 V	>13.5 V

确定最小漏泄电阻的方法有两种:

1. 以 0.6 Ω·km 计算漏泄电阻

在轨道区段中央并接可调电阻(如 0.6 Ω),使整个区段的总漏泄电阻达到最小(0.6 Ω·km),此时对轨道电路进行调整,达到表 12-5 标准。

2. 以实际的最小漏泄电阻进行调整

估算或以雨天时的最小漏泄电阻调整(此时的漏泄电阻大于 0.6 Ω·km)。

(二)分路状态

在满足上述调整状态后,晴天在送端以规定的分路电阻分路轨道,残压应满足表 12-6 要求。在 50 m 以下区段,分路电阻值取 3 Ω;50 m 以上区段,分路电阻值取 0.2 Ω。

表 12-6 轨道电路分路时的残压标准

轨道继电器	局部电压(S_3)	轨道电压(S_2)
JDBX-A $\frac{550}{550}$	22 V±2.2 V	<4 V
	0	<10 V

注:由于单闭磁继电器具有二元特性,故残压满足上表两种之一即认为可靠分路。

增大发送器限流电感 L_1 匝数,增大调整电阻值,降低调整状态时接收器的输入电压储备系数,即降低发送电压或提高接收器的动作值,能提高轨道电路的分路灵敏度。

同时符合上述的调整状态和分路状态,即可实现一次调整。

(三)发送器、接收器的调整

1. 发送器、调压器抽头及电感匝数调整(见图 12-3)

(1)端子 1、2 为脉冲输出端,与轨道连接线相连,其中 1 为脉冲正极,2 为脉冲负极,连接线采用 1 mm² 的塑料线。端子 1、2 间应跨接 MY31-220 V/5 kA 压敏电阻作过压防护。

(2)端子 13、14 为交流输入端,导线采用 0.5 mm² 塑料铜线。

(3)端子 15 至 20 为电源变压器次级电压调整端子,用于粗调轨面电压。不同连接时次级电压见表 12-7。

表 12-7 电源变压器次级电压调整

连接电子	15-16	15-17	15-18	15-19	15-20
变压器二次电压	70 V	80 V	90 V	100 V	110 V

(4)端子 4 至 10 为限流电感抽头调整端子,作轨面电压细调用。不同连接时电感匝数见表 12-8。

表 12-8 限流电感抽头调整

连接端子	4-5	4-6	4-7	4-8	4-9	4-10	4-3
电感匝数	3 T	5 T	8 T	11 T	14 T	17 T	20 T

增加电感匝数能提高分路灵敏度,但降低了轨面电压。一般电感放在 5 T～14 T 之间。

(5)端子 11 连 12,发送器充放电电容为 20 μF,一般用于轨道电路较长的区段。当接收器轨道电压偏低(<13 V)时使用。端子 11、12 不连接,充放电电容为 10 μF。

2. 接收器动作电压调整(见图 12-4、表 12-9)

表 12-9 接收器动作电压参考表

连接端子	5-6	5-7	5-8	5-9	5-10
参考动作电压	45 V	51 V	53 V	56 V	61 V

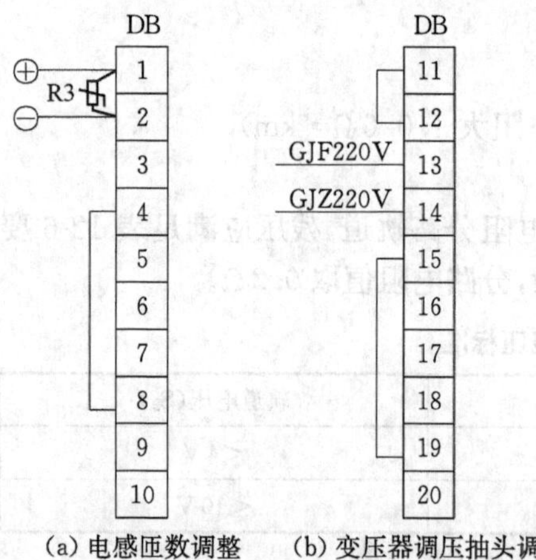

(a) 电感匝数调整　(b) 变压器调压抽头调整

图 12-3 发送器端子配线图

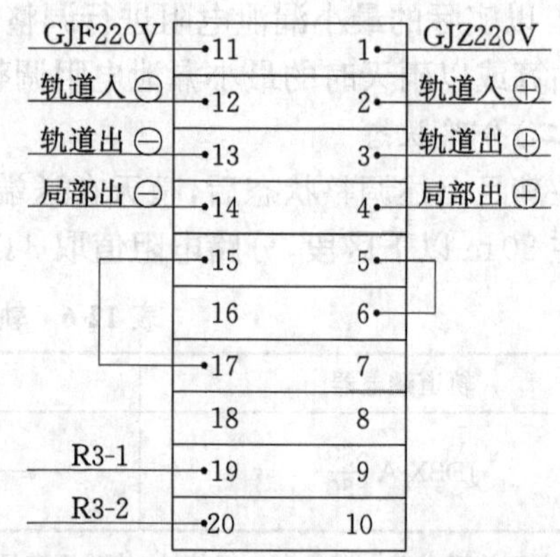

图 12-4 接收器插座配线图

(1)交流电源 GJZ200、GJF220 采用与发送器同一相线。

(2)轨道出及局部出,分别接单闭磁继电器的两个线圈。

(3)端子 15、16、17 为轨道出电压调整用。15-17 连接时,输出电压较高;15-16 连时,电压较低。

(4)端子 19、20 接局部回路,负载电阻安装在组合后面。

二、TGLG 型高灵敏轨道电路的测试

检修时,一般可采用 SBD-6 或 XJ-18 等慢扫描示波器观察和测量脉冲电压和波形。平常维护中,可利用积分表来测量脉冲电压,它是在通用数字万用表的直流电压挡,外附一个积分器,将脉冲电压的峰值保持下来供读数。

发送器，在端子1、2间（1为正极性）测量输出脉冲电压；接收器，在S_1插孔测量输入的脉冲电压。

另外，在接收器的S_2、S_3插孔，用直流电压挡可测量输出给继电器的轨道电源和局部电源电压。

三、TGLG型高灵敏轨道电路故障处理

TGLG型高灵敏轨道电路故障处理与GLG型高灵敏轨道电路故障处理基本相同。

第十三章　驼峰转辙设备的维护与故障处理

第一节　电空转辙机的维护与故障处理

一、ZK4型电空转辙机的安装与调试

(一)安　　装

1. 安装方法

(1)电空转辙机通过4条M20×70螺栓安装在安装装置的角钢上,与安装装置形成一个整体;电空转辙机可根据现场需要,安装在道岔左侧或右侧。

(2)电空转辙机动作杆通过密贴调整杆与尖轨相连。

(3)按电空转辙机控制电路图与控制电路连接,同时断开安全开关。

(4)接通风源后,将电空转辙机调压阀调至零位。

(5)检查电空转辙机及安装装置上所有紧固件有无松动、短缺或损坏。

(6)向油杯中注入油杯体积2/3的20号润滑油(在温度低于0℃时用10号航空机油或锭子油);建议常年使用航空机油。

2. 安装注意事项

(1)安装时,吊运电空转辙机应注意把绳索吊挂在电空转辙机的底部,严禁吊挂在活塞杆、管路等部位,以免将零件损伤。

(2)安装前,检查控制电路是否与整机电路要求一致(整机电路要求定位、反位均为正电),如不一致应更改控制电路。

(3)电空转辙机的动作杆应与线路中心垂直。

(4)拉杆与动作杆或拉杆与密贴调整杆架相连时,不应有犯卡现象,更不允许强行装配,以免发生较大变形,对于装配不适的零部件,可稍加修整再装配。

(5)接通风源前,应将与电空转辙机相配的外风源管路进行空排放风,确认管路中无锈物、杂质后关闭风源,再与电空转辙机相接。

(6)注油前先关闭风源,并排除余风;注油完毕后再打开进风阀。

(7)电空转辙机停用一年(从出厂日计算)或从道岔上拆换下来,应解体清理管路、换向阀及气缸,以免锈蚀物损坏密封圈,影响动作,清理后应加足润滑油并更换所有密封件。

(8)安装时,应确保道岔轨枕部基础道砟捣实,以免因振动影响电空转辙机的表示精度。

(二)调　　试

1. 调试方法

(1)首先将电磁锁闭阀头锁入阀体内(方法:用手向下按动手柄并旋转锁定),然后打开调压阀,将风压分别调至0.45 MPa、0.55 MPa、0.6 MPa,进行手动操作,每个风压操作次数不少于10次。在活塞杆伸出或拉入时用油壶向活塞杆上滴少量润滑油,并用抹布擦净,活塞杆表面不得有浮油。

(2)接通安全开关,通电操作,调整尖轨与基本轨密贴间隙。方法为:将一个密贴调整板分别插入定位和反位的尖轨与基本轨间,调整间隙应符合《铁路信号维护规则》的要求;当道岔尖轨密贴间隙、行程不适合时,调整密贴调整杆的调整螺母;注意锁闭杆与活塞杆锁闭槽中心线偏差不得大于 0.5 mm。

(3)调整油雾器滴油量,每动作一次滴一滴油(初次使用时可适当增加),并锁紧调压阀、注油孔,同时打开进风阀;也可按现场情况定期供油。

(4)检查电空转辙机气密性。方法是:将风压调至 0.6 MPa,再用 10%的肥皂液涂于各密封处,3 s 中内不得将气泡吹破。

(5)打开电磁锁闭阀阀头;通电操作 5 次,观察电磁锁闭阀动作有无卡阻现象。

(6)用压力表重新校正压力至使用风压,然后关闭压力表开关。

(7)当上述工作正常后,在额定风压下连续正常操作 15 次以上,确认无异常后便可开通线路试验。

(8)在开通运行前 20 钩车内必须有人监护运行,并做记录;20 钩后可按照各站场的制度进行维护。

2. 调试注意事项

(1)当调完尖轨密贴间隙后必须对调整螺母进行防松处理。

(2)检查过滤杯中是否有积液、杂质,如有应及时排除。

(3)调试完成后,检查电空转辙机及安装装置所有紧固件是否牢固。

(4)电压调至额定电压后,将整机用电控操作数次,检查动作有无异常;工作电压不得低于 DC20 V。

(5)调试过程如发现设备转换力大,可根据工作风压适当降低风压,但必须在保证动作时间的前提下。

(6)注意锁闭杆与活塞杆锁闭槽中心偏差不得大于 0.5 mm。

(7)以上工作完成后,可交付使用。

二、电空转辙机的检修

ZK3-A、ZK4 型电空转辙机检修作业内容及质量标准见表 13-1。

表 13-1　ZK3-A、ZK4 型电空转辙机检修作业内容及质量标准

检修项目	作业内容及质量标准	作业要求
转辙机外观、安装装置及道岔检查	(1)转辙机外部清洁无异状,机盖严密,防尘、防水良好,加锁完好,编号、标记齐全、清楚。 (2)供风管无破损,两端紧固良好无漏风,引线防护管完好、无脱落。 (3)各部螺丝紧固,垫圈齐全,防松作用良好,各部开口销子齐全、完整,劈开角度为 60°～90°,平销磨耗不大于 1 mm。 (4)转辙机安装牢固、方正,其纵侧面的两端与基本轨垂直距离的偏差不大于10 mm。 (5)道岔密贴无反弹,调整状态良好。 (6)动作杆丝扣的调整余量不少于 10 mm,防缓装置良好。 (7)动作杆在杆架内的空动距离不小于 5 mm。 (8)动作杆伸出端及连接铁无裂纹。 (9)角钢安装方正,平、直,L 铁与基本轨吻合,各部螺丝紧固、丝扣干净油润。 (10)动作杆与方钢平行、动作杆与基本轨垂直无磨卡,其偏差不大于 20 mm	信号楼电务值班人员配合

续上表

检修项目	作业内容及质量标准	作业要求
安全接点检查	(1)安全接点安装牢固,胶木无裂纹、不破损、动接点动作灵活。 (2)动、静接点断开距离不小于2.0 mm,动、静接点接触良好,压力均匀,接触深度不少于5.0 mm	进行机内检修时,须断开安全接点
二联件及配管检查	(1)气动二联件安装牢固,作用良好,无漏气、返油现象。 (2)调压阀调压平稳、可靠,调压范围为50～750 kPa,风压调整在500～550 kPa(ZK4为450～550 kPa),风压表指示正确,不超期。 (3)油雾器安装牢固、无裂纹,杯内应不少于1/3油量,动作一次,油雾器滴油应不小于1滴,油雾正常。 (4)滤尘器清洁无裂纹、无积尘杂质,排污阀开闭灵活,排污良好,关闭时不漏风。 (5)配管安装牢固,平、直、正,接头不漏风	(1)观察油雾情况及过滤杯有无杂质,注意及时排放并定期清理或更换过滤芯。润滑油使用航空润滑油。 (2)手动操作前,必须先将锁闭阀阀头锁入阀体内(ZK4改进型除外)
气动元件检查及测试	(1)锁闭阀、单向阀、梭阀及小锁闭阀、滑阀(ZK4换向阀)、风缸及活塞杆安装牢固,无裂纹,气密性能良好,无内外泄露,动作无异常。 (2)锁闭阀阀芯、滑阀芯动作灵活,无机械卡阻,密封良好。 (3)锁闭风压大于或等于250 kPa,解锁风压小于或等于400 kPa(ZK4解锁风压小于或等于320 kPa)。 (4)活塞杆动作灵活、不锈蚀,行程170 mm±2 mm活塞杆直径磨耗不大于0.2 mm	(1)检修、更换机内各气动部件时,必须先断开气源再将换向阀上部的排气丝堵打开,排气后方可解体进行检修。 (2)气密性检查:耳听是否有漏风情况。 (3)进行锁闭阀试验时将锁闭阀阀头打开,试验后再锁入阀体内
电磁阀(ZK4电磁锁闭阀)检查及测试	(1)安装牢固、动作灵活,手动阀无磨卡现象,不漏风。 (2)衔铁动作灵活、动程1.8 mm±0.3 mm。 (3)电磁阀额定电压DC20 V,最小吸起电压不大于16 V,释放值不小于3.5 V。(ZK4型电磁阀额定电压DC24 V,最小吸起电压不大于16V,释放值不小于1.5 V) (4)电磁阀线圈电阻85 Ω±5 Ω(ZK4为68 Ω±4 Ω),线圈绝缘电阻不小于5 MΩ。 (5)ZK4型电磁锁闭阀线圈电阻102 Ω±8 Ω,二极管性能良好,锁闭杆动作无卡阻	
转辙机内部清扫配线及插接件检查	(1)内部清洁,无异物。 (2)配线整齐,绑扎良好,线头无伤痕,焊接牢固,套管齐全,无混电可能。 (3)插接件安装牢固、固定螺丝不松动,无裂纹、无破损,接触良好。 (4)端子螺丝紧固,垫圈、备帽齐全	
表示接点检查、测试	(1)表示接点座安装牢固,胶木无裂纹,不破损。 (2)动、静接点清洁,不变形,转接灵活方向正确,插入方向中心偏差不大于0.5 mm,磨耗极限为其厚度的1/3,动接点轴旷动量不大于0.5 mm。 (3)静接点片两边受力均匀,压力适当,压力不小于5 N,接点片与补强片同时接触;接点片与补强片在未接时应有0.3～0.5 mm间隙。 (4)动接点动作正常,接点接触良好,开闭正常,胶木无裂纹,在静接点片中的接触深度不小于4 mm。 (5)表示杆安装牢固,动作灵活,滚轮落下不击槽。 (6)表示杆与动作杆动作一致,偏心销磨耗极限最小偏心为1 mm,连接螺栓磨耗极限为0.5 mm。 (7)表示杆拉簧弹力适当,作用良好。 (8)表示杆与活塞杆动程差不大于1 mm	(1)测试接点压力使用测力计。 (2)根据各测试结果填写测试记录

续上表

检修项目	作业内容及质量标准	作业要求
道岔扳动试验及测试	(1)道岔尖轨不卡阻、不反弹，定反位密贴良好，4 mm不锁闭。 (2)各部动作正常，无卡阻、无漏风，连续扳动3次风压降不超50 kPa。 (3)风压在500～550 kPa之间，动作时间不大于0.6 s。 (4)各部带电对地绝缘测试不大于5 MΩ	手动试验，正常后，必须打开锁闭阀阀头，接通安全开关后，进行控制电路操纵试验

三、电空转辙机的故障处理

ZK3-A、ZK4型电空转辙机故障处理见表13-2。

表13-2　ZK3-A、ZK4型电空转辙机故障处理

故障现象	原因分析	处理方法
转辙机动作慢	(1)风压过低。 (2)换向阀、风缸内缺油。 (3)换向阀、风缸等密封件卡阻、油雾器作用不良；机内温度过低，密封胶件变硬卡阻。 (4)气源处理元件风路堵塞。 (5)换向阀动作不灵活	(1)风压调整为0.5 MPa以上。 (2)加大油雾器的走油量，必要时可直接向风缸内注油。 (3)更换(耐低温)密封件，加电热装置，必要时在机外加防寒罩。 (4)更换气源处理元件或分解、清洗滤尘器。 (5)换向阀分解(E形密封圈损坏)
转辙机不转换	(1)转辙机电磁阀无控制电源或安全接点接触不好。 (2)风压过低，造成低风压锁闭。 (3)电磁阀卡阻。 (4)大锁闭阀卡阻。 (5)换向阀卡阻。 (6)工作风缸卡阻。 (7)小锁闭阀阀头转动，卡住阀芯。 (8)梭阀芯O形圈破损，造成小锁闭阀不解锁	(1)检查控制电路，在室内分线盘上测是否有控制电压。若有，为室外电路故障。若无，为室内电路故障；调整安全接点。 (2)调整风压到0.5 MPa以上。 (3)更换或分解电磁阀。 (4)更换大锁闭阀。 (5)分解或更换换向阀(E型密封圈损坏)。 (6)风缸缺油或密封件损坏，分解检查或入所修。 (7)更换小锁闭阀或滑阀组入所修(ZK3-A)。 (8)更换梭阀(ZK3-A)
转辙机无表示(DBJ↓、FBJ↓)	(1)机内接线端子或插座接触不良。 (2)表示接点接触不良。 (3)尖轨间隙过大	(1)检查控制电路，在室内分线盘上测是否有控制电源；若有，则为室外电路故障查找处理；若无，则为室内电路故障查找处理。 (2)调整和擦拭接点。 (3)重新调整尖轨密贴
转辙机发生道岔恢复	(1)转辙机动作慢，转换时间超时。 (2)转换后无表示	(1)同转辙机动作慢处理方法。 (2)同转辙机无表示处理方法
气源处理元件漏风和不滴油	(1)密封圈损坏。 (2)排污阀处有杂质	(1)更换密封圈。 (2)清除杂质
电磁锁闭阀不动作(ZK4)	(1)锁闭阀头变形、卡阻、同轴度差。 (2)机内接线连接不好	(1)更换电磁锁闭阀锁闭杆。 (2)检查接线端子

ZK3-A型电空转辙机道岔自动恢复故障处理如图13-1所示。

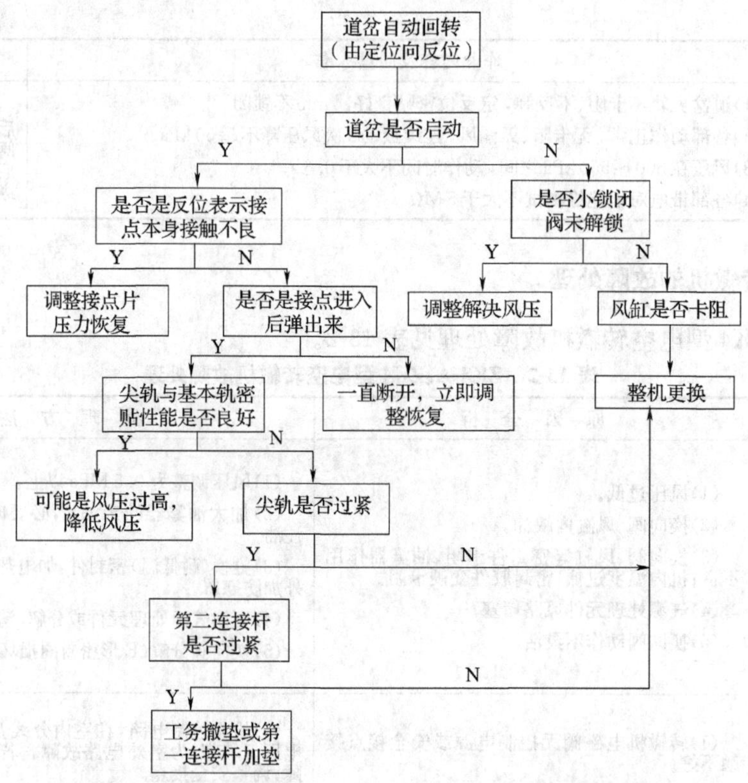

图 13-1　ZK3-A 型电空转辙机道岔自恢复故障处理流程

第二节　ZD7 系列电动转辙机的维护

ZD7 系列电动转辙机的检修作业内容及质量标准见表 13-3。

表 13-3　ZD7 系列电动转辙机的检修作业内容及质量标准

修程	工作步骤	作业内容及质量标准
日常养护	一、箱盒外部检查	(1)箱盒、蛇管无破损，加锁装置良好。 (2)基础倾斜度不超过 10 mm，箱盒底距地面不少于 150 mm，排水良好。 (3)各部螺丝油润、紧固、满帽。 (4)硬面整洁无杂物
	二、转辙机外部检查	(1)防护罩齐全紧固，各部无意外破损，加锁装置良好。 (2)设备名称及定位标志清晰正确。 (3)各部螺丝油润、紧固、满帽。 (4)表示杆缺口标记无变化
	三、安装装置检查	(1)安装装置的紧固件、开口销、连接销、表示杆和动作杆螺母齐全、不松动，防松措施良好，开口销角度为 60°～90°，两臂劈开角度应基本一致。 (2)动作杆、表示杆及安装装置的各连接销、摩擦面应油润。 (3)穿越轨底的各种杆件距轨底的净距离应大于 10 mm，距离石砟不少于 20 mm。

续上表

修程	工作步骤	作业内容及质量标准
日常养护	三、安装装置检查	(4)安装装置绝缘完整。 (5)转换设备中的各种传动拉杆、表示连接杆及导管等的螺纹部分的内、外调整余量应不少于10 mm。 (6)密贴调整杆动作时，其空洞距离应在5 mm以上
	四、道岔状况检查	(1)设备无外界干扰和异状，尖轨和基本轨间无异物。 (2)道岔密贴状态良好，尖轨、基本轨飞边不得影响道岔密贴。尖轨、心轨、基本轨的爬行、窜动量不超过20 mm。 (3)道岔安装方正： ① 密贴调整杆、表示杆、尖端杆、第一连接杆与直股基本轨相垂直，各杆的两端间与直股基本轨垂直线的偏差均不大于20 mm。 ② 电动转辙机机壳纵侧面的两端与直股基本轨垂直距离的偏差，内锁闭道岔不大于10 mm，外锁闭道岔不大于5 mm。 ③ 各种道岔拉杆，其水平方向的两端高低偏差不大于5 mm(以两基本轨工作面为基准)
集中检修	一、转辙机内部检修	(1)机件安装牢固、完整，无裂纹、无异状，机内防水、防尘良好，无锈蚀。 (2)内部螺丝紧固，插接件固定良好，配线绑扎整齐无破皮，采取防混线磨卡措施。 (3)安全接点接触良好，接触深度不小于4 mm，在插入钥匙时可靠断开2 mm以上，非经人工恢复不得接通电路。 (4)电动机炭刷与换向器接触面积不少于炭刷面积的3/4(同心弧面接触)，炭刷长度不小于全长的3/5；换向器表面光滑干净，换向器片间的绝缘物不得高出换向器的弧面。炭刷引线完好无损，炭刷帽不松动。 (5)摩擦带与内齿轮伸出部分保持清洁，不锈蚀、不粘油。 (6)摩擦联接器作用良好，相邻弹簧圈间隙不小于1.5 mm，弹簧不得与夹板接触。 (7)自动开闭器拉簧弹力适当，动接点环卡簧齐全，动接点在静接点内的接触深度不小于4 mm，动接点座与静接点座间隙不小于3 mm，动接点组打入静接点组内，动接点环不低于静接点片，同时静接点片下边不应与动接点绝缘体接触，速动爪落下前动接点在静接点内有窜动时，应保证接点接触深度不少于2 mm，自动开闭器动接点的摆动量(用手扳动)不大于3.5 mm。接点无氧化、无烧损。 (8)速动爪与速动片的间隙在解锁时不小于0.2 mm，锁闭时为1～3 mm；速动爪的滚轮落下后不得与启动片缺口底部相碰。 (9)表示杆定、反位表示缺口要求：ZD7系列为3 mm±1 mm。 (10)更换移位接触器或挤切销必须手摇试验用副销带动道岔，移位接触器接点应可靠断开，非经人工解锁不得接通电路。 (11)提销检查，主挤切销无伤痕、无变形、无裂纹，标记清楚正确，与孔间的旷动量不大于0.3 mm，主副螺堵紧固。 (12)齿轮装置的各齿轮间啮合良好，转动时不磨卡，无过大噪声。 (13)机内重点部位清扫注油
	二、道岔安装装置检修	(1)表示杆的销孔旷量应不大于0.5 mm；其余部位的销孔旷量应不大于1 mm。 (2)动作杆、表示杆及安装装置的各连接销、摩擦面应油润。 (3)测试各部安装装置绝缘不小于200 Ω，不良分解检查
	三、道岔状况动态检查	(1)道岔密贴状态良好，尖轨、基本轨飞边不得影响道岔密贴。道岔尖轨无反弹、弓背、吊板，滑床板清洁润滑。 (2)处理各类道岔病害
	四、箱盒内部检修	(1)箱盒内部清洁，防尘、防潮设施良好，名牌齐全、正确，字迹清楚。 (2)箱盒内部螺丝紧固，配线绑扎整齐，无破皮及混线可能，焊点焊接良好。 (3)器材类型正确，无过热现象，不超期，印封完整，安装牢固，防振、防脱设施良好。 (4)图纸塑封，与实物相符

续上表

修程	工作步骤	作业内容及质量标准
集中检修	五、扳动试验	(1)扳动道岔时各部动作灵活、稳定,无异状,换向器表面无过大火花。 (2)扳动试验密贴检查,牵引点及密贴检查位置处,尖轨与基本轨、心轨与翼轨应满足以下要求: ① 列车运行速度小于120 km/h线路上的道岔,单点牵引及多点牵引的第一牵引点,牵引点处有4 mm及其以上间隙时,道岔不能锁闭和接通表示;多点牵引密贴段(刨切段)的其余各牵引点处有6 mm以上间隙时,道岔不能锁闭和接通表示;两牵引点间有10 mm及以上间隙时,道岔不能接通表示。 ② 列车运行速度大于120 km/h小于160 km/h线路上的道岔,密贴段牵引点处有4 mm及其以上间隙时,道岔不能锁闭和接通表示;两牵引点间有10 mm及以上间隙时,道岔不能接通表示。 ③ 列车运行速度大于160 km/h线路上的道岔,密贴段牵引点处有4 mm及其以上间隙时,道岔不能锁闭和接通表示;两牵引点间有5 mm及以上间隙时,道岔不能接通表示
	六、Ⅰ级测试	(1)ZD7系列: ① 动作电流:ZD7型不大于5.0 A;ZD7-A型不大于6.0 A;ZD7-C型不大于11 A; ② 锁闭电流:高于动作电流值不大于0.3 A; ③ 故障电流:ZD7型5.0～7.5 A;ZD7-A型7.8～8.7 A;ZD7-C型13.5～16 A; (2)ZD7系列转极继电器电压:90～120 V。 (3)ZD7系列驼峰道岔恢复时间:1.2～1.4 s。 (4)道岔位置核对、销记,设备加锁

第十四章 车辆减速器维护与故障处理

第一节 T·JK1-D型减速器的维护与故障处理

一、T·JK1-D型减速器的安装与调试

(一)减速器道床及基础处理

减速器道床包括主体道床和过渡道床,其基础处理及技术要求应根据每个站场的实际情况而定。

1. 道床

减速器主道床使用专用轨枕板,一般均应将轨枕板用混凝土浇铸成一体,形成整体道床。这样可保证减速器道床的稳定性,免除日常运用中轨枕板高度误差变化带来的维护。整体道床中放四根旧钢轨或一定规格的工字钢,混凝土标号C45以上,减速器所有轨枕板承轨槽水平高度误差小于±2 mm。

过渡道床所用轨枕为线路通用混凝土枕,数量一般为4块,通常也用混凝土浇铸成整体。过渡道床铺在减速器与线路的结合处(若两台减速器串联使用时,可以不做两台中间的过渡道床),过渡道床靠近主道床的三根轨枕板用特制扣件。减速器主道床与过渡道床基础如图14-1所示。

2. 基础

减速器道床下部地基需技术处理。对于一般的新站场,地基条件不好的老站场或地基土质不均匀的站场,可用整体基础,即用三七灰土逐层夯实(要求承载力不小于0.1 MPa)再砌500 mm厚片石灌浆层,然后铺100 mm厚小碎石层,小碎石层上将安放轨枕板并浇注成整体混凝土道床,养生达到规定强度后开通运用,如图14-2所示。

减速器基础处理时一般预留30～50 mm的沉降量,新站场取较大值,老站场取较小值。减速器区段坡度一般为2‰～3‰。

3. 其他

新站场或地基条件较差的老站场,地基承载力按照0.1 MPa考虑,减速器区段采用25 m新轨,减速器相邻股道间铺设60 mm厚水泥方砖,排水根据调车场情况统一考虑;减速器控制箱下部基础在减速器基础打好之后,根据减速器基础情况,将下部箱架固定(可用地脚螺栓固定,也可直接将箱架固化在混凝土中)。

(二)减速器的安装及调试

1. 减速器安装

减速器只能安装在直线段上。减速器的控制装置及管路安装如图14-3所示。

安装顺序:轨枕板固定后,安装推杆机构、气缸,然后将制动钳串联到基本轨上,并安装扣件→制动轨→管路→控制装置→空气净化装置→管路→控制线。

安装减速器时,推杆机构应动作灵活,否则可以在曲拐座与轨枕板之间加垫片进行调整。

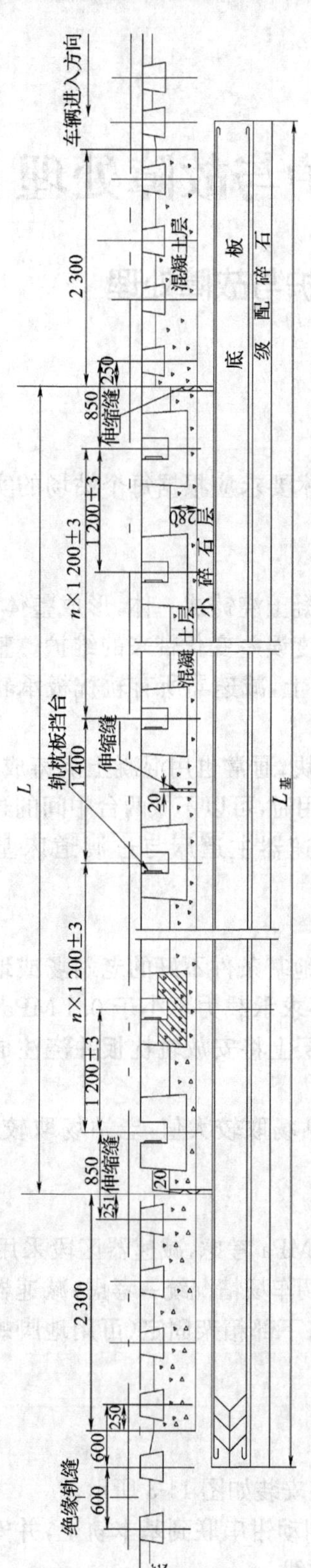

图 14-1 减速器主道床与过渡道床基础

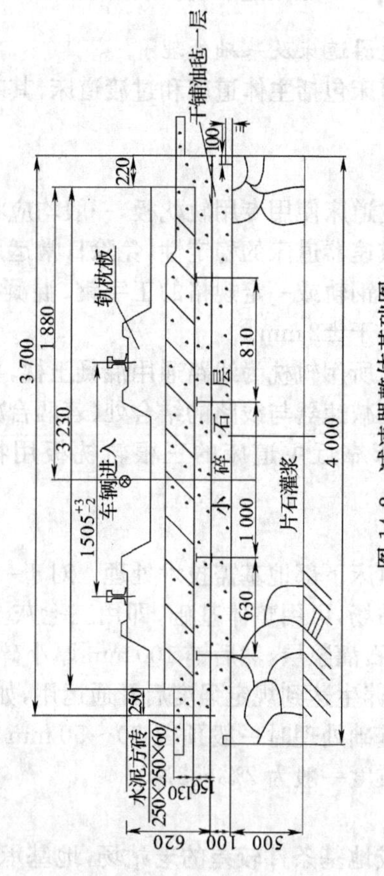

图 14-2 减速器整体基础图

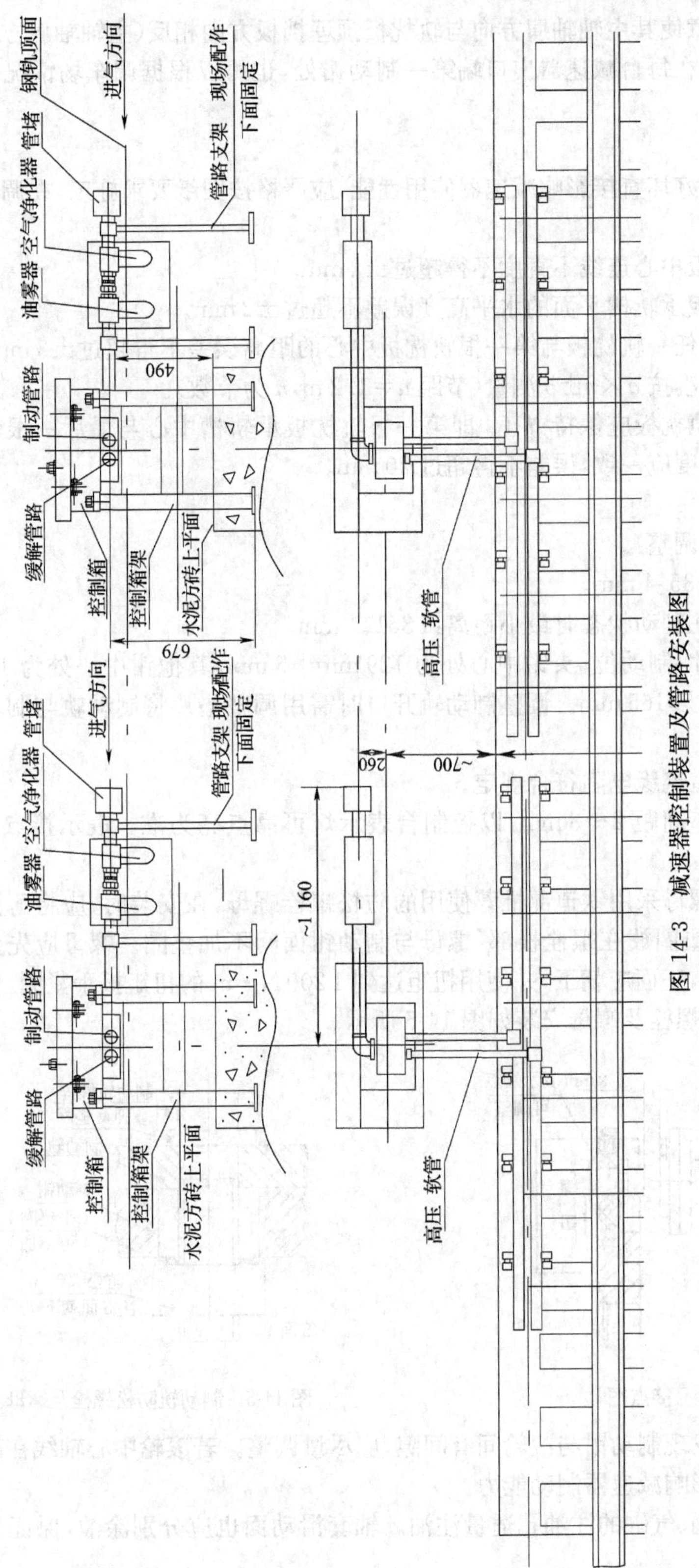

图 14-3　减速器控制装置及管路安装图

安装制动钳组时,应注意使其主轴轴肩方向与轨枕板预埋挡板方向相反(主轴轴肩方向朝向峰顶),表示装置一般安装在每台减速器出口端第一制动钳处,也可以根据调车场情况安装在其他位置,但应保持一致。

2. 轨枕板调整

轨枕板安装质量的好坏直接影响减速器使用性能,应严格按图纸要求施工,在调整时应注意以下尺寸:

(1)减速器的轨枕板中心连线不直度不得超过±2 mm。

(2)减速器的轨枕板承轨槽平面的水平高度误差不超过±2 mm。

(3)每台减速器中,任一轨枕板与第一根轨枕板中心的距离误差不得超过±3 mm,即均以第一根轨枕板中心为基准按 $a\times n\pm3$ 测量(节距 $a=1.2$ m,n 为节数)。

(4)每台减速器的轨枕板应保持方正,即第一根轨枕板承轨槽中心与最后一根轨枕板承轨槽中心两条对角线长度应一致,误差不得超过 20 mm。

3. 减速器调整

按以下顺序及要求调整:

(1)基本轨轨距:$1\,435_{-2}^{+3}$ mm。

(2)两内侧制动轨在制动状态时最小距离:$1\,351_{-6}^{+3}$ mm。

(3)制动轨开口尺寸:制动位,头钳中心处为 129 mm+5 mm,其他钳中心处为 126 mm+4 mm;缓解位,开口尺寸≥165 mm。调整制动轨开口时需用调整垫片将制动轨与制动钳间垫实调整。

(4)减速器区段轨道绝缘电阻符合规定。

(5)表示接点与磁座间距 2~8 mm,以控制台表示灯可靠点亮为准。表示接点如图14-4所示。

(6)制动轨螺栓及螺母采用铁道部推荐使用的防松螺栓螺母,在安装时,应将薄头螺栓放在外侧制动轨处,弹簧垫圈放在螺栓根部,螺母与制动钳面间不加垫圈。螺母应先分清正反面,有“S”字面的为正面,正面应朝下,并使用扭矩达到 1 200 N·m 的扭矩扳手紧固,使用一两天后复紧一次。制动轨螺栓及螺母安装如图 14-5 所示。

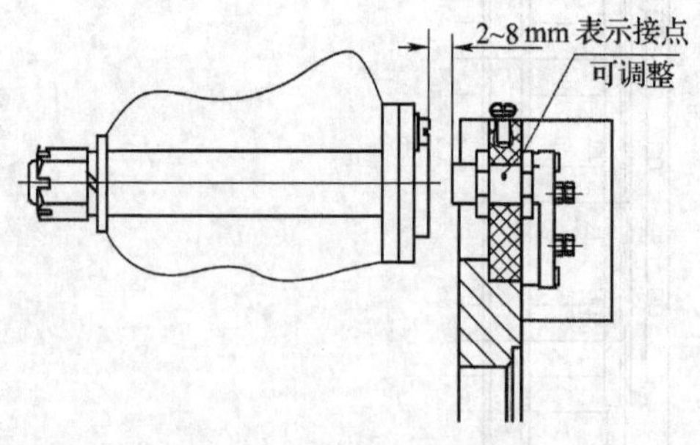

图 14-4　表示接点图

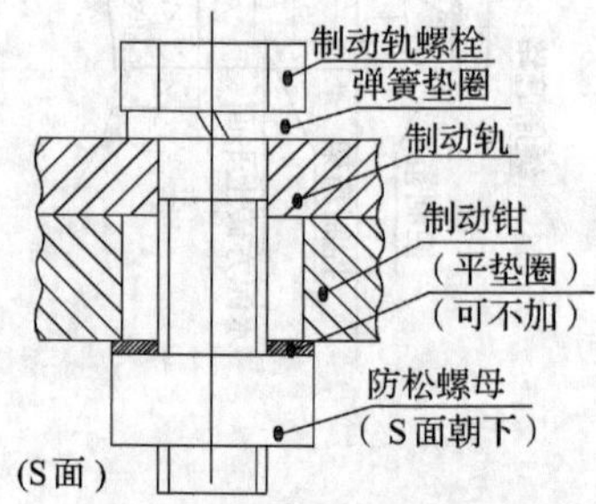

图 14-5　制动轨防松螺栓及螺母

(7)在安装过程中发现制动钳与滚轮间有间隙,应尽量调整。若滚轮中心轴线在高度方向上接近一致时,间隙不影响减速器制动能力。

(8)对油杯及换向阀、气缸的注油孔适量注油。轴套滑动面也应分别涂油,保证各零部件间动作灵活。

4. 减速器试验

(1)施工完后,站场风管路做压力试验时,必须将与过滤器连接的管路断开,以免水及污物进入过滤器。风管路与减速器连接前,必须进行排污和排水处理,确保进入减速器压缩空气的纯净。

(2)减速器接通压缩空气(0.7 MPa)后,检查管路、控制装置、气缸是否漏气,如漏气及时排除处理。

(3)空载动作不少于 25 次,无卡阻等异常现象。

(4)初次夹车,制动轨入口及顶面应均匀涂适量润滑脂,第一钩车(2～3 辆)为连挂速度不大于 5 km/h 的重车,且不得直接闯口制动,应待车辆进入制动区域内再制动。以后可以按 5 km/h、10 km/h、15 km/h、20 km/h 速度,进行数次溜放制动试验(试验时应设防护),无异常情况方可投入使用。

二、T · JK1-D 型减速器的检修及调整

1. 减速器制动开口尺寸,每月检查一次,对开口尺寸不符合标准的要通过加调整片进行调整,调整片尺寸为 80 mm×84 mm,厚度分别为 1 mm、2 mm、3 mm。

2. 制动轨螺栓、开口销、卡簧等,每天巡视一次,发现松动及时紧固,对调整片串出,应重新进行调整,保持两内侧制动轨在制动状态时最小距离 $1\,351^{+3}_{0}$ mm,否则会造成内制动钳断裂。制动轨开口调整后,制动轨螺丝底座紧固两次(即调整时紧固,使用一天后,再紧固第二遍)。

3. 所有轴套及滑动部位每半个月注油一次,保证减速器动作灵活。定期或不定期向油雾器注油(对油雾器内润滑油的要求:高于 −5 ℃时,用 20 号机械油;低于 −5 ℃时,用航空机油),同时排除分水滤气器中的水和污物,并定期清洗滤芯。气缸及气动换向阀三个月向注油孔注油一次。

4. 轨道绝缘电阻 3 个月测试一次,发现问题应及时排除或更换绝缘套。

5. 每天检查气缸及气动换向阀是否有漏风,一般以耳听为准,如有漏风,现场分解更换破损的密封圈。气缸及气动换向阀每 3 个月向注油孔注油,原则上每两年解体检修一次。

6. 高压胶管原则上每 3 年更换一次,如发现有破损、漏风应及时更换。

7. 制动轨的磨耗极限高度:50 kg/m 制动轨为 144 mm,即磨耗 8 mm;60 kg/m 制动轨为 158 mm,即磨耗 18 mm。如制动轨入口处磨耗量过大时,内、外制动轨可以调头安装使用。

8. 每周对减速器的铁沫、灰尘、油污清扫一次,每月彻底清扫一次,现场周围不得有杂物。两年油漆一遍,减速器主体涂黑漆,风管和控制装置、油雾净化装置涂灰漆,制动轨入、出口 400 mm 部位涂白漆。

三、T · JK1-D 型减速器的检修与故障处理

T · JK1-D 型减速器检修作业内容及质量标准见表 14-1。

表 14-1　T · JK1-D 型减速器检修作业内容及质量标准

检修项目	作业内容及质量标准
减速器的控制箱及附件箱内外部检查、清扫	(1)控制箱、附件箱安装牢固,箱盖封闭严密。 (2)控制箱内部清洁,配线整齐,端子垫圈齐全,备帽紧固,无氧化锈蚀,断路器作用良好。 (3)控制箱内气动换向阀动作正常,可靠,无漏泄。 (4)附件箱内油雾器不得少于 1/3 油量,油雾情况良好。空气过滤器排污孔畅通、清洁

续上表

检 修 项 目	作 业 内 容 及 质 量 标 准
减速器各部检查	(1)制动轨、制动钳、支架及管卡安装牢固,不得有裂纹、断裂。 (2)工作风缸、曲拐、滚轮完好,动作灵活无卡阻。推杆平直无弯曲。工作风缸动程应满足124 mm±2 mm,风缸各部及连接座板螺丝紧固。 (3)各部轴、销齐全,弹簧卡圈完整,无串动脱落,开口销劈开角度大于60°。 (4)各部磨耗不超限,制动钳不大于1.5 mm,制动轨的磨耗极限高度为158 mm(60 kg/m)。曲拐、滚轮不大于2 mm;各类轴套不得大于2 mm,轴销磨耗量不大于0.5 mm。 (5)高压胶管不老化,无破损,接头无漏风。 (6)送风管路油饰良好,接头紧固,无破损,无漏风。 (7)制动轨螺栓紧固,调整片、压盖完整无破损。 (8)表示器磁钢及接点盒表面清洁,调整在 4^{+4}_{-2} mm,动作可靠
减速器主要技术尺寸检查	(1)减速器开口尺寸: 制动位:头钳中心处为129 mm+5 mm; 其他钳中心处为126 mm+4 mm。 缓解位:开口尺寸,≥165 mm。 (2)制动轨上侧面至走行基本轨顶面高度: 制动位:内侧轨,74^{+6}_{-4} mm; 外侧轨,70^{+6}_{-4} mm。 缓解位:内侧轨,≤81 mm; 外侧轨,≤78 mm。 (3)两内侧制动轨轨顶间最小距离:1 351^{+3}_{-6} mm
减速器主要技术指标测试	(1)工作电压:DC24^{+4}_{-4} V。 (2)减速器动作时间: 全制动时间:≤0.5 s; 全缓解时间:≤0.7 s; 缓解时间:≤0.4 s。 (3)各绝缘电阻:轨道绝缘电阻≥50 Ω; 表示盒各接点端子绝缘电阻≥5 MΩ; 线圈对地绝缘电阻≥5 MΩ

T·JK1-D型减速器常见故障处理方法见表14-2。

表14-2 T·JK1-D型减速器常见故障处理方法

故障现象	原 因 分 析	处 理 方 法
减速器不制动或不缓解	(1)检查制动(缓解)电磁阀无控制电源。 (2)检查控制箱电源控制开关接触不良。 (3)电磁阀线圈断线或接线端子松动。 (4)电磁阀衔铁、动作杆、顶针等卡阻。 (5)三位五通阀卡阻动作不良。 (6)风管路控制阀门未打开。 (7)减速器机械卡阻	(1)检查控制电路,在室内分线盘上测量是否有控制电源;若有,判断为室外电路故障;若无,判断为室内电路故障。 (2)调整或更换电源控制开关。 (3)更换电磁阀或拧紧端子螺丝。 (4)更换或分解修理电磁阀,或更换电磁阀头。 (5)对部件进行分解和更换密封件。 (6)检查打开阀门。 (7)排除减速器机械(气缸)卡阻

续上表

故障现象	原因分析	处理方法
减速器制动或缓解慢	(1)管路供气不够,有管路阀门没有开到位。 (2)换向阀漏气动作慢E形密封圈变形、损坏,阀芯划伤。 (3)电磁阀动作慢: 电磁阀吸起电压不标准; 电磁阀有卡阻现象; 电磁阀常态或工作时漏风。 (4)工作风缸卡阻动作慢。 (5)传动系统机械卡阻动作不灵活。	(1)检查气管路控制阀门并全部打开到位。 (2)更换E形密封圈或阀芯并注油 (3)检查电磁阀供电磁电路;修整阀杆或更换电磁阀;调整及修整铁芯堵头,更换破损密封件,注油润滑。 (4)对卡阻风缸进行分解,更换破损密封件。 (5)调整克服机械卡阻,对各转动环节注油
减速器无制动或缓解表示	(1)检查减速器是否动作到位。 (2)检查磁铁作用及距离。 (3)检查表示接点块是否良好。 (4)检查表示电路是否断线	(1)加润滑油或针对卡阻检修。 (2)检修磁铁作用和调整距离。 (3)更换表示接点组。 (4)检查表示电路,在室内分线盘上测量是否有表示电源;若有,判断为室外电路故障;若无,判断为室内电路故障
车辆出口速度高(夹着出去)	(1)是否为易行车。 (2)检查各部钳口尺寸。 (3)检查是否有风缸卡阻,不制动或制动不到位。 (4)检查有无漏风现象。 (5)检查减速器制动轨面是否有油污	(1)现场观察是否为特殊车。 (2)调整钳口各部尺寸符合要求。 (3)分解检查或更换风缸。 (4)检修漏风设备或更换漏风部件密封圈。 (5)擦除制动轨面上油污
车辆在减速器上夹停	(1)检查钳口尺寸是否超标过小。 (2)检查有无换向阀、风缸卡阻现象。 (3)检查有无机械卡阻现象	(1)调整钳口尺寸符合标准。 (2)对气动部件进行分解和更换密封圈。 (3)调整克服机械卡阻
油雾器分水滤气器性能不良	油雾器不注油或注油过快,分水滤气器过滤性能不良,孔堵塞,油雾器无油	分解清洗、注油,并调节油雾器上的油量调节器,使油雾器作用良好

第二节　T·JK2-A型减速器的维护与故障处理

一、T·JK2-A型减速器的安装

T·JK2-A减速器安装在专用的混凝土轨枕板上。轨枕板下部利用工字钢或废旧钢轨浇灌成主道床。每台减速器分为主道床和头、尾过渡道床。如果采用两台串联形式安装时,应取消第一台减速器的尾部过渡道床和第二台的头部过渡道床,使两台减速器的主道床直接拼接。

整体道床底部距基本轨底555 mm。道床下必须有100 mm碎石垫层。碎石下部根据站场地形条件可以按不同情况分别处理。

1. 如果安装在新站场,地质情况不好,可用三七灰土夯实或原土面夯实,砌上500 mm深的片石并灌浆。

2. 如果安装在老站场,地质情况较好(承载力不小于0.2 MPa),可用三七灰土夯实或原土面夯实铺上不小于200 mm道砟层,新站场或老站场,安装时均应预留20～50 mm沉降量。

3. 对于老站场或轨下基础稳定的站场(承载力不小于0.3 MPa),允许不安装整体道床,而直接在石砟上安装轨枕板。为避免轨枕板承受负弯矩,轨枕板中间下方应垫700 mm×700 mm×60 mm的泡沫塑料。枕板下面必须有100 mm小碎石层(粒度15 mm)。小碎石下部铺设约200 mm道砟层。道砟层下部是200～300 mm的三七灰土层。轨枕板之间应表面固

化,固化层采用乳化沥青或混凝土,厚度为 60 mm。

4. 减速器区段相邻股道间应铺设水泥方板,水泥方板尺寸可按 250 mm×250 mm×60 mm预制。

5. 减速器区段长 25 m,新安装时轨高磨耗量应不超过 2 mm。

6. 减速器区段 25 m 内,三部位(如 T·JK2-A)坡度应为 2‰～3‰,一、二部位(如 T·JK3-A)坡度为 8‰。

7. 现场安装减速器顺序如下:

在线路外把支座、管架支座、安装干簧接点盒支座及绝缘垫板安装在轨枕板上→安装内、外曲拐和连杆组件及工作气缸→吊装整体道床(或轨枕板)→吊入 25 m 长轨→穿入带有制动钳的钢轨承座组件→安装钢轨固定座并调整轨距为 $1\,435^{+3}_{-2}$ mm(允许采用带绝缘的轨距杆调整轨距)→安装管路和气缸之间软管→安装内外制动轨→最后安装控制阀箱和其他控制元件。

若为两台减速器串联安装,顺序和方法与安装单台减速器时一样,但在组装带有制动钳的钢轨承座时,一次套入两台的数量。

二、T·JK2-A 型减速器的检修

重力式车辆减速器检修作业标准见表 14-3。

表 14-3 T·JK2-A 型减速器检修作业内容及质量标准

修程	工作步骤	作业内容及质量标准
日常养护	一、减速器检查	(1)外观整洁无异物。 (2)机件无变形、无裂纹、无外界干扰和异状。 (3)整体道床整洁无异物、无浮土,无外界干扰。 (4)各部螺丝完好并处于紧固状态。 (5)各部轴、套油润,动作灵活,各部大、小轴无窜出、无折断,开口销、卡簧齐全,作用良好。 (6)制动轨、制动钳无裂纹。 (7)制动气缸气密性良好,接头无松动,活塞动作灵活、无卡阻。 (8)快排阀安装牢固,动作灵活,无卡阻、无泄漏。 (9)调整片安装牢固,无脱落,无弹出。 (10)内外曲拐、支承座及连接杆无裂纹,作用良好。 (11)减速器制动、缓解表示接点动作良好,接点位置与制动、缓解位置一致。 (12)减速器绝缘套外观检查良好
	二、风管路检查	(1)各种风管路接头及阀门安装牢固、密封作用良好,不得漏风。 (2)各种胶管不得有漏风、变形及其他异状,外表面不得有严重龟裂老化,不得与基础道床相碰。 (3)风管沟盖板安装整齐,无破裂、断裂现象
	三、控制箱检查	(1)外观整洁无异状。 (2)各处管件阀门无漏风,作用良好。 (3)三位五通阀、电磁阀动作正常,无卡阻、不产生误动。 (4)分水滤气器排污正常,油雾器作用良好,油杯油量不少于其容积的 1/3,油面距油杯内顶面不小于 10 mm。 (5)各部螺栓完好并处于紧固状态。 (6)控制箱防尘防水良好,端子紧固、配线整洁,无断股、无伤痕。 (7)加锁良好。 (8)加温设施良好
	四、动作检查	溜放时目视减速器动作状态,制动、缓解动作良好

续上表

<table>
<tr><th>修程</th><th>工作步骤</th><th colspan="4">作业内容及质量标准</th></tr>
<tr><td rowspan="14">集中检修</td><td>一、减速器检修</td><td colspan="4">(1)各部螺栓无锈蚀，满帽并处于紧固状态，弹簧垫圈作用良好。
(2)开口销齐全完整，角度不小于 60°，两臂劈开角度应基本一致。
(3)各转动、活动部分清洁油润。
(4)制动气缸加油。
(5)T・JK2-(A)型、T・JK3-(A)型减速器制动轨的磨耗极限高度为不大于 18 mm。
(6)曲拐滚轮的最大磨耗量不超过 2 mm。
(7)轴套的最大磨耗量不超过 2 mm。
(8)减速器基础不得有变形、破损现象，使用中的减速器基础下沉量一般不应大于 10 mm。
(9)表示接点清洁、压力适当、接触良好。
(10)干簧接点架安装牢固，永久磁钢与干簧接点盒的距离为 2～10 mm(永久磁钢与制动钳连接的为 8～15 mm)。
(11)表示接点转接盒内整洁、无锈蚀、配线整齐，端子紧固，表示接点对地电阻不得小于 5 MΩ</td></tr>
<tr><td rowspan="10">二、开口尺寸检查调整</td><td rowspan="2">运用状态</td><td rowspan="2" colspan="2">测量位置</td><td>尺寸 mm</td></tr>
<tr><td>T・JK2-A</td></tr>
<tr><td rowspan="6">制动位</td><td colspan="2">入口第一钳中心处</td><td>129^{+5}_{0}</td></tr>
<tr><td colspan="2">其他钳中心处</td><td>126^{+40}_{0}</td></tr>
<tr><td rowspan="2">制动轨上侧面至基本轨顶面距离</td><td>外侧</td><td>72^{+6}_{-4}</td></tr>
<tr><td>内侧</td><td>80^{+6}_{-4}</td></tr>
<tr><td colspan="2">两内侧制动轨轨顶间最小距离</td><td>$1\,351^{+3}_{-6}$</td></tr>
<tr><td colspan="2">内侧制动轨顶面至基本轨侧面最大</td><td>40^{+4}_{0}</td></tr>
<tr><td rowspan="2">缓解位</td><td rowspan="2">制动轨上侧面至基本轨顶面的距离</td><td>外侧</td><td>≤73</td></tr>
<tr><td>内侧</td><td>≤78</td></tr>
<tr><td>三、风管路检修</td><td colspan="4">(1)各种阀门开启灵活，不得有锈死和关不紧现象。
(2)各种管路不得有锈蚀，油饰均匀</td></tr>
<tr><td>四、控制箱、电缆盒检修、测试</td><td colspan="4">(1)箱盒内部螺丝紧固、配线良好、整洁，无破皮及混线可能。插接件接触牢固，焊点良好。
(2)分水滤气器作用良好。
(3)油雾器油量调整。
(4)电空换向阀工作电压：
T・JK2-(A)型、T・JK3-(A)型：工作电压为 AC220 V 时，电压波动不大于-15%～+10%。
(5)电磁阀对地绝缘电阻≥5 MΩ。
(6)箱盒内部清洁，防尘、防潮设施良好，铭牌齐全、正确，字迹清楚。
(7)卡片保存完好，与实物相符。
(8)加锁良好</td></tr>
<tr><td>五、动作试验</td><td colspan="4">(1)动作无异状，各部状态良好。
(2)制动、缓解核对位置</td></tr>
</table>

三、T・JK2-A 型减速器故障处理

T・JK2-A 型减速器表示断线故障处理如图 14-6 所示。

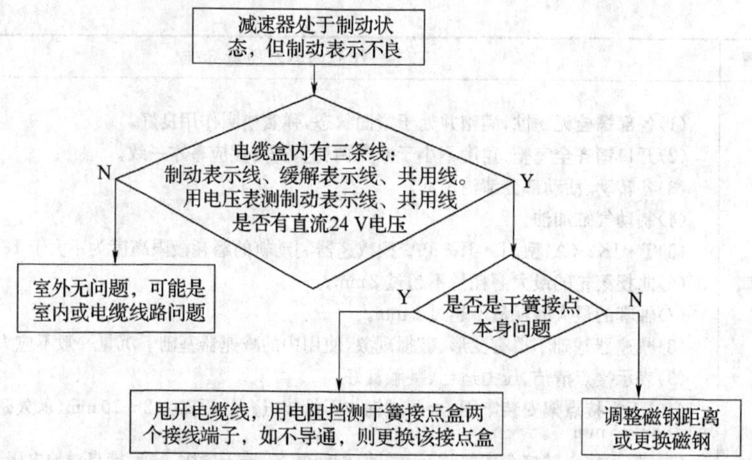

图 14-6　T·JK2-A 型减速器表示断线故障处理

第十五章 驼峰空压设备的维护与故障处理

第一节 活塞式空压机的维护与故障处理

一、日常维修与保养

(一)空压机启停操作要求

1. 开车前的准备

(1)保持机身油池内润滑油在规定的范围内。

(2)清除机器附近和放在机器上的一切物件。

(3)接通水源,打开水路上的截止阀,使冷却水畅通。

(4)在装配或长期停车后的第一次开车前,必须用手转动大皮带轮,转一周以上,视其有无撞击震动或其他响声。

(5)检查和保证二级排气管处于无压力状态,打开放空阀。

(6)关闭减荷阀,以减轻启动时负荷。

2. 开车

(1)启动空压机接通电源,使电动机带动空压机运转。

(2)逐步打开减荷阀和关闭放空阀。

(3)运转后要随时注意所有仪表的工作情况。

3. 停车

(1)逐渐关闭减荷阀门(打开放空阀),使机器进入无负荷的运转。

(2)无负荷运转 20~30 min。

(3)断开电源,使机器停止运转。

(4)如不继续使用,关闭冷却水总进水阀门。

(二)机器工作时的管理和维护

1. 经常保持机身油池内的润滑油在规定的范围内。

2. 冷凝水应及时排出,一般分离罐每 1 h 放一次,储气罐每 24 h 放一次。

3. 经常注意和检查各仪表工作情况,其主要仪表数值范围是:

(1)第一级排气压力表在 0.18~0.22 MPa,而不超过 0.25 MPa。

(2)第二级排气压力表不超过 0.8 MPa。

(3)润滑油压力表在 0.1~0.3 MPa,而不低于 0.1 MPa。

(4)冷却水压力不低于 0.06 MPa(在一、二级缸冷却水放水阀打开情况下)。

(5)机身油池内润滑油的温度不超过 60 ℃。

(6)各级排气温度不超过 160 ℃。

4. 注意机器的运转声音是否正常。

5. 保持消声过滤器的清洁,一般每工作 120~150 h 要先用碱水清洗,再用清水冲净,冲洗后晾干或用压缩空气吹干,以提高滤尘效能。

6. 经常注意电动机的温升及电表的读数,电动机的温度不超过电机的允许温升。

7. 随时注意压缩机的安全保护设备是否可靠。

8. 经常检查压缩机的电气部分的接线是否完好。

9. 经常检查气、水、油路各系统的气密性及泄漏情况,并适时进行处理。

10. 经常检查密封填料的泄漏情况,必要时进行更换。

11. 在下列情况下,应立即停车,找出原因消除之:

(1)压缩机任何一部分的温度升高超过允许值时。

(2)压缩机的压力表超过额定值时。

(3)冷却水突然中断供应,这时除应立即停车外,还应注意绝不允许立即将气缸内的水放出,应待压缩机气缸自行冷却后再行放水,严重者,应拆卸气缸检查。

(4)电动机的润滑环或刷子间发生严重火花时。

(5)压缩机和电动机中有不正常的音响时。

(三)机器的一般保养和检查

为使压缩机正常工作或延长其寿命,必须经常注意保养及定期检查,期限的确定和工作条件有关,下面所列期限为一般工作条件,用户可按实际情况酌情延长或缩短。

1. 每工作1~3个月(250~500 h)

(1)清洗各级进排气阀。

(2)检查消声过滤器。

(3)检查机身内的润滑油污染和裂化变质情况,必要时更换之。

(4)清洗润滑油滤油网和油过滤器。

(5)确认压力表的动作,检查安全阀。调节器、减荷阀的动作是否正常。

2. 每工作6~8个月(1 000~2 000 h)

(1)重复上述程序。

(2)检查气缸镜面状况及导向环、活塞环状况,必要时更换之。

(3)检查连杆大头瓦和曲轴曲柄销之间的径向配合间隙,必要时更换之。

(4)检查连杆小头瓦与十字头销之间的径向配合间隙,必要时更换之。

3. 每工作4 000~4 500 h

(1)重复上述程序。

(2)更换机身内润滑油,清洗机身内油池及油路系统各部位管路。

(3)检查气缸镜面磨损状况,必要时修整之。

(4)检查油塞环导向环、密封填料及刮油盒内刮油环的磨损情况,必要时更换之。

(5)检查曲轴曲柄销的磨损,必要时修研并更换大头瓦。

(6)检查十字头销的磨损,必要时更换。

(7)检查各摩擦部位的磨损情况,十字头外径与机身滑道的径向间隙,活塞杆的磨损等,必要时加以更换或调正。

(8)清洗气缸水腔内和中间冷却器水腔内的水垢,可用苛性苏打水浸泡6~8 h取出。用清水冲洗净。清洗后应进行水压试验,试验压力为0.6 MPa,历时30 min不得有渗漏,若采用硬水冷却则要勤加清洗水垢。

(9)电动机和电控设备的检查和维护按该说明书进行。

（四）空压机的拆装要求及程序

1. 拆卸要求

(1)机器与地基的连接，如果必须拆卸时，应在最后进行，以免机器倾倒造成事故。

(2)各零件拆卸后应妥善保存，不得有撞伤及其他问题的发生。

(3)螺钉与螺母拧下后，应按原来位置配套拧上，以免丢失。

(4)拆卸中间冷却器、气缸、曲轴、机身等大件，用吊车时应注意重心，以保证安全。

(5)拆卸螺钉螺帽时应对称进行。

(6)轴承座轴、瓦应作装配位置记号，以便按原来位置重新装配，达到原来装配的质量。

2. 拆卸程序

(1)先将机身油池内的润滑油放净，拆下进排气管、减荷阀、冷却水管。

(2)拆去中间冷却器。

(3)拆下各级进排气阀盖，取出各级进排气阀。

(4)拆下一、二级气缸盖。

(5)拧下活塞螺帽，取下活塞，拧松十字头端螺帽，装上随机工具护丝套，拆下活塞杆。

(6)吊住气缸，拧下中体与机身的连接螺帽(二级缸还要拧下气缸支座连接的螺栓)，取下气缸和中体。

(7)拆下十字头销，取出十字头。

(8)拧下连杆螺帽，取出连杆螺栓及连杆。

(9)卸下大皮带轮。

(10)拆卸轴承盖取出曲轴。

3. 装配要求

(1)装配前应将油封零件清洗干净，气缸镜面、活塞杆表面不允许有锈迹存在。凡填充聚四氟乙烯材料制造的活塞环、导向环、密封环等零件只能用中性汽油或挥发性好的油清洗，晾干后装配。消声过滤器用碱水清洗，再用清水冲净或压缩空气吹净。

(2)装配时，气缸镜面、活塞杆等无油润滑表面应严格无油，并应在其表面涂上一层0号二硫化钼粉，或高级石墨粉，然后将表面多余的粉末吹除。特别注意各级气阀的铁锈和炭黑，严防灰尘落入气缸内。

(3)装配后应检查并调整活塞的上下止点的间隙，活塞和气缸的径向间隙。

(4)活塞杆上的挡油圈应组装牢固。

(5)装配时曲轴、连杆、十字头、机身滑道等各摩擦部位应涂以适当的机油。

(6)装配连杆螺栓和螺母时，不允许用加长手柄。

(7)装配的步骤按拆卸的相反顺序进行。

4. 停用期间的维护

(1)停用一个月以后，关闭减荷阀，无负荷运转1 h后停车，放净冷却水，根据实际现场情况对某些零部件进行必要的封存防锈工作。

(2)停用一个月以上者，关闭减荷阀，无负荷运转1 h后停车，放净冷却水，清洗进排气阀，根据实际情况对压缩机曲轴。连杆、十字头等部件加工表面涂上防锈脂封存，而对气体通道及气缸腔内充以干燥清净的氮气或其他能防锈蚀的气体，或每隔15天左右无负荷运转30 min左右。

二、常见故障处理

(一)压缩机有不正常响声

1. 机身有不正常响声

(1)连杆大头瓦与曲轴曲柄销之间的配合径向间隙过大或已磨损。

(2)十字头销与连杆小头瓦之间的径向配合间隙太大或已磨损。

(3)十字头销与十字头体销孔的径向配合已磨大。

(4)十字头体与机身滑道之间的径向配合间隙太大。

(5)连杆螺栓与连杆螺母未拧紧。

(6)曲轴主轴承损坏。

(7)大皮带轮与曲轴之间装配不良。

2. 气缸内有不正常响声

(1)活塞行程的止点间隙太小。

(2)气缸内有水。

(3)气缸内落有物件。

(4)气阀安装不良或损坏。

(5)活塞杆上顶端的螺母松动。

(6)活塞环和导向环严重磨损。

3. 中间冷却器有不正常的声音

应立即停车检查,其原因如下:

(1)冷却器内管子破裂。

(2)冷却器挡板或撑条损坏。

(3)冷却器内落有其他物件。

(二)一级排气压力不正常

1. 一级排气压力过高

(1)二级进气阀安装不良,阀片或阀座、弹簧损坏阀片与阀座密封不良,气体倒流。

(2)二级排气阀安装不良,阀片或阀座、弹簧损坏阀片与阀座密封不良,气体回流到二级气缸内,使二级进气量减少。

(3)二级活塞环磨损,造成严重泄漏,使二级进气量减少。

(4)气道堵塞。

2. 一级排气压力过低

(1)一级进气阀安装不良,阀片或阀座、弹簧损坏,阀片与阀座密封不良,使一级进气量减少。

(2)一级排气阀安装不良,阀片或阀座,弹簧损坏,阀片与阀座密封不良气体回流到一级气缸内,使一级进气量减少。

(3)一级活塞环磨损,造成严重泄漏,使进气量减少。

(4)气道漏气。

(5)减荷阀未全部打开。

(6)消声过滤器堵塞。

（三）曲轴、连杆机构润滑系统不正常

1. 油管内压力突然降低（小于0.1MPa）

(1)机身内润滑油不够，应向机身内加油。

(2)过滤网堵塞，应清洗过滤网。

(3)油压力表损坏，更换油压力表。

(4)齿轮油泵管路堵塞，应检修油管路。

(5)油管破裂，应修补或更换。

(6)油泵失去作用打不上油，须检修。

2. 油管内压力逐渐降低的原因及排除法

(1)油管连接不严密，应使其严密（紧螺母或加垫）。

(2)油压调节阀有毛病。润滑油直接流入机身内而不经油管，应停车检修。

(3)由于运转机构的磨损过大，使间隙加大，流油过多，应检修轴颈与轴瓦，使间隙符合要求。

(4)油过滤器太脏，应拆下清洗。

3. 润滑油温度过高

(1)润滑油供给不足，应添加润滑油，并检查油路系统。

(2)润滑油质量不好，应换用新油。

(3)润滑油太脏，因机身内表面有黏砂及油漆，使油易脏。

(4)连杆曲拐机构发生故障，应细心检修之。

（四）冷却水路系统失常

1. 水管路漏水，修补或更换。

2. 气缸内有水，可能是气缸水套或缸平面上的垫片漏水或是中间冷却水管破裂，而引起机件损坏，应检修之，也可能是中间冷却器密封不严。

3. 冷却水排水温度虽未超过40℃，但排气温度过高。可能是冷却水供应不正常，或是水路沉淀物过厚，影响冷却效率。应调整水量或清洗水路。冷却水排水温度超过40℃，可能是水量不够。水管破裂或进水温度过高，应调整水量，检修管路，控制进水温度。

（五）安全阀失灵

1. 安全阀超过额定压力仍未开启放气，或安全阀未达到额定压力时就开启放气，可能是安全阀调整有误，应重新调整。

2. 安全阀密封面不良漏气时必须进行吹洗或重新检修研磨。

（六）轴承（衬）过热

1. 若轴承本身很完好，尚发生过热现象时，可能是润滑系统有毛病（如供油不足，油质不良，管路堵塞等），应检修之。

2. 轴承卡死，应检修之。

（七）阀片损坏

1. 气缸内有水发生冲击。

2. 气阀安装不良引起气阀漏气，温度升高，烧坏阀片。

3. 弹簧太硬，引起阀片冲击力大，应更换弹簧。

4. 进气不清洁。

(八)填料漏水

1. 密封圈磨损或两端面不平整而发生漏气,应更换密封圈。

2. 活塞杆磨损,应检修或更换。

3. 密封圈不清洁。应清洗。

4. 密封圈的装配轴向间隙太小,运转时热胀而卡死,不起密封作用,应重新修磨调整间隙。

(九)活塞环和导向环不正常磨损

1. 气缸内有水。

2. 活塞环开口太小,应检修。

3. 进入空气不清洁和气缸内温度过高。

第二节　螺杆空压机的维护与故障处理

一、螺杆空气压缩机的操作

(一)初次启动前的准备工作

1. 卸除所有垫木(为避免运输路途颠簸震动引起机组损坏,机组内垫有垫木)。

2. 接电源线及接地线并检查接线是否正确,电源应就近装设在机组附近,线径适当,绝缘必须良好。

3. 油气分离器中加油至油位计油位“70”处。

4. 水冷机组应接通水路。

5. 关闭手动排污阀。

6. 新装或更换三相电源时,务必首先启动电动机并注意观察其旋转方向是否与所指示箭头方向一致。如方向相反时,应立即对调三相电源中任意两相的接头,以改变电动机的旋转方向,使其与所示方向一致后,方可正式启动运行,电动机严禁倒转。

7. 若交货很久后才使用,应拆开卸荷阀或主机上部进油口油管,加入适量润滑油进主机腔内,并用手转动压缩机数转,以免启动时造成空压机长期未用主机失油烧毁。

(二)开车与停车

1. 开车

按下启动按钮,机组开始运行,直到在额定排气压力下负载运行。开车10 min后应检查油位,油位计的油位应接近“0”位置,一般在“+30”左右。此时应观察仪表及指示灯是否正常,压力、温度是否正常,是否有异常声音,是否有漏油情况。如有异常情况应立即停车检查。

2. 停车

按下停车按钮,经延时卸载以后,机组才会停车。这是正常运行后停车。只有出现特殊异常情况时,方可人工按下紧急停车按钮,进行紧急停车。

(三)运行中注意事项

1. 排气压力应不超过额定排气压力值,油气温度应不超过100℃。

2. 有无异常声音及漏油漏气情况。

3. 油气分离器的油位是否正常。如油位过低,应补充加油。补充加油时先停车。停车约5~10 min后,待系统压力为“零”时,旋开加油塞观察油位并加油。

4. 各仪表、指示灯是否正常。

5. 调节、控制部(元)件是否正常。当空压机排气压力达到卸载压力时应卸载,而降至负载压力时应负载。

6. 利用仪表盘上的滤芯前压力表及供气压力表,定期检查油气分离器内滤芯阻力。

7. 冷凝液应及时排放。

8. 运行中遇突然停电事故或错按紧急停车按钮后,不准再瞬间启动,应待油气分离器内的压力自动下降至"零"时,方可投入正常运行。

二、日常运行保养

(一)空压机运行要求

1. 当运转中有异声及不正常振动要立即停机。

2. 运转中管路及容器内均有压力,不可松开管路螺丝,以及打开不必要的阀门。

3. 在长期运转中,若发现下视油窗中没有液面且排气温度逐渐上升时,应立即停机,停机10 min后观察油面,若不足时待系统内部没有压力时再补充润滑油。不可混合不同牌号的润滑油,以免不同牌号润滑油之间产生结炭,造成事故。

4. 油气桶和冷却器内会有凝结水,开机前打开泄放阀排出冷凝水(须确认油气桶内油气已为常压)。

(二)空压机保养要求

1. 运转500 h

(1)新机投入使用后第一次更换油过滤器。

(2)空气滤芯取下清洁,用0.2 MPa以下低压压缩空气由内向外吹干净。

(3)更换润滑油。

2. 运转1000 h

(1)清洁空气过滤器。

(2)检查进气阀,加注油脂。

3. 运转2000 h或6个月

(1)更换空气滤芯和油过滤器。

(2)电动机加注润滑油脂。

(3)检查各管路接头。

4. 运转3000 h或一年

(1)更换油细分离器。

(2)更换螺杆油。

(3)更换空气滤芯、油过滤器、油细分离器。

(4)检查泄放阀。

(5)清洁进气阀,更换O形环,电动机加注润滑油脂。

5. 运转20000 h或4年

(1)更换机头轴承。

(2)更换油封。

(3)电动机轴承及绝缘检查。

(三)长期停机要求

1. 停机一个月以上

(1)电动机控制盘等电气设备,须用塑胶纸或油纸包好,以防湿气侵入。

(2)将油冷却器、后部冷却器内的水完全排放干净。

(3)几天后再将油气桶、油冷却器、后部冷却器内的水排放一次。

2. 停机两个月以上

(1)将部件外出口封堵,以防湿气和灰尘进入。

(2)将安全阀、电器部件用油纸包好,以防锈蚀。

(3)停用前将润滑油换新,并运转 10 min,两天后排出冷却器内的冷凝水。

(4)尽可能将机器移到灰尘少、干燥处存放。

(四)润滑油使用要求

1. 润滑油对螺杆式空压机的性能具有决定性的影响,若使用不当则会导致压缩机体的损坏。新机润滑油使用 500 h 后更换,正常使用下每 2 000～3 000 h 更换一次。

2. 换油步骤:

(1)启动空压机,使油温上升,以利于润滑油排放,然后停机。

(2)当油气桶有 0.1～0.15 MPa 压力时,慢慢打开泄油阀。由于有压力,泄油时要避免润滑油溅出。

(3)润滑油放完后,关闭泄油阀,打开注油口盖注入新油。

三、螺杆空气压缩机故障处理

螺杆空气压缩机常见故障处理见表 15-1。

表 15-1　螺杆空气压缩机常见故障处理

故障现象	故障原因	处理方法
1. 空压机不能满负载运转	(1)气管路上压力超过额定负载压力,压力控制器断开	不必采取措施,气管路上的压力低于控制器负载(复位)压力时,空压机会自动加载
	(2)电磁阀失灵	拆卸电磁阀与卸载阀之间连接管路,如在负载时,气路不通或气路很小,则修理或必要时更换
	(3)压力控制器失灵	检查,必要时更换
	(4)油气分离器与卸载阀间的控制管路上有泄漏	检查管路及连接处,若有泄漏,则需处理
	(5)卸载阀不开启	从卸载阀上卸下盖,取出并检查阀,如需要,则予以更换。盖由两个短两个长的螺栓紧固,先拆下短的再拆长的,且应交替地旋出长螺栓,松开弹簧
	(6)放气阀失灵	检查,必要时更换
2. 排气压力已超过而空压机未卸载,安全阀已泄放	(1)压力控制器整定值不适当(切断过迟)	检查,修理
	(2)与压力控制器相连接的管接头处漏气	检查,修理
	(3)电磁阀失灵	同 1(2)
	(4)卸载阀不关闭	同 1(5)
3. 耗油过多,从水气分离器排放的冷凝液呈乳化状	(1)油位过高	检查油位,卸掉气体压力后放油至正常油位
	(2)油气分离器滤芯处回油管接头中的节流孔阻塞	清洁节流孔

续上表

故 障 现 象	故 障 原 因	处 理 方 法
3. 耗油过多，从水气分离器排放的冷凝液呈乳化状	(3)泡沫过多	换用推荐的正确牌号的油
	(4)油气分离器滤芯失效	检查，更换
	(5)排气压力低	检查，设法提高排气压力，减小用气量
	(6)最小压力阀弹簧疲劳(压力不能维持)	更换
4. 排气量、排气压力低于规定值	(1)耗气量超过排气量	检查相连接的用气设备，消除泄漏点或减少用气量
	(2)空气滤清器滤芯阻塞	检查，必要时应清洗或更换滤芯
	(3)油气分离器与卸载阀间的控制管路上有泄漏	同 1(4)
	(4)放气阀失灵	拆卸空气过滤器与卸载阀之间连接管路，如在负载运行时漏气，则更换放气阀
	(5)卸载阀不全开	同 1(5)
	(6)安全阀泄漏	拆下检查，如修理后仍不密封则更换
	(7)空压机出现故障	与制造商联系后检查修理
5. 停车后空气油雾从空气滤清器中大量喷出	(1)排气单向阀泄漏或损坏	检查，如有必要则更换，并应同时更换空气滤清器滤芯
	(2)断油阀泄漏或损坏	检查，修理，且更换空气滤清器滤芯
	(3)非正常停车	相应检查
	(4)放空阀未放空	检查，修理，更换
	(5)最小压力阀泄漏	拆下检查阀片及阀座，修理或更换
6. 油气温度高，通过电接点温度计停车	(1)冷却效果不好	(1)风冷：改善机房通风，清洁散热器散热面。 (2)水冷：检查冷却水进水温度及水流量，并调整冷却水量。 (3)靶式流量计堵塞，修理或更换
	(2)油冷却器内，外部表面堵塞	检查，必要时清洗
	(3)油位过低，油量不足	检查，必要时加油，但不允许加油过多
	(4)电接点温度计不在整定值处	调整到规定温度，没有制造厂许可，不允许调高
	(5)断油阀失灵，处于关闭位置(温度直线上升)	检查，修理
	(6)空气滤清器不清洁或堵塞	以低压空气吹清洁或更换
	(7)油滤清器堵塞(而油滤堵塞未发讯)	更换油滤清器
7. 加载后安全阀马上泄放	(1)安全阀失灵	检查，更换损坏的零部件
	(2)最小压力阀机构故障(打不开)	检查，必要时更换
8. 空压机卸载，但排气压力仍缓慢上升，安全阀泄放	(1)放气阀失灵	检查，必要时更换
	(2)卸载阀机构故障关闭不严	检查，修理，更换
9. 空压机不能负载工作，滤芯前压力建立不起来	(1)最小压力阀失灵(泄漏)	检查，修理
	(2)滑阀失灵(泄漏)	检查，修理
	(3)疏水器失灵(泄漏)	修理(0.15 MPa 压力下泄漏为正常)
	(4)控制系统管路泄漏	修理
	(5)放空阀失灵	检查，修理同 4(4)
	(6)电磁阀失灵	检查，修理同 1(2)

电气系统故障处理见表15-2。

表15-2 电气系统故障处理

故障现象	故障原因	处理方法
1. 无法启动	(1)熔丝烧坏	检修或更换
	(2)过载继电器动作	拉下复位杆
	(3)中间继电器故障	检修或更换
	(4)按钮接触不良	检修或更换
	(5)电压太低	检查,调整
	(6)电动机故障	检查或更换
	(7)空压机主机故障	与制造商联系后检查修理
	(8)断相缺相保护	检查
2. 电动机Y形启动以后,不切换△形运行,运行指示灯不亮	时间继电器KT1损坏	检查时间继电器KT1,确认损坏后更换
3. 运转电流高	(1)电压太低	检查,调整
	(2)排气压力太高	检修,调整
	(3)空压机主机故障	与制造商联系后检查修理
	(4)油滤清器堵塞	检查,调整
4. 在达到卸载延时后,仍未停车	时间继电器KT2损坏	检查时间继电器KT2,若损坏,应更换
5. 按下停车按钮,电动机延时停车不符合规定	时间继电器KT3失灵	调整到整定值,如有必要,予以规定

空压机常见报警信息及处理见表15-3。

表15-3 空压机报警信息及处理

序号	报警信息	主要故障原因	处理方法
1	风机过载	风机热继电器过流	检查风机的绝缘及轴承还有接地电阻等
2	主电动机过载	主机热继电器过流	检查主机的负载、绝缘、压力设定值及主机机头等
3	电源逆相	电源相序错误	重新调整电源相序
4	高温停机	油温超过报警设定值	检查温度设定值、冷却进气口、冷却风机、温控阀、油位等
5	高压停机	排气压力超过最高压力	检查压力上限设定值是否超过最高压力值,检查压力传感器等
6	冷却水缺水(水冷型)	冷却水缺水或水压太低	检查冷却水进水等
7	压力传感器断路故障	未接压力传感器或者接线断路,及传感器损坏	检查压力传感器接线及其电压,若输入电脑正确,可能传感器损坏
8	压力传感器短路故障	传感器损坏,线路短接	检查压力传感器接线及其电压
9	温度传感器断路故障	未接温度传感器或者接线断路,及传感器损坏	检查温度传感器接线,若接线正确,可能传感器损坏
10	温度传感器短路故障	传感器损坏,线路短接	检查温度传感器接线及其电压
11	主板故障	主板损坏	由厂家处理
12	空气滤清器时间到	空滤设定时间到(预警)	更换空滤芯
13	油滤清器时间到	油滤设定时间到(预警)	更换油过滤器

续上表

序号	报警信息	主要故障原因	处理方法
14	油细分离器时间到	油细分离器设定时间到(预警)	更换油细分离器
15	润滑油时间到	润滑油设定时间到(预警)	更换润滑油
16	空气滤清器堵塞	空滤压差开关动作	更换空滤芯
17	油滤清器堵塞	油滤压差开关动作	更换油过滤器
18	油细分离器堵塞	油细分离器压差开关动作	更换油细分离器
19	排气温度高	润滑油量不足;冷却水量不足;油过滤器或油细过滤器阻塞;环境温度高等	更换润滑油;检查冷却水出口温度;更换油过滤器或油细过滤器;采取通风降温等措施

第十六章　自动化驼峰主要测量设备的维护与故障处理

第一节　测速雷达的维护与故障处理

一、8 mm测速雷达的安装

(一)雷达密封箱的安装

雷达密封箱一般安装在车辆减速器入口处,对微波传输无遮挡的线路一侧,距线路中心不小于1.8 m,天线箱窗口距减速器入口第一钳中心12～18 m;若受条件限制也可装在减速器出口处,天线箱窗口距减速器出口第一钳中心12～15 m处。密封箱顶部距轨面高度为300 mm±10 mm。雷达密封箱的窗口应朝向车辆减速器最远端线路中心处,并向本股道线路适当倾斜。密封箱纵向中心轴线与轨道成一夹角,其角度以密封箱中心轴线对准减速器出口的轨道中心。密封箱窗口装有聚氟乙烯玻璃布层压板,使微波功率损耗为最小。雷达密封箱与车辆减速器之间不得设置跨越股道的人行道路。雷达密封箱应安装在混凝土基础上。具体安装位置与尺寸如图16-1、图16-2、图16-3所示。

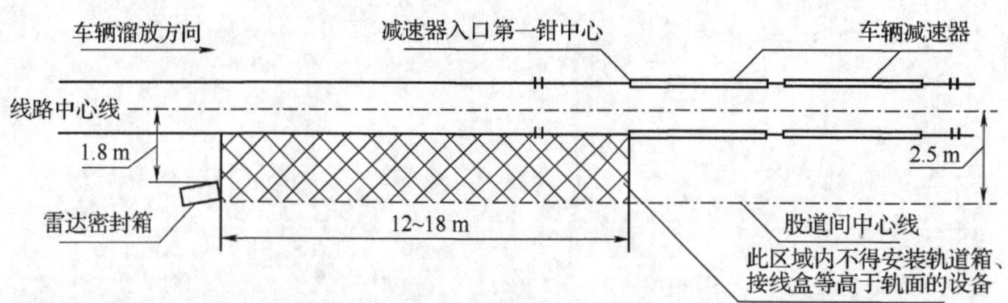

图16-1　雷达密封箱安装在减速器入口位置

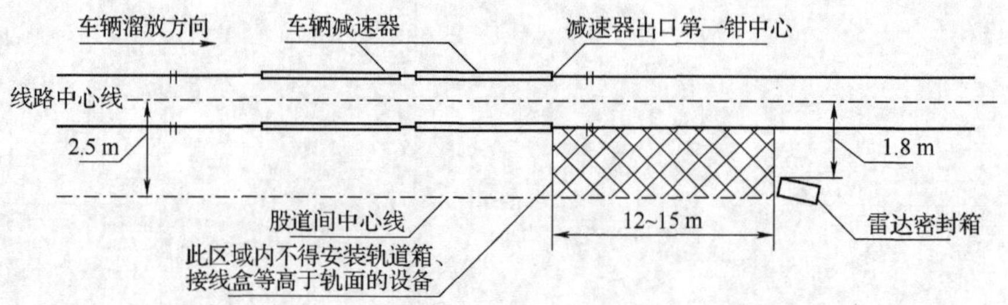

图16-2　雷达密封箱安装在减速器出口位置

(二)雷达天线的室内调整

接通电源后用雷达测试仪进行功率、频率、多普勒模拟信号测试。

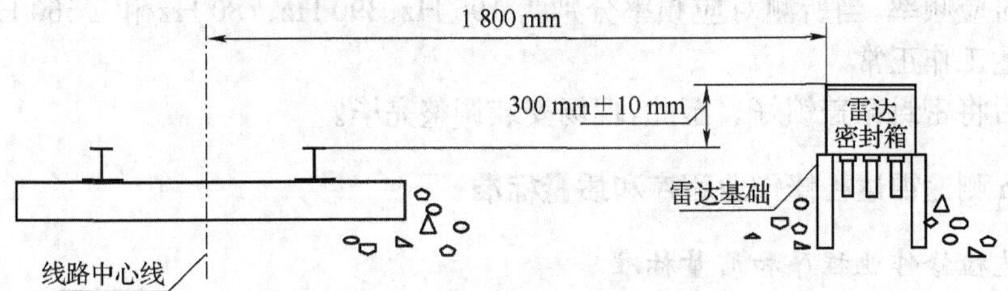

图 16-3　雷达密封箱安装高度示意

1. 发射功率测试

将测试仪放在距雷达天线 10 m 处，功能选择开关放置在“功率”挡，调整仪器高度，方向应与天线对准，使表头指示达到最大(毫伏表的量程开关放置在“近”挡)，测得数值查表可得功率值。

2. 发射频率测试

将测试仪放在距雷达天线 10 m 处，使表头指示达到最大，这时旋动波长计使表头指示达到最小刻度，查表即可得频率。

3. 多普勒模拟信号测试

将测试仪安装在距雷达天线 10 m 最大辐射处，“功能选择开关”放置在“速度”挡，“速度量程开关”分别放置在“3” km/h、“6” km/h、“12” km/h、“24” km/h 四挡，在信号输出端可测得输出交流电压与对应频率(195 Hz、390 Hz、780 Hz、1 560 Hz)，则认为工作正常。

(三)雷达天线的现场安装与调整

具体步骤为：

1. 将在室内检修测试好的雷达安装在密封箱内的减震器上，将雷达电源电缆和输出信号电缆连接到密封箱内相应的端子上，雷达箱内减震架水平方向有±10°，垂直方向有 4°的调整余地，安装调整完毕后将固定螺母锁紧。

注：如果站场布置特殊，安装位置可灵活掌握，但要符合有关限界的规定。

2. 将雷达自检控制线接到 12 V 电压上时，用数字万用表频率挡测量信号输出频率为 2 000 Hz，雷达速度显示窗显示 30.7 km/h，表示正常。

3. 将测试仪固定在三角架上，放置在减速器出口的线路中心处，高度与车辆车钩的高度相同，打开雷达综合测试仪电源开关，功能选择开关置于“功率”挡，调整雷达在箱内的位置，使测试仪接收雷达信号为最大，确认雷达发射方向调整好后，用套筒拧紧转动台上的螺母，将测速雷达固定好。

4. 测试仪仍置于减速器出口处，在轨道中心及左右对称两侧分别测量天线的最大功率值，通过测量比较，如果左右两侧的最大功率值比中心处最大功率值小，则说明天线的方向性已经调整好，否则，要继续进行方向性的调整，直至达到标准。若轨道两侧功率值有偏差时，要求在雷达天线侧的功率值小于另一侧。

5. 将测试仪放在距测速雷达 10 m 处，使表头指示最大，这时旋动波长计，使表头指示达最小刻度(即找出吸收点，表头指示先变小后变大时找出最小点)，根据测得的数值查表即可得测速雷达的发射频率值。

6. 将测试仪放在距测速雷达 10 m 最大辐射处，功能选择开关放置在“速度”挡，速度量程开关分别放置在“3” km/h、“6” km/h、“12” km/h 和“24” km/h 四挡，在信号输出端可测得输出交流电压与对应频率，当所测对应频率分别为 195 Hz、390 Hz、780 Hz 和 1 560 Hz 时，则认为驼峰测速雷达工作正常。

调整好后将密封箱盖锁好。至此，现场安装调整完毕。

二、8 mm 测速雷达检修作业程序和质量标准

(一)雷达检修作业程序和质量标准

雷达检修作业程序和质量标准如表 16-1 所示。

表 16-1 雷达检修作业程序和质量标准

项目	作业内容	作业要求	质量标准
室内检查测试	1. 雷达噪声电平的测量 V_{P-P}	用示波器测试图 8-6 中 T_2 点，雷达天线对空旷处	噪声电平 $V_{PP} \leqslant 350$ mV
	2. 噪声门限测量	用数字万用表测图 8-6 中 T_3 点电压，此读数为噪声门限电压值(无多普勒、自检信号)	$V_z \leqslant 180$ mV(T・CL-2B 型)，V_z 在 90～140 mV 之间(T・CL-2A 型)
	3. 自检频率的测量	信号处理板一般接成电流环输出，需外接电压输出测试电路，接入测试电路＋12 V 电源；在 ZJ(＋)、ZJ(－)接入自检 ZJ12 V 或 24 V 电源；用示波器和频率计测试输出端	输出幅度大于或等于 8 V 的方波信号，占空比为 50%，波形规则，自检频率为 2 000 Hz±1 Hz(T・CL-2A 型显示窗显示 30.7 km/h)
	4. 发射功率测量	将测试仪放在距测速雷达 10 mm 处，功能选择开关放置在"功率"挡，调整仪器高度，方向应对准测速雷达的天线，使表头指示最大(毫伏表的量程开关放置在"近"挡)，根据测得的数值查表可得测速雷达的发射功率值	功率值应大于 30 mW
	5. 发射频率测量	将测试仪放在距测速雷达 10 m 处，使表头指示最大，这时旋动波长计，使表头指示达最小刻度(即找出吸收点，表头指示先变小后变大时找出最小点)，根据测得的数值查表即可得测速雷达的发射频率值。	频率值应在 37.5 GHz±0.1 GHz 或 35.1 GHz±0.1 GHz
	6. 雷达灵敏度测试	将测试仪放在距测速雷达 10 m 最大辐射处使其对准雷达天线，功能选择开关放置在"速度"挡，速度量程开关分别放置在"3 km/h"、"6 km/h"、"12 km/h"和"24" km/h 四挡	测试仪显示对应频率分别为 195 Hz、390 Hz、780 Hz 和 1560 Hz(T・CL-2A 型显示窗相应显示 3.0、6.0、12.0、24.0)
室外检查测试	1. 雷达最大辐射方向调整	将测试仪分别置于减速器出口的线路中心处及左右两侧的基本轨处，高度与车辆车钩的高度相同，功能选择开关置于"功率"挡，调整雷达在箱内的位置，使测试结果符合标准。若不符合标准，要继续进行雷达方向性调整。调整好后用套筒拧紧转动台上的螺母，将测速雷达固定好	测试仪置于减速器出口的线路中心处，测试仪显示接收到雷达最大信号值。 测试仪置于减速器出口线路中心左右两侧的基本轨处，分别测量雷达的最大信号值，测试仪显示左右两侧接收到雷达信号最大值均比中心处最大值小
	2. 雷达灵敏度测试	将测试仪放在距雷达 10 m 最大辐射处使其对准雷达天线，功能选择开关放置在"速度"挡，速度量程开关分别放置在"3 km/h"、"6 km/h"、"12 km/h"和"24" km/h 四挡	测试仪显示对应频率分别为 195 Hz、390 Hz、780 Hz 和 1 560 Hz(T・CL-2A 型显示窗相应显示 3.0、6.0、12.0、24.0)
	3. 发射频率检查(此项根据情况选做)	将天线测试仪放在距测速雷达 10 m 处，使测试仪表头指示刻度值为最大，这时旋动波长计，使表头指示达最小刻度(即找出吸收点，表头指示先变小后变大时找出最小点)，根据测得的数值查表即可得测速雷达的发射频率值	频率为 35.1 GHz±0.1 GHz(或 37.5 GHz±0.1G Hz)
	4. 自检信号检查	在无车占用轨道时，用数字万用表的频率测试挡测量雷达信号输出端	输出频率值为 2 000 Hz±1 Hz(T・CL-2A 型显示窗显示 30.7 km/h)，交流电压大于或等于 8 V(空载峰—峰值)

(二)雷达天线测试点参数及波形

T・CL-2A 型驼峰雷达各测试点信号幅度及波形见表 16-2。

T・CL-2B 型驼峰雷达各测试点信号幅度及波形见表 16-3。

表 16-2　T·CL-2A 型驼峰雷达各测试点信号幅度及波形

测试点	静态(无多普勒信号、无自检)	自检状态	测速状态(有多普勒信号)
T_1	V_{PP}<1 mV　噪声信号	V_{PP}>1.2 V　方波信号	V_{PP}>20 mV　正弦波信号
T_2	V_{PP}<0.3 V　噪声信号	V_{PP}=1.8 V±0.2 V　正弦波	V_{PP}=1.8 V±0.2 V　正弦波
T_3	0.1 V　直流信号	V_{PP}=0.2 V　方波信号	V_{PP}=0.2 V　方波信号
T_4	调整范围:0～3 V　直流 实测:0.5 V±0.1 V	调整范围:0～3 V　直流信号 实测:0.5 V±0.1 V	调整范围:0～3 V　直流信号 实测:0.5 V±0.1 V
T_5	V_{PP}>10 V　2kHz 方波信号	V_{PP}>10 V　2kHz　方波信号	V_{PP}>10 V　2kHz　方波信号

表 16-3　T·CL-2B 型驼峰雷达各测试点信号幅度及波形

测试点	静态(无多普勒信号、无自检)	自检状态	测速状态(有多普勒信号)
混频电压输出	−0.3～−1.0 V 直流信号	−0.3～−1.0 V 直流信号	−0.3～−1.0 V 直流信号
T_1	V_{PP}<1 mV　噪声信号	V_{PP}>1.2 V　方波	V_{PP}>20 mV　交流正弦波
T_2	V_{PP}<0.3 V　噪声信号	V_{PP}=1 V　方波	V_{PP}=1 V　方波
T_3	+180 mV　直流	V_{PP}=0.3 V　方波	V_{PP}=0.3 V　方波
T_4	调整范围:0～4 V 实测:+80 mV　直流信号	调整范围:0～4 V 实测:+80 mV　直流信号	调整范围:0～4 V 实测:+80 mV　直流信号
T_5	V_{PP}>10 V　2 kHz　方波	V_{PP}>10 V　2 kHz　方波	V_{PP}>10 V　2 kHz　方波
输出	0～+3 V　直流	V_{PP}≥8 V　2 kHz　方波	V_{PP}≥8 V　方波频率随目标速度变化

三、8 mm 测速雷达常见故障处理

现以 T·CL-2A 型为例介绍常见故障及处理方法。

(一)雷达电源常见故障及处理

接通 220 V 交流电源后,应有供给体效应振荡所需的电源电压和放大器所需的电源电压,后面指示灯亮,若不亮说明无电压输出,应从电源变压器的初级、次级、整流及直流稳压输出逐级检查,发现哪一级有问题,查明原因后排除。雷达电源常见故障及处理见表 16-4。

表 16-4　T·CL-2A 型雷达电源常见故障及处理

序号	故障现象	故障原因	处理方法
1	面板指示灯全熄灭或电压测试点全无电压	(1)交流 220 V 电源开关或电源熔断器断。 (2)电源变压器无输出	(1)检查电源开关和熔丝,若熔丝断更换熔断器,并检查输出电流是否正常。 (2)检查电源变压器的初级、次级线圈及交流电源
2	电压测试点某一路无电压,对应的指示灯不亮	(1)对应的三端稳压器损坏。 (2)对应整流桥损坏。 (3)该路直流电压输出有短路现象	应从整流到直流稳压输出逐级检查,发现哪一级有问题,查明原因后更换器件。一般多为三端稳压器故障。同时检查直流电压输出有无短路点
3	某路直流电压测试点电压偏高	相对应某路三端稳压器损坏	更换三端稳压器
4	某路直流电压测试点电压偏低	整流二极管损坏或输出电流过大	(1)更换二极管。 (2)检查放大板器件有无损坏和局部短路
5	振荡器电源无法调整	(1)调整电位器损坏。 (2)三端可调稳压器损坏	(1)更换调整电位器。 (2)更换三端可调稳压器

(二)雷达微波组件常见故障及处理

雷达高频部分故障主要表现在发射功率及接收信号方面,如放大器板输入端无－0.3～－1.0V信号电压,则可判定雷达高频微波部分有故障。雷达微波部分常见故障及处理见表16-5。

表 16-5 T·CL-2A 型雷达微波部分常见故障及处理

序号	故障现象	故障原因	处理方法
1	电源正常,无发射功率	(1)耿氏振荡器直流电源没有加上。 (2)检查波导口面是否被堵。 (3)耿氏振荡器体效应管失效	检查振荡器电源通路。用数字电压表检测振荡源体效应管两端是否有直流工作电压,该直流工作电压应符合生产厂家提供数据,最大误差不应超过0.1V。保证振荡器频率、功率符合标准。 检查波导口面及检查天线箱发射口,若电压正常,波导口面未堵,则故障在振荡源,只能更换耿氏振荡源。检查更换体效应管,应有专用仪器和由经过专门训练的人员来进行
2	发射功率低或作用距离不够	(1)微波振荡器体效应管性能变差。 (2)天线箱窗口不干净。 (3)微波组件系统不正常	更换耿氏振荡源,检查更换体效应管,或更换微波组件(应有专用仪器,由经过专门训练的人员来进行)
3	振荡源有功率输出而没有接收信号	混频管损坏	振荡源有功率输出而没有接收信号,只能更换混频管。更换混频管应有专用仪器,由经过专门训练的人员来进行
4	雷达无自检信号输出,(混频器无输出),放大板输入端无－0.3～－1.0V输入信号	(1)微波组件系统不正常。 (2)振荡器无工作电压。 (3)混频器输出插头接触不良。 (4)信号输出断线	(1)按2、3项处理。 (2)检查振荡器电压是否加上。 (3)更换混频器输出插头。 (4)检查更换信号输出线
5	多普勒信号跳变	(1)微波振荡频率稳定性差,频率漂移过大。耿氏振荡器体效应管性能变差。 (2)微波组件系统噪声过大	检查信号放大器无问题后,更换高频组件或更换体效应管。 注意:天线在接通电源时,不可将混频器输出线断开,否则易损坏

(三)雷达信号放大处理电路常见故障及处理

拔去雷达多普勒信号放大器插头,取下印刷电路板,使用信号发生器(200～2 000 Hz)逐级检查工作状态。哪级有问题,按电路图检查各有关元件,更换相应损坏元件,见表16-6。

表 16-6 T·CL-2A 型雷达信号放大处理电路常见故障及处理

序号	故障现象		故障原因	处理方法
1	放大器自检无输出	U2(LM353)第7脚电压为负值	(1)第6脚(U2)基准电压过高。 (2)比较器前级无信号	(1)调整电位器 W_2 使6脚电压下降,7脚电压为正。 (2)检查U2A和二极管 D_6,若损坏,更换
2		雷达显示面板自检有速度显示值,输出端无信号	三极管 V_1 或光耦U5损坏	检查 V_1 或U5不正常,更换
3		T_5 端无方波输出	(1)振荡器晶体损坏或U8损坏。 (2)分频器U7损坏。 (3)比较器U2第7脚为负	(1)检查U7、U8更换相应损坏器件。 (2)按1项处理
4		可控输出U8第1脚为负值	(1)光耦U6坏。 (2)无自检电压信号	(1)更换U6。 (2)检查插件及引接线
5	放大器特性变差	输出多普勒信号跳变	在排除高频系统及环境干扰问题后,信号放大通道工作灵敏度低	全面检查、测试各点波形、参数。特别是 T_3 阀值过高或过低,低通、带通环节工作不稳定
6		T_2 点信号不稳定	D_1、D_2 稳幅二极管性能不好	检查、更换 D_1、D_2

四、T·CL-2A 型驼峰测速雷达故障应急处理

T·CL-2A 型驼峰测速雷达故障应急处理见表 16-7。

表 16-7　T·CL-2A 型驼峰测速雷达故障应急处理

故障现象	故障原因	查找、解决故障的方法
无速度	雷达坏(断线)	用示波器(示波器注意接信号地线)在分线盘测量波形,过车时应有方波,若无信号,则更换、维修雷达
入出口测速不准	雷达角度不正确	重新调整雷达照射角度
测速不准	可能有遮挡物	检查雷达前方是否有异物或雷达故障

五、LZC-2B 型雷达综合测试仪工作原理与使用

LZC-2B 型雷达综合测试仪是供调试、检修 T·CL-2 型驼峰测速雷达的一种测量仪器,也可用于其他 8 mm 波多普勒雷达的测量。它可测量雷达的输出功率、作用距离,可产生等效多普勒回波信号和用于雷达波束方向精确调整等。

(一)主要技术指标

1. 工作频率范围:35.1 GHz±0.5 GHz;
2. 天线增益:25～30 dB;
3. 检波器检波灵敏度:≥2 mV/μW;
4. 调制频率:195 Hz、390 Hz、780 Hz、1 560 Hz(对应速度 3 km/h、6 km/h、12 km/h、24 km/h),±0.1%;
5. 功率测量范围:0.5～1 000 μW(可在 35 m 处有效测定最大辐射方向);
6. 等效多普勒信号测试距离:8 m;
7. 电源电压:+9 V;
8. 环境温度为−30～+40 ℃条件下能正常工作;
9. 相对湿度达 85%(+25 ℃)条件下能正常工作;
10. 大气压力不低于 74.8 kPa(海拔高度不超过 2 500 m)条件下能正常工作。

(二)工作原理

测试仪原理框图如图 16-4 所示。

1. 雷达输出功率的测量原理

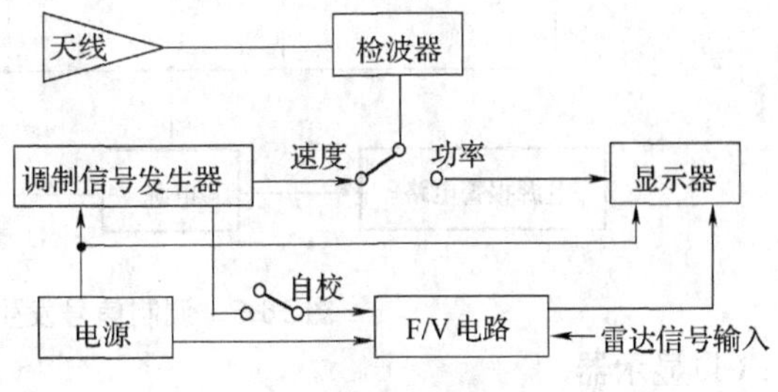

图 16-4　测试仪原理框图

当“速度—功率”选择开关放在“功率”挡,抛物面天线将接收到的信号加到检波器检波管上,检波器输出端接至显示器(直流电压表)。采用高灵敏度检波器,其检波灵敏度不低于 2 mV/μW,在 8 m 处不低于 0.1 V,在 35～40 m 处仍有 10 mV 左右。检波器在小信号时近似于平方律检波,大信号时又接近于线性检波,可采用“功率—电压”检波特性曲线,进行粗略测量。但由于检波管受温度及老化等影响,其测量误差较大,只能作一般性测量。对于室外使用,只观察雷达是否有功率输出即可。利用测试仪高灵敏检波

性能，在减速器出口处(35～40 m)调整最大辐射方向。

2. 雷达作用距离的测量原理

当"速度—功率"选择开关放在"速度"挡，在检波管上加一调制电压，由于检波管导通与开路时的驻波系数不等，调制电压一般在小于或等于 2 V、大于或等于 5 V 范围内变化，反射系数在小于或等于 0.33、大于或等于 0.67 范围内变化。如反射波与发射波的相位相同，反射系数变化约为 0.33，这样反射回功率约为－10 dB，反射回来的信号虽不是多普勒变频信号，但在接收端接收到的是同频调幅信号，经检波后也同样得到等效信号，其调制频率等效于运动目标在运动中产生的多普勒频率，反射信号的强弱等效于目标距离的远近和反射面积的大小。由于检波管受温度、老化以及测试调整等影响，测量误差较大，只能作为一般性测量。

调制频率选定为"195" Hz、"390" Hz、"780" Hz、"1 560" Hz，相当目标运动速度为"3" km/h、"6" km/h、"12" km/h、"24" km/h，其频率准确度不低于 0.03%，并可作为检验频率测量系统及指示器的精确度。采用晶体振荡，将晶振输出的 32 768 Hz 信号进行倍频得到 65 536 Hz信号，选 65 536 Hz 信号的 21 分频得到 3 120.76 Hz，再经 2、4、8、16 分频得到所需频率。

3. 主要器件

(1)抛物面天线

天线由抛物面和辐射器构成，增益约 25～30 dB，水平方向角约为 5°，主要起到控制接收信号方向及大小的作用。

(2)高灵敏度检波器

检波器是在波导腔中加入检波管构成，接收灵敏度不小于 2 mV/μW，用来检测微波信号和调制天线接收信号。

(3)调制信号发生器

调制信号发生器产生的调制信号直接加在检波器检波管上。由于检波管导通与开路时的驻波系数不同，在接收端接收到的同频调制信号经检波后得到等效多普勒信号，用来模拟车辆溜放速度。

调制信号发生器、F/V 电路框图如图 16-5 所示。

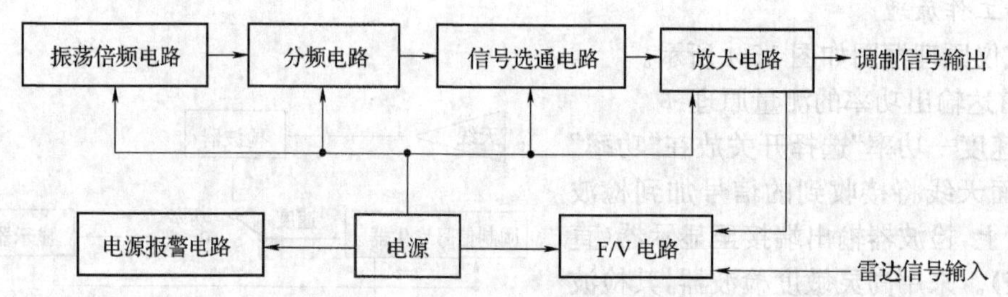

图 16-5 调制信号发生器、F/V 电路框图

(4)显示器

显示器为 UP316 型数字电压表。当测量功率时，其量程为 2.000 V。当显示速度时，表示"××.×km/h"。

(三)操作方法

1. 安装

仪器的正面装有抛物面天线，并用有机玻璃板保护；背面是测试开关和显示器，用于操作和测量；上面有提把，以便于携带；下面有四个橡皮脚，可平稳放置在平台之上；中间有1/4英寸的螺孔，便于安装在三角架上。

2. 操作方法

(1)雷达最大辐射方向的调整

雷达最大辐射方向调整的好坏，直接影响其使用性能，将仪器按有关安装方法安放在减速器出口处，过渡道床道心的中间，高度调整到1 m左右(高度与车钩高度相当)，接通电源开关(由于使用电池供电，不测量时应及时切断电源)，“速度—功率”选择开关下扳(“功率”)，“信号输入—功率”开关下扳，调整仪器三角架方位俯仰手把，使显示器指示为最大(显示器的量程开关放置在“远”挡)；再调整雷达箱调整架的方位和俯仰螺丝，使仪器指示为最大。将雷达天线及机壳固定后，锁紧调整螺母、盖好箱盖，再检查指示值是否变化很大。另外在钢轨外左右两侧测量雷达的输出(测量高度不变)，此时雷达固定不变，只调整仪器的方位与俯仰螺丝，测得值均应小于在中心测得值，且大小相当。

(2)发射功率的测量

将仪器安装在三角架上，三角架腿处在最短状态，安放在距离雷达天线8 m处，“速度—功率”选择开关下扳(“功率”挡)，“信号输入—功率”开关下扳(显示器的量程开关放置在“近”挡)，调整仪器的高度、方位和俯仰，使指示为最大，测得数值。此值只作为相对值，不作为标准。

(3)作用距离的测量

将仪器安装在三角架上，三角架腿处在最短状态，安放在距离雷达天线8 m处，按规定的测量方法测完发射功率后，将“速度—功率”选择开关上扳(“速度”挡)，“信号输入—功率”开关上扳，“自校”开关下扳，将雷达输出信号通过电缆引至“信号输入”插口，“速度选择”开关分别选择“3” km/h、“6” km/h、“12” km/h、“24” km/h四挡，显示器稳定显示相应的速度值，信号输出端可测得稳定的交流输出电压与对应频率，则认为达到作用距离的要求(≥50 m)。

注：“自校”开关只有在检查调制信号发生器工作是否正常才上扳，做其他测量时都要下扳。

(四)仪器维修

1. 电源检查

测试仪器分别用5号电池和9 V电池供给调制器电路板和显示器。平时不用时要及时关闭电源开关。

接通电源后显示器应有正常指示。如液晶板上显示电压过低(LOBAT)应更换9 V积层电池。如显示器无指示，应首先检查电池是否正常，再检查引线是否脱落，开关是否接触不良。必要时更换新的电池。

测试仪面板上电源报警指示灯亮时，表示调制电路及F/V电路供电电压过低，应更换5号电池。

更换新电池时要将仪器侧盖打开。

2. 天线及检波器检查

作为功率测量使用时，当有微波信号而无检波输出，用万用表检查检波二极管正反电阻是否正常；检查电路是否有开路、短路之处；若天线或检波器有损，应更换天线或检波器。

3. 调制信号发生器检查

作为模拟速度信号使用时，如无反射调制信号，先检查电路板上是否有调制信号输出。

本机有检查调制电路是否工作正常的功能。将“自校”开关上扳,“信号输入—功率”开关上扳,“速度—功率”开关上扳,“速度选择”开关全部上扳,这时显示器指示速度值,应显示“24.0 km/h”。扳下“24”开关,显示器应显示“12.0 km/h”。同时扳下“24”、“12”开关,显示器应显示“6.0 km/h”。同时扳下“24”、“12”、“6”开关,显示器应显示“3.0 km/h”。若显示均准确无误,表示调制电路工作正常,有调制信号输出,应检查连线及开关是否接触良好。

如果调制电路有故障,应分别检查振荡、倍频、分频、选通电路及输出电路等,根据故障点调整及更换元件。若有调制信号而无高频反射波输出,应检查或更换检波器。

4. 显示器检查

接通电源后,显示器就应有正常显示。若无显示,先检查表头端子上是否有电,接通电源而无显示,说明显示器不能工作,应修理或更换。在测量功率时应有指示,如有显示而无指示,检查测量端是否有电压,有电压则是显示器故障,检查及校准显示器,并进行修理或更换;若显示器正常,再检查电路及检波器,并进行检修或更换。

第二节　测重设备的维护与故障处理

一、室外测重传感器的安装与调整

(一)传感器安装孔的加工和传感器的安装

为了提高测量精度,保证测重信号的稳定性,塞钉式传感器安装在钢轨腹部中央的特定圆孔内,此圆孔须在工厂的机床上先行钻一直径为 32 mm 的标准通孔(也可在现场用专用扳手钻孔),然后用专用特制的绞刀,加工出锥度为 1∶30 的圆锥孔。此圆锥孔与传感器的锥度相同,用游标卡尺进行定位,在铰孔时要特别注意孔径适当,外侧孔径要大于内侧孔径,传感器的铁芯正好在钢轨腹部中央。传感器安装孔中心距轨底距离,50 kg/m 钢轨为 71 mm±1.0 mm,43 kg/m 钢轨为 68.5 mm±1.0 mm。传感器安装时必须保证传感器安装孔中心在钢轨腹部中性层位置,即保证传感器内的磁芯受力平台中心线与钢轨腹部中心线重合,否则会影响性能和测量精度。

传感器安装在驼峰加速坡的轨道区段任意两根枕木之间的中间位置,其间距为:43 kg/m 钢轨为 360～380 mm;50 kg/m 钢轨为 400 mm。传感器位置前后(各不少于 2 根)的钢轨枕木的道砟要进行夯实,要求钢轨端部接缝处平,无高低差,传感器位置距钢轨接头部不得小于 2.5 m,钢轨轨腰安装传感器的孔为锥形,钢轨外侧的孔径大于钢轨内侧的孔径。安装孔铰好后要抹上机油防止锈蚀,铰好后要检查孔的水平度、垂直度和光洁度,在铰孔过程中要注意进刀尺寸,防止孔径过大,否则此孔作废。将传感器按正确的角度装入,传感器定位槽与轨面应保持平行或垂直,角度偏差不得大于 10°,与安装孔壁密贴、紧固,螺母拧紧,接好电缆插头。传感器安装方式参见图16-6,在距传感器安装孔约一个枕木间距处,同时钻制一备用孔,备用孔用黄油涂抹,并用铁盖板内外侧螺栓固定备用。

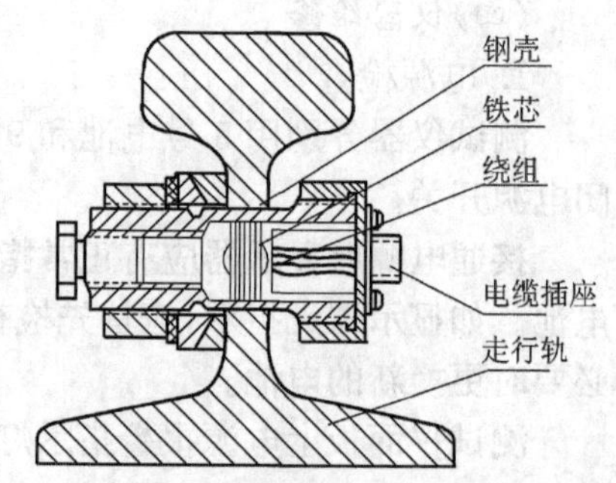

图 16-6　塞钉式压磁传感器的结构及安装

(二)传感器的配线

传感器的激磁线圈引线为蓝色和绿色,信号线圈为黑色和白色,两组线圈不能颠倒,否则影响测重精度。从传感器到电缆盒之间的电缆不要固定太紧，应留有一定的余量，防止因钢轨的上下起伏拉断电缆。电缆盒设于对应传感器位置钢轨外侧，采用信号 HZ 型电缆盒。

传感器安装好后要与室内测重电路复核，保证室内外配线的正确。

（三）开机前应检查及与室内设备的连接

开机前应检查测重机所有电缆插头配线是否正确、是否接插可靠，紧固螺钉是否上紧，交、直流电源是否接线正确（测重机输入信号显示及输出数据的传输要共用一路直流外电源 24 V）。两路传感器的激磁线圈电流由 A 型六芯插头座引出，接插时要注意方向，信号线圈有连接极性问题，极性不对将不能正常工作。220 V 交流电的启动按键在本机的后座板的电源盒上。按键按下时，面板前方的大指示灯点亮。特别要注意激磁电源输出不得短路。激磁电源与传感器激磁线圈未接通时电流表指示较小，约 0.2 A，正确连接后，电流表指示上升到约 0.4 A，并且电流表上方的激磁表示灯点亮。

（四）室外传感器的调整与测试

压磁传感器安装、配线完成后，室内设备相应安装、配线无误后，即可开机接通电源，首先调整激磁电源，使其输出电流为 0.4 A，调整方法见“二、室内测重机的调整”。在室外电缆盒内的端子上用数字万用表交流电压挡测激磁电压应为 5 V 左右，零信号应在 300 mV 以下。用脚踩踏传感器上方两侧的钢轨，信号线圈在这两侧的输出电压差值应在 4～20 mV 之间变化。如不满足上述要求，传感器要重新安装调整，直到达到要求为止。

二、室内测重机的调整

（一）测试、调整及显示功能

室内测重机机箱采用标准箱结构，机箱内装有各种功能电路板、稳压电源、激磁电源。机箱前设有轮重显示装置、各种测试、调整插孔和旋钮，机箱后部为外部引接线插件。

1. 调试窗口

在测重机前面板上有一个调试窗口，打开窗口后可以看到图 16-7 所示的测重机面板，面板上分别设有两路（Ⅰ/Ⅱ）传感器、信号处理电路的工作状态显示及调整测试按钮。为保证测重机的正常工作，应在室外传感器安装完后及在日常维护中定期进行测试和调整。

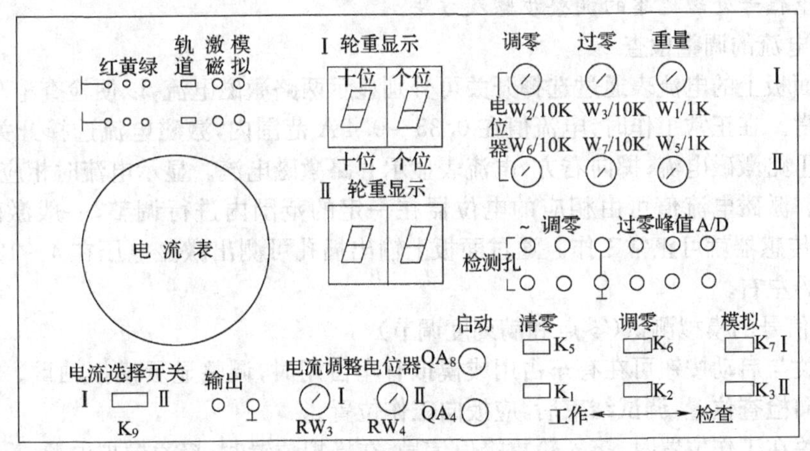

图 16-7　测重机面板调试窗口

2. 窗口面板测试、调整、操作功能

在测重机面板上有轮重显示、激磁电流显示/调整、过零测试/调整、调零测试/调整、重量模拟显示/调整、峰值测试、模/数(A/D)转换测试、推峰信号显示、轨道占用表示、激磁电流表示等,其作用和功能如下:

(1)当进行推峰作业时,面板上的推峰信号指示灯,复示推峰信号显示。

(2)当车组占用传感器区段时,轨道指示灯亮,轮重显示为零。车轮通过传感器后,轮重显示器显示相应的轮重数值,蜂鸣器给出音响提示。

(3)交流信号检测孔用来测试传感器输入的重量波形电压,用交流电压 2 V 挡进行测量,正常时应为零伏,但由于传感器本身或传感器安装问题等原因,会存在几十毫伏的漂移信号。

(4)调零测试和调零电位器用来对测重机信号处理电路前置放大器输出的测重信号进行手动调整,保证测重信号在后级有较高的处理精度。无自动补偿调零时直流信号小于100 mV。

(5)过零测试和调整电位器是用来调整过零信号的大小。过零信号作为车组计轴信息,过大或过小可能会造成多轴或丢轴。正常时应在+0.2~+1.2 V之间。

(6)峰值测试孔是测试重量信号经过放大、相敏整流、滤波、峰值采集等电路处理后的峰值电压,用万用表的交流挡测量,其数值与车辆重量成正比。

(7)模/数(A/D)转换测试孔是用来检查模/数转换电路的模拟量值,用交流挡测量,其数值正比于车辆重量。

(8)重量调整电位器是用来校准车辆重量的,通过对比实际车组重量来进行一定范围内的调整。

(9)模拟开关与启动按钮可在有车占用或模拟有车占用时,调整显示模拟轴重。各项调整在调试时应扳向检查位置,调试结束后,应扳向工作位置。

(10) 重量显示为两位十进制数(单位是 t),所表示的数值是车组单侧车轮的重量的 8 倍,即等效于一辆车的重量,车组的每个单侧轮重都在轮重显示屏上显示,并送计算机自动控制系统。在没有溜放车辆时无显示,有车进入测重区段时显示为零,当车轮压到传感器位置的钢轨时,显示轮重的模拟量,确切地说,应该是显示一辆车的一次等效重量,每辆车总共有四个等效重量。若所显示的重量超过 99 t,则百位数用小数点代替,最大可显示 157 t。

(二)测重信号处理电路的调整步骤及方法

1. 激磁电流的调整检查

测重机面板上的电流表通过选择开关可分别显示两路激磁电流,以便检查Ⅰ/Ⅱ路的激磁电流是否正常。在正常工作时,电流值在 0.35~0.4 A 范围内,激磁电流选择开关掷向左方,电流表显示Ⅰ路激磁电流;掷向右方,电流表显示Ⅱ路激磁电流。显示电流时相应的激磁电流表示灯点亮。激磁电流值可由相应的电位器在一定的范围内进行调整,一般激磁电流值在 0.35 A 以上传感器就可正常工作。通过面板上输出插孔可测出激磁电压在 4~12 V 之间,一般调整在 9 V 左右。

2. 重量信号的模拟测试(零点和满刻度调节)

模拟开关与启动按钮可在有车占用或模拟有车占用时,调整显示模拟轴重。各项调整在调试时应扳向检查位置,调试结束后,应扳向工作位置。

模拟开关在工作位置时,接入轮重峰值信号;在模拟位置时,接通模拟电源。

测试时可将 CZ3 的 25 芯插头拔下,使电路处在有车占用状态。测重机将进入测重状态,进轨显示灯亮。将清零开关掷向左方,模拟开关掷向右方(模拟指示灯亮),按启动键时就会在重量显示数码管上给出模拟的轴重值。若将清零开关掷向右方，该显示值就会被清除掉。

在满刻度调节模拟检验时将开关板向模拟位置。模拟电压加入模数转换 A/D 的输入端 V_{IN+}。当按压启动按钮，A/D 启动工作。当输入模拟电压对应 V_{REF} 时，数字量 8 位二进制输出为全“1”，即十六进制输出码为 FFH。显示器为 2 位十进制 LED 显示器，通过调整模拟电压可检查数字显示是否正常。

若将过零电路中开关置于自检位置，则电路自动每秒输出一次过零脉冲(不用按钮去检测)，进行模拟量到数字量的自动 A/D 变换检测。

3. 测重信号波形调整

首先通过前面板检测孔将传感器输入信号、放大输出信号、峰值输出信号分别接入示波器(电压表)，观察车轮经过传感器的输出信号波形，要求传感器输出波形正负基本对称。观察整流放大后的输出信号，要求先有正电压信号，后有负电压信号。如果反相，则调换交流输入连接线，即测重信号处理板输入接口的插件，该插件为 9 芯，2、3 脚为一端，4、5 脚为另一端。若调换输入信号线将两端输入线对调就可，如图 16-8 所示。要求正电压输出值大于或等于负电压输出值，如果正电压值较小，则调整机内移相电路的移相电位器，使之正负电压值基本对称。记录峰值输出信号，当有车轮通过时应有正脉冲电压输出，其输出幅度基本与轮重成正比。当车轮通过传感器时，计轴蜂鸣器有音响，说明中断输出信号工作正常。

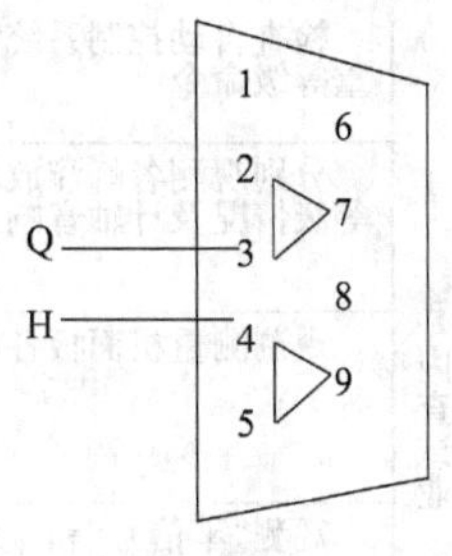

图 16-8 测重信号输入插件配线

4. 调零调整

当传感器安装完毕通以固定的激磁电流时，传感器输出有一个初始的交流小信号(该信号不大于 300 mV)，信号处理板的前置放大器因而会有一个零点直流电压输出。应当在无车进入即无进轨信号的情况下，将零点直流电压值调到零值。调整方法是：拨动相应的调零开关到右侧(检查)，调整相应的调零电位器，将零点电压调整到小于 100 mV，然后再将调零开关恢复到左侧。在工作状态下，该零点直流电压基本上没有变化，即认为零点调整好了。

5. 过零调整

将示波器(电压表)笔从调零观测孔右移到过零观测孔(它们位于黑色的地线孔的两侧)，调整中间的过零电位器，就可以确定过零电压值。当车轮通过传感器时，测重信号在正负交变的一定范围内变化，过零点时会形成过轴信号并伴有蜂鸣器的鸣响，过零电压值的确定以不产生丢轴或加轴误动作为宜，其值可在＋0.2～＋1.2 V之间调整。

6. 重量显示及精度调整

在有进轨信号的情况下，可以调整轴重显示。在实际测重时，模拟开关及清零开关要掷向左方工作位置，对应某一轴重的峰值电压在进行 A/D 转换时，其显示值通过调整重量电位器来确定。假定一个轮的重量为 10 t，对应 4 轴车相当于 80 t 重。因此，在调整重量电位器时换算为车组重量，即轮重×8 为车组重量，这种做法比较符合我们的日常习惯。一辆车通过后，可输出 4 个重量送计算机控制系统处理，计算机将 4 个重量相加再除以 4 即得到本辆车的重量。重量显示精度到 t，在溜放钩车中找一些重量较准确的车辆进行重量核对，如空车、重煤车等，如重量有偏差，则通过重量电位器来调整，空车为 20 t 左右，重车为 80 t 左右。

经调试正常工作后，前面板窗口内的所有调整元件的位置都不宜更动，不要随意触摸。激磁电流约为 400 mA，清零、调零，模拟开关的位置都要掷向左方工作位置。

三、测重设备检修作业程序和质量标准

测重设备检修作业内容和质量标准见表16-8。

表16-8 测重设备检修作业内容和质量标准

项目	作业内容	质量标准	作业要求
室内检查测试作业	检查自动控制系统溜放作业测重等级命令	各峰溜放作业无测重设备报警。测重等级轻车及重车命令均有,车组控制正常	如有异常,重点检查
	分别观测各峰溜放车组的重量等级情况及计轴音响	各峰溜放车组的重量等级正常,空车为1级20 t左右,重车为4级80 t左右;计轴鸣响正确,与重量显示一致	在溜放作业时进行观测,核对重量值与实际车辆
	观测测重机面板各项显示	激磁表示灯显示正常,电流表指示稳定无变化,在0.35～0.45 A范围内;主体信号、轨道电路显示正确	激磁电流同原值比较,偏离较大时分析原因,及时处理
	观测"零信号"和"过零值"	手动调零信号不超过0.1 V;过零值在+0.2～+1.2 V,并不产生多轴、丢轴	用示波器检查测试测重波形的过零值。 各测试数据填写测试记录;参数如有偏差,则需分析原因并对测重系统进行全面检查、测试和调整
	检查测重机各部	各插接件端子紧固,无松动	
室外检查测试作业	检查测重传感器	传感器安装紧固,引接线良好,电缆防护套管完整无破损;传感器两侧4根枕木与路基附着良好,传感器两侧枕木距离无变化(43 kg/m钢轨为360～380 mm;50 kg/m钢轨为400 mm)	定期用扳手检查安装紧固情况
	检查电缆盒	基础牢固不倾斜,盒盖螺丝紧固齐全。配线整齐,端子螺丝紧固	
	测试测重传感器电特性参数	人踩踏传感器两钢轨时,测量电缆盒内信号电压应有4 mV以上的变化,激磁电压5 V左右,零信号小于0.3 V	如室内各参数测试正确,此项可不测
	测试测重传感器绝缘电阻	传感器线圈间及接地绝缘电阻大于或等于20 MΩ	测试绝缘电阻时必须断开与室内所有连接线

四、测重设备常见故障处理

测重设备常见故障处理方法如表16-9。

表16-9 测重设备常见故障处理方法

序号	故障现象	故障原因	处理方法
1	控制系统测重故障报警	(1)测重机故障,造成无中断信号及重量信号。 (2)传感器损坏。 (3)传感器引接线不良。 (4)信号传输通道断。 (5)激磁电流过小或没有。 (6)信号处理电路故障	(1)检查测重信号处理请求中断电路。 (2)更换传感器。 (3)检查引接线是否接触良好。 (4)检查信号传输通道中的各个环节。 (5)检查激磁电源的工作状态。 (6)检查各环节信号处理电路
2	测重等级不准	(1)传感器螺丝松动或位置变化。 (2)传感器安装位置不正确。 (3)重量调节旋钮调整不当。 (4)工务道床状态不好	(1)紧固螺丝或调整位置。 (2)重新调整传感器位置。 (3)重新调整重量旋钮。 (4)检查工务道床状态,请工务处理

续上表

序号	故障现象	故障原因	处理方法
3	零信号漂移	(1)调零信号未调整好。 (2)传感器位置变化或损坏	(1)重新调整调零信号。 (2)调整位置,紧固螺丝或更换传感器
4	丢轴或多轴	(1)过零信号未调整好	按过零标准电压值重新调整过零信号
5	面板有显示,但系统无重量信息	(1)测重机与系统上位机传输接口不良。 (2)测重机内部电路板故障	(1)检查 24 V 电源和光耦工作是否正确可靠。 (2)检查测试测重机内部各单元电路

第三节　测长设备的维护与故障处理

以 TGWC 型工频测长设备为例介绍测长系统的检修、测试和调整。

一、TGWC 型工频测长设备现场调整方法

1. 通过 CB 板 RS-232 接口,连接维护工作站(维护工作站用规定的串口,下位机 CB 在开机工作状态)。

2. 通过维护工作站点击“维护操作”,进入维护操作后点击“仿真终端”。

3. 进入仿真终端状态后在仿真窗口操作(进行测试和调整时需取得车务同意,在空线状态时进行),输入有关测长命令:MT、DT、BT、BK 等。

(1)确认该股道自动调整系数为 1.000。若不是,可通过按压 CB 板复位按钮使之复位,将调整系数置为 1.000。

(2)输入 MT 命令,打开某一股道后,显示该股道数据,其空闲股道的走长值和该股道的固有空线长度进行比较,并记录当前数据(长度值、电压值)。若空线误差大于±30 m、满线长度误差大于±10 m,则应进行重新调整。实际调整时应按照本股道调整表进行调整。

(3)测长调整是在测长轨道电路区段空线情况下进行,在调整前首先全面检查轨道电路送受流线、轨端接续线、末端封连线、钢轨绝缘等环节,使之接触牢固可靠,无断股破损等现象。测长轨道电路的长度变化范围较小,可调整变阻器的电阻值,如变化较大时则调整送电源变压器的输出端子,达到走长值小于该股道的固有空线长度 15 m 即可。空闲股道走长值每 50 m 或 100 m 测一点,并记录调整前后长度值及电压值。空、满线数据必测。

(4)调整时需拧紧变阻器的旋钮和变压器输出端子,并记录调整后的走长值和相应的模拟电压值。

4. 在室外调整无法达到标准时,则需将测长参数重新写入到存储器芯片中(有的系统可自行修改测长显示值)。

5. 注意事项

(1)现场实际某股道的调整表是在设备安装开通进行全面精调时,由专业人员通过在室外的测试点模拟车组走行情况,室内测长设备实际测量得到的数据。由于每个股道的长度、道床特性等参数的不同略有差别,在实际维护工作中,应按照股道调整表进行调整。表 16-10 为某股道调整表。

表 16-10 某股道调整表

距离(m)	0	50	100	150	200	250	300	350	400	450	625
轨面电压(V)	0.183	0.27	0.413	0.524	0.642	0.793	0.919	1.06	1.175	1.304	1.5

(2)送受流线、远端封连线、轨端接续线均为双套。连接电阻达到最小,并稳定。

二、TGWC 型工频测长设备检修作业内容和质量标准

TGWC 型工频测长设备检修作业内容和质量标准见表 16-11。

表 16-11 TGWC 型工频测长设备检修作业内容和质量标准

修程	作业内容	质量标准	作业要求
日巡视	检查测长 CB 板外观	(1)电源指示灯指示正常。 (2)测长工作正常无报警	(1)测长设备如有故障报警,空线显示长度或满线长度超标准时,要及时进行检查调整。 (2)满线误差调整在−10 m,可有效防止车辆堵门撞车
	观测空线长度	各股道空线长度显示与实际基本相符,允许误差小于±30 m	
	观测满线长度	各股道满线长度显示误差小于−10 m	
	检查交流净化电源	(1)净化电源各路电压指示正常,无报警。 (2)电源输入、输出引接线端子、闸刀开关及各插接件无松动,电源转换装置无异常	
	检查室外测长变压器箱盒各引接线	(1)箱盒外观及加锁良好,基础牢固盒盖螺丝齐全。 (2)各引接线不得被道钉、防爬器、接头夹板、轨距杆等物挤卡或造成混电可能	
月检查	同日巡视内容	同日巡视全部内容	(1)道床条件不好,泄漏较大,误差超过标准范围时应及时校正。 (2)每股道在空线时每50 m 测一点,走长值和固有空线长度进行比较,并记录当前数据。 (3)超标准调整时应按照本道调整表进行调整。 (4)填写记录
	检查、测试测长交流净化电源	(1)交流净化电源工作正常无报警。各接线端子紧固,不松动。 (2)输入电压 AC220 V 在 187~242 V 范围内,各路输出电压额定值为 AC220 V±4.4 V	
	检查测长 CB 板	(1)各接插件插接良好,固定螺丝紧固不松动。 (2)各指示灯指示正常	
	检查、测试测长轨道电路发送端	(1)配线整齐,各部螺丝紧固、备帽齐全。插接件无松动。熔丝或断路器安装紧固、标准。限流电阻调整片弹力适当,接触良好。 (2)变压器输入输出电压在额定值,发送到轨面上的电压,空线时为(1.5~1.8)V±0.05 V(600~1 000 m 时测量),轨道电路回路中电流范围为 3~5 A	
	轨道电路项目	符合轨道电路标准	
	测试测长电压值	空线长度值小于±30 m,满线值小于−10 m。各点长度电压值不偏离原值	
	长度标志	长度标志清晰	

三、TGWC 型工频测长设备常见故障处理

TGWC 型工频测长设备常见故障处理方法见表 16-12。

表 16-12　工频测长设备常见故障处理方法

故障现象	故障原因	处理方法
全站场测长为"0"，屏显测长故障	测长交流净化电源无220 V输出	(1)检查净化电源交流输入情况，三相交流电输入是否正常(输入接线端子，断路器等环节)。 (2)三相电压输出检查(输出引接线端子、熔丝、供电输出线路)。 (3)交流净化电源内部故障无输出(输入电源正常)，若故障可转换到备用电源，然后再查找电源故障原因
对应测长CB板的股道均报故障	所对应股道的测长CB板故障	更换相对应的CB板
全场测长不准确误差过大	测长交流净化电源输出误差大	(1)输出电压不标准，各相偏离 AC220 V±4.4 V时，需调整。 (2)输出端电路某环节接触不良，全面查清紧固
对应某相电压输出股道测长不准确，进车后报故障	某相电压输出不正确(过低或过高)	(1)调整该相220 V电压，达到标准值。 (2)该相输出端电路接触不良，全面检查紧固
某股道测长不稳定或误差大	该股道送受电端或测长轨道某环节接触不良。 测长轨道道床漏泄电阻超标或变化大	(1)变压器箱端子有松动，全面检查紧固。 (2)滑线电阻接线或压片压不紧，调整接触片。 (3)轨端接续线断线或接触不良，全面检查各接续线。 (4)轨道送、受流线或尾端短路线，断线或接触不良，全面检查处理。 (5)道床受电解溶液污染或湿度变化，检查道床，通知工务部门处理。 (6)轨端绝缘破损，更换。 (7)对该股道故障处理后，要按测长轨道电路的标准调整方法进行全面调整测试，达到技术指标
交流净化电源报警	某项输出电流异常过大或输入电源(电源屏)瞬间转换造成	(1)查找电流过大原因并处理(同原工作电流比较)，查找电源电缆的径路、室外测长轨道箱内等部件是否有接地或混线等情况。 (2)断开输入电源，数分钟后重新接通，查看故障是否消除。 (3)检查交流净化电源本身是否出现故障
全场测长故障恢复后，部分股道仍在故障状态	对应CB板未复位	(1)对应CB板复位，在CB板面板上按复位按钮。 (2)CB插件板可能出现故障，更换试验确定

第四节　车轮传感器的维护与故障处理

一、车轮传感器的安装

(一)CYL型永磁感应式传感器

永磁感应式传感器一般按系统要求(如TW-2型驼峰自动控制系统要求)安装在减速器入口及分路道岔保护区段上，如图16-9所示。

永磁感应式传感器安装的高度位置是决定其正常工作的关键。如果永磁感应式传感器顶面与钢轨面距离过大时输出信号会很弱；如永磁感应式传感器顶面与钢轨面距离过小或钢轨磨耗严重时，永磁感应式传感器顶面容易被车轮刮伤或碾坏。CYL型永磁感应式传感器的顶面中心到钢轨轨面为40 mm±2 mm。

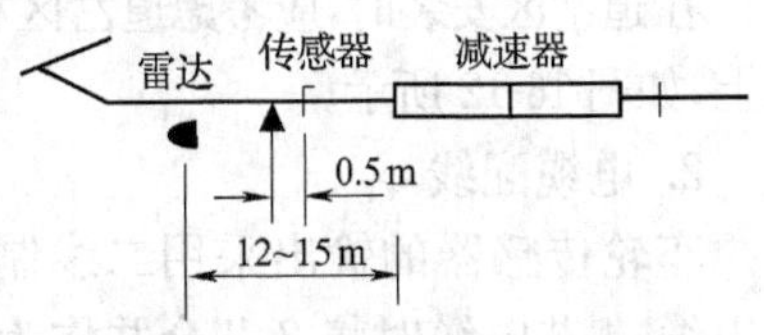

图16-9　永磁感应式传感器安装举例示意图

永磁感应式传感器线圈有单组或双组，在安装前，要测量传感器两组线圈的线圈电阻和对外壳绝缘电阻是否符合技术安装标准,引线端子盒的密封性、传感器安装高度位置符合标准,紧固传感器的螺栓要紧固,防止松动。传感器顶面清洁无杂物,并定期进行清扫。

安装完成后要进行人工模拟试验,用铁制品在传感器顶面进行人工划过试验,用示波器观察室内信号传感器信号处理电路的输入端的信号波形和极性(极性应是先负后正),或直接在控制系统显示屏上观察传感器计轴状态。安装及模拟试验完成后,要检查第一辆车经过后传感器安装位置是否合适,有无刮伤的痕迹。

(二)T·LJS型有源式车轮传感器

1. 传感器安装

为了便于施工和维护,采用配套专用装置安装。

安装示意图如图16-10所示,传感器顶面中心到钢轨轨面为44 mm±2 mm,离轨头侧面33 mm±1 mm。扣件是专为传感器配套制作的,一副扣件由两部分组成。用扣件的两个部分分别从钢轨两侧卡住,用一条M12的长螺栓使其卡牢。在传感器与扣件接触面有两个M12的螺孔,在扣件与传感器接触面有两个长孔,用M12的螺栓穿过扣件的孔,将传感器固定。扣件上的孔设计成长孔,是为了便于调整车轮传感器的水平位置。传感器高度是通过调整传感器与扣件之间的垫片厚度实现的,高度调整量的最大值为10 mm。

为实现螺栓安装,传感器的底座设计为L形状,如图16-11所示,使其能与轨腰接触。在传感器基座上加工M12螺孔;在轨腰的中央区,间隔145 mm水平距离各钻一个直径为13 mm的孔,用两个M12螺栓来固定车轮传感器。为保证钻孔位置的准确,钻孔时,应根据不同轨型加工不同的钻模。

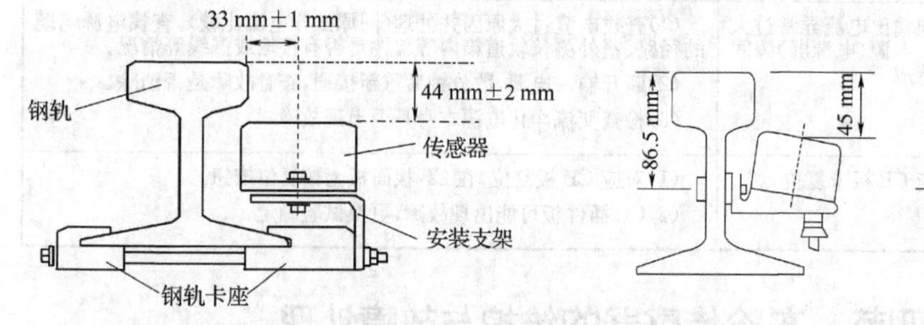

图16-10 有源式车轮传感器安装示意图

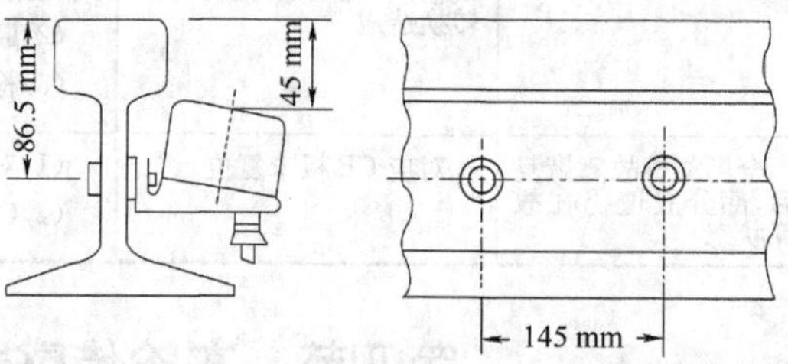

图16-11 螺栓安装示意图

螺栓安装的高度调整是由改变安装孔实现,即在传感器基座上有两个相对高度相差9 mm的孔。用上面的一对,则传感器的高度可下调9 mm。

为了保证车轮信号采集的可靠性,在轨道曲线段安装时,建议将传感器安装在曲线段内侧轨上,并应适当考虑车轮的位移情况,调整传感器的水平位置。

在道岔区安装时,应考虑道岔区相邻钢轨与传感器安装轨之间的距离,其最小值应在120 mm以上,如图16-12所示。

2. 电缆配线

车轮传感器的输出采用二线制连接,电缆连接方法如图16-13所示。传感器用2芯或4芯电缆,4芯电缆时将2芯合并作为1芯使用,提高引线的可靠性。

传感器接线分正极、负极,引线反接不会造成传感器损坏,但不能正常工作。需特别注意的是:传感器只能与信号处理电路连接,不能用外部电源直接连接传感器的引线进行测试,否

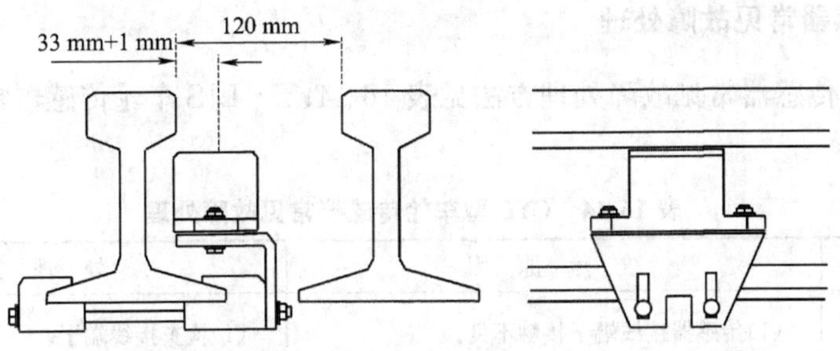

图 16-12 道岔区安装示意图

则将造成传感器永久性损坏。

3. 调整

传感器安装通电后需进行调整，首先在室内分线盘引出线(传感器通道)端子测量，正常电压应是 4.5 V 左右。如偏低，则需微调传感器的安装位置，使其稍微上移或向钢轨里侧靠近；如偏高，则需微调传感器的安装位置，使其稍微下移或向钢轨外移动，使分线盘端子电压正常(此调整实际是调整传感器的振荡电路的振荡幅值)。

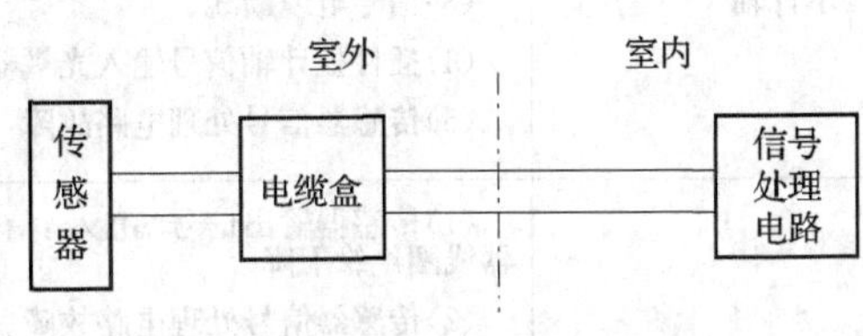

图 16-13 电缆配线示意图

调整后需进行模拟或走车试验，如有丢轴需进一步细调。最后做短路、断路试验，短路或断路时室内电路故障灯应亮。

二、车轮传感器检修作业内容和质量标准

CYL 型永磁感应式传感器检修作业内容和质量标准如表 16-13 所示。

表 16-13 CYL 型永磁感应式传感器检修作业内容和质量标准

	作业内容	质量标准	作业要求
室外检查测试	检查传感器安装位置	传感器安装位置无变化。传感器顶面距钢轨顶面的距离为 40 mm±2 mm	
	各部螺栓紧固程度	传感器各安装螺栓的紧固不松动	
	传感器表面状态	传感器表面清洁无铁屑及无刮伤	清洁传感器表面
	传感器引线连接情况	传感器引线电缆的连接状况良好，无松动	用 500 V 兆欧表测试线圈对地绝缘电阻，用万用表 R×100 挡测试线圈电阻值
	测试传感器线圈电阻和对地绝缘电阻	传感器线圈电阻为 1 000 Ω，线圈绝缘电阻不小于 20 MΩ	
室内检查测试	自动控制系统数据检查、统计	传感器计轴数应与溜放车组辆数相对应，正常时每辆车计轴 4 个	每天查看、统计计算机关于传感器的数据和报警信息，发现问题及时处理
	室内测试传感器输入信号情况	在有传感器信号时，示波器显示为先负后正，幅度为 $V_{PP}\geqslant 2$ V 的脉冲波形	应使用长余晖示波器观察传感器波形，且注意测试时接线的极性，无车时可人工划传感器板来取得测试信号

三、车轮传感器常见故障处理

CYL型车轮传感器常见故障处理方法见表16-14；T·LJS车轮传感器常见故障处理方法见表16-15。

表16-14 CYL型车轮传感器常见故障处理

故障现象	故障原因	处理方法
不计轴	(1)传感器接线端子接触不良。 (2)传感器线圈断线。 (3)信号电缆断线。 (4)插件板计轴信号输入光耦器件损坏。 (5)传感器信号处理电路故障	(1)检查接线端子。 (2)测试线圈和电缆。 (3)检查信号电缆。 (4)更换光耦器件。 (5)检查信号处理电路或更换该插件板
计轴不准确	(1)传感器输出信号幅度小:信号电缆或传感器线圈绝缘下降。 (2)传感器信号处理电路故障。 (3)传感器表面不清洁,铁屑过多。 (4)信号处理电路抗干扰能力差。 (5)传感器安装螺丝松动位置变化,或安装不标准	(1)更换电缆或更换传感器。 (2)检查插件板电路相应器件或更换。 (3)清洁传感器表面。 (4)检查信号输入电路滤波电容及检查调整门限值。 (5)按标准尺寸调整紧固传感器

表16-15 T·LJS车轮传感器常见故障处理

故障现象	故障原因	处理方法
信号处理电路故障灯亮: 分线盘端子测量电压大于6V; 信号输入端对地测小于0.2V	(1)通道或引入线断线。 (2)传感器断线	(1)检查信号传输通道是否开路。 (2)检查传感器内部是否开路
信号处理电路故障灯亮: 分线盘端子测量电压极低或无; 信号输入端对地测大于6V	(1)通道或引入线短路。 (2)传感器短路	(1)检查信号传输通道是否混线 (2)检查传感器内部是否混线短路
信号处理电路故障灯亮: 分线盘端子测量无电压; 信号输入端对地测无电压或小于0.2V	室内传感器8V电源无输出	检查室内8V电源及输出环节
传感器不计轴: 分线盘端子测量电压高于正常值(4.5V)过多; 分线盘端子测量电压低于正常值(4.5V)过多,并且该路计轴灯亮	(1)传感器安装位置变化,使信号输入端对地电压提高。 (2)传感器安装位置变化,使信号输入端对地电压低于正常的基准电压。 (3)传感器损坏	重新调整传感器位置,使电压恢复正常。 更换传感器
经常丢轴: 分线盘端子及信号输入端对地测量电压变化偏离原值	传感器安装位置有变化	重新调整传感器位置,使电压恢复正常

第五节　驼峰气象站的维护与故障处理

一、雨量传感器的安装与维护

（一）雨量传感器的安装

安装前雨量传感器要根据所配的雨量传感器基座图纸做好水泥基座。根据雨量传感器支架实际的安装孔位置在水泥基座内埋设地脚螺栓，保证雨量传感器底座上的安装孔和地脚螺栓的位置对准。底部安装面最好离地面 10 cm 以上，防止积水，同时预埋一根 ϕ30 cm 的 PVC 管到室内，同时根据实际长度配备相应的雨量传感器信号线，将此线穿在 PVC 管中，一端接雨量传感器一端接采集器。

安装要求：

1. 传感器固定螺钉紧固。
2. 集水器口径要水平。安装时要通过双螺母作水平调整。
3. 取出翻斗（从包装盒内），小心放在翻斗支撑点上，轻轻拨动使其可靠正常翻转。
4. 将短过滤网安放在集水器中，要放正。
5. 把雨量外筒重新套上，注意将滤网放正。
6. 将传感器信号线安装在插座上。

（二）雨量传感器维护

定期和在降水前检查漏斗通道中是否有碎片，入口和出口处是否有堵塞物，除去污物，并清洁滤网。检查及清洗方法：

1. 清洗前为防止误记录，先把信号线拔下或将站机关机。
2. 将雨量集水器拆下，拔下滤网用水清洗，清洗集水器内壁的污物及漏水孔。
3. 将漏斗取下，拔下漏斗上面的滤网用水清洗，清洗内壁的污物及漏水孔。
4. 将翻斗取下，用中性水刷洗，但勿用手摸其内壁。
5. 清洗结束后，将翻斗放到支撑点上，轻轻拨动使其正常翻转，但注意要将带磁性一侧对准电路板；将漏斗放入支架并锁紧；将雨量集水器安装后锁紧。
6. 接好信号线。
7. 注意在清洗过程中严禁调整翻斗平衡螺丝。

二、数据采集器的维护

数据采集器密封在防腐机箱内，一般情况下无须维护，只要定期打开采集器，观察里面是否有杂物进入、底部进线孔是否密封。如果有故障，则要根据症状对相应部分进行判断维护，一般可能发生且容易判断的情况有：

1. 某传感器示值异常，先确认是否防雷板松动或被雷击坏。方法是跳过防雷通道，将接线直接连接，如果故障消失则是防雷板松动或是被雷击坏，再检查通道有无对地短路或两端开路以及相邻通道有无短路。如果故障没消失，则要检查传感器插件是否牢固或其外表是否有过多灰尘以及是否损坏。

2. 电源控制器，主要是定期检查里面的交流输入指示灯、直流输出指示灯、充电指示灯是否正常。电源过高或过低，都会导致采集器工作异常。

三、风向、风速传感器的维护

随时观察风向、风速传感器是否有卡滞现象以及在冬季低温有降水的时候，注意观察风向、风速冻结现象。

四、电缆的维护

定期检查电缆与传感器、采集器连接是否有松动或电缆是否损伤、老化。

第十七章 自动化驼峰控制系统的维护与故障处理

第一节 TW-2型组态式驼峰自动控制系统的维护与故障处理

一、TW-2型组态式驼峰自动控制系统的维护

(一)日常维护

为保持系统工作在良好的状态,应定期对系统的有关部分进行检查测试,以下内容仅提供参考。

1. 测长轨道电路

在晴天,用维护终端查看空闲股道的走长值(检查前需确认该股道的自动调整系数为1.000,若不是可通过复位CB模块置为1.000),并和该股道的固有空线长度表进行比较,若误差大于±50 m则应进行重新调整,并记录调整前后的长度值。

调整方法:调室外轨道电路送电端的变压器及变阻器,小范围变化调变阻器的电阻值,变化较大时调变压器输出端子的跳线,使走长小于该股道的固有空线长度15 m左右。最后要注意拧紧变阻器的旋钮和跳线端子。

上述检查应每月进行一次。

2. 交流净化电源

每月测量一次其输出电源,应保持在220 V±2 V范围内,若不对,应调整其微调旋钮。

3. 双机同步

应每天观察一次双机是否同步,方法是抽查当前同一钩车的减速器出清概要记录,双机钩序是否一致,或观察溜放中分路道岔轨道占用信息中的车次和钩序是否一致,若表明不同步,应在停点时进行一次同步处理。

4. 主备机轮换使用

为检查两套系统工作均正常,应每月轮流使用两套机器。

5. 工作站、键盘、鼠标的清理

安放在控制台室的设备环境较恶劣,应每季度打开一次清扫和擦拭灰尘,包括显示器、键盘和鼠标。

6. 通过查询统计检查室外设备状态

(1)每天分重点按减速器检索查看和浏览钩车的概要记录,必要时看详细记录。

(2)是否有减速器动作不标准引起控制误差偏大的规律。

(3)雷达是否有异常表现。

(4)计轴是否有丢轴偏多的趋势。

(5)测重是否有偏差。

(6)每天搜寻一次报警,有无在某室外设备上出现频度较高的报警。

7. UPS 电源检查

按说明书要求定期观察 UPS 不间断电源各指示灯是否正常,每年通过断 UPS 输入的方法检查一次蓄电池是否有效。

8. 无源传感器检查

每月检查一次传感器,不正常应处理。检查内容:

(1)距轨面高度尺寸是否符合标准。

(2)紧固螺丝是否松动。

(3)是否进水潮湿。

(4)连线是否良好。

(5)传感器上是否有铁屑。

9. 测重检查

每周观察一次已知计划为空车和目测为满载重车的重量等级和重量数值,若空车不是 1 级,普遍重车不是 4 级,则说明测重不准,应调整。

10. 通道电源检查

每季度检查和量测一次由机柜内供出的继电器接口用 24 V 直流电源(名为 Z24、F24)和供雷达与传感器接口的 12 V 直流电源(名为 Z12、F12)是否正常,并检查该电源是否和其他电源混电,是否接地。

11. 机柜内部检查

每半年检查一次机柜内部。

(1)电源插头有无松动。

(2)风扇是否运转正常。

(3)各接插件是否紧固。

(4)印刷板上是否有静电积尘。

12. 接地电阻检查。

每年冬季检查一次系统的接地电阻是否小于 2 Ω,小于 2 Ω 时应处理。

(二)维护注意事项

计算机自动控制系统是以计算机为大脑,通过大量室外信号采集及执行设备完成测控的统一体。管好和维护好包括计算机在内的所有设备是使整体工作良好和安全可靠运行的保障,故障及时准确被确认并排除可以防止某些隐患重复出现,酿成大的故障。对新设备了解要经过逐步积累经验的过程,根据已开通驼峰场的使用情况提出以下维修要点:

1. 迅速掌握各种报警和记录信息的意义、发生的时机和条件,并注意观察正常情况下的记录情况,只有这样,才能在异常情况下对报警记录所提供的信息正确的理解和使用。

2. 发生异常现象时,要确认问题发生的性质,当认为有故障时,要使用维护诊断命令进一步确认是控制机柜内部还是外部的问题,切忌在未经确认的情况下更换微机印刷电路板,因为该系统硬件的可靠性高于外部设备。

3. 维修人员应熟悉、掌握直至精通使用操作过程,这样可以对所记录的驼峰值班人员操作过程是否有不正确乃至不安全的操作及时提出警告。

4. 维修人员不但要熟悉计算机控制操作程序,更要掌握室内外连接关系、各种采样和执行设备的工作原理,例如转辙机、轨道电路、减速器、传感器、雷达、室内继电控制电路逻辑等等，才能正确及时地发现故障。

5. 当计算机发生软件非屏蔽中断退出时，请及时人工记录下断点内容，将信息反馈给研究单位，以便不断改进和查找软件问题。

6. 绝对禁止在机箱电源打开的情况下带电插拔机箱背面的 75 芯插头，否则将可能使板上的集成电路烧坏。

7. 机箱上的印刷电路板应确保插入的类型正确，否则将造成电路板损坏或溜放时误动作。

8. 系统断电将会使已储存的计划丢失，维护时请慎重。

9. 要进入模拟状态时必须事先要点，在空闲时间进行，模拟完成后必须退出模拟状态，最好对被模拟的模块及相关模块进行冷启动复位，以确保模拟后能正常使用。否则可能造成溜放错误。

10. 绝对禁止对进入机柜的电缆使用电缆测试摇表测试绝缘，特别注意传感器、雷达、测长、测重是由室外直通室内的，否则会引起系统硬件大面积烧毁。

11. 除了更换板子上的接口驱动芯片等正常维修工作外，最好不要擅自对有问题的板子进行修理。

12. 在更换板子上的芯片时一定要注意芯片的方向，防止芯片烧毁。

13. 注意双机保持同步，方法是双机同时开机启动。当发生自动倒机后，在作业空闲时间应对双机均进行重新启动。

14. 不得在控车过程中对正在工作的下层模块进行复位。

15. 上层机管理及工作站

(1)通常请不要使非在线机退出，进行脱机查询或其他操作，这样会导致不同步，起不到热备作用。

(2)不得将其他机器使用过的软盘插入工作站及上层管理机，以防病毒传入。

(3)不得随意删除上层机和工作站中的文件。

(4)不得随意执行 PC 机中其他用途的可执行程序。

16. 当通过封测试盘或其他手段进行模拟溜车试验后，必须对速度控制系统复位，以防止残留命令储存在减速器控制模块上，发生溜车时钩对位错误。

17. 道岔恢复时间由微机定时处理，不必进行日常测试。

二、TW-2 型组态式驼峰自动控制系统的故障处理

以下列举了容易遇到的一些故障现象及处理办法。

(一)怀疑某开关量输入不正确

有关继电器接点输入的动作变化都能在上层管理机或图形窗显示出来。当某一继电器接点状态采集不到时，应首先判断故障位置，可通过工程竣工图找到该输入条件在室内分线盘的位置，使输入变化到通电位置，用万用表量取其电压是否为 24 V。如果电压不为 24 V，表明故障发生在机柜外面；如果电压为 24 V，表明故障发生在机柜内部。判断故障发生在机柜内部后，首先查看内部线与室内分线盘是否焊接牢固，其次，找到与该输入条件对应的电路板、输入口及光耦，更换光耦。检查故障是否排除，若无，更换该输入口有关的芯片(比如电阻排等)，再接着试。

此外，通过维护诊断命令 BI 可以辅助判断有关继电器接点是否采集到。

(二)怀疑某静态输出没有

道岔控制继电器DJ、FJ,减速器控制继电器ZJ1、ZJ2,驼峰信号控制LJ、LSJ、USJ、BJ、HTJ、BSJ、DLJ、SNJ等都是由计算机静态输出控制励磁的。这些继电器的正确动作直接关系到整个自动控制过程的正确和安全。通过维护诊断命令BO、IC等可以来判断计算机输出控制是否正确。用命令BO或IC输出有关继电器的励磁信号,如果该继电器不励磁吸起,应首先判断故障位置,量取室内分线盘上该输出条件端子上的电压是否为24 V。如果电压不为24 V,表明故障发生在机柜内部;如果电压为24 V,表明故障发生在机柜外部。判断故障发生在机柜内部后,首先查看内部线把是否与室内分线盘焊牢;其次,找到对应的板子、输出口及光耦,更换光耦。再用命令BO检查,故障仍不排除,则更换对应的74S09,并继续检查故障是否排除。

(三)怀疑某动态输出没有

道岔锁闭继电器SJ、信号继电器XJ、照查继电器ZCJ、故障继电器GZJ、场间联系有关的继电器等都是在计算机动态输出周期方波的条件下励磁(通过动态继电器内的发光二极管灯的闪动可观察到)。这些继电器的正确动作直接关系到整个自动控制过程的正确和安全。通过维护诊断命令DA可以判断计算机输出控制是否正确。用命令DA输出有关继电器的励磁信号,如果该继电器不励磁吸起,应首先判断故障位置,量取室内分线盘上该输出条件端子上的电压是否为24 V脉动。如果电压不为24 V脉动,表明故障发生在机柜内部;如果电压为24 V,表明故障发生在机柜外部。判断故障发生在机柜内部后,首先查看内部线把是否与室内分线盘焊牢;其次,找到对应的板子、输出口及光耦,更换光耦。再用命令BO检查,故障仍不排除,则更换对应的74S09,并继续检查故障是否排除。

(四)测长不准确

若某股道测长表现不稳定,忽高忽低,注意以下原因:

1. 接续线断线或接触不良。
2. 钢丝绳接触不良。
3. 尾端封连线断线或接触不良。
4. 变压器箱内端子松动。
5. 滑线电阻压不紧。

(五)双机不同步

1. 某套机器下层ZB、LB、TB故障处理或人工复位后没有重新同步启动。
2. 某上层机(特别是非在线机)复位或重启动后未做同步处理。

(六)全场输入均不正确

例如全场道岔均断表示,轨道电路均占用,减速器均报手动情况。

1. 通道电源Z24、F24发生短路保护,必须断电后再通电才能恢复。
2. 组合架或分线盘上有关熔丝断丝。

(七)全场雷达均报故障

1. 雷达接口电源Z12、F12发生短路保护。
2. 雷达通过轨道接点开关的雷达自检电源故障或熔断器断。

(八)全场测长均为零,或均报故障

1. 测长用交流净化电源供电中断。
2. CB板报故障。

第二节　TBZKⅡ型驼峰控制系统的维护与故障处理

一、TBZKⅡ型驼峰控制系统的维护

(一)UPS电源

UPS电源应满足表17-1的要求。

表17-1　UPS输入输出电压

输入电压	<176 V	176～196 V	196～253 V	253～282 V	>282 V
输出电压	电池输出230 V±11.5 V	升压12%	196～253 V	降压12%	电池输出230 V±11.5 V

备用UPS电源要求定期充放电。

(二)控制机柜

1. 每日巡视机柜面板及各电路模板的指示灯,发现异常时及时处理。
2. 定期测试机柜电源模块的输出电压,超出允许范围时调整。
3. 定期在测试台上测试备用电路模板。
4. 定期对机柜进行除尘。

(三)电务维修计算机

1. 每天检查作业故障记录,进行分析处理。
2. 检查控制超差统计数据。

(四)雷　　达

1. 雷达测速方向

雷达方向调整好后,要求底盘螺钉处于紧固状态,不要轻易再调整。

2. 自检频率

要求定期测试自检频率,正常自检频率:2 048 Hz±102.4 Hz。

3. 作用距离测试

要求定期测试雷达作用距离。将雷达测试仪置于测试平台,调整方向使其功率最大。在给定不同速度下测试频率,要求满足表17-2的要求。

表17-2　不同速度下的测试频率

给定速度	3 km/h	6 km/h	12 km/h	24 km/h
测试频率	195 Hz	390 Hz	780 Hz	1 560 Hz

频率偏差不大于1%。

4. 定期吸附雷达箱内灰尘并紧固螺钉。

(五)测　　长

1. 每日交接班时进行

(1)查看打印机打印出的各股道特性数据表(每日早8:00,下午5:00自动打印)。

(2)查看AF、BF机箱中各F板上的电源指示灯是否亮,若不亮应更换F板。

(3)校核测长机柜上的股道长度显示与控制台、维修机上的显示是否一致。

(4)校准机柜面板上的实时时钟显示。

2. 定期测量测长机柜直流电源指示及电压

直流电源允许偏差:5 V±0.2 V,±12 V±1.5 V。

超出范围更换电源。

3. 定期进行全场测长校核(利用实际占车位置),发现误差较大时(超过 30 m)应予以修正。

4. 定期巡视各股道,检查跳线是否良好。

5. 定期在测试台上检查备板的状态。

6. 测长机柜出现音响、灯光报警时,可按一下机柜面板上小键盘的“复位”键,并置好实时时钟。

(六)测　　重

1. 每日巡视测重机面板上的调试窗,激励电流表指示应为 0.4 A,有偏差时调整。

2. 定期调整零点。

3. 定期校验测重的精度,如有偏差,调整重量电位器校准。

(七)车轮传感器

1. 定期巡视各车轮传感器,安装不能有松动,表面不允许有粘附物。

2. 使用 T·LJ 型金属接近式车轮传感器时,定期检查各工作状态电流值:

表面无金属物时工作电流:2.65~4.0 mA;

表面有金属物时工作电流:0.5~1.45 mA。

二、TBZKⅡ型驼峰控制系统的故障处理

(一)钩车超速

钩车超速指溜放车组出清减速器区段时的出口速度超出定速较大。遇到这种情况,需要做以下几件工作。

1. 检查钩车记录表,查看减速器是否两台都全力制动。如果两台减速器一直制动未缓解,则不应为计算机控制系统的问题,可能是车辆本身特性或入口速度超标造成,也可能是减速器制动能力不足。

2. 如果钩车记录已发过缓解命令,并且出口速度与定速接近,但车站操作人员反映车组出口速度较高,则需要检查雷达数据表,查看雷达脉冲是否正常,如果雷达脉冲跳动过大,则说明雷达有问题。

3. 分析是否有前后两车组在减速器区段追钩,如果发生追钩,则前行车组的速度可能偏高,属正常现象。

4. 查看是否是计算机控制,如果是手动控制,则要查看手动时减速器的状态和手动时的速度。如果手动时速度高,则是手动所至。

(二)钩车速度偏低或夹停

1. 检查钩车记录表,查看发缓解命令的时刻和速度;如果发缓解命令时的速度合适,则表明计算机控制正常,需找其他原因。

2. 检查雷达数据表,查看雷达脉冲是否正常,如果雷达脉冲跳动过大或雷达脉冲与实际钩车速度不符,则说明雷达有问题。

3. 如果雷达脉冲正常,但计算机发缓解命令后雷达速度仍一直下降,可能是减速器没有完全缓解,或者是车组走行性能不好。

4. 查看是否是计算机控制,如果是手动控制,则要查看手动时减速器的状态和手动时的速度。如果手动时速度高,手动后速度偏低,则是手动所至。

(三)误报摘错

原因是第一分路道岔保护区段内两块车轮传感器多计轴或少计轴。检查车轮传感器及其相关通道。

(四)误报追钩

原因是该分路道岔保护区段内的车轮传感器多计轴所至。检查车轮传感器及其相关通道。

第三节 FTK-3 型驼峰自动控制系统的维护与故障处理

一、FTK-3 型驼峰自动控制系统的启动和双机切换

FTK-3 系统配有两台主机,其正常工作方式为一主一备的双机热备。但启动时应分别启动,先启动的为主控机,后启动的为备用机,此时双机手柄需处于“自动”位置。绝不允许一台主机未完成启动时让另一台主机投入,这样会出现不可预料的情况,此时应关闭一台主机,一台主机重新启动。当另一台主机状态为“故障”或“离线”时,本主机启动后为单机主机;当对方状态为“主控”时,本主机启动后为双机备机,对方变为双机主机;当双机手柄扳向对方主机时,本主机启动后为离线机。

两台主机也可一台在线作为控制机,另一台离线作为开发机或进行维修,这属于单机工作方式(双机冷备)。此时双机手柄必须扳向在线控制机。

两套主机通常选用双机热备工作状态,必要时(如:雷雨季节的重雷害区或维修电路板时)也可选用一机工作一机冷备的工作状态。主机在状态显示盘上有主控、备用、离线、故障、初始几种状态显示:

1. 主控:在双机状态显示盘上独立亮“主控”灯,表明该主机工作在主控状态。该主机独立控制全部现场输出,所有现场设备功能的完成均由主控机完成,在各工作站状态显示框中均标明主控机的名称。在缺省设置情况下,工作站均显示主控机信息。

2. 备用:在双机状态显示盘上独立亮“备用”灯,表明该主机工作在备用状态。备用状态下工作的主机要随时接替主机工作,其输出命令也同样随时输出,只因为受到切换开关的限制未能实际产生作用。

3. 离线:在双机状态显示盘上独立亮“离线”灯,表明该主机工作在离线状态。离线状态即表明该主机自检出故障自动产生的离线功能或手动切换手柄指向他机,备用状态和初始状态时在自检出故障后自动离线,但当该主机在单机主控时,由于没有备机支持工作,所以即使自检出故障也不进入离线状态,除非切换继电器或双机手柄指向他机。离线状态的主机仍在运行应用程序(不属于死机),仍可显示各种信息和接口状况,当切换继电器指向本机时,仍可对外输出到现场。

4. 故障:在系统双机状态显示盘上亮“故障”灯时,即表明该主机与双机状态显示盘联系中断。某台主机在故障状态,不完全说明该主机故障,可能是故障死机,更可能是复位后没有在应用程序运行状态,也有可能是没开电或掉过电,总之故障状态是应用作业没有进入正确的工作状态。

5. 初始:当主机投入应用程序运行时,在程序未全部同步之前是短暂的初始状态,初始状态时,双机状态显示盘上有“主控”、“备用”和“离线”三个灯同时亮灯。

(一)系统启动前的准备工作

1. 接通电源

接通各机箱(特别是 DIB)、集线器、工作站及主机电源,观察指示灯显示正常。以上步骤

完成后,在一般情况下,不宜再关电。

2. 检查双机面板手柄位置

在双机热备工作条件下,手柄指向"自动";在单机工作条件下,手柄指向本机"手动";要求本机离线工作,手柄背向本机"手动"。

(二)启动工作站

开机后进入 Windows 系统。自动进入缺省显示。

(三)启动主控机

1. 启动步骤

(1)指定主机按下复位按钮,使主机复位。自动进入应用系统(只需在显示"Press any key to continue…"时键下回车键)。此时双机面板对应本机显示"主控"、"备用"及"离线"灯均全亮,表示系统进入初始化阶段。

(2)当显示器屏幕出现如下显示:

Old Date/Time(Mon/Day hh:mm:ss):04/28 13:33:48

New Date/Time(Mon/Day hh:mm:ss):若发现显示的日期、时间正确,键入回车即可;若发现显示的日期、时间不正确,请键入当时的月/日 时:分:秒后键入回车。

(3)继续进行系统初始化工作,出现" Singer_Computer, Cpuname = *.(A 或 B)"字样,一直到屏幕出现"Finish Initialization"字样时表示系统初始化已结束,可以进行驼峰自动控制工作。系统初始化结束后,工作站时钟显示应正常工作,驼峰模式均应为"空闲",主机状态显示为"单机主控";双机面板上本机的"主控"灯亮,对应 I/O 机箱的板上的巡测灯正常闪烁。

2. 主控机初始化过程中异常情况

(1)当出现"Exit Initialization"字样,表示初始化失败。检查原因并克服后,再重新启动主机。

(2)当出现"A_CPU & B_CPU Cpuname Is Same!"字样,表示两台主机的网络地址及主机名均相同,要退出并重新配置该机使其与另一主机不同,再重新启动主机。

(3)当出现"QHJ Output Or Input Fail!"字样,表示切换继电器的输入或输出回路出现故障,应修复故障后,再重新启动主机。

(4)当出现" Offline_Computer, Cpuname = *.(A 或 B)"字样,表示投入后为离线机应查明原因,离线主机不能构成双机系统。

(四)备用机的投入

FTK-3 系统不允许两台主机同时启动,必须一台启动完毕才能启动第二台。

1. 备用机投入条件

(1)切换手柄指向"自动"。

(2)另一台主机已成功启动成为主控机。

(3)两峰的溜放模式均为"空闲";全场调车及推送进路未建立及信号未开放且道岔无锁闭。若此二条件不成立,备用机会自动一直等待,直到条件成立。

2. 备用机启动步骤

备用机投入步骤同启动主控机,但无需键入时间,当上述条件成立后,显示" Double_Computer, Cpuname = *.(A 或 B)"字样,一直到屏幕出现"Finish Initialization"字样时表示初始化已结束,可以进行双机热备的控制工作。

系统初始化结束后,工作站主机状态显示为"双机热备";双机面板上本机的"备用"灯亮,对应 I/O 机箱的板上的巡测灯正常闪烁。

3. 备用机初始化过程中异常情况

备用机初始化过程中异常情况与主机初始化过程相似，另有如下异常情况：

(1)当出现“DDC Initialization…Fail”，表示双机通信故障或另一机未工作。

(2)当出现“Wait Main CPU Idle And Unlock…”字样，表示备机等待主控机满足第三条投入条件，当条件满足后，自动完成备用机初始化。

(五)系统的退出

1. 将欲退出的主机上的复位按钮按下，该主机即退出。

2. 欲退出双机系统，可将双机手柄倒向控制的主机。

注意：不允许在单机主控情况下退出。应将手柄倒向另一机，待本机成为离线后，方可退出；也可关闭本机的全部减速器板电源后退出。

(六)双机切换

双机切换的前提是处于双机热备工作状态、双机之间网络正常工作、两机的切换继电器及双机手柄的输入正常，双机手柄处在中间位置，否则谈不上双机切换。

双机手柄扳向手动时，不可能形成双机系统，但可单机运行。

离线的主机不能再进入双机系统，除非再启动该主机。但是离线单机只要切换继电器指向本机仍能进行溜放控制。

系统处于双机热备工作方式时，一旦主控机故障且确认是双机热备时自动进行切换，也可以扳动双机手柄为“手动”，实现人工切换。双机切换后，备用机充当主控机继续进行控制，原来的主控机离线，成为单机工作方式。注意：以上过程是不可逆的，不可从主控机转为备用机，只能从主控机转为离线机，若重新建立双机热备系统，需投入已离线的主机作为备用机。

双机投入及切换过程如下：

主机 1：(复位投入)→单机主机→双机主机→(切换)→离线机→(复位投入)→双机备机

主机 2：(复位投入)→双机备机→(切换)→单机主机→(对方投入)→双机主机

双机切换有自动、人工两种方式：

1. 自动切换

当主控机关机或复位时，主控机离线，备用机转为主控机，成为单机系统。

当备用机关机或复位时，备用机离线，成为单机系统。

当主机检查出本机故障或 IOB 板、DIB 板、JSK 板故障(或断电)时，使本机离线，对方成为主控机。

当双机通信故障时，转为单机工作，切换继电器接点指向的主机为主控机，否则为离线机。

2. 人工切换

将双机手柄扳向备用机，主控机离线，备用机转为主控机，成为单机系统。

将双机手柄扳向主控机，备用机离线，主控机不变，成为单机系统。

双机切换有报警记录，查明原因后再建立双机热备系统。

二、FTK-3 型驼峰自动控制系统的维护

1. 开电顺序：先开机箱电源，后开主机电源。

2. 关电顺序：先关主机电源，后关机箱电源。关单机时，应使主机离线后，再关主机电源。

3. 当一套系统工作、另一套系统检修或换板时应将人工切换手柄拨向工作系统方向，只

能检修或更换离线机对应机箱。步骤是:先将该系统主机关闭或退出应用程序使之变为离线机,并将双机手柄开关倒向主控机位置,再关闭机箱电源,更换输入/输出板。更换完毕,再开机箱电源,观察板工作正常后,再将双机手柄开关放回中间位置。

4. 更换主机内扩展板:只能在离线机上更换,将双机监控器上的双机手柄手柄开关倒向另一台主机,关闭本主机电源,再关闭机箱、显示器电源,断开主机后部所有连线;打开主机机盖,更换扩展板;更换后连接主机连线,打开外围设备电源,双机手柄开关扳回中间位置。

5. 在系统检修或换板后,必须在调车长工作站对每个道岔和减速器进行往复驱动试验,全正确后方可投入使用,其中减速器的试验必须分别在单机和双机主机状态下各进行一遍,缺一不可。

6. 单机应转变为离线状态后方可退出。若在单机主控工作状态时退出,再次启动系统时应首先启动后退出工作的主机,或立即对该套系统每个减速器机箱都关电一次。

7. 工作站应按 Windows 的步骤进行关机。

8. 同种型号接口板可以不经任何改动互换使用,但不同类型接口板应按机箱上标明型号使用,否则可能造成损坏。

9. 机箱后装插头有 220 V 电压进入,请注意防止手摸触电。

10. JSK-3 板严禁在机箱电源开电时插入。

11. 在主机内部的总线扩展卡 PCXIO-2 每个机箱对应一块,不能互换使用,否则可能造成冲突导致死机。

三、FTK-3 型驼峰自动控制系统故障处理

1. 主机开机无显示。

故障原因:电源故障,主板故障,CPU 故障。

解决办法:返回厂家维修。

2. 拔出控制板后,主机可以启动。

解决办法:更换主机内控制板。

3. 主机开机连续鸣叫 6 声。

故障原因:内存故障。

解决办法:更换内存,换内存槽位,或返厂维修。

4. 主机开机连续鸣叫 8 声。

故障原因:显卡故障。

解决办法:更换显卡,或返厂维修。

5. 主机显示时钟不动。

故障现象:机箱巡测灯不闪。开机时双机开关上的对应故障灯亮,网络通信好一下马上又断。TM 命令看到时钟没有变化。WX1 命令后时钟不走。

故障原因:第一块总线扩展卡(时钟卡)故障。

解决办法:更换第一块总线扩展卡(时钟卡)。

6. 主机 BIOS 配置不对(只是对应于 4208 机型)。

故障现象:机箱巡测灯不闪。开机时双机开关上的对应故障灯亮,网络通信好一下马上又断。TM 命令看到时钟没有变化。WX1 命令后时钟不走。

解决办法:开机时键入〈DEL〉进入 BIOS 设置。

上下箭头选中 PNP/PCI CONFIGURATION

PNP OS INSTALLED　　　　　　　　　　NO
RESURES CONTROLLED BY　　　　　　MAUNAL
IRQ3　　　　　　　　　　　　　　　LEGACY　ISA
…4,5,7 9 10 11 12 13 14 15　　　　LEGACY　ISA
IQR15　　　　　　　　　　　　　　LEGACY　ISA

3～5 全选为 ISA,用 PAGE UP/DOWN 改变设置。

〈ESC〉退回上级菜单

选 SAVE—EXIT

Y

7. 控制板故障灯全亮

故障原因:24 V 断电。

解决办法:检查电源屏上 24 V(JKZ、JKF)电源电压及机柜上 24 V 电压。查看闸刀位置。切换到备用 24 V 上。

8. 一个机箱故障灯全亮。

故障现象:机箱巡测灯正常闪。故障灯亮。

故障原因:机箱 24 V 无输入。

解决办法:机箱后 14 芯插头没插好。

9. 单个控制板巡测灯闪烁不正常。

故障现象:机箱巡测灯不闪或乱闪。WXn 后此板输入值和现场全不符合,或乱闪。

故障原因:输入板故障。

解决办法:更换控制板。

注:有时 DIB 板灯显示慢,或故障灯亮,板子也可以正常工作。WX1 时,检测点和输入点对,DIB 可以正常工作。

10. 整个机箱巡测灯闪烁不正常。

故障现象:机箱巡测灯不闪或乱闪。WXn 后此板输入值和现场全不符合,或乱闪。

故障原因:对应机箱内的总线扩展卡故障。

解决办法:更换对应机箱内的总线扩展卡。仍然不能解决问题时,可以将全部板子拔出,一块一块插入板子,检测出不好的板子。拔插板子时要关机箱电源,主机可不关。

注:有时 DIB 板灯显示慢,或故障灯亮,板子也可以正常工作。WX1 时,检测点和输入点对,DIB 可以正常工作。

11. 某个点输入没有。

故障现象:WXn 后此板输入的某个值和现场不符合。另一台机器和现场一致。

故障原因:对应机箱内的控制板输入故障。

解决办法:更换对应机箱内的控制板。

故障现象:更换板后,WXn 后此板输入的某个值和现场不符合。另一台机器和现场一致。

故障原因:板没插好。

解决办法:插好板后用力按板中间往里再按一次。

12. 一块输出板亮故障灯。

故障现象:WX1 后此 IOB 板输出值和输出反馈值不一致。

故障原因:输出板故障。

解决办法:更换对应机箱内的IOB板。

提示:可以通过查报警报告,查以往存在的故障。报警号为:88～106。

13. 更换主机。

主机分A、B机。不能直接更换,可以通过DOS命令更换。

启动主机后,当屏幕显示:Press any key to continue,键入CTRL－C,键入y。

执行批处理命令:AJI　主机变为A机;

执行批处理命令:BJI　主机变为B机。

如果没有此批处理命令,可以用以下办法:

cd　ETC

copy inetinit. cfa inetinit. cf　主机变为A机;

copy inetinit. cfb inetinit. cf　主机变为B机。

注意:当更换备用主机时,可能与主机不能构成双机。有时有必要同时关闭两台主机后,才能进入双机热备。其原因是主机记忆曾经通信的网卡的序列号和IP,网卡序列号变化后认为是故障。

14. 更换DIB、IOB、PIB(RIB)板。

软复位主机(也可以不关,但主机会报告板故障或出现其他异常报警),关闭机箱电源,取出DIB、IOB、PIB(RIB)板,换新板。推入槽位,注意最后按板中央,用力推到位,启动主机程序。

15. 更换JSK、ADB板。

软复位主机(也可以不关,但主机会报告板故障或出现其他异常报警),关闭机箱电源,取出JSK、ADB板,换新板。推入槽位,注意最后按板中央,用力推到位。JSK板严禁带电拔插。注意:机箱通电时,主机电源必须处于开通状态,后面的总线必须连接主机。换句话讲,减速器机箱开着电时,关闭主机电源或拔掉后面总线,会导致减速器误动。

16. 机房工作站(或主机)网络通信断。

更换网线,更换交换机口,更换工作站(或主机)。(注意:IP不要冲突)

17. 车站网络通信断

检查通道上机房交换机、交换机到MODEM的网线、MODEM到终端盒的跳线、光缆到终端盒的跳线、工作站到MODEM的网线、工作站。

首先检查MODEM状态,应该6个灯全亮或闪。

光口指示灭,换MODEM,换跳线,换通道(机房和操作楼同时换)。

机房电口指示灭,换MODEM,换网线,换交换机口。

操作楼电口指示灭,换MODEM,换网线,工作站。

18. 输入、输出故障

通过WX1、WX2、WX3检查本机,另一台机器的输入点和输出点。

输出板的故障可以通过输入和输出比较得出,屏幕会有! 和?。

!表示输出反馈不对,?表示两台机器输入比较不一致。

第四节　TYWK 型驼峰信号计算机一体化控制系统的维护与故障处理

一、系统启动、切换与退出

(一)系统首次投入运行

1. 开启模块

开启模块，电源投入应按照先低压后高压的原则，投入顺序如下：

(1)先将熔断柜上与各模块机箱对应的电源开关合上，各机箱均有的电源开关有 WKZ、KZ、BZ 及 ZKZ 电源开关，信号机模块还要合上 XJZ 电源开关。

(2)按下模块上 DYA 电源开关，其中道岔模块电源打开后应报警。

(3)模块运转正常后，再合上熔断柜上与道岔、减速器模块对应的动作电源 DZ 和电磁阀电源 FJZ 开关。

(4)待主机投入运行后，按下手操盘上总复位按钮或按下各个模块复位按钮，各模块进入工作状态，报警消除。

2. 控制主机投入

控制主机投入顺序如下：

(1)开主机显示器电源、开主机电源。

(2)主机启动后进入 C:\，运行批处理 TYWK 后回车，显示器屏幕显示主机界面。

(3)同步按压手操盘上的运行按钮和确认按钮，系统初始化后进入自动控制状态运行。转辙机控制电源经装于分线柜上的三个继电器延时后接通。

注意：某些车场还要先同步按压手操盘上的手动按钮和确认按钮，再同步按压自动按钮和确认按钮后，系统才进入自动控制状态。具体采用哪种方式请参照工程设计文件。

(4)启动显控工作站、储存工作站、减速器工作站及维修工作站。打开显示器电源，打开主机电源，系统自动进入运行工作状态。

(二)控制主、备机的投入与退出

备机可在系统投入时同步投入，也可在主机投入运行后再投入。

1. 同步投入

在主机投入运行后，备机进入 C:\，运行批处理 TYWK 后回车。双机实现同步则出现同步标记，若同步失败，备机自动退出。此时备机需人为重新投入，直到双机同步为止。此后进行“控制主机投入”项的(3)的操作，使系统进入自动状态。

2. 后期投入

即在主机已运行于自动状态下的备机投入。当主机已运行于自动控制状态下，应在全场无作业状态时才允许备机投入。否则，若此时在溜放状态或有调车作业进路存在时，同步操作无效，备机会自动退出。

投入顺序如下：

(1)打开备机显示器电源，打开备机电源；

(2)进入 C:\TYWK 并运行 TYWK。

注意：

(1)若同步失败,备机自动退出,则需重新操作直至同步为止。备机投入必须在站场作业空闲,即无解体或调车作业时进行。

(2)备机的退出,只需关掉备机电源,备机即刻退出。

(三)控制主机主备切换

1. 双机切换板切换

在双机切换板上进行控制主机主、备机的切换,若 A 机为主控,B 机为备用,则按压双机切换板上的 B 机按钮时,B 机将切换为主控,A 机变为备用。

注意:控制主机主、备机人工切换必须在全场无作业状态下进行。

2. 工作中的自动切换

双机同步运行中,当工作主机出现以下情况时,系统会自动切换到备用机,此时备用机变为主控机:

(1)电缆出现故障;

(2)通信板(CAN)工作出现异常;

(3)主控机故障。

(四)系统退出

系统在需退出时可按以下顺序退出:

(1)关闭各模块工作电源。

(2)切断熔断器 DZ、KDZ、FJZ(FZ)、XJZ、WKZ、KZ、BZ(JBZ)。

(3)关闭主机、备机工作电源及显示器电源。

(4)关闭显控工作站、储存工作站及维修机工作站电源及显示器电源。

二、日常维护及故障处理

(一)日常维护

判断设备的使用状态,做到超标报警、超前防范,使设备运用质量始终处于受控状态,指导维修人员合理维修,由传统的计划维修转变到科学的状态维修。

TYWK 系统的维修工作站为系统的状态维修提供条件。

建议在每天早 8 点、晚 8 点车务交接班时,进行以下的日常巡视检查,检查结果在交接班簿内登记:

1. 巡视机柜内各模块,从模块面板的表示灯上观察模块运转有无异常。

2. 查阅设备工作记录

在维修工作站上打开“信息查询”,进行下列检查。时间段设定:开始时间为上一次检查完毕时间,结束时间为当前时间。

(1)点击【系统状态】,然后分别检查【工作主机】、【主机上线】、【同步状态】各项,检查有无异常记录。

(2)点击【报警记录】,进入【模块报警】,检查模块和控制设备有无异常记录。

(3)点击【开关量变化】,观察熔断器、继电器等开关量是否正常。

(4)点击【减速器信息】,再点击【报警】,选择【报警】检查减速器、雷达、踏板、轨道电路、测长等设备有无设备异常报警。

(5)接着点击【其他】,选择【通信状态】检查各减速器控制模块与系统通信是否正常。

3. 进行常规测试

(1)测试电子轨道电路电压

在维修工作站主界面主菜单点击【测试】,在下拉菜单内点击【电子轨道电路】进行电子轨道电路电压测试。分别进行全场【道岔】和【减速器】测试。

测试完成后,打开“信息查询”阅读。注意,道岔区轨道电路电压在【测试记录】→【电子轨道道路】中读到,减速器轨道道路电压要打开【减速器信息】→【其他】→【测电压】中读到。检查电压是否在正常范围。一般电压在3~3.9 V为正常。

(2)测试电源屏电压

在维修工作站主界面主菜单点击【测试】,在下拉菜单内点击【电源屏电压】进行电源屏电压测试。测试后即能读出电压值,也能在【测试记录】目录内的【电源屏电压】中读到。各项电源的正常电压值如下。

① 微机主机电源:WJZ、WJF(AC 220 V);

② 微机模块电源:WKZ、WKF(DC 24 V);

③ 接口控制电源:KZ、KF(DC 24 V);

④ 动态继电器工作电源:JZ、JF(AC 24 V);

⑤ 电动转辙机工作电源:DZ、DF(DC 210~240 V);

⑥ 电空转辙机动作电源:KDZ、KDF(DC 24~28 V);

⑦ 电磁阀电源:FJZ、FJF(AC 220 V),FZ、FF(DC 24 V);

⑧ 表示电源:BZ、BF,JBZ、JBF(DC 24 V);

⑨ 信号点灯电源:XJZ、XJF(AC 180 V、220 V);

⑩ 轨道电源:GJZ、GJF(AC 220 V);

⑪ 场间联系电源:LZ、LF(DC 24~28 V);

⑫ 微机监测电源:CJZ、CJF(AC 220 V)。

(二)室外驼峰专用设备维修

1. 驼峰电子轨道电路

驼峰电子轨道电路施工完成后,由于程序内有自适应功能,日常维修时不需在室外调整。轨端采样电压的监视,可在维修工作站上进行。

调整状态(轨道空闲),采样电压范围为DC 3.0~4.8 V。大于4.8 V和小于0.1 V为故障,系统对故障状态的轨道电路按有车占用处理。采样电压低于调整状态(轨道空闲)采样电压的30%判为分流状态(有车占用)。为保证轨道电路正常工作,要注意维护轨端绝缘、钢轨连接线以及各电阻连接保持良好状态。

电子轨道电路的一般故障与故障消除方法:

(1)采样电压大于4.8 V的故障,系轨道区段连接线断线或采样回路断线造成,消除断线点,故障消除,轨道电路恢复正常。

(2)采样电压小于0.1 V的故障,有以下几种原因造成。一是电子轨道电路发送盒故障,更换发送盒,故障消除。另一种原因是采样电路(轨道变压器箱到模块控制板的电路)中有短路点,消除短路点,故障消除。还有一个原因是室外或室内防雷单元故障,更换防雷单元,故障消除。

(3)在分线柜上能测得采样电压,而模块输出的采样电压为0(从维修工作站测得),则是模块A/D转换有故障,要更换模块。

(4)长期停留车的轨道区段,在车辆出清后,可能错误显示占用。这是由于进车时天气好道床电阻高,轨道空线电压高;出清时,道床电阻低空线电压低,达不到进入前的95%,系统不判出清。此时,如在分线柜端子上测到的电压大于 3 V,可采用复位模块的方法消除故障。

2. 车轮传感器

以 TLJ 型有源传感器为例,车轮经过或停留在车轮传感器,连接线路上电流产生变化,室内机箱内车轮传感器电路检测到电流变化,判断出车轴通过车轮传感器。无车轮通过车轮传感器时,车轮传感器内有 2.65 mA 电流。有车轮在车轮传感器上时,电流降到 1.45 mA 以下。

为使车轮传感器正确计轴,要保持车轮传感器安装情况良好,与钢轨连接没有松动;车轮传感器与机箱连接线路完好。

车轮传感器的一般故障与故障消除方法:

(1)分线盘端子上电压超过 6 V,可能是引入线路或车轮传感器断线。出现车轮传感器不计轴报警,先测量分线盘端子上电压,车轮传感器正常工作直流电压在 4.5 V 左右。电压不符,有可能是车轮传感器安装位置变化或损坏,要调整更换车轮传感器。

(2)车轮传感器不计轴,但电压正常,可能是车轮传感器安装不良,要检查车轮传感器安装情况。

(3)分线盘上没有电压,机箱内车轮传感器电路故障,要更换模块。

(4)分线盘端子上电压超过 6 V,可能是引入线路或车轮传感器断线。

请注意,头岔上判向车轮传感器的两块车轮传感器的距离要保持在 450～500 mm。

3. 测速雷达

测速雷达只在轨道电路内有车并处于自动、半自动控制时进入测速状态。其他时间无论轨道电路有车无车,都处于自检状态。如室外天线工作不正常,系统会发出报警。

在速度自动控制系统中,车辆在轨道区段运行的全过程,即在轨道电路的入口端到出口端,测速雷达都要可靠地检测到它的运行速度。工程交工时,雷达已调到上述要求,日常维修检修天线或更换天线,必须保持这种状态。室外调试时用雷达制造厂提供的专用仪器调试。室内要用维修工作站的速度控制动态观察减速器【控制曲线】图上雷达速度线,判断雷达天线安装正常与否。安装正常的雷达,在控制曲线的雷达速度线均匀平滑,否则,要调整雷达天线安装方向。此项工作应经常进行。

一部位雷达天线安装在减速器出口端,出口端连接道岔的线路曲线半径小,不利于雷达安装,调试时要保证出口端能可靠地测到速度,转动天线时入口端允许采用保持在测试仪显示的最小值为 120。

测速雷达的一般故障与故障消除方法:

(1)无自检信号,减速器工作站上有雷达工作报警。

接通【减速器串口】跟踪减速器控制模块工作,【脉冲】项为 0,表示没有自检信号。先在分线柜雷达信号引入端子上用万能表频率挡测得有 2 kHz 的频率,则极大可能是减速器控制模块接口故障,要更换控制模块。

若测不到频率,故障原因可能是天线故障或线路上防雷器件故障。在雷达箱内将雷达置自检位,测量自检电压或频率,自检电压在 12 V 左右,测不到自检信号电压,则要更换天线。室外有电压而室内没有,则可能是室内或室外防雷器件故障。

(2)有自检信号但无测速信号,可能是天线故障,请更换天线。

(3)控车时速度显示大幅度波动。可能是雷达位置变动,要调整。在室内用维修工作站的速度控制动态跟踪或调出控制过程曲线进行校验。

4. 测重设备

测重设备请按工厂提供的要求进行日常维修。

测重设备包括室外测重传感器和室内机柜内的测重模块。

为保持重量测试正确，要定时进行观察，进行测定重量和实际重量的正确性校核。考虑到测重器输出线性较好，建议选用空敞车（约 21 t，轴重 5 t）和满载煤车（约 83 t，轴重 20 t）进行轻、重两端校核。要求能测到每轮的重量，并且整车各轮重量相近，不要有大偏差。调试方法请按工厂提供的要求进行。

校核时，点击主界面主菜单【测试】，在下拉菜单内再点击【测试】，在弹出的对话框内选【测重】，进入轴重量测试。车辆每轴经过安装在头岔保护区段内的测重传感器，轴重被测出，在维修工作站的左下方信息窗内滚动显示逐轴的重量。

5. 测长设备

测长计算参数在施工时确定后，测长精度受测长轨道电路内轨道电阻和道床电阻变化而变化。要保持测长精度，就要保持测长区段内轨道电阻和道床电阻值不变。

因此，要使测长有一定精度，首先要保持轨道电阻值不变。因此，维修人员要加强检修，确保轨端连接线完好并与钢轨接触良好。

道床电阻受天气影响，阻值随湿度变化而变化。雨天湿度大，道床电阻变小，测长值出现负误差。为了使保持精度，测长计算程序内设置了调整系数 K。系数 K 的修正有自动和人工两种方法。

自动调整的原理是：每次车列牵出测长区段，由于区段末端电阻 R 插入，测长计算值产生跳变，程序据此判断出股道空闲，自动修正调整系数 K，以保持测长值准确。

当现场股道空闲的实际长度与显示长度有较大出入时，也可人工修正。但要注意，如发现测长误差大是由于故障造成的，要先排除故障，不要轻易修改长度。

人工修正的方法为：在维修工作站上用鼠标右键点击站场图形上测长股道，在弹出的下级菜单中输入测长修正值。测长值得到修正后，调整系数 K 也根据修正的测长值自动修正。注意：输入的测长修正值必须要可靠确认。

测长的一般故障与故障消除方法：

(1)正常的轨端采样电压在 4 V 以下，超过 4 V 时，系统会报警。故障原因可能是轨道内连接线断线或电阻 R 断开所致，要进行修理，消除故障点。

(2)轨端采样电压为 0 时，可能是测长恒流电源盒故障，或者是防雷单元故障，需要仔细判别，更换电源盒或防雷单元。

上述两项故障要及时排除，否则，不论股道空闲长度多少，系统都将把该故障股道测长判为 0 m，按满线处理。

测长计算参数在工程开通时已经设置完毕，一般不用再测量，在下列情况下，可考虑重新测量并计算新参数。一是对股道内的轨端连接线进行了较大的整顿维修，或者是认为目前的参数有较大的计算误差。

（三）故障处理

1. 定位故障点

定位故障点对不同设备有不同方法。

信号机和转辙机故障，可利用“开关量当前状态”对话框显示的内容检查故障点，也可以观察开出、开入板上表示灯查出故障点。判断开出、开入板上各点表示灯的显示内容，请参照工程设计文件中“微机外围信息分配表”，表内标明了每块开出、开入板各点用途。查到故障点后即可推断出故障点所在的控制模块。

可利用减速器控制动态跟踪查出控制模块上的故障点。

2. 控制模块故障处理

故障报警除有相应的表示灯亮灯外，均伴有蜂鸣器提示。故障根据其性质可分为甲类和乙类 2 种。

(1)甲类故障(又称可恢复性故障)，如：DY 灯亮时的电源故障、GZ 灯亮时的模块报警类故障、WGZ 灯亮时表示的转辙机转换异常故障、BGZ 灯亮时显示转辙机断表示的故障。此类故障发生后应检查外部线路、电源、熔断器或转辙机是否完好，待故障排除后，按压复位键 RESET键即可恢复正常工作。

(2)乙类故障(又称不可恢复性故障)，如：MGZ 灯亮时表示的驱动模块异常、NGZ 灯亮时表示模块内部工作异常等故障。当故障发生后，按压一次复位键 RESET 键后，确认该故障依然存在后，只有更换模块解决。

更换模块按以下步骤进行：

(1)按压电源 POWER 键，先使其断电；

(2)将熔断柜内该模块对应的熔断器 RD 关断；

(3)拆下安装螺丝，将其拔出；

(4)将相同类型的备用模块插回原位，并用螺丝固定；

(5)按压电源 POWER 键使其恢复供电；

(6)再按压一次复位键 RESET 键使其进行工作；

(7)将熔断柜上关断的熔断器 RD 打开。